C. G. 융과 후기 융 학파

앤드류 새뮤얼스 지음
김성민, 왕영희 옮김

한국심리치료연구소

JUNG AND THE POST-JUNGIANS

Andrew Samuels

Copyright ⓒ 1985 by Andrew Samuels
Translation copyright ⓒ 2010
by Korea Psychotherapy Institute

본 저작물의 한국어판 저작권은
Taylor & Francis Group 을 통한 Psychology Press와의 독점 계약으로
한국심리치료연구소가 소유하고 있습니다.
저작권법에 의하여 보호를 받는 저작물이므로
무단전제와 무단복제를 금합니다.

C. G. 융과 후기 융학파

발행일 • 2012년 11월 1일
앤드류 새뮤얼스 지음
옮긴이 • 김성민 & 왕영희
펴낸이 • 이재훈
펴낸곳 • 한국심리치료연구소

등록 • 제 22-1005호(1996년 5월 13일)
주소 • 서울시 종로구 적선동 156 (쌍용플래티넘 918호)
Tel • 730-2537, 2538   Fax • 730-2539
www.pti21.com   E mail: pti21@pti21.com

값 25,000원

ISBN 978-89-97465-03-3 93180

이 도서의 국립중앙도서관 출판시도서목록(cip)은 홈페이지
(http://www.nl.go.kr/cip.php)에서 이용하실 수 있습니다.
(제어번호: 2012004890)

C. G. 융과 후기 융 학파

JUNG AND THE POST-JUNGIANS

Andrew Samuels

목차

역자 서문 ·· 7
서문 ·· 11
감사의 글 ·· 15
1장 분석심리학파들 ································ 18
2장 원형과 콤플렉스 ······························ 66
3장 자아 ·· 135
　　부록: 유형론에 대한 발달들 ············ 196
4장 자기와 개성화 ·································· 205
5장 인격의 발달 ······································ 299
6장 분석 과정 ··· 383
7장 성별, 성, 결혼 ································· 452
8장 꿈 ·· 497
9장 원형 심리학 ······································ 519

10장 이론과 실제: 사례연구 ………………… 533
11장 비교와 평가 ………………………… 557
실제적인 정보 ……………………………… 579
더 깊은 인식을 위한 독서 ………………… 581
참고문헌 …………………………………… 583
색 인 ……………………………………… 610

역자서문

　현대 사회에 들어와서 심리치료(psychotherapy)에 대한 관심이 높아지고 있다. S.프로이드와 함께 심층심리학의 문을 연 C.G.융의 분석심리학은 무의식의 역동을 규명하여 심리치료에 임하는 분석가들에게 매우 중요한 이론적 바탕이 되고 있다. 특히 다른 심층심리학자들과 달리, 그가 주장한 집단무의식과 원형 개념은 신비하기까지 한 무의식의 역동을 이해하는데 좋은 도구가 된다. C.G.융이 서거한 지 50년이 넘으면서 분석심리학은 융의 기본적인 사상에서는 떠나지 않았지만, 강조하는 바에 따라서 세 가지 집단으로 나누어졌다. 학자에 따라서 그 분류가 조금씩 다른데, 본서의 저자인 A.사무엘스는 후기 융 학파를 고전학파, 발달학파, 원형학파 등으로 나누고 있다. 고전학파가 융이 본래 주장하던 것에 충실하여 심리치료에서 자기와 원형의 역할에 초점을 맞춘다면, 발달학파는 인격의 발달에 초점을 맞추면서 자기를 발달적 측면에서 살펴보고, 원형학파는 자기의 작용이나 발달보다는 피분석자의 꿈에서 신화 속에서 볼 수 있는 원형적인 이미지들이 어떻게 나타나는지에 초점을 맞추면서 치료에 임한다. 자연히 고전학파와 원형학파는 분석가와 피분석자 사이에서 이루어지는 전이와 역전이의 분석보다는 자기의 상징적 체험과 원형적 이미지의 분석에 초점을 맞추는데 반해서, 발달학파는 자기와 원형 등 융의 핵심적인 개념들을 놓치지 않고 있지만 전이와 역전이의 분석에도 초점을 맞추면서 치료한다. 따라서 일부 발달학파 분석가들은 프로이드 학파들, 특히 융의 사상과 어느 정도 관련성이 있는 M.클라인, W.비온, D.위니캇 계열에 속한 대상관계이론 학자들과 활발하게 대화하면서 분석심리학의 지평을 넓히고 있다.

포댐의 영향으로 인간의 발달에 관심을 기울이고 있는 사무엘스는 본서에서 융과 후기 융 학파의 생각을 짜임새 있게 정리하고 있다. 그는 먼저 콤플렉스, 원형, 자아, 자기 등에 대한 융의 본래적인 사상을 살펴보고, 그것이 후기 융 학파의 중요한 심리학자들에 의해서 어떻게 변화되고 발달했는지를 고찰한 다음 정신분석학에서 그와 비슷한 생각은 어떤 것이 있는지 등에 대해서 설명하고 있다. 따라서 독자들은 이 책을 통해서 각 개념들의 본래적인 의미는 물론 그것들이 인간 정신의 어떤 현상을 말하는 것인지를 파악하면서, 정신의 전체적인 구도에 접근해 갈 수 있다. 사무엘스는 융이 초기에는 임상적인 문제에 관심을 많이 기울였지만, 생애 말년에는 임상적인 문제보다는 철학적인 문제에 더 관심을 기울였다고 하면서 아쉬워하였다. 그러나 후기 융 학파는 다시 임상적인 문제에 초점을 맞추는 방향으로 나아가고 있다고 주장하였다. 따라서 본서도 심리치료의 실제에 초점을 맞추면서 집필하였다. 물론 융이 주장했듯이 심리치료가 세계관과 밀접한 관계에 있으며, 정신의 건강은 삶의 태도가 올바르게 변화될 때 이루어진다. 그래서 융은 영혼이 있는 학문의 중요성을 강조하였다. 그러나 분석심리학이 정신의학인 이상 심리치료를 위한 학문이 되어야 함 역시 당연하다. 분석심리학이 존재하는 이유도 무의식을 기반으로 한 심리치료에 탁월한 효과가 입증되었기 때문이다. 그런 생각을 가지고 집필된 이 책을 통하여 독자들은 분석심리학의 이론적인 측면뿐만 아니라 실제적인 측면에 대해서도 좋은 안내를 받을 수 있을 것이다. 앞으로도 후기 융학파 분석가들의 저술들이 더 많이 번역되고 소개되기를 바란다.

 본서의 7장, 8장, 9장은 현재 육아정책연구소의 연구위원으로 일하면서 분석심리학을 공부하는 왕영희 박사가 번역하였고, 일부 용어 등을 통일하기 위해서 본 역자가 다듬었다. 번역을 할 때마다 느끼는 것이지만, 인간 심리의 미묘함을 언어로 나타내고, 더구나 외국어로 된 것들을 번역한다는 것은 참으로 어려운 일이 아닐 수 없다. 문장을 다듬고, 교정을 하면서 되도록 깔끔한 원고를 만들려고 노력했지만, 손가락 사이로 빠져 나간 것들도 많이 있을 것이다. 그것들은 다음 기회에 바로 잡을 것을 약속드린다. 정신분석가들의 이름에 대한 우리말 표기법과 현대 정신분석 개념들에 대한 용어 선택에 도움을 주신 서울대상관계정신분석연구소의 이재훈 박사님과 교정작업 및 색인작업을 해주신 간사님들께 감사드린다.

2012. 8월의 칠월칠석에

月汀

서문

　이 책은 내 마음 속에서 세 가지 단계를 거쳐서 발달해왔으며, 그 단계들은 나보다 먼저 활동했던 사람들로부터 나온 것들이다. 내가 본래 쓰려고 한 것은 C.G.융이 1961년 죽은 다음 분석심리학이 어떻게 발달해왔는가 하는 점에 관한 것이었다. 그런데 그 문제를 다루려면 내가 앞으로 논의하려는 다양한 후기 융 학파 심리학자들이 어떻게 생겨났는가 하는 문제에 관해서 먼저 다루어야 한다. 여기에서부터 두 번째 중요한 주제가 제기되는데, 그것은 우리가 융의 저작 가운데서 중요한 사항들을 다루어야 한다는 사실이다. 이 단계에서 우리는 우리의 계획이 너무 편협하게 진행될 수 있다는 우려와 함께 융 학파 및 후기 융 학파 분석심리학과 정신분석학 사이에 있는 수많은 유사한 특성들을 끄집어내어야 한다. 지금 말한 세 번째 주제는 그 자체로부터 생겨난 것인데, 그것은 우리가 융을 1930년대부터 시작된 정신분석학의 이론과 실제에 변화를 가져온 개척자, 그 중에서도 매우 중요한 선구자 가운데 한 사람으로 보려는 생각 때문이다. 융이 그 흐름에 직접 영향을 미친 것은 많지 않지만, 나는 이런 시도가 융을 둘러싸고 있는 융에 대한 모든 의구심을 일시에 해소시킬 수 있는 시도라고 생각한다.

다른 저자들의 사상을 소개하려면 어느 정도 그들의 견해에 논평을 가하지 않을 수 없다. 그 점에 관해서 나는 지금 용서를 구하며, 독자들이 아직 후기 융 학파 심리학자들의 저작을 원전으로 보지 않았다면, 원전을 보면 좋을 것이라고 말하고 싶다.

이 책은 심리학적 전기(傳記)를 쓰려는 시도에서 나온 것이 아니다. 나는 이 책에 언급된 사람들 어느 누구에게도 그 자신에 대한 이야기나 그와 융 사이의 관계에 대해서 이야기해 달라고 부탁한 적이 없다. 그 이유는 융의 자서전이나 서간문, 특히 융과 프로이트 사이에서 오갔던 편지 등 지금 이용 가능한 모든 기본적인 자료들을 살펴가면서 융의 삶과 저작 사이의 관계를 연구한 수많은 학술적 시도들이 많이 있기 때문이다. 그래서 나는 그것들이 얼마나 의미 있고, 실용적인 것인가 하는데 대해서 더 많은 관심을 가지고 있다.

융 심리학에는 좀 더 넓은 문화적 측면에서 살펴보든지 아니면 좁은 의미에서 다른 사람들을 돕는 역할을 하는 내집단에서 살펴보든지 간에 오래된 장애들이 있는데, 우리는 이 책에서 그것들에 관해서 자세하게 다루었다. 그런데 근래에 들어서 거기에는 어떤 변화가 생겨났다. 현재 전 세계에는 융 학파 분석가가 1,000여 명이 있고, 그 숫자는 지금 급격하게 증가하고 있다. 또한 서양의 중요한 국가들에는 융 학파 분석가들을 양성하는 수련기관들이 많이 있다. 현재 전 세계에서 융 학파 심리학자들의 저서들은 잘 팔리고 있으며, 많은 지역에서 융 학파 분석가와 심리치료자는 프로이트 학파의 정신분석가와 신뢰관계를 구축하고 서로 돕는 좋은 관계 속에서 공존하고 있다. 분석심리학은 예전보다 더 존경을 받고 있는 것이다.

다른 사람들을 돕는 전문 직종(정신분석, 심리치료, 상담, 사례연구 등)에서 융의 사상은 지금 실제적이고 일상적인 방식으로 사용되고 있다. 융 심리학은 지금 임상가이거나 아니거나 간에 많은 사람들에게서 혼합된 형태로 활용하기에 편하도록 사용되는 것이다. 하지만 분석심리학의 경우, 지금 학생들을 위해서 요약된 핸드북 형태로 제시된 책들과 임상적이고 전문적인 효율성을 염두에 두고 제시된 책들 사이에는 차이가 많은데, 그것은 프로이트 학파에 있어서도 마찬가지이다. 그래서 언제나 창시자들의 저작은 한편에서는 그것 그대로 요약되고 소통되지만, 다른 한편에서 많은 임상가들은 사실이 그렇지 않으며 이렇게 저렇게 변화되어야 한다고 주장하는 듯하다. 그것이 이 분야에서 해결해야 할 과제이고 부담이다. 그래서 대가의 권위에 가장 민감하게 저항하는 사람은 종종 시간이 이미 지나갔다는 사실을 감지하는 맨 마지막 사람이 되기 마련이다.

주제의 선정과 필자의 선택은 자연히 주관적인 요인에 의해서 결정되었다. 그러나 내 마음에는 언제나 실제적이고 전문적인 치료와 심리학 연구에 얼마나 도움이 될 것인가 하는 문제가 자리 잡고 있다. 이 책은 다른 책과 달리 새로운 입장에서 융 학파와 후기 융 학파를 비교하였고, 그것을 독자들이 더 잘 이해할 수 있도록 꾸몄다. 따라서 이 책은 융 학파 분석가들은 물론 심리치료자 수련생 및 학자들의 흥미를 자극하리라고 생각한다. 그러나 나는 이 책이 융 학파가 아닌 다른 연구소에서 수련을 받았거나 지금 수련 받고 있는 분석가, 심리치료자, 상담가들이 읽어보면 좋겠다고 생각한다. 그들 역시 그들 수련 과정에서 분석심리학을 다소나마 접해 보았을 터이고, 이 책을 통해서 그들의 지식을 심화시키는 한편, 현대 분석심리학의 조류를 따라갔으면 좋을 것이기 때문이다.

이 책을 쓰려는 마음을 먹었을 때 나는 내가 접했던 많은 사람들과의 개인적인 체험들로부터 영향을 받았다. 첫째로 나는 분석 과정이나 심리치료나 상담은 물론 개인적인 관계를 맺고 있었던 학생들이나 수련생들로부터 융이나 그 후 분석심리학에서 또는 후기 융 학파 심리학자들이 인간의 발달에 관해서 언급한 신뢰할 수 있는 자료가 있는지에 대한 질문을 많이 받았다. 특히 정신분석 과정에 있던 학생들은 융이 심리치료와 분석에 관해서 실제적으로 도움이 될 만한 이론이나 실제에 관해서 언급한 것을 찾을 수 없었다고 말하곤 하였다. 게다가 정신분석학 쪽에서는 그 문제에 대한 비교 연구가 수도 없이 많이 출판되어 나오는데 분석심리학 쪽에서는 그와 비슷한 연구가 거의 출판되지 않고 있다.

둘째로 나는 분석심리학의 국제적인 고급 수련생 집단에 참여하고 그들을 돕는 체험을 하였고, 최근에 분석심리학자 자격을 인정받았다(1974-9). 또한 나는 광범위한 분석심리학적 사고 방식과 작업 방식에 대해서 어떤 통찰을 얻으려고 하는 가운데서 우리가 과연 새로운 융 학파 수련생들과 무엇을 논의해야 하는지에 관한 개관서도 없고, 의사소통에 한계가 있다는 사실을 깨닫고 이에 관한 책이 절실히 필요하다는 사실을 알게 되었다.

마지막으로 나는 1975년부터 한 달에 한 번씩 모이는 분석심리학자들—반쯤은 런던에서 수련을 받았고, 반쯤은 쥐리히에서 수련을 받은 사람들—의 토론 모임의 회원이 될 수 있었다. 나는 이 모임의 도움을 많이 받았는데, 이 모임에서 우리는 분석심리학을 정신분석학과 비교하면서 때때로 논쟁을 벌였고 대화도 했는데 그 모임은 대단히 유용하였다.

감사의 글

나는 다음에 언급하는 이들에게 감사를 드리고 싶다. 먼저 나의 환자였던 D 씨와 M 씨인데, 그들은 내가 그들의 사례를 이 책에서 언급할 수 있도록 허락해 주었다(D 씨의 경우는 두 차례 언급되었다). 또한 분석심리학회, 웨스트민스터 목회재단, 심리치료자협회, 심리치료 런던 센터, 리치몬드협회, 타비스톡 임상 및 정신분석학 연구소에서 내가 만났던 학생들과 수련생들은 나에게 좋은 질문들을 해주었다. 특히 런던 정신분석연구소의 행정관인 질 던컨은 유머 감각을 가지고 나에게 정신분석에 관한 자료들과 참고문헌들을 알려 주었고, 에일린 콜링우드는 좋은 타이프 실력으로 도와주었다. 또한 나의 친구들과 동료들은 이 책의 어떤 장(章)이나 부분들을 읽고 나에게 어떤 제안을 하거나 개념에 대한 전반적인 의견을 말해 주었는데, 그들은 케이 브래드웨이, 스트래트포드 캘드코트, 질즈 클락, 린다 프리맨, 제스 그로스벡, 케이트 허제츠, 노니 휴브레히트, 페기 존즈, 앨리슨 리욘즈, 그랜트 매킨타이어, 앤 - 루시 노튼, 로지 파커, 로드릭 피터즈, 쉐일라 파윌, 프레드 플라우트, 셰이 셀처, 메리 윌슨, 버논 요크 등이다.

그들의 도움이 있었기 때문에 이 책이 더 좋은 책으로 될 수 있어서 내가 무엇이라고 고마움을 표현해도 다 표현할 수 없는

이들이 셋 있다: 바니 쇼터는 이 원고를 세심하게 읽어주었고 상상력이 넘치는 값진 제안들을 수도 없이 많이 해주었으며, 너그럽게도 많은 시간을 내서 그녀의 문학적인 재능과 분석심리학에 대한 해박한 지식으로 나를 도와주었다. 케이트 뉴튼은 내가 이 책을 쓰는 동안 개인적이고 무의식적인 지원을 아끼지 않았으며, 이 책의 내용들과 그 밖의 다른 많은 것들에 대해서 나를 지탱시켜주는 대화를 나누어 주었다. 케더린 그래햄-해리슨은 내가 길을 잃어버렸을 때 그녀의 사랑과 지원으로 다시 길을 찾을 수 있게 해주었고, 내가 이 책을 만들 수 있도록 도와주었다.

이 책을 쓰는 동안 나는 이 책의 어떤 부분들을 전문지(專門誌)들에 기고하였는데, 그것들은 다음과 같다: "후기 융 분석심리학파의 탄생", 『분석심리학지』(*Journal of Analytical Psychology*) 28:4(1983), "자기의 폐위", 『원형의 심리학과 융의 사상 연보』(*An Annual of Archetypal Psychology and Jungian Thought*) 1983. 봄, "보상을 넘어서: 꿈에 대한 융의 접근 방법의 변경", 『융 연구지』 (Harvest : Journal for Jungian Studies) 1983, "융과 후기 융 학파 분석심리학에서의 원형에 대한 이론", 『국제정신분석학 리뷰』 (*International Review of Psychoanalysis*) 11:4(1983). 나는 루트리지 앤 케간 폴 출판사의 편집자들이 "진행 중에 있는 저서"와 다른 책에 들어있는 원고들을 모아서 편집해 준데 대해서 깊은 감사를 드린다.

루트리지 앤 케간 폴 출판사와 프린스톤 대학 출판부는 내가 『융 전집』을 인용할 수 있도록 허락해주었으며, 『분석심리학지』 (25:1, 1980)는 내가 "근친상간과 내면 가족의 전능성"에 나온 자료들을 다시 사용할 수 있도록 허락해 주었고, J.그로스벡의 "상처 입은 치유자의 원형적 이미지"(20:2, 1975)에 나온 도표를 이용할 수 있도록 해주었다.

색인에 대하여

융의 사상에 대해서 잘 알지 못하거나, 잘 알지 못한다고 생각하는 이들에게 뒤에 나온 색인은 매우 유용하게 이용될 수 있을 것이다. 색인에 굵은 글자로 표시된 것은 본문 가운데서 융의 중요한 개념이 설명되어 있거나 정의된 부분을 말한다.

익숙하지 않은 이름

맥락이 분명하지 않은 경우, 나는 이름이 익숙하지 않은 그 저자가 어떤 학파에 속해 있는지 명시하려고 노력하였다. 특별히 학파가 명시되지 않은 저자들은 분석심리학자이다.

제 1 장

분석심리학파들

오늘날 융 학파 분석심리학자들의 세계에서 자신의 길을 제대로 찾아가기란 여간 어려운 일이 아니다. 융이 오늘날 정신적 스승(guru)이나 예언자가 아니라 심리학 사상가이며 분석가로 단단하게 자리 매김할 수 있었던 것은 수많은 분석심리학자들과 후기 융 학파 심리학자들의 저술들 때문이다. 그것은 융의 스무 권에 이르는 전집이라는 유산과 그에 상응하는 그의 권위로서만 이루어진 것이 아니라는 말이다. 어떤 점에서 융은 그의 작업이 미래 사회에서 더 광범위하게 확산되게 하기 위해서 후기 융 학파 심리학자들이 그를 필요로 하는 만큼 그들을 필요로 할 것이다. 분석심리학의 미래는 이제 공동의 관심사가 되었으며, 그 유산은 이미 수많은 사상들로 혼합되어 있다. 다시 말해서 분석심리학 사상은 그 추종자들이 영감을 받거나, 영향을 받거나, 아니면 도전하거나 어떤 점에서는 격노하여 제기한 것들로 뒤섞여 있는 것이다.

우리는 후기 융 학파 심리학자들이 때때로 융 학파 심리학자가 아닌 사람들이 그를 엄격하게 비판하면서 그와 토론하듯이 얼마만큼 그를 공격하고 도전할 수 있다고 느끼는지 그 한계를 짚어나가도록 할 것이다. 마찬가지로 우리는 심리학의 다른 분야, 또한 완전히 다른 입장에 서있는 학파에서 발달한 비슷한 종류의 성과도 소개하고, 통합하고자 할 것이다. 내가 계속해서 융의 작업에 대해서 제기되는 여러 종류의 반박들에 관심을 촉구하는 것은 그것들이 후기 융 학파 심리학자들에게 커다란 영향을 미쳐왔기 때문이다. 융은 때때로 그것들을 예상하였고, 그들에게 영향도 주었으나 때로는 그것들이 잘못되었다고 공박하였다. 하지만 넓은 각도에서 볼 때 어떤 심리학자들은 융의 생각과 비슷한 결론에 도달했지만, 융보다 더 일관성 있고, 그것을 증명할 수 있는 자료가 더 풍부한 경우도 종종 있었다.

포댐(M.Fordham)은 그의 저서 『융 학파의 심리치료: 분석심리학 연구』(1978a)에서 "분석심리학에서 많은 학파들이 이미 성장했는데, 그에 대해서는 별로 언급되지 않았다"고 지적한 바 있다 (p. 53). 나는 포댐이 제기한 이 주장, "분석심리학은 그 자체로서 하나의 원리이다.…그 생각과 실천 체계는 그것을 창시한 사람들을 고려하지 않고 사정해 나갈 수 있다"는 주장(ibid., p. ix)을 염두에 두고 응답하려고 한다. 이 책은 브라운(J.Brown)이 쓴 『프로이트와 후기 프로이트 학파』(1961)와는 다른 종류의 책이다. 왜냐하면 후기 융 학파는 지금 비록 비공식적으로 그 과정을 밟아가고 있지만, 아직 그 형성이 공식적으로 인정받지 못하고 있기 때문이다. 지금 분석심리학계에는 같은 견해와 신조(信條)를 가진 학파들이 존재하고, 그 학파들 사이에서 갈등이 현존하고 있다. 그러나 독자들은 프로이트 학파의 문헌들에서보다 융 학파의 문헌들에서 그것들을 찾아내기 쉽지 않을 것이다.

융학파는 존재하는가

　융 학파, 후기 융 학파, 또 다른 후기 융 학파들에 대해서 말하는 것은 어쩌면 논쟁을 불러일으키는 문제인지도 모른다. 융이 이 세상에는 오직 하나의 융 학파밖에 없으며, 그것은 그 자신이라고 주장했기 때문이다. 그에게는 처음부터 하나의 심리학파를 만들려는 야심이 없었다. 나는 융에게는 그에게 과도하다고 느껴지는 프로이트의 랍비적인 권위로부터 벗어나고, 수많은 인물들이 관계된 초기 정신분석학 역사의 고통스러운 상황으로부터 벗어나려는 의도밖에 없지 않았나 하고 생각한다. 더구나 그는 모든 사람들은 다른 사람들과 분화되어 스스로 그 자신이 되어야 한다는 개성화를 주장한 사람이다. 또 그는 한 사람의 특성과 개인의 심리학에 대해서 연구하였기 때문에 그의 연구는 그로 하여금 그가 믿는 바를 따라서 살도록 작용하였을 것이다. 그 결과 그는 그 자신의 역량을 따라서 정신분석학을 떠날 수밖에 없었고, '융 학파'가 되었다. 그래서 헨더슨이 지적하듯이 "지금 우리에게는 소위 융 학파라고 하는 기본적인 사상의 체계가 구축되어 있고, 어느 누구도 이제 그것을 무한정 다르게 이론화하거나 실험해 나갈 수 없게 되었다"고 하였고, 이어서 "융은 어떤 종류의 생각이든지 체계화하려고 하지 않았으며, 그 때문에 그의 학파는 뒤늦게 형성되었다"(1975a, pp. 120-1)라고 덧붙였다.

　사실 융은 심리학계의 활동 영역에서 매우 적극적인 태도를 보였다. 프로이트-융 서간집(McGuire 편집, 1974)을 보면, 그는 혼자서는 물론 다른 사람들과 같이 새로운 생각을 말하면서 앞으로 나아가자고 주장한 적이 많았고, (두 사람 가운데서 더 외향적인 사람은 프로이트라고 여겨지지만) 프로이트는 융의 기분을 풀어줘 가면서 융의 그런 행동들을 제지했던 것을 보고 우리는 놀라게 된다. 그 후 융은 1940년대에 들어와서 모든 심리치료자들을 묶어줄 수 있으리라고 생각되는 14가지 점을 제시하면서 국제적인 심리치료자 모임을 제안하기도 하였다. 하지만 융이 했던 그런 제안은 세계 제2차대전 이후 심리학계와 심리치료학계에서 있었던 비정상적인 분열상을 생각해볼 때, 가좌표성이 전혀 없었던 단순한 회좌표 사항이라는 생각이 든다. 또한 융은 현실 세계는 물론 그의 직업 세계에서도 잘 맞지 않는 외로운 천재라는 이미지와 잘 들어맞는 것 같다는 생각이 든다(융이 제시했던 14개 조항에 대한 논평을 보려면 pp. 574 - 576을 참고하시오).

융 학파가 더 넓은 집단으로 형성되어 가는 주목할 만한 모습을 보려면, 그가 그의 초기 추종자들이 쓴 책에 일련의 서문들을 쓴 것을 보면 잘 알 수 있다. 융으로부터 인가를 받는 것은 책이 더 잘 팔리게 하는 의미는 물론 또 다른 의미가 있었을 것이다. 또한 포댐이 확증하듯이(1975, p. 108) 융은 진심에서 우러나오는 서문들을 써주었다. 내가 알기로 융은 애들러, F.포댐, M. 포댐, 하딩, 한나, 야코비, 엠마 융, 노이만, 폰 프란츠, 위크스, 빌헬름 등의 책에 서문을 써주었고, 그 밖에도 더 있을 것이다.

이 사실은 융이 그가 이들의 책이 더 많은 독자들에게 다가갈 수 있도록 보증하고 있으며, 그 사람들의 책에서 핵심적이거나 준거점이 되는 역할을 하고 있다는 사실을 잘 알고 있었다는 사실을 암시해준다. 물론 융의 이런 행동이 부끄러운 것이거나 유치한 행동은 아니었다. 그러나 융이 '융 학파' 형성에 관심이 없었다는 주장을 계속하는 것은 이치에 잘 맞지 않는다.

나는 융에 대해서 잘 알지 못한다. 그리고 나는 지금 융이 그의 추종자들이나 '융 학파' 심리학자들의 생각에 반대했다고 말하려고 하지도 않는다. 하지만 많은 사실들을 감안해 볼 때 나는 융이 매우 복잡하고 다면적인 성격의 소유자이고, 매우 광범위한 학식과 관심을 가지고 있던 사람이었다고 생각한다. 그래서 그의 저작을 보면 다른 사람들과 다른 매우 다양한 관점들이 튀어나온다. 내가 여기에서 강조하려는 것은 융은 그를 따르는 사람들이 생겨나는 것을 별로 탐탁하게 생각하지 않았지만, 그들이 그가 '수행했던 작업'을 계속해서 이어나가는 데 그가 어떤 역할을 하려고 하지 않았는가 하는 점이다(Adler, 1973, p. 481). 세익스피어의 『쥴리어스 시저』에서 데시우스는 음모자들이 시저가 쥬피터 신전에 가지 않으면 어떻게 하나 하고 걱정할 때, 그것을 시저에게 맡겨야 한다고 말하는 대목이 나온다. 데시우스는 시저를 어떻게 다루어야 할지 알았던 것이다. 데시우스는 그 동안 시저를 섬기면서 그를 조종하는 법을 파악하고 있었던 것이다. 그래서 그는 시저에게 아첨하는 사람들은 언제나 그를 배반할 것이라고 조언할 수 있었다.

> 그러나 내가 그에게 그는 아첨하는 자들을 경멸한다고 말할 때, 그는 아첨을 가장 많이 받았으면서도, 그가 아첨하는 자들을 경멸한다는 데 동의하였다(제2장, 제1막).

우리는 여기에서도 그 진술을 뒤집어 놓을 수 있을 것이다. 융은 그가 그의 추종자들을 바라지 않는다고 말하면서도, 사실은 추종자들을 끌어 모으고 있었다고 말이다. 많은 후기 융 학파 심리학자들의 책을 보면, 융이 제자들을 원하지 않았다고 의례적인 말을 소개하면서, 그 때문에 그 저자 역시 융의 제자나 융 학파에 속한다고 말하기 어렵다는 암시를 풍기곤 한다. 겉으로 보기에 융은 한 학파의 영도자가 되려고 하지 않았던 듯하지만, 사실은 한 학파를 이루려고 했던 것이다.

융 탄생 100주년을 기념하는 자리에서 포댐(1975)은 융이 아버지로서의 역할을 맡아야 한다는 사실을 인식했었다고 증언하였다. 그 무렵 런던에 있는 모든 융 학파 사람들의 모임으로서 직업적이지 않았던 사람들까지 모였던 분석심리학 클럽(Analytical Psychology Club)의 분석가들은 그 모임에서 분리되어 나중에 분석심리학회(Society of Analyical Psychology)가 된 좀 더 전문적인 단체를 결성하려고 하였다. 그때 어떤 사람들은 뒤로 물러섰는데, 그들이 '환자'로 분류되는 일이 생기자 그 분리가 늦춰지게 되었다. 그런데 융이 모든 '가족'들에는 갈등이 있을 수밖에 없다는 말을 했었기 때문에 그 갈등은 더 커졌던 일이 있었다. 하여간 나는 이 책에서 융 학파들의 현황에 대해서 그들이 어떻게 건강하게 다른 모습들로 살아가고 있는지에 대해서 세세하게 밝히려고 한다.

분석심리학파의 수련

여기에서 우리는 분석심리학파의 수련에 대해서 논의해야 하는데, 우리는 다시 융이 말했던 것과 그가 실제로 행동했던 것 사이에 차이가 있다는 점을 지적하지 않을 수 없다. 그가 쮜리히나 아니면 다른 도시에 공식적인 분석가 수련기관을 세우는 것이 어떨까 하는 생각을 했던 것에는 의심의 여지가 없다. 그리고 그런 일이 일어났을 때, 그는 그 프로그램을 위한 강의계획서를 고안하였고, 분석가가 되려면 시험을 치러야 한다고 주장하였다(Hilman, 1962, Fordham, 1978a). 나중에 그는 집단적인 표준을 받아들이지 않을 수 없었고, 그가 고수해왔던 과거의 체계를 어느 정도 변경시키지 않을 수 없었다. 과거의 체계에 의하면, 분석가가 되려면 수련생들은 그 자신이나 그의 세미나에 참석했던 그와 가까운 동료들에게 분석을 받아야 하고, 분석가로서의 소명감이 무엇보다도 필요하였다. 그는 이런 정신으로 예비 분석가들을 분석했던 것이다. 프로이트(1912)도 융이 분석가에 대한 교육 분석의 원칙을 제일 처음으로 제도화시켰다는 사실을 인정하고 있다(CW 4, para. 536). 하지만 A.-M. 샌들러는 정신분석사에서 '교육 분석'이 제도화된 것은 1918년부터라고 주장하고 있다(Sandler, 1982, p. 386).

쮜리히 연구소에서(내가 알고 있기로는 그 어느 곳에서도 행해지지 않았던 것으로서) 특이했던 것은 어떤 강좌들은 분석가가 되려고 하지 않는 사람들도 청강할 수 있었다는 점이다. 많은 사람들이 초대 받았지만 소수의 사람들만 선발되었던 것이다. 지금도 세계 각지에 있는 분석심리학 연구소에서 수련생을 선발하는 문제는 매우 예민한 문제로 대두되고 있다.

분석가 수련에 대한 융의 관점들은 주목해서 살펴볼 만하다. 왜냐하면 그것들은 융이 치료에서 즉각성을 강조하는 분석가라는 이미지로부터 어느 정도 균형을 잡아주기 때문이다. 융은 아마 초기의 분석가들이 그들이 하는 작업에 대한 전문적인 기반이 없이 분석에 뛰어들었다가 어려움을 겪은 사실을 잘 알고 있었을 것이다. 그래서 그는 좀 더 체계적인 수련 구조가 즉각성을 감소시키기는 하지만, 정신분석에 관한 수많은 견해들로부터 차단시킬 수 있을 것이라고 생각하였다. 이렇게 시험을 치르고 자격기준을 강화한 것은 분석가들에게 개인적 발달을 이루게 했을 뿐만 아니라, 전문가로서 더 잘 받아들여지도록 도와주었다.

분석심리학에서 이론의 위치

이제 우리는 분석심리학에서 이론이 어떤 위치를 차지하고 있는지 살펴보아야 한다. 그것을 위해서 우리는 융 자신이 이론의 역할에 대해서 어떻게 말했고, 후기 융 학파 심리학자들이 그 점에 대해서 어떻게 덧붙였는지 살펴볼 필요가 있다.

사물을 단순하게 설명해주는 과학 이론은 계몽주의의 합리성에 물들어 있는 보통 정도의 지성을 가진 현대인들에게 '과학적'이라는 딱지를 붙여주면서 놀랄 만한 믿음을 심어주기 때문에 훌륭한 방어의 수단이 된다. … 하지만 그것이 아무리 미묘한 것일지라도 그 어떤 과학 이론도, 심리학적 진실이라는 관점에서 볼 때, 종교적인 도그마보다 더 가치를 지니고 있지는 않다. 왜냐하면 비록 상상력을 통해서이기는 하지만 도그마는 비합리적인 전체성을 나타내는 반면에 과학 이론은 기껏해야 아주 추상적인 것들만 나타내기 때문이다. 이 사실은 우리에게 인간의 정신과 같은 비합리적인 사실을 언급하는데 좋은 보장이 된다 (CW 11, para. 81).

또한 융은 또 다른 곳(CW 17, p. 7)에서 다음과 같이 말하고 있다.

심리학에서 이론은 마귀와 같은 것이다. 어떤 관점에서 볼 때, 우리에게는 이론적인 정향이 있어야 하고, 이론에는 문제를 찾아서 해결해주는 가치가 있기는 하다. 그러나 그것은 언제나 부차적이고 보조적인 개념으로 간주되고 말 뿐이다.

우리는 융이 이론적인 것들과 관련해서 어떤 자리를 차지하고 있는가 하는 점에 관해서 주의 깊게 살펴보아야 한다. 융이 썼던 많은 글들을 살펴보면, 그는 결코 이론적인 뼈대를 세우려고 한 것 같지 않다. 오히려 그런 것들은 그가 스위스에서 목회자들을 대상으로 했던 강좌, 런던의 타비스톡 병원에서 했던 강좌, 미국에서 했던 테리 강좌에서 더 두드러지게 나타난다.

그는 다른 어떤 경우보다도 심리학 연구에서 관찰자와 관찰 대상 사이에는 겹쳐지는 부분이 많고, 개인적인 선호(選好)와 체계적인 요인이 많이 작용한다는 사실을 잘 알고 있었던 듯하다. 심리학 이론에 대한 융의 대체적인 시선은 그가 모든 이론을 회의적으로 바라보는 태도를 가지고 있었던 듯한 것이다. 그래서 융은 사람들로부터 여러 가지 자료들을 수집하여 이론 체계를 수립한 다음, 그것을 실제에 적용하면서 "그것이 확정되기까지 나의 실제적인 작업은 여러 차례 변경되거나 취소되기도 하였다"(CW 4, para. 685)고 주장하였다. 더 나아가서 그는 수많은 비교 신화학적 자료들이나 인류학적 자료들은 단지 심리학 이론을 끌어 내고, 예증하며, 확충하는데 도움이 될 뿐이지, 그것을 입증하지는 않는다고 강조하였다(ibid.). 이런 관찰을 통해서 얻어진 이론은 우선적으로 자료들을 공고히 하는데 쓰인다고 할 수 있다. 나는 이러한 접근 태도가 융의 작업을 이해하는데 엄청나게 도움이 된다는 사실을 깨달은 바 있다. 그는 분석을 할 때 사람들 사이의 상호교류나 삶에 대한 관찰로부터 시작을 하고, 그 다음에 이론을 정립하는데, 그 이론은 비교 자료들이나 더 깊은 관찰에 의해서 예증된다. 그때에야 비로소 그 전에 상상했던 수많은 것들과 여러 가지 자료들에서 얻은 데이터들이 조직화될 수 있다. 그때 그 체계는 인간 행동의 이러 저러한 측면을 해석하는 데 도움을 줄 수 있게 된다. 이렇게 그의 이론 형성 과정은 순환적으로 이루어진다: 인간의 삶의 자료들—이론—예증—인간의 행동에의 적용.

  이 책에서 언급한 이론적 실체들이 실제로 존재하는 것은 아니다. 그것들은 L. 스타인이 말하듯이(1958. p. 3) 단순히 존재하기만 하거나 어떤 특별한 과제를 수행하기 위해서 고안된다. 그것들은 물리학자들이 말하는 양전자, 광자, 전자, 또는 생물학자들에게 있어서의 유전자, 프로이트가 말하는 이드, 자아, 초자아, 또는 융의 원형들과 같은 것이다. 현대 과학자들은 어떤 현상들을 기술하거나 경험적인 목표를 제시하기 위해서 이론을 사용하지 않는다. 그들은 그들이 무엇을 말하고 있는가 또는 그것이 무엇을 의미하는가 하는 것들만 가리키려고 한다. 따라서 그들이 창안해 낸 것은 비경험적인 실체들인데, 과학자들은 그것들을 가지고 사실을 설명하려고 한다. 이론은 사실로부터 추론되거나 이끌어내어지는 것이 아니라, 미리 고안된 다음 그것이 실제에 부합되는지 어떤지 시험되는 것이다. 이러한 사실을 설명하기 위해서 스타인은 뉴턴과 중력의 경우를 예로 들었다. 중력(gravity)이란 순전히 창안된 산물이다. 왜냐하면 어느 누구도 중력을 관찰한 적이 없기 때문이다. 사람들은 오직 물건들이 떨어지거나, 떨어지지 않거나 하는 것을 보았을 뿐이다. 그러므로 이론적 실체는 어떤 작업을 하기 위해서만 필요한 것이고, 그런 한에 있어서만 '발견적인 가치'가 있는 것이다.

  융의 심리학은 두 가지 점에서 과학적인 도전을 했다. 첫 번째는 모든 심층심리학 일반에 부어졌던 것인데, 심층심리학은 도무지 입증할 수 없는 영역을 다루기 때문에 비과학적이라는 비판을 받았다. 어떤 의미에서 어느 누구도 소위 오이디푸스 콤플렉스가 존재하고, 그렇게 작용하는지 증명할 수 없다. 그러나 그것은 아이들이 어떻게 해서 어떤 부모보다 다른 부모를 더 좋아하고, 성적 정체성이 어떻게 생기며, 성도착은 왜 일어나고, 어떤 사람들은 결혼할 때 왜 그렇게 무능한 사람을 선택하는가 하는 것과 같은 여러 가지 심리 현상들을 설명해준다. 여기에서 우리는 심리학은 부분적으로 다른 과학들과 같지 않다는 결론에 도달할 수 있다.

융은 심리학이 다루는 것은 정신의 산물이 아니라 자연 현상인 정신 자체라고 주장하면서 심리학은 자연 과학에 속한다고 주장했는데, 그것은 매우 예리한 지적이었다. 그러나 나는 그들이 생각하기에 가장 높은 과학적 표준을 요구하는 사람들에게 융 심리학은 언제나 무엇인가 부족하게 느껴질 것이라고 생각한다. 그것은 우리가 다음 장에서 살펴보겠지만, 많은 사람들이 일반적으로 생각하는 것보다 아원자(亞原子) 물리학자과 원형 심리학자들이 훨씬 더 많은 대화를 나눌 수 있다고 할지라도 마찬가지다.

두 번째 과학적 도전은 프로이트 학파 심리학자들로부터 온다. 이 문제와 관련해서 나는 『정신분석학: 불가능한 전문직』에 나온 구절을 떠올리게 된다. 그 책 속에서 저자(著者) 말콤은 프로이트 학파 심리학자들이, "그들이 말하는 거세 콤플렉스는 마치 매일 일어나는 일상적인 사건인 듯이 묘사"하면서 멜라니 클라인(Melanie Klein)이 아동기 초기의 내면세계가 환상으로 가득 차 있으며, 무엇이라고 명확하게 말할 수 없다는 주장을 배척하는 것을 애석해 하면서 언급하였다(Malcolm, 1982. p. 35).

라이크로프트(Rycroft)는 그가 쓴 『정신분석학 비판 사전』(1972, p. ix)에서, 그는 "융의 저작들은 이해할 수 없는 흔하지 않은 체질적 결함 때문에 고통을 받았다"고 썼다. 그리고 글로버

(Glover)는 "과학 저술이라는 관점에서 볼 때, 융은 매우 혼돈되어 있는 저자"라는 결론에 도달하였다고 주장하였다(1950, p. 69). 나는 다음 장들에서 융에게 가해진 이런 종류의 다양한 비판들에 대해서 논의할 것이다. 그러나 나는 심층심리학이 과학적이지 않다는 비판은 융에게 뿐만이 아니라 프로이트에게도 똑같이 적용되어야 한다는 입장을 견지할 것이다.

이론의 위험성

심리학 이론에 대한 융의 태도는 언제나 그것을 실제에 적용시키는 사람이 얼마나 자신의 삶에 통합시킬 수 있는가 하는 문제를 둘러싸고 이루어졌다. 그래야 이론은 인위적이고, 주어진 것이며, 기술적이고, 외부적인 것에 머무르지 않고, 더욱더 인격적인 것으로 되기 때문이다. 그래서 융은 치료자가 그의 인격과 따로 떨어진 채 이론에 대한 지식과 기술만 가지고 실제에 임하는 것을 경고하였다. 치료자에게 완전히 통합되지 않은 지식은 문제라는 것이다. 우리는 여기에서 체계적이지 않은 지혜로서의 융과 시험을 요구하는 교수로서의 융이라는 두 개의 다른 모습 사이의 차이를 이해할 수 있게 된다. 치료자들은 이론에 대해서 철저하게 알고 인격화해야 하는 한편, 이론을 가지고 분석하고, 자기-분석을 하며, 탐색해야 하는 것이다. 우리가 가장 피해야 하는 것은 이론을 방어적으로 사용하는 것이다. 그때 우리 감정은 막혀버리거나, 이론을 마술적으로 사용하면서 손쉬운 답변만 하게 된다. 그렇지 않으면 순전히 논리적으로 사용하면서 진단만 하게 된다.

당연한 말이지만 이론은 결코 분석의 과정을 지배할 수 없다. 그것은 모든 사례들에 적용되어야 한다. 실제적인 자료들이 도출되고, 그것들이 이론을 채운다면, 분석 과정이 너무 지적으로 되거나 너무 영향을 미치지 못하게 될 것이다. 치료 과정에서 분석가의 인격이 영향을 미칠 수밖에 없다는 사실을 알지 못하는 치료자는 자아가 팽창된 치료자일 것이다. 그러므로 가장 중요한 문제는 치료자가 이론을 그 자신에게 통합하는 것이다. 그렇기 때문에 치료에서 가장 커다란 죄는 모방이다. 왜냐하면 그럴 경우 치료자들은 이론을 이미 정해진 방식대로 적용시키기 때문이다(더 깊은 논의를 위해서는 이 책의 pp. 569 - 573를).

행동 언어와 구체화

언어는 사람들의 이해에 영향을 미치고, 이해는 언어의 밑바닥을 파헤친다. 융의 언어 사용과 어느 정도까지는 후기 융 학파 심리학자들의 언어 사용의 중요한 관심사는 언어를 구체화시키는 것이다. 예를 들어서 말하자면, 무의식적인 것처럼 변하고, 흘러가는 것들을 구체적으로 나타내거나, 글자 그대로 드러나게 하고, 행동으로 나타내 보이게 하는 것이다. 심리학 분야에서 구체화한다는 것은 미리 규정되어 있는 이론을 실제에 적용시키려고 하는 한편 정신이 담당해야 하는 역할을 비켜 지나가게 하는 것을 말한다. 구체화를 위한 방법에 대해서는 이미 많은 논의가 있어왔다. 램버트(Lambert, 1981a)는 구체화를 위해서는 은유적인 언어와 과학적인 언어 사이를 구별해야 한다고 주장하였다. 은유적인 언어는 상상의 세계에 속한 언어이고, 과학적인 언어는 지적인 언어이기 때문이다. 은유적인 언어는 사실을 시각적이거나 청각적인 영상으로 표현하고, 과학적인 언어는 사실에 합리적이거나 개념적으로 접근한다. 융은 사람들에게 있는 이 두 가지 사고방식을 '상상적 사고'와 '지향적 사고'라는 말로 구분한 적이 있다(CW 5, para. 11-46). 그러나 융은 인간의 정신 기구 가운데서 좀 더 합리적이고 논리적인 부분이 상상에 의한 원초적인 자료들과 같이 보충되면서 협동 관계에서 작용할 수 있을 것이라고 생각하였다. 하지만 사람들에 따라서 은유적인 언어와 과학적인 언어를 선호하는 사람들이 다르다는 사실은 두 가지 언어가 서로 도와가면서 사용될 수 있는 모델을 찾아보기가 어려울 것이라는 사실을 짐작하게 한다(11장을).

구체화의 문제는 미국의 정신분석가 셰이퍼(Schafer, 1976)가 '행동 언어'(action language)로의 전환을 제안하면서 시도하였는데, 행동 언어란 정신 활동의 역동적이고 유동적인 특성을 강조한 것이다. 또한 플라우트(Plaut)는 의사소통에 관한 일련의 발표(1981-2)에서 명사보다는 동사(주로 동명사)를 사용하는 것이 효과적이라는 사실을 강조하였다. '생각'보다는 '생각하기', '저항'보다 '저항하기', '개성화'보다 '개성화하기'가 더 효과적이라는 것이다.

유비의 사용과 남용

융은 인간의 심리에 접근하는 다른 사람들처럼 계속해서 유비(analogy, 유비란 우리가 잘 알 수 없는 개념을 이미 알고 있는 개념의 도움으로 설명하는 방식을 말한다. 예를 들어서 말하자면 우리는 하나님이 어떤 존재인지 잘 모르지만 하나님을 아버지라고 부르면서 하나님이 어떤 분인지 짐작하려고 하는데 그것이 유비이다: 역자 주)를 사용한다. 그가 말하는 리비도나 정신 에너지 같은 개념들도 자연 과학에서 빌려온 유비이다. 허백(Hubback)은 "유비의 사용과 남용" (1973)이라는 논문에서 사람들이 유비를 만들어서 사용하는 것은 단순히 어떤 사실을 이해하려는 행위를 넘어서 인간 정신의 근본적이고 상상적인 행위라고 주장하였다. 사실 이미지 자체는 그것이 지금 실제로 작용하지 않는 것들을 자극하기 때문에 유비의 한 형태라고 할 수 있다. 그러나 그녀가 지적하듯이 융이 심리적인 현상들을 유비적으로 말한 것은 이 세계가 단일한 체계로 되어 있다는 생각을 설명하려는 한편 그 사실을 드러내려고 했기 때문이다. 다시 말해서 그는 '하나인 세계'(unus mundus)라는 유비를 사용하면서, 이 세상에서 모든 것들은 서로에게 어느 정도 연관되어 있다는 통전적인 관점을 이야기하려고 했던 것이다. 유비는 우리가 존재의 심층을 이해하고 경험하게 해준다. 유비를 사용함으로써 과학적 발견에 예감, 짐작, 직관이 더 활발하게 작용하기 때문에 유비는 더 많이 사용될 수 있다. 유비와 마찬가지로 직관은 그 전까지 서로 이어질 수 없었던 두 가지 생각을 하나로 이어주는 것이다.

융은 유비를 사용하면서 그가 그 전까지 보지 못했던 사실을 보거나, 어떤 사실을 그 전과 전혀 다른 각도에서 볼 수 있었다. 때때로 유비는 실제로 관찰되는 현실보다 정신에 더 가까이 있을 수 있으며, 구체화와 반대편에 있는 경우도 있을 수 있다. 여기에 덧붙여서 나는 유비는 융에게 다른 학문 영역에서와 마찬가지로 정동적인 기능을 수행하지 않았나 하는 생각을 한다. 그는 다른 개척자들과 마찬가지로 그가 세운 가설을 공고히 하기 위해서 정동적인 체험을 했었어야 했기 때문이다.

허백은 레비—스트로스의 다음과 같은 말을 인용하면서 말하고 있다 : "자연과학과 비교해 볼 때, 우리에게는 이점도 있지만 불편한 점도 있다. 왜냐하면 우리가 실험하려는 것은 이미 준비되어 있지만, 우리가 그것들을 통제하지 못할 때도 있기 때문이다. 그래서 우리가 그것들을 하나의 모델로 만들어서 생각하려고 하는 것은 충분히 있을 수 있는 일이다"(ibid., p. 95). 브라운은 이 말을 가지고 『프로이트와 후기 프로이트 학파』라는 책에서 융을 공격할 수 있었다. "우리는 융의 방법론을 다음과 같이 말할 수 있을 것이다. A가 B와 비슷하고, B가 어떤 상황 하에서 C와 어떤 것을 나누어 가지고 있고, C가 때때로 D와 관계된다고 생각된다면, 논리적으로 볼 때 충분히 A=D라는 결론을 내릴 수 있다는 것이다. 그러나 이런 말은 과학 언어의 견지에서 볼 때 무의미한 말이다"(Brown, 1961, p. 45).

그러면서 허백은 유비가 잘못 사용되는 것은 해당되는 단어에 대해서 서로 동의하지 않은 채 어떤 점에 초점을 맞추어서 논의하면 생겨난다고 결론지었다. 유비는 서로간의 차이를 무시하고, 그 차이에서 오는 불안을 견디지 못할 때 방어적으로 사용된다는 것이다. 내가 생각하기에 유비에는 본래 강점도 있지만 약점도 있을 수 있다. 유비를 사용할 때, 우리는 감동에 사로잡히기도 하지만, 그 경우만 과장할 수 있는 것이다. 그럼에도 불구하고 유비를 적절히 사용한다면 모호한 것을 좀 더 넓은 견지에서 제대로 볼 수 있는 장점도 있다.

예를 들어서 말하자면, 다시 융으로 돌아가서 그가 리비도라는 용어와 정신 에너지라는 용어를 사용했을 때, 그 유비는 융으로 하여금 정신 에너지가 강도의 차이에 따라서 어떻게 다르게 나타날 수 있으며, 심리적 경험을 얼마나 효과적으로 묘사할 수 있는지 보여주었던 것이다. 여기에서 에너지의 강도는 실험적인 측면의 것을 나타내고, 심리적 경험은 주관적인 측면을 나타내는데, 정신을 에너지적인 관점에서 유비적으로 말함으로써 정신작용이 기계적인 방식으로 표현되지 않게 되었다.

도형을 사용해서 설명하는 것은 특별한 유형의 유비인데, 도형은 그림 안에 모든 것이 너무 구체적으로 드러날 위험이 있다. 도형의 유용성은 관찰자의 기호와 태도에 따라서 다르게 나타난다. 그것의 한 가지 이점은 심리학적 도형이 우리를 좀 더 지적인 수준으로 이끌어 간다는 점이다. 하지만 문제는 심리적 발달에 따라서 선을 그어서 구분하거나, 어느 부분들을 나누어서 그것을 하나의 전체로 나타낸다면, 그것은 사실을 너무 단순화시키는 것이 된다. 그래서 이런 민감한 문제들을 해결하려고 원을 겹쳐 놓으면서 그리기도 하는데, 그것들 모두가 경계가 모호한 부분을 나타내고 사실에 더 가깝게 표시하려는 노력이다(e.g. Lambert, 1981a, p. 194).

예를 들어서 말하자면, 또 다른 문제가 야코비의 『C. G. 융의 심리학』(1942)에서 드러났다. 그 책에 있는 정신 구조를 나타내는 어떤 도형에서 자아가 중심에 위치해 있으면서, 바깥으로 처음에는 개인 무의식과 다음에는 집단적 무의식과 관계되게 그려진 것이 있다. 또 다른 도형에서는 집단적 무의식이 도저히 의식에 다가갈 수 없게 된 그림도 있다. 집단적 무의식이 중심에 놓이면서 원주에 있는 자아와 접촉할 수 없었던 것이다. 물론 이 두 도형에는 옳은 점도 있다. 그러나 이렇게 하나의 관점만 가질 수밖에 없는 도형에는 우리가 체험의 질을 제대로 나타낼 수 없다는 약점이 있다. 왜냐하면 어떤 때는 우리에게 개인적인 깨달음이 중요할 때도 있지만, 어떤 때는 기본적인 충동이나 무의식적인 동기가 중요할 때도 있기 때문이다.

초심리학(metapsychology)

초심리학이라는 용어는 '형이상학'(metaphysics)이라는 용어에 대한 대응어로 프로이트가 만든 말인데, 이 말은 심리학을 가장 이론적인 관점에서 고찰하려는 시도이다. 그래서 초심리학은 인간의 심리적 경험 가운데서 한 가지 부분에서만 있을 수 있는 개념들을 서로 이으려고 한다. 앞에서 우리는 이미 이론적인 실체는 존재하지 않는다는 생각을 피력한 바 있다. 그러나 초심리학은 그것들이 마치 존재하는 것처럼 설명하려고 한다.

프로이트는 그의 초심리학을 그것의 역동적 측면, 도형학적 측면, 경제학적인 측면으로 나누어서 설명하려고 했는데, 우리는 그것이 분석심리학에 어떻게 적용될 수 있는지 살펴보려고 한다.

인간의 정신이 정체되어 있지 않고, 역동적이라는 관념은 프로이트 학파나, 융 학파나, 후기 융 학파 모두에게 해당되는 근본적인 관념이다. 여기에서 우리가 생각할 수 있는 것은 때때로 본능적일 수도 있는 힘들 사이의 상호작용과 서로 반대되는 힘들 사이의 갈등에 대해서이다. 프로이트는 해결되지 않고, 새로워지지 않은 갈등이 신경증의 원천이라고 생각했던 반면, 융은 우리가 제4장에서 살펴볼 테지만, 눈에 띄게 서로 화해할 수 없는 정신적 내용들의 분출은 정신적 발달의 기반이 된다고 생각하였다. 왜냐하면 그것은 사람들이 앞으로 나아갈 수 있는 새로운 자리를 마련해 주기 때문이다. 인간의 정신에서 가장 중요한 역동적 갈등은 아마 의식과 무의식 사이의 갈등일 것이다(나중에 조금 달라지기는 했지만, 프로이트와 융은 기본적으로 이 사실에 동의하고 있다). 이러한 생각은 무의식 속에 자기—조절 기능이 있다는 주장 때문에 융의 견해에서 매우 강조되었다. 우리가 당장 초심리학의 역동적 측면에서 찾아낼 수 있는 중요한 요소는 정신의 어떤 부분들은 같이 움직일 수 있으며, 그와 동시에 서로 떼어져서도 움직일 수 있다는 사실이다. 한편으로 정신의 부분들이 서로 결합하고, 하나가 되는 작용과 다른 한편으로 서로 분리되고, 분화되어 있으며, 구별되는 작용은 융에게 있어서 인격의 발달과 개성화 과정에서 매우 중요한 주제로 드러났고, 후기 융 학파 심리학자들에게는 필수불가결한 주제로 인식되었다.

인간의 정신을 지형학적으로 말하는 것은 정신의 하부 체계를 (프로이트가 처음에 그랬듯이) 공간적으로 생각하거나 (프로이트가 나중에 그랬듯이) 구조적으로 생각하는 것이 된다. 지형학적 접근의 뿌리는 인간의 몸에 있는 수많은 부분들은 모두 제 자리가 있으며, 서로 다른 영역이나 기관들과 연계되어 있다고 생각하는 해부학이나 생리학에 기반을 두고 있다. 더구나 사람들은 환상과 같은 무의식 현상들이 어디에서 비롯되는 것인지 규명하려고 노력하였다. 무의식에 대한 관념에서 중요한 것은 대부분의 것들은—건물의 기초와 같이—숨겨져 있지만 같은 방식으로, 특히 정신병리에서 작용한다는 것이었다. 프로이트와 융은 모두 인간의 정신을 나누어서 그 부분들과 하부 체계들을 드러냄으로써 정신의 전일성을 밝혀냈다. 또한 정신의 지형학은 인간의 정신에 있는 어떤 하부 체계는 콤플렉스의 경우에서처럼 비교적 독립적으로 작용하는 특성이 있다는 사실도 알려주었다(제4장을 참고하시오).

우리는 인간의 정신을 경제학적으로 접근하는 것을 유비와의 관계에서 이미 살펴보았다. 초심리학이 내세우는 전제는 인간의 정신 활동은 정신 과정에서 쓰이는 에너지적 용어로 나타낼 수 있으며, 에너지는 다양하게 변화된다는 점이다. 이러한 사실은 임상적 실천에서 가장 잘 나타난다. 강박 증상을 앓는 환자는 그가 아무리 의식적으로 노력하여도 그 증상을 없앨 수 없다는 사실을 잘 알고 있다. 이 사실을 에너지의 경제학으로 말하자면, 그때 그것을 극복하려는데 사용되는 에너지보다 그 증상에 투입되는 에너지가 더 많기 때문에 증상이 없어지지 않는 것이라고 말할 수 있다. 우리는 앞으로 콤플렉스들 사이에서 생기는 상호작용에 대해서 고찰하려고 할 때마다, 이 가설을 떠올려야 한다.

초심리학에서는 인간의 성격에는 타고나는 요소와 체질적인 요인 및 환경과의 상호 작용에서 나오는 것들이 별로 관계되지 않는다고 생각한다.

익명의 융 학파 심리학자들

융의 심리학에 관심을 가진 사람들은 연금술적 비방(秘方)을 찾으려는 사람들이나 밀교(密敎)에 흥미를 느끼는 사람으로부터 실제로 임상 활동에 그의 사상을 적용시키려는 사람들에 이르기까지 매우 다양하다. 융은 아주 놀랍도록 현대적인 사상가이자 심리치료자로 알려졌는데, 그 이유는 그가 다른 많은 정신분석가나 심리학자들이 발달시킨 여러 가지 기법들에 아주 독창적인 방식으로 다가갔기 때문이다. 로젠(Roazen)은 『프로이트와 그의 추종자들』이라는 책에서 다음과 같이 말하였다 : "융이 1913년에 피력했던 것과 같은 견해를 오늘날 어떤 분석가가 표명한다면, 어느 정도의 위치에 오른 정신분석가 가운데서 불편해하지 않을 사람은 거의 없을 것이다"(1976, p. 272). 이것은 융이 그 후에 공식화시킨 다른 많은 주장들에 대해서도 마찬가지이다.

후기 융 학파 분석심리학의 여러 가지 지류(支流)들이 그 동안 발달한 정신분석학의 다양한 학파들과 보조를 맞춰서 나아가고 있다는 사실은 융이 심리치료의 주류에 속해 있다는 사실뿐만 아니라, 오늘날 분석과 심리치료가 "융적으로" 행해진다는 것이 매우 의미 있는 사실임을 말해준다. 그래서 우리는 이제 새로운 범주를 생각해야 할 필요성을 느끼는데, 그것은 익명의 융 학파(unknown Jungian)이다. 우리는 앞으로 이 책에서 융과 후기 융 학파 심리학자들과 주로 정신분석학파에 속해 있는 익명의 융 학파 사이의 상호작용에 대해서 논의하려고 한다. 그러기 위해서 우리는 (융의 입장에 서서 좀 더 광범위하게 논의했던 다른 학자들의 견해보다) 로젠의 통찰을 좀 더 자세하게 살펴보려고 한다. 때때로 분석심리학 사상은 정신분석학 이론에 가시 같이 작용하면서 도움을 주었을 것이고, 그 반대도 마찬가지였을 것이다.

나는 융이 제일이라고 내세우거나 그에게 일방적으로 열광적인 지지를 보내려고 할 의도는 전혀 가지고 있지 않다. 오히려 이 책에는 그의 사상에 대해서 반박하는 부분도 상당히 많다. 그러나 내가 그 동안 심리학에 대해서 가르쳐 보고 정신분석학을 전공한 동료들과 만나서 의견을 나누어본 결과, 융의 사상은 매우 신뢰할 수 있는 것이라는 결론에 도달하였다. 문제가 있다면 그것은 융과 정신분석학자들 사이에 어떤 신뢰의 간극(間隙)이 있다는 사실이다. 나는 현대의 분석과 심리치료에는 융적 정취(情趣)가 상당히 많다는 사실을 보여주면서 이 신뢰의 간극을 극복할 수 있는 무엇인가를 하고, 독자들 역시 분석심리학에서 이와 같은 측면을 탐색할 흥미를 자극시켰으면 한다(p. 577-8를).

다음에 나오는 목록은 내가 관심을 가지고 살펴보는 정신분석학의 변화와 발달에 관한 것인데, 우리는 여기에서 융적인 재정향(再定向)을 살펴볼 수 있다. 나는 여기에 그에 관한 내용과 이론가의 이름을 같이 적어 놓았다.

- 오이디푸스기 이전의 이른 시기에도 어머니에 대한 집착이 있으며 분리 경험이 중요하다고 강조하는 학자들: 멜라니 클라인과 영국의 대상관계학파들인 페어베언, 건트립, 위니캇, 발린트, 볼비.
- 인간의 정신생활에서 역동적인 부분은 사람들이 타고나는 정신구조(원형)에 의해서 이루어진다는 학자들: 클라인, 볼비, 스피츠, 라깡, 비온.
- 무의식에는 파괴적이지 않고, 창조적이며, 목적적인 측면이 있다는 학자들: 밀너, 라이크로프트, 위니캇의 놀이, 또한 매슬로우를 비롯한 인본주의 심리학자.
- 증상을 단지 인과적이고 환원적인 방식으로만 볼 것이 아니라 그것이 환자에게 어떤 의미가 있는가 하는 관점에서 살펴보아야 한다는 학자들: 라이크로프트와 실존주의 분석학파.
- 분석 이론이 가부장적이고, 남성—지배적이며, 남근중심적인 접근에서 변화가 생기고, 여성적인 것들에 관심이 기울어지는 학자들: 여성주의 심리학과 심리치료, 미첼, 스톨러, 라깡.
- 임상에서 역전이를 사용할 것을 강조하는 학자들: 오늘날 대부분의 분석, 즉 실즈, 렝, 래커, 리틀, 위니캇.
- 분석은 서로가 변환되는 상호작용이며 분석가의 인격과 분석 경험이 무엇보다도 중요하다고 생각하는 학자들: 렝, 실즈, 로마스, 상호작용주의자(interactionalism).
- 분석에서 퇴행은 유용하거나 도움을 줄 수 있으며, 같이 작업을 할 수 있다고 생각하는 학자들: 발린트, 크리스.
- 분석에는 자기가 자아보다 더 많이는 아니지만 같은 정도

로 관계되어야 한다. 자기는 자아의 수많은 표상들 가운데 하나라기보다는 한 사람의 일관된 표현이라고 생각되어야 한다는 학자들: 코헛, 위니캇.

• 인격에는 그것을 가지고 분석가가 작업을 할 수 있는 하부-체계(콤플렉스)가 있다는 학자들: 위니캇이 말한 참 자기와 거짓 자기. 또한 게슈탈트 치료, 행동교류분석.

• 근친상간적인 환상은 상징적인 것이라는 학자들: 비온, 라깡, 미첼, 위니캇.

• 개인적인 통합에 대한 것이 "정신적 건강"이나 "올바른 생식"(生殖)보다 더 중요하다는 학자들: 에릭슨, 밀너.

• 정신분열적인 현상에도 의미가 있다고 생각하는 학자들: 렝과 그의 동료들.

• 분석에 대한 관심이 인생의 후반기에 확산된다는 학자들: 레빈슨, 파크스, 에릭슨, 퀴블러―로스.

• 부모 사이의 문제가 아이들을 통해서 나타난다는 학자들: 가족치료.

분석심리학의 학파들

이제 우리는 후기 융 학파 분석심리학자들의 다양한 학파에 대해서 관심을 돌리려고 한다. 분석심리학에 이런 분파들이 있고, 그것이 건강하게 존재한다는 사실은 안타깝지만 불가피한 일이며, 우리는 그 사실을 무시할 수 없다. 이렇게 된 것은 분석과 치료의 실제에서 이론적인 차이 때문에 환자가 보여주는 자료 가운데서 어떤 부분에 관심을 더 기울이고, 어떤 것이 그 자료에 내재해 있는 의미를 부여하는 것인지에 대해서 서로 다르게 판단했기 때문이다.

나는 후기 융 학파를 세 가지로 분류하는 것에 대해서 소개하고, 내가 나름대로 분류한 것을 말한 다음 절충주의적인 입장에서 융의 심리학이 얼마나 광범위한 문제들을 다룰 수 있으며, 다루어야 하는지에 대해서 결론적으로 논의하려고 한다.

애들러의 분류

애들러는 제일 처음으로 인쇄 매체로 융 학파의 분류에 대해서 체계적으로 발표하였다(1967). 그는 융의 생각 자체가 수많은 변천 과정을 거쳐 왔듯이 분석심리학도 변해야 하고, 더 발달해야 할 필요성을 느꼈다. 그렇게 되려면 잠시 혼돈될 수도 있을 테지만, 그것은 어쩔 수 없는 일이었다. 그는 분석심리학파를 '정통적인 태도'를 가진 사람들로부터 '비정통적인 태도'를 가진 사람들에 이르는 연속체로 파악하였다. 정통파(orthodox group)는 융의 분석심리학 개념과 접근을 거의 그가 남겨준 형태와 방식대로 이어가려고 한다. 이들은 임상에서 원형적인 방식에 대한 설명에 초점을 맞추고 있다. 그리하여 이들은 환자들이 제시하는 심리적인 자료들을 다른 원형적인 자료들과 비교하면서 확충하여 거기에 원형적으로 어떤 의미가 있는지 살펴보고, 적극적 상상(active imagination)을 통해서 그 안에 담긴 목적적 요소들을 의식화시키려고 한다.

확충(amplification)은 유비가 매우 발달된 형태이다. 그 안에서 우리가 이미 알고 있는 신화, 민담, 제의적 실천의 내용이나 이야기는—단어 하나 또는 꿈의 이미지, 신체적 감각을 통하여—임상적 단편(clinical fragment)들로 어떻게 나타날 것인지 설명하거나 "확충해 주기" 때문이다. 임상적 단편들이 분석가나 환자에게 무엇인가를 촉발시킨다면, 그들은 그들이 이미 알고 있던 어떤 것을 그 자료를 통하여 감각할 수 있을 것이다. 예를 들어서 말하자면, 자기 어머니와 왜 잘 지내지 못할까 하는 것을 알지 못했던 여자는 지하 공간에서 어떤 남자와 만나는 꿈을 꿀 수 있는 것이다. 확충에는 데메테르와 페르세포네와 같은 집단적 무의식의 신화소가 유용하게 사용된다. 그렇게 함으로써 어머니와 딸 사이의 불화 이유가 상대방에 대한 양가감정 때문이며 성적인 경쟁임을 명백하게 드러내고 강조하는 것이다. 확충은 이렇게 무의식의 역동성을 의식화하는 것을 도울 뿐만 아니라 환자들에게 그들만 그런 문제를 겪는 것이 아니라, 그들의 문제가 전형적인 것이라는 사실을 일깨우기도 한다.

   융이 고안한 적극적 상상은 무의식에는 독자적으로 상징을 만들어낼 수 있는 능력이 있다는 사실을 보여준다. 그래서 융은 분석 과정에서 사람들은 적극적 상상을 사용할 수 있고, 적극적 상상에서 나온 자료들은 수동적 환상에서 나온 자료들과 구별되어야 하며, 환자들은 적극적 상상에서 나온 자료들을 선택적으로 사용해야 한다고 강조하였다. 적극적 상상은 무의식으로부터 오는 '메시지'를 전달해주는 통로라는 것이다. 적극적 상상은 그림이나 글쓰기나 모델 등과 같은 매체인 것이다. 따라서 적극적 상상에서 얻어진 것들은 심미적 관점에서 판단할 대상이 아니다. 오히려 인간의 정신에서 주체가 형성되기 이전의 영역에 담겨 있는 정보로 파악되어야 한다. 그러므로 적극적 상상은 그 안에 자아가 참여하고 있는 환상(fantasy)의 한 특별한 형태로서, 자아가 내면의 객관적 현실과 연관을 맺으려는 목표를 담고 있다고 해야 한다. 또한 자아는 위에서도 말했듯이, 명상을 하는 것처럼 어떤 정신적인 단편들을 가지고 있을 수 있다.

"그것은 마치 상상력이 움직이기 시작하고, 무의식에서 꿈이 열리기 시작하는 것과 같다. 일반적으로 자아는 그 장면들을 따라서 움직이거나 질문을 하면서 그 드라마에 포함되기 마련이다. 그래서 대화는 정신적인 현실을 인정하는 태도로 의식과 무의식 사이에서 이루어지고, 사람들은 대화 속에 들어가며, 정신은 자유롭게 표현된다"(Weaver, 1964, p. 4).

분석 과정에서 언제 적극적 상상을 하게하고, 적극적 상상이 도움이 되는 사람은 어떤 사람인가 하는 것은 매우 중요한 문제이다. 그래서 우리는 제6장 분석의 과정에서 그 문제에 대해서 다룰 것이다.

확충과 적극적 상상은 공격성과 성욕이 억압될 수 있듯이 억압될 수 있는 자기(self)의 역동적인 활동에 대한 신뢰에 기반을 두고 있다. 그러나 우리는 분석이 억압을 제거하는데 도움을 주는 것이라면, 분석 과정의 시작은 이미 억압을 없애려는 움직임의 시작이라고 생각한다.

애들러는 분석심리학파의 다른 한 끝에 두 번째 집단인 "신-융 학파"(neo—jungian)를 놓았는데, 이 집단은 정신분석학의 개념들을 통합함으로써 융의 사상들을 변화시키려고 한다(미국에서는 에릭슨으로부터, 영국에서는 클라인과 위니캇으로부터). 이들은 해석에서 융이 말한 "전좌표하며 기다리는 접근"을 떠나려고 한다. 그래서 그들은 애들러가 '환원적' 해석이라고 지칭한 것을 위하여 분석에서 확충이나 적극적 상상을 하지 않으려고 한다. 그들은 유아시절의 자료에 더 관심을 기울여서, 어른들의 삶에 유아적 유형이 반복되며, 성인 속에 과거의 유아가 남아 있다고 주장한다. 유아적 자료들을 가지고 분석과 치료를 하는 것은 사실상 분석가와 환자 사이의 상호행동에 초점을 맞추는 것이 된다. 왜냐하면 유아적 욕좌표로 구성된 전이와 원시적 방어와 같은 정신기제와 충동들이 무의식의 자료들로 가는 유일한 통로이기 때문이다.

애들러는 이 분광(分光)의 가운데 세 번째 집단을 놓는데, 그들은 위에서 말한 서로 다른 두 가지 다른 접근을 결합시키려고 하며, 애들러는 자기가 거기 속해 있다고 생각한다. 애들러는 이 '중간 집단'은 신—융 학파와 다르다고 주장하는데, 그 이유는 중간 집단에서는 전이 분석이 분석에 필요한 많은 수단 가운데 하나일 뿐이라고 생각하기 때문이다. 마찬가지로, 그에게 있어서 꿈의 해석은 더 중요하게 여겨지지도 않을 것이다(더 특별하게 이루어지는 적극적 상상 역시 그렇게 중요하게 취급되지 않는다)(1967, p. 349). 애들러는, 자신은 전이라는 개념을 정신분석학에서 말하는 것보다 훨씬 더 광범위한 의미로 이해한다고 강조하였다. 왜냐하면 전이에는 유아적 요소들 이외에 환자가 아직 살지 못한 무의식 요소들을 분석가에게 투사한 것들이 들어있을 수 있기 때문이다.

포댐의 분류

　포댐 역시 다양한 후기 융 학파 심리학자들은 융의 작업 가운데서 서로 다른 측면들에 강조점을 두었다고 생각하였다(1978a, p. 50). 포댐은 애들러가 전이에 대한 융의 태도에 너무 많이 양보하였다고 생각하였다. 그래서 포댐은 애들러의 입장을 변화시키려는 방향으로 나아갔다. 그의 분류는 지리학적인 것을 따랐다. 예를 들어서 말하자면, 그는 쮜리히에 있는 C.G.융 연구소에는 융이 말년에 그의 학생들에게 남긴 것이 많이 있다고 생각하였고, 그것을 융의 스타일이라고 생각하였다. 그런데 그것은 결국 융을 "분석에서 점점 더 멀리 떨어지게 하였고, 그가 무의식에서 도출할 수 있으리라고 생각했던 것들에 대한 연구에 매달리게 하였다"(ibid., p. 50). 나는 포댐의 비판에서 흥미로운 점은 쮜리히에서 가르치는 것들은 융이 말년에 했던 작업들을 너무 과장하고 있을 뿐만 아니라, 융이 본래 하려고 했던 것을 뒤바꾸는 작업이라는 사실을 간과하고 있다는 지적이라고 생각한다. 융이 초기에 했던 것들은 더 임상적인 것이었기 때문이다.

　융이 환자와 실제로 했던 작업들은 매우 개인적이고 특별한 방식으로 이루어졌기 때문에, '쮜리히—방식'의 분석이 어떻게 이루어졌는지 하는 것에 대한 기록은 거의 남아 있지 않다. 포댐은 쮜리히에서 여러 가지 분석이 이루어졌다는 사실에 대해서 흥미를 느끼고, 의아해한다. 왜냐하면 그것은 하나의 환자가 동시에 여러 분석가에게 분석을 받았거나, 성별이나 정신유형 등과 같은 특별한 이유에 따라서 선발된 다수의 분석가들에 의해서 연속적으로 분석 받았음을 의미하기 때문이다. 포댐은 쮜리히 방식의 분석을 일종의 문화적 현상이라고 보았다. 그것은 융 심리학의 중심지인 쮜리히라는 하위문화를 배경으로 한, 임상 위주가 아닌 연구소라는 특별한 위치에서 비롯된 현상이라는 것이다. 포댐이 보기에는 이 학파가 강조하는 것들은 모두 환자가 제시하는 자료들에서 신화—같은 특성들을 밝히고, 거기에 이미 존재하는 인간 정신의 모델을 적용시키는 것이다. 그렇게 되면 그 자료는 어떤 특별한 유형이나 다른 유형으로 불리게 된다.

포댐은 계속해서 그의 지리학적 고찰을 런던으로 확장시키는데, 거기에서 활동하는 후기 융 학파의 특징은 쮜리히 모델과 전혀 다른 방식으로 전이(轉移)에 관심을 기울인다. 포댐은 그들의 태도가 쮜리히 학파와 너무 다르기 때문에 '런던 학파'라고 부르는데, 거칠게 말하자면 애들러가 '신—융 학파'라고 부른 사람들에 해당한다. 런던 학파는 부분적으로는 초기 구성원들이 분석가와 환자 사이에서 실제로 오가는 것이 무엇인지에 관심을 가졌고, 부분적으로는 유아기와 아동기의 성숙에 대한 융의 주장이 실제와 맞지 않았기 때문에 생겨났다. 그래서 포댐은 그들과 정신분석학자들 사이에서 교류가 생겨났고, "특히 무의식적 환상과 역전이를 강조하는 클라인 학파 사람들과 유익한 의견 교환이 가능했다"(ibid., p. 53)고 기록하였다.

그런 다음에 포댐은 정신분석가들과의 이런 종류의 교류가 샌프란시스코와 독일에서도 이루어졌다고 덧붙였다. 그런데 샌프란시스코에서 강조하는 유형론 이론은 그곳에서 활동하는 후기 융 학파의 특별한 유형이고, 독일에서는 오히려 역전이에 관심을 기울이고 있다고 주장하였다. 그런데 포댐이 런던 학파와 쮜리히 학파라고 나눠 놓은 것은 그렇게 손쉽게 나눌 수 있을 성질의 것이 아니며, 이 점이 그의 분류가 가진 약점이다. 물론 런던 학파와 쮜리히 학파는 다른 지역에 있는 융 연구소들에 많은 영향을 끼치고 있다.

포댐은 런던과 쮜리히 사이의 갈등이 공개적으로 표출되는 것을 지켜보았고, 거기에서 교조주의와 그에 대한 반동 형성이 일어나는 것을 알았다. 런던에서는 사정이 더 복잡해져서 또 다른 집단이 생겨났고, 그들은 독자적인 조직과 훈련기관을 만들어서 다른 것들과 뒤섞이지 않은, 객관적으로 융의 심리학이라고 할 수 있는 것을 가르치려고 하였다(Adler, 1979, p. 117). 앞으로 우리는 이런 분열에 관련된 요인들을 고찰할 텐데, 그 전에 먼저 후기 융 학파에 대한 분류 작업을 좀 더 계속하려고 한다.

골든버그의 분류

세 번째 분류는 골든버그에 의한 것이다(1975). 그녀는 융 학파는 아직 학파로 형성되지 않았다고 주장했는데, 그 점에 있어서 애들러나 포댐과 생각이 달랐다. 왜냐하면 융 심리학자들은 개인 분석가 사이에서 교류는 있을지 몰라도, 내부에서 자기—비판을 하거나 평가를 하는 전통이 아직 없기 때문이라는 것이다. 그녀는 이런 분류가 가능하려면 그녀처럼 다른 계열에 속한 사람들이 융의 개념이나 후기 융 심리학자들이 전개한 개념들에 자유롭게 접근하고, 서로의 생각을 나누고 명확하게 개진할 수 있어야 한다고 생각하였다.

골든버그는 후기 융 학파 심리학자들을 두 가지 집단으로 나누었는데, 하나는 두 번째 세대이고 다른 하나는 세 번째 세대이다. 여기에서 그녀가 세대라고 말한 것은 지성사적인 개념이고, 융을 인식론의 핵(核)으로 할 때 융과의 관계를 나타내는 개념이지 실제 나이와는 관계가 없는 용어이다. 골든버그는 두 번째 세대에 속한 사람들을 "그 자신이 스스로를 융의 제자로서 융을 가르치는 사람으로 생각하며 융에 대해서 일관된 설명을 하려는 사람들"이라고 하였다(p. 203). 그녀는 '두 번째 세대'라는 말과 '일관된 설명'이라는 말은 융이 노이만의 『의식의 기원과 역사』 (1954)의 서문에서 직접 사용한 말임을 강조하였다. 그러면서 그녀는 그 서문이 후기 융 학파 심리학자들의 생각의 발전을 표시하거나 책을 쓸 때 중요한 지표가 된다고 주장하였다.

 융은 그의 작업을 체계화하고 다른 사람들에게 알리려는 시도를 중요시하였다. 융 심리학의 두 번째 세대 사람들의 저작들은 인기가 있었다. 아마 융의 책보다 더 인기가 있었을 것이다. 왜냐하면 그들은 융의 사상을 거의 그대로 따르면서, 융이 했던 것보다 그의 생각을 더 단순한 형태로, 더 명확하게 소개했기 때문이다. 골든버그는 포댐과 애들러도 두 번째 세대로 분류한다. 그녀는 세 번째 세대를 스스로를 '원형 심리학자들'이라고 규정하는 분석가 집단에게 주었다(원형 심리학에 대한 충분한 논평은 제9장에서 다룰 것이다). 골든버그는 첫 번째 세대 심리학자들은 그들이 융에게 영향을 받은 것은 인정하지만, 융에게 개인적으로 아무 책임감도 느끼지 않는 사람들이라고 분류하였다. 나는 골든버그의 분류에서 '융에 대한 책임감'이 가장 주목할 만한 점이라고 생각한다. 왜냐하면 그 점이 바로 후기 융 학파 심리학자의 두 번째 세대와 세 번째 세대를 구분하는 특징이기 때문이다.

논평

 이 세 사람의 분류는 서로 일치하지 않는다. 예를 들어서 말하자면, 골든버그가 말한 세 번째 세대는 애들러나 포댐의 분류에는 포함되지 않는 것이다(애들러는 원형 심리학이 1960년대 후기에는 아직 세력을 가지지 못했다고 주장할 수 있었을 것이다). 또한 애들러는 신—융 학파가 막 우리에게서 떠났다고 주장했는데, 포댐은 애들러가 주장한 중간 지대에 대해서 비판하였다(p. 61-62 를 참고하시오). 이러한 주장들은 혼돈되고 기분이 언짢아지는 것이기도 하다. 그래서 융 심리학을 배우는 학생들이나 임상가들을 당황시키기도 할 것이다. 나는 클라크가 융 학파 심리치료사 수련생들을 위한 일련의 세미나에서 현대 융 심리학의 분파들에 대해서 강의했을 때의 일화(나는 1982년 그에게 직접 들었다)를 듣고 많은 도움을 받았다. 그때 학생들은 이 문제를 매우 심각하게 받아들였다. 그래서 융 학파가 분열되지나 않을까 하는 불안을 느끼기도 하였다. 그러나 그는 그 학생들이 이 많은 주장들을 서로 비교하면서 공부할 수 있을 것이라고 긍정적으로 받아들였다고 하였다.

새로운 분류

 나는 새로운 분류 체계를 만들면서 무엇보다도 먼저 개인적인 차이를 나타낼 수 있는 모델을 제시하려고 하였다. 그런데 그것은 내가 후기 융 학파 심리학자들을 나누면서 골든버그가 추구했던 두 가지 목표인 충분히 일관성이 있으며, 응집력이 있는 분류 체계를 만들려는 것이었다. 다시 말해서 나는 외부 인사들도 후기 융 학파 심리학자들이 어떻게 발달했는지 쉽게 들여다 볼 수 있으며, 내부적 토론을 거쳐서 서로의 생각을 반영할 수 있는 높은 정도의 조직화와 질서 체계를 갖춘 집단을 찾아서 나누어 보려고 했던 것이다.

그런 나의 가설에 맞추어 후기 융 학파를 세 가지 주된 학파로 나눌 수 있는데, 우리는 그것들을 고전학파, 발달학파, 원형학파라고 부를 수 있을 것이다. 나는 그렇게 분류하기 위하여 모든 분석심리학자들에게 통용되는 이론적인 측면에서 중요한 세 가지 주제와 임상실천에서 중요한 세 가지 주제를 선정하였다. 나는 이 항목들이 이 학파들의 발달을 뒷받침해 주는 중요한 지시적 요소이기를 바란다.

그 이론적인 측면에서의 주제는 첫째, 원형적인 것에 대한 정의, 둘째, 자기에 대한 관념, 셋째, 인격의 발달에 대한 견해이다. 다음으로 임상적 측면에서의 주제는 첫째, 전이와 역전이 분석, 둘째, 자기의 상징적 체험에 대한 강조, 셋째, 매우 분화된 이미지에 대한 검토 등이 그것이다.

나는 고전학파는 이론적인 측면에서 2, 1, 3 순으로 강조할 것이라고 생각한다. 그들은 통합되어 있고 개성화를 향해서 나아가는 자기를 가장 중요하게 생각하고, 원형적인 이미지들과 그 잠재적인 형태들을 그 다음으로 중요시하며, 한 개인의 초기 경험은 다소 중요하게 생각하지 않는다(나는 이런 태도가, 일반적으로 말해서, 융 자신이 우선적으로 생각했던 것이 아닌가 하고 생각한다. 그래서 '고전적'이라는 단어를 사용하였다). 발달학파에게서 비중은 3, 2, 1 순으로 되지 않을까 하고 나는 생각한다. 그들에게서는 한 개인의 인격적 발달이 가장 중요시되기 때문이다. 그러기 위해서 자기에 대한 관심이 주어지고, 그 다음에 일생 동안 원형적인 잠재상들과 이미지들이 어떻게 나타나는가 하는 점을 살펴본다. 원형학파는 원형적인 이미지들을 우선적으로 살펴볼 것이다. 그 다음에 자기를 살펴보고, 인격의 발달에 대해서는 별로 중요시하지 않을 것이다. 그래서 순서는 1,2,3이 된다.

임상실천의 측면으로 돌아와서 생각하면, 고전학파는 2, 3, 1 또는 2, 1, 3 순으로 가중치를 둘 가능성이 있다. 여기에서 나는 그들이 자기에 대한 탐색 다음에 전이—역전이를 중요시하는지, 아니면 특별한 이미지 추구를 중요시하는지 확신을 가지고 있지는 않다. 그 다음에 발달학파는 1, 2, 3 순으로, 또는 1, 3, 2 순으로 가중치를 둘 것이다. 여기에서도 나는 그들이 전이—역전이를 우선적으로 중요시하는 것은 알지만, 자기에 대한 체험과 이미지에 대한 검토 가운데서 어느 것이 두 번째 자리에 올지에 대해서는 확실하지 않다. 원형학파는 아마도 3, 2, 1 순으로 중요시할 개연성이 있다. 다시 말해서, 그들은 특별한 이미지를 자기에 대한 상징적인 체험이나 전이—역전이에 대한 분석보다 더 유용하게 사용하리라는 것이다.

물론 나의 분류와 나보다 먼저 분류했던 사람들 사이에는 겹쳐지는 부분이 있다. 내가 고전학파라고 칭한 사람들은 애들러의 '정통파', 포댐의 '쮜리히학파' 사람들과 성격이 비슷하고, 내가 발달학파라고 칭한 사람들은 애들러의 '신—융 학파', 포댐의 '런던학파' 사람들과 유사성이 있다. 그리고 내가 원형학파라고 한 사람들은 골든버그가 말한 '제3세대 융 심리학자'들이다.

나는 위에서 말한 여섯 가지 주제를 무턱대고 선정하지 않았다. 세 학파의 이론가들 역시 내가 제안한 것들을 강조하고 있다. 예를 들어서 말하자면, 고전학파에 속하는 애들러는 아직 발행되지 않은 그의 "개인적인 언급"(1975)에서 다음과 같이 말하고 있다.

> 우리는 상징적인 변화에 주된 강세를 두고 있다. 그에 대해서 나는 융이 P. W. 마틴에게 보낸 편지(20/08/45)를 인용하려고 한다. '내 작업의 주된 관심사는 누미노제에 다가가는 것입니다 ... 누미노제야 말로 진정한 치료입니다.'

발달학파들의 입장에 대해서도 마찬가지이다. 그에 관해서 포댐은 그가 쓴 논문들을 묶은 책의 서언에서 다음과 같이 말한다.

> 전이를 식별하는 것이 임상적인 관심에서 가장 중요한 첫 번째 주제가 된다… 그 다음에, 임상 경험이 쌓이고 기술이 늘어나면서 그에 대한 불안이 낮아지면, 역전이에 대한 문제가 대두된다. 결국 … (심리치료에서) 해결해야 하는 문제는 전이/역전이의 문제라고 이름 지을 수 있을 것이다(p. x).

포댐은 그 책의 서언에서 환자가 그 다음 단계에서 어떻게 발달할 것인가 하는 문제와 관계 시키지 않고 '해석'을 한다면, 그 분석이 어떤 의미를 가질 수 있는가 하고 반문한다.
다른 한편 힐만은 원형학파를 위해서 다음과 같이 말하고 있다.

> 정신적 실재의 가장 기본적인 수준에 있는 것은 환상의 이미지이다. 이 이미지들은 의식의 1차적인 활동이다… 이미지들은 우리가 직접적으로 알 수 있는 유일한 실재이다.

또한 힐만은 같은 책, 같은 쪽에서 '이미지들의 우선권'에 대해서 강조한다(1975a, p. 174).

램버트는 1982년 나와 개인적으로 나눈 대화(1982)에서 이 여섯 가지 요소들은 하나의 도표 안에서 비온이 정신분석학을 설명하면서 했던 것과 비슷한 설명(1983)을 할 수 있을 것이라고 제안했는데, 그것은 도표 1과 같다. 비온이 만든 좌표는 분석가들이 분석의 실천에서 일어나는 문제들에 대해서 반성해 보도록 만들어졌는데, 그것은 분석가와 환자가 분석을 하는 동안 어떤 일들을 하고 있는지를 가장 단순한 행동교류로부터 아주 복잡한 교류에 이르기까지 요약해서 기록하는 방법에 관한 것이다. 정말이지, 나는 내가 만든 도표가 비온이 48가지 범주에 걸쳐서 고안해낸 기념비적인 작업과 비교할 생각은 전혀 가지고 있지 않다. 하지만 이 도표를 사용하는 방법은 비온의 것과 비슷하다. 분석가의 전문적인 자기 분석을 위한 것으로서 분석가들이 자신의 내적 세계를 전문가적인 안목으로 탐색하려는 것이기 때문이다. 거기에 덧붙여서 더 중요한 것은 이 책을 읽는 독자들이 이 도표를 통해서 다양한 후기 융 학파의 논쟁 가운데서 그들이 어느 곳을 향해서 나아가는지 살펴볼 수 있다는 점이다.

그 어떤 분류 체계에도 어느 정도까지는 창조적이기는 하지만 잘못된 부분이 있을 수 있다. 왜냐하면 그 분류 체계에 꼭 들어맞지 않는 개인들이 많이 있을 수 있기 때문이다. 그래서 어떤 의미에서 분류 체계는 별로 가치 있는 것이 아니고, 개인성이라

	전이—역전이	자기에 대한 상징적 체험	매우 분화된 이미지 검토
원형에 대한 정의			
자기에 대한 관념			
인격의 발달			

는 견지에서 볼 때, 파괴적이기까지 하다. 분류 체계는 많은 필자들이 그가 가장 잘 아는 집단을 은밀하게 또는 공개적으로 선호하면서 기록하기 때문에 이상하게 보이는 경우도 있다. 그러나 다른 한편에서 생각하면, 플라우트가 말한 '클라인—융의 혼성학파'(1962)라는 표어나 힐만이 고안한 '원형 심리학'(1975a, pp. 138—147)이라는 용어는 말할 것도 없이, 애들러, 포댐, 골든버그의 분류 체계가 존재한다는 사실을 말해주고, 그 자체는 의미 있는 일이다.

나는 이 분류 체계를 사용해도 좋고, 사용하지 않아도 좋은 것으로 제시하려고 하지 않는다. 오히려 나는 모든 분석심리학자들이 모두 이 이론들을 사용하고, 임상의 모든 영역에서 때때로 어떤 환자들에게 흥미를 가지고 쓰는 중요한 형태로 만들어내려고 한다. 이 모든 것들을 감안할 때, 여섯 가지 주제들은 분석심리학의 전체를 나타내는 원리의 커다란 부분을 구성하는 것이라고 말할 수 있다. 그것은 그 다음에 생긴 다른 것들과 함께 융 사상의 핵심 또는 기반을 이루고 있다는 말이다. 비온의 말(1965)을 따라서 말하자면, 이것은 융의 모든 견해나 관점을 포함하고 있는 후기 융 학파 심리학의 정점이라고 말할 수 있다. 어떤 사람을 분석심리학자라고 할 것인가 아닌가 하는 기준은 분석심리학에서 이 여섯 가지 주제와 다른 것을 강조하는 것에 적극적으로 논쟁을 벌이느냐 아니냐 하는 점이 될 것이다. 하지만 개인 분석가들이 어떤 주제를 선택하여 더 가중치를 두고 강조하느냐 하는 것은 각 학파에 따라서 다를 수 있다. 그러므로 어떤 학파로 분류되는 것은 이런 방향을 따른 다음에 어떤 것을 공통적으로 강조하고, 어떤 것에 다른 견해를 가지느냐 하는 것에 따라서 정해지리라고 생각한다.

더 나아가서 우리는 여러 분석심리학의 학파들 가운데서 같은 전통을 찾을 수도 있으리라고 생각한다. 다시 말해서 우리는 많은 학파들이 발달하는 가운데서 어떤 공통적인 것, 즉 미래의 어떤 이념적이고, 실천적인 공통분모를 발견하지 않을까 하고 생각하는 것이다. 그래서 나는 제11장에서 그런 요소들을 한데 모아서 정리하였는데, 그런 시도는 이 책 전체를 통해서 이루어지기도 하였다.

나는 이 학파들에 '반—이념적인' 성분이 있는 것을 잘 알고 있다. 예를 들어서 말하자면, 허백은 발달학파에서 조차 확충과 적극적 상상에 관한 논의가 (흔히 그가 어떤 학파에 속해 있느냐에 관계없이) 얼마나 열렬하게 논의되었는가 하는 사실을 보여주었다(1980). 그녀는 어떤 특별한 논제에 대한 관심을 불러일으켰던 것은 (이념적인 것이 아니라) 어떤 특별한 환자 또는 환자 집단이었다고 주장했던 것이다. 따라서 분류는 그 학파의 구성원들이 어떤 것을 배제하느냐 하는 것에 초점을 맞추기보다 어떤 것에 우선권을 두느냐 하는 것을 따라서 이루어졌다.

나는 앞에서 정신분석학파에서는 분석심리학에서보다 형식적인 구조에 많은 관심을 기울였다고 언급한 바 있다. 그러므로 이와 비슷한 과정이 분석심리학에서도 이루어질 것이라고 예상하는 것은 당연한 일이고, 그것은 이미 이루어지고 있다. 그러므로 분석심리학에서 학파의 존재를 무시하거나 그 중요성을 축소하려는 시도는 역사적으로 볼 때 올바르지 못하며, 초기의 더욱더 통일되었을 때로 돌아가려는 향수에 젖은 시도라고 하지 않을 수 없다.

이런 맥락에서 우리는 시걸(Segal, 1979)이 영국 정신분석가협회가 어떻게 정신분석학파의 여러 가지 다른 차이가 있음에도 불구하고 분석가 연수를 할 수 있었는지에 대해서 설명하는 것을 살펴보려고 한다: 정신분석가들 가운데 'B 집단'은 안나 프로이트와 그녀의 추종자들로 이루어져 있고, 'A 집단'은 클라인 학파와 나중에 어느 집단에도 속하지 않은 분석가들로 이루어진 '중간 집단'으로 떨어져나간 사람들로 이루어져 있다. 시걸은 1940년대 동안 서로의 차이를 가지고 초창기에 격렬한 대립의 시기가 지난 다음, 많은 것들이 자리를 잡았고, 각 집단의 수련 기구에서는 수련생들에게 그들이 선택한 노선의 굳건한 기반을 가르칠 뿐만 아니라 그것과 다른 여러 가지 견해들에 대해서도 가르친다고 하였다(ibid., p. 111).

시걸은 서로 대립하는 학파들이 프로이트를 그들의 학파에 연관시키는 것에 대해서 아주 재미있게 소개한다: "논쟁을 하고 있는 두 학파는 계속해서 프로이트를 인용하는데, 서로 다른 부분을 끌어다댄다. 그래서 사람들은 어떤 프로이트냐? 또는 누구의 프로이트냐? 라고 물을 수 있을 것이다"(ibid., p. 95). 그들 사이에서 가장 중심이 되는 논제가 멜라니 클라인이 프로이트 학파였느냐는 것이기 때문에, 분석심리학자들(우리가 이 책 전반에 걸쳐서 살펴볼 것이지만, 이 문제에 대해서 우리 나름대로의 생각이 있지만)에게 있어서는 다음과 같은 소리가 나와도 그렇게 놀랄 일은 없을 것이다.

> 클라인은 그녀의 삶의 마지막 무렵, 프로이트가 그녀와 그녀의 책에 대해서 냉정한 태도를 보이자 조금 당황하였고, 깊은 상처를 받았다. 그녀는 그것들이 프로이트의 것과 아주 가깝다고 생각하였기 때문이다. 그녀는 그녀가 살아 있는 그 어떤 분석가보다 더 그와 같은 에토스를 가지고 그것들을 발달시켜왔다고 믿었기 때문에, 프로이트가 그녀의 작업을 그렇게 보아주지 않았다는 사실을 참아내기 어려웠던 것이다(ibid., p. 171).

논쟁은 어쩌면 불가피했는지도 모른다. 헤라클리투스는 우리에게 투쟁, 갈등을 의미하는 polemos는 "모든 것의 아버지이고, 모든 것의 왕"이라고 하였다. 분석심리학 학파들은 사상적인 요인들 이외에도 정동적인 실재(reality)로 영향을 주었는데, 그것은 아마 그들의 전문성을 위해서 꼭 필요했던 것인지도 모른다.

복잡 미묘했던 요인들 가운데 하나는 후기 융 학파의 집단들이 강력한 지도자적 인물들 주위에 몰려드는 경향이 있었다는 점이다. 나는 그것이 의식적으로 양육된 결과라고 생각하지는 않는다. 오히려 지도자들의 선출은, 의심할 바 없이 파격적인 것을 피하려는 욕좌표와 그들이 수용할 수 있는 사상의 체계 속에 정리된 것들을 취하려는 욕좌표에서 비롯된 것으로서, 그 학파들 사이에 내재하는 몇 가지 차이점들이 인격화된 것이라고 생각한다(cf. Samuels, 1981a).

더 나아가서, 그 학파들은 더 강력해질 수밖에 없었는데, 그 이유는 그 많은 설립자들이 수련생들을 뽑을 때 그 특정한 학파에서 합의된 사항들에 공감하는 이들을 수련생으로 선발하였기 때문이다.

잠시 내가 분류한 체계로 돌아와 보면, 나는 사람들을 너무 경직된 입장에서 나누지 않으려고 하다 보니까 어느 부분에서는 겹치는 사람들이 생겨났다. 그 결과 어떤 이들은 학파들 사이에 놓이게 되었을 뿐만 아니라, 같은 학파에 속한 사람들 사이에서 입장의 차이가 있는 이들도 생겨났다. 그것은 도표 2에 나와 있는데, 나는 사람들 이름을 알파벳 순으로 정리하였다. 그것은 독자들이 이 책을 읽어가다가 다시 이 도표로 돌아와서 그들을 쉽게 찾아볼 수 있도록 하기 위해서였다. 여기에서 이름이 같은 난에 배열된 사람은 그들이 공적으로 같은 입장을 취해서가 아니라 (만약에 그런 것이 존재한다면) 이론적으로 비슷한 입장을 취하기 때문이다. 물론 내가 여기에서 언급하지 않은 사상가들도 많이 있는데, 그들은 내가 잘 알지 못하는 사람들이거나, 책이나 논문을 쓰지 않은 사람들이다. 그래서 그들의 이름은 여기 나올 수 없었다.

분석심리학의 한계

나는 융과 관계되거나 융으로부터 벗어난 사람들을 지칭하기 위해서 융 학파라는 말보다 후기 융 학파라는 단어를 사용하였다. 그때 필연적으로 제기되는 질문은 분석심리학파의 공동체는 얼마나 넓게 퍼져 있는가 하는 질문이다. 그때 또 다른 질문들이 떠오르는데, 그것은 우리가 다루려는 그 많은 관점들이 어떤 공통의 것을 가리킬 수 있을 것인가? 또 그것이 바람직한 일까? 하는 질문이다. 또한 우리가 어떤 특별한 환자를 다른 분석가나 다른 종류의 치료자에게 책임 있는 태도로 의뢰를 하기 전에 우리 생각은 얼마나 자주 바뀌는가? 하는 질문도 떠오른다.

내가 고전학파에 속해 있다고 생각하는 헨더슨(Henderson) 역시 발달학파에 속한 사람이 쓴 논문들을 개괄적으로 읽으면서 이와 비슷한 질문들을 떠올린 적이 있었다. 그것은 다음과 같다.

고 전 학 파

발달학파　　　　　　　**원형학파**

발달학파			원형학파		
카르발호	아벤하이머	블룸	애들러	구겐빌	아벤스
데이빗슨	블루마이어	데프로트	빈스방거	쇼터	베리
포댐	클라크	에딘저	카스틸레호	R.스타인	캐지
고든	디크만	홀	피어츠		코르빈
잭슨	피우마라	매커디	프레이―론		기게리히
케이	굳허트	노이만	그뢰스벡		그리넬
램버트	허브슨	페리	한나		힐만
래더맨	허백	쉬바르츠	하딩		로페즈―페드라자
리온스	야고비	율라노프	헨더슨	밀러	
마두로	뉴튼	휘트몬	웜베르	M.스타인	
플라우트	무어	윌포드	야코비		
L.스타인	사무엘스		야페		
스트라우스	셀리그만		엠마 융		
징킨	윌리엄스		매툰		
			로그린		
			라야드		
			마이어		
			페레라		
			싱거		
			스티븐스		
			폰 데어 헤이트		
			폰 프란츠		
			위버		
			휠라이트		
			볼프		
			우드맨		

이 글들에서 독자들이 보지 못하고 넘어가는 것은 … 그들(융 학파 심리학자들)에게 철학적 배경이 매우 광범위하게 넓어서 그들에게는 익숙한 사상적 모험을 독자들이 따라가지 못하기 때문이고, 노이만, 폰 프란츠, 애들러, 힐만 등과 같은 융 학파 사람들의 글에 많이 나타나는 종교나 연금술이나 원시신화의 원형적 이미지를 확충하는 것이 어렵기 때문이다. 이제 … 우리는 그들이 왜 그들과 다르게 되어야 한다는 요구가 잘못된 것인지 알 수 있다. 그들은 이제 종교 상징주의 언어에 깊은 신뢰를 보내면서 융의 목적론적 방법(즉 앞을 향해서 바라보는 방법)에 무엇인가를 더 많이 덧붙이려고 하지 않을 것이다…이것이 융 학파의 분석이 프로이트 학파의 분석과 상반되지 않는다고 주장하면서 표명한 포댐의 분명한 입장의 일부분일 것이다. 하지만 나는 어떤 의미에서 이런 주장이 잘못된 것은 아니라고 생각한다(1975b, p. 203).

헨더슨이 우리에게 상기시켜주는 것은 그 어떤 일이나 그것이 그렇게 되기로 했던 것보다 더 많은 것을 기대해서는 안 되며, 어떤 것이 본래 의도하지 않았는데 왜 그렇게 되었느냐고 비판해서도 안 된다는 사실이다. 다양성을 인정한다는 것은 우리는 물론 다른 사람들의 한계를 받아들인다는 말이다. 하지만 프로이트 학파의 분석과 융 학파의 분석이 양립할 수 있다는 생각은 일부 프로이트 학파의 분석가나 융 학파의 분석가들에게 도저히 받아들일 수 없는 생각이다.

여기에서 프로이트 학파나 융 학파 진영의 극단론자들은 그들이 모두 같은 입장을 취하는 것으로 생각한다. 그래서 정신분석가인 글로버(Glover)는 존 모를리(J. Morley)의 말을 인용하면서 그와 같은 종류의 모든 타협에 대해서 공격한다.

> 이중적인 교리를 옹호하는 사람들의 생각 밑바닥에는 신경안정제를 잘못 복용할지라도 그것을 보상하는 기제가 있으니까 사람들에게는 아무 해도 없거나, 있다고 할지라도 거의 없을 것이라는 생각이 조는 듯이 들어 있다 (Glover, 1950. p. 187).

글로버는 계속해서 절충학파는 그들이 합의를 이루어 객관적으로 나아간다는 주장을 편다고 공격한다. 그러나 그는 반대자들 사이에서 신사협정이 맺어진 적은 한 번도 없었다고 덧붙였다. 그 점에서 글로버는 애들러의 주장에 합세하는데, 애들러는 융이 프로이트와 함께 하지 못했고, 그 결과 생긴 두 사람의 이별은 재난으로 작용하여 분석심리학이나 정신분석학이 고통 받고 있으며, 그 고통은 그 손실이 복구되지 않는 한 계속될 것이라는 포댐의 융에 대한 부고(訃告)에 강력하게 반발하였다. 그러면서 애들러는 우리는 선택을 해야 하고, 그 선택에 포함되어 있는 희생을 받아들여야 하는 현실을 수용해야 한다고 주장하였다 (Adler, 1971, p. 114). 애들러는 프로이트 학파와 융 학파 사이의 종합에 대한 반대와 다양한 융 학파 내부에서의 그의 태도—앞에서도 언급했듯이 아무 것도 '뒤섞이지 않은' 융에 대한 고집—를 분명히 밝히는 것이다.

그러므로 애들러는 융 심리학이 "물리적인 현상들, 대상관계들, 심리치료에서 실질적인 통찰들"을 놓치고 말지라도 괘념(掛念)하지 않는다(ibid., p. 117). 애들러가 보기에 후기 융 학파의 문제는 그들이 너무 다양하게 분포되어 있어서 그들이 정신분석학파에 동화되고, 그 결과 그들이 본래 가지고 있던 관점을 상실할 위험에 처해 있다는 것이다. 우리가 보기에도 지금 우리에게 문제가 되는 것은 애들러가 말한 융적인 관점이 과연 무엇인가 하는 점이다.

스토르(Storr)는 『심리치료의 기술』에서 애들러와는 전반적으로 다른 태도를 취한다. 그는 그 책에서 곧 여러 심리학파들이 서로 분리되어 존재하는 현상은 그치게 될 것이라고 예언하였다. 왜냐하면 분석가와 심리치료자들 사이에 있는 이론적인 논쟁은 찻잔 속의 태풍일 뿐, 그들이 실제로 임상에서 하는 것은 거의 비슷하기 때문이다. 올림포스적인 관점에서 보면, 심리학자들 사이에 차이점보다는 유사성이 더 많다는 것이다. 그러나 그의 이런 제안은 심층심리학파 사람들이 그들의 매력을 상실하였다는 소식이 없는 것으로 보아서 하나의 희좌표 사항으로 드러날 공산이 크다. 심층심리학파 사람들은 사실 그들이 분석심리학에서 일반적으로 통용되는 접근방법에서 돌아섰을지라도 여전히 많은 사람들을 끌고 있다.

만약에 스토르가 그 전에 없었던 상호 배양이 일어날 것이라고 주장한다면, 나는 거기에 완전히 동의한다. 나 역시 어떤 한 사람이나 하나의 생각에 대한 고삐 풀린 헌신은 파괴적일 수 있다고 말하는 것이다. 그러나 분석가나 치료자가 확신을 가지고, 더 나아가서 열정적으로 작업에 임할 필요도 있다고 생각한다. 그렇지 않으면, 무엇인가 손실이 있을 것이기 때문이다.

모든 학파의 치료자들이 비슷한 결과를 얻고 있다는 연구 자료는 치료자들이 어떤 확신을 가지고 있는 것이 중요하지 않다는 말이 아니고, 그런 것을 암시해서도 안 된다. 예를 들어서 말하자면, 나는 내가 교육 받았고, 수련 받았던 견지에서 볼 때, 게슈탈트 요법에서 사용하는 기술들을 채택할 수는 없다. 그것들은 좀 우스꽝스럽고, 진정성이 없기 때문이다. 그러나 게슈탈트 요법에서는 어떤 확신이나 성격적 특성에서 비롯된 선택은 실행되어야 하고, 전통에 대해서 문제를 제기하고 비판적으로 인지하는 것이 올바른 일이라고 주장한다. 그래야 그 전통에 익숙해지기 때문이다. 하지만 비판적인 선택은 대단히 복잡하고 갈등을 유발하는 현장에서 언제나 시행할 수는 없는 노릇이다.

갈등과 선택

융의 생각에 흥미를 느끼고, 그것을 더 발달시키려는 독자들은 지금 어디로 가고 있는가? 포퍼(Popper)는 언젠가 인간의 지식이 어떤 방향으로 발달하는가 하는 점에 대해서 탐구하려는 사람은 사람들 사이에서 불일치를 보이는 지점에 서 있어야 한다고 말하였다. 그러므로 당신이 만일 심리학의 이론과 실천이 그 과정을 밟아서 유기적으로 발달한다고 생각한다면, 당신은 현재 임상가들이 불일치를 보이는 지점이 바로 발달이 이루어지는 지점이라고 생각해야 한다. 여기에서 당신은 가장 훌륭한 사람들의 마음과 재능과 가장 현대적인 관점의 현존을 확인할 수 있으며, 이미 지나가 버린 것들을 종합하고, 앞으로 다가올 것을 예견하는 것을 확인할 수 있을 것이다(Popper, 1972).

이런 생각은 우리가 이미 알고 있으며, 동의하고 있는 것들로부터 시작해야 한다는 관습적이고 분명해 보이는 견해와 반대되고, 우리가 그것들을 모두 알고 이해하면 더 일치하지 못하게 된다는 우리의 견해와도 반대된다. 물론 경험이 많은 사람들이 서로 의견을 달리하는 영역은 들어가기가 어려운, 현기증 나고, 무시무시하며, 조각조각난 장소이다. 그러나 지식에 대한 추구를 합의보다는 갈등 위에 기초를 두겠다는 것이 요체(要諦)이다. 나는 이런 생각들을 다른 곳(Samuels, 1981a와 b)에서도 길게 밝힌 적이 있다. 그러나 여기서 나는 합의 지향적 연구가 아닌 갈등 지향적 연구의 중요한 이점은 그것이 독자들로 하여금 계속해서 적극적이고, 문제 해결적인 상황을 만들어준다는 점에 있다고 주장하려고 한다. 독자들이 여러 가지 견해들 가운데서 어떤 것이 더 신뢰할 만하고, 그에게 잘 맞는지 결단하게 하는 것이다. 그리하여 독자들은 융과 융에서 벗어나는 것들을 살펴보면서 탐구의 첨단에 서게 될 것이다. 그러나 그들의 첫 번째 과제는 그 갈등을 들여다보고 선택하는 것이 될 것이다.

포퍼는 "이 세상에 대한 분석을 어떻게 하고, 어디서 출발해야 할지 모른다. 우리에게 그것을 알려주는 지혜는 어디에도 없다. 과학의 전통까지 우리에게 아무 것도 말해주지 않는다. 그것이 말해주는 것은 단지 다른 사람들이 어디로부터 출발했고, 어디 도달했다는 사실 뿐이다"(Popper, 1972, p. 129)라고 말하였다. 그래서 사람들은 프로이트, 융, 클라인, 노이만 등의 저작들을 연구하는 대신, 제3장과 제5장에서 각각 살펴보았듯이 힐만이 발달적 접근을 비판한 것(1975a, pp. 5-48)이나, 포댐이 유아성에 대한 노이만의 비판으로부터 출발할 수도 있을 것이다. 거기에서 당신은 두 뛰어난 지성의 작업을 보게 될 것이다. 그들을 돌리고, 그들에게 에너지를 불어 넣는 것이 무엇인지 주목해야 한다. 그 은밀한 갈등은 비전문가들이 견뎌내기에는 너무나 크다. 내가 연대기적으로 기록하는 그 논쟁의 어떤 측면들이 어떤 독자들의 이해 범위를 넘어선다는 사실은 그렇게 중요한 일이 아니다. 왜냐하면 우리는 더 많은 것을 알게 될 것이고, 출발 지점에서 시작한다고 해서 더 잘 알 수 있는 것도 아니기 때문이다.

이것을 위해서는 실용적인 태도가 가장 좋을 것이다. 윌리엄 제임스는 "사상들은 그것들이 우리로 하여금 우리 경험의 다른 부분들과 만족할 만한 관계를 맺게 해주는 한에 있어서만 진리가 된다"(James, 1911, p. xii)고 주장하였다. 그러므로 예를 들어서 말하자면, 우리가 지금 논의하고 있는 심리학 이론들은 인간의 본성에 대한 질문에 대한 대답으로 여겨질 것이 아니라, 앞으로 우리가 할 행동과 실천의 인도가 되는 도구로 여겨져야 한다. 실용주의는 민주적 절차의 한 유형인데, 사람들은 그 안에서 매우 다양한 갈등 이론 가운데서 어떤 것을 선택할 것인지 자유롭게 결정할 수 있다. 그가 그 대안 가운데 하나를 합리적으로 검토해 보아도 결정하지 못한다면, 그는 그 자신의 성향을 따라가도 된다.

이 학파들에 대해서 마지막으로 한 가지 사실을 덧붙이고 싶다. 분석심리학에 대한 지식이 그렇게 많지 않은 독자들이 있다면, 그들은 분류 체계, 도표, 항목들을 이용해서 나아가고, 그 다음에 따라오는 것들의 의미를 파악해야 한다. 또한 이 학파들은 때때로 경쟁하고, 때때로 종합되면서 분석가들의 마음속에 존재하는 분리된 가닥으로 볼 수 있다는 생각을 덧붙이면 좋을 것이다. 두 집단에 속한 독자들에게 나는 이 책은 어떤 의미에서 융의 생각과 음조(音調)를 같이 하고 있다는 사실을 말하고 싶다. 왜냐하면 그 역시 대극이 하나로 통합되기 전에 대극은 분명히 구분되어야 한다고 주장했기 때문이다. 이 학파들은 그런 구분을 나타내는데, 그 학파들이 같이 모이면 원칙이 확립된다는 생각은 바로 결합과 통합을 나타낸다(pp. 210—216를 참고하시오).

제 2 장
원형과 콤플렉스

융은 그의 생애 마지막 5년을 "어느 누구도 나를 이해하지 못한다"는 음조를 가지고 지내면서 야코비의 『콤플렉스, 원형, 상징』의 서문을 썼는데, 거기에서 그는 "원형이라는 개념은 사람들이 대단히 오해하고 있는 개념이고—사람들이 그에 대해서 반대하면서 비판한다면—이해하기가 너무 어려운 개념이라고 생각되어야 한다"(p. x)고 말하였다. 원형 이론은 인간이 타고나는 본성과 양육, 인간의 내면과 외적인 삶, 과학과 은유, 개인과 집단 또는 사회 사이의 대화에 매우 중요한 연결 고리를 마련해 준다. 이 장에서 우리는 먼저 원형에 대한 융의 이론을 살펴보고, 그에 대한 반박을 정신분석학과 다른 학파에서 살펴본 다음, 그의 생각과 비슷한 정신분석학자들의 생각과 후기 융 학파에서 발달한 이론들을 살펴보려고 한다. 이 장의 두 번째 부분에서 우리는 원형으로부터 융의 콤플렉스 개념으로 초점을 바꾸게 될 것이다. 결론 부분에서 나는 이 생각들이 계속해서 사용될 수 있는 몇 가지 대안적인 방법들을 제안하려고 한다.

융 이전의 생각들

우리의 논의에 융보다 먼저 원형 이론에 대해서 생각했던 선구자들이 있었음을 말하는 것은 도움이 될 것이다. 플라톤은 그 다음의 모든 물질과 생각이 나온 본래적인 이데아들에 대해서 말하였다. 이 이데아들은 이 세상이 창조되기 전에 신들의 마음속에 이미 담겨져 있었다. 이 사실 때문에 플라톤의 이데아들은 경험에 앞선다. 그러나 플라톤의 생각과 융의 생각 사이에는 중요한 차이가 있다. 그것은 융이 원형들은 인생의 기반이 되는 체험들을 불러일으킨다고 융이 주장했기 때문이다. 그런데 원형에 대한 융의 그 공식은 초월적인 요소와 결합되어 원형들은 어떤 방식으로든지 시간과 공간을 벗어나게 된다.

칸트도 융에게 또 다른 영향을 주었다. 왜냐하면 그가 인간의 지식이 지각(知覺)에 의존해 있다면, 지각이라는 관념은 지식의 획득보다 앞서야 한다고 주장했기 때문이다. 칸트는 '선험적인' 지각 '형태'라는 생각으로부터 '선험적인' 도식을 만들어냈는데, 그 안에서 모든 감각 자료들은 근본적이고, 타고나는 범주(categorie) 안에서 조직화될 수 있게 된다. 그런데 칸트가 말한 범주들은 수동적인 개념들이 아니다. 그것들은 감각에 주어지는 모든 구성과 형성 속으로 들어간다. 그러므로 그 범주들은 사람들이 경험하는 것들의 한 부분이고, 그런 의미에서 융이 말한 원형에 대한 정의와 가깝다. 그러나 칸트가 말한 범주들은 시공을 벗어나는 곳에 존재하며, 신체적인 현실과 일상생활에서의 경험과 접촉되어 있지 않다.

융은 쇼펜하우어가 '위대한 발견'을 했으며, 그가 무의식에 대한 생각을 하게 되었을 때 커다란 영향을 주었다고 주장하면서 그에게 빚을 진 것이 많다고 특별히 인정하였다(Jarret, 1981, p. 198). 쇼펜하우어는 '본래의 형' 또는 원형에 대해서 말하면서, 그것만이 진정한 존재를 가졌다고 말할 수 있는 "모든 사물의 본래적인 형태라고 주장하였다. 왜냐하면 그것은 어떻게 되든지 간에 사라지지 않고, 언제나 그렇게 있기 때문이다"(ibid., p. 201).

융은 그 자신이 한 사람의 심리학자로서 이 앞선 생각들로부터 그를 분화시키는데 여간 고심한 것이 아니었다. 그러면서 그는 원형이라는 관념이 인식이나 이해의 한 범주에 불과한 것으로 오해받지 않도록 노력하였다. 그렇게 될 경우 거기에는 원형에서 본능의 살아 있는 의미가 사라지기 때문이다: "원형을 인간의 합리적인 동기 가운데 하나로 위장시키고, 합리적인 개념으로 변질시켜버리기 때문인 것이다"(CW 8, para. 276).

융 사상의 발달

원형 이론 발달의 첫 번째 단계는 융이 자기 자신을 분석한 것과 그가 뷔르크횔쯔리 병원에서 정신병 환자들과 작업했던 것으로부터 나왔다. 그는 사람들의 심상(imagery)에는 어떤 특별한 유형이 있으며, 그 유형들은 신화, 전설, 민담을 떠올리게 하고, 그 자료들은 사람들이 지각한 것이나 기억 또는 의식적 체험으로부터 비롯되는 것만은 아니라는 사실을 발견하였다. 그 이미지들은 융에게 인간의 보편적인 행동과 체험의 방식이 아닌가 하는 생각을 불러일으켰던 것이다. 그 다음에도 그 이론에 대한 융의 생각은 수도 없이 많이 바뀌고 달라졌지만, 1912년부터 그는 거기에 원초적 이미지(primordial image)라는 이름을 붙였다. 융은 이 세상 어디에나 어떤 문화적 주제들이 공통적으로 존재하는데, 그것들이 반드시 이주(移住)에 의한 것만은 아니라는 사실을 알고 기뻐하였다. 그래서 그는 인간의 정신에는 공통되는 부분이 존재한다는 결론을 내렸고, 그 부분을 집단무의식이라고 불렀다. 융의 그런 생각은 프로이트가 말한 무의식에 대한 생각과 달랐다. 그 당시 프로이트는 무의식이란 한번 의식되었다가 억압된 자료들로 구성되어 있다고 강조하였기 때문이다. 융은 이 부분을 개인무의식이라고 불렀다. 프로이트 역시 무의식의 어떤 요소들은 전혀 의식화되지 못할 수도 있다는 가능성은 인정하였다. 그 점을 가지고 우리는 원형과 같은 개념이 나올 수 있을 것이라고 생각한다.

우리는 원형의 보편성과 집단성에 또 다른 두 요소, 즉 심층성과 자율성을 덧붙여야 한다. 원초적 이미지는 기반과 같은 것이고, 그 다음에 이어지는 심상들은 그 기반으로부터 나오는 것이다. 이 원초적 이미지들은 독립적인 특성을 가지고 있다. 그래서 우리 마음에 갑자기 나타나 아무 예고도 없이 꿈, 백일몽, 환상, 예술적 창조로 드러날 수 있다.

1917년경에 이르러 융은 집단무의식에 대해서 말을 하면서, 집단무의식은 지배적인 형태로서 그 주위에 여러 가지 심상(心象)들을 이끄는 특별한 마디 점(點)이라고 하였다. 여기에서도 융은 여전히 심리경제적인 입장에서 프로이트가 말한 초심리학 개념을 사용하였는데, 지배적이라는 말은 리비도 또는 정신 에너지를 거기에 잡아끌고 있다는 의미이다. 원형 개념이 원초적 이미지에서부터 지배적인 형태로 성격이 변화된 것에서 주목해야 할 사실은 그것이 어떻게 불리든지 간에 사람이 타고나는 구조인 원형이 이제는 행동의 대상이 아니라 행위자로 여겨질 정도로 점점 더 강력하게 여겨지게 되었다는 사실이다. 여기에서 우리는 융에게서 선험적으로 존재하는 구조와 개인적 체험 사이의 힘의 균형에 어떤 변화가 생긴 것을 느끼게 된다.

  융은 프로이트와 정신분석학에서 말하는 인과론과 심리적 외상 이론에 대해서 반발하였다. 그래서 융은 그가 사례 연구에 집중하는 것으로부터 떠날 필요가 있으며, 환자가 그의 유아시절의 경험에 대해서 말하는 것에 관하여 그의 입장을 분명히 해야 한다고 생각하였다. 다시 말해서, 융은 환자들이 말하는 초기의 환상들 가운데 어떤 것들은 실제의 체험에서 나온 것이 아니라, 소위 기억이라고 부르는 것에 투사된 것으로 생각해야 한다는 사실을 알았던 것이다. 집단무의식의 원초적인 이미지와 지배적인 형태는 이 환상들의 원천이 된다는 말이다(cf. Samuels, 1982).

  융이 원형이라는 단어를 사용한 것은 1919년이다. 그런데 원초적 심상들이 세대를 거쳐서 전해진다는 생각은 그 어떤 것이라도 라마르크의 오류와 충돌한다. 그것을 심리학에 적용시키면, 환상들(fantasies)은 어떤 특정한 선사시대의 경험들에 대한 기억이고, 그 내용은 그 전 세대에 유전적으로 전해졌다는 것이다. 하지만 생물학자들에게서 획득 형질의 유전은 받아들일 수 없는 생각이다. 그 결과 심리학자들이 정신적인 심상이나 다른 내용들이 유전적으로 전달될 수 있다고 주장하는 것은 받아들일 수 없는 일이다. 그러나 심상의 내용은 전달되지 않지만, 형태나 유형만 전달된다고 한다면, 그것은 합리적인 주장이 될 수도 있다. 그래서 원형 개념은 이 기준을 따른다. 원형은 순전히 형식적이고 구조적인 개념이고, 그 살을 구성하는 것은 심상들, 생각들, 동기(動機)들 등인 것이다. 결론적으로 말해서 원형의 틀이나 유형은 유전적으로 전달되지만, 그 내용은 환경이나 역사적인 변화에 따라서 달라질 수 있는 것이다.

원형에 대한 관념은 집단무의식에 대한 생각에 방해되기보다는 그것을 강화시켜주었다. 왜냐하면 그것은 그와 비슷한 자료들을 찾으려고 애쓰지 않아도 되게 하였기 때문이다. 사실 원형적인 주제들은 그 내용들이 겉으로 보기에 아무리 다르게 보일지라도 쉽게 찾아볼 수 있다. 그 문제에 있어서 문화적인 전수는 따질 수 없는 것이다.

융은 1946년부터 원형과 원형적 이미지 사이를 엄격하게 구분하였다. 그는 원형을 원형 그 자체(archetype an sich)라고 부르면서, 그것은 "의식화된 적이 없고, 앞으로도 계속해서 그렇게 될 수밖에 없으며…그것이 여태까지 그렇게 해왔던 것처럼 앞으로도 오직 해석될 수밖에 없는" 알 수 없는 핵이라고 하였다(CW 9i, para. 266). 융은 이렇게 정의하고 있다.

> 무의식에 의해서 우리에게 매개되어온 원형적 표상들(이미지나 생각들)은 원형 그 자체와 혼동되어서는 안 된다. 그것들은 대단히 다양하게 변이되어 나타나지만…'도저히 드러날 수 없는' 근본적인 형태로 귀속된다. 그런데 이 근본적인 형태는 어떤 형식적인 요소들과 근본적인 의미들에 의해서 특징지어진다. 우리는 이것에 대해서 단지 어렴풋하게만 알 수 있을 뿐이다(CW 8, para. 417).

일반적인 원형적 유형과 개인적 체험 사이의 균형은 디오니시우스 아레오파지트에 의해서 다음과 같이 잘 표현되고 있다.

> 날인(捺印)된 모든 상들이 거의 비슷하지만 그래도 조금씩 다르게 보이는 것은…인장 자체에 문제가 있기 때문이 아니다…오히려 거기에 나타난 조그만 차이들은 하나의 전

체적이고 동일한 원형이 조금씩 다르게 날인되었기 때문이다(Jacobie, 1959, p. 34에서 재인용).

우리는 원형 이론에 대해서 말할 때부터 원형을 생각할 때는 개인성과 개인적 체험에 대해서 주목해야 한다고 주장하였다.
융은 원형 그 자체라는 개념을 매우 좋아하였다. 왜냐하면 심리학은 생물학이나 형태론은 물론 물리적인 상황 전반에 걸쳐서 같은 기반 위에 서있기 때문이다. 우리는 이제 원형이 담고 있는 의미에 대해서 살펴보기 전에 원형 이론이 가진 다양한 구성 요소에 대해서 자세하게 살펴보고자 한다.

유전적 성향으로서의 원형

사람들은 모두 같은 두뇌와 신체적 구조를 가지고 있기 때문에, 그 기능이 비슷하다. 모든 사람들은 비슷하게 태어나고, 양육 과정을 거치며, 성욕이나 죽음 등을 비슷하게 경험하는 것이다. 우리에게 생물학적인 것들은 유전된다. 그러므로 우리에게 원형들이 공통적으로 주어져 있다면, 그것들 역시 유전되었을 것이다. 융이 원형의 유전성, 즉 원형이 어떻게 전수되는지에 대해서 명확하게 설명한 적은 없다. 그는 다만 원형은 병아리가 달걀로부터 나오고, 새들이 집을 짓고, 다른 종들이 어떤 특별한 행동을 하는 것과 비슷하다고 묘사했을 뿐이다. 생물학자인 포르트만 (Portmann)은 원형의 이런 생물학적인 측면에 대해서 다음과 같이 요약하였다.

동물의 내적인 삶을 관장하는 질서체계는 형식적인 요인에 의해서 통제되는데, 인간의 심리학에서 그런 작동 체계는 원형의 세계에서 발견된다. 고등동물의 제의에서는 전반적으로 원형적 각인이 가장 발달된 형태로 드러난 모습을 볼 수 있다. 생물학자들은 거기에서 본능 생활이 가장 두드러지게 나타난 조직을 보게 된다(Jacobie, 1959, p. 41에서 재인용).

또한 융은 다음과 같이 말하였다.

비판자들은 그런 원형들이 존재하지 않는다고 주장하면서 기뻐한다. 자연에 식물 체계가 존재하지 않는 것처럼 원형 체계가 존재하지 않는 것은 틀림없는 사실이다. 그러나 어느 누가 자연에 식물의 종(種)들이 존재하는 것을 부정할 수 있겠는가?(CW 9i, para. 309n)

여기에서 융은 원형적 유형은 "인간의 정신적 활동에 있는 생물학적 규범"이라는 것이다.

청사진으로서의 원형

인간의 어떤 근본적인 체험은 수 천 년 동안 계속해서 일어나고 반복된다. 그런 체험들은 거기에 담겨 있는 정동 및 정감과 더불어서 우리 정신에 구조적 잔재를 형성한다. 인간의 정신에 이미 존재하는 광범위한 선을 따라서 즉각적으로 체험하게 하는 것이다. 원형과 체험의 관계는 서로가 서로에게 영향을 주는 체계이다. 계속해서 반복되는 체험들은 인간의 정신에 잔존하는 구조를 남기고, 그것은 다시 원형적인 구조로 된다. 그런데 이 구조들은 이미 존재하는 유형을 따라서 체험을 조직하면서 사람들의 체험에 영향을 끼친다.

이렇게 작용하는 되먹임(feedback)의 간단한 예를 생각해 보자. 수백만 년에 이르는 인간의 진화 기간 동안 아이들은 살기 위해서 다른 사람, 특히 어머니에게 의존해왔다. 이 사실에서 우리는 현대의 아이는 삶을 무의식적인 성향과 함께 시작할 것이라는 사실을 충분히 예견할 수 있다. 즉 아이들은 그의 어머니를 좋거나(만족스럽거나) 나쁘게(고통스럽게) 보는 것이 아니라, 그의 생애 초기의 취약한 개인적 경험을 '자기', '어머니', '좋은', '나쁜' 유형을 중심으로 해서 파악할 것이라는 사실이다. 어린아이는 그의 불완전한 체험들을 그가 어떻게 하면 숨을 쉴 수 있거나 똥을 눌 수 있는 것을 '아는 것'처럼 그에게 이미 내재해 있는 심리학적인 도식을 따라서 조직화될 수 있는 것이다. 이 도식으로부터 생겨나는 원초적 심상으로서, 이것은 한편으로는 양육하고 생명을 주며, 다른 한편으로는 삼켜버리고 생명을 빼앗는 태모의 이미지를 제공하기도 한다. 그에 대해서 융은 다음과 같이 말하였다.

> 집단무의식은 오랜 세월에 걸쳐서 형성된 이미지의 세계이다. 이 이미지 속에서 어떤 형상들, 즉 원형이나 지배적인 상들은 시간을 따라서 결정화(結晶化)되는데, 그것들은 지배적인 힘을 가지고 있다(CW 7, para. 151).

어린아이의 체험에 대한 융의 이해는 어린아이는 그가 타고나는 원형적 틀을 따라서 구조화되는데, 그 틀은 그로 하여금 그의 환경 안에 있는 것들에 다가가게 하고, 그것들을 추구하게 한다는 것이다. 타고나는 이 구조들과 초기 환경 사이의 상호 작용은 그 관계가 얼마만큼 잘 맺어져 있는가에 따라서 긍정적이거나 부정적인 특성을 가지게 되고, 그것은 또한 개인이 건강하게 발달하느냐 아니면 건강하지 않게 발달하느냐 하는데 결정적인 영향을 미친다. 이런 맥락에서 융은 원형을 "행동을 즉각적으로 하게 하는 체계"라고 주장하였다(CW 9i, para. 199).

우리가 앞에서 말했던 것들을 요약하면, 다음과 같이 된다. 첫째, 원형적 구조와 유형들은 오랜 시간 동안 정형화된 것들이다. 둘째, 그것들은 타고난 도식에 따라서 사람들의 경험을 배열하고, 그 다음에 이어지는 체험의 제조기처럼 작용한다. 셋째, 원형적 구조에서 생긴 이미지들은 우리에게 우리 환경 안에 그에 대응하는 것들이 있는지 찾게 한다.

공통적으로 주어진 것을 너무 강조하게 되면 개인성을 하나의 '변이'(變異) 정도로 보게 하면서 제한하는 듯하다. 하지만 포르트만이 원형적 구조에 대해서 분류한 것을 보면, 그것은 타고나는 것과 독자적인 것 사이에 균형을 맞추고 있는 듯이 보인다. 그는 첫째로, 이 구조들은 동물에게서 볼 수 있는 '방출 기전'처럼 유전에 의해서 완전히 결정되는 것으로 보고 있다. 둘째로, 그 구조 속에서 물려받은 기질들은 개방되어 있고 일반적인 역할을 수행하는데, 거기에서는 유전적인 것보다 한 개인에게 '새겨진' 것이 더 결정적으로 작용한다. 마지막으로 우리는 이 구조를 가족 구조, 사회 구조, 문화 구조 속에서 찾아볼 수 있다(Jacobi, 1959, p. 40).

원형과 본능

융은 원형과 원형의 기능을 본능과 관련시켰다. 그는 처음 1919년에 원형을 심리학적으로 본능의 유사형이라고 생각하였다. 원형은 "본능의 자기 복제형으로서 … 그 자신을 본능적인 측면에서 지각한 것이다"(CW 8, para. 277)라고 말하였던 것이다. 원형과 본능은 비슷한 기능을 수행하고, 심리학이나 생물학에서 각각 비슷한 자리를 차지하고 있다. 더 나아가서 융은 다음과 같이 주장하였다: "집단무의식은 본능 및 그와 관련된 것들, 즉 원형의 총합으로 이루어져 있다"(CW 8, para. 338). 우리는 여기에서 본능에 우선권이 주어지는 것에 주목해야 한다. 본능은 원형이나 원형적 이미지보다 더 기본적인 것이라고 간주되는 것이다. 그러나 나중에 융은 논의를 더 전개시키기 위해서 이런 입장을 수정한다. 원형은 본능과 관계되는 것이 아니라, 본능과 똑같이 근본적인 것이라고 주장하는 것이다. 심리학과 생물학의 구분은 잘못된 분류라는 것이다. 그의 이런 주장은 분석심리학이 몸과 "반대되는 것"이라는 생각을 일거에 불식(不息)시켰다. 따라서 원형은 이제 본능과 이미지 사이의 중간 지점에 위치하면서 정신신체적인 실체로 된 것이다. 그래서 융은 1947년 다음과 같이 말하였다.

> 본능을 알고 동화시키는 것은 본능적 영역에 삼켜질 때 이루어질 수 없다. 본능을 일으키고, 본능을 가리키는 이미지를 통합해야 이루어지는 것이다(CW 8, para. 414).

그러므로 본능과 이미지 사이에는 상호의존적 관계가 있고, 본능이나 이미지는 서로 분리되어 있지 않으며, 어떤 것이 다른 것보다 더 우선해서 존재하지도 않는다. 이미지의 입장에서 보면, 원형은 생각, 창조적 영감, 영(靈)과 관련되어 '위쪽을 바라보는 것'이고, 본능의 입장에서 보면 원형은 생물학이나 충동과 합해져서 '아래쪽을 바라보는 것'이다(위쪽을 바라본다거나 아래쪽을 바라본다는 말에는 가치—평가의 의미가 없이, 다만 일반적인 용법에 따라서 쓴 것이다. cf. Jacobie, 1959, p. 38). 여기에서 원형을 연구하는 학생들은 아래쪽을 바라보면서 사람이 된다는 것이 정말 무엇을 의미하는지에 대한 그림을 과학적으로 그려가며 동물행동학이나 생물학의 세계에 대하여 탐구할 수도 있다. 마찬가지로 위쪽을 바라보면서, 영의 세계를 향해 나아갈 수도 있을 것이다. 그렇지 않으면, 두 길을 모두 따라가면서 원형의 이중적인 본성을 밟아볼 수도 있다. 융은 이 세 가지 길을 모두 발달시켰다. 그러나 그의 말년의 작업에서는 위쪽으로 가는 길을 따라간 듯하다.

원형과 자기—조절

프라이—론(Frey—Rohn, 1974)은 융이 후기에 말했던 개념들을 요약하면서 환상 자료들이 어떻게 조직될 수 있었는지 주목하였다. 개성화에 대한 융의 생각(제4장을)에는 개성화가 인간의 본성에서 나온 과정이고, 분석을 통해서 이루어질 수 있지만, 본능적으로 이루어질 수도 있다는 생각이 포함되어 있다. 사람에게는 생존 본능이 있기 때문에 사람은 더 자기 자신이 되도록 이끌려가고, 인간 정신에는 개성화를 촉진시키는 고유한 수단이 있다는 것이다. 융은 인간 정신의 자기 조절에 관해서 말하는 것이다. 이 사실은 완전한 정신적 균형과 조화가 얻어질 수 있고, 바람직한 것이라는 사실을 의미하지 않는다. 오히려 그 어떤 것이 생겨날지라도 (예를 들어서 말하자면, 꿈이나 증상들) 그것들은 모두 정신 전체 체계의 항상성을 이루려는 시도라고 생각될 수 있는 것이다. 그래서 통합이 전체적으로 이루어지지 못할지라도 우리는 때때로 통합에 대한 감각이 필요하다.

자기—조절에 대한 흔한 예로 아주 '남성적인' 사람이 여성이 되는 꿈을 꾸거나, 독립적인 사람이 아이가 되거나 보살핌을 받는 꿈을 꾸는 경우가 있다. 마찬가지로 아주 부드럽고 온유한 사람이 공격적인 꿈을 꾸는데, 그 꿈은 그의 온건함과 합해져서 인격의 균형을 더 이루려는 시도일 것이다.

정신분석학에서도 비슷하게 생각한다. 예를 들어서 말하자면, 성도착은 성 기능이 유아적 대상이나 방식으로 퇴행하는 것이라고 생각하는 것이다. 그래서 패티쉬적인 대상은 어머니 신체의 어느 부분을 나타낼 수 있다. 여기에서 요점은 도착 행위가 성욕이 아이를 낳으려는 욕좌표로 이행되는 것을 막아서 거기에서 필연적으로 야기되는 오이디푸스적 처벌인 죄의식과 불안을 하지 않게 해준다는 점이다. 그러나 이런 이행은 도착에서 생기는 죄의식을 의식하는 것보다 더 좋지 않은 결과를 가져 온다. 왜냐하면 그렇게 함으로써 도착은 한 개인이 느끼는 성적 갈등을 잠시 동안 균형을 맞추면서 붙들고 있기 때문이다.

내가 지금 이런 예를 드는 것은 인간 정신의 자기—조절에 대한 생각을 너무 낙천적으로 생각하지 말라는 의미에서이다. 지나친 낙관론에서는 모든 정신 작용을 가장 좋은 쪽으로 해석하거나 어떤 거대한 좋은 계획의 한 부분으로 생각하기 때문이다. 융 학파 사람들과 이야기를 하다 보면 때때로 이 세상에서 좋지 않은 일은 한 번도 일어난 적이 없었고, 세상 모든 일에는 목적적인 의미가 있으며, 이 세상에 비극은 없는 듯이 느껴질 때가 있다. 하지만 융은 이렇게 말하였다.

"원형은 (인간의 정신 작용이) 어떻게 형성되는지 하는 것과 그에 뒤따르는 과정이 어떻게 될 것인지를 결정한다. 그렇지 않으면 원형은 이미 그 목표를 그 안에 담고 있는지도 모른다(CW 8, para. 411). 의식적인 마음은 부분적으로 원형에게 조종 받는 직관에 의해서 앞을 향해서 펼쳐져 있는 것이다"(CW 8, para. 175).

우리는 앞에서 이미 원형적인 이미지가 본능을 불러일으키고 나타낸다는 사실을 살펴보았다. 우리는 이제 거기에 원형의 세 번째 기능인 본능의 목표를 가리키는 기능을 덧붙일 수 있다.

원형적 이미지의 능력

어떤 의미에서 원형의 층은 근본적인 것이기 때문에 그것은 사람들을 사로잡고, 그 안에 가두면서 엄청난 영향을 주는 이미지들과 상황들을 만들어낸다. 그러나 그것들은 항상 그런 것은 아니지만 신비감이나 경외감을 동반하기도 한다. 그때 그는 거기에 영향을 받지 않을 수 없게 된다. 여기에서 우리는 한 사람의 삶에서 전환점이 되는 순간은 많은 경우에 있어서 원형의 작용에서 비롯되는 것이라는 생각을 할 수 있다. 야코비(Jacobi)는 원형의 이런 능력은 원형적 이미지가 만들어지는 것이 아니라 내면으로부터 나와서 마음에 '주어지는 것'이라는 사실 때문이라고 주장하였다. 원형은 사람들에게 즉각적으로 다가오기 때문에 확신을 줄 수 있다는 말이다.

> 원형이 의식적인 마음과 접촉할 때에만, 다시 말해서 의식의 빛이 원형에 떨어질 때에만… (원형은) 개인적 내용들을 담을 수 있고…그때에만 의식은 그것들이 무엇을 말하는 것인지 알고, 이해하며, 궁구(窮究)하고, 동화시킬 수 있게 된다(1959, p. 66).

여기에 덧붙여서 나는 원형적 이미지는 "이름을 바꿈으로써" 그 힘과 자율성이 약화되어야 할 필요가 있다고 생각한다. 그것은 개인적 수준에서 무엇을 말하는지 알 수 있게 되어야 하며, '신성력'을 지니거나 너무 경외감을 불러일으키는 차원에서 벗어나야 영향을 미칠 수 있는 것이다. 이렇게 된다면, 즉 자아가 이렇게 통합할 수 있다면, 그 사람의 인격은 풍부해지게 된다. 이런 전환을 이끌어 내는 것이 분석 기술의 일부분이다.

정신양(精神樣)으로서의 원형

융은 심리학, 행동, 생물학 등과 영(spirit)을 같이 다루었다. 또한 그는 '하나인 세계'(unus mundus) 또는 단일한 세계관을 구축하려고 그 안에 물질을 포함시키려고 하였다. 그는 그 자신이 너무 깊이 파묻혀 있고 근본적인 정신 영역에 관심을 기울이고 있어서 그 영역이 인간이라면 누구나 다 가지고 있는 본능적이고 신경학적이며 형태론적인 기반에서 비롯된 것이라고 생각하는 것이 잘못이라는 사실을 잘 알고 있었다. 그는 이 영역을 1947년 무의식의 다른 범주들과 전적으로 다른 것으로 구별하기 위하여 정신양으로서의 무의식이라고 불렀다(정신양이란 그것이 하나의 정신요소이지만, 단순히 정신적인 것만이 아니라, 위나 폐나 간 등 신체적 기관처럼 실제적인 것이라는 개념이다. 그러나 현대 의학에서는 아직 그것의 실재를 해부학적으로 규명하지는 못하고 있다—역자 주). 정신양으로서의 무의식은 우선적인 지시 기관(ordering agency)이다. 그러나 그것이 드러나는 모습은 "직접적으로 지각되거나 '드러나지' 않는다"(CW 8, para. 436). 우리는 여기에서 고통이나 쾌락과 같은 지각의 근본적 범주의 기원에 대해서 추론해야 한다고 생각한다. 융은 정신양의 내용들은 "스펙트럼의 자외선(紫外線) 끄트머리에 위치해 있으며 눈에 보이지 않는데, 그 자체로서는 의식에 도달하지 않는다"(CW 8, para. 417)고 주장하였다. 그러면서 융은 이런 관점에서 볼 때 원형은 그 깊이를 알 수 없는 것이라고 결론지었다.

일부 학자들은 지금 융이 말하는 "그 눈에 보이지 않고 깊이도 알 수 없는 것"이라는 관념을 비과학적인 것이라고 비판하고 있다(cf. Rycroft, 1982). 그러나 또 다른 이들은 융이 전통적 인식의 범주를 뛰어넘었으며, 모든 유기체는 그 자신의 생존과 운명에 관한 '지식'을 타고 난다는 그의 생각에 동의하고 있다(e.g. Bateson, 1979, Capra, 1975),

또한 융의 직관을 뒷받침하는 것으로서, 요즘 물리학에서는 아인슈타인에게 배척받았던 '원격 작용'(action—at—a—distance)에 대한 가설이 되살아나고 있다. 이 이론에 의하면 두 개의 전혀 다른 원자 구성요소들인 양성자나 전자는 서로 다른 곳에서 활동하지만 마치 다른 입자가 어떻게 움직이는지 '아는 듯이' 조화를 이루며 작용한다고 한다. 따라서 어느 한 입자의 활동이 변화되면, 다른 입자는 그 사이에서 눈에 띄는 그 어떤 힘이나 신호가 주어지지 않았을지라도 즉시 그와 똑같은 방식으로 변화되곤 한다는 것이다. 썬데이 타임즈는 1983년 2월 20일 과학란에서 아인슈타인의 이론에 배치되는 이와 같은 요지의 양자이론(quantum theory)에 대한 가설을 게재했는데, 지금 이 가설은 실험으로 입증되었다. 같은 신문에서 런던 대학의 이론물리학자인 데이비드 봄(D.Bohm)은 그 실험의 의미를 다음과 같이 평가하였다.

> 우주 속에 있는 모든 것들은 일종의 전체적인 관계 안에 있는 듯합니다. 따라서 우주 속에서 어떤 일이 일어날지라도, 그것은 모든 것 하나 하나에 영향을 미치게 됩니다. 그 실험은 우리에게 이 세상에는 광속보다 더 빠르게 갈 수 있는 정보 체계가 있다는 사실을 알려주는지도 모릅니다. 아니면 그것은 우리가 지금 가진 시공(時空)에 대한 개념을 우리가 전혀 알지 못하고, 이해하지도 못하는 것으로 바꾸어야 한다는 것인지도 모릅니다. 당신이 어떻게 해석할지라도 그 실험은 우리가 지금 알고 있는 물리학 연구는 결코 끝난 것이 아니라는 사실을 명백하게 보여줍니다.

어떤 사람들은 분석심리학을 논하면서 자연과학적 논의를 끌어들이는 것이 아무 도움이 되지 않을 것이라고 말할지도 모른다. 더구나 그것은 "과학적으로 입증될 수 있는 무의식 상태나 과정에 대한 언급이 타당성을 얻을 희좌표은 전혀 없을 것이다"(CW 8, para. 417)는 융의 말과도 배치된다. 그럼에도 불구하고 융이 되살려낸 '하나인 세계'(unus mundus)에 대한 생각은 자연에 대한 생각을 다시 하게 하였다(하나인 세계에 대한 더 깊은 논의를 위해서는 p. 229, p. 276 이하를 더).

원형의 양극성

원형은 인간의 경험과 정동에서 긍정적인 측면과 부정적인 측면 사이의 양극성을 전제로 한다. 예를 들어서 말하자면, 아버지에 대한 원형적 이미지는 도움이 되고, 지지적이며, 강하고, 칭송받을 수 있는 아버지와 독재적이고, 지배적이며, 거세하는 아버지(또는 약하고, 도움이 되지 않는 아버지)로 나눌 수 있는 것이다. 한 사람에게 있어서 아버지의 이미지는 대체로 그가 환경 속에서 경험하는 방식에 따라서 만들어진다. 좀 더 전문적인 용어로 말하자면, 그의 환경이 수많은 원형적 이미지들 가운데서 중재해 주는 방식에 따라서 결정되는 것이다. 보통의 발달 과정에서 이 중재(mediation)는 긍정—부정의 축 가운데서 어느 한 극단에 너무 치우치지 않게 하고, 자아가 양가감정을 받아들이고, 사랑하는 감정과 미워하는 감정을 인식하는 것을 돕게 한다(cf. Newton, 1965). 좋기만 한 아버지는 이상(理想)이며, 어떤 사람에게 좋은 것은 다른 사람에게 좋게 보이지 않는 것이다.

좋기만 한 아버지의 이미지를 가지고 사는 개인은 권위를 제대로 다루지 못하거나 모범이 되는 아버지에게 열등감을 심하게 느끼고 아버지와 근친상간적으로 결합될 수 있다. 그 반면에 약하기만 한 이미지를 가진 나약한 아버지가 자녀를 외부에 있는 인간적이거나 인간이 아닌 적들로부터 보호해주지 못한다면, 독재적이기만 한 아버지는 자녀에게 압박감을 주고 점유해 들어온다. 그래서 한 개인에게 아버지와의 실제적인 관계에서 이 극단의 어느 한쪽이 강화된다면, 그에게서 아버지 이미지의 발달은 파국을 맞게 된다. 그는 아버지의 원형적 이미지의 어느 한 극단에 있는 이미지에 사로잡혀서 지배받는 것이다. 그 경우 그는 치명적인 상실을 맞보게 된다(자아와 원형 사이의 관계에 대한 더 깊은 논의를 위해서는 p. 141—158을).

원형의 위계(位階)

융은 그의 원형 이론을 하나의 단일한 실체로 그렸다. 자연히 그는 인간의 무의식은 의인화되려는 경향이 있다고 주장하였다. 원형을 평면적 또는 계층적으로 제시하려는 시도들은 사람들에게 많은 관심을 불러일으켰고 매우 다양한 방식들로 나타났다.

이에 대한 전통적인 방식은 외부로부터 시작하여 안으로 들어오는 방식이다. 이 체계에서 우리는 맨 처음 페르조나(persona)를 만나는데, 페르조나라는 말은 로마 시대 연극에서 온 것으로, 우리가 이 세상을 대할 때 쓰는 사회적 얼굴 또는 덧뵈기(mask)를 말한다. 우리가 페르조나를 쓰지 않는다면, 강력하고 원시적인 정동들과 충동들이 우리의 사회생활을 어렵게 만들 것이다. 사실 분석가, 은행가, 법률가, 노동자 같은 사회적 역할은 그들에게 고유하고, 다양한 페르조나를 만들어낼 것이다. 페르조나는 물론 피상적인 것일 수 있다. 그래서 거기에 너무 깊이 동일시하거나 자신의 페르조나에 속아 넘어간다면 위험해진다.

계속해서 안으로 들어오면, 우리는 또 다른 원형인 그림자를 만나는데, 그림자는 융이 한 개인 안에 있는 것으로서 그가 두려워하고, 경멸하며, 자기 안에 있는 것이라고 받아들일 수 없는 것들을 총칭(總稱)하기 위해서 만든 말이다. 하지만 그림자라는 말은 여태까지 그의 내면에 있지만 그가 살지 않았던 정신 요소들을 평가절하하려고 만든 말은 아니다. 왜냐하면 그림자는 그가 아무리 나오지 못하게 억누를지라도 나오고, 한 개인을 분열적으로 만들기 때문이다. 인간의 본능은 흔히 그림자 안에 있는 실체로 체험되고, 분석 상황에서는 좀 더 잘 받아들여질 수 있는 법이다. 그림자에 대한 사람들의 태도는 대체로 중첩된 판단으로 나타나는데, 그것을 받아들이고 통합해야 하는 것이다.

다음으로 우리는 아니마/아니무스라는 이성(異性)적인 원형을 생각해야 하는데, 융은 그것을 심리학적으로 여성 안에 있는 남성적인 것, 남성 안에 있는 여성적인 것이라고 말하였다. 우리는 이 책의 제7장에서 이에 대해서 더 깊게 다룰 텐데, 나는 여기에서는 아니마/아니무스가 가진 성적 측면보다는 융이 그것은 의식과 무의식을 이어주는 교량의 역할을 한다고 주장했던 점에 대해서 더 주목하려고 한다(이 책의 pp. 462—465을).

인간의 정신에 가장 깊이 자리 잡은 것은 자기(self) 원형이다. 우리는 제4장에서 자기에 대해서 다룰 것이다. 나는 여기에서는 융이 자기에 대해서 말한 것 가운데 한 가지 사실을 지적할 텐데, 그것은 자기가 가장 중심적인 원형이라는 점이다. 자기는 다른 원형적 체험들을 조직하는 질서의 원형인 것이다. 융은 자기를 '중심적' 원형이라고 말함으로써, 원형의 계급적 체계에 하나의 재가 기준을 마련하였다.

또 한 가지 광범위하게 받아들여지고 있는 접근(예를 들어서 말하자면 브롬과 같은 융 학파들(Brome, 1978, pp. 276—7)에서는 원형에는 네 가지 종류가 있다고 주장한다. 첫째는 페르조나와 그림자 같은 '얕은' 단계의 원형, 다음에는 아니마/아니무스 같은 "영혼(soul)의 아니마", 그 다음에는 노현자나 노현부인 같은 "영(spirit)의 원형", 마지막으로는 자기이다.

위에서 말한 두 가지 입장에 서있는 사람들 가운데서 제일 조심해야 하는 태도는 융이 말했던 원형 개념을 실제의 분석에서 너무 기계적인 순서로 페르조나, 자아, 그림자, 아니마/아니무스, 자기 등으로 대입시키는 것이다.

원형에 대해서 말한 사람들 가운데는 가족의 원형(어린이, 어머니, 아버지, 가정)과 자기—규정적 원형(자기, 아니마/아니무스, 그림자, 페르조나)으로 나누는 이들도 있다.

또 다른 이들은 원형을 그렇게 구체화시키지 않으면서 어떤 하나의 원형적 주제를 선택하여 얼마나 많은 서로 다른 원형들과 원형적 상상이 그 주위에 몰려들면서 작용하는지를 살펴보기도 한다. 예를 들어서 말하자면, 재탄생(rebirth)이나 재생(regeneration) 같은 원형적 개념을 선택하여 그것이 삶의 서로 다른 단계에서 얼마나 다르게 느껴지고, 삶의 다른 관점, 즉 종교적 상황이나 심리학적 상황이나 또 다른 상황 속에서 어떻게 다르게 나타나는지 살펴보는 것이다.

이에 관해서 스타인(L.Stein)은 유용한 공헌을 했는데, 그는 각각의 원형적 구조는 오직 하나의 '몫'(assignment)에만 할당될 수 있을 뿐이라고 주장했던 것이다(1967, p. 102). 그러면서 그는 개개의 원형과 아니마, 아니무스, 그림자 같은 원형의 집체(集體)를 구분해서 생각할 것을 제안하였다. 왜냐하면 그것들은 그 원형들이 조합되어 나타난 것이기 때문이다. 그의 말을 직접 들어보면 다음과 같다.

원형은 한 개인을 구성하고 있으면서 대극의 쌍들을 잘 조절하고…그의 뼈대를 이루는데…그것들은 서로 연관되어 있다…그런데 이 상호연관성에는 목적적인 의미가 있다. 즉 그것은 그 개인이 하나의 전체적인 존재가 됨으로써 더 잘 살기를 바라는 것이다(ibid., 102—103).

나는 스타인의 주장을 약간 채용하는데, 그 이유는 우리가 상호연관성을 가진 상상력의 결정면들을 살펴볼 것이기 때문이며, 그것 역시 목적적 관점을 가지고 있다.

원형 이론에 대한 비판

그 동안 융의 원형 이론의 전체적인 윤곽에 대한 반박과 비판이 광범위하게 이루어졌고, 그에 대한 대응으로 손질된 부분들이 없지 않다. 따라서 우리는 심리학의 다른 학파나 다른 계열에서 원형 이론과 비슷한 개념들에 어떤 것이 있는지 살펴보려고 한다. 하지만 그것들을 본격적으로 살펴보기 전에 우리는 융의 원형 이론에서 제기될 수 있는 일반적인 쟁점들을 먼저 살펴보는 것이 도움이 될 것이라고 생각한다.

홉슨(Hobson)은 융이 1961년에 쓴 『원형과 집단무의식』(CW 9i)에 대한 서평에서 식물의 종을 분류하는 것과 같이 설명을 위한 개념으로서의 원형과 실제로 사람들이 체험하는 현상학적 개념으로서의 원형 사이에는 근본적으로 어떤 착종(錯綜, confusion)이 존재한다고 지적하였다. 융 역시 책에서 어떤 병에 대해서 설명한 것을 읽는 것과 사람들이 실제 앓고 있는 병 사이에는 커다란 차이가 있다는 사실을 잘 알고 있었다. 그러므로 우리는 원형에 대한 지식과 원형에 대한 실제적 이해 사이를 구별하여야 한다. 이 말은 아마 이론과 실제 사이를 구별해야 한다는 주장일 것이다. 융은 때로는 원형적인 현상을 나타내는 아무 지표도 없이 원형을 살펴보면서 현상학적 입장에서 접근했는가 하면, 때로는 원형에 일종의 예지(foreknowledge)가 있다고 하면서 원형이 암시하는 의미를 찾으려고 하였다.

홉슨은 융에게서 원형은 그 안에 어떤 내용적 실제가 없는 형식적 개념이기 때문에 원형적 이미지는 물론 원형적 표상과도 구별되어야 한다는 것이 중심적인 생각이었지만, 그는 그 생각을 다만 원형을 통전적인 입장에서 논의할 때만 강조하였다고 주장하였다: "그러나 융은 불행하게도 그 용어(원형)를 원형적 틀(form)이나 모티프를 언급하는 것으로 안이하거나 부주의하게 사용하였으며, 심지어 고도로 발달한 환상적 이미지를 나타내는 것으로 쓰기도 하였다"(ibid., p. 70) 내가 지금 말한 것은 융의 원형 개념에서 일반적으로 이루어지고 있는 의미론적 불일치인데, 홉슨은 그것을 '틀'이라는 단어에 주목하면서 언급하고 있다. 이 틀은 때때로 어떤 특정한 이미지(원형이 이미 취한 틀)를 나타내고, 때때로 그 내용이나 이미지와 반대되는 틀이나 구조를 나타낸다.

홉슨은 생경함이나 경외심(numinosity)이 어떤 이미지가 원형적 이미지로 인식되는데 정말 필요한 감정인지에 대해서 의구심을 가지고 있다. 그러면서 그는 사람에게서 감정은 경험과 더 관계되는 것이지 이미지와 더 관계되는 것은 아니지 않은가 하고 묻는다. 같은 맥락에서 생각하면 원형적 모티프는 그 어떤 누미노스한 감정 없이도 생겨날 수 있을 것이다. 따라서 우리는 홉슨의 논점을 더 발전시켜서 경외심은 한 사람에게서 주관적인 것이고, 인간의 어떤 의지는 이런 유형의 체험을 하게 하는 경향이 있다고 말할 수 있을 것이다.

융에게 있어서 중요한 사실은 원형은 그 어디에나 존재하고 사람들의 기억에 영향을 끼치기 때문에 원형적 이미지와 기억 이미지의 내용 사이에는 비슷한 점이 있지만, 융은 그 둘 사이를 엄격하게 구별하였다는 점이다. 그러나 홉스의 견해에 의하면 융은 현명하지 않게도 원형이라는 단어를 어떤 특정한 이미지, 예를 들어서 말하자면 '뱀의 원형'과 같은 말을 사용하였다. 그것이 현명하지 않다는 말은 뱀이라는 단어는 "사람들이 지각할 수 있거나 기억할 수 있는 이미지"이기 때문이다. 그에 대해서 홉스는 다음과 같이 말하고 있다.

> 뱀이 가진 해부학적이고 행동적인 속성은 양가성이나 변환 등을 포함하는 심리적 체험을 나타내는데 매우 효과적이다. 그래서 일찍부터 수많은 지역에서 뱀은 경외심과 매혹의 동물로 여겨졌다. 뱀은 어떤 원형적 주제를 나타내고 그 주제가 나타날 만한 전형적인 상황을 불러일으킨다. 그런데 그것들이 우리가 지각할 수 있는 이미지들이 아닌 한, 그것이 원형적인 뱀의 이미지, 진주의 이미지, 여인의 이미지라고 가정할 만한 이유가 하나도 없다. 융은 그 자신이 타고나는 이미지에 대해서 말한다는 사실을 분명히 부정하고 있다. 이런 생각들은 우리가 어머니, 어린이, 트릭스터, 재탄생 등과 같은 개념들에 원형이라는 말을 붙일 수 있는 것인지에 대해서 의문을 가지게 한다. 하지만 이런 것들은 어떤 특별한 내용이나 실체를 나타내기 때문에 우리는 수학이나 수리논리학에서 사용한 것과 같은 추상적이고 형식적인 방법들을 개발시켜야 한다(ibid., p. 72).

이러한 지적은 대단히 예리한 비판이다. 그래서 나는 앞으로의 논의에 홉슨의 지적을 원용하려고 한다. 홉슨은 융의 주장에 의하면 어떤 것이 원형적 이미지로 받아들일 수 있게 되려면 다음과 같은 네 가지 기준을 만족시켜야 하므로 실제로 어떤 것이 원형적 이미지라고 말하기는 거의 불가능한 일이라고 주장하였다: 첫째로 그 자료는 특별한 것으로서 한 사람 안에서 일어날 뿐만 아니라 동시에 다른 사람들에게서도 정기적으로 일어나는 내용이어야 하고, 둘째로 그 심상(imagery)이 서로 다른 문화, 서로 다른 시대에 나타나는 것이어야 하며, 셋째로 그 이미지가 나타날 때마다, 나타나는 곳마다 의미가 비슷해야 하고, 마지막으로 그 심상이 문화적인 전수를 통해서 얻어져서는 안 된다는 것이다. 이러한 조건들은 홉슨으로 하여금 신화들이나 요정담들이 실제로 융의 이론이 요구하는 것처럼 문화적으로 완전히 자유로울 수 있는가 하는 의문을 불러일으켰다. 그것들은 그것들이 나타난 사회적 상황 속에서 "정교하게 만들어진 의식적 표현"이기 때문이다(ibid., p. 73). 또한 홉슨은 연금술과 신비가들에게서 찾아볼 수 있는 것과 같은 예들은 단순히 같은 유형의 마음을 가진 일군의 사람들이 여러 가지 연령대에 있다는 사실을 보여줄 뿐이라고 주장하였다.

여기서 우리가 주목해야 하는 사실은 홉슨이 여기에서 생물학적이고 품성학적 증거들을 제시하지 않는다는 점인데(pp. 96—103를), 하지만 그것은 서평이고, 그렇기 때문에 그가 새로운 자료들을 더 끄집어들이려고 하지 않았던 것이다.

글로버(Glover, 1950)에게 있어서 융의 원형 개념은 정신분석가들을 자극하기에 충분한 유인책과 같은 것이었다. 그러나 그의 노골적인 공격에는 몇 가지 중요한 사실들이 내포되어 있다. 그는 왜 오래된 것이—원형은 오래된 것이라고 생각되기 때문에—

지혜롭거나 존중받아야 하는지에 대해서 의아하게 생각하였다. 사실 선사 시대 사람들의 마음은 현대인들의 마음보다 "더 젊고", 현대인들에게 지혜와 인식을 주기에는 덜 집단무의식적이다. 그래서 글로버는 이렇게 묻고 있다: "어떻게 유전적으로 물려받은 성향에 지혜와 경험이 담겨 있을 수 있는가? … 지혜란 사람들이 말을 하거나 말의 힘에 의존하고 있는 개념적인 형식이 발달함에 따라서 같이 늘어나는 것이 아닌가?"(ibid., p. 51) 그러면서 글로버는 "계통 발생적으로 오래된 것은 언젠가 한 때 개체 발생적으로 일천(日淺)한 것이었으며, 그렇기 때문에 조야할 수밖에 없는 것이다"라고 결론지었다(ibid., p. 69). 글로버가 그의 이론을 언어학적으로 전개한 것은 그에게 불행한 일이었다. 왜냐하면 언어심리학적으로 볼 때, 그것은 원형적으로 조건화될 수 있는 것이기 때문이다(다음 사항들을). 글로버는 원형이 인간의 본능이나 충동과 갖는 관계에 대해서는 언급하지 않았다. 그럼에도 불구하고 그가 "계통 발생적인 것은 조야하다"라고 하면서, 융은 '고상한 원시인'이라는 신화에 빠져 있다고 공격한 것은 재미있는 일이다.

글로버가 두 번째로 제시한 것은 소위 원형적 자료라고 하는 것은 유아의 전(前)—현실적 사고의 잔존물, 즉 인간 행위의 초기 과정의 잔존물이라고 주장했다는 사실이다. 그는 인간의 초기 사고 과정은 구체적이고 지배적인 시각적 정신 표상들의 영향을 받으며, 인간 삶에서의 좌절의 불가피성은 대상 세계에 주체에 관한 특성을 담은 투사를 지속적으로 하게 한다고 주장했던 것이다(ibid., pp. 35—6). 글로버는 인간의 본능적 욕구, 만족감, 쾌락, 고통 체험의 영속성은 아기들에게 원형적 행위보다 더 직접적으로 반응하게 한다고 생각한 듯한 것이다. 정말이지 인간의 초기 과정의 행동에서 이미지들은 중첩되는 경향이 있으며, 시간과 공간이 무시되면서 이것저것을 상징적으로 나타낼 수 있다. 여기에서 어떤 이미지가 원형적인 것으로 동일시되거나 원형적 이미지에 의해서 지배받을 위험이 생긴다. 그러나 글로버는 여기에서 다시 한 번 허점을 보인다. 그는 원형적 이미지는 주체와 관계되는 특성을 가진 대상에 대한 투사로부터 생겨난다고 주장했던 것이다. 그러나 엄밀하게 말하자면 원형적 이미지는 우리에게 있는 원형적 소질(素質)로부터 오는 것이다. 왜냐하면 사람들에게는 원형적 소질이 있기 때문에 그들이 처한 초기 환경 속에서 무엇인가를 미리 생각하고, 그 속에 담을 내용을 찾아내기 때문이다(원형과 무의식의 환상에 대해서는 다음 pp. 111—113 이하를).

그 다음에 글로버는 융이 주장하는 '타고나는 구조'에 대한 논의에 대해서도 의아하게 생각한다. 그는 어쩌면 정신분석학회에서 전통적인 프로이트 학파와 클라인 학파 사이에서 인간의 '타고나는 구조'에 대해서 논쟁을 벌였을 때 반쯤 비판하는 태도를 보였는지도 모른다. 클라인 학파 사람들이 주장하는 많은 개념들은 '타고나는 구조'에 기반을 두고 있었기 때문이다. 그의 입장은 인간의 정신에서 '타고나는 구조'는 사람들에게 어떤 것들을 단순히 반복하게 하기는 하지만 축적될 수는 없는 것이었다. 사실 사람들에게 타고나는 것들이 지배적이라면 진전은 불가능해진다. 그러므로 인간에게 단순한 진전에 그치지 않고 진화가 이루어진 것이 사실이라면, 사람이 타고나는 원형의 힘은 생각했던 것보다 그렇게 클 수 없을 것이다. 이 문제에 대한 답변으로서 원형은 어떤 틀을 만드는 잠재성으로 그 내용은 시대에 따라서 목표를 향해서 나아가는 것이라고 생각되었다. 그에 대한 예는 사람들이 성장하는 과정에서 유전적으로 물려받은 것들이 나타나는 것으로 쉽게 제시될 수 있다. 즉 사람들은 나이를 먹으면서 그에 알맞게 신체적으로 변화되는 것이다. 그 때문에 글로버는 결코 유전이 중요하지 않다고 말하는 것은 아니다.

원형에 대한 논의에서 핵심적인 문제는 원형이 학습되거나 학습과 같은 방식으로 얻어지는 것이 아니라는 사실이다. 근래 들어서 우리는 어머니의 자궁 속에 들어 있는 태아가 엄지손가락을 빠는 사진을 찍을 수 있게 되었다. 이 사진은 손가락 빨기와 쾌락(또는 불안의 경감)의 관계는 학습에 의한 것이라는 이론이 잘못된 것이라는 사실을 보여준다. 태아에게서 손가락 빨기와 쾌락 또는 불안의 경감은 언제나 연계되어 있는 것이었다.

사람들이 원형적 구조를 만들 줄 아는 소질은 그에 알맞은 환경적 상황이 주어지지 않는 한 소용이 없게 된다. 그래서 원형 이론을 유아의 초기 발달 단계에 적용하는 것은 한편으로는 유아에게 타고나는 능력과 속성이 있어서 그가 그 단계의 발달에 적극적으로 공헌한다는 사실을 강조하고, 다른 한편으로는 어머니 역시 그녀가 원형적으로 주어지는 반응력을 사용한다는 사실을 강조하는 셈이 된다(이 문제에 대해서는 pp. 255—258, 335—346에서 자세하게 다룰 것이다).

포댐은 그의 분석심리학파 동료들이 환자들에게서 나오는 심상(心象)들을 역사적인 것들과만, 다시 말해서 연금술이나 신화나 민담 등에 나오는 비슷한 심상들과만 연관 지으려는 경향을 보고 당황하였다. 우리가 원형적 내용들에만 너무 집중하다보면 환자의 개인적 맥락을 놓칠 수 있기 때문이다. 그런 태도는 폭넓게 퍼져 있는 경향인데, 너무 지적이거나 상투적으로 접근하는 태도가 아닐 수 없다.

역사적 확충법이 가진 아킬레스 건(腱), 즉 맹점은 모든 환자들이 역사적으로 특정한 상황에 현존하고 있다는 사실을 무시하는 것이다. 연금술에서 실제로 찾아볼 수 있는 것과 아주 놀라울 정도로 비슷한 이미지를 제시하는 환자라고 할지라도 지금 연금술 작업을 하는 것이 아니다. 또한 그는 연금술과 관계되는 종교적이고 사회적인 환경에서 살고 있는 것도 아니다. 그러므로 그것을 연금술적으로 생각하는 것은…비현실적이다.…(그렇게 될 경우) 환자는 그 어느 때보다 현실적인 삶의 상황으로부터 멀리 떨어져 버리고 만다 (Fordham, p. 145).

포댐은 융이 원형을 유아적인 것들과 연관시킨 것이 타당하다고 지적하였다. 원형적 특징과 유아적 특징은 아이들이 모든 것들을 몸을 통해서 경험하기 때문에 상당히 유사하기 때문이다. 몸과 마음은 떼어놓을 수 없을 정도로 연계되어 있고, 몸의 기능은 정신 상태를 그대로 나타낸다. 어떤 의미에서 먹는 활동이나 배설 활동은 투사(投射)와 내사(內射)인 것이다.

포댐은 인간의 사고가 발달하는 견지에서 볼 때 원형은 여전히 작용하는 것으로 볼 준비가 되어 있었다. 그는 그가 주장하는 유아 이론의 선구자를 우주라는 창조 신화에서 보았던 것이다 (1957, pp. 118—19).

드라이(Dry, 1961)도 역시 비슷한 방식으로 융에게 비판적이었다. 그녀는 융이 신화, 전설, 민담을 너무 강조하는 것이 못마땅했다. 그러면서 그녀는 그것들의 '문화적 전파설과 정신적 동일설' 사이에 학문적으로 예리하게 대립된 상황에서 융이 너무 후자의 입장만 주장한다고 비판하였다. 또한 그녀는 라이버(River)의 반론을 인용하면서 융의 자료들이 주로 인도—유럽의 문화에서 나온 것들이라는 사실을 볼 때, 비슷한 내용들은 사람들이 유아 시절이나 유년 시절이나 청소년 시절에 부모, 보모, 학교 친구들, 혹은 등 뒤에서 듣기 등 여러 가지 비슷한 원천으로부터 들었기 때문에 어쩔 수 없는 것이라는 사실을 배제할 수 없다고 주장하였다(ibid., 119).

드라이는 원형적 주제와 어린이나 아기의 환상 사이에 연관성이 있다는 사실에는 별로 흥미를 느끼지 못하였다. 예를 들어서 말하자면, 그녀는 아이들이 어머니를 공격하거나, 어머니의 가슴을 쥐어뜯는 환상을 말하면서, 그와 비슷한 것이 집단무의식을 말하는 영웅 신화에 있는지 질문했던 것이다. 이처럼 그녀는 신화란 유아기의 초기 경험을 이차적으로 정교하게 만든 것이라고 설명하기를 원하였다. 결론적으로 말해서, 그녀는 원형적 사고가 인간 경험의 청사진이라는 사실에 전혀 동의하려고 하지 않았던 것이다.

자연히 발달학파(어느 정도까지는 고전학파에서도)에서는 강조의 변화가 이루어지고 있다. 그래서 신화, 전설, 민담에 대한 연구가 계속해서 행해지고 또 중요시되고 있지만 원형 이론의 기반이 되는 신화, 전설, 민담과의 연관보다는 환자의 개인적, 사회적, 가족적 탐구가 더 중요하게 고찰되고 있다. 그래서 우리는 이런 반론들을 모두 종합해서 나중에 결론적으로 논의하려고 한다. 여기에서 우리는 이런 사실을 염두에 두고, 앞에서 말한 대로 분석심리학 이외의 분야에서 원형 이론과 비슷한 것들을 살펴보려고 한다.

원형과 동물행동학

융의 원형 이론과 동물의 행동에 대해서 연구하는 동물행동학 사이를 연결시키려는 시도는 많이 행해져왔다. 그래서 원형 이론과 관계된 연구들이 동물행동학과 더불어서 환경에 대한 적응 유형들은 물론 사람들이 타고나는 특성들을 강조하면서 이루어진다면 원형 이론은 분석심리학 이외의 분야에서 더 잘 받아들여질 것이다. 분석심리학은 동물행동학에 기여할 수 있는 것이 많은 것이다. 융 역시 모든 생물에는 그 나름대로 '원형들'이 있다고 하면서 원형과 동물의 행동 사이에는 유사한 것이 있다고 주장하였다.

유카 나방의 믿을 수 없을 만큼 정교한 번식 본능의 예를 살펴보도록 하자. 유카 식물의 꽃들은 오직 하루 밤에만 피는데, 유카 나방은 그 꽃들로부터 꽃가루를 취해서 작은 공처럼 반죽을 한다. 그 다음에 나방은 두 번째 꽃으로 가서 암술을 열고 그의 알들을 암술 속에 있는 배젖 사이에 놓는다. 그리고 그 꽃가루로 만든 공을 깔대기 모양으로 된 암술의 관에 채운다. 나방은 그의 삶에서 오직 한 번 이 작업을 수행하는데…말하자면 유카 나방에게는 그의 안에 그 상황에 맞추어서 본능을 '일깨우는' 어떤 이미지가 담겨 있는 것이다. 그 이미지는 그에게 유카 꽃과 그 꽃의 구조를 '알아채게' 하는 것이다(CW 8, paras. 268, 277).

분석심리학자 가운데서 특별히 현대 동물행동학에 대해서 언급한 사람은 포댐이었을 것이다. 그는 (1949년에 쓰였지만 1957년에 출판된) "생물학 이론과 원형의 개념"이라는 논문에서 틴버겐(Tinbergen)이 제시한 것으로서 동물들이 생래적으로 타고나는 방출 기전(release mechanism)은 사람들에게, 특히 유아기에도 적용될 수 있다고 주장하였다. 사람들에게 본능적인 행동을 하게 하는 자극들은 사람들이 타고나는 지각 체계의 장을 통해서 선별되고, 그 다음에 행동으로 '흘러나온다'는 것이다. 같은 논문에서 포댐은 늑대의 행동 위계에 대한 로렌츠(Lorenz)의 동물행동학적 고찰과 유아기의 원형 기능 사이의 유사성에 대해서 지적하였다.

야코비(Jacobi, 1959) 역시 로렌츠와 그가 말한 '타고나는 도식'을 원형과의 관계 속에서 언급하였으며, 우엑퀼(Uexkuell)의 환경(Umwelt) 개념—하나의 유기체에 의해서 점유된 환경을 주관적으로 지각한 것—과 원형과의 유사성을 살펴보았다. 폰 프란츠는 로렌츠가 원형 이론을 너무 심리학적으로 사용하는 것에는 동의하지 않았을지 몰라도 커다란 원칙에 있어서는 동의한다고 지적하였다(von Franz, 1975).

스토르(Storr, 1973)는 사람들이 '타고나는 방출 기전'을 생래적인 소질과 연관시키면서, 아이들은 그 소질을 타고나는데 그것을 통해서 부모님, 이성, 죽음 등과 같은 기본적인 자극에 반응할 수 있다고 주장하였다. 스토르는 그가 인간은 본성적으로 여성적인 것을 전제로 하고 있으며, 인간의 체계는 처음부터 여성적인 것에 맞춰져 있다고 주장하면서 융도 이런 생각과 가깝지 않을까 한다고 주장하였다.

스티븐스(Stevens, 1982)는 동물행동학과 분석심리학은 모두 보편적으로 일어나는 현상들을 이해하려는 학문이라고 주장하였다. 동물행동학은 이 세상에 있는 모든 종(種)들은 그들이 사는 환경에 적응하고 상황이 변하는데 따라서 더 유연하게 대처할 수 있는 독특한 행동 능력을 타고나며, 사람도 그 점에 있어서는 마찬가지라는 사실을 알려준다. 원형은 행동과 정신 사이를 조화시키도록 인간이라는 종에게 주어진 정신—신경의 중심인 것이다(ibid., p. 17). 스티븐스는 볼비(Bowlby, 1969)를 따르면서 어머니와 신생아 사이에서의 심리적 관계 속에서 유전적으로 구조화된 행동이 행해진다는 사실을 지적하였다. 그것들은 아기 편에서는 아기의 무력감, 수많은 자극적 신호들, 다가가는 행동들, 어머니의 반응을 얻어내려는 동작들로 이루어져 있다. 다른 한편 어머니 쪽에서는 어머니의 냄새, 소리, 모습 등이 단서가 되는데, 그것들은 모두 식이(食餌)와 관계되는 반응들이다. 스티븐스의 말을 요약하면, 그 어떤 학습 교사도 아기들에게 젖을 빨라거나, 어머니에게 다정하게 말하라고 가르치지 않는다. 그 대신 일찍부터 존재하는 원형 체계가 어머니와 아기들에게 자세한 훈령을 따라서 협동하게 한다: '젖꼭지를 찾아라. 그리고 그것을 찾았으면 빨아라.'

스티븐스는 동물행동학의 한계를 잘 알고 있었다. 경험, 즉 감각이나 의미에 대해서는 더 길게 말할 필요가 없을 것이다. 스티븐스는 융은 본질적으로 그런 것들에 대해서 관심을 가지고 있었고, 우리가 개인적으로 깨닫거나 습득한 것들이 사실은 계통발생적인 것이라는 비상한 통찰을 했으며, 우리는 그 점에 대해서 융에게 많은 것을 빚지고 있다는 사실을 상기시켜 주었다(1982, p. 76).

원형과 생물학

내가 지금 동물행동학에 관해서 말했던 것들은 본질적으로 과학적 성향을 가진 사람들이 보기에는 어려운 문제들을 옆으로 제쳐놓고 유사한 것들만 살펴본 언급일 것이다. 원형적 구조들이 타고나는 것이라면, 그것은 정확하게 어떤 방식으로 나타나며 신체 기관의 어디에서 찾아볼 수 있는 것인가? 이 문제에 대한 답변들은 생물학과 신경학에서 행해져 왔는데, 먼저 생물학을 살펴보도록 하자. 융은 원형과 유전자의 관련성에 관해서 수많은 제안들을 했으며, 특히 그가 생각하기에 유전적 기원을 가지고 있다고 생각되는 반대되는 성의 원형인 아니마와 아니무스에 대해서 더 많은 제안을 하였다. 그 후 포댐은 원형과 유전자의 관계에 대해서 설명하면서 "유전이라는 말은 오직 수정된 난세포 안에 들어 있는 것을 의미한다"고 주장하였고, "원형이 물려받은 기능이라고 말하려면, 그것은 생식 세포 안에 무엇인가가 들어 있어야 한다"고 결론 지었다(1957, p. 11).

스티븐스는 포댐보다 더 엄밀했는데, 그는 원형의 유전과 장소를 찾으려면, DNA에서 보아야 할 것이라고 주장하였다. 원형은 생명과 겹쳐지는 것이기 때문에 생명이 있는 곳에 존재해야 한다는 것이다. 그런데 DNA는 자연 세계에 어느 정도까지 규칙성과 정형(定型)과 질서를 가져다준다. 그래서 스티븐스는 "DNA는 생물의 종에서 복제할 수 있는 원형이다"라고 하였다(1982, p. 73).

DNA에 원형이 담겨 있을 수 있다는 스티븐스의 가설은 L.스타인이 "자기가 아닌 것(not—self) 소개"(1967)에서 이미 예견할 수 있었다. 그 논문에서 스타인은 그에 대해서 아주 자세하게 언급했기 때문이다. 그는 어떤 유기체가 위험한 상황 가운데서 살아나려면 무엇을 해야 하는가 하고 묻는 것으로 시작한다. 그에 대한 답변을, 아주 단순화시켜서 말하자면, 그가 그 자신이 아닌 것이 어떤 것인지를 인식해야 하는 것이다. 그것은 어떤 사람이 몸에 감염이 되어서 병균과 싸우려고 하거나, 적(敵)과 대치 상태에 있는 사람이 적을 동화시키려고 하거나, 좀 더 적극적인 의미에서 어린 아기가 외부에서 그를 돌봐주는 사람들 가운데서 누구와 관계를 맺을 것인가 하고 인식하는 경우를 가정할 때, 옳은 말이다. 그러므로 생존 과정에서 어떤 것이 나와 다른 것인가를 알아채는, 선재하는 지각 양식(pattern)은 움직이고 행동화되어야 한다. 유기체는 예방하거나, 보호하거나, 적응하는 행동을 취하든지, 취하지 않든지 해야 하는 것이다. 이렇게 자극을 받고 행동으로 옮기는 것은 DNA 속에 있는 정보가 전달자를 통해서 전달되어야 이루어진다. 스타인은 이런 전달자들을 나타내는 아주 다양한 용어들인 유전자 복제 주형(template), 유전자(gene), 효소, 호르몬, 촉매, 유인물질(pheromone), 사회적 호르몬 등은 원형과 비슷한 개념이라고 주장하였다. 또한 그는 좀 더 크게 보면 그런 전달자를 나타내는 원형적 상들은 헤르메스, 프로메테우스, 그리스도 등일 수 있다고 덧붙였다.

    스타인은 생물학적 방어 체계에 관한 그의 논의를 뒷받침하기 위해서 몸의 방어체계의 특성에 주목하면서, 몸의 방어체계는 특정한 상황에서도 전반적으로 작동해야 한다고 주장하였다. 방어체계의 요인(agent)들은 어디든지 가야하고, 그것들이 분산되어 있을지라도 몸의 현상 유지가 깨어져서는 안 되는데, 병에 잘 걸리는 사람들에게서는 그 요인들이 자기를 공격하는 것이라고 하였다. 그에 관한 스타인의 언급은 다음과 같다.

신경 체계 또는 내분비 체계가 이 모든 기능들을 수행하는 것 같지는 않다. 이러한 사실은 자기(self)와 비슷한 어떤 생물학적인 것이 림프 축 세포의 방대한 영역에 나타나거나, 아니면/동시에 세좌표내피계의 불분명한 세포들에 나타날 것이라는 가정을 하게 한다(ibid., p. 104).

원형과 신경학

원형의 신체적 기반과 유전성에 대한 논의는 신경학과 뇌의 구조에 대한 연구에서 시도되었다. 로씨(Rossi, 1977)는 현재 그 기능과 특성이 잘 정리되어 있는 두뇌의 좌반구와 우반구에 대한 학설은 원형을 두뇌의 우반구에 자리 잡게 할 수 있지 않을까 하고 제안하는 것이다. 그는 두뇌의 좌반구의 기능은 주로 언어와 연상, 우반구는 공간 시각(visuospatial)과 통각(統覺)을 담당한다는 연구 결과를 제시였다. 그러므로 좌반구가 비판, 분석, 정보처리에 초점을 맞추고 있다면, 우반구는 "지각의 대상을 형성하는 전체적인 형태"(gestalt)에 초점을 맞추고 있다. 이 말은 우반구는 하나의 단편으로부터 전체적 형상을 더 잘 그려낼 수 있고, 혼돈된 자료들을 가지고 더 잘 작업할 수 있으며, 좌반구보다 더 비합리적이라서 우리 신체의 과정과 더 가까이 있다는 사실을 말해준다.

이러한 이유들 때문에 로씨는 다음과 같이 주장하였다.

원형 및 그와 관계된 상징과 집단무의식의 관념들은 두뇌의 우반구적 기능 특성에 속한 심상(心象), 게슈탈트, 공간 지각 유형과 밀접하게 연관되어 있다. 그런데 그것들이 두뇌의 좌반구 영역에 속한 자아의 언어, 개념, 말을 통해서 일단 표현되면, '그것들은 그 안에서 모습을 보인 개인의 식으로부터 색깔을 취한'(Jung) 표상들이 된다. 그림자, 아니마/아니무스 등은 우반구에 원천을 둔 원형적 과정인 것이다(ibid., p. 104).

다음 장에서 우리는 두뇌의 반구들 사이의 상호작용과 관계된 로씨의 주장에 대해서 더 살펴볼 것이다. 그래서 여기에서는 다만 원형이 어디에 자리 잡을 수 있는지에 대해서만 다루고자 한다.

로씨의 관심은 신경생리학자인 헨리(Henry, 1977)에게까지 확장되는데, 헨리는 로씨처럼 두뇌의 비대칭화에 관심을 가지는 것보다 맥클린(Maclean)처럼 두뇌를 셋으로 나누어서 보는 것이 더 좋을 것이라고 주장하였다. 간단하게 말해서 맥클린은 계통발생적으로 볼 때 두뇌는 세 가지 다른 체계로 이루어졌다는 것이다. 우선 사회문화적 두뇌는 대뇌의 신피질에 위치해 있고, 본능적으로 결정되는 것들과 정동(emotion)은 대뇌의 변연계가 담당하며, 마지막으로 '파충류 비슷한' 두뇌는 시상하부와 뇌간에 있으며 인간의 근본적인 충동들과 관계된다는 것이다. 여기에서 파충류 비슷한 두뇌는 두뇌 가운데서 오래된 부분인데, 충동뿐만 아니라 원형 구조도 담고 있다는 것이다. 그들이 제안하는 것은 인간의 삶에서 정동에 의한 행동과 인식능력이 덜 발달했던 때가 있는데, 그때는 두뇌의 오래된 부분이 지배적이었다는 것이다. 여기에는 원형이 오랜 시간에 걸쳐서 "결정화되었다"는 융의 생각과 놀랍도록 분명한 일치점이 보인다. 헨리는 변연계와 뇌간 전체가 어쩌면 집단무의식이 자리 잡고 있는 부분이 아닐까 하고 생각하는 것이다.

원형 이론과 구조주의

딱딱한 자연과학에서 나오면, 우리는 언어심리학, 인지심리학, 인류학 등 구조주의적 접근을 하는 학문 영역과 원형이론 사이에 수많은 유사성이 있음을 찾아볼 수 있다.

촘스키(Chomsky)는 언어심리학에 관한 그의 책에서 아동에게는 변하지 않는 언어습득 모형(pattern) 있다고 주장하였다. 그러면서 그는 거기에는 '보편적인 것들'이 있는데, 그 가운데서 '형식적인 것'과 '실체적인 것'이 구분된다고 주장하였다. 그런데 이것은 원형이 (구조로서의) 틀과 원형적 이미지로 나누어지는 것과 비슷한 생각이다.[1]

비슷한 맥락에서 삐아제(Piaget)는 심리적 '도식'에 대해서 주장했는데, 그것은 타고나는 것으로 사람들에게 감각—운동적 행동을 하게하고 지식을 습득하게 하며, 그들의 삶의 궤도 속에서 지각된 환경이 들어오게 한다. 여기에서 이 도식은 그것이 타고나며, 행동하게 하며, 상황에 반응하게 한다는 점에서 원형과 비슷하다고 할 수 있다.

---

1) 융은 원형과 원형상을 구분했는데, 원형이란 형식적 틀로서 그 안에 시대와 문화에 따라서 서로 다른 원형적 내용들이 담길 수 있다고 주장하였다. 즉 구세주 원형이라는 틀 속에 시대와 문화에 따라서 그리스도, 부처, 여러 신들이 담길 수 있는 것이다. 이때 구세주는 원형이고, 그리스도, 부처, 여러 신들은 원형상이다(역자 주).

마지막으로 인류학 분야에서 레비—스트로스(Levi—Strauss)는 융처럼 사람들에게 있는 집단적 현상을 찾아내었다. 그는 신화의 의미와 구조에 다가가면서 인간의 현재 삶의 현상들은 초기의 구조 또는 하위구조의 변환이라는 결론에 도달했던 것이다: "원시 사고는 우리 마음속에 들어 있는 것이다"(Leach, 1974, p. 16).

여기에서 무의식이 '규칙의 세계'이며, 그 내용은 비어 있는 것이라는 레비—스트로스의 생각은 융의 생각과 비슷한 것이라는 점이 명확하게 지적되어야 한다. 사실 근친상간과 친족 관계에 대한 그의 생각은 때때로 융의 그것과 아주 비슷하게 들린다. 그러나 그에게는 원형적 구조와 원형적 내용 사이의 혼동이 계속 해서 나타난다(e.g. Wilden, 1980, p. 242. Greenstadt, 1982, p. 486). 정신분석가인 그린스타트는 "원형은 잠재적인 기능적 구조라기보다는 근본적으로 하나의 내용으로 주어진 것"이라고 주장했는데, 나는 이 점에 대해서 그의 오류를 밝히고자 한다.

정신분석학에서 유사한 개념들: 라깡

내가 지금 요약한 세 명의 사상가들이 구조주의자라는 사실은, 그들 모두는 우리가 이 세상을 어떻게 파악하고 있느냐 하는 것은 우리가 사물을 어떻게 지각하고, 생물학적으로 무엇을 지각할 수 있느냐 하는 것에 따라서 결정되며, 우리는 우리가 지각하는 감각 자료들을 선재하는 분류 체계를 따라서 분류하는 성향을 타고 났다고 생각한다는 사실을 의미한다. 심리치료 임상가 중에서 가장 구조주의적이라고 드러난 사람은 라깡이다.

라깡은 무의식은 의식 세계의 아래에 있는 구조라는 주장을 넘어서서, 언어처럼 구조화되어 있다고 주장하였다. 이 말만 보아도 그가 융과 비슷한 주장을 한다는 사실을 알 수 있으며, 그는 융을 만나려고 한 적이 있었다고 한다. 그는 정신분석에서 다루는 현상을 세 개의 심급으로 나눈다. 첫째는 상징계(the symbolic)인데, 이 계(界)에서는 무의식을 일련의 근본적이고 보편적인 법으로 구조화한다. 둘째는 상상계(the imagery)인데, 이것은 심리학적 실재나 환상, 투사, 내사 같은 내적 세계의 과정들과 가까운 것으로서, 외적인 삶과 똑같지는 않지만 거기에서 온 태도와 이미지들로 구성되어 있다. 라깡은 사람들은 이 계를 도구로 하여 분리(라깡은 결렬, rupture라고 불렀다)의 고통, 즉 탄생, 젖떼기, 성장으로 인한 결렬의 고통과 맞선다고 주장하였다. 셋째는 실재계(the real)인데, 이 계는 외적 실재는 물론 소위 실재의 신비라고 부르는 것에 해당되는데, 우리는 여기에 관해서 잠깐 다룰 것이다.

우리는 라깡의 이론을 융의 이론과 병치(竝置)시킬 수 있는 실례를 들 수 있다. 라깡이 말한 상징계와 상상계는 각각 융의 원형 이론(집단무의식)과 개인무의식으로 대치될 수 있는 것이다. 상징계는 원형 구조가 사람들을 어떤 운명적인 체험으로 이끌고 가는 것과 똑같은 방식으로 상상계의 내용들을 재단한다. 우리가 부모를 예로 들어서 생각한다면, 원형 구조와 상징계는 우리가 부모를 어떻게 인식하고, 어떤 관계를 맺는지 미리 규정하는 것이다. 따라서 개인무의식 속에 있는 부모의 이미지는 흔히 원형 구조나 상징계에 의하여 착색되어 실제의 부모 이미지와 간접적으로 연계되기 마련이다. 그에 따라서 부모의 이미지는 개인적 차원에서 보면 주관적이고, 계통발생적 차원에서 보면 객관적이다.

그렇다면 실제의 부모는 어떤 존재인가? 여기에서 라깡은 실재계를 제시한다. 그러나 그것은 상당히 암시적인 것이다. 실재계는 도무지 '무엇이라고 말할 수 없는 차원'(Lemaire, 1977, p. 41)으로서, "인류가 그것을 나타내려고 했을 때부터, 한 번도 제대로 나타내지 못했던 차원"이다(ibid., p. 115): "사람들이 어떤 방식으로 정리된 것은 잘 작동하고, 좋은 결과를 가져오지만, 그들이 이해하지 못하는 부분은 여전히 남게 된다고 말할 것이다. 실재계는 그런 것이다"(르메르와의 인터뷰에서 라깡이 한 말, 1977, p. 116). 우리는 실재계가 전(前)—언어적이고, 전—표상적이며, '초기의 억압 상태'로 고통 받기 때문에 잘 알지 못한다. 그러므로 실재계에 대한 라깡의 개념은 융이 정신—신체적 무의식이라고 주장한 원형 이론에 가깝다. 왜냐하면 원형 역시 사실(어쩌면 진리인지도 모른다)이지만 직접적으로 알 수 없는 것이기 때문이다.

라깡이 이 세 가지 계를 따로 따로 말하지만 그것들은 아마 순환적 형태를 이룬다고 해야 할 것이다. 그 안에서 상징계는 상상계에 스며들고, 상상계는 실재계를 이용하며, 우리가 지금 보았듯이 실재계는 상징계의 법칙을 사용하는 것이다. 그런데 우리가 지금 말하는 것은 분석심리학 용어로 말하자면 콤플렉스에 대한 것이다.

서로 사용하는 언어는 다르지만, 융은 무의식이 연상에 의해서, 무엇보다도 '은유적인 연상'에 의해서 지배되는 아주 복잡한 연결좌표로 이루어져 있다는 라깡의 견해에 동의할지도 모른다(ibid., p. 7). 이런 복잡한 연결좌표이 존재한다는 사실은 무의식의 산물들인 꿈과 증상 등에 대한 분석을 통해서 알려졌다.

정신분석학에서 유사한 개념들 : 비온

분석심리학과 비슷한 작업을 한 정신분석가 가운데 또 다른 사람은 비온이다(1963). 우리가 앞으로 살펴보겠지만, 그의 'O'라는 개념은 어떤 점에서 융이 자기라고 말한 것과 비슷한 개념이다(pp. 130—1 이하). 여기에서 나의 관심을 끄는 것은 생각에 대한 비온의 이론이다. 비온에 의하면 생각들은 사고의 능력에 앞선다. 어린아이들에게 있어서 생각은 감각된 자료들이나 아직 구조화되지 않은 정동과 구분할 수 없는 것이다. 비온은 초기의 이 현상을 설명하기 위해서 원(原)—사고라는 용어를 사용한다. 원—사고는 감각된 자료들과 연관되어 있기 때문에 상징적 표상으로 나타나지 못하고 매우 구체적이고 자기—포함적(그—나름대로의—사고)인 것이다. 다시 말해서 원—사고는 아직 특별한 시각 이미지나 또 다른 종류의 심상(imagery)으로 변환되지 못한 것이다. 생각하는 사람을 선행하는 이 사고는 그것이 좀 더 발달되어서, 생각하는 사람이 생각하려고 할 때 영향을 미치지 않을 수 없다. 그때 생각은 전(前)—개념(preconception)처럼 작용한다. 원형과 비슷한 정신—신체적 실체가 놓이는 것이다. 내가 이런 생각을 하게 된 데는 비온의 '전—개념'이라는 관념이 플라톤의 이데아로부터 직접적으로 온 것이라는 클라인학파 분석가 모니—컬(Money—Kyrle)의 도움이 컸다. 모니—컬은 플라톤은 그 어떤 특별한 대상이나 현상도 하늘에 있는 이데아 또는 일반적인 대상들의 불완전한 복제라고 생각했다고 주장하는 것이다. 그는 계속해서 이렇게 말하고 있다.

우리가 계통발생적인 유전에 대해서 꼭 말해야 한다면, 내 생각에는 플라톤이 바로 이 지점에 가까이 있는 것 같다. … 우리가 말하는 '계통발생적 유전'은, 그래서 그 안에 어마어마한 잠재적 정보를 담고 있으며 … 그것은 아마 주로 생후 처음 수개월이나 수주 사이의 단계에 형성된 것이 아닌가 생각된다(그 전에 어떤 발달이 있었는지는 고려하지 않는다)(Money—Kyrle, 1971, p. 443).

모니—컬은 어떤 곳에서 "융의 원형은 이론상 타고나는 선—개념과 아주 비슷하다"고 말한 적이 있다. 그가 비록 "실제적으로는 많은 차이점이 있다"고 덧붙였지만, 우리는 제6장에서 분석 과정을 다룰 때 그것이 어떻게 그 전보다 더 문제가 되지 않는지 살펴보게 될 것이다(Money—Kyrle, 1977, p. 46).

비온에 대한 이런 언급들은 우리가 제5장에서 다룰 것들과 관계되는데, 어머니와 아이에게서 볼 수 있는 담는 것과 담기는 것 사이의 관계는 원—사고가 개념화된 적당한 사고로 변환되는 과정을 이해하게 해준다.

정신분석학에서 유사한 개념들 :
원형과 무의식적 환상

융과 프로이트는 사실은 환상에 불과한 것임에도 불구하고 성인들이 과거에 실제로 그런 일이 있었던 것 같다고 기억하는 부모와의 관계에 관한 분석 자료들을 어떻게 다룰 것인가 하는 논의를 많이 하였다. 프로이트는 사실성에 중점을 두고 있었음에도 불구하고, 후기의 환상들이 어디로부터 유래되는지 알고 싶어 하였다. 그는 『정신분석학입문』(1916—17)에서 다음과 같이 기록하였다.

> 환상의 원천이 본능에 자리 잡고 있음에는 의심의 여지가 없다. 그러나 똑같은 내용을 가진 똑같은 환상들이 왜 모든 경우에서 똑같이 만들어지는지 하는 문제에 대해서는 설명이 여전히 필요하다. 나에게는 그에 대한 답변이 준비되어 있기는 하다. 그러나 그것이 당신에게는 좀 당황스럽게 생각될지 모른다. 나는 … 초기의 환상과 또 다른 몇 가지 환상들은 의심할 여지없이 계통발생적인 것이리라고 생각한다. 그 환상들 속에서 사람들은 그의 체험이 너무 초기의 것일 경우, 자신의 경험을 넘어서 원초적인 경험 속으로 들어가는 것이다. … 신경증의 심리학은 그 안에 다른 어떤 자료들보다 더 인간의 발달 과정에서 나온 태고적 자료들을 많이 쌓아 놓지 않았나 하는 생각을 나에게 하게 하였다(p. 418).

프로이트는 어디에서나 전(前)—주관적 도식의 존재를 역설했는데, 그것은 너무 강력해서 개인의 경험을 뛰어넘어서 사람들을 지배하는 도식이다: "우리 체험이 유전적 도식에 잘 들어맞지 않으면 그것은 언제나 우리 상상력 속에서 재구형된다"(Freud, 1918, p. 119). 우리는 프로이트에게서 라마르크적인 어조가 너무 풍기는 것에 대해서는 동의하지 않는다. 즉 그가 초기 환상들은 선사 시대의 경험의 특별한 기억들이 남아 있는 것이라고 하는 주장에는 동의할 수 없는 것이다. 그러나 융 학파의 경우 그가 말하는 전(前)—주관적 도식에 대해서는 큰 문제가 없다.

이 문제에 대한 은밀한 합의는 더 나아가서 라플랑쉬와 폰탈리스의 『정신분석학 언어』(1980)에서 행해졌는데, 그들은 그 책에서 소위 초기 환상은 시원(始原)과 관계되고 있으며, "집단적 신화처럼 아이들에게서 발견되는 수수께끼를 표상하고, 그 해결책까지 제시한다고 주장하였다"(p. 332)고 하였다.

그러나 원형 이론과 가장 유사한 정신분석학적 사고는 무의식적 환상에 대한 클라인의 관념일 것이다. 융과 클라인 사이의 관련성은 대부분의 학자들에게서 받아들여지고 있지만, 어떤 이들은 원형을 내적 대상과 비교하기도 한다(e.g. Dry, 1961, p. 303; Storr, 1973, p. 48). 물론 내적 대상에 원형적 요소가 들어있기는 하지만, 그것은 외부 세계로부터 오는 것이고, 하나의 구조도 아니며, 원형처럼 선재하는 힘도 담겨져 있지 않고, 타고나는 유형도 아니다. 그래서 나는 스토르가 원형을 가리켜서 '매우 비합리적인 이미지'라고 하는 말에는 동의할 수 없다. 그는 "이 원형들 또는 내적 대상들을 말하는 것은 별로 중요한 것 같지 않다는 생각이 든다"(ibid., p. 44)고 하였다.

첫째, 이 문제에서는 원형과 원형적 이미지 사이에 혼동이 있는 듯하다. 그때 그 논제는 과연 적합한가 하는 질문이 가능상해진다. 실제 사례에서 개인사(個人史)를 전체적으로 어떻게 취급할 것인가 하는 문제와 실제적인 치료를 더 선호하는 사람들과 유년기의 체험에 대한 이해에 더 관심을 기울여야 한다고 주장하는 사람들 사이에 서있는 정신분석학과 분석심리학의 논쟁에서 개인적 편차는 어디에서 오는가? 이 모든 논제들, 즉 숙달된 분석가는 물론 초보 분석가에게도 절실한 이 논제들은 결국 원형과 초기 환경 사이의 관계를 둘러싼 문제라고 할 수 있다. 스토르는 이 문제의 본질은 클라인 학파의 분석가들은 대부분의 경우에 있어서 이미지를 유아의 실제적 경험들로부터 끄집어내는데 비해서 융은 그것을 생래적인 소질로부터 끄집어내는데 있다고 갈라놓았다(ibid., p. 44). 사실 클라인 학파와 후기 융 학파의 발달학파는 상호 교차 가능한 것이다.

이제 우리는 클라인 학파에서 '무의식적 환상'이라고 부르는 것이 정말 무엇을 의미하는지 살펴보아야 한다. 클라인 학파의 분석가 아이작스(Isaacs)는 "환상(phantasy)의 본성과 기능"(1952)이라는 논문에서 정신분석적 용어를 백일몽과 구분하기 위해서 'f' 대신 'ph'라는 철자를 썼다고 주장하였다. 백일몽은 의식에 알려진 환영(幻影)이기 때문이다. 더 나아가서 아이작스는 환상을 '실재'와 반대되는 것으로 보는 것은 잘못된 것이라고 주장하였다. 그렇게 될 경우 내면세계의 중요성이 무시되고, 소위 실재라는 것이 마음속에서 형성되는 것 역시 무시되기 때문이다. 그녀가 강조하려는 것은 무의식적 환상은 신경증적인 것이 아니라 정상적인 것이라는 사실이다.

무의식적 환상이라는 관념은 프로이트의 생각에서 비롯되었다. 프로이트에 의하면 이드는 몸과 관계되며, 본능적 욕구와 밀접하게 연관되어 있고, 본능적 욕구를 점거하고 있어서 그것들을 "정신적으로 표현"한다. 그러므로 무의식적 환상은 본능의 이 정신적 표현인 것이다(융의 'self—portrait of the instinct'와 비교하시오). 또한 아이작스는 "무의식적 환상으로 체험되지 않는 충동이나 본능적 욕구나 반응은 없다"고 주장하였다(Ibid., p. 83). 그러므로 여기에는 성적 충동과 파괴적 충동이 포함되어 있어야 한다(융의 양극성, bipolarity와 비교하시오).

환상은 자아기전과 본능 사이를 효과적으로 이어주는 고리처럼 보인다. 아이작스에 의하면 본능은 외부에 있는 실제적 대상을 향해 나아가는 정신—신체적 과정이고, 우리가 알고 있듯이 무의식적 환상으로 마음속에 새겨진다. 그러므로 우리의 본능적 욕구를 채우는 이미지는 우리의 주관적 체험을 말해줄 뿐만 아니라 우리의 욕구들을 실제로 실현시키는데 필요한 것이다. 융도 이와 비슷하게 말했는데, 그는 무의식의 환상은 "의식되기를 바라는 환상"이며, 이미지의 형태로 드러나고, "창조적" 환상이라고 주장했던 것이다(CW 9i, paras. 101, 153). 본능으로부터 나오는 무의식적 환상은 비온의 말을 빌리자면 그에 '알맞은' 외적 대상을 찾는 것이다(1963).

주로 이론적인 고찰을 하는 이 장(章)에서 이런 생각들이 인간 발달의 전 과정을 어떻게 설명해줄 수 있을 것인가 하는 것을 고찰하는 것이 나의 목적은 아니다. 그것들은 제5장에서 다루어지기 때문이다. 그러나 나는 이 이론들이 분석심리학에서 어떻게 소화될 수 있는가 하는 점들이 밝혀졌으면 한다. 예를 들어서 말하자면, 램버트(Lambert, 1981a, p. 95)는 '원형적인 내적 대상'이라는 말을 유아의 정신에서 다음과 같은 요소들이 만나고, 자리 잡는 과정을 가리키기 위해서 사용했던 것이다: 원형적 소질(무의식적 환상), 상대되는 외적 대상, 외적 대상과의 협동, '해당되는 것', 원형적인 내적 대상의 발달 등이 그것이다. 이것은 나중에 때가 되면 외부 세계나 유아의 신체의 어떤 부분이나 유아의 내적 공간의 어떤 부분에 투사될 것이다. 그러면서 램버트는 엄지손가락 빨기는 원형적인 내적 대상(수유하는 젖가슴에 대한 이미지)을 아이들이 그 자신의 몸에 투사시킨 것으로 볼 수 있다는 실례를 보여주었다.

외적 대상이 원형적인 내적 대상을 형성하는데 필요한 체험을 제공해주지만, 원형적인 내적 대상은 재투사와 그에 이어지는 탐색을 통해서 외부 세계와 관계를 맺는 길을 닦는다(Heimann, 1952, pp. 142—8과 비교하시오).

그 밖에 정신분석학에서 원형 이론과 실제적으로 유사한 예로 스피츠(Spitz)가 초기에 연구했던 것이 있다. 그는 아주 작은 아이들에게서 극소량의 자극이 어떤 행동을 예측하게 한다고 주장했던 것이다. 이 사실은 그가 유아의 내적인 삶은 "타고나는 형성체"로 구성되어 있다는 주장을 하게 하였다(1965). 그런데 아이들이 마스크나 모형을 보고 미소 짓거나 가만히 응시하는 예는 많은 융 학파 사람들에 의해서 이미 원형에 대한 증거로 제시되었다(Jacobi, 1959 ; Fordham, 1969a).

원형: 강력한 힘을 가진 단어인가?

원형 이론과 유사한 것들을 이렇게 죽 나열해 놓으니까 예상하지 않았던 결과가 생긴다. 심리학을 전공했거나 전공하지 않은 수많은 학자들이나 연구가들이 광범위하게나마 비슷한 결론에 도달했다면, 우리가 융의 이론만 고집할 필요가 있을까 하는 생각이 그것이다. 융의 이론 역시 하나 더 덧붙인 것이 아닌가? 예를 들어서 말하자면 브롬(Brome)은 원형에 대해서 이렇게 말하였다.

> 유전자 풀(pool)에 있는 수많은 구성요소들에는 본능적인 자료들이 새겨진 수십억 개의 아주 오래된 부분들이 들어 있으며, 그것들은 사람들에게 본능적 충동들을 불러일으키고, 원초적 반응들을 하게 한다. 그렇게 갈등적인 반응을 일으키게 하는 풀은 결국 집단무의식이라는 당당한 이름을 얻게 되었다. 우리는 이 집단무의식을 언젠가 한 번 초기 과정이라고 불렀던 것으로 축소시켜서 생각할 수도 있

을 것이다. 그러나 융 학파 분석가임을 자랑스럽게 자임하는 이들은 그렇게 하려고 하지 않을 것이다(1978, pp. 284—5).

브롬의 반론에 대한 답변은 글로버에 관해서 다룬 장에서 이루어졌다. 나는 브롬이 원형을 비신화화하는 것에 대해서는 동의할 수 있으며, 후기 융 학파 사람들은 원형을 우리의 이미지들을 만들거나, 은유적으로 나타내거나, 정동적 행동들을 하게 하는 전형적인 유형이라고 기능적인 방식으로 보려고 했다고 생각한다. 그러나 원형적 심상을 접해보았던 사람들에게는 한 가지 요소가 두드러진다. 개인은 실제로 원형적 체험과 심상에 사로잡혀 있는 것이다. 그의 의식적인 삶의 경험들이나 태도들은 전(前)—주관적 도식에 의해서 완전히 쓸려갈 정도로 아무 것도 아닌게 되는 것이다.

융은 언젠가 이런 말을 했다. "말하자면, 원형은 우리 안에 있는 수많은 작은 욕구 비슷한 것이다. 그것들이 아무 것도 먹지 못하면, 그것들은 소리를 내기 시작하고, 나중에는 모든 것을 뒤엎어 버린다"(1978, p. 358). 내 환자 중 한 사람은 그녀가 과학자에 의해서 몸이 잘린 채 실험 대상이 되는 꿈을 꾸었다. 이 꿈은 그녀가 나와 나의 분석을 어떻게 느끼고 있는지를 보여준다. 그러나 이 이미지는 지나치게 비판적이었던 그녀의 아버지 및 그녀가 그녀의 어머니와 무의식적으로 동일시했던 사실에서 유래된 것이기도 하다. 그녀의 어머니는 그녀의 아버지에게 무시당하고 학대 받았던 듯하다. 그녀는 분석 상황에서나 실제의 삶에서 실제로 어떤 일이 일어났든지 간에 그녀 자신이 악한(惡漢)—희생자(犧牲者)라는 구조 속에서 희생자라는 위치에 있다는 생각을 떨쳐 버리지 못한 것이다. 하지만 그녀는 공격적이고 지배적인 모습을 드러내고 있다. 그녀의 이 가학적이고 피학적인 꿈은 그것이 그녀의 초기 관계 및 그 이후에 이어지는 관계를 잘 드러내고 있으며, 그녀가 그것으로부터 벗어나려고 하지만, 그녀의 삶은 여전히 비판과 거부라는 유형을 중심으로 해서 이루어지고 있다는 의미에서 원형적인 꿈이라고 할 수 있다.

문제는 라이크로프트가 놀랍고 과장된 언어로 언급하는 것을 그냥 넘어가거나 무시하는 듯한 분석심리학에서의 발달은 그렇게 폭넓고 일반적인 신뢰를 얻지 못한다는 점에 있다. 라이크로프트는 사람들에게 일종의 '정신작용의 유형'이 있을 수 있다는 제안에는 동의할 수 있다고 말하였다. 그러나 분석심리학은 전체적으로 그에게 그 다음의 공감은 얻지 못하고 있는 듯하다(1982). 분석심리학 내에서도, 플라우트(Plaut, 1982)는 원형이라는 단어의 음조뿐만 아니라, 그것이 너무 과다한 의미를 풍길 가능성을 우려하면서 대상관계학파의 용어와 정신분석학적 용법을 선호한다. 그는 이렇게 질문한다: "우리는 원형적이라는 단어를 우리가 각광 받기를 바라는 관찰들을 강조하기 위해서, 일종의 권력 언어(power word)로 사용하고 있지는 않는가?"(p. 288) 지금 원형이 연상이나 가치—판단이나 후광(後光) 등으로 둘러싸인 단어가 되었다는 사실을 어느 누구도 논박하지 못할 것이다. 그러므로 이런 논의는 있을 수 있는 질문이다.

이런 모든 논의들이 있지만 내가 느끼기에 원형이라는 단어는 여전히 존속될 가치가 있다. 왜냐하면 첫째로, 융이 원형에 대한 생각을 발달시킨 것은 이 모든 유사한 개념들보다 앞선 것이었고, 둘째로, 원형 이론과 그에 따른 용어들은 문화적 분석뿐만 아니라 구조에 대한 여러 가지 다양한 임상적 변수들을 다룰 때 잘 들어맞기 때문이다. 셋째로, 좀 모순된 것이기는 하지만 우리가 이미 살펴보았듯이, 원형이 타고나는 것이라는 점과 구조라는 점 사이의 문제에서 개인적 요소는 똑같은 무게를 가진 요인으로서가 아니라 부수되거나 부산물로서 들어오는 것이라고 정리하면 문제가 해결되지 않을까 생각한다. 하여간 원형 이론은 그것이 개인적 차원을 허용하는 공간을 마련해주고, 그 중요성을 강조하기 때문에 매우 유용하다. 원형 이론은 그 안에서 개인적인 요소와 구조적인 요소가 잘 배합될 수 있고, 잘 그려낼 수 있는 좋은 이론이다. 이제 후기 융 학파에 의해서 그 배합 또는 윤곽 그리기를 어떻게 하려고 했는지 살펴보자.

개인무의식과 집단무의식의 분리불가능성

이 말은 윌리엄즈(1963a)의 매우 독창적인 논문의 제목이다. 거기에서 그녀는 개인무의식과 집단무의식으로 구분하는 것이 타당한가 하고 물었다. 그녀는 이 구분이 프로이트와 융 사이를 가른 출발점으로 보았다. 융은 "개인무의식을 프로이트에게 양도하고"(p. 78), 집단무의식과 원형을 그의 지경(地境)으로 삼았다.

이 분열은 재미있는 상황을 만들었고, 오늘날 커다란 변화를 가져오게 하였다. 프로이트 학파의 전형적인 분석자(analysand)[2]는 서른다섯 살 이하이고 분석 작업은 성적이고 사회적 발달에 초점을 맞추고 있다. 반면에 융 학파의 전형적인 분석자는 인생

---

[2] 현대 정신분석에서는 종래 환자(patient)라고 불렸던 피분석자를 분석가(analyst)와 달리 분석자(analysand)라고 부른다. 정신분석에서 수동적 위치에 있지 않고, 분석가의 도움을 받아서 스스로 분석을 하는 입장에 있다고 보는 것이다(역자—주).

의 후반기에 들어선 사람들이고, 주로 개성화와 원형적 심상에 관심을 두는 것으로 추정된다. 물론 융은 정신병자들이 정교한 원형적 심상을 만들어내고, 연약한 자아는 그 영향력에 굴복한다는 사실을 소홀히 하지 않았다. 왜냐하면 그들은 원형적 대극들 사이에서 꼼짝하지 못하고 개인적인 삶을 전혀 살 수 없기 때문이다.

윌리엄즈는 개인무의식과 집단무의식의 통합 모델을 산출하기 위해서 고안된 두 개의 공식을 제공하였다. 그녀의 첫 번째 생각은 이렇다.

> 자아가 원형적 힘에 위협받고 있다고 느끼지 않는 한 개인무의식 안에 있는 그 어떤 것도 억압될 필요가 없다 (ibid., p. 79).

그녀가 여기서 말하는 것은 자아는 순전히 원형적인 내용들을 동화시킬 수 없고, 무의식의 환상적 이미지들은 그것들이 통합되기 전 인격화되고 개인화될 필요가 있다는 것이다. 그렇지 않을 경우 그것들은 억압되기 때문이다. 또 그녀의 두 번째 생각은 이렇다.

> 개인적인 신화를 구성하는 원형의 작용은 개인무의식에서 제공하는 자료들에 의존되고 있다(ibid., p. 79).

그녀는 융이 개인적 요인에 대해서 아는 것이 무엇보다도 중요하고, 그래서 그가 그 자신의 개인적 신화를 분석했으며, 환자를 치료할 때도 그의 개인적 요인을 고려하게 했다는 말을 인용하였다. 우리가 제1장에서 살펴보았듯이, 융은 1912년부터 분석가가 되려는 사람은 먼저 분석 받기를 강조하였고, 그러한 그의 태도는 전문적 작업에 임하는 초창기부터 지금까지 이어져 오고 있다.

비개인적인 것에 대한 방어

개인적 요인과 집단적 요인 사이에 어떤 균형이 상식에서 생각하는 것처럼 존재한다는 인상을 주는 것은 잘못된 일이다. 개인적 요인이 언제나 존재하고 있으며 분석이나 그 밖의 다른 방식을 통해서도 알려진다고 한다면, 비개인적이거나 원형적인 요인은 그 이외에 다른 과정들을 통해서 알 수 있다고 해야 한다. 분석심리학에서 개인무의식과 집단무의식은 공간적인 도식으로 구분되어 있는데, 애들러는 개인무의식과 의식적 정신은 타고나는 보편적인 정신적 소인(素因) 위에 "자리 잡고 있다"고 말한 적이 있다(1970, p. 15). 비슷한 생각에서 야코비는 "의식이 언제나 개인적 선택이나 태도를 채택하는 것과 대조적으로" 집단무의식은 '객관적'이라고 지적하였다. 그러면서 그녀는 "집단무의식으로부터, 원형을 통해서 의식적인 마음의 판단을 뛰어넘고, 환경으로부터 영향을 받지 않는 인간 본성의 '꾸밈없는' 소리가 들려온다"고 덧붙였다(1959, p. 60).

힐만 역시 비개인적 차원을 강조하는데 관심을 가지고 있지만, 그의 입장은 조금 다르다. 그는 원형이 분석심리학에서 중심적 상이라고 주장하면서, 융의 접근을 특성화하는 단어를 올바로 쓰자면 '원형적'이라는 말이라고 강조하였다. 원형은 융의 개념 가운데서 "특별한 존재론적 기반"이라는 말이다(1975a, p. 142).

원형은 한 번 (이미지로) 정확하게 입력되어, 계속되고 있으며, 정의를 내리자면 알 수 없으며 (구조적인 측면에서) 개방되어 있는 것이다.

원형은 개인의 정신을 초월한다. 원형은 개인의 정신의 일부분이 아닌 것이다. 사람들이나 사건들에 단순히 초점을 맞춘다고 해서 원형적인 것을 깨달을 수는 없다. 원형을 볼 줄 아는 눈은 전기, 예술작품들, 생각들, 문화에 대한 훈련을 통해서 얻어질 수 있다. 힐만은 우리가 개인의 정신을 살펴볼 때 '놀라운 경외'에 사로 잡혀 있는 것이라고 주장하였다(ibid., p. 143). 과거에 심리학에서는 비개인적 요소와의 관계나 그것의 인간화에 대한 문제에는 관심이 없었다. 그 대신 그 비개인적인 지배적 요소, 즉 신들이나 영들이나 조상신들과 어떤 관계를 맺고 있는가 하는 문제들에 대해서만 관심을 가지고 있었다.

힐만은 '물론' 개인적인 차원도 용인하였다(ibid., p. 179). 그러면서 그는 융이 했던 것처럼(ibid., p. 161) 집단적인 것과 개인적인 것과의 상호작용을 주제로 삼았다. 그러나 그는,

> 평범하고 일상적인 경험에서 개인적인 것과 집단적인 것 사이에서 반대되는 경우가 생긴다. 나는 내가 집단적인 것을 하면서 나 자신이 될 수 없고, 군중은 각 개인의 스타일이나 욕구를 고려해야만 한다면, 단일한 목적을 추구할 수 없다. 개인과 보편 사이의 철학적 모순은 그 자체가 원형적인 상황이다(ibid., p. 179).

이 사실은 그 둘이 분별되어야 할 것을 암시하고 있다. 힐만이 이 둘 사이의 분화를 강조하면서 그렇지 않을 경우 개인적인 것은 뿌리를 잃게 된다고 주장하기 전에, 그는 우리가 앞에서 살펴

보았던 학자들처럼 비슷한 문제를 가지고 씨름을 하였다. 나는 힐만이 그들과 마찬가지로 개인적인 것의 본질에 대해서 전혀 다른 관점을 줄 수 있는 것이 무엇인지 찾아내려고 하였다. 힐만의 탐구에는 신화에 대한 연구도 포함된다. 그는, 신화는 "원형적인 행동들을 묘사하고 있으며, 정신 과정을 극적으로 의인화시켜서 기술하고 있다"고 생각했던 것이다(ibid., p. 180. 또한 원형심리학에 대해서 주장하는 제9장을).

그러므로 후기 융 학파의 어떤 집단이 가족과 몸에 대한 고찰을 위하여 신화를 포기한다면, 다른 집단은 신화 해석 기술을 확장시키고 있다. 이것이 분석심리학의 자기—조절의 한 예라고 할 수 있을까? 거기에는 틀림없이 어떤 보상 과정이 진행 중인 듯이 보인다.

자율적인 정신의 콤플렉스

융에게 있어서 콤플렉스 개념은 개인과 집단을 묶어주고 있다. 유아기는 물론 전 생애에 걸쳐서 하게 되는 외적 경험들은 원형적인 핵을 둘러싸고 엮어져 있는 것이다. 유년시절에 있었던 사건들, 특히 내적 갈등들은 콤플렉스의 개인적 측면을 형성한다. 하나의 콤플렉스에는 어떤 하나의 특별한 원형만 관계되지 않는다(더 정확하게 말하자면, 하나의 원형적 이미지만 관계되지 않는다). 오히려 여러 가지 원형적 유형에 따른 행동에 개인적 체험과 정감들이 뒤섞여서 만들어진 집체(集體)라고 해야 한다. 융에 의하면, 정동(emotion)은 "감정으로 착색된 표상들의 집합"인데(CW 2, paras. 329, 352), 그것은 사람들의 기억에 영향을 끼쳐서 결국 "기억의 덩어리 전체가 어떤 특정한 색깔의 감정으로 물들게 된다". 그러므로 콤플렉스란 결코 하나의 단일한 실체라고 말할 수 없다. 예를 들어서 말하자면, '모성 콤플렉스'에는 자아가 수많은 원형적 배열들과 상호작용을 하는 가운데서 생겨난 정동들을 그 속에 품고 있다. 즉 개인, 어머니, 개인과 어머니, 어머니와 아버지, 개인과 아버지, 개인과 형제자매, 개인과 형제자매와 어머니, 개인과 가족 등 생각할 수 있는 수많은 상호작용의 조합들 속에서 생긴 정동을 품고 있는 것이다. 이렇게 수도 없이 뻗어나갈 수 있는 목록에서 생기는 정동들을 파악하기 위해서 콤플렉스라는 개념이 고안되었다.

  융은 1904년과 1911년 사이에 단어연상검사(CW 2)를 시행하면서 이런 광범위한 결론에 도달하였다. 그는 주체가 어떤 자극어들에 대해서 반응 속도가 얼마나 빠르거나 느린지, 주저하지는 않는지, 반복적으로 반응하지는 않는지 등을 세밀하게 분석하였다. 또한 그 검사를 두 번 하면서 먼저 번 검사와 불일치하지 않는지 하는 것도 검토하였다. 이때 어떤 중심이 되는 단어를 둘러싸고 긴장이나 불안이 있다면, 그것은 그 사람의 문제를 나타낼 수 있는 것이다(콤플렉스 징후). 그 결과는 매우 인상적이었다. 그리고 그것은 억압이 신경증의 원인이 된다는 프로이트의 이론을 경험적으로 확증해주는 놀랄 만한 가치를 지니고 있었다. 그 검사는 나중에 피부 반응과 같은 생리적 변화를 측정하기 위해서 사용되었던 정신 전류장치와 더불어 이제 더 이상 임상에서 사용되지 않는다. 그 검사는 임상가들이 콤플렉스의 기본적인 개념에 입각해서 일반적인 치료의 장(場)에서 무엇이 문제인가 하는 것을 파악하게 되면서부터 이제 더 이상 필요하지 않게 되었다.

콤플렉스와 정동

콤플렉스는 사람 속에 있는 원형적인 핵(核)과 개인의 체험이 만나면서 형성되고, 우리는 우리의 콤플렉스들에 따라서 세상을 느낀다. 때때로 우리는 콤플렉스의 내용들을 투사를 통해서만 체험할 수 있다. 우리가 가진 콤플렉스는 우리가 이 세상은 어떨 것이라고 생각하거나, 이 세상은 어떻게 되어야 한다고 생각하는 것과 갈등 관계에 빠질 수 있다. 야코비(1959, p. 15)가 말했듯이, 의식적 자아와의 그런 갈등은 "한 사람을 두 가지 진리, 의지의 두 가지 대립되는 흐름 사이에 놓고, 그를 둘로 찢으려고 한다." 구조적으로 볼 때, 콤플렉스는 자아와의 관계 속에서 연구될 수 있다. 자아는 두 가지 진리 사이에서 갈등에 빠지거나, 콤플렉스를 억압하거나, 거꾸로 콤플렉스에 압도될 수 있는 것이다. 사람들이 정신병 상태에 빠지는 것은 인격이 콤플렉스와 완전히 해리(解離)된 것이다.

각각의 콤플렉스는 다른 콤플렉스들이나 자아와 관계를 맺고 있다(다음 장을). 예를 들어서 말하자면, 결혼 문제에서 이성(異性)을 둘러싸고 형성된 콤플렉스와 인격에서 배제된 부분을 둘러싸고 형성된 콤플렉스는 밀접하게 결합되어, 그 사람에게 불안과 긴장을 불러일으키는 요소들이 그 상대방에게 투사되는 것이다. 더 미묘한 것은 부모의 정신의 한 부분이 사람들에게 영향을 미칠 수 있다는 점이다. 예를 들자면, 매우 정력적이고 야심적인 아들이 그렇게 사는 것은 그의 어머니를 위한 것일 수 있다(좀 더 정확하게 말한다면, 좌절된 어머니의 아니무스를 위한 것일 수 있는 것이다). 또한 아버지가 자신의 성적 갈등을 딸에게 투사시킬 경우, 스스로를 좀 느슨하게 만들고 스스로를 믿지 못하게 하는 10대의 딸이 생길 수도 있다. 그때 그녀의 아버지는 그 아이의 행동에 비현실적인 한계를 쳐놓았던 것이다.

　더 나아가서 우리는 한편으로 콤플렉스와 무의식적으로 동일시하는 것과 다른 한편으로 콤플렉스에 압도당하는 것 사이를 구분해야 한다. 콤플렉스와 동일시하는 것은 모성 콤플렉스를 가진 사람이, 그에게 있다고 느껴지는 비판적이고 소유욕이 강한 어머니와 똑같은 행동을 하는 것에서 찾아볼 수 있다. 다음으로 콤플렉스에 압도당하는 것은, 어떤 사람이 언제나 다른 사람들에게 비판당하는 상황에 빠지고, 다른 사람들의 화를 돋구면서, 그들의 비판을 유발하고, 거기에 걸려드는 것을 말한다. 또한 많은 경우 콤플렉스와 동일시하는 것과 콤플렉스에 압도당하는 것은 공존할 수 있다.

콤플렉스와 성장

　신경증이 콤플렉스 이론으로 아주 명료하게 설명될 수 있지만, '콤플렉스'를 순전히 병리적인 것으로 볼 수만은 없다. 또한 긍정적 정동이 사람들을 잘못된 길로 이끌 수 있고 자기―기만적일 수도 있듯이, 부정적 정동은 그 자체로서 항상 병리적인 것만은 아니다. 원형에 감정이입적이고 호의적인 환경만 조성되면 제대로 작동될 수 있는 수많은 잠재능력이 담겨있다고 해서 우리가 어린아이에게 아버지나 지도자나 현인(賢人)처럼 행동하라고 요구할 수는 없다. 그 아이는 다만 잠재능력을 실현시켜나가고, 그것을 육화시킬 수 있을 뿐이다. 그 아이의 인격은 그의 잠재능력들이 의식화되고 통합되면 풍부해질 테고, 그것이 계속해서 억압되면 황폐해질 것이다.

독립적 존재로서의 콤플렉스

콤플렉스라는 관념은 '인격'이 하나의 단일한 집체라는 생각을 거부하는 데서 나온다. 우리에게는 타고난 소질과 경험이 결합되어서 만들어진 수많은 '나'들이 있다. 그런데 콤플렉스를 하나의 개체처럼 자율성을 가진 본체로 보는 것은 무리이다. 그래서 융은 사실 콤플렉스에 관한 그의 이론이 '원시적인 마귀론'처럼 보일까봐 상당히 걱정하였다(CW 8, para. 712). 하지만 융은 사람들이 그렇게 말하는 것에도 일리는 있다고 생각하였다. 왜냐하면 고대인들이나 중세인들이 악마에 사로잡혔다거나 영혼이 상실되었다고 말할 때, 그들은 콤플렉스에 사로잡히거나, 콤플렉스를 억압한 것을 의미했기 때문이다.

그래서 융은 근본적으로 말해서, "우리 인격의 부분들과 콤플렉스 사이에는 원칙상 아무 차이가 없다 … 콤플렉스는 조각난 정신이다"(CW 8, para. 202)라고 말하였다. 더 나아가서 그는 이렇게 말하고 있다: "콤플렉스는 마치 독립된 개체처럼 행동한다." 융은 그 마지막 문장에 다음과 같이 덧붙였다: "마음이 비정상적인 상태에 있을 때 뚜렷이 보이는 사실은 … 콤플렉스들이 한 사람의 자아와 같은 성격을 가지고 있다는 점이다"(CW 8, para. 253). 이 문장의 가운데 부분은, 융의 생각과 달리, 때때로 좌표각되는 경우가 많다. 사람들은 그들의 정신활동을 일종의 영원한

허구(虛構)나 소설 같은 것으로 몰아가려는 움직임이 많았던 것이다. 그때 그 안에서 행동의 구조와 미묘한 움직임들은 무시되고 콤플렉스와 그 다음에 이루어지는 과정들은 단순하고 구태의연한 인격화로 파악되곤 하였다. 내가 지금 이런 말을 하는 이유는 느닷없이 나에게 "지금 이렇게 이야기하는 것은 노현자라거나, 아니마 또는 자기"라고 말하는 학생들이나 환자들이 많았기 때문이다. 그러나 이렇게 말하는 것은 언제나 그런 것은 아니지만, 거의 대부분의 경우에 있어서 무의식과 아무런 정동적인 접촉을 하지 못하고, 순전히 지적으로 파악하는 태도이다. 우리는 앞으로 잠시 그런 의인화에도 치료적 효과가 있다는 사실을 살펴볼 것이다. 그러나 어떤 것들은 콤플렉스가 독립적인 존재라는 사실에 반하는 논의이다.

콤플렉스에 대한 반론

정신분석가인 애트우드(Atwood)와 스톨로로우(Stolorow)는 성격이론을 그 이론가의 개인적인 삶과 그의 삶의 문제와 관련시켜서 살펴본 논문을 발표하였다(1975, 1979. 여기서 참고한 것은 1975). 그들이 전반적으로 살펴본 것은 물론 융에 관한 것이 아니었다. 오히려 그들은 정신분석학 이론가들의 주관적 체험이 마치 실제로 있었던 것인 양 하나의 실체로, 마치 하나의 사물―처럼 다루는 초심리학적인 구체화로부터 벗어나야 한다는 것이었다. 그들은 분석가들이 한 개인의 주관적 경험 세계만 다루기를 바랐다. 그래서 그들은 우리가 원한다면, 우리는 '인간의 본성'이 어떻다고 하면서 체험의 주관적 양태를 있는 그대로 다룰 수 있다고 주장하였다. 그러나 나는 지금 융의 개인적 체험을 그들의 생각과 결부시켜서 말하려고 하지 않는다. 그것은 이미 애트우드와 스톨로로우가 융의 사상은 종종 그의 고통스러웠던 배경과 관련되어 있다는 사실은 별로 "놀라운 일이 아니다"라고 하면서 다루어졌다. 또한 나는 이론이 방어적으로 사용된다는 제안과 논쟁을 벌이려고 하지도 않는다.

애트우드와 스톨로로우는 분석가들은 '객관적인 이마고'(여기에서 그들이 말하는 것은 원형적인 이미지나 콤플렉스이다)를 하나의 분리된 인격으로 대해야 한다고 강조하였다. 그러면서 그들은 융이 우리가 "아니마를 자율적인 인격으로 대하고, 아니마에게 개인적인 질문을 던지려면 올바른 자세를 취해야 한다"(CW 7, para. 397)는 말을 인용하였다. 여기에서 그들이 말하려는 것은 융이 "객관적인 이마고를 주관적으로 체험하면서 그것들을 마치 살아 있는 하나의 인격처럼 구체화시켰다"(ibid., p. 198)는 점이다. 그때 융에게는 인간의 정신 속에는 자율적인 실체가 있다는 전제가 있었다. 융이 말한 대상들은 마치 인간의 원형적인 부분에서 나오는 신화적인 존재들인 것처럼 때때로 마술적이나 초자연적인 힘들로 일상적이지 않은 방식으로 주어진다. 그런데 애트우드와 스톨로로우는 이 원형상들은 원시적이고, 대단히 거대하며, 전능한 대상들인데, 지고선(至高善)과 지고악(至高惡)으로 분열된다고 주장하였다(신적인 것과 악마적인 것을 말한다). 여기에서 그들이 융을 비판하는 것은 융이 자기와 대상을 정신의 퇴행적 활동으로 지각하고 체험하면서 원시적인 방식으로 해석했다는 것이다. 그러나 그런 특성을 가진 것들은 이 세상에는 실제로 존재하지 않는다. 그들의 이런 비판은 우리에게 글로버를 떠올리게 하는데, 글로버 역시 원형적인 자료들은 단순히 유아적인 사고방식의 잔재(殘滓)라고 주장하였다.

내가 생각하기에 애트우드와 스톨로로우의 잘못은 그들이 융이 원형과의 관계에서 개인적 자아의 입장이 그렇게 중요하다고 계속해서 강조한 것을 간과했다는 점에 있다(위에서 말했던 윌리엄스의 견해를). 애트우드와 스톨로로우는 내면과 외부 세계와의 구분을 너무 명확하게 하는 바람에 객관적 이마고와 원형적 이미지 사이를 떼어 놓았던 것이다. 왜냐하면 내면에 있는 잠재적인 것과 외부 대상의 결합은 내면에 있는 잠재적인 것 속에 들어 있지 않기 때문이다. 여기에서 '객관적인 이마고'는 단지 외부에 '실제로' 존재하는 것의 내적 표상에 지나지 않게 된다.

스라이(Sry, 1961)는 과장하지 않으면서 은유가 완전히 그 독립변수를 대체하지 않도록 조심해야 한다고 주장하였다. 그녀는 우리가 콤플렉스들을 이것과 저것으로 완전히 나누지 않도록 조심해야 한다고 주장했던 것이다. 그녀 역시 우리가 철학적 도약을 통해서 콤플렉스를 "주체를 뛰어넘어 존재하는 의식적 존재처럼 인격화하면서" 우리의 의식적 통제 안에 있지 않은 것으로 생각할까봐 걱정하였다(ibid., p. 121).

콤플렉스에 대한 수정된 견해

그러나 융의 콤플렉스론을 뒷받침하는 수정된 견해가 비슷한 원천, 즉 코헛(Kohut, 1971, 1977)의 작업에서 시작된 현대 정신분석학의 자기—심리학(self—psychology)으로부터 나왔다. 그래서 코헛 학파 분석가인 골드버그(Goldberg, 1980, p. 4)는 "사람들은 다른 사람을 자신의 기능적인 부분들로 이용하고 있다"고 주장하였다. 그는 사람이란 '집합적 명사'라고 주장하였다(ibid., p. 9). 그러면서 그는 우리가 "우리 머리 안에 있는 작은 난장이"를 생각하면서, 콤플렉스를 너무 구체화시키거나 신인동형동성론적으로 생각하지 않도록 주의를 촉구하였다(ibid., p. 9). 하지만 골드버그는 우리는 이제 사람의 내면과 사람들 사이에서 무엇이 진행되고 있는지 "그 진행되고 있는 것에 결부된 의미와 중요성을 생각하면서 살펴볼 수 있게 되었다"고 진술하였다(ibid., p. 9). 여기에서 강조점은 콤플렉스와 자기(self)의 부분에 어떤 이름을 붙일 것인가 하는데 주어지지 않는다. 오히려 그 개인에게 그 의미가 무엇일까 하는데 주어진다. 이것은 융이 "감정적으로 착색된 색조"에 대해서 말했을 때와 같은 태도였다. 융—코헛의 혼성 심리학에서 강조하는 것은 언제나 의미, 새로운 의미, 숨겨진 의미이다. 그때 필요한 것은 그 요인들(agents)을 이상하게 구체화하거나 의인화하지 않으면서, 우리 삶에 영향을 미치는 이 내적 요인들을 설명해줄 수 있는 이론을 어떻게 얻을 것인가 하는 데 있다. 우리가 이런 위험을 피하려면 교환이나 관계라는 관념을 마음에 담고 있어야 한다. 그것을 위해서 골드버그는 다음과 같은 예를 제시하였다: 어떤 선생님과 학생이 토론하고 있다면, 우리는 거기에서 어린이—부모의 관계가 드러나는 것을 볼 수 있을 것이다. 우리가 그 학생에 대해서 더 많이 알면 알수록 우리는 어떤 종류의 아이가 "그림자 속에 숨어있는지" 더 잘 알 수 있을 것이다. 그러나 우리가 그 양자에게 각각 어떤 영향이 있었는가 하는 점을 알려면 그들 사이에 어떤 교환이 이루어졌는지를 살펴보아야 한다. 그때 그는 "그 안에 포함된 감정은 어떤 것인가?"하고 질문할 수 있을 것이다. 또한 "한 사람이 어떻게 다른 사람을 변화시키려고 하거나, 다른 사람에 의해서 변화될 수 있을까? … 우리는 개인적 체험의 본성과 서로가 교환하고 있는 것의 주관적인 의미가 무엇인가 하는 것에 대해서 살펴보아야 한다"(ibid., p. 7).

우리가 분석심리학과 분석심리학에서 말하는 콤플렉스 이론에 너무 익숙해 있기 때문에, 우리는 콤플렉스를 인간관계나 내적 관계에서 지각하곤 한다. 그때 그것은 명명된 아니마가 아니라, 아니마 주위에 배열되어 있는 관계의 좌표(網)가 된다. 그런데 이 좌표는 너무 촘촘하게 짜여 있기 때문에 우리는 홉슨이 말한 수학적 표상으로 이끌려 간다.

이것이 의미하는 바는 이 "관계들"은 본능과 자아가 대상들로부터 분화되어 있든지 분화되어 있지 않든지 상관없이 모든 내적, 외적 대상관계 속에 포함되어 있다는 사실이다(Goldberg, 1980. p. 7). 이것은 융에게 있어서 주관적인 것과 객관적인 것이 혼합되어 있다는 애트우드와 스톨로로우의 비판에 대한 좋은 반박이 된다. 그때 분석심리학은 (정신분석학을 위한 골드버그의 선언을 채택해서 말하자면) "복합적인 (다시 말해서 복잡다단한) 상호교류를 내면에서 탐색하는 작업이 되는데, 그 작업은 의미의 모태가 되고" 인간 정신은 "관계가 맺어지는 자리"가 된다(ibid., p. 11).

위에서 언급한 것들을 요약하자면, 두 가지 수정이 이루어진 것을 알 수 있다. 첫 번째 수정은 콤플렉스에 어떤 이름을 붙이면서 그것만 따로 떼어내서 생각할 것이 아니라, 그것이 한 개인에게 어떤 의미를 가지느냐 하는 데 초점을 맞춘 것이다. 두 번째 수정은 콤플렉스라는 개념을 주관과 객관 사이를 구별하지 않고, 폭넓은 관계의 장 안에서 사용하면서, 다시 작업을 해야 한다는 것이다.

치료를 위한 콤플렉스의 사용

힐만은 분석심리학파 내부에서 특히 콤플렉스를 이론적 측면에서 뿐만 아니라 정신분석의 실제에 있어서도 의인화하여 사용하는데 대한 정당성을 입증하려고 한 사람이다. 그는 우리가 콤플렉스가 어떤 것이라고 추론할 때만 그것을 구체화시켜서 생각하는데, 사실 우리는 콤플렉스를 언제나 경험하고 있으며 그때는 그것을 그렇게 구체화시키는 것이 별로 중요한 문제가 되지 않는다고 강조하였다. 분석 상황에서 콤플렉스의 의인화가 이루어지는 것은 그 자체로서 긍정적인 표시이다. 왜냐하면 그것은 정신적으로 뒤얽혀 있는 것들이 점차로 더 기본적인 요소들로 분쇄되고, 그렇게 됨으로써 원형적 핵을 드러내게 되었다는 의미이기 때문이다(Hillman, 1975a, pp. 188ff).

모든 사람의 인격이 다층적이라는 생각은 그 결과가 해리(解離)로 드러나는 퇴행 현상을 뒷받침해 줄 수 있는 생각이다. 그러나 인격의 이런 다층성은 환자들이 그들에게 이런 하위—인격이나 콤플렉스가 있다는 사실 자체를 받아들이고, 그렇게 명명하는 것에 동의한다면, 더 많이 분화되어야 한다는 생각으로 이끌어진다. 그러므로 분석적이고, 내관적(內觀的)이며, 심리적인 태도는 해롭기보다는 도움이 된다.

힐만은 콤플렉스에는 인격의 한 부분이 팽창되어 정신의 다른 부분들을 접수하는 듯한 느낌을 주는 것에 그치지 않고, 더 나아가서 어떤 것이 있다는 사실을 상기시켜주었다. 콤플렉스는 우리 몸에 뿌리박고 있으며, 신체적으로 그 자신을 표현하는 것이다(이 모든 것들이 단어연상검사에서 정신 전기교류장치를 통해서 알 수 있는 사항이다). 또한 콤플렉스는 다른 콤플렉스, 자아, 다른 사람들, 자신의 '인격'과 더불어 활성화된다. 콤플렉스는 종기와 같아서 이웃에 있는 벌레가 건드리면, 정신병리적으로 작용하게 되는 것이다(ibid., p. 190).

다른 학파에 속해 있는 심리치료자들도 융의 콤플렉스 이론을 사용한다. 게슈탈트 학파의 치료에서도 치료자들은 환자들이 "그들의 아픈 곳을 말하거나", 그들의 문제에 대해서 말하도록 격려한다. 또한 교류분석(Transactional Analysis)에서는 자아의 구성 요소를 '어버이', '어른', '어린이' 등으로 나누면서 콤플렉스 이론을 응용하고 있다. 어떻게 보면, 프로이트의 초심리학적 개념인 이드, 자아, 초자아 등도 콤플렉스의 한 예라고 할 수 있다. 융에게 있어서 콤플렉스는 "무의식으로 가는 길"이고, "꿈과 증상의 제조자"이다. 그래서 융은 콤플렉스는 무의식에 이르는 왕도(王道)는 아니지만, 빙 둘러서 가는 "험하고 일상적이지 않은 소로(小路)이다"라고 말하였다.

원형과 콤플렉스 : 토론

나는 원형이라는 이름에 대해서 의문을 품은 홉슨(Hobson)에 대해서 다시 말해야겠다. 그는 원형이라는 이름은 너무 형식적이고, 공리주의적인 개념이 아닌가 하고 생각했는데, 나는 그와는 생각이 조금 다르다. 나는 우리 삶에 원형적인 자료가 실제로 영향을 미친다면, 우리는 이 요소에 대해서 주목하고, 기억하며, 그것이 우리 삶의 모든 상황, 경험, 심상에 끼치는 영향을 생각하면서 거기에 대해서 대응해야 한다고 생각한다(그리고 이 요소가 자아내는 정동과 맞서 싸워야 한다). 그때 우리는 우리 주위에서 일어나는 그 어떤 현상에 대해서도 "원형적인 것이 만든 것이 어떤 부분인가?"하고 질문해야 한다. 우리는 개인적인 차원을 무시해서는 안 되지만, 원형적인 것이 전체적인 차원에서나 부분적인 차원에서 작용했다는 해석의 여지는 언제나 남겨 두어야 한다. 우리는 인간에게 본성의 층이 언제나 존재하고 있다고 주장함으로써 본성과 양육에 대한 논쟁에 휘말려서는 안 되는 것이다. 원형 이론에 대한 모든 과학적 논의들과 그와 유사한 논의들이 말하는 것들이 지금도 작용하고 있다는 사실은 틀림없는 사실이다.

후기 융 학파의 일부 사람들은 분리된 원형에 대한 생각을 전반적으로 포기하고, 개인이 그의 환경에 적응하고, 자아를 강화시키는 과정에서 크게 혹은 작게 영향을 미치는 원형적 요소가 보편적으로 존재한다는 가정을 이미 받아들였다. 그때 이미지들이나 체험들을 현상학적으로 고려될 수 있게 된다. 실제의 분석에 있어서 선입관을 가지고 미리 확정된 분류 용어를 최소화시킬 수 있는 것이다.

분석심리학에서는 지금 원형적 심상이 단일하고, 거대하며, 전형적이고, 누멘적인 것이라고 생각하는 것으로부터 벗어나려는 움직임이 나타나고 있다. 원형적인 것은 한 사람이 보는 것 속에서가 아니라 관찰자의 눈에서만 발견된다는 것이다. 다시 말해서 원형적인 것은 그 이미지들과 상호 관계 속에서 관찰하는 사람에게만 보이는 것이다. 원형적인 것은 그의 영향, 깊이, 결과, 작용을 경험한 사람들에 의해서 규정된 관점인 것이다. 그래서 특별히 원형적이라는 것이 상징적인 모습으로 미리 존재하는 것이 아니라 어떤 것을 보고 정동 체험을 했을 때, 그것을 원형적인 것이라고 부른다. 같은 맥락에서 원형과 원형적 이미지들에 대한 그 어떤 도식, 위계, 프로그램을 만들려는 시도도 하지 않게 되었다. 또한 원형적 주제, 유형, 행동 및 그와 관계되는 정동, 본능 등에 대한 시도들도 포기되고 있다. 그래서 사전에 미리 가정하거나 존재하는 초점이나 논점 없이 모이는 토론회가 계속해서 생겨나고 있다. 그것들은 한 개인이나 어떤 상황에 따라서, 아니면 준거의 장에 따라서나 자발적으로 생겨나는 것이다.

예를 들어서 말하자면, 나는 어떤 사례 토론 모임에서 참석자 가운데 한 사람이 1982년 이스라엘의 레바논 침공시 폭격을 경험했던 어떤 환자에 대한 이야기를 했던 것이 생각난다. 그 환자는 폭격 당하는 무시무시한 꿈을 참 많이 꾸었다. 우리는 그 모임에서 그 폭격이 환자에게 어떤 의미가 있었고, 폭격이 실제로 외적으로나 내적으로 어떻게 일어났으며, 분석가가 어떤 관점을 가졌을 것인지 하는 문제들이 어떻게 논의되었을지 충분히 예상할 수 있다. 그 뒤에 있었던 토론 모임에서 그 분석가는 토론 모임에서 있었던 이야기를 해준 다음 환자가 보인 반응을 전해 주었다. 그 환자의 첫 번째 반응은 우리들이 너무 "수다스럽다"는 것이었다. 그러면서 환자는 자신이 어릴 때부터 말이 너무 많은 것이 문제였는데, 최근에 와서야 그 문제를 극복했다고 덧붙였다는 것이었다. 그 말은 토론 모임에 극적인 영향을 주었는데, 그것은 예상할 수 없는 것이었다.

어떤 사람들은 그들이 공격당했다고 느꼈고, 다른 사람들은 그 환자가 정말 의사소통의 문제를 가졌구나 하고 생각했으며, 또 다른 사람들은 그가 아직도 자신의 문제를 극복하지 못했다고 공격하였다. 여기에서 중요한 것은 그 환자가 정말 말과 관계된 문제를 가지고 있다는 것이 사실인 반면에 그 특정한 순간과 상황에서 "폭격"과 관계된 것은 그 어떤 것이든지 간에 원형적인 것이 아니라는 사실이다. 그러나 "수다스럽다"는 것은 "폭격"이라는 무시무시한 이미지보다 훨씬 덜 "원형적인" 것이다. 그러나 진실을 말하자면, "수다스럽다"는 말을 폭격이라는 이미지와 같이 놓으면 원형적인 이미지를 가질 수 있다.

융은 "하나의 원형을 정신의 살아 있는 조직으로부터 떼어내고, 원형이 직관적으로 이해될 수 있는 의미의 단위라고 주장하는 것"은 거의 희좌표이 없는 작업이라고 경고하였다(CW 9i, para. 302). 나 역시 원형을 조직자나 유형 창조자라고는 생각하지 않는다. 그러나 나는 원형이 인공두뇌학에서 제어와 전달 체계가 작동하는 방식대로 여러 가지 가능한 의미들을 내포하고 있는 요소들을 이어주는 것이라고는 생각한다. 원형 이론을 전반적으로 살펴볼 때, 우리는 원형이 세 가지 종류의 의미—형성 고리를 담당한다고 생각한다: 첫째는 극성(polarity)이다. 원형은 긍정적인 것과 부정적인 것, 개인적인 것과 집단적인 것, 본능적인 것과 영적인 것 등을 연결시키는 것이다. 둘째는 보완성(complementarity)이다. 원형은 정신에서 눈에 띄게 균형을 잡으려고 하는 것이다. 셋째는 상호작용(interaction)이다. 원형은 여러 가지 심상들의 평면 사이에서 작용하는 것이다.

이 책을 읽는 독자들은 융의 원형 이론에 대한 다른 학자들의 과학적 고찰이 원형은 궁극적으로 다 알 수 없는 개념이라는 점과 정신—신체적 기관(psychoid)이라는 그의 주장을 뒷받침해 주는지 아닌지 하는 점은 물론 그것이 원형을 생물학적이고 본능적인 세계로 내려가게 하는 일방적인 작업이 아닌지를 스스로 판단해야 한다. 또한 원형 이론을 개인적이고 경험적인 기반으로 받아들일 것인지 아니면 더 확실한 인식을 위한 욕좌표으로 받아들일 것인지 하는 것 사이에도 긴장이 있다.

제 3 장
자아

　원형과의 관계는 의식에 의존되어 있다. 그래서 나는 자아에 대한 융의 생각을 대략 살펴보려고 한다(CW 6, para.706; CW 9ii, paras.1—12; CW 8, paras.343—442). 이것은 어쩌면 융이 그의 심리학적 공식에서 자아와 자아—의식에 관한 프로이트의 개념들을 많이 수정했기 때문에 프로이트 심리학의 일반적 배경과 다르게 읽혀야 할 것이다. 사실 융 역시 자아에 관한 1920년대 이전의 초기 정신분석학의 사유, 특히 자아가 두뇌의 활동과 신체적 기능에 뿌리를 두고 있으며 그 기원도 발달하는 아동에게서 찾아볼 수 있다는 사유 가운데 많은 것을 받아들이고 있었다. 융이 말했듯이 자아는 생후 3년 또는 4년경에 형성되는 것이다. 융 심리학과 프로이트 심리학 사이에 겹치는 부분이 많기 때문에 자아에 대한 프로이트의 사상 가운데서 중요한 모습을 요약하는 것도 좋은 생각일 것이다.
　프로이트에게 있어서 자아는 한편으로는 본능적이고 유아적인 충동(이드)과 다른 한편으로는 양심의 독재와 외부의 현실을 중재하는 인격의 중심 되는 기능이었다. 그래서 자아는 사람들을 과도한 불안으로부터 보호하기 위하여 무의식으로부터 일련의 거대한 방어기전을 끌어들여 작용하게 한다. 자아는 내적 충동들과 외적 현실 사이의 갈등에서 비롯되는데, 타자들 특히 부모를 동일시하면서 스스로 인격을 형성하는 과정에서 생겨난다. 이러한 사실은 한 사람의 의식적 태도와 행동 방식은 어느 정도까지 유년 시절에 중요했던 타자들과의 접촉을 통해서 학습된다는 사실을 의미한다. 프로이트에게서 자아는 이성의 창고인데, 그는 자아와 이드의 관계를 기수(騎手)와 말의 관계로 비유하였다.

어떤 정신분석가들은 자아가 미분화된 이드로부터 생긴다는 프로이트의 견해를 반박하면서 자아를 전체 정신(whole psyche)으로 보아야 한다고 주장하였고, 다른 이들은 실존주의적인 입장에서 자아를 우리가 우리 자신을 '나'라고 경험하는 우리의 일부라고 주장하였다. 이 가운데서 융의 관념과 비슷한 것은 글로버의 관념인데, 그는 자아는 파편화된 자아—핵들(ego—nuclei)의 혼합으로부터 형성되어 나오는 것이라고 생각하였다(1939). 융은 (자아가) 의식의 섬들이 합쳐지는 것으로 말한 적이 있기 때문이다(CW 8. para. 387).

융은 자아는 우리가 가장 잘 아는 정신적 실체라고 생각될지 모르지만, 그것은 사실 신비한 것이고 모호성으로 가득 차 있는 것이라고 지적하였다. 자아와 자아—의식은 무의식을 보완하는 관계 안에서 존재하기 때문에 우리가 어떤 것에 대해서 안다고 말할 때, 그 진술은 그것이 아닌 것에 대해서도 동시에 말하고 있다는 것이다. 융에 의하면 자아는 무의식을 비추는 거울이다.

융은 20세기 심리학 연구는 의식을 전반적으로, 특히 자아를 상대화시키는 방향으로 나아갔다고 주장하였다. 여기에서 융이 지적한 것은 무의식에 대한 프로이트의 작업이다. 그런데 융에게서 자아는 의식의 중심이기 때문에 정신의 중심이 될 수 없다.

그러면서 융은 원형과 자기에 대한 그의 연구를 통합하면서 프로이트를 넘어서게 된다(이 내용에 대해서는 다음 장에서 자세하게 다룰 것이다).

여기에서 한 가지 문제는 융이 '자아', '자아 콤플렉스', '자아―의식'을 서로 바꿔 쓸 수 있다고 주장했다는 점이고, 또 다른 한 가지 문제점은 그가 양가적인 은유를 사용했다는 점이다: 자아는 무의식 위를 싸고 있는 피부이며(CW 18, para. 122), 동시에 의식의 중심이다(CW 6, para. 706). 그러므로 자아에 대한 융의 생각을 다음과 같이 세 가지 관점에서 사용하는 것이 도움이 된다: (a) 자아는 의식의 원형적 핵이며, 우리는 자아―콤플렉스를 사람이 타고나는 능력 체계라고 이야기할 것이다. (b) 자아는 자기와의 관계 안에 있는 정신 구조의 한 요소로 생각될 것이다. (c) 융은 때때로 자아가 삶의 여러 가지 단계에서 변화되어야 하는 요구에 직면하게 되는 발달적 관점을 취하였다.

융은 정신의 많은 부분을 자아라고 생각하거나, 자아가 얼마만큼 정신에 의존되어 있는지를 물으려는 유혹에 저항하였다. 그 대신 그는 자아는 정신에 거의 예속되어 있으며, 여러 가지 방식으로 의존되어 있다고 생각하였다. 예를 들어서 말하자면, 일부 사람들에게서 자아는 무의식의 지배를 받거나 압도되어 있다는 것이다. 하지만 다른 사람들은 무의식이 병리적 결과를 가져온다고 평가절하하려고 할 것이다. 그런데 융은 자아―의식과 무의식 사이의 올바른 균형은 그 사이의 잘못된 균형을 실제로 살아보고, 그것이 어떤 결과를 가져올 것인지 검토해 보아야 얻어질 것이라고 주장하였다.

융은 자아는 개인의 신체적 한계와 환경 사이의 충돌로부터 생겨난다고 주장하였다. 따라서 자아는 외부 세계와 내면세계 사이의 충돌의 결과로 더욱더 발달하게 된다. 그래서 융은 자아에 대한 그 어떤 정의도 형식적인 것이고, 어려운 것이라고 강조하였다. 그것은 정의를 내리는 것은 자아이기 때문이고, 자아를 너무 특정하게 정의하는 것은 자아와 자아―의식의 본질이 되는 인간의 개인성에 대한 모독이기 때문이다. '자아'를 구성하는 요소들은 모든 사람들에게서 구조적으로 비슷하지만, 각 사람에게서 감정적 톤과 정동적 색깔은 천차만별이다(물론 사람들은 체질상 다르고, 서로 다른 배경을 가지고 있다). 자아를 특정하게 말할 수 없는 또 다른 장애는 자아는 항구적이고 변하지 않는 실체가 아니라, 병들었을 때와 건강했을 때 완전히 다르게 변한다는 점에 있다. 그러므로 정신질환에 걸렸을 때 자아기능에는 교란이 있으며, 건강하게 성숙한 상태에서는 자아의 스타일과 강조에 변화가 있기 마련이다. 그런데 이 변화는 분석에 의해서 강화된다.

의식의 중심

융은 대체로 자아는 의식의 중심에 있는 실체라고 강조하였다. 이 실체는 사람들에게 정체성을 형성하고, 시공(時空) 안에서 개인의 지속성을 유지하게 한다. 또한 자아는 사람이 행동하도록 하고, 궁극적으로는 의지력과 자유의지의 기반이 된다. 자아는 무의식의 콤플렉스와 그 콤플렉스의 아주 많은 종류의 이미지로 둘러싸여 있고, 활동무대가 된다. 우리가 제2장에서 살펴보았듯이 콤플렉스는 원리상 사람들에게 다양한 본성을 가진 정신활동과 정신적 체험을 하게 한다. 지금 우리의 논의에서 더 중요한 것은 콤플렉스들이 자아와 함께 계속해서 교류하면서 작용한다는 사실이다.

자아 역시 외부 환경과 내면세계의 조합으로부터 조성되었지만, 자아는 정신 체계 안에서 비교적 자율성을 가지고 작용한다. 자아 자체는 콤플렉스인 것이다. 자아—콤플렉스와 다른 종류의 콤플렉스들은 갑자기 연관을 맺을 수 있기 때문에 한 사람 속에서 강력하게 작용했던 내용들은 그 사람에게 의식적인 주의를 기울이게 한다. 그러나 이 사실은 그에게서 내적인 것들이 사라진다는 말은 아니다. 오히려 그것이 자아—콤플렉스와 '특별한' 관계를 맺게 된다는 말이다. 융은 이러한 예를 다마스커스로 가던 길에서 있었던 바울에게서 찾았다. 그에게서 무의식적인 그리스도—콤플렉스는 그의 자아—콤플렉스와 독립적으로 존재했었지만, 그의 회심 체험은 그의 무의식적 콤플렉스와 자아—콤플렉스가 하나가 되었던 것을 상징적으로 보여준다. 융이 제안하듯이 그에게 극단적인 성향이 있는 바탕에서 그리스도 콤플렉스가 압도하여 사울로부터 바울로 변화되는 것은 그렇게 평탄하게 이루어지지 않았다. 그 점은 그에게 간질이 있었다는 사실이 증명해준다(CW 9ii, para. 276).

수많은 자율적 콤플렉스들이 그 나름대로의 방식대로 의식과 교차되면서 작용하고 있지만, 융은 자아가 "우리 정신에서 중심적인 특성을 가지고 있다"고 말하는 것과 그것이 중심점이라고 말하는 것 사이를 조심스럽게 구분하였다(CW 8, para. 582).

우리는 다양한 자율적 콤플렉스들이 어떻게 자아—의식과 상호작용을 하는지에 대해서 살펴보았다. 자아가 이렇게 영향을 받는 것은 자아가 아직 콤플렉스로 충분히 형성되지 않은 정신 요소에 의해서 간섭을 받을 때 더 심해진다.

예를 들어서 말하자면, 내 환자 중 한 사람은 그녀가 왜 그녀의 남자 친구들에게 매력을 주지 못하고 그들의 마음을 사로잡지 못하는지 이해하지 못하였다. 그녀는 아름다웠고, 재능도 많았기 때문이다. 나도 그 점에 있어서는 마찬가지였다. 그래서 우리는 그녀가 젊은 남자들과 처음에 어떻게 관계를 맺었는지 하는 것에 대해서 살펴보았다. 그때 나는 그녀의 문제가 드러나는 것을 알게 되었다. 그녀는 남자들을 만나면 대개 그녀의 어려움에 대해서 말하면서 그들이 그녀의 문제에 대한 해결책을 제시해 주기를 기대했거나, 바랐던 것이다. 그 문제들은 그녀가 그녀의 물건을 어떻게 마을의 한 지점에서 다른 지점으로 이동시키는지 하는 현실적인 문제였거나, 더 개인적인 문제로서 어떻게 피임을 해야 하는지 조언을 달라는 것이었다. 그렇지 않으면 그녀는 왜 자신이 자살하려고 하는지 그의 생각을 묻기도 하였다. 처음에 나는 그녀의 문제는 그녀가 그들에게서 아버지를 찾는 것이 아닌가 하고 생각하였다. 그러나 그녀의 불안은 어떤 특별한 해결책을 찾으려는 것이기보다는 "모든 것이 잘 돌아가고 있다"는 확신을 애타게 찾는 것 같았기 때문에, 나는 그녀가 나에게 말하는 것이 그녀의 어린 시절과 어떤 관계를 가지고 있는지 살펴보려고 하였다. 그 결과 나는 그녀의 어머니는 알콜 중독에 걸린 남편 때문에 그녀와 그녀의 형제자매들이 결코 아버지를 화나게 해서는 안 된다는 잔소리를 끊임없이 했었다는 사실을 알게 되었다. 그리고 주말이면 그녀의 어머니와 아버지는 치료 때문에 외출하였다. 따라서 그녀가 아무리 어린 시절에 어머니의 관심을 충분히 받지 못한 것을 기억하지 못할지라도, 그녀에게서 어머니에 대한 이미지는 전혀 정서적인 원천이 될 수 없었음이 분명하였다. 그녀의 마음에서, 즉 그녀의 꿈이나 환상에서 그녀를 방치해 두었던 어머니의 모습은 찾아볼 수 없었지만 얼마 후 그녀는 자신의 말을 좀처럼 듣지 않으려고 하는 그녀보다 나이 든 여자를 향해 도끼를 들고 있는 꿈을 가져 왔다. 이 꿈에 대한 토론은 그녀가 그녀의 잠재적인 남자 친구에게 그녀에게는 끔찍하게 느껴지는 어머니의 역할을 바라고 있다는 사실을 깨닫게 하였다. 그녀가 그녀의 불안을 감당할 수 있거나 나 또는 그녀의 부모에게 의뢰하면서 이러한 통찰을 가지고 살 수 있기까지는 오랜 시간이 필요하였다.

융은 자아—콤플렉스가 발달하는 데는 시간이 오래 걸린다고 강조하였다. 자아—콤플렉스의 발달이 드문드문 일어난다는 사실은 경험이 축적되는 것이 쉽지 않다는 사실을 보여 준다. 의식이란 시간을 두고 열리며, 발달하는 상황적 잠재태인 것이다.

융이 표방한 것은, 분석심리학은 너무 합리적이고 의식적인 접근이 사람을 그의 본성과 본성 세계로부터 소외되게 하고, 사람을 제한하기 때문에 그런 경향에 반대하는 것이라고 하였다. 그러나 그는 (꿈을 비롯한 여러 가지) 무의식의 내용이나 환상적 이미지들은 그것들이 마치 일종의 계시인 것처럼 직접적으로 사용될 수 없다고 강조하였다. 그것들은 의식의 언어로 전환되어야 하는 상징적이고, 가공되지 않은 자료라는 것이다. 그는 자아가 콤플렉스들은 물론 원형적 이미지들과 협력해야 한다고 생각했으며, 어떻게 협력해야 할지 모형을 제시하려고 하였다.

자아와 자기

융은 자아는 그보다 더 큰 어떤 것을 위해서 봉사하기 위하여 생겨났고, 기능하는 것이라고 보았다. 융은 그 실체를 자기라고 불렀으며, 우리가 다음 장에서 살펴보겠지만 그 밖에도 다른 여러 가지 단어들로 표현하였다. 그는 자아는 의식의 중심이고, 자아—콤플렉스는 여러 가지 콤플렉스 가운데 하나의 콤플렉스이기 때문에, 또한 무의식은 의식보다 '더 크기' 때문에, 우리는 자아의 뒤, 위, 아래 어떤 것이 존재한다는 것을 가정할 필요가 있다고 주장하였다. 자기와 자아의 관계는 "움직이는 자와 움직임을 당하는 자"로 비유할 수 있다. 자기는 무의식이 그러하듯이 언제나 현존하는 것이라고 생각된다. 융은, 자기는 자아의 무의식에 있는 전—형상(prefiguration)이라고 말하였다. 다시 말해서 자아는 자기로부터 비롯되고, 자기로부터 분화되어 나온 것이라는 말이다. 융이 여기서 말하는 것은 자기와 자아 사이의 근본적인 상호의존성이다. 자기가 최상의 실체이지만, 자아—의식은 자기의 주권에 계속해서 도전하는 기능과 운명을 타고났다는 것이다. 더 나아가서 자기는 자아를 필요로 하고, 자아로 하여금 그런 도전을 하게 한다. 자아는 정신을 지배하려고 하며, 자기는 자아가 그런 시도를 포기하게 하려고 애쓴다.

   자기가 앞서기 때문에 자아는 자기에 대해서 패배감을 느낀다. 그러나 자아가 형성되지 않으면, 자기의 경험은 불가능하다. 평생 동안 한 사람에게서 자아의 형성과 변환은 계속해서 생겨나고, 자기와 자아 사이의 상호의존성과 궁극적인 '굴복'은 분석 심리학에서 중심적인 문제이다(pp. 265—268을).

초월적 기능

어떤 사람이 감각적인 것, 육적인 것, 그리고 즐거움을 누리려는데 관심을 기울이는 의식적인 태도를 가지고 있다고 가정해 보자. 그때 그런 관능적인 것과 반대되는 태도인 영적인 태도는 무의식에서 잠재적으로 나타나게 된다. 그에게는 어떤 이유 때문에 (예를 들어서 말하자면 깊이와 의미가 없는 순전히 육체적인 삶을 사는데 따르는 어려움 때문에) 영적인 태도가 무의식으로부터 생겨서 자아—의식의 영역으로 들어오는 것이다. 그때 자아는 관능성과 영성이라는 서로 반대되는 성향 사이에서 **찢기게** 되고, 중간적인 입장을 취하려고 할 것이다. 그런데 영성과 관능성이 형성한 이 조합은 새롭게 생긴 산물이기 때문에 이 중간적 입장은 대단히 중요하게 된다. 그때 영성과 관능성이라는 양 극단은 새로 생긴 입장을 서로 취하려고 다투다가 다음 두 가지 일 가운데 하나가 생기게 된다. 자아는 이쪽이나 저쪽 가운데 어느 한 쪽을 더 좋아하게 돼서 새롭게 생긴 중재적 산물(mediatory product)은 파괴되고, 그의 정신은 분열되어 치유되지 않은 채 남겨지는 것이다. 그렇지 않으면, 자아는 이 중재적 산물을 지킬 만큼 충분히 강하여, 그것이 과거의 두 극단보다 우위에 서게 될 것이다. 융은 이 단계가 그가 생각하기에 근본적인 요점이라고 생각하였다. 견고한 자아는 두 극단 사이의 균열을 극복하고, 중재적 산물 또는 중간적 입장을 취할 수 있는 것이다. 그러나 엄밀하게 말하자면 중재적 산물이 존재한다는 사실은 실제로 자아를 강하게 만드는 것이다. 새로운 태도가 의식적인 삶을 가능하게 하고, 자아—의식을 강화시키는 것이다.

융은 이 과정을 초월적 기능(transcendent function)이라고 불렀다. 그것은 대극(對極)들이 자아에 고착된 채 의식과 무의식에서 취했던 과거의 입장에서 벗어나 새로운 입장을 취하여 서로 대화하고 서로가 서로에게 영향을 받는 것임을 강조하기 위해서였다. 이때 자아는 대극들을 중재하는 상징이 드러나도록 하기 위해서 대극의 긴장을 견뎌야 하는데, 상징은 의식과 무의식 사이의 긴장을 제3의 자리에서 초월하게 하는 자기 과정의 촉진자이다. 상징은 논리적 담론이나 상식의 한계를 뛰어넘으면서 "이것이냐, 저것이냐"로부터 "이것과 동시에 저것"으로 가게 하는 길을 제시하는 것이다. 상징은 그의 메시지를 그것만이 유일하게 가능한 것이라고 제시하는 것이다. "이것과 동시에 저것"에 대한 체험은 정신적 변화에서 중심적 역할을 담당한다. 그 안에 내포된 것은 문제 해결을 위해서 두 가지 가능성을 어설프게 묶는 것 이상이기 때문이다. 그때 초월적 기능은 해답을 주는 것이 아니라 선택의 기회를 제공함으로써 개인에게 변화의 가능성을 중재한다. 선택한다는 것은 변하려는데 필요한 단순한 도덕적 용기와 달리 자아로 하여금 가능성들을 분별하고, 그 가운데서 균형 잡힌 평가를 하게 하는 것을 의미한다.

융은 의식이 가진 두 측면에 대해서 강조하였다. 첫째는 분별이다. 이것은 자아를 비―자아, 주체를 대상, 긍정적인 것을 부정적인 것 등과 구별하는 능력이다. 왜냐하면 반대되는 입장에 서려면 먼저 어떤 것들이 서로 다르다는 사실을 구별하지 않으면 안 되기 때문이다. 그러므로 융의 생각에 의하면 자아―의식이 없으면 분별이 불가능하고, 맹목적인 본능만 작용하게 된다. 자아의 경험이 없으면, 사람들은 그들이 더 나은 것을 경험하는지 더 낮은 것을 경험하는지 모르는 것이다. 자아―의식의 두 번째 측면은 선택 가능한 것들에 대한 분별이 이루어졌고, 새로운 정신적 내용들이 만들어졌으며, 새로운 의식의 태도가 형성되었다면,

자아—의식은 균형 잡힌 다양한 선택들을 할 수 있게 되는 것이다.

내가 앞에서 들었던 젊은 여인의 경우에 있어서, 분석 작업의 첫 번째 단계는 가정을 세우는 이미지를 중심으로 해서 돌아갔다. 왜냐하면 그녀의 의식에 그녀의 말을 좀처럼 들으려고 하지 않는 어머니의 모습은 떠오르지 않았기 때문이다. 그녀가 기억하는 의식에서는 정상적이고, 주의 깊은 어머니밖에 없었던 것이다. 그러나 꿈에서 도끼를 든 심상으로 나타난 것은 그녀의 어머니에 대한 기억과 반대되는 것이고, 그녀에게 선택의 가능성을 제시해 주었다. 그녀가 만나는 모든 남자 친구들에게 더 이상 도움을 청하지 말도록 하라는 것이다. 이 사례에서 중재는 특별한 상징의 형태로 제시되지 않고, 행동의 변화를 촉구하는 것으로 나타났다. 그러나 그녀의 자아를 강화시켜 줄 제3의 새로운 요소가 존재할 것이라는 생각은 제시되었다. 그래서 그녀는 그녀의 불안을 간직하고, 적절한 부모상에게 토로함으로써 그녀에게 도움이 되는 부모상을 내면화시킬 수 있게 되었고, 그것은 그녀에게 자아를 강화시키는 과정으로 되었다.

로씨(Rossi, 1977)는 융의 초월적 기능에 대하여 신경학적인 측면에서 지지하였다. 우리는 이 책의 제2장에서 인간의 두뇌가 두 개의 반구(半球)로 이루어진 것이 심리학적으로 의미가 있다는 사실을 살펴보았다. 그런데 두 반구의 통합 기능은 초월적 기능과 비슷하거나 유비적인 것이다. 융은 초월적 기능이 다음과 같은 두 가지 방식으로 이루어진다고 주장하였다. 하나는 비지시적 사고나 은유적 언어를 통한 '창조적 구성을 통한 방법'이고, 다른 하나는 인식이나 개념이나 단어 등을 통한 '이해의 방법'이다. 여기에서 전자는 두뇌의 우반구와 관계되고, 후자는 좌반구와 관계된다. 로씨는 "신경학적인 수준에서 두뇌의 반구들이 계속해서 서로의 기능들을 통합하고, 균형을 맞추려고 하는 것처럼 융은 그와 비슷한 조절 작용에 대해서 묘사하고 있다."(ibid., p. 45) 고 하였다.

　다른 한편, 애트우드(Atwood)와 스톨로로우(Stolorow, 1975)는 초월적 기능에 대한 생각은 융이 삶에서 갈등을 회피하고, 무의식적으로 전원적인 대상과 병합되거나 공생적인 재결합을 추구하려는 표현을 나타내는 것이라고 주장하였다. 자아 또는 의식의 내용은 유아를 나타내고, 무의식은 어머니를 나타낸다는 것이다. 그러나 융은 내적인 것과 외적인 것에 대한 초월은 잠정적인 것이고, 새로운 산물은 즉시 내면으로부터 다시 도전에 직면하게 된다는 신중한 태도를 취하였다. 그러므로 거기에 어떤 병합이 있다면, 그것은 더 역동적인 것으로 나아가려는 출발점으로 여겨져야 할 것이다. 차라리 나는 초월적 기능이라는 관념을 갈등은 갑자기 해결될 수 있다고 주장하면서 갈등을 가지고 작업하는 태도를 피하려는 융의 고뇌가 아니었나 하면서 그의 생각에 동의한다.

초자아 또는 타고나는 도덕성

　융이 '의식'이라는 말과 '자아'라는 말을 바꿔서 쓸 수 있다고 하기 때문에, 그에게 있어서 자아가 완전히 의식과 다르고, 의식 안에 온전히 포함되는 것이 아니라고 말하기는 어렵게 된다. 따라서 융에게서는 정신분석학에서 말하는 초심리학적 요소인 초자아에 해당하는 개념을 찾기가 어려워진다. 또한 그는 자아방어에 대해서 말할 수도 없게 된다. 왜냐하면 자아방어는 무의식적으로 작동하기 때문이다(p. 175 이하를).

정신분석학에서 초자아는 이상적인 것들을 만들어가면서 자아를 궁극적으로 양심이나 자기―관찰로 이끌고 심판자나 검열자처럼 작용한다. 정신분석학에서는 처음에 초자아가 부모의 금지나 요구를 내면화시키면서 나온 '오이디푸스 콤플렉스'의 후예로서, 비교적 초기에 형성되는 것이라고 보았다. 그러나 요즘 대상관계학파에서는 그것을 유아 자신에 의한 공격성의 투사 또는 방기(放棄)하는 어머니에 대한 두려움에서 비롯된 "박해하는 젖가슴"의 내사(introjection)라고 생각한다. 사람들이 과도한 공격성을 자기에게 전환시킬 수 있는 가능성은 언제나 있을 수 있는 것이다. 결국 과격한 초자아는 너무 엄격하고 금지적인 부모로부터 나오는 것으로서, 삶의 초기 단계에서부터 발달하는 것이다(Segal, 1973, p. 2).

그러나 융은 윤리학과 도덕은 그것들이 집단적인 표준에 고착되기 전까지 타고나는 것이라고 주장하였다. 그는 죄의식을 느끼는 정신의 근본적인 능력이 먼저 존재하지 않는 한 죄책감은 있을 수 없기 때문에 양심의 타고나는 형식은 도덕법이나 초자아의 형성보다 앞선다고 강조했던 것이다(CW 10, paras. 825―57). 한편 그리넬(Grinnell, 1971)은 다른 모든 원형들과 마찬가지로 그 자체로서 가치중립적인 '도덕 원형'이 존재하며, 그것은 선한 양심이나 왜곡된 양심의 기반이 된다고 주장하였다. 그러면서 그는 도덕 원형의 기능은 "부도덕한 원형들로부터 도덕적인 요인들을 추출하는 것"이라고 말하였다(ibid., p. 175).

융은 정신 에너지에는 생물학적, 정신적, 영적 경로(徑路) 이외에 도덕적, 윤리적 경로가 있어서(CW 8, 108―11), 에너지 자체에는 생물학적, 정신적, 영적 측면은 물론 윤리적 측면도 존재한다고 언급하였다(CW 11, paras. 105―8). 그러나 그 경로 안에서 도덕성은 다소 원시적이고 잔혹해서 온전히 선한 것과 온전히 악한 것 사이의 분열을 격화시켜서 완전을 추구하게 함으로써 대극의 긴장을 강화시킬 수 있다. 그래서 뉴턴(Newton, 1975)은 어머니는 아기들이 초자아를 형성하게 하는 것이 아니라, 그들을 전인으로 받아들인다는 신호를 보내면서 그들의 도덕성과 완전주의를 완화시키고 변화시키는 기능을 수행한다고 지적하였다.

힐만 역시 원시적 도덕성에 대해서 반추하였다. 먼저 그는 금제(inhibition, 타고나며, 내면으로부터 오고, 내면에서 균형을 잡으려는 성향이며, 자기―규제 정신의 한 부분)와 금지(prohibition, 외부의 권위적인 원천으로부터 오는 것)의 차이점을 부각시켰다. 그는 금제는 선천적으로 모든 충동을 금하고 환상을 만들면서, 본능들을 심리적인 것으로 만들어 사람들이 그것들과 대화하도록 한다고 주장했던 것이다(1975a, pp. 105―25).

정신분석가 가운데서 위니캇(Winnicott) 역시 아이들은 비도덕적으로 태어나지 않으며, 비도덕성은 그들이 외적 권위에 대해서 그들 자신의 개인적인 방식이나 통합성을 희생시키고 적응하는 과정에서 형성되는 것이라고 강조하였다. 또한 썰즈(Searles)는 모든 사람들은 다른 사람들을 도우려는 욕구를 타고난다고 지적하였다. 이러한 모든 견해들은 사람들이 타고나는 도덕적 감각에 대한 융의 관념은 처음에 생각했던 것처럼 그렇게 대단한 것으로 여겨지지 않는다는 사실을 암시한다.

동물행동학에서도 도덕성이 선천적이라는 것에 대한 증거는 많이 있다. 예를 들어서 말하자면, 동부 아프리카에서 흔히 볼 수 있는 새인 흰머리 딱새는 우정, 친족의식, 씨족의식을 보여준다. 이 새는 강의 제방에 있는 깊은 굴속에서 산다. 그런데 이 굴은 두 마리에서 열한 마리 정도 되는 씨족의 소유이다. 이 씨족에서 모든 새들을 양육하지는 않는다. 그러나 그 씨족에 속한 모든 새들은 굴을 만들고, 지키는데 힘을 합치고, 알을 품고, 먹이며, 어린 새들을 보호한다. 씨족의 구성원들은 다른 씨족들로부터 인정받은 그들의 구역에서 함께 다니면서 먹잇감을 찾는데, 어떤 경우 굴로부터 수 마일 떨어진 영역까지 나간다. 정말 놀라운 것은 이 씨족이 친척들로 구성되거나, 어쩌다 만난 이들로 구성되지 않는다는 사실이다. "씨족은 복합적인 방식으로 구성되는데, 그들은 계속해서 바뀌는 친구들, 친척들, 옛날의 짝들, 아는 이들이 멜로드라마의 줄거리처럼 오고, 가고, 다시 나타나면서 이루어진다" (Nature, vol. 298, p. 264, The Times, 1982.7.21에서 재인용). 이 새들은 왜 이기적이지 않은가? 그들은 왜 어떤 새가 다른 새를 도와주었던 길을 뒤쫓아 가고, 이 도움은 언제 되갚음을 받을까? 이것이 말하려는 것은 이 새에게서 볼 수 있는 사회적이고 공동체적 삶의 능력은 타고난 도덕성에 기초해 있다는 사실이다(cf. Maria, *The Soul of the White Ant*, 1937).

인간이 타고나는 도덕성에 대한 주장은 신학자들에게도 많은 것을 말해주었고, 그들 역시 이 주제에 관해서 광범위하게 논의하고 있다. 이 주제는 과학 분야와 영적 분야의 양 끝에 깊은 흥미를 불러일으켰던 것이다.

의식의 작용—정신유형

융은 의식이 실제로 어떻게 작동하는지 보여주려고 했으며, 서로 다른 사람에게서 어떻게 서로 다르게 작용하는지 설명하는데 흥미를 느꼈다. 그래서 그는 의식을 구성하는 요소들을 구별하기 위해서 정신유형에 대한 일반적 이론을 고안해냈다. 이 이론은 1921년 최초로 출판되었다(CW 6).

어떤 사람들은 내적 세계에 더 흥분하고 더 활동적으로 되는데 반해서, 다른 사람들은 외부 세계에 의해서 더 그렇게 되는데, 그들은 각각 내향적인 사람들, 외향적인 사람들이다. 그러나 세상에 대한 그런 기본적인 태도 이외에 의식의 특성 또는 기능이라는 것들이 있다. 융은 어떤 것이 무엇이라는 것을 알고, 명명하며, 그것을 다른 것과 관계시킬 줄 아는 기능을 사고(思考), 어떤 것에 대해서 가치 판단을 하거나 그것에 대해서 관점이나 시야를 가지게 하는 기능을 감정(感情)이라고 했는데, 그것은 정감(affect)이나 정동(emotion)과는 다른 것이다. 그 다음에 감각(感覺)이 있는데, 감각은 일어나는 모든 것들을 "이것은 무엇이다"가 아니라 "이것은 어떻다"고 말하면서 알게 하는 기능이다. 마지막으로 직관(直觀)이 있는데, 직관은 어떤 것이 어떻게 될 테고, 그 가능성은 어떤 것인지 알게 하는 기능이다. 그러나 그때 어떤 지식이나 증거가 있어서 그런 말을 하는 것은 아니다. 융은 그의 이론을 좀 더 세밀하게 제시하면서 이 네 가지 기능을 두 개의 쌍으로 나누었는데, 사고와 감정은 합리적 기능, 감각과 직관은 비합리적 기능이다. 우리가 앞으로 살펴볼 테지만, 융이 이 분류에서 말하고자 하는 것, 특히 '감정'이라는 단어는 문제성이 있는 단어이다.

이제 우리는 한 사람의 의식의 전반적인 작동 유형과 그가 내적 세계와 외부 세계에 어떤 방식으로 대응하는지 묘사할 수 있게 되었다. 융의 모형은 균형이 잘 잡힌 모형인 것이다. 한 사람에게는 주된 (또는 우월한) 기능이 있는데, 그것은 이 네 가지 기능 가운데 하나다. 우월 기능은 합리적 기능이나 비합리적 기능을 구성하는 두 쌍 가운데 하나에서 나오는 기능이다. 물론 한 사람은 그의 우월 기능에만 배타적으로 의존하지 않고, 두 번째 기능 또는 보조 기능 역시 사용한다. 융의 관찰에 의하면, 보조 기능은 그의 우월 기능이 합리적 기능이나 비합리적 기능이 어디에 속해 있느냐에 따라서 그와 반대되는 합리적 또는 비합리적 기능의 쌍으로부터 나온다. 예를 들어서 말하자면, 어떤 사람의 우월 기능이 감정(합리적 기능)이라면, 보조 기능은 비합리적 기능의 쌍 가운데 하나인 감각이나 직관일 수가 있다.

두 가지 정신적 태도와 우월 기능 및 보조 기능을 결합하여, 사람들에게는 열여섯 가지 유형이 나올 수 있다. 융은 때때로 이 네 가지 기능을 십자가처럼 생긴 도표로 설명하였다(도표 3).

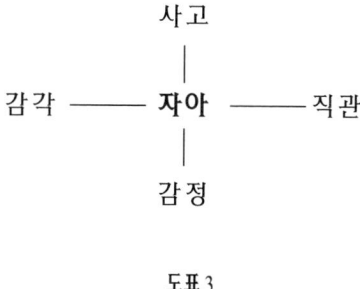

도표 3

이 도표의 가운데 있는 자아는 네 가지 기능 가운데 그 어느 하나로도 투입될 수 있는 에너지를 가지고 있다. 또한 외향적—내향적 가능성도 물론 또 다른 가능한 차원이다. 융은 4라는 숫자가 비록 경험적이고 심리학적 측면에서 나온 숫자이지만 의식을 묘사하는데 알맞은 어떤 것을 상징적으로 아주 잘 나타내고 있다고 느꼈다.

그래서 융은 그의 유형론이 단순히 기술적(記述的)이고, 학문적인 실습에 그치는 것이 아니라, 정신병리학과 일반적으로 관련을 맺을 수 있고, 어떤 사람의 상태를 진단하고, 예측하며, 평가할 수 있는 도구가 될 수 있지 않겠느냐고 제안하였다.

우리는 의식의 네 가지 기능 가운데서 두 가지 기능은 잘 발달시켜 왔다. 그러면 나머지 두 가지 기능은 어떻게 되겠는가? 융은 우월기능의 반대 짝에 해당하는 기능은 사람들에게 많은 어려움을 야기한다는 것을 알았다. 어떤 사람의 우월 기능이 감정이라고 해보자. 융의 말이 옳다면, 그는 같은 합리적 기능 가운데 나머지 기능인 사고 기능에서 문제를 보일 것이다. 우리는 융의 작업에서 이런 방식의 접근이 어떻게 실행될지 알 수 있을 것이다. 우리는 삶에서 원숙하고 균형 잡힌 태도를 보이며 안정된 성품을 지닌 사람에 대해서 잘 알고 있다. 그는 집에서도 정서적이고 인간관계에 가치를 두고 있다. 그러나 그 사람은 지성적인 면이나 조직적인 사고에 있어서는 조금 부족할 수 있다. 그는 그런 종류의 사고를 끔찍하게 생각하거나, 논리적인 것을 싫어하고, 자기는 수학 비슷한 것에 대해서는 젬병이라고 자랑스럽게 말할지도 모른다. 그러나 그가 큰소리 치는 것은 무엇인가 적절하지 않다는 감정을 감추고 있는 것이며, 그의 문제는 쉽게 풀리지 않을 것임을 보여준다. 융은 문제가 되는 이 기능을 열등기능이라고 불렀다. 이것이 사람들에게 어려움을 자아내는 의식의 영역일 것이다. 다른 한편 그에게 오랫동안 내재해 있던 열등기능은 무의식으로 뻗어나가고, 변화되려는 거대한 잠재력을 지니고 있는데, 그것은 열등기능을 자아—의식에 통합하려는 시도에 의해서 촉발될 것이다. 이렇게 하는 것, 즉 그의 열등기능을 실현시키는 것은 개성화에서 매우 중요한 요소이다. 왜냐하면 그것이 그의 내면에 감춰져 있는 인격을 원만하게 하는 작업이기 때문이다.

융이 정신유형의 체계를 구축하는데 있어서도 그의 대극 이론을 적용하고 있다는 사실은 대단히 중요하다(다음 장에서 이 문제에 대해서 더 세밀하게 검토해 보자). 합리성이라는 넓은 범주 안에서 사고와 감정은 대극적 위치에 있다. 그런데 이 사실은 융에게 그것보다 더 두드러지게 보이는 합리성과 비합리성 사이의 대극보다 더 강하게 들어왔다. 즉 사고/감정의 대립이 사고/직관의 대립보다 자극적이었던 것이다. 여기서 사고와 감정을 대극으로 인식하게 한 것은 그것들이 공유하는 합리성이라는 연결 고리 때문이다. 융은 한 사람이 더 합리적으로 되거나 더 비합리적으로 될 때, 유형학적으로 중요한 질문은 그의 내면에 있는 합리적 또는 비합리적 범주로부터 답변되어야 한다고 생각하였다. 이 사실은 강조되어야 한다. 왜냐하면 그것이 정말로 반대되는 것은 합리적인 것과 비합리적인 것이라는 일반상식과 충돌하기 때문이다.

  융은 인간의 성숙 과정과 개성화 과정에서 정신 유형의 이 다양한 대극들은 드러나고 있으며, 그의 의식적인 태도와 그가 그 자신을 경험하는 것의 상당한 부분이 더 풍부해지거나 변질되고 있음을 알아챘다. 여기서 흥미 있는 질문은 유형 형성의 연대기이다. 융은 어떤 방에 있는 가구의 이름들에 대해서 듣지 않는 한 그 방에 들어가려고 하지 않았던 두 살 난 아이에 대해서 말한 적이 있다. 융은 이 아이가 다른 표징들과 함께 초기의 내향성을 말해주는 예라고 지적하였다. 정신유형 형성 시점에 관한 생각은 그것이 어떻게 고정되거나 변화되느냐 하는 수수께끼를 불러일으켰고, 우리가 이 장의 부록에서 살펴볼 테지만 후기 융학파 가운데 몇몇 사람은 그 문제를 파헤치려고 하였다.

  융은 정신 기능은 자아가 부분적으로 통제할 수 있는 정신적 요소와 함께 생리적 기반도 관계되는 것으로 생각하였다. 사람들은 어느 정도까지 그가 어떻게 해야겠다고 선택할 수 있다는 것이다. 물론 거기에는 타고나는 한계가 있기는 할 것이다. 어느 누구에게도 이 네 가지 기능이 없을 수는 없다. 자아—의식은 이것들을 타고나는 것이다. 이 가운데서 사람들은 어느 하나의 특별한 기능을 더 많이 사용하고, 다른 기능은 그렇지 않을 것이다. 그때 제외된 기능은 숙달되지 않고, 발달되지 않으며, 유아적이거나 고태적으로 남게 된다. 그러면서 무의식화되고 자아에 통합되지 않을 수 있다. 그럼에도 불구하고 사회적이거나 가정적인 이유 때문에 어떤 기능은 일방적으로 지배적으로 되어 그가 타고난 성격과 조화를 이루지 못할 수도 있다.

자아—의식의 정신병리

이제 우리의 관심을 융이 자아—의식의 정신병리라고 말한 것에 돌려야 할 시간이다.

정신병리의 첫 번째 가능성은 자아가 자기와의 본래적인 통일체로부터 충분히 빠져나오지 않아서 자기와 동일시되는 것이다. 그때 자아—의식은 자기와 구별되지 않고, 자아—의식과 인격은 서로 다투는 자율적 콤플렉스들에 의해서 지배된다.

두 번째 가능성은 사람들이 그의 자기 또는 전체 인격을 자아와 동일시되도록 제한하는 것이다. 그때 자아는 팽창하게 된다. 그래서 그는 그에게 자아 또는 자아—의식밖에 없는 듯이 행동하게 된다. 자연히 무의식과 콤플렉스들은 이렇게 무시당하는 것에 반발하게 되고, 자아와 자기 사이에 건강한 규범이 발달하지 못할 정도로 긴장이 커져서 파괴적인 결과를 가져오게 된다.

이로부터 파생되어 세 번째 가능성이 생기는데, 그것은 자아가 중재적인 입장을 저버리고 다른 가능성들을 차단한 채 의식적 태도와만 극단적으로 동일시하는 것이다. 자아는 이렇게 함으로써 정서적 자료들을 '선별하여' 의식과 잘 맞지 않은 요소들을 무시하거나, 잘라내게 된다.

이 네 번째 가능성은 자아—콤플렉스가 다른 콤플렉스들과 상상력이 풍부하고 생산적인 관계를 맺지 못하는 것이다. 그 결과 융이 말하는 인격의 발달에 꼭 필요한 콤플렉스들의 인격화와 분화는 일어나지 못하게 된다. 사람들은 환상의 이미지들을 끄집어내지 못하거나 끄집어내진다고 할지라도 그것들과 관계를 맺지 못하게 된다.

다섯 번째 가능성은 자아가 내적인 내용들에 압도당하거나 휩쓸려버리는 것이다.

여섯 번째 가능성은 자아—콤플렉스가 개인적 통일성이나 통합성을 유지하지 못할 정도로 너무 취약해서 무의식의 원시성과 번잡성 때문에 깨어지고, 제대로 서지 못하는 것이다.

일곱 번째, 그리고 마지막 가능성은 자아—병리가 바로 앞에서 언급한 정신유형론 가운데 열등기능과 관계되는 것인데, 여기에서 열등기능은 너무 통합되지 못하고, 발달하지 못해서 의식의 의도를 수행하지 못한다.

자아와 그림자

융은 그림자라는 용어를 각 사람이 그의 내면에 있는, 그가 두려워하고 싫어하는 것을 의미하거나 총칭하는 것으로 사용하였다. 또한 그림자는 인류 전체나 어떤 특정한 시대에 특별한 문화에서 그들이 두려워하거나 싫어하는 것을 나타낸다. 자아가 그림자에 있는 것들을 의식화하지 못한다면, 전체의식에 도달할 수 없다. 여기에서 역설적인 것은 어떤 것을 의식할 때 무의식적인 것이 생긴다는 관점이다. 왜냐하면 하나는 언제나 다른 것과 관계되기 때문이다. 자아—의식이 어떤 것을 조명할 때, 그 주변에 있는 것은 어둠 속에 있기 마련이다. 그래서 융은 이렇게 말하였다.

> 우리는 다음과 같은 역설적 결론에 도달하는데, 어떤 의미에서 무의식에 머물러 있지 않은 의식적 내용이란 없는 것이다(Hillman, 1979b, pp. 12—3에서 재인용).

자연히 자아가 분화되면 분화될수록 그림자는 더욱더 문제시 된다. 사실, 자아—의식이 높은 경지에 도달한 사람에게서 그림자는 무의식 자체라는 형태를 취할 수 있다. 그래서 병리는 무의식에 남아 있는 자아의 건강한 요소들이 왜곡되거나 투사의 형태로 나온 것일 수 있다. 다시 말해서 그림자의 투사는 개인적 차원이나 공동체적 차원에서 조화롭게 사는 관계에서도 자주 일어날 수 있는데, 어떤 경우에서든지 그들이 원하지 않는 것을 바깥으로 밀쳐내려고 하는 것이다. 그때 그것들은 좋지 않은 것이라고 선고 받는다. 다른 말로 하면 제 눈에 있는 들보는 보지 못하고, 다른 사람 눈에 있는 티끌만 나무라는 경우가 많은 것이다.

융은 더 나아가서 그림자를 "나쁜 것"으로 간주하지 말아야 한다고 강조하였다. 결국 사람에게서 어두운 측면은 바로 그 자신의 한 측면이라는 것이다. 여기에서 그림자의 통합이라는 어쩔 수 없는 인간의 도덕적 요청이 제기된다. 개인적이고 공동체적인 관계의 좁은 울타리에서 벗어나 인간의 측면이지만 받아들이기 어려운 것을 받아들여야 하는 것이다. 그와 같은 통합의 목표는 더 큰 정신적 전일성이다(이것은 완전하게 되는 것이 아니라 온전하게 되는 것이다). 그림자가 가리키는 것은 죄와 같은 것이 아니다. 실제로 융은 실체를 가진 그 어떤 것 또는 결정체는 그림자를 던진다고 주장하였다. 그것은 가치의 경우에도 마찬가지다.

융이 그림자를 긍정적으로 평가한 것은 그가 그림자를 본능과 결부시켜서 말한 것에서 가장 분명하게 드러난다.

> 그림자의 동화는 사람들에게 몸을 가져다준다. … 정신의 원시적이고 고태적인 영역은 물론 본능이라는 동물적 영역은 의식의 권(圈)으로 스며들어 온다(CW 16, para. 452).

융은 인간의 '표면적 통일체'는 무의식의 영향으로 무너지고, 자아와 그림자 사이에 갈등이 시작된다고 말하였다.

> 환자가 어떤 다른 사람(그의 어머니나 아버지)이 그가 당하는 고통에 책임이 있다고 생각할 수 있는 한, 그는 통일성 비슷한 것을 유지할 수 있다. 그러나 그에게 그림자가 있다고, 즉 그의 원수가 그의 마음에 있다고 생각하게 되면, 그에게는 갈등이 시작되고 그는 둘이 된다(CW 16, para. 399).

그러나 융은 이 '타자'와의 갈등은 분석을 변환의 가능성으로 이끌고, 자아가 필요한 통합을 이룬다면 제3의 자리에서 통합되게 한다고 생각하였다.

그림자의 통합이 이끌어 가는 전일성이나 온전성 또는 이 둘에 대한 감각은 발달을 이루기 위해서 매우 중요하다. 그래서 융은 다음과 같은 결론을 내렸다. 먼저 그는 그 자신이 문제임을 알아야 한다. 여기서 중요한 것은 그림자를 없애버리는 것이 아니라, 그것을 인정하고 통합하는 것이다. 하지만 그것은 자아—의식에게는 위험한 일이다. 왜냐하면 자아가 원형과 직접 대면해야 하고, 근친상간적인 퇴행을 해야 하며, 도덕적인 문제에 뛰어 들어가야 하기 때문이다(pp. 370—3이하를).

문화와의 관련에서 살펴볼 때, 그림자는 국가적인 적들은 물론 사회 체계의 바깥에 있는 이들(범죄자들, 정신질환자들, 환경에 적응하지 못하는 사람들, 희생양들)을 말할 수 있다. 이 사람들은 문화의 지배적인 경향에 잘 들어맞지 않는 사람들이다. 하지만 문화의 지배적인 경향들 역시 그 그림자들을 동화시키지 못하는 것은 마찬가지다. 이런 잘못이 지속되면 사회의 그림자는 파시즘이나 인종주의적 증오나 어리석고 파괴적인 전쟁 등의 형태로 분출되고 만다.

자아를 위한 상징

그림자에 대한 표상으로부터 자아—의식은 빛이나 조명(照明)으로 상징화될 수 있다. 그러나 융에 의하면 자아—의식은 문화적으로 또는 개인적으로 다른 방식으로 표현될 수도 있다. 아주 초기부터 사람들이 자아—의식을 가장 잘 동일시할 수 있었던 상징은 영웅(英雄)이다. 영웅의 생명—보다—더—큰 본성은 인간의 동경을 나타내며 그의 다양한 투쟁과 갈등은 인간 실존의 평탄치 않은 삶의 역정을 드러낼 수 있다. 신화와 전설에서 그리는 영웅의 여행은 "빛의 새로워짐과 그로 인해서 의식이 어둠으로부터 재탄생하는 것을 의미한다"(CW 5, para. 558).

우리는 영웅담에서 볼 수 있는 수많은 중요한 형상(形相)들에 대해서 열거할 수 있을 것이다(그러나 모든 영웅 이야기가—페르세우스, 헤라클레스, 오이디푸스, 모세, 아더 왕 등—이 형상들을 다 담고 있지는 않을 것이다). 영웅담에서 공통되는 형상은 다음과 같다: 영웅의 어머니는 왕가의 처녀이다. 그의 아버지는 왕이고 그의 어머니와 관계를 맺는다. 그의 탄생 상황은 평상적이지 않아서 사람들은 그가 신의 아들이라고 말한다. 그가 태어났을 때 그의 아버지나 외할아버지는 그를 죽이려고 한다. 그러나 그는 피신시켜져서 그 나라에서 멀리 떨어진 곳에서 양부모 밑에서 자란다. 그 후 그는 거인, 용, 야수 또는 왕과 싸워서 이기거나 일련의 싸움을 거친 다음 공주와 결혼한다. 처음에는 모든 것이 잘 돌아가고, 영웅—왕은 일련의 법령을 반포한다. 그러나 결국 그는 신들과 백성의 호의를 잃고, 왕좌에서 밀려나 그 도시로부터 추방당한다. 그런 다음 그는 신비한 죽음을 맞게 되는데, 종종 언덕 꼭대기에서 죽는다. 또 다른 이야기가 있다면, 그의 자녀들은 왕위를 잇지 못하고, 그의 몸은 매장되지 못한다. 그럼에도 불구하고, 그는 하나나 몇 개의 유적을 가지게 된다.

래글런(Raglan) 경은 그가 지은 『영웅』(1949)이라는 책에서 영웅담에 나타나는 22개의 형상 가운데서 오이디푸스는 22개 모두, 테세우스는 20개, 로물루스는 18개, 페르세우스는 18개, 헤라클레스는 17개, 야손은 15개, 모세는 20개, 아더 왕은 19개를 가지고 있다고 하였다.

영웅에게서 남성적 면모는 언제나 변하지 않는다는 사실이 상징적으로 지적되어야 할 것이다. 융은 콤플렉스의 인격화를 강조하였고, 그가 살던 시대의 문화적이고, 시간적 상황 때문에 인간의 의식이 상징적으로 남성적 형상으로 표상되는 것을 막지 않았다. 이 사실이 여성들은 의식이 "적다거나", 아예 없다는 것을 의미하지는 않는다. 그러나 여성에게서 의식은 그의 "남성적 측면"에 남는다는 괴이한 생각은 계속해서 남게 된다(cf. Stevens, 1982, p. 189). 우리는 이 점에 대해서 제7장에서 충분히 다루게 될 것이다.

자아―콤플렉스의 특별한 인격화는 주목되어야 하고, 욥에게서 잘 나타났다. 그에 대해서 융은 욥기에 대한 심리학적 주석에서 밝히고 있다(*Answer to Job*, CW 11). 욥은 이론적으로 야훼에 비해서 열등하지만, 점점 더 야훼의 강력한 그림자에 대해서 깨달아간다. 다시 말해서 그는 의식화되는 것이다. 그러나 그것은 신으로서는 불가능한 일이다. 그때 야훼는 혼란에 빠져서 왜곡된 행동을 하게 된다. 야훼는 아이들처럼 질투를 부리고 유아적 과대성에 빠지는 것이다. 그때 욥은 신의 분노가 폭발하는 것 앞에서 마치 부모처럼 "죽을 것 같은" 인내로 버틴다. 욥은 아직 성숙한 자아―의식을 나타내지는 않는다. 왜냐하면 분열 상태에 있는 여성성과의 관련에 대해서는 언급이 없기 때문이다. 램버트(1977)가 지적하듯이 욥은 보통 사람의 모습이라기보다는 의식 발달의 과정에 있는 은유인 것이다.

비평

우리는 융이 의식의 기관과 중심으로서의 의식이 정작 그 자신의 작용에 대해서는 알지 못한다는 사실을 받아들이기가 얼마나 어려웠는지에 대해서 살펴보았다. 그래서 융은 자아의 방어에 대해서는 거의 말을 하지 않았고, 그에게는 안나 프로이트(1937)가 열거한 그 유명한 자아—방어에 대한 개념과 같은 것이 없었다. 다른 한편, 융의 생각들 가운데 어떤 것은 대상관계 이론가들이 제안한 초기 방어의 개념에 가까운 것들이 있기는 하다(pp. 338—342을). 여기에서 중요한 문제는 그에게 방어에 대한 생각이 발달하지 않았다는 사실이 아니다. 오히려 그런 이유 때문에 유아가 느끼는 불안을 충분히 고려하지 않았다는 사실이다. 분석심리학은 정신분석학에서 명료화시킨 불안 개념으로부터 많은 도움을 받고 있다. 예를 들어서 말하자면, 박해불안이나 우울적 불안 또는 초자아의 활동으로 인한 불안 등으로부터 말이다.

자아—의식에 대한 융의 견해는 의식의 특성과 강도에 있어서 그와 같은 다양한 측면을 받아들일 수 없다. 그래서 고든(Gordon)은 의식에는 두 가지 의미가 있다고 지적하였다: 하나는 깨어 있음(being aware or awake)이고, 다른 하나는 스스로 알고 있음(being self—aware)이다. 스스로를 알고 있음에는 또 두 가지 의미가 있는데, 하나는 "초기의 알고 있음인데, 한 사람이 그가 하고 있는 것과 겪고 있는 것을 깨닫거나 알고 있는 것"을 말하고, 다른 하나는 반성적으로 아는 것으로서, 자신의 정신 과정에 주의 깊게 초점을 맞추는 것을 말한다(Gordon, 1978, p. 173).

융은 자아—의식의 발달을 그 어떤 인격발달이나 성숙의 도식과도 연결시키지 않았다. 그는 자아를 보통 생각하는 것보다 상당히 늦게 발달하는 것으로 보았다. 그래서 유아들이 그 "유명한 무의식 상태" 속에서 살고, 그 안에서 "무의식은 자아와 뚜렷하게 분화되지 않는 것"으로 보았다(CW 17, para. 83). 융은 이렇게 하면서 그의 자아 이론을 자아 자체의 구조와 기원 및 그와 관계되는 문제들 앞에 내놓았다. 특히 그는 자아가 발생하는 무렵에 가능한 좌절의 역할을 별로 강조하지 않았는데, 후기 융 학파 가운데는 자아를 영웅 상징으로 표상하는 것이 적절하지 않거나 잘 들어맞지 않는다고 비판하기도 한다. 융은 인간관계 속에서의 자아의 역할은 물론 자아의 형성에서 인간관계가 어떤 영향을 미치는지에 대해서 세밀하게 살펴보지 않았던 것이다.

글로버는 융이 무의식으로부터 의식으로 발달하는 것에 대해서 아무 것도 살펴보려고 하지 않았고, "본래 역동적인 무의식이 나중에 구조적인 모습을 갖추게 된다는 정신분석학의 주장에 전혀 관심이 없었다"고 융의 자아 이론을 비판하였다(1950, p. 47). 글로버는 융에게서 갈등에 대한 개념은 의식의 수준으로 축소되고, 무의식에 나타나는 유아적 기전에 대한 감각은 찾아볼 수 없다고 하였다. 우리는 이미 융이 자아에 방어와 같은 무의식적 요소가 있다는 사실을 보지 못한 것이 불행한 결과를 가져왔다는 사실을 살펴보았다. 그러나 융은 계속해서 의식과 무의식 사이의 관계에 대해서는 관심을 기울였다. 여기에는 갈등도 포함될 수 있지만, 그것이 여러 가지 다른 양태로 나타날 수 있기는 하다. 그래서 글로버는 융 학파에서 프로이트 학파는 무의식을 적으로 보고 있다고 천편일률적으로 말하는 것은 부당하다고 주장하였다.

글로버는 그가 융이 "프로이트가 말한 정신의 경제체계의 근본원리가 되는"(ibid., p. 78) 억압에 대한 개념을 소홀히 했다는 사실을 밝혀낼 수 있으리라고 느꼈다. 그는 융이 억압은 의식의 통제 아래 있는 어떤 것(다른 말로 억제)이라고 계속해서 언급했다는 것이다. 나는 이것이 융의 약점을 말하거나, 아니면 언어적인 문제가 아닌가 하고 생각한다. 후기 융 학파 중에서 억압이 정말 무엇을 의미하는지 논쟁을 할 사람은 아무도 없을 것이다.

더 나아가서 글로버는 융이 무의식의 자율성을 강조하면서 자아를 "청정하게" 남겨두려고 했으며, 자율적인 콤플렉스에 별로 유쾌하지 않은 유아적 자료들을 쏟아 부으려는 바람에 그것에 대한 자아의 책임을 도외시했다고 비판하였다. 글로버가 명확하게 밝히려고 했던 것은 각각의 콤플렉스에는 타고나는 핵(core)뿐만 아니라 개인의 유아시절의 삶에서 비롯되는 자아의 요소(글로버의 용어로 말하자면 자아—핵)가 들어 있다는 것이다.

융의 유형론에도 논쟁의 여지가 있으며, 글로버를 비롯한 많은 사람들에 의해서 도전을 받았다. 글로버의 비판의 요지는 유형론에는 발달에 관한 언급이 생략되었으며, 유형은 우연히 타고나는 것으로 간주된다는 것이었다. 나는 융이 이 문제에 대해서 토론을 하려고 했지만, 유형은 타고나는 것이라고 모호하게 말하면서 응수했다고 생각한다. 글로버는 외향성과 내향성은 너무 단순한 표제(標題)이며, "정교하고 복잡한 인간 정신의 역동적이고 구조적인 발달 과정을 살피는데 작은 도움도 주지 못한다"고 느꼈다. 사람들이 어떻게 이런 발달을 이루게 되는지 전혀 알 수 없다는 것이다. 따라서 그런 개념은 아무 쓸모가 없다(ibid., p. 103). 글로버가 융을 방법론적인 입장에서 반대한 것은 융이 과정을 다루어야 하는 자리에서 마지막 산물을 다루었다는 것이다.

스토르(1973)는 융의 유형론에 대한 비판 논문에서 재미있는 이론을 전개했는데, 거기에서 그는 융의 외향성과 내향성에 대한 생각과 대상관계학파 분석가인 페어베언(Fairbairn)의 생각을 연관시켰다. 페어베언은 외향성을 우울증에 대한 자아 방어라는 견지에서 보았다는 것이다. 외향적인 사람들은 외적 대상이나 다른 사람들과 너무 연관되어서, 상실의 두려움을 잘 느끼기 때문에 우울증적인 것이다. 한편 내향적인 사람들은 그들보다 더 원시적인데, 그 이유는 그들이 외부 세계로부터 도좌표쳐 있기 때문이다. 스토르는 페어베언은 개인의 발달이 바로 이 지점에서 많이 일어날 수 있다고 생각하였고, 그 때문에 정신적인 태도가 타고난다거나 유전적으로 결정된다는 그 어떤 생각도 잘못된 것이라고 주장하였다.

스토르는 더 나아가서 융이 외향성과 내향성을 같은 정도로 위치시키는 균형 잡힌 시각에 대해서도 논박하였다. 그는 극단적으로 외향적인 태도가 극단적으로 내향적인 태도보다 덜 병리적인 것으로 느꼈기 때문이다(ibid., p. 73). 그가 이런 결론에 도달한 것은 발달적인 관점에서 볼 때 그가 내향적인 태도와 연계시킨 분열적 상태는 그가 외향적인 태도와 연계시킨 우울적 상태보다 앞서기 때문이다. 사실 외향적인 태도만이 다른 사람 모두와 관계를 맺을 수 있는 것이다(그 이유는 아마 외향적 태도가 우울적 자리와 관계되기 때문일 것이다). 그러나 내향적 태도가 극단적으로 되면 정신분열적으로 된다. 정신분열 환자들에게서 볼 수 있는 철수(撤收)는—사람들이 그 자신만의 세계에서 사는 태도를 포함하여—우울증보다 더 심각한 병인 것이다.

이런 생각을 어떻게 평가할지는 어려운 문제이다. 유형론에 관한 융의 생각을 임상적으로 사용한 시도는 환영받을 만한 것이다. 그러나 나는 많은 사람들이 외향성보다 내향성을 더 병리적인 것으로 생각하는지 잘 모르겠다.

그 입장은 스토르가 자아에 관한 융의 생각과 정신분석학 일반의 생각을 근본적으로 다르게 보기 때문에 다소 명확하게 밝혀질 수 있을 것이다. 스토르는 융이 자아를 "서로가 서로에게 관계를 맺으려고 하는 내적 세계와 외적 세계, 주체와 대상 사이에 위치하고 있는 것"으로 보았다고 주장하였다(ibid., p. 74). 그 반면에 스토르는 정신분석학에서는 내적 세계를 유아적으로 보거나, 어른들에게 편만해 있을 때 병리적인 것으로 본다고 생각하였다. 그래서 스토르는 환상적 이미지로 가득 찬 내적 세계는 유아적이며 (어른에게서는 병리적이다) 동시에 생물학적으로 볼 때 적응하려는 수단이라고 가정하였다. 그는 사람들이 적응하려는 수단은 어쨌든 개념이나 상징이나 꿈이나 몽상 등 부분적으로 내적인 것이라고 주장하였던 것이다. 내적 세계는 외적 적응을 위해서 일부분 기여하는 것이다.

위에서 말한 것 가운데서 스토르는 내적 세계를 주체와, 외적 세계를 대상과 어느 정도 같이 취급한 느낌이 든다. 그러나 정신역동적 심리학에서 강조하는 것은 내적 활동은 객관적 진리에 작용하고 영향 끼치며, 관계와 대상들로 이루어진 외적 세계에서 의미 있는 것은 그와 반대로 종종 주관적 요소로 채색되어 있다는 것이다.

또한 스토르는 융이 감정(feeling)이라고 쓰는 용어도 모호한 것이라고 지적하였다. 왜냐하면 융은 감정을 정감(affect)이나 정동(emotion)과 구별해서 사용하려고 하지만, 감정의 어떤 측면은 정동으로부터 나오고, 정동에 속해 있기 때문에 복잡한 문제들이 생기기 때문이다. 이 문제에 대해서 윌포드(Willeford)는 해결책을 제안한다: 감정은 정동과 비교적 다른 것이지만, 그 둘은 모두 인격의 정감적인 편제 아래서 나오는 것이다.

자아에 대한 후기 융 학파의 견해들: 입문

이제 우리의 관심을 후기 융 학파에서 이 주제들에 대해서 어떻게 생각하였고, 발달시켰는지 살펴보는데 돌려보자. 그리고 자아—의식이라는 주제에 대한 논쟁이 오늘날 분석심리학에서 어떻게 이루어지고 있는지 살펴보도록 하자. 제일 먼저 살펴보아야 할 점은 영웅이라는 이미지가 자아—의식을 나타내는 상징으로서 적절하고, 온당하며, 가능한 것인지 하는 것이다. 두 번째로 살펴보아야 할 점은 자아가 상상력과 동맹의 관계에 있는지 아니면 적대적인 관계에 있는지 하는 것이다. 우리가 앞으로 살펴보겠지만, 이 두 가지 쟁점에서 공통적으로 지적되어야 하는 것이 있는데, 그것은 이 세상에 자아—의식이라고 부를 수 있는 것은 없고, 다만 사람들의 외적이고 내적인 환경 속에서 생겨난 수많은 다양한 자아—의식 또는 자아—의식의 형태들이 있다는 것이다.

영웅의 주제

노이만은 영웅의 이미지를 자아—의식의 은유로 생각하고 작업하였는데, 그것은 자아의 원형적 발달 단계에는 영웅 신화에서 볼 수 있는 것과 같은 여러 가지 단계가 있다는 생각 때문이었다. 노이만은 신화를 은유로 사용함으로써 집단으로서의 인간이라는 종(種)의 발달(또는 진화)과 개인으로서의 남성과 여성의 발달 유비를 너무 쉽게 동일시하는 함정에서 빠져나왔다고 느꼈다. 그래서 그는 경험적인 자료들을 사용하기보다는 소위 "의식의 발달사라고 부를 수 있는 인류사적(人類史的) 이야기"들을 확충하면서 사용하려고 하였다. 그러한 사실은 다음과 같은 노이만의 진술에서 엿볼 수 있다.

우리의 발표 가운데서 영웅의 체험담을 말하거나 신화적 상황을 여성적인 관점에서 묘사하며 '의인화시킨' 것들이 있다면, 그것은 우리가 형상화시킨 것이거나 축약된 형태로 말한 것이라고 생각되어야 한다. 우리가 그것들을 뒤돌아보면서 심리학적으로 해석한 것은 그것들이 초기 시대에 실제로 의식화되었던 관점을 이야기하는 것이 아니라, 오히려 언젠가 무의식적이고 상징적인 방식으로 신화적 투사라는 옷을 입고 끼어든 내용들을 의식적인 방식으로 작업한 것이라고 해야 한다(Neumann, 1954, pp. 150—1).

그것은 개인의 자아는 발달의 각 단계에서 원형이나 콤플렉스들과 새로운 관계 속으로 들어간다는 발달의 원형적 단계와 국면을 거친다는 관념을 따르는 것이다. 그렇게 하면서 자아—의식의 능력과 범위는 증가해간다. 노이만은 개인성과 집단성 사이에 경계선이 있음을 주목하면서 의식이 가진 창조적 능력을 강조하였다. 그래서 나는 노이만이 만든 모델(1954, 1959, 1973)에 대한 다양한 진술들을 종합해보려고 한다.

노이만은 의식 발달의 첫 번째 단계를 자기 꼬리를 입에 문 둥그런 뱀이라는 고대의 상징을 따라서 우로보로스 국면이라고 불렀다. 우로보로스는 "그 자신을 죽이고, 결합하고, 임신시킨다. 그것은 동시에 남성이며 여성이고, 새끼를 낳고 품으며, 삼키고 낳으며, 적극적이고 수동적이며, 위이며 아래이다"(1954, p. 10). 여기에서 우로보로스가 드러내는 것은 전체로서의 아동기나 유아기가 아니라, 그때의 의식의 특징적인 상태이다. 우로보로스는 유아적 전능성, 유아론(唯我論), 의식적 분화의 상대적 결핍 상태의 본질적인 모습을 한꺼번에 드러내는 이미지인 것이다(노이만이 말하는 어머니—아이의 관계에 대해서 좀 더 충분한 토론을 위해서는 pp. 337—349를 보시오).

자아 발달의 두 번째 국면인 모권적 국면은 무의식의 모성적 측면인 태모에 의해서 지배되는데, 태모는 영양 공급과 그 밖에 다른 힘을 행사하고, 아이를 보호하고, 통제하기 때문에 자아로 하여금 우선 수동적 역할을 하게 한다. 노이만에 의하면 그때는 아직 어머니와 아이, 자아와 비자아, 남성과 여성, 적극적인 것과 수동적인 것 사이에서 분화가 이루어지지 않는다. 부모는 결혼에 의해서 연합된 두 사람의 개체로 느껴지지 않고 미분화된 존재로 느껴지는 것이다.

자아가 하는 가장 초기의 행위는 어머니와 아이, 그에 이어서 어머니와 아버지 사이를 갈라놓으려는 공격적 환상을 사용하는 것이다. 그 후 또 다른 대극의 쌍들이 나타난다. 합쳐져 있는 것을 이렇게 분리하고, 하나를 두 개의 대극으로 나누는 것은 자아를 더 발달하게 하는데, 그것을 융의 고전적 묘사를 따라서 말하자면, 두 개의 정신적 내용들이 세 번째의 새로운 산물을 낳으려고 조합을 이루는 것이다.

노이만은 이렇게 분화되는 것을 영웅적 행위라고 주장하였다: "세계 창조와 대극의 분할이라는 영웅적 행위를 통해서 자아는 우로보로스의 마술적 원에서 벗어나 그 자신이 혼자이며 불화 상태에 있다는 사실을 알게 된다"(1954, pp. 114—15).

자아—의식의 상징인 영웅은 여행이나 탐구를 떠난다. 그런데 그 여행은 앞으로 그에게 수많은 갈등과 투쟁을 가져오게 할 것이다. 그 투쟁들은 그가 성장하는데 필요한 일상적인 어려움들이다. 그러나 어른들이 보기에 일상적이고, 일반적이며, 있을 수 있는 것들이 아이들에게는 흥미진진하며, 공포스러울 뿐만 아니라 무한하게 중요한 것들이다.

그러면 영웅이 이 탐구 과정과 투쟁 과정에서 하려는 것은 무엇인가? 노이만은 거기에는 세 가지 심리학적 목표가 있다고 주장하였다. 첫째로 영웅/자아는 어머니와 모성적 환경에서 분리되려고 한다. 둘째로 자아는 그 자신의 정체성을 찾고, 그 자신을 통합하기 위하여 그에게 있는 남성적 측면과 여성적 측면을 구별하려고 한다. 셋째로 자아는 과도하게 지향적이고 과장된 의식의 방식을 엎어버리고 균형을 잡기 위해서 그가 태모의 품으로부터 벗어나기 위해서 발달시켰던 정신 기능들이 가진 가치와 방식들이 어떤 것인지 찾으려고 한다. 그때 자아는 자유롭게 되기 위해서 이렇게 과장되고 전형적으로 남성적인 방식으로 행동해야 하는데, 그 이유는 태모에 의한 노예 상태가 언제나 끔찍하지만은 않기 때문이다. 우리는 아무 책임감도 느끼지 않으면서 붕 뜨는 것 같은 상태가 얼마나 즐거운지 잘 알고 있다. 그것은 대단히 매혹적인 퇴행이다. 그러므로 그렇게 일방적으로 "남성적인 태도"는 필요하고, 불가피하게 보인다. 그러나 그 대극인 공주나 그와 비슷한 여성적 형상과 보물도 필요하게 된다. 그런데 이 여성적인 보물은 결혼을 성사시킨다든지 또는 그 밖에 다른 남성들이 전통적으로 추구하는 목표 이상의 것인 듯이 보인다.

또한 이 보물은 자아—가치와는 전혀 다른 세계—조좌표을 나타낸다. 요약해서 말하자면, 노이만은 발달하는 과정에 있는 자아가 모권적 세계로부터 분리될 때, (영혼은) 일시적으로 깊이를 상실하고, 갈등과 투쟁에 빠지게 된다고 생각한 것이다. 그러나 영혼—소녀가 영웅과 결혼하면서 균형을 되찾게 된다. 영웅이 여성—포로를 취하게 되자, 그는 가족 내에서의 결혼이라는 근친상간적 환상을 포기하게 되고, 바깥 세계로 눈을 돌릴 수 있게 되는 것이다. 이런 발달이 이루어지지 않을 경우 인류의 문화는 그가 본래 속했던 가족에게 고착되어 정체와 불모 상태에 빠지게 된다.

노이만은 영웅은 그의 여행에서 도움을 주는 상들을 만난다는 사실을 상기시킨다. 예를 들어서 말하자면, 페르세우스는 하데스로부터는 다른 사람들에게 보이지 않게 되는 투구, 헤르메스로부터는 칼, 아테네로부터는 메두사를 죽일 때 필요한 거울로 쓸 수 있는 방패를 선물로 받은 것이다. 페르세우스의 관점에서 보았을 때, 그 신(神)들은 자아가 성공적으로 발달하는데 도움을 주는 상들이었다. 따라서 그 상들은 영웅이 그를 둘러싼 세계를 과장되게 위험한 것으로 볼 때 해독제 역할을 하는데 꼭 필요하였다. 실제로 부모들은 그들의 도움이 자녀의 삶에 고통의 원인으로 작용할지라도 자녀가 결국 그것을 이기고 잘 자라는 것을 볼 수 있다.

노이만은 영웅과 왕(부권적 국면) 사이의 투쟁은 영웅과 용—괴물 사이의 투쟁과는 또 다른 의미를 가지고 있다고 보았다. 그 투쟁은 젊은이와 노인, 새로운 것과 기존의 것 사이의 영원한 세대적 갈등을 의미한다는 것이다. 그는 아들이 아버지를 죽이려는 충동이 성적 적대감에 기반을 둔다는 프로이트의 관점을 받아들이지 않았고, 영웅—왕 사이의 갈등은 오히려 문화적 측면에 초점이 맞춰져 있다고 주장하면서 차별화시키려고 애썼다. 그런데 내가 보기에는 성적 차원과 문화적 차원을 전체 그림의 두 측면으로 보는 것이 더 그럴 듯 하지 않은가 한다(분석심리학에서의 오이디푸스 콤플렉스를 위해서는 pp. 370—377 이하를).

노이만의 주장을 요약하면 다음과 같다: 노이만은 중요한 요소들을 영웅 자신, 용, 희생자/보물로 보았다. 여기에서 용은 때때로 양성적(兩性的)으로 나타나기도 하지만, 모성 또는 모성 원형과 가까운 것이다. 영웅이 맞서 싸워야 하는 것은 틀림없이 그녀이다. 그 싸움에서 이길 때 영웅—자아는 재탄생한다. 왜냐하면 그 보물은 그에게 뛰어난 여러 가지 선물들을 주고, 자아가 그 용이나 괴물과 위험이 가득한 갈등에 신중하게 다가가는 것은 그의 강함에서 나온 역동적인 힘겨루기이기 때문이다.

영웅이 동굴 속에 들어가고, 무시무시한 모성과 맞닥뜨릴 때 영웅은 변환된다. 그때 자아—의식이 고양되는 것이다. 희생자—보물의 '여성적' 측면은 자아—의식에게 좀 더 균형 잡힌 방식으로 재적응하도록 작용한다.

영웅은 그의 의지를 훈련시킬 수 있는 능력을 가진 자아의 담지자이고, 그의 인격을 주조(鑄造)한다. 이제 의식의 모든 체계는 "무의식의 포학한 지배를 깨고" 나오게 된다(Neumann, 1954, p. 127).

자아 발달: 원형적 환상

기즈리치(Giegerich, 1975)는 노이만이 원형의 발달에 관해서 살펴보느라고, 분석심리학의 중요한 '규칙' 가운데 하나인 원형은 기본적 구조로서 발달하는 것이 아니라는 규칙을 깨트렸다고 비판하였다. 또한 그는 자아의 발달 단계에 대한 노이만의 개념은 그의 원형적 환상이라고 덧붙였다. 그런데 그것은 원형적 환상이기 때문에 또 다른 많은 분석심리학자들을 사로잡기도 하였다.

그러면서 기즈리치는 의식의 발달에 단계가 있으며, 그 단계들을 확충한 신화도 단계를 밟으면서 발달하는 것이라면, 자아—의식의 한 양태로서의 각각의 신화는 계속해서 또한 시대에 맞추어서 작용하고, 그 모든 양태들은 끊임없이 상호작용을 하고 있어야 한다고 주장하였다. 다시 말해서, 자아는 그 사이에서 상호작용을 하는 유형을 가진 일련의 의식의 양태라고 생각해야 한다는 것이다.

나는 독자들이 이 관념—자아는 성장하지도 않고 없어지지도 않는다—을 유념해주기를 바란다. 이 생각이 후기 융 학파에서 자아를 볼 때 일반적으로 가지고 있는 생각이기 때문이다.

기즈리치가 노이만을 비판한 주된 요지는 그가 자아—의식을 계통발생적으로 보기 위해서 문화를 끌어들인 것이 부조리하다고 생각하였기 때문이다. 왜냐하면 계통발생이란 수천 년에 걸친 문화사에 대한 인간의 이해를 넘어서기 때문이다. 기즈리치가 느끼기에 노이만은 신화를 하나의 은유로 보지 않았고, 그럴 수 있다고 상상되는 것을 너무 구체화시키면서 그가 설정한 발달 단계에 끌어들였다는 것이다.

유년기의 자아발달

포댐도 노이만이 원형 개념을 잘못 사용하였다는 기즈리치의 주장에 동의하였다. 포댐이 "노이만과 아동기"(1981)라는 논문에서 의식의 발달에 관한 노이만의 사변에 대해서 비판한 요지는 노이만이 아동의 현상을 어른의 관점에서 살펴보았다는 것이다. 그러면서 그는 아이들이 어른의 삶에 대해서 어른보다 잘 알지 못하기는 하지만, 노이만이 말하는 것처럼 아이가 완전히 무의식적이거나 수동적이라는 증거는 발견되지 않는다고 주장하였다.

포댐은 유아의 현실 지각은 어떤 관점에서 볼 때 어른의 지각보다 더 분화되어 있다는 연구 결과를 제시하였다. 시각적, 청각적, 촉각적 기능과 지각은 유아가 태어날 때부터 주어져 있어서 갓난아기들도 상당히 넓은 범위까지 모방할 수 있다는 것이다. 또한 태내에서의 삶에 대해서도 상당히 많은 것이 알려져서, "태아들은 양수 내에서의 환경과 상호작용을 하면서 상당히 복잡하게 발달한다"는 것이다. 그 가운데서 가장 중요한 사실은, 신생아는 상황에 단순히 반응하거나 반사하는 것이 아니라 주도적으로 적응 행동을 할 수 있는 기능이 갖추어져 있다는 것이다. 그래서 포댐은 이와 같은 적응적 행동은 "엄마에게 영향을 주려는 것으로 생각되어야 가장 잘 이해될 수 있다. … 유아의 눈길, 울음, 행동들은 모두 어머니의 사랑과 애착을 촉구하도록 구성되어 있다"(1980a, p. 317)라고 주장하였다.

포댐은 유아들에게 태어날 때부터 자아의 지각 기능이 형성되어 있다는 합의가 점점 더 광범위하게 이루어지고 있다고 생각하였다. 그리고 "유아에게 주어진 것이 체계화되어 있지 않다고 생각할 만한 근거가 드러나지는 않았지만, 그런 견해가 아직도 존재하고 있음을 언급할 필요가 있다"(1976, p. 46). 그러나 우리가 다음 장에서 자세하게 다룰 것이지만, 포댐은 이 체계를 자아나 자아—의식으로 보지 않았고, 자기 체계로 보았다.

자아의 기능에 대한 포댐의 연구는 대단히 흥미로운데, 그것은 융이 만든 공식에 기반을 둔 현대적 관점을 보여준다. 그가 말한 자아의 기능은, 첫째, 지각(perception): 그러나 모든 지각이 의식의 문턱을 넘지는 않는다. 둘째, 기억 셋째, 정신 기능의 체계화: 이것은 아마 융이 주장한 두 가지 정신적 태도와 네 가지 정신적 기능을 사용해서 이루어질 것이다. 여기에는 자아가 환상을 통합해서 이루어지는 부분도 포함된다. 넷째, 행동 통제: 이것은 두 가지 이유에서 중요한데, 하나는 자아가 신체에 뿌리를 두고 있으며, 다른 하나는 자아가 어머니로부터의 실제적인 분리와 같이 가기 때문이다. 다섯째, 현실검증 여섯째, 말하기: 여기에서 중요한 것은 '나', '너', '그' 같은 단어를 서로 다른 발달 단계에서 어떻게 다르게 사용할 줄 아는가 하는 것과 얼마만큼 더 자주 혹은 덜 쓰는가 하는 문제이다. 일곱째, 방어: 초기와 후기에 이루어지는 방어 목록과 구분에 관한 포댐의 생각은 전통적인 정신분석학에서 발달시킨 것과 같이 간다. 그런데 그는 그 전까지 부정적으로 인식되었고, 정신이 건강한 상태에 있으면 작동하지 않을 것이라고 생각되었던 자아—방어가 이제는 성숙의 일부로 여겨진다는 사실에 주목하였다. 방어가 너무 경직되지 않게 이루어지고, 어떤 사람이 어떤 특별한 유형의 방어에 의존하지 않는다면, 방어를 병리적으로 볼 필요는 없다는 것이다. 자아가 투사, 내사, 동일시 등의 기전을 사용하지 않는다면 자아는 그 자신을 불안으로부터 보호하지 못하고 더 불안하게 되기 때문이다. 여덟째, 자아가 그의 통제하고 조직하는 기능을 포기할 줄 아는 능력: 포댐은 이 능력의 중요성을 상당히 강조했는데, 역설적으로 보이는 이 제안은 충분히 강한 자아만이 정신의 다른 부분들을 활짝 꽃피우게 할 수 있기 때문이다(1969a, pp. 93—6).

우리는 한 가지 사실을 지적해야 하는데, 그것은 포댐이 자아가 너무 강하지 않도록 해야 한다고 말할 때, 그 의미는 그가 자아를 어느 한 관점에서만 바라보지 않았다는 것을 의미한다.

포댐은 신화와 신화에 대한 생각을 토대로 자아의 유아적 기능을 탐구한 것을 받아들이지 않았기 때문에, 노이만이 주장한 자아—의식의 발달 단계에 대해서도 비판적이었다. 그는 노이만의 단계론에서 발견되는 문제점은 그 단계들이 원형의 내적 구조 또는 원형의 어떤 측면의 발달 단계를 나타내려고 한다는 것이었다. 포댐은 기즈리치와 같은 맥락에서 원형을 하나의 관념으로 보지 않고 발달할 수 있는 것으로 보면서 "이것은 먼저 발달해야 하는 의식이다"라고 주장하는 것은 개념적으로 잘못된 것이라고 비판하였다.

논평 1

　지금 말하는 것들은 영웅이라는 이미지를 자아—의식을 나타내는 은유로 사용하는 것이 효과적인 것인가, 특히 그것이 도덕적으로 선택될 수 있는 이미지인가 하는 문제와는 아무 상관이 없는 상당히 기술적인 질문들이다. 사실 원형을 나타내는 은유들은 세대에 따라서 수도 없이 변화되었다. 그러나 그것들은 원형 자체에 대해서는 아무 것도 변화시키지 않았다. 새로운 은유들은 문화적 맥락에서 인정받았고, 그에 이어지는 세대들은 또 그 나름대로 이미지의 창고에서 새로운 것들을 꺼내어 사용했던 것이다. 예를 들어서 말하자면, 여성운동 이후의 세대들은 여성을 둘러싸고 그 전세대들보다 상당히 다른 이미지의 배열을 보여준다. 많은 사람들은 여성이라는 이미지의 또 다른 측면과 만나면서, 그 이미지는 이미 변하였고, 우리는 이제 그 위에 서있는지도 모른다.
　더 나아가서, 원형은 삶의 다른 순간 서로 다른 모습들로 나타난다. 그러므로 삶의 초기 자아에 부과되었던 요구는 늙은 나이에 부과되는 요구와 달라질 것이다. 또한 기억해야 할 것은 자아가 약하다는 것을 항상 자아가 유아적이라는 것과 동일시하지 않는 것이다. 중요한 점은 유아의 자아와 성인의 자아를 비교하는 것이 아니라, 강한 자아는 어떤 모습이고 약한 자아는 어떤 모습인지 제대로 평가해야 하는 것이다.

신화, 유년기와 상상력

기즈리치는 노이만이 자아의 발달을 신화와 관계시키며 너무 구체적으로 설명한 것에 대해서 포댐이 비판한 문제를 다루면서 두 사람을 모두 비판하였다. 기즈리치에 의하면 그 문제에 있어서 두 사람 다 심리학적이지 않았다는 것이다. 왜냐하면 두 사람 다 다른 모든 가능성을 배제하고 오직 태모 신화(Great Mother myth)에만 너무 몰두해 있었기 때문이다. 노이만은 태모—영웅의 투쟁에 너무 사로 잡혀 있었고, 포댐은 자아의 영웅적 경험주의에 사로 잡혀서 상상력과 상상적인 것으로부터의 분리만 강조했다는 것이다.

기즈리치는 영웅적 자아라는 관념을 비극적인 것이라고 하였다. 왜냐하면,

> 영웅적 자아는 오직 분리하고, 해체하며, 분해하고, 죽일 수 있을 뿐 다시 관계를 맺지 못하는데, 그 이유는 그 관계가 불가능하기 때문이 아니라 분리와 폭력을 추구하는 신화에서 관계는 설 자리가 없어지기 때문이다. 영웅 원형에 의해서 설정된 비전(vision)의 전제는 전쟁, 대립, 절단인 것이다(1975, p. 125).

나는 여기에서 기즈리치가 잘못 생각했다고 느낀다. 왜냐하면 영웅적 자아로 하여금 아니마—희생자를 찾아 나서게 한 것은 특별히 관계를 맺으려는 것이기 때문이다.

영웅적 자아의 활동이 너무 일방적인 것은 비극이다. 내가 말할 수 있는 한 포댐이나 노이만 모두 이것을 옹호하지는 않았다.

어쩌면 기즈리치가 여기에서 억지로 짜 맞추려고 하지 않았나 생각된다.

상상력의 적으로서의 자아

힐만은 그의 논문 "태모, 그의 아들, 그의 영웅, 그리고 뿌에르(puer)"(1973)에서 자아가 언제나 모성과의 관계 속에서만 파악되어야 하는가 하는 질문을 던졌다. 그러면서 그는 자아는 다른 어떤 것보다 자아를 모성 원형과 관계시키는 것들과의 관계 속에서 살펴보는 것이 중요하다고 주장하였다. 왜냐하면 어린아이는 그가 그 자신을 모성과의 분리 투쟁을 하는 실체로서 '영적 운동'을 하는 대표자로 가장 잘 드러내기 때문이다. 영웅은 사실 영웅 신화 속에서 이러저러한 형태로 나타나는 위대한 여신이라는 대립자 없이는 생각할 수 없다. 힐만에게서 용을 죽일 때 드러나는 자아의 행동은 상상력을 분쇄하는 것으로 해석되고, 그것은 자아를 일방성으로 이끌어가는 것으로 생각된다. 용은 (영웅과 마찬가지로) 상상적인 실체이다. 그러나 영웅은 우리를 자아—의식에 다가가게 하고, 자아—의식을 사랑하는데 지배적으로 작용한다.

힐만은 영웅들이 가졌던 사고방식은 영과 물질(그것들은 각각 아니마—보물, 용—어머니로 나타난다)을 가르는 것이라고 주장하였다. 그리고 이러한 분할(分割)은 실제로 아니마가 모성적 특성을 가진 물질로부터 철저하게 절단되는 것으로 이루어진다. 그러나 힐만은 영과 물질은 양극적인 것이 아니라 사실은 상보적일 수도 있다고 주장하면서 그러한 생각에 대해서 반대하였다. 여기에서 이 사실은 먼저 중요하게 다루어져야 한다. 힐만은 바로 그런 생각 때문에 영웅이 포로였던 아니마 또는 영(spirit)과 결혼하는 지점에 이르기 전에 신화적 영웅담을 "덮어버렸던" 것이다. 힐만은 우리에게 정신의 상대성을 알려주기 위해서 가장 중요한 대목 앞에서 책을 덮은 것이다. 즉 영웅담이 정말 말하고, 제시하려는 것은 바로 그 점이라는 말이다. 이야기를 하다가 그칠 때, 사람들은 그 이야기가 흘러가던 서로 다른 상상의 가닥을 붙잡을 수 있다. 그 이야기는 바로 그 지점에서 자아 기능의 다른 방식이 아닌 바로 그 방식을 보여주기 때문이다. 다른 말로 표현하자면, 자아는 이런 때는 이런 방식으로, 저런 때는 저런 방식으로 작용하는 것이다.

계속해서 힐만은 대부분의 분석심리학자들이 대극의 갈등과 투쟁이 성장에 근본적으로 필요하다고 생각하기 때문에 영에 너무 쉽고 직접적으로 다가가는 것은 자아의 가능성을 위해서 거부된다고 주장하였다. 꼭 필요하고 강조되는 것은 영웅적이고 극적인 투쟁이며, 그 견해를 계속해서 따라가면, 태모에게서 분리될 것이 아니라 태모의 무릎 위에 앉거나, 함정에 빠지게 된다. 그래서 힐만은 모성 콤플렉스를 "해결하는" 길은 "태모와 관계를 끊는 것"이 아니라 "나를 영웅이 되게 하고 태모와 부정적으로 맞서게 하는 적대적 태도"로부터 벗어나는 것이라고 제안하였다 (ibid., p. 98). 잘못은 우리가 영웅 신화를 자아—발달의 모델로 선호할 때 시작된다는 것이다. 그래서 힐만은 다음과 같은 질문을 던졌다: 우리가 자아 발달의 과정에서 갈등을 겪고, 자아를 강화시키며, 계속해서 빛을 찾는 영웅의 모델로 생각하지 않는다면, 어떤 일이 생길 것인가? 그것만이 의식과 문화를 위한 유일한 길인가?

힐만은 자신의 견해를 뒷받침하기 위해서 다음과 같은 융의 말을 인용하였다: "하지만 불행하게도, 그 영웅적 행위에는 지속되는 아무런 열매도 없다. 영웅은 계속해서 그 투쟁을 새롭게 하고, 언제나 모성으로부터 해방되는 상징 아래 있는 것이다"(CW 5, para. 54). 심리치료를 자아와의 관계 아래서만 파악하는 한, 심리치료는 언제나 모성과 관계되는 것일 뿐 정신 전체와 관계되는 것은 아니게 된다. 예를 들어서 말하자면, 영웅 중의 영웅이었던 헤라클라스(Herakles)의 이름 자체가 의미하는 것은 "헤라(Hera)의 영광"이었던 것이다. 헤라가 헤라클라스를 낳을 때부터 죽이려고 했음에도 불구하고, 헤라클라스는 그를 영웅적인 행동의 극단으로까지 내몰았던 것은 헤라라고 강조하는 것이다. 그러므로 자아의 발달은 태모로부터 벗어나는 것이 아니라, 태모에게 다가가는 것이다. 자아—콤플렉스가 태모와의 갈등에서부터 솟아나는 것으로 생각된다면, 자아는 "후원자 속에 있는 모성 콤플렉스"에 불과한 것이 되고 만다(Hillman, 1973, p. 107).

그러므로 힐만의 원형심리학(archetypal psychology)의 원리를 따르자면, 영웅적 자아는 모성으로부터 분리되는 것이 아니라 모성에게 되돌아가게 된다는 생각에 이르게 된다. 그 부산물로 얻어지는 것은 이런 상상력으로부터 나오는 파괴적인 결과이다.

논평(2)

이러한 힐만의 주장에 대해서 우리는 자아가 각각의 나이에 맞도록 서로 다른 요소를 가지고, 서로 다른 양태로 존재한다는 말로 대꾸할 수 있다. 다시 말해서 자아—의식과 인간의 발달은 서로가 서로에게 영향을 끼쳐서 개인적 성장과 자아—의식의 발달 사이에 쐐기를 박는 것은 무모한 짓이라는 말이다. 그러나 우리가 앞에서 보았듯이 힐만과 기즈리치는 그렇게 접근하는 것은 환원론적인 태도라고 주장하면서 거부하였다.

나는 힐만의 인내가 부족한 태도가 그의 논제에 손상을 입히지 않았나 하고 생각한다. 그가 만일 자아를 성장하는 어떤 것으로 볼 수 있었다면, 그가 바라는 다른 것들은 그냥 넘어갈 수 있었을 것이다. 지금 내가 이 사실을 말하는 것은 발달학파와 원형학파 사이에 다리를 놓으려는 의미에서 중요한 일이다. 왜냐하면 "남성적 독단은 의심스러운 것이다. 남성적 독단이 나타나는 곳 어디에서나, 그것은 여성적 집착에 대한 반작용인 것이다"(1973, p. 105)라는 힐만의 주장에 반대할 사람은 거의 없기 때문이다. 나는 모든 사람에게는 성장하려는 욕망과 퇴행하려는 욕망이나 욕구가 나누어져 있다고 느낀다(p. 372 이하를). 그래서 우리는 힐만과 함께, 어떤 사람이 더 영웅적이면 영웅적일수록, 그는 더 어머니의 아들(mother's boy)일 것이라고 말할 수 있다. 또한 어머니와의 근친상간적 결합이 강하면 강할수록, 영웅은 더욱더 대상관계에서 주도적으로 나아가야 하고, 독립되어야 한다는 것도 진리이다.

마찬가지로 자아가 모성을 물리치면서 모성으로부터 분리될 때에만, 자아는 클라인이 '편집—분열적 자리'라고 명명한 정상적인 자아 발달 국면에 들어선다고 말할 수 있다. 지금 내가 말하는 것은 모성적 박해와 위협에 관한 상상(편집증적 기능)에 대응하여 자아가 거기에 빠지느냐 빠지지 않느냐(분할적 또는 분열적 기능) 하는 것을 말하는 것이다. 상상력이 가진 파괴적 기능에서 벗어난 자아는 이것이냐 저것이냐 하는 기반 위에서 작동하지 않는다. 오히려 상상계의 복잡다기한 본성과 정동의 흐름과 그것이 가진 양가성을 제대로 다룰 줄 안다. 그런 자아는 우울적 자리의 특성을 나눌 수 있는 것이다. 그래서 그런 자아는 자기와 타인에 관한 복잡한 감정을 견딜 수 있고, 공격성을 담아낼 수 있으며, 피해 받는 환상이 떠오를 때 그것을 금방 수정할 수 있다. 그리고 어머니를 마치 하나의 물건처럼 좋은 부분과 나쁜 부분으로 나누어서 좋은 부분은 사랑하고 나쁜 부분은 공격하던 것에서 벗어나 사람으로 생각하게 된다.

상상력의 동맹자로서의 자아

힐만과 기즈리치는 상상력과 상상이 마치 자아—의식과 반대되는 것처럼 그것들에 대해서 강조하였다. 그러나 플라우트(Plaut, 1966)는 자아—의식에 대한 생각을 더 깊이 파헤친 다음, 자아—의식은 환상(fantasy, 좌절된 소망의 표현을 의미)과 전혀 다른 상상력의 전제 조건이라고 주장하였다. 플라우트는 "구성적으로 상상하는 능력은 비록 신뢰하는 능력과 똑같지는 않지만 상당히 밀접한 관계가 있다"는 결론에 도달했던 것이다. 구성적으로 상상하는 능력은 자아—의식 및 자아 강화의 특성에 의존되어 있다는 것이다. 사실 신뢰감과 상상의 능력은 초기 관계의 문제와 결핍에 의해서 침해받을 수 있다. 플라우트가 이런 결론에 도달한 것은 그가 분석한 환자들 가운데서 상상의 능력이 부족한 환자들에게는 신뢰의 능력도 부족하였기 때문이다.

플라우트가 자아가 상상의 산물을 어떻게 경험하는지를 밝혀 낸 것은 그가 1959년 자아가 확립되기 전에 누가 또는 어떤 것이 또 다른 것을 경험하는지에 대한 대답을 하려는 실험에 바탕을 두고 있다. 플라우트는 유아의 신체적 경험은 그가 "띠 모양의 자아 요소"라고 부른 자아의 일부에 고착되어 있거나, 그 일부에 이끌려서 이루어진다고 주장하였다. 그리고 그 부분은 계속해서 자아—의식을 그런 방식으로 형성한다. 그러나 초기 관계에 문제가 있으면 이런 일은 생기지 않는다. 그리고 우리는 플라우트가 "위급성 자아(emergency ego)"라고 부른 것이 형성되는 것을 보게 되는데, 그 이름은 우연하게도 노이만이 이름 붙인 것과 똑같다. 이 자아는 강해 보인다. 그러나 사실은 부숴지기 쉽고, 상상의 산물과 관계를 맺거나 상상의 산물을 그냥 넘겨 버리지 못한다. 그것들은 자아를 깜짝 놀라게 하거나 아니면 자기—몰두에 빠트린 것이다.

플라우트는 띠 모양의 자아 요소 뒤에서 "고태적 자아"를 보았는데, 그것은 태어날 때부터 존재하지만 한 번도 의식된 적이 없는 부분이다. 고태적 자아는 평생 동안 지속되는 부분이지만, 태어나기 전부터 있으리라고 여겨지거나, 원시적인 것이라고 생각되지 않는 것이다. 플라우트는 유아의 활동을 통해서 인식하는 것들로부터 이 생각을 더 깊게 하였다(p. 172 이하를).

나는 플라우트의 주장 가운데서 두 가지 사항을 선택할 텐데, 그것들은 내가 분석심리학적인 입장에서 자아에 접근할 때 내가 취하는 근본적인 관념을 강화시켜 준다. 첫째로 고태적 자아는 태어날 때부터 존재하는 것이다. 고태적 자아는 프로이트의 이론에서 일차적 과정과 이차적 과정이 공존하는 것과 똑같은 방식으로 일생동안 지속되는 부분이다. 둘째로 자아—의식의 특질에는 다른 부분이 너무 많아서 그것이 지금 어느 것을 중심으로 하고 있는가에 따라 대단히 다르게 나타난다. 자아가 나타나는 양식은 매우 다양한 것이다.

정신적 내용들이 동화될 수 있는 방식으로 내면세계로부터 외부세계로 거쳐 가게 하기 위해서는 일관되고 중심적인 자아가 확립되어야 한다. 그때에야 비로소 진정한 상상력은 상대적으로 수동적인 환상에 맞서서 활짝 피어난다. 그때 그 속에서 정신적인 내용들은 막 생겨난 개인적 자료들에 의해서 지배받지 않는다. 그런데 이 수동적 환상은 모성적 환경에서 비롯된 결핍감의 결과 자아—의식의 결함 때문에 생긴 소외의 형태이다.

플라우트는 그가 고안한 이 공식이 융의 초월적 기능에 대한 생각과 같이 가고 있다고 생각했는데, 초월적 기능이란 유연한 자아가 인간의 개인성과 무의식의 집단성과의 연계 사이에 자리 잡고 있을 때, 그 사이를 중재하려고 생기는 현상이다. 그는 융 사상의 발달 과정에서의 변화는, 융이 1916년 "초월적 기능"을 썼을 때와 1955—6년 『융합의 비의』를 썼을 때 사이에서 생긴 듯하다고 언급하였다. 융은 "초월적 기능"에서 자아의 두 가지 보조 기능을 동일시하였다. 자아는 자료들이 창조적인 형식을 따라서 흐르도록 해야 하고, 그 자료가 어떤 것인지 알아야 한다고 생각했던 것이다. 그런데 융은 『융합의 비의』에서는 "(자아가) 단순히 지각하는, 즉 심미적인 태도로부터 일종의 판단을 하는 태도"로 전환되어야 한다고 주장하였다. 그러면서 그는 그것이 결코 "쉽지만은 않다"고 덧붙였다. 그러면서 플라우트는 융이 자아가 내면의 내용을 독립적으로 판단하는 한편 그와 동시에 자아가 통제를 풀고 그 내면의 내용이 스스로 드러나게 할 필요가 있다고 주장하였다고 요약하였다.

플라우트는 자아—의식이 원활하게 발달하는 과정에서 분석가는 어머니와 같은 역할을 담당해야 한다고 보았다. 분석가는 흥미 있는 경험들을 담을 수 있고, 그것들을 느끼게 하고 나눌 수 있는 장치를 마련해 주어야 하며, 상상력을 발견하고, 발달시키는데 도움을 주어야 한다는 것이다. 그때 상상력이 언어를 통해서 표현되면, 자아의 부분이 되어 의식에 연계될 수 있다. 그런데 분석가의 이 기능은 환자에게 자아의 한 부분을 빌려주는 것이라고 말할 수 있다.

    플라우트의 주장은 다음과 같은 생각에서 나온 것이다: 어머니/분석가가 그의 자아를 아이/환자에게 빌려주면, 아이/환자는 흥미 있는 체험을 그의 중심적 자아에 끌어들일 수 있고, 그것과 하나가 되는 것처럼 느낄 수 있게 된다. 그에 따라서 자아의 경계를 뛰어넘는 곳에 있던 것이 이제는 실제적인 것으로 논의될 수 있게 되는데, 그것은 바로 힐만과 기즈리치가 그렇게 찾았던 심리학적 체험의 부분들이다. 그러나 플라우트는 여기에서 이러한 체험의 사실성을 "재미있는 상상력(즉 환상)에 대한 값싼 열광"과 엄격하게 하였다. 그 환상은 "자아의 핵과 충분히 연계되지 못하기 때문"이다.

후기 융 학파: 개괄

    우리는 노이만이 영웅 신화를 의식을 나타내는 원형적 은유로 자세하게 고찰한 것을 살펴보았다. 그는 '남성성'이 불가피하게 일방성을 띠는 것이 '여성성'과 새롭게 연관을 맺으면서 균형을 이루는 것에 대해서 강조하였다. 그러나 포댐은 노이만의 이런 생각에 대해서 반대하였다. 왜냐하면 노이만이 이런 작업은 태어날 때부터 전적으로 무의식적으로, 수동적인 상태에서 일어난다고 강조했기 때문이다. 그가 생각하기에 이것은 유아에 대한 경험적이고, 과학적 연구와 반대가 된다. 포댐은 원형이 발달할 수 있다고 하면서 노이만의 구도를 반박하는 기즈리치를 따랐다. 그러나 기즈리치는 노이만과 포댐 모두가 유아와 아동기의 발달적 환상에 사로 잡혀 있다고 보았다. 기즈리치와 힐만은 영웅적 자아에는 무엇인가 타고나면서부터 상상에 적대적인 것이 있다고 본 것이다. 기즈리치와 힐만은 하나의 역설을 주장했는데, 그들에 의하면 영웅과 태모(Great Mother)가 분리될 수 없기 때문에 자아의 영웅적 행동은 모성으로부터 분리되게 하기보다는 자아를 모성의 세계로 이끌고 간다는 것이다. 그러나 플라우트는 자아를 상상력의 적대자라고 생각하지 않았고, 상상력을 발달시키는데 필요한 융통성 있고, 유연한 것으로 생각하였다.

우리는 영웅적인 자아가 좀 과장된 모습이기는 하지만 각각의 나이에 알맞은 자아 양식을 취할 수 있을 것이라고 말할 수 있다. 그러나 우리는 거기에서도 몇 가지 질문을 하지 않을 수 없다: 자아의 양식은 얼마나 많이 있는가? 그것들은 과연 어떤 것들인가? 여기에서 중요한 점은 바로 이것이다: 자아를 상상력의 동맹자로 보는 것은 영웅이나 어느 하나의 이미지를 자아—의식의 대표자로 말하는 것이 온당치 않다는 사실을 강조한다는 점이다. 예를 들어서 말하자면, 영웅적이지 않은 자아만이 상상력에서 나온 여러 가지 산물들을 통합할 수 있는 능력을 가지고 있다는 말이다.

자아—의식의 양식들

나는 조금 전 자아—의식의 다양한 양식과 특질을 만들어내는 유형(有形)의 띠(zone)에 대해서 말하였다. 우리는 이 점에 대해서 앞으로 더 살펴볼 텐데, 그 이유는 이 띠로부터 자아—의식의 광범위한 양식들을 뒷받침하는 도식(圖式)을 뚜렷하게 그릴 수 있기 때문이다. 램버트(1981b)는 이 띠로부터 발달하고, 대상관계 이론으로 설명할 수 있는, 적어도 여섯 가지 종류의 자아 양식에 대해서 묘사하였다. 그런데 나는 이 각각의 양식들은 그 나름대로 모두 고유한 신화가 있을 것이라고 덧붙이고 싶다. 우선 아벤하이머(Abenheimer, 1968)는 처음 세 가지 양식에 대해서 언급하였다.

자아의 첫 번째 양식은 유아의 좌절에 대한 반응과 초기의 분리에 대한 반작용으로부터 생긴다. 유아는 그의 요구가 채워질 수 있도록 그 분리를 이으려고 하는 것이다. 채워져야 하는 중요한 욕구들은 구강적인 욕구이다. 그래서 우리는 이것을 자아 기능의 구강적 양식이라고 부를 수 있을 것이다.

그 다음에 유아가 점점 더 독립적으로 되었다는 사실을 알게 됨에 따라서, 유아는 자기가 누구이고, 무엇을 할 수 있고, 힘이 얼마나 세며, 무엇을 만들 수 있는지 살펴보게 된다. 아벤하이머는 프로이트를 따라서 이것의 첫 번째 표현을 배변으로 보았다. 유아는 이제 혼자서 배변을 할 수 있게 되고, 그의 관심을 배변 경험에 초점 맞추는 것이다. 자아 기능의 항문적 양식이다.

세 번째 양식을 촉진하는 것은 아동이 그의 내면으로부터 솟아 나오는 내용들을 통제하기 시작하여, 자아가 그의 긴급한 소망, 욕구, 취약성으로부터 비교적 멀리 떨어진 그 자신의 고유한 흥미를 발달시킬 수 있게 됨으로써이다. 이것은 한 개인의 자유 의지와 관계되고, 한 사람이 행동의 주체가 되는 능력을 갖추는 것과 관계된다. 이 지점에서 아동은 자아가 이렇게 기능할 수 있도록 어머니로부터 충분히 분리된다. 그러면서 어머니와 다른 모습 및 어머니의 여성성과 전혀 다른 형식과 특성을 얻게 된다. 자아 기능의 남근적 양식이 작동하는 것이다.

여기에서 우리에게 중요한 것은 아벤하이머가 자아 기능의 각 양식은 각 시기에 다른 양식들과 공존할 뿐만 아니라 갈등 가운데서도 존재한다고 지적했다는 점이다. 다시 말해서 구강적 자아는 의존하면서 퇴행하려고 하며, 항문적 자아는 자존심을 찾으려고 애쓰고, 남근적 자아는 어머니를 피하면서(아니면 죽이면서) 그의 남성성을 이상적인 것으로 지각한다는 것이다.

램버트는 아벤하이머가 윤곽을 잡은 이 세 가지 자아 양식에 그가 그의 가족 속에서, 개인적 발달에서 경험한 것으로 두 사람에서 세 사람 사이에서 기능하는 자아 양식 하나를 덧붙일 수 있을 것이라고 생각하였다. 우리는 이것을 의식의 오이디푸스적 양식이라고 부를 수 있는데, 나는 이 양식은 경쟁심, 획득과 배제, 죄책감에서 나온 행동 등에 초점을 맞추고 있다고 생각한다. 또한 램버트는 충분히 성숙한 생식 기능으로부터 나온 자아—의식의 양식을 분화시켰다.

그러나 램버트가 생략한 가장 중요한 것은 아벤하이머가 유아의 내면에서 생긴 이행에서 비롯된 의식의 특질에서 이루어진 변화를 언급하지 않았다는 사실이다. 이때 유아는 어머니를 하나의 인간으로 보고, 실제적인 관심을 보이면서 자아 기능의 원시적 분리가 이루어진다. 우리는 이 문제에 대해서는 앞에서(p. 171) 편집—분열적 자리와 우울적 자리의 차이를 다룰 때 말한 바 있다.

이제 우리는 자아 기능의 양식을 여섯 가지로 나눌 수 있게 되었다: 구강적, 항문적, 남근적, 오이디푸스적, 성인의 생식적, 우울적 그리고 우울적 자리(또는 관심의 단계)를 획득함으로써 생긴 기능들이 그것이다. 그래서 램버트는 다음과 같이 결론을 내리고 있다: "우리는 이 여섯 가지 자리들 사이에서 일어나는 협상은 각 단계에 알맞은 자기—인식의 정도를 활성화시켜야 한다고 가정할 수 있을 것이다."(1981b, p. 10).

램버트는 더 나아가서 좌절의 중요성에 대해서 고찰하였다. 그는 사람들이 좌절하고, 자아—의식의 증진을 불편해 하는 것에 어떤 원형적 기반이 있는 것이 아닌가 하고 생각하였다. 그러면서 그는 악마, 사탄, 원수 상들을 "현 상황을 거침없이 비판하는 것"으로 보았다(1981b, p. 15). 램버트는 '원수'를, 포퍼가 과학에서 판단의 척도로 위조가능성의 원리를 사용하는 것 같은 다양한 현상들 가운데 하나이거나, 영국의 정치 체제에서 "충성스러운 반대자"처럼 보았던 것이다. 자아—의식은 이와 같은 '타자'나 원형적인 '당신'을 필요로 하는 듯 하다. 우리는 이와 같은 것을 앞으로 보게 될 징킨(Zinkin)의 작업에서 더 상세하게 살펴볼 수 있다.

논평(3)

우리는 지금 몇 가지 이율배반적인 것을 다루고 있다: 자아는 애착을 가지고 관계를 맺는데 근본적인 요인이지만, 동시에 분리되어야 하고, 경계가 있어야 한다. 통합을 위해서 자아에게는 상상력이 필요하지만, 그 심상을 지워버려야 한다.

자아의 발달은 영웅 신화의 단계들로 표출된 것처럼 몇 가지 단계로 이루어지는가? 영웅 또는 어떤 일방적인 이미지는 여러 가지 다른 자아의 양식을 나타내는데 적합한 것인가? 다채롭고 이미지적인 자아를 띠 같은 자아와 연관시킬 수 있고, 충분히 좋은 어머니처럼 되는 것과 연관시킬 수 있는가?

　독자들은 내가 제1장에서 제기한 가정을 떠올릴 텐데, 나는 거기에서 여러 학파들 사이에서 발견되는 차이점은 동시에 분석심리학 원리에 있는 공통된 기초를 드러낼 것이라고 주장한 바 있다. 그때 이들 사이에서 발견되는 차이점들은 낯선 동맹자이고 동반자이기도 하다. 물론 후기 융 학파들 사이에서 논쟁이 없는 것은 아니다. 힐만은 자아—의식의 발달에 대한 논평들은 모두 회고적 환상에 불과한 것이라고 거칠게 일반화시켰고, 그에 대해서 램버트는 힐만은 자아 전체를 없애 버리려고 했다고 불평하였다(Lambert, 1981a, p. 6).

　나는 발달학파 분석가들의 작업, 예를 들어서 말하자면 플라우트가 말한 유연한 자아 개념이나, 포댐이 말한 그의 힘들을 포기할 수 있는 자아, 램버트가 말한 자아의 여섯 가지 양식들이 힐만이나 기즈리치 같은 원형학파의 작업 방식과 충분히 비교해서 생각할 수 있다는 사실을 알고 깜짝 놀랐는데, 원형학파에서는 자아를 수많은 비슷한 신화의 방패 아래서 작동하는 것으로 본다. 그렇다면 이 사실은 그 두 학파 구성원들로부터 모두 공격을 받아온 노이만을 비롯한 고전학파를 어디에 서게 하는가? 나는 노이만이 여성성과 재결합이라는 중심적인 이미지를 주장했다는 점에서 다른 학파들과 마찬가지로 혼자 뚝 떨어진 영웅이 될 수는 없지 않은가 하고 생각한다. 그러므로 세상에는 "학파들 사이에 서로 다른 중요한 견해 차이를 보이지만, 하나의 융적인 접근 또는 관점"이 존재한다고 생각한다.

　코헛(Kohut)은 정신분석으로부터 참고할 만한 점을 말해주었다. 그는 자아를 서구 문명을 손아귀에 넣은 "도덕적 성숙"과 동일시하였다. 이런 생각은 주로 "인식의 가치"를 인간 능력의 정점에 위치시킨 프로이트로부터 온 것이다. 그런데 이것은 무엇보다도 그것이 아무리 고통스러울지라도 내적인 것과 외적인 것을 분별하는 능력을 의미한다. 그것이 정신분석에서 더 발달하여 내적인 것과 외적인 것을 "지나치게 구분하는 것"으로 되었다 (Kohut, 1980, pp. 480—1).

자아—의식에 관한 후기 융 학파의 작업은 부분적으로 정신역동의 가치 체계에 대한 일반적인 변경을 꾀한 것이다. 후기 융 학파의 종합 작업은 융의 작업에 기반을 두고 현대 사회에 들어와서 자아의 재평가 흐름에 기여할 수 있는 것이다.

자기—인식을 위한 대화

이런 종합의 좋은 예는 징킨의 논문 "집단적인 것과 개인적인 것"(1979)에서 찾아볼 수 있다. 징킨은 융이 인간의 정신을 개인적인 것과 집단적인 것으로 나눈 것은 개인을 거대한 집단적인 집합체와의 관계 속에서 파악하려는 것이지, 한 개인과 다른 개인 사이의 관계 속에서 파악하려는 것은 아니었다고 느꼈다. 융은 언제나 '외부 세계'를 다른 사람들이 사는 세계로 그리지 않고, 개인의 정신을 뛰어넘는 곳에 있는 어떤 것으로 그렸던 것이다. 자아에 체계화하는 능력이 있음에도 불구하고 자아를 의식의 중심으로만 보는 융의 생각에서 자아는 "다른 사람에게 말을 걸거나, 말이 건네졌을 때 스스로를 인식하는 '나'가 아니다" (Zinkin, op. cit., p. 235). 그리고 융이 비록 자기를 정신의 중심(또한 때때로 전체성)으로 만들지만, 그는 "자기를 … 전혀 특별하게 생각하지 않는다. 자기에게 … 다른 사람과 관계를 맺을 수 있는 기능을 부여하지 않는 것이다. … 그 모델에는 그런 능력이 있을 수 없다"(ibid.). 따라서 자아는 물론 자기도 다른 사람과 관계를 맺을 책임이 없다.

징킨은 대화의 원리가 인간관계에서 중심이 되고 두드러진 요소라고 주장하면서 마틴 부버를 끌어들인다.

> 나는 삶을 시작하면서부터 다른 사람, 근본적으로 개인적인 어머니(또는 어머니의 대체적 존재)와의 대화 경험이 다른 모든 대화 형태의 뿌리를 이루고 있다고 생각한다. 그것이 하나님과의 대화이건, 돌과의 대화이건, 외부 세계와의 대화이건, '무의식의 내용과의 대화이건 마찬가지다' (ibid., p. 237).

징킨은 부버가 한 사람이 다른 사람을 지각하는 방식을 세 가지로 구별하였다고 요약하였다. 부버는 그것들을 바라보기, 들여다보기, 알아가기라고 불렀다. 우리가 다른 사람들을 바라보기만 할 때는 그들에게 객관적이고 냉정한 태도를 가지게 된다. 또 우리가 다른 사람들을 들여다볼 때는 그가 우리에게 전하려는 것에 우리 자신을 열어 놓게 된다. 그러나 우리가 다른 사람에 대해서 알아갈 때, 우리는 그와 함께 진실하고, 깊은 쌍방향의 대화 속으로 들어간다. 징킨은 부버의 이론을 적용하여 한 사람이 자아의 영역과 어떻게 관계 맺고, 자아의 어떤 종류의 활동이 수행되고 있는지 구분할 수 있었다. 우리는 여기에서도 자아는 수많은 서로 다른 양식으로 기능하는 것을 주목할 수 있다.

징킨은 더 근본적으로 중요한 발걸음을 내딛는다. 그는 의식이 무의식으로부터 솟아난다는 융의 기본적인 생각에 도전하는 것이다. 그러면서 그는 그의 그런 생각을 뒷받침할 수 있도록 어머니—유아 사이의 상호교류에 관한 연구 자료를 이용하여, "어머니와 유아 사이에서는 생애 최초 몇 주일 동안에도 담화가 일어나고 있으며, 그것은 때때로 원(原)—담화라고 불린다"(ibid., p. 237)고 주장하였다. 이러한 추론에서 그가 강조하려는 것은 아기가 먼저 태모라는 집단적 이미지를 경험하고, 그 다음에야 비로소 실제의 어머니를 의식의 작용으로 분화시킨다는 주장은 잘못된 말이라는 것이다.

징킨은 아동이 그의 개인적 어머니를 먼저 만나고, 그것을 모성이라는 생각으로 일반화시키는 것이 아닐까 하고 생각하였다. 사실이 그렇다면, 개인적인 것이—어떤 면에서는 들여다보는 것이—집단적인 것보다 앞서는 것이다. 징킨은 이 문제를 해결하기 위해서 언어학의 연구 분야 결과와 비교해서 고찰하였다. 언어의 발달에 관한 관점에는 두 가지가 있다. 어떤 연구자들은 아동은 먼저 어떤 실체를 바라보고, 그 다음에 그것으로부터 일반적 계열들을 추상화시킨다고 생각하고, 다른 연구자들은 사람들은 범주의 감각을 타고나며, 그 범주에 해당하는 실체를 인식하게 된다고 말한다. 그러나 이 두 가지 과정이 "동시에" 진행되는 듯하다고 생각할 수는 없을까? 그래서 징킨은 개인적인 것이 먼저라는 가설은 그것보다 더 일반적으로 받아들여지는 견해인 개인적인 어머니에 대한 의식은 집단무의식으로부터 올라온다는 견해와 공존할 수 있다고 주장하였다.

내가 지금 논의하는 문제를 다룬 징킨의 논문의 한 절(節) 제목은 "자기—인식에 앞서는 대화"이다. 이 표어는 "관계성이라는 전제"라는 부버의 생각에서 나온 말이다. 다른 사람과의 대화가 자기 자신과의 대화보다 앞선다는 것이다. 부버는 다른 세계와의 대화나 자기 자신과의 대화는 상상적인 것일 뿐이고, 오직 다른 사람과의 대화를 통해서만 진정한 대화가 가능하다고 주장하였다.

"자기 자신과의 대화"가 상상적인 것이라는 말의 뉘앙스가 경멸적인 것이라면, 그 어떤 분석심리학자도 그 말에 동의할 수 없으며, 그 점에 있어서는 징킨도 마찬가지일 것이다. 그러나 다른 사람과의 대화와 자기—인식 사이에 상호 연관성이 있다는 사실은 자아—의식의 발달에서 중요한 요인임에는 틀림이 없다(이 점과 분석관계에 대한 고찰을 위해서는 pp. 402 이하를).

영웅과 반—영웅

마지막으로 나는 노이만의 논문을 포댐이나 다른 학자들이 지적했던 함정을 피해가면서 더 심층적으로 발전시키려고 한 레드펀(Redfearn)의 시도에 대해서 살펴보려고 한다. 레드펀은 "포로, 보물, 영웅과 발달에서의 항문기"라는 글에서 우리가 자아—의식에 대해서 너무 높이 평가하거나 우선시했던 태도(그에 따라서 강박적으로 접근하기도 하였다)에서 벗어나, 자아—의식에 관한 우리의 생각 전체를 확장시킬 수 있는 가능성을 제기하였다. 그러면서 그는 영웅이라는 은유에는 반—영웅적인 가닥도 존재한다고 주장하였다.

> 우리가 그 무의식의 "보물들"이 어떤 것인지 생각해보면, 그것들은 근친상간적 욕망과 얽혀 있는 "보물들", 가학적 음란증과 그 밖에 다른 부정적인 전—생식기의 충동들과 관계되는 "보물", 의식에 의해서 쫓겨나고 미움 받는 모든 성격의 부분들과 관계된 "보물들"일 것이다. … 그것들은

오직 "어머니의 등 뒤에서만" 유용하고, 우리가 임상적 자료에서 볼 수 있듯이, 그것들은 어머니 안에 있거나 어머니 뒤에 있는 "보물들"로 환상을 통해서 나타난다. 물론 이 "보물들"은 받아들일 수 있는 형태들로 변환되어야 하고, 그것은 현명한 어머니/아니마/누이의 도움을 받아서 영웅이 완수해야 하는 작업이다(ibid., p. 190).

레드펀은 융이 그의 무의식에 있는 우물을 깊이 팠고, 그와 그의 무의식적 정신은 그가 거기에서 발견한 오물과 쓰레기를 보편적인 가치를 가진 보물로 바꾸려고 애를 썼다는 사실을 상기시켰다(ibid., p. 190). 융 자신은 특별히 영웅이 보물과 여성적인 것을 추구하는 것을 배설적인 차원과 연계시켰다.

무의식이 아주 귀중한 것을 항문 영역과 관계시킨다면, 우리는 그것이 마치 어린아이들이 느끼는 것처럼 존경과 관심을 촉구하는 것이라는 결론을 내려야 한다. … 또한 우리는 연금술에서는 똥과 금, 가장 비천한 것과 가장 값비싼 것은 밀접하게 관계되어 있음을 말할 수 있을 것이다 (CW 5, para. 276).

레드펀은 영웅의 이미지를 본질적으로 의존감(다시 말해서 정상적인 의존성이다)을 보상하는 것으로 시각화하였다. 그는 영웅이 광적으로 방어하려고 한다는 포댐의 주장(Fordham, 1981, p. 117)을 받아들이지 않았다. 오히려 그는 자아—의식의 영웅적 자세와 양식을 성장하는 부분이라고 주장하면서, 영웅 이미지를 먹고, 요구하는 아동의 적극적 부분으로 보았다.

그러므로 영웅은 동시에 반—영웅이다. 이 점에 관해서 나는 현대 사회에 들어와서 의식과 경험이 발달하였기 때문에 그렇게 정의하는 것도 가능하다고 생각한다. 그런 발달은 문학에서 일반적으로, 특히 소설에서 발견 된다. 예를 들어서 말하자면, 미국 문학평론가 피들러(Fiedler)와 와이즈(Wise)는 각각 "부랑자는 미국 문화의 영웅"이고, "얼간이는 현대 사회의 영웅"이라는 은유를 제시하였다(1955, 1971). 레드펀이 그의 논문에서 암시하듯이, 현대의 영웅, 즉 현대의 자아—의식의 이미지는 그가 창조하지 않은 세계에서 지상적인 권력(earthly power)보다 더 높은 것을 추구하면서 헤매고 있는지도 모른다. 현대 사회에서 영웅은 그의 분리되고 독자적인 운명을 얻을 수 있을까 하고 고뇌하며, 우리는 그 모습들을 케루악, 메일러, 벨로우, 업다이크 등의 소설에 악한으로 나오는 영웅들의 모험에서 보고 있다.

  이 영웅은 사랑, 우정, 직업적인 삶, 공동의 삶에서 방황하는데, 그것은 어쩌면 그가 영혼과 관계되는 길을 찾으려는 것으로서, 그가 맞서 싸울 용을 찾으려는 작업인지도 모른다. 그가 갇혀 있다고 생각되는 곳 어디에서나 그는 무시무시한 모성을 느낀다. 그는 질서와 의미를 찾는데, 혼돈과 무의미만 발견하는지도 모른다. 그들의 이런 추구는 자아—의식이 아니마를 추구하는 것이 사회적으로 그런 모습들로 나타나는 것이라고 할 수 있다. 우리는 그러한 모습들을 세대간의 갈등이나 '인간주의적' 심리학, 즉 다른 이들과의 관계에 관한 심리학에 대한 관심의 폭발에서도 볼 수 있다.

제 3 장의 부록 :
유형론에 대한 발달들

우리는 이 주제가 덜 중요해서가 아니라, 이 주제에 내포되어 있는 기술적인 본성 때문에, 그리고 자아에 대한 논의를 모호하게 하지 않으려는 생각 때문에 여기에서 따로 부록으로 살펴보려고 한다.

우리는 "외향성과 내향성이라는 두 개의 정신적 태도는 가치 있는 학설로 입증되었고, 앞으로 더 깊은 연구를 하도록 자극을 주지만, 정신기능의 사위성에 대한 이론은, 내가 추측하기에는, 아주 열성적인 융 학파 심리학자들이 조금 사용하는 것 이외에는 거의 사용되지 않는다(1973, p. 79)는 스토르의 말에 동의하고자 한다. 이런 생각은 플라우트가 융 학파 분석가들에게 임상의 실제에서 정신유형론의 유용성과 융의 심리학에서 유형론의 중요성에 관한 연구(1972) 결과로부터 나온 것이 아니다. 대답을 한 사람들 가운데서 반 정도는 임상의 실제에서 유형론은 상당히 도움이 된다고 하였고, 3/4 정도는 융 심리학에서 유형론이 중요하다고 응답하였기 때문이다. 플라우트도 지적했지만, 그런 종류의 연구에는 불리한 점이 상당히 많이 작용한다. 예를 들어서 말하자면, 유형론에 대해서 거의 관심을 가지지 않은 분석가들은 질문지를 받자마자 내던질지도 모르기 때문이다. 그러나 그 연구 결과는 『분석심리학회지』에 수록된 수많은 논문들과 더불어서 대단한 흥미를 불러일으켰던 듯하다. 마찬가지로 브래드웨이(Bradway)와 휠라이트(Wheelwright)는 분석가들 가운데서 74%는 그들의 환자들 가운데 5% 정도의 사람들에게 유형론을 사용하는 것으로 보고하였다(1978). 전체는 아니지만 일부 후기 융 학파 심리학자들은 의식의 기능을 측정하는 질문들을 개선함으로써 융의 심리학적 유형론을 더 과학적인 토대 위에 올려놓으려는 듯하다.

플라우트는 근래 들어와서 유형론에 대한 논의는 "심리학적 유형이 고정되어 있다는 생각에 대응하여 그 안에서 실제로 어떤 움직임들을 구성하는 심리체계에 의한 상징주의"라는 생각을 중심으로 이루어진다고 주장하였다(1972, p. 147).

나는 정신유형 검사를 위해서 질문지를 만들고, 관리하고, 점수를 매기는 것에 대해서 더 구체적이고 상세한 사항들을 깊이 다루려고 하지 않는다. 그에 관한 것에는 이미 두 가지 중요한 검사가 있는데, 그것들은 그레이―휠라이트 검사(1964, JTS/GW로 알려져 있다)와 마이어―브리그스 유형척도(MBTI로 알려져 있다)이다. 이 두 검사법에서 질문은 이것이냐, 저것이냐 가운데서 하나를 선택하여 대답하도록 폐쇄적인 방식으로 이루어져 있다. 그래서 그것들을 시정하기 위해서 융의 가설들을 그 속에서 평가할 수 있도록 검사법이 새로 만들어졌다. 예를 들어서 말하자면, 루미스(Loomis)와 싱거(Singer, 1980)는 새로운 실험을 했는데, 그 실험에서 그들은 위에서 말한 두 가지 검사법을 다시 써놓고, 그 선택된 질문들이 지워지도록 했다. 예를 들어서, JTS/GW 검사법에는 다음과 같은 질문이 있다.

나는 파티에서 a. 말하기를 좋아한다.
　　　　　　　b. 듣기를 좋아한다.

　그러나 이 질문은 새로운 검사법에서 그 기반은 같지만 서로 분리되어 있는 두 가지 항목으로 대체되었다. 피검사자는 같은 시간에 "과거의" 검사와 "새로운" 검사를 동시에 하도록 요청받았는데, 그 결과는 놀라운 것이었다. 과거의 검사와 새로운 검사 사이에서 우월기능처럼 생각되는 기본적인 기능에서 61%가 불일치하였고, 48%의 피검사자는 전통적인 방식으로 검사했을 경우 우월기능과 대극의 위치에 있는 기능이 열등기능으로 검사되어야 하는데, 그렇지 않았던 것이다.
　루미스와 싱거는 경험적으로 볼 때 우월기능/열등기능이라는 극성(極性)은 그렇게 중요하지 않은데, 왜 강조되어야 하는지 의아해 하였다. 이런 강조는 대극들은 초월될 수 있다는 융의 기본적인 사상에 위배되지 않는가? 또한 그들은 "감각과 직관, 사고와 감정, 내향성과 외향성 등은 융의 유형론을 측정하는 도구를 통해서 얻어진 그 어떤 종단면들 속에서 두 개의 가장 발달한 기능으로 겹쳐서 나타나지 않는다"고 하면서, 그것은 선택을 강요하는 질문 구조에서 비롯된 결과 이상의 것이라는 결론에 도달하였다. 사실 융이 강조했던 극성에 대한 생각을 비판적으로 살피려는 시도들이 있어왔다. 그래서 그들은 더 깊은 연구가 필요하다고 덧붙였다. 그러나 특별히 창조적인 사람들에게 극성에 대한 생각은 하나의 '가설'일 뿐으로 비쳐질 수도 있다. 루미스와 싱거는 조심성 없게 융의 학생들이 저지른 가장 보편적인 실패를 옹호했던 것이다. 우리는 앞에서 융은 사람들 속에 있는 합리적 성향이나 비합리적 성향 사이의 대극보다 합리적 기능이나 비합리적 기능 내부에 있는 대극에 더 관심을 기울였다고 주장하였다. 그가 이렇게 생각한 것은 진정한 대극들은 같은 기반을 나누고 있다고 생각했기 때문이다.

브래드웨이(Bradway)와 데트로프(Detloff, 1976)는 합리적 기능과 비합리적 기능 사이의 구분을 판단과 지각 사이의 구분으로 대체했는데, 그 용어들은 융이 지적했듯이 오해의 소지가 적은 단어들이다(이것은 MBTI에서도 비슷한 방식으로 구분하고 있다). 합리적 기능이 원자료에 대한 판단(judgement)을 제공하는데 반해서, 비합리적 기능은 그 사물이 어떤지를 말하면서 지각(perception)을 제공한다. 브래드웨이와 데트로프는 융의 이론을 더 깊이 수정하면서, 우월기능과 보조기능 사이를 너무 구분하는 것에는 문제가 있다고 주장하였다. 그러면서 그들은 그레이―휠라이트의 검사는 두 개의 중요한 기능들을 충분히 분화시키지 못해서, 그렇게만 사용할 경우 16개의 기본적인 유형이 8개로 줄어든다고 비판하였다. 이것은 그 전에 우월기능과 보조기능으로 나누었던 것을 두 배로 해서 만들어진다. 예를 들어서 말하자면, 그 전에 사고가 우월기능, 직관이 보조기능으로 묘사되었던 사람이 이제는 사고기능과 직관기능을 같이 사용하는 것으로 간주될 수 있는 것이다.

한편 브래드웨이와 휠라이트는 그레이―휠라이트 검사가 우월기능과 보조기능을 구별하지 못했음을 발견하였고, 그 점에 있어서는 자기―유형 검사가 더 정확할 수 있다고 주장하였다(1978). 브래드웨이와 데트로프/휠라이트는 융의 심리학적 유형론에 대한 수정에서 루미스와 싱거보다 더 과격하였다는 사실이 지적되어야 한다고 주장하였다. 왜냐하면 루미스와 싱거는 융 이론의 대극적 구조의 기초에 도전하였기 때문이다. 그럼에도 불구하고 그들은 루미스와 싱거가 열등기능에 대한 개념에 도전하는 것에 기대를 걸기도 하였다. 브래드웨이와 휠라이트는 자기―유형 검사와 그레이—휠라이트 검사에서 얻어진 것들을 비교한 결과, 자기—유형 검사를 실시한 거의 25%의 융 학파 분석가들이 그들의 열등기능은 융의 이론에서 말하는 것처럼 그들의 우월기능의 대극이라고 말하지 않은 것을 발견하였다. 이 말은 열등기능은 합리적 기능/비합리적 기능 구분에 의한 우월기능의 대극이라는 의미이다.

후기 융 학파 심리학자들 가운데서 가장 극단적인 견해는 아마 메츠너(Metzner, 1981)를 비롯한 몇 사람의 학자들일 것이다. 그들은 인간의 네 가지 정신기능은 상황에 따라서 우월기능, 보조기능, 열등기능이라는 조합을 이루는 특별히 전체적인 구도로 생각할 필요 없이 작용하는 것으로 볼 수 있다고 생각했던 것이다. 또한 그들은 판단과 지각은 명확하게 구분할 수 있으며, '경험'과 '경험의 판단'이라는 범주는 유용하다고 주장하였다. 그들은 12면을 가진 유형론을 제안했는데, 그에 의하면 네 가지 기능들은 각각 다른 기능들을 열등기능으로 가질 수 있게 되어 있다(이것은 새로운 용법인데, 그들이 말하는 것은, 예를 들어서 말하자면, 감정형인 사람은 다른 세 가지의 덜 뚜렷한 기능들의 혼합을 가질 수 있다는 것이다). 그들은 스토르가 그랬던 것처럼 네 가지 정신기능들을 만달라처럼 십자가 모양으로 나타내는 것이 심정적으로는 좋아 보일지 모르지만, 너무 한계가 많다는 것이다.

요약해서 말하자면, 융의 유형론에 대해서는 세 가지 중요한 변경 제안이 있었다: 루이스와 싱거는 두 가지 합리적 기능 또는 두 가지 비합리적 기능이 조합을 이루면서 작용한다는 것은 한 사람의 의식이 어떻게 방향을 잡아나가는지를 명확하게 그려낼 수 없다고 비판하였다. 브래드웨이와 데트로프는 우월기능과 보조기능 사이를 예리하게 나누는 것을 포기해야 한다는 견해를 옹호하였다. 메츠너, 버니, 말버그는 네 가지 정신기능들은 그 어떤 능력으로도 사용될 수 있거나 조합을 이루어 사용될 수 있다고 주장하였다.

심리학적 유형론이 지금 혼란 상태에 빠진 것은 마이어(Meier)와 워즈니(Wozny, 1978)가 다른 모든 검사들을 부정하고, 아주 정교하고 전산화된 방식을 주장한 것으로도 나타난다. 그들의 검사법으로는 세 가지 기본적인 사항들만 측정할 수 있는 듯하다: 외향성과 내향성(그러나 피상적인 방식으로), 내향적 사고와 외향적 감정 사이의 구분(융의 본래적인 모델에서 정반대되는 대극), 감각과 직관의 일반적 유형이 분별될 수 있다. 즉 감각형은 직관형으로부터 분별될 수 있는 것이다.

플라우트가 말했듯이, 후기 융 학파 심리학자 가운데 어떤 이들은 유형론을 다른 방식으로 사용하고 있다. 애들러는 유형론은 지금 성격검사를 위한 도식으로 사용될 뿐만 아니라, 서로 다른 사람들과의 관계에서 자기—조절을 하려는 사람들에게 역동적으로 작용하는 것을 보여준다고 주장하였다(1979, p. 72).

심리학적 유형론의 임상적용 가능성에 대한 질문은 매우 중요한 문제로 남아 있으며, 포댐은 그 점을 강하게 지적하였다(1972). 그는 정신유형에 대한 융의 작업은 그것을 한 사람의 인격에 주어진 영원한 어떤 것으로 생각할 것인가—의식에 존재하는 일종의 원형과 비슷한 것으로 볼 것인가—아니면 유형은 분석과 개성화 과정을 통하여 변화될 수 있고, 통합될 수 있는 것으로 볼 것인가 하는데 모호한 부분이 있다고 주장하였다. 그러나 그는 유형론이 융과 대부분의 융 학파 심리학자들에게서 역동적 측면보다 영원한 것으로 보도록 부추겨졌다고 덧붙였다. 그럼에도 불구하고 포댐은 융을 한 번이나 두 번 직접 만나 본 사람들 대부분은 (그의 명성 때문에, 또는 새로 '융 학파' 분석가가 된 사람들이 의례적으로 대가를 직접 만난 대부분의 사람들) 그가 얼마나 직관적인지를 발견하고는 깜짝 놀란다고 그의 논문에서 말했다. 그러면서 포댐은 융이 그 한 번의 회기에서 그들의 숨겨진 무의식 내용, 즉 열등기능을 찾아내려고 그의 유형론을 사용하는 것이 아닌가 하고 의아해 하였다. 그 열등기능은 무의식으로부터 분화되지 않은 기능이고 살 속에 있는 가시 같은 기능이다. 그러나 포댐의 이런 생각은 절대 추측에 불과한 것은 아니었다.

폰 프란츠의 작업(1971)은 유형론이 임상의 실제에서 어떻게 사용될 수 있는지를 잘 가르쳐주는데, 그것은 분석가들에게 그 어떤 것보다 더 지향점을 제공하는 듯하다. 그녀는 우월기능(우리가 보통 이 세상에 접근하는 방식)은 사람들이 가장 잘하는 본성적인 성향 및 그들에게 강점이라고 생각되는 생물학적 소질로부터 나온다고 느꼈다. 그에게 이미 발달되어 있는 방식을 여러 차례 더 발달시키면, 그의 의식적 인격에 남아 있는 다른 부분들은 낙후되고 만다. 아이들이 때때로 그가 아닌 다른 사람이 되도록 강요받거나, 가족 구성원들이 그 가족 내에서 매일 똑같은 기능을 맡도록 요구된다면, 그에 따라서 생기는 왜곡은 특별한 문제를 일으키게 된다.

의식적인 인격에서 발달하지 못한 측면은 융이 흔히 사용하는 어구를 사용해서 말하자면, 무의식 속에서 지체되고, 유아적이며 독재적인 요소로 남게 된다. 이것이 바로 사람들이 그들은 그렇게 하지 않을 수 없었다고 말하거나, 그들은 어떤 일에는 잘 맞지 않는다고 말할 때를 설명해주는 이유이다. 예를 들어서 말하자면, 극단적으로 직관적인 사람은 아주 단순한 형태를 채워 넣는 것도 아주 힘들어 하고, 시간도 많이 걸릴 것이다. 어떤 사람은 수학에 소질이 없으며, 다른 사람은 타이프를 치는 것 같은 기계적인 일에 서투르거나 잘 하지 못한다. 대체로 사람들은 그의 이 발달하지 않은 측면을 경험한다. 이 열등기능을 자아―의식의 파괴적이고, 해로운 부분으로 경험하는 것이다.

그러나 열등기능에 긍정적인 측면도 있다. 폰 프란츠는 왕과 세 아들이 나오는 요정담에 대해서 이야기 하였다. 그 가운데 막내는 다른 형제들과 비교할 때, 완전히 바보이다. 그러나 그 어떤 과제가 주어져도 성공을 하거나 나라에 문제가 주어졌을 때 해결하는 것은 그 막내이다. 그런데 성공은 막내가 도우려는 생각만으로도 웃음꺼리가 된 한참 다음에 이루어진다. 그 막내, 이 점은 반드시 주목되어야 하는데, 즉 민담에서 바보로 그려지는 넷째 아들은 열등기능을 나타낸다. 그는 "인격에서 무시된 부분, 우스꽝스럽고, 적응하지 못하지만, 한 사람의 무의식의 전체성과 관계를 맺을 수 있게 하는 부분"을 나타내는 것이다(ibid,. p. 7).

그러므로 의식의 열등기능은 자아와 무의식 사이를 이어주는 고리로 작용하고, 자아에 동화될 것을 요청한다. 이에 관한 특별한 경우로서, 내향적이기만 한 사람은 그가 더 성장하기 위해서 더 사교적으로 되거나 물질적인 요구를 하고, 열등한 외향적 기능을 발달시켜야 한다. 개성화 과정을 너무 단순화시켜서 말할 때, 자칫 잘못하면 내향성을 강조하기 쉽기 때문에, 이 점에 대해서 지적할 필요가 있다. 어떤 사람에게 있어서 개성화란 바깥 세계로 다시 나아가는 것을 의미할 수 있는 것이다.

열등기능 때문에 생긴 문제들이 비록 투사의 철회에 의해서 일시적으로 제거될 수 있지만, 그림자와 열등기능 사이에 특별한 관계가 있다는 사실은 그것이 지속될 수 없다는 사실을 말해준다. 열등기능을 발달시킬 때 삶에 일시적으로 문제가 생길 수 있다. 그러나 그 일방성이 시정될 수 있다면 그것은 견딜 만한 가치가 있다.

마지막으로, 폰 프란츠는 융이 연금술의 전설적인 마리아 공리를 인용한 것을 인용하였다: "하나가 둘로 되고, 둘이 셋으로 되며, 세 번째 것으로부터 하나가 나와서 네 번째 것으로 된다." 열등기능의 실현은 온전한 인격을 실현하는데 도움을 주는데, 자아—의식에 열등기능을 통합시켜야 하는 것은 그 때문이다. 이제 우리는 다음 장에서 자기와 개성화에 대해서 살펴볼 텐데, 거기에서 하나와 다수의 문제가 광범위하게 펼쳐질 것이다.

제 4 장

자기와 개성화

　프로이트는 아마 자아에 대한 우리의 개념에 도전했을지도 모른다. 그는 의식의 중심인 자아가 가장 높은 자리를 차지하게 했던 것이다. 우리가 알고 있듯이, 융은 자아를 자기로부터 생겨나고, 자기에 종속되는 것으로 보면서 자아의 중요성을 과대평가하지 않으려고 하였다. 융에게 있어서 '자기'라는 단어는 우리가 일상 언어에서 쓰는 용법이나 정신분석에서 쓰는 용법적 의미와 다르다. 그 단어에는 전체적인 특성이 있는 것이다. 나는 여기에서 자기가 나타내는 의미 가운데서 주된 의미만 다루려고 한다.

　이 장의 구조는 다음과 같다: 우선 자기라는 개념을 융이 어떻게 사용했는가, 또한 그것에 대한 융의 태도 가운데서 중심이 되는 것은 무엇인가를 논의하고, 그 다음에 개성화에 대한 이론을 살펴보려고 한다. 그 후 나는 융의 이런 생각에 대해서 다른 학자들이 지적했던 일반적인 문제들을 다시 살펴볼 것이다. 후기 융 학파 심리학자들에게로 돌아가서, 그들이 이 주제에 대해서 공헌한 것들을 광범위하게 분석하고 언급하려는 것이다. 마지막으로 이 주제에 대해서 정신분석학에서 비슷하게 말하는 것들도 살펴볼 것이다.

자기와 그 의미

자기에 대해서 다룬 이 장 전체를 통해서 독자들은 통일체, 질서, 조직, 전일성, 균형, 통합, 전체성, 조절, 유형, 중심성 및 종합이라는 단어들이 반복적으로 사용되는 것을 발견하게 될 것이다. 자기라는 개념이 의미의 문제와 근본적으로 연관되어 있지 않다면, 이렇게 다양한 방식으로 사용되지는 않았을 것이다.

융은 자기가 추구하는 것을 무엇이라고 생각하였는가? 그에 대한 답은 '삶의 목적과 의미를 찾는 것이다. 그러므로 우리가 자기실현이라는 말을 할 때, 우리가 말하는 것은 임상적 목표 이상의 것을 의미한다. 융은 무의미한 실존의 가능성에 대해서 부정하지 않았다. 그러면서 그는 의미 없는 삶은 살 가치가 없는 것이라고 강조하였다. 많은 사람들에게 그렇게 느껴지지 않기도 하지만, 전통적으로 의미의 문제는 체계화된 종교의 영역이었다. 종교는 교의적이고 도덕적인 용어들을 말하지만, 궁극적으로 그 속에서 의미를 찾으려고 했던 것이다.

우리가 '균형'이나 '유형'이라는 말을 할 때, 우리는 제우스처럼 특정한 도식을 제시하면서 복종과 추종을 강요하지 않는다. 제우스의 반대편에는 언제나 신의 전령이며 장난꾸러기인 헤르메스가 있었는데, 그는 사람들에게 고질적인 불순종을 부추겨 왔다. 다른 말로 표현하자면, 우리는 자기의 구조와 내용을 구분해야 하는데, 전자는 인간 정신의 서로 다른 부분들을 통합적인 전체 속으로 유형화하고 균형 잡는 것과 관계되고, 후자는 무한하게 다양한 형상과 이미지들로 되어 있다.

우리 몸에서 그에 해당되는 것들이 선(腺)들인데, 그것들은 그 나름대로의 체계적 기능을 가지고 있으며, 건강할 때는 몸 전체 속에서 서로가 서로에게 역동적으로 작용하면서 조절되고 균형을 잡고 있다. 그렇지 않을 경우, 그들의 특정한 기능들은 아무 소용이 없게 된다. 성숙한 사람에게 어떤 때는 어떤 호르몬이 우세해지고, 다른 때는 다른 호르몬이 우세해질 때가 있는데, 예를 들어서 말하자면 성 호르몬이 그럴 수 있다. 그러므로 그림을 그려서 말하자면, 그것은 정적인 질서 속에 있는 것이 아니라, 역동적인 통합 속에서 작용하는 것이다. 이와 마찬가지로 원형들은 그 나름대로 체계적인 기능을 하고 있지만, 전체적인 구도와 관계될 필요가 있다.

융이 강조했듯이, 의식은 이 세상에 의미를 주는 요소이고, 그는 개인의 본성에 그런 의미가 있다고 지적하였다. 여기에서 융이 지적하고자 하는 것은 '삶'이 마치 '의미'에 선행하는 것처럼 말하는 것은 비논리적이라는 점이다. 그 둘은 서로 용해될 수 없으리만치 연계되어 있는 것이다(CW 9i, para. 67). 그에 대해서 야페는 이렇게 말하였다.

> 그 어떤 대답도 결정적인 것이 아니다. 그리고 그 어떤 대답도 삶의 의미에 대한 질문에 완벽하게 답변할 수 없다. 이 세상에 대한 우리의 인식이 달라짐에 따라서 그 대답도 달라진다. 의미와 무의미는 삶의 전체성에 있는 부분일 뿐이다(1971, p. 11).

자아와 자기

융은 그의 개인적 또는 임상적 체험을 통해서는 물론 동양종교와의 접촉을 통해서 사람에게 초월적 기능을 하게 하는 것이 있다는 사실을 발견하고, 인간의 정신에 있는 자아보다 더 큰 어떤 것에 대하여 세심한 주의를 기울였다. 우리가 지금 관찰하는 것은 자아가 의식의 역동성과 무의식의 내용을 종합하고, "중재의 산물"을 만들면서 통합하는 과정에 대해서이다. 이때 통합의 질은 자아의 강도와 관계되고, 통합이 강하게 이루어질수록 자아는 강화된다. 그러나 무엇보다도 자기는 그 어떤 종류의 혼합(중재의 산물)이라도 만들 수 있는 능력을 가지고 있다. 융은 처음에는 자기를 의식과 무의식을 다 포함하고 있는 것으로 보았다. 그러나 나중에는 다음과 같이 자아와 자기를 구분하였다.

> 자아는 자기에 대해서 움직이는 것에 대한 움직임을 받는 것, 또는 주체에 대한 대상의 관계에 있다. 왜냐하면 자기로부터 방사되어 나오는 결정인자들이 자아의 모든 부분을 둘러싸고 있으며, 그럼으로써 자아가 자기에게 종속되어 있기 때문이다. 자기는 무의식처럼 자아가 그 속에서 발달되어 나온 선험적인 실체인 것이다(CW 11, para. 391).

몇몇 후기 융 학파 심리학자들은 자기와 자아의 관계에 대해서 광범위하게 파헤쳤다. 우리는 자기가 그 위에서 모든 것을 정리하고 정돈하는 본성이 있음에도 불구하고, 자아와 자기가 독립적으로 존재하지 않으며, 상호연관성이 있음을 지적해야 한다. 융 학파에서 상투적으로 쓰는 말은 자아가 자기를 필요로 하는 만큼 자기 역시 자아를 필요로 한다는 말과 '자아—자기의 축'이 라는 말이다(pp. 265—68이하를).

종합과 전체성

    융이 마음속에 가지고 있던 자기에 대한 작업 정의는 아마 "인격 전체를 통합하는데 필요한 잠재성"이었을 것이다. 이 정의는 심리학적이고 정신적인 과정들은 물론 생리적이고 생물학적인 과정에서 통용되고 잠재성이 실현되었거나 실현되지 못했거나, 긍정적으로 나타났거나 부정적으로 나타났거나 통용되며, 심지어 영적인 차원까지도 포함하고 있다. 자기는 한 개인의 운명의 씨앗을 담고 있으며, 계통발생적인 측면까지 거슬러 올라갈 수 있다. 이 정의에서 강조하는 것은 통합이다. 왜냐하면 자기는 이 다양한 요소들을 그 안에 담고 있는 그릇으로 기능하기 때문이다. 실제적인 경우에 있어서 그 종합은 상대적으로 이루어진다. 우리가 지금 말하는 것은 이상적인 상태로서, 자기—조절적 정신과 정신신체적이고 목적론적 원형에 대한 것이기 때문이다. 자기는 전일적으로 되거나 아니면 스스로를 전일적으로 느끼는 잠재성을 그 안에 포함하고 있다. 그런데 전일성을 느낀다는 것은 부분적으로 우리 삶에는 어떤 목적(purpose)이 있다는 사실을 감지(感知)하는 것이고, 통합에 대해서 생생하게 느끼는 것 역시 삶에 어떤 목표(goal)가 있다는 사실을 아는 것이다. 그러므로 전일성의 한 부분은 삶이 비록 그렇게 전개되지 않을지라도, 우리 삶에는 의미가 있고, 삶에 의미를 부여하기 위해서 무엇인가를 하려는 의욕을 가지고 있다고 느낀다. 종교성을 가지는 것을 의미하는 것이다. 이에 대해서 융은 다음과 같이 말하였다.

자기는 한편으로는 단순하지만, 다른 한편으로는 대단히 복잡하다. 인디언의 표현을 빌어서 말하자면 '뭉쳐져 있는 영혼'인 것이다(CW 9i, para. 634).

인격의 중심

같은 맥락에서 융은 자기를 '전체 인격'과 다른 의미를 가진 '인격의 중심'으로 보았다. 또한 그는 비슷한 생각에서 자기를 중심이 되는 원형 또는 에너지 장(場)의 중심이라고 생각하였다. 이러한 이중적 정의(중심이면서 동시에 전체성)는 문제점을 야기하지만, 융은 "자기는 중심일 뿐만 아니라 의식과 무의식 모두를 둘러싼 모든 영역"(CW 12, para. 44)이라고 확신을 가지고 주장하였다. 자기가 인격의 중심일 뿐만 아니라 테두리 전체를 의미한다는 공식은 자아가 의식의 중심일 뿐만 아니라 전체성이라는 생각과 비교해 볼만 한 생각이다.

자기에 대한 융의 생각이 우리가 보통 자기라고 할 때 느끼는 것은 물론 개인의 정체성에 대한 정신분석적 개념과도 다르다는 사실은 명백하다. 융은 자아에 이런 중요한 특질을 자리 잡게 했던 것이다. 중심, 중심을 가지고 있으며, 중심에 의해서 움직이고 조절된다는 생각은 전일성(wholeness)이라는 느낌 속에 포함된 것들을 가장 잘 묘사하는 표현들이다. 자기에 대한 정의가 전일성과 전체성(totality)을 강조한다는 사실은 하나의 관념적인 가설(이상으로서의 가설)인 반면에 중심이 되는 자기의 핵(核)을 가지고 있다는 느낌은 자기에 대한 경험을 가리킨다.

균형, 유형, 질서

인격의 중심으로서의 자기에 대한 더 심층적인 특질은 그것이 정신의 그 어떤 역동성도 저해하지 않고 하나의 유형, 균형, 질서를 나타내는 것에서 드러난다. 우리는 제2장에서 원형이 다른 것들을 규정하는 것에 대해서 살펴보았고, 그로부터 "원형 자체는 어떤 것을 만들어내는가?"라는 질문이 제기되는 것을 보았다. 거기에 대해서 나는 부분적으로 우리가 어떤 특정한 원형이나 원형적 표상이 아니라, 원형 자체를 구성하는 요소를 생각한다면 자동적으로 목적론적 요소를 생각하지 않을 수 없게 된다고 답변하였다. 원형이라는 말은 목표라는 말과 밀접한 관계에 있는 것이다. 융은 때때로 자기를 하나의 특별한 원형으로 생각하려고 하였다. 즉 그 특별한 기능이 다른 원형들은 물론 한 사람의 삶 전체를 아직 고려되지도, 살아지지도 않은 목적을 따라서 균형을 이루고, 유형화하는 특별한 원형이라고 생각했던 것이다. 이러한 원형의 특별한 영향력은 숫자의 발달이나 상징적인 사용과 같은 집단 현상에서 잘 드러난다. 예를 들어서 말하자면, 1은 통일체, 2는 대화, 3은 삼위일체(또는 오이디푸스 콤플렉스), 4는 어떤 것의 전체성을 상징적으로 나타내는 것이다. 또한 4는 나침반의 네 지점, 인간의 네 가지 체액, 융이 말한 네 가지 정신 기능

등에서도 전체성을 나타내는 숫자로 사용되고 있다.

모든 원형에 어떤 특정한 것을 만들어내는 기능이 있다면, 어떤 것이 자기 원형을 나타내는 특별한 기능이라고 말해야 할지 쉬운 일이 아니다. 그 개념들에 중복되는 것들이 많을 테지만, 다음과 같은 두 가지 특별한 자기의 속성은 자기 원형을 다른 일반적인 원형들보다 더 위에 놓이게 하는데 손색이 없다. 그것들은 (a)자기는 정신 속에 있는 대극들을 중재하고 종합하는 기능을 하고, (b)자기는 치유하고 자기—조절적 본성을 나타내는 깊고 놀라우며 누미노스한 상징들을 만드는 주된 요인으로 작용한다는 것이다. 자기의 이 특별한 측면 때문에 어떤 후기 융 학파 심리학자들은 자기를 가리킬 때 대문자 S를 쓴다. 그러나 융 전집에서는 비교적(秘敎的)인 인상을 피하기 위해서 소문자로 썼다.

자기와 대극들

우리는 앞에서 원형이 가진 양극적 특성에 대해서 언급하였다. 융에게 있어서 양극성은 정신의 본질인데, 그 이유는 양극성이 정신 에너지가 작용하는 데는 물론 삶이 맹목성을 띤 본능과 다른 차원에서 이루어지도록 하는데 있어서 필수조건이기 때문이다. 그 모든 본체나 과정을 정의하는데 있어서 대극들은 필요하다. 스펙트럼의 한쪽 끝은 다른 쪽 끝을 정의하는데 도움이 되고, 우리에게 그것에 대한 전체적인 관념을 준다. 갈등은 우리가 종종 그 대극들 사이에서 '고통' 당하는 것으로 느껴진다. 융은 대극들이 서로 뒤엉켜서 분리시킬 수 없기 때문에 대극의 쌍 가운데 어떤 것이 더 우선적인 요인이냐를 따지는 것은 소용없는 일이라고 주장하였다. 그것들은 서로가 서로를 품고 있는 것이다. 융 전집 제20권인 일반색인 편에는 우리가 음미해보아야 할 서로 연관관계에 있는 대극의 쌍들이 나열되어 있다. 그것들은 융 심리학 이론에서 중요한 작용을 하는 대극의 기본적인 부분이고, 융은 그런 식으로 생각하였다. 그것들은 다음과 같은 것들이다: 자아/자기, 의식/무의식, 개인적/집단적, 외향성/내향성, 합리적/비합리적, 에로스/로고스, 심상/본능 등. 사실 융의 모든 중요한 생각들은 잠재적으로 대극적인 방식으로 표현되고 있다.

 융 학파에 속하지 않은 심리학자들은 인간의 삶이 본래 대극적인 것으로 정의되는데, 융의 이런 인식이 심리학적으로 무엇이 그렇게 특별하거나 비상한 것이 있겠느냐 하고 묻고 싶을지도 모른다. 더 나아가서 인간의 정신을 근본적으로 대극적인 것으로 파악하려는 융의 주장은 독일 철학, 예를 들어서 말하자면 헤겔의 명제—반명제—종합에 지나치게 의존하고 있음을 반영하지 않는가 하는 공박을 당할 수도 있다. 융이 심리학적 과정을 대극들을 분별하고 그 다음에 통합하는 것으로 파악했다는 점에서 그가 헤겔의 영향을 받았음은 틀림없는 사실이다. 대극들을 종합하는 체험은 균형을 맞추고, 자기—조절을 하는 과정인 것이다. 융은 이 과정을 보상(compensation)이라고 불렀는데, 그것은 균형 잡혀 있지 않고 일방적인 태도를 자동적으로 교정하는 과정을 의미한다. 보상은 우선적으로 증상들이 겉으로는 부정적인 모습으로 나타나지만, 그 안에서 이루어질 수 있다. 그러나 이 말은 균형이 언제나 규칙적으로 쉽게 도달할 수 있는 것이라고 생각되어서는 안 된다. 그러므로 우리는 신경증이란 대극을 이루는 두 면 가운데서 어느 한 면이 지배적인 상태에서 일어나는 불균형적이거나 일방적인 발달로 볼 수 있다.

우리가 방금 말했다시피 융은 정신 자체를 균형 또는 불균형이라는 견지에서 보려고 하였다. 이 사실은 불균형이 가져오는 정신병리적인 결과를 밝히기 위해서 더 길게 설명될 수 있다.

자아/자기 : 자아와 자기 사이에서 불균형 상태가 이루어지면, 자기는 병리적으로 자아를 압도하거나, 자아가 팽창되어 자기와 동일시할 수 있다.

자아/페르조나 : 자아와 페르조나 사이에 불균형 상태가 이루어지면, 자아의 진정한 정체성과 사회적 역할 사이에 혼돈이 생길 수 있다.

자아/아니마—아니무스 : 자아와 아니마—아니무스 사이에 불균형 상태가 이루어지면, 자아는 그와 반대되는 성적 특성을 거부하고(제7장 참고) 전형적으로 한 성의 특성만 드러낼 수 있다. 남성에게서 그것은 '마초적' 행동이나 무례함 또는 과도한 주지주의로 나타나고, 여성에게서는 불분명하거나 '히스테리컬한 행동'으로 나타난다. 그렇지 않으면 자아는 그 원시성 때문에 처음의 전형적인 모습으로 드러나는 반대되는 성적 요소를 완전히 동일시하여, 남성들은 무드에 잘 빠지거나 감상적으로 되고, 나약하거나 여성적으로 되며, 그와 반대로 여성들은 교조적으로 되거나 경쟁적으로 되며, 문자적이고 사실적인 것들을 완강하게 고집하는 사람이 된다. 여기에서 우리는 자아와 아니마—아니무스 사이에 불균형 상태가 조성될 때에는 언제나 반대되는 성의 원형이 전형적으로 작용하게 된다는 사실을 강조해야 한다.

자아/그림자 : 자아와 그림자 사이에 불균형 상태가 이루어질 때 생기는 병리적 현상은 사람들이 자신의 본능을 거부함으로써 인격에 활력이 없어지거나, 자신의 인격 가운데서 받아들일 수 없는 부분을 다른 사람들에게 투사시킴으로써 생기는 것들이다 (p. 155을). 또한 사람들은 그림자와 동일시할 수도 있는데, 그때 생기는 현상은 자기—경멸, 자신감 부족, 성공에 대한 공포와 같이 부정적 팽창의 형태이다. 성공에 대한 공포를 느끼는 것은 특별한 '분석적' 상황인데, 그때 모든 것은 어둡고 심술궂은 무의식적 동기에 의해서 행해진다.

유형론 : 의식의 태도와 기능에 대한 융의 묘사는 대극에 관한 생각 위에서 이루어진다. 그런데 외향성과 내향성이 대부분 타고나는 것이기 때문에, 그것들이 한 사람 안에서 잠재적으로는 모르지만 실제로 대극적인 관계에 있다고 말하기는 어렵다. 그러나 사람들은 사람들 사이의 불화를 그들의 반대되는 세계관 때문이라고 설명하는 경우가 많다. 또한 외향적인 태도를 타고난 사람과 내향적인 태도를 타고난 사람 사이에서 긴장이 생길 수 있으며, 그렇게 흔히들 생각하기도 한다. 결국 개성화에서는(p. 233을) 두 가지 태도 사이에 균형이 이루어져야 하는 것이다. 다른 한편 네 가지 기능들 역시 대극으로 여겨진다. 그것들 역시 대극의 쌍들로 정렬 되어 있고, 그 안에 또 다른 대극의 쌍을 담고 있는 것이다.

우리는 앞 장의 부록에서 그와 같은 대극적 가설이 유효한 것인지 의심스럽다고 지적하였다. 하지만 다른 한편 앱터(Apter, 1982)는 심리학적 반전(psychological reversal)이라는 비분석적 이론 속에서 동기라든지 그 밖에 다른 심리학적 기능들은 '이중안전장치'(bistability, 깜박이처럼 스위치로 두 가지 상태가 되는 장치나 회로—역주)라든지 반전이론에 의해서 가장 잘 표출될 수 있다고 주장하였다. 마찬가지로 레비—스트로스 역시 인간의 사고와 문화의 밑바탕에는 '협력적 대립'이 있다고 주장하였다 (cf. Leach, 1974).

이런 이론들은 대극 사이의 긴장이 정신 에너지를 다시 배당한다는 융의 견해를 부각시켜 준다. 그러나 대극들은 이것에 더

해서, 또한 각각의 것들을 명확하게 구분 지으면서 반대편에 있는 것들을 배열시킬 수도 있다. 예를 들어서 말하자면, 강한 빛은 강한 그림자를 불러오는 것이다. 이 사실은 어떤 한 극이 극단적으로 나아갈 때 갑자기 역전되고, 그것과 정반대되는 특성을 띠는 현상을 설명해준다. 융은 어떤 것이 극단적인 자리로 나아갔을 때 그와 정반대 방향으로 나아가려는 경향을 헤라클리투스의 용어를 빌어서 '대극의 역전'(enantiodromia)이라고 불렀다. 그러면서 융은 '대극의 역전'을 "시간이 지나면 무의식의 대극이 출현하는 것"이라고 정의하였고, 헤라클리투스는 "우리에게 유용한 것은 반대되는 것이다"라고 하였다고 인용하였다(CW 6, para. 708—9). 우리가 앞으로 살펴볼 테지만, 발달학파에 속한 후기 융 학파는 대극에 대한 융의 태도가 인격의 발달에 얼마나 잘 들어맞는 것인지를 보여주었다(p. 263—265 이하를).

기호로부터 상징으로

자기를 다른 원형들과 구분 짓게 하는 두 가지 기능 가운데서 두 번째 것은 융의 이론에서 볼 때 사람들에게 자기를 체험하게 하고, 자기라고 여겨지는 상징이나 표상들과 관계가 있다. 하지만 우리는 이 문제에 대해서 더 깊이 살펴보기 전에, 융이 상징이라고 말한 것이 어떤 것인지 살펴보는 것이 중요하다.

상징에 대해서 융이 직접 정의를 내린 것은 상징이란 의식으로 파악할 수 없는 비교적 잘 알 수 없는 정신적인 내용을 가장 잘 나타낼 수 있는 형식이라는 말로 요약될 수 있다. 매튠

(Matoon, 1981)은 이것을 '하나님의 나라'에 대한 상징으로 설명하였다. 하나님의 나라는 어떤 단순하고, 단일한 말로는 도저히 다 묘사할 수 없는 미지의 것을 나타내어 상징이 될 수 있기 때문이다. 어떤 특별한 은유들은 상징을 "에둘러서 말하는 것"으로 사용될 수도 있다. 그러나 상징적 이미지는 "도저히 묘사할 수 없는 의미를 가리킨다"(ibid., p. 135). 융에게 있어서 상징(symbol)은 기호(sign)가 아니다. 기호는 이미 아는 어떤 것을 지칭하기 때문이다(도로 표지판, 화장실 표시 등). 인간의 정신은 지성이 내적 또는 외적 상황에 대응하지 못하고 당황해 할 때, 즉각적으로 상징을 만들어낸다. 상징은 또한 어떤 것을 단순히 설명하거나 바꾸어 말하는 유비(analogy)와도 다르다(그러나 Frey—Rohn은 상징을 '정신적 유비'라고 말하기는 하였다. 1974, p. 256).

L.스타인(1973)은 상징이라는 단어는 "같이, 공동의, 동시에"를 의미하는 그리스어 sym과 "던져진 것"을 의미하는 bolon에서 나온 말이라고 주장하였다. 그러므로 상징은 공통되는 어떤 것을 같이 던지는 것을 의미한다(ibid., p. 46). 야코비(1959)는 독일어 단어 Sinnbild가 도움이 되는 것을 발견했는데, Sinn은 감각 또는 의미라는 뜻이고, Bild는 이미지라는 뜻이다. 그래서 상징은 의미 있는 이미지를 뜻하게 된다(ibid., p. 95). 에딘저(1962)는 상징이 현대인들에게 신표(信標, 나무에 금액을 새기고 그것을 둘로 갈라서 후일의 증거로 쌍방이 하나씩 가진 것—역주)에 대한 생각과 관계되는 것을 보여주었다. 그리스 상인들은 나무 막대기에 그들이 다루는 상품의 양을 보여주기 위해서 금을 그었던 것이다. 그리고 구매자와 판매자가 떠날 때, 그 막대기는 반으로 길게 잘라지고, 두 사람은 각각 숫자가 새겨진 조각을 가지게 된다. 그러므로 상징은 한 사람 속에서 나누어진 것을 치료한다는 것이다(ibid., p. 66). 베스트만(Westmann, 1961)은 "잘라진 막대기는 제

의(祭儀)에서 신입자와 그를 신입시키는 사람 사이에서 갈라지는 것으로 볼 수도 있다"고 연상을 더욱 심화시켰다.

분석심리학자들은 상징에 대한 융의 접근과 프로이트의 접근 사이에 차이가 있음을 반복해서 말한다. 프로이트는 상징을 하나의 이미지가 다른 것으로 바뀌는 것으로 보았다. 그런데 그 이미지는 억압 때문에, 종종 성적 억압 때문에 필요하게 되는 이미지이다. 그러므로 '마천루'는 거세에 대한 두려움 때문에 그 자체로서는 의식 안에 들어올 수 없는 '남성의 성기'를 상징적으로 나타내게 된다. 프로이트의 관점에서 상징은 우선적으로 방어적 특성을 가지고 있으며, 융의 관념에서처럼 목적적이고 치유적인 정신적 고안(考案)은 될 수 없다. 두 사람 사이의 차이 중에서 가장 많이 언급되는 것은 근친상간적 상상에 대한 태도이다. 프로이트는 그것을 문자적으로 받아들이지만, 융은 그것을 정신의 뿌리와 재결합시키고 인격을 풍부하게 하려는 욕망으로 보는 것이다. 우리가 다음 장에서 살펴보겠지만, 정신분석가들은 점점 더 성욕의 일반에 대해서, 특히 근친상간적 상상에 대해서 융의 태도 쪽으로 가까이 오고 있다. 융은 그 자신이 어떤 상징들에 대해서 비교적 고정된 의미로 보았는데, 예를 들어서 말하자면, 물이라는 상징을 무의식으로 해석했음에도 불구하고, 상징에 대한 프로이트의 접근이 너무 경직돼 있다고 느꼈다. 그러나 상징의 모든 의미는 확충을 통해서만 드러나고, 그럼으로써 고정되어 있다고 주장하지는 않았다(그러나 p. 268 이하에서 힐만이 주장한 것을). 또한 상징이 어떤 의미에서 갈등을 해결하기 위하여 갈등적 상황을 표현한다는 융의 생각과 비슷한 것을 프로이트에게서는 찾아볼 수 없다.

상징에 대한 융의 특별한 몇 가지 관점들이 현대 분석심리학자들에게서 일반적으로 받아들여지고 있는데, 그것들을 나열하는 것이 독자들이 후기 융 학파에서 상징에 어떻게 접근하고 있는지 하는 배경을 설명하는데 도움이 될 것이다.

(1) 상징의 의미는 상징을 실어 나르는 도구에 스며들어 있다. 이 말의 의미는 "상징의 형태는 그것이 지칭하는 상징의 의미에 부합된다는 것"이다. 따라서 어떤 이미지는 때때로 상징이고 동시에 기호일 수 있다. 매툰은 십자가라는 상징이 이에 해당된다고 주장하였다.

(2) 상징은 대극들을 초월한다. 그러나 어떤 상징들은 전체성을 그 안에 담으려고 대극들을 포용하고 있다. 이런 상징들은 자기를 나타내는 상징들이다. 다양한 것으로부터 단일한 것으로 변화되는 것을 보여주는 상징으로서, 나의 환자 가운데 한 사람은 어떤 상자 속에서 곤충들이 교미하는 꿈을 꾸었다. 그 상자 속에는 수백 마리의 암컷과 수컷들이 있었는데, 그들이 교미를 했던 것이다. 그 번식 과정은 매우 빠르게 진행되었고, 그 사람은 그것을 볼 수 있었다. 그러나 꿈에서 상자의 숫자가 늘어나는 대신, 그 번식 행위는 개체 수가 점점 더 줄어들고, 크기는 점점 더 커지다가 마지막에는 점점 더 사람 모양으로 되어갔다. 꿈 꾼 사람은 어떤 결말이 이루어지기 전에 잠에서 깨었지만, 그 끝은 아마 곤충 한 마리와 사람 하나 또는 곤충 두 마리와 사람 둘로 되지 않았을까 하고 생각하였다. 우리는 이 꿈이 말하고자 하는 것은 통합이 점점 더 진행되는 것이라고 생각할 수 있을 것이다.

(3) 자기는 원형 가운데서 궁극적인 원형이다. 한 사람이 그 자신보다 더 통합적인 것이라고 생각하거나 가정하는 것은 자기의 상징이 될 수 있다. 예를 들어서 말하자면, 그리스도나 부처는 자기의 상징인 것이다.

(4) 분석심리학의 모든 학파들에게서 가장 중요한 것은 우리가 상징에서 관심을 가지고 있는 것은 상징이 어디서 나왔느냐, 혹

은 그 이미지들이 어떻게 구성되어 있느냐 하는 문제가 아니라 그것이 무엇을 의미하는가? 하는 것이다. 이런 생각은 상징적인 태도를 취하거나 상징적으로 접근하는 것이 무엇보다도 중요하다는 사실을 강조하게 하였다. 이 사실을 융이 매우 강조하였고 (CW 6, paras., 818—9), 후기 융 학파들이 더 발달시켰으며, 더 근본적인 생각으로 되었다(Whitmont, 1969, pp. 15—35).

(5) 어떤 상징들은 의식의 태도와 별 상관없이 작업이 이루어지지만, 다른 상징들은 그것들이 상징으로 지각되고 체험되기 전에 어떤 특별한 태도를 취해야 한다고 요청한다. 그런 태도는 그 상징들을 너무 문자적이거나 비상징적으로 다루는 순전히 의식적인 태도와는 전혀 다른 태도이다. 여기에서 상징적인 태도라고 말하는 것은 분석 상황에서 촉진될 수 있는데, 그것들은 주의 깊고 조심스러운 태도를 넘어서는 태도이다. 우리는 이 장(章)의 뒷부분에서 상징적 태도의 형성이 발달 경험에서 어떻게 방해받거나 촉진될 수 있는지 살펴볼 것이다(p. 273이하를).

(7) 상징들은 자기—조절을 향해서 나아가고, 인격을 자연스럽고, 풍부하게 하는 방향으로 나아간다.

야코비(1959, p. 82)는 상징이 인간 정신의 더 보편적인 층에서 나올수록 개인에게 더 강력한 영향을 끼친다는 사실을 강조하였다. 사람들에게 광범위한 암시를 불러일으킬 수 있는 불, 물, 땅, 나무, 소금 같은 이미지들은 강력한 상징이 되는 것이다. 마찬가지로 집('인격')이나 피('열정') 같은 상징들 역시 다른 상징들보다 더 강력한 상징이다. 그래서 우리는 상징의 위계를 생각할 수 있으며, 어떤 고정된 의미도 있을 수 있다는 사실도 적시(摘示)해야 한다.

더 나아가서 야코비는 '본능의 자화상'이라는 생각, 즉 본능을 이미지로 나타내는 것이 상징에 적용될 수 있는지 질문하였다.

그러면서 그녀는 상징은 영적인 의미를 포함하여 '상향적 전망'을 하기 때문에 그것은 있을 수 없다는 결론을 내렸다. 그럼에도 불구하고 상징과 본능 사이에는 일반적으로 연관관계가 있는 듯하고, 대극 사이의 갈등을 중재하는 제3의 요소인 초월적 상징은 에너지의 방향을 새로운 수로를 향해서 나아가도록 함으로써 에너지를 변환시킬 수 있다. 그때 우리가 살펴보았듯이, 자아는 이 새로운 에너지 작용 양태와 상징을 견딜 수 있거나 견디지 못하게 된다.

자기를 도와주는 상징

우리는 이제 우리에게 자기를 체험하게 하는 자기의 상징들에 대한 토론으로 되돌아올 수 있다. 그런 상징들은 자기보다 무엇인가 높고 위에 있는 것을 말하거나, 개인의 중심에 있는 것을 말한다. 그렇지 않으면 깊이를 말하기도 한다. 그 모든 경우들 속에는 사물의 도식 속에 있는 공간적 감각을 동반하는 통합의 느낌이 있을 것이다. 왜냐하면 그것들을 통해서 인격은 풍부해지기 때문이다. 똑같은 상징이 같은 범주로 동시에 존재할 수 있지만, 그 자체로 자기를 나타내는 상징과 지시하는 요인(要因)으로서의 상징은 구분될 수 있다. 예를 들어서 말하자면, 어린아이의 이미지는 자기의 상징으로 작용할 수 있다(어린아이가 전체성, 통합, 잠재성을 나타내기 때문이다). 그러나 그 이미지는 너무—어른 같은 사람을 보상하기 위한 상징으로 작용할 수도 있다. 이 경우 그 상징은 그가 갈라져 나온 영역과 접촉하도록 촉구한다.

전일성을 나타내는 상징은 만달라에 의해서 제시된다. 만달라라는 말은 비교적 비슷한 하위—부분들, 따라서 4나 4의 배수들로 구성된 기하학적 형상을 가리키는 '마법의 원'을 의미하고, 융은 만달라는 중심으로부터 뻗어 나오는 전일성을 나타낸다고 주장하였다. 융 학파의 분석 때 사람들은 만달라를 그리고, 만달라의 특성이 설명되곤 한다. 만달라는 분열되어 있는 사람들을 위해서 전일성을 보상하려는 이미지로 사용되거나, 방어적으로 사용될 수 있는 것이다.

자기의 상징은 잠재적인 형태로 존재하는 통합이나 질서를 나타내고, 동시에 그 통합과 질서를 촉진시키고, 인간 정신의 자기—치유력을 촉진시킬 수 있다. 융은 때때로 상징적 체험은 누미노스하지만—즉 강력하고, 섬뜩하며, 풍부하고, 신비하기까지 하지만—명확하게 그 어떤 것이라고 묘사하기는 어렵다고 말하였다(누미노스란 어마어마하지만 매혹적인 신비 자체인 신적 본성을 가진 대상을 체험할 때 느껴지는 감정 상태를 말한다—역주). 회화적인 본성을 가진 상징들은 누미노스(numinous)할 수 있다. 즉 신체적인 느낌에 대한 진술이나 예술 작품 또는 자연 현상과 직면할 때 이런 종류의 체험을 할 수 있는 것이다. 이것은 일부 인본주의 심리학자들(예를 들어서 말하자면 에이브러햄 매슬로우 등)이 부른 '절정체험'과 비슷하다(Samuels, 1979; Matoon, 1981, p. 194). 나의 다소 거친 이 요약은 이런 본성을 가진 체험을 모두 다 묘사할 수는 없을 것이다. 그리고 우리는 언제나 자기—기만이 있을 수 있다는 사실을 기억해야 한다. 하지만 우리는 이런 유형의 체험을 사람들이 보통 느낄 수 있는 정동과 연관시킬 수도 있다. 내가 지금 말하는 것은 내가 창조자가 아니라 피조물로서, 피조 되었다는 느낌 또는 스스로를 창조하지 않은 어떤 현존 속에 있다는 느낌인데, 그것들은 누미노스한 체험의 한 부분이다. 이 감각은 타자 없이 무엇인가를 한다는, 유아적 과대 환상에서 비롯된 행위로부터 나온 타자성에 대한 발견의 감각보다 더 분화된 감각이다. 베잇슨(Bateson, 1979)이 말했듯이, 나와 다른 사람 사이의 차이를 발견하는 것은 '즐거운 충격'(즉 누미노스한 것)이다.

융과 그의 가까운 동료들은 자기—상징을 만드는 것을 도식화한 적이 있었다(예를 들어서 말하자면, Jacobi, 1959, pp. 139ff). 그러나 다른 사람들은 그렇게 하면서 어떤 이미지에 대한 상징적 의미를 미리 규정함으로써 사람들이 자신의 위치를 찾는 것을 더 어렵게 한다고 비판하였다(p. 268 이하를). 사람들의 성장을 촉진하는 것은 상징에 대한 지식이나 분류가 아니라 상징을 개인적으로 체험하는 것이다. 상징에 대한 개인적 체험만이 대극의 화해로 이끌어간다.

나의 환자 가운데 한 사람은 농장에서 건초를 쌓고 뭉텅이로 만드는 쇠스랑 같은 것을 꿈에서 보았다. 그 이미지에 대한 그녀의 연상은 다음과 같았다. 그 쇠스랑의 살들은 여인의 몸처럼 부드럽게 굴곡져 있었는데, 끄트머리는 매우 날카로웠다. 그래서 그런 쇠스랑은 집의 정원에서 사용하기보다 밭에서 곡식들을 많이 생산할 때 사용하는 것 같았다. 두 개의 살을 가진 쇠스랑의 이미지는 그 꿈에서 두 개의 성향이 작용하고 있다는 사실을 암시하였다. 그렇게 부드럽고 상냥한 여성적인 곡선(曲線)이 두 개의 살과 대조되고 있는 것이다. 꿈 꾼 이는 이것들은 두 개의 무시무시한 젖꼭지이지만 동시에 그것들이 부드러운 여성성의 보충을 받으면서 이상하게 그녀를 안심시키고, '하나의 초점'을 부각시키고 있다는 느낌을 받았다(여기에서 건초를 뭉텅이로 만들면서 굳히는 것은 목표 또는 최종적인 생산을 암시하는 것이다).

쇠스랑의 이미지는 두 개의 서로 다른 종류의 화해를 요약하는 듯하다. 첫째로, 꿈 꾼 이의 어머니는 이제 남근적이고 위협적일 뿐만 아니라(그녀의 어머니는 실제로 성공한 경력직 여성이다), 여성적으로 느껴지고 있다. 왜냐하면 날카로운 쇠꼭지는 풍요성과 연관되고 곡선에 의해서 화해되고 있기 때문이다. 둘째로, 그녀 역시 경력직에 있을 뿐만 아니라 어머니이기도 한데, 그녀는 그 두 가지 일이 잘 조합될 수 있을지 확신을 가지지 못하였고, 무의식적으로 일을 다시 시작하려고 하였다(그녀는 강사였다). 그녀는 자동적으로 그녀의 남성 동료들이 그녀보다 더 명석하다고 느꼈고, 토론 등에서 그녀의 의견을 잘 개진하려고 하지 않았다. 쇠스랑의 이미지는 그녀의 삶에 있는 두 가지 측면이 둘 다 기능을 잘 할 수 있을 뿐만 아니라, 더 넓은 맥락에서 볼 때 생산적일 수 있다는 사실을 암시하고 있다. 그 결과 그녀는 그녀의 책을 마칠 수 있었고, 그것이 그녀의 작업의 표준이 되었으며, 더 성공적인 강의 여행을 감당할 수 있었다.

초개인적인 자기 : (1) 하나님의 이미지

'타자성'에 대한 언급은 초개인적인 본체로서의 자기에 대한 논의로 이끌고 간다. 우리는 자기의 초개인적 측면을 다음과 같이 셋으로 나눌 때 가장 잘 검토할 수 있다. 첫째로(우리가 지금 다룰 것인데) 사람 속에 있는 하나님의 이미지를 자기의 상징으로 생각하는 것이다. 그것은 그리스도가 보통 사람보다 더 위대한 인격이라고 말하면서 하나의 상징으로서의 그리스도가 보통의 자아보다 더 큰 어떤 것인 자기(CW 11, para. 414)라고 하는 것과 같은 방식이다. 융은 하나님의 실존에 대해서 범주적으로 말한 것이 없다. 그것은 경험적으로는 어떤 식으로든지 언급될 수 없기 때문이다. 그는 다만 사람들은 그가 그 자신보다 더 크게 인식되거나 바깥에 있는 사물의 일반적인 질서보다 더 크게 인식될 때, 그 자신이 신성의 한 부분으로 느껴지거나 그가 신성과 연계되어 있다는 느낌을 가질 수 있다는 사실을 언급했을 뿐이다. 융은 종교는 자연스럽게 일어나는데, 그것을 종교적 '본능'의 표현으로 볼 수 있다고 주장하였다(CW 17, para. 157). 종교에서 도그마와 지성화한 것들을 벗겨내면, 종교에는 경이(驚異) 체험만 남는다. 즉 비전, 계시, 변환, 기적, 회심 등만 남는 것이다. 이것들은 하나님을 영광스러운 부모로 보려고 하거나, 투사 속에서 '거기 있는' 어떤 것으로 보려는 자아 욕구의 단순한 반영인 안트로포스로 보려는 시도보다 훨씬 더 깊다.

자기의 상징과 사람 속에 있는 하나님—이미지의 상징들은 똑같다. 융은 이렇게 말하였다:

> 사람들이 자기의 상징과 하나님—이미지 사이를 경험적으로 분별하지 못하기 때문에, 우리가 아무리 그 둘 사이를 분화시키려고 노력해도 그 두 생각은 언제나 서로 융합되어서 나타난다. 그래서 자기는 요한이나 바울 문서에서 말하는 내적 그리스도와 동의어처럼 보인다. … 심리학적으로 말해서, '신들의' 영역은 의식이 떠나간 자리에서 시작되는 것이다. 왜냐하면 그때 사람은 자연 질서 아래 놓이기 때문이다. … 그는 거기에서 그에게 오는 전일성의 상징에 시간과 장소에 따라서 달라지는 이름들을 붙인다 (CW 11, para. 231).

프라이—론(1974. p. 215)이 말했듯이, 이 두 가지 경이체험들—자기에 대한 심리학적 체험이든지, 종교체험이든지—은 같은 기반 위에 서있는데, 그것은 내포적이고 통합적인 단일체를 체험하게 하는 어떤 것이다.

융은 그리스도가 하나님/인간, 영/육이라는 대극의 쌍을 화해시킨 자기의 상징으로 생각하였다. 그리스도의 부활 속에서 그는 삶/죽음의 대극을 초월하고, 그 두 차원을 매개하고 있다. 그러나 그리스도는 통합의 상징을 더 깊게 하기 위해서 적그리스도와 연결되어야 한다. 선은 물론 악과도 연결되어야 하는 것이다.

종교적 상징으로서의 그리스도는 심리학적 관점에서 보이는 그리스도와 다르다. 왜냐하면 그는 심리학적으로 개성화의 패러다임을 나타내는데, 거기서 그는 그 자신의 본성을 살고 그에게 맡겨진 운명을 끝까지 살기 때문이다. 그러나 그것은 교회에서 전통적으로 강조했던 완전성을 나타내지 않는다. 이런 공식은 융을 신학자들과 불화로 몰고 갔다. 그들은 그리스도에게서 선성만 보고, 악을 선의 결핍으로만 보았기 때문이다. 융에게 있어서 그리스도의 또 다른 불완전성의 측면은 거기에 여성적 요소가 없었다는 점이다. 여성적인 측면은 삼위일체의 표상에서 보이지 않고, 다만 성 처녀에 의해서만 성육되어 있다(p. 495 이하를).

같은 맥락에서 살펴볼 때, 욥기에 나타난 하나님에 대한 가학적이고 전능한 관점으로부터 신약성서에 나타나는 고통 받는 그리스도의 개입으로의 발달은 사람들이 가지고 있던 하나님—이미지의 내부에서 생긴 변화의 움직임을 나타낸다. 이 사실은 자기는 사람들이 살아야 하는 잠재성을 담고 있는 그릇으로 여러 번 드러나고 펼쳐지는 것이라는 사실을 유비적으로 나타내는 듯하다.

초개인적 자기 : (2) 자기와 타자들

매툰(Matoon)은 융에게 있어서 자기(自己)라는 개념을 다른 사람들과의 상호관계는 거의 감안하지 않는 비교적 닫힌 체계로 되어 있다고 주장하였다(1981, p. 112). 그러나 나는 초개인적 자기(transpersonal self)는 다른 사람들과의 관계 속에서 조명될 수도 있을 것이라는 느낌을 갖는다. 자기는 감정이입(empathy)과 같은 현상을 가능하게 하는 일차적 원천이라는 것이다. 역지사지(易地思之)할 수 있는 인간의 능력은 나의 자료를 가지고 다른 사람의 입장에 서보는 외삽법과 다른 어떤 것을 내포하고 있다. 감정이입은 사람들 사이에 깊은 연관이 지어질 때 생기는 심리학적 해석의 한 형태인 것이다. 어머니—아이의 관계는 감정이입의 특별한 예증이며 동시에 그 다음의 삶에서 이루어지는 모든 감정이입의 모델이 된다. 우리가 지금 이야기하는 것은 사람들이 그들의 체험으로부터 배우는 것들을 동화시키는 방법에 관한 것이다. 그것은 자아의 학습 능력보다 훨씬 더 큰 자기의 감각적 구성 능력에 바탕을 두고 있는 것이다.

자아와 타자들과의 관련에서 한 걸음 더 나아가는 초개인적 기능의 한 가지 예로서 우리가 제2장에서 간략하게 언급한 바 있는, 사람들이 그보다 더 '큰' 어떤 대상과 하나가 되려는 경향을 생각할 수 있다. 자기가 하나의 통합체로서 단일한 형태를 띠고 있다면, 성인(成人)들이 그들의 삶에서 모성적 환경과 재통합하려는 욕망에서 나온 향수(鄕愁)에 잠기거나, 대양 감정(oceanic feeling) 속에서 지복감(至福感)을 느끼려고 하거나, 그와 비슷한 현상들을 추구하는 퇴행적 충동 등은 자기와 관계되는 충동들이라고 할 수 있다. 이것은 죽음의 본능을 융 식으로 표현하는 것일 게다. 프로이트가 생각했던 죽음의 본능 가설은 유기체들이 죽음 속에서 무생물 같은 상태에 도달하여 긴장과 흥분을 영(零)으로 끌어내리려는 시도를 의미한다.

융은 그가 "죽도록 심연을 그리워하고, 그 자신의 원천에 잠기는 것을 그리워하며, 어머니들의 영역에 삼키게 되기를 바란다"(CW 5, para. 553)는 말을 할 때 괴테의 『파우스트』를 생각했을 것이다. 거기에서 그는 그가 말하는 것은 단순히 개인적인 어머니가 아니라 "무의식으로 가는 관문이며, 영원한 여성"을 내포하는 어머니인데, 그 속에서 "신적인 어린이는 잠을 자면서 의식적으로 실현되기를 오래 참으며 기다린다"(CW 5, para. 508)고 강조하였다. '죽음의 본능'이라는 형태 속에서 자기는 합병, 혼합, 단일성의 체험과 관계되고 있다. 정신분석학적 접근과 분석심리학적 접근을 결합해서 생각할 때, 죽음의 본능에는 어떤 목적이 있음을 알 수 있다. 그것은 죽음의 본능은 "하나로 통합된, 평안하고 고요한 상태 속에서 창조의 기관이 다시 불타오를 수 있도록 단절과 분리로부터 생기는 불안과 고통을 해독시킬 필요가 있음"을 말하는 것이라는 말이다.

의식적으로 완전을 추구하는 것은 죽음의 본능이라는 방패 아래서 이루어지는 잘못된 퇴행으로 보일 수 있다. 그러나 심리적 재탄생을 준비하려고 본래의 일원적 조건으로 무의식적으로 되돌아가려는 것은 죽음의 본능이 가진 긍정적 측면이며, 성장에 필요한 전주곡이다(인격의 발달과 더불어서 이 생각이 다시 다루어지는 것을 위해서는 p. 371 이하를).

초개인적인 자기 : (3) 하나인 세계

'하나인 세계'(unus mundus)라는 생각은 뉴턴의 과학 혁명과 계몽주의에 의해서 파괴되었다. 모든 피조물 속에 신적 지성이 스며들어 있다는 형태의 이미지는 점점 더 광범위하게 퍼지는 경험적 관찰과 체계 및 하위 체계, 원리들 속에서 살아남지 못했던 것이다. 신의 죽음에 대한 선포는 '하나인 세계'의 죽음에 대한 선포의 다른 말이다. 그러나 융은 무의식적인 정신양(精神樣, psychoid, 융은 원형을 가리키면서 정신양이라고 했는데, 정신양은 단순히 정신적인 것만이 아니라 생명을 유지시키려고 작용하는 모든 신체적 기능의 합이다—역주)에 대한 견해를 피력하면서, 이 관념을 되살려냈다.

> 정신과 물질이 하나이며 같은 세계에 담겨져 있고, 서로 서로 끊임없이 관계 맺고 있으며, 궁극적으로는 무엇이라고 표현할 수 없는 초월적 요인에 근거를 두고 있기 때문에 정신과 물체는 하나이면서 같은 어떤 것의 두 개의 다른 측면이라고 말할 수 있으며, 그렇게 말해야 한다(CW 8, para. 418).

여기에서 융은 '하나인 세계'라는 관념을 이 세상 만물이 같은 '규칙'에 복종해야 할 것이라는 의미에서는 물론, 실존의 모든 층이 다른 모든 층들과 밀접하게 연관되어 있다는 의미에서 다시 말하고 있다. 그러므로(융이 그런 단어는 쓰지 않았지만) 그의 접근 방법은 전체적인 것에 관심을 가지고 있었으며, 부분적인 것보다는 더 크고 더 흥미 있는 것을 향한 전일적(全一的)인 것이었다. 또한 융은 전일적 관점을 가지고 있었기 때문에 어떤 점에서는 (암묵적으로) 모든 체계를 '하나인 세계' 속에서 이루어지는 활동으로 보는 체계이론가였다.

융은 우리가 현대 물리학에서 시간, 공간, 물질, 인과론 같은 기본적 개념들이 변화(cf. Capra, The Tao of Physics, 1975)된 것에서 볼 수 있는 것처럼, 현대 물리학의 발달이 철학에도 어떤 변화를 가져다주기를 기대하였다. 융은 심리학 연구를 다른 과학연구와 달라지게 하는 요인이 연구 주체와 연구 대상이 겹쳐지는 관찰자의 참여에 있다고 주장하였는데, 그것은 현대 과학에서 관찰자의 요인을 강조하고 관찰자와 관찰대상과의 상호관련성에 의한 편의(偏倚)를 주장하는 것과 같은 맥락이다. 또한 아—원자(sub—atomic) 물리학의 모순된 세계와 거기에서 강조하는 전체 장(場) 속에서 이루어지는 물질의 급속한 상호작용과 상호교환 및 상대성 이론은 인간의 정신이 유동성(流動性)을 띠고 있으며, '상징적인' 기능을 하고 있다는 주장과 비슷한 것이다. 심리학은 일반적인 것(전형적, 집단적, 증후적인 것)과 개별적이고 특이한 것 사이에서 끊임없이 팽팽한 줄타기를 하고 있는데, 후자의 것들은 '개연성'이라는 심리학의 전문용어로 파악될 수 있는 부분이다. 결국 우리는 아—원자 물리학자들이 어떤 것을 (구체적이고 작은 부피를 가지고 있는) 입자이면서 동시에(광범위한 영역을 덮고 있는) 파동일 수 있다는 사실을 받아들일 수 있듯이, 융이 자기는 중심이면서 동시에 원주(圓周)라고 하는 주장을 받아들일 수 있게 된다.

융이 말한 '하나인 세계'라는 개념의 부흥에 대해서 회의적인 사람들은 1983년 1월25일자 "더 타임즈"지의 자연과학 란에 실린 것과 같은 보도에 대해서 심사숙고해야 한다. 거기에는 자연에는 우주에서 작용하고 있다고 생각되는 네 개의 힘(force)들인 전자기력, 강핵력, 약핵력, 중력을 하나로 통합하는 어떤 숨은 힘이 있다는 이론을 실증적으로 보여주는 듯한 실험이 실려 있었다. 이것은 우리가 앞에서 말한 "멀리서—가해지는—작용"과 정신양으로서의 원형에 덧붙여질 수 있다.

동시성

융은 시간과 공간과 인과율을 넘어서는 법칙을 찾으려는 과정에서 (융이 말하는 연구는 사람들이 계속해서 반복하는 체험에서 나오지만, 이 세상이 언제나 이런 법칙대로 이루어지지는 않는다) '동시성'(synchronicity)이라는 용어를 새로 만들었다. 그는 동시성을 다음과 같이 여러 가지 방식으로 정의하였는데, 그것은 비인과론적 연계성을 말하거나, 의미는 깊지만 인과론적으로 연관되지 않는 (즉 시간적으로나 공간적으로 일치하지 않는) 두 가지 사건을 말하는 것, 마지막으로 시간적으로나 공간적으로 일치하며 둘 사이에 또 다른 더 의미 깊은 관련성을 가진 두 가지 사건을 말하는 것으로 여겨졌다. 융은 동시성 원리를 입증하기 위해서 점성술적으로 태어난 궁(宮)과 그에 따라서 택하게 되는 배우자 사이의 상관관계에 대해서 조사하였다. 그러면서 그는 1952년에 결혼에는 그 어떤 통계적인 관련성이나 우연(偶然)이 작용하는 것이 아니라, 동시성이 제3의 선택으로 작용한다는 결론을 내렸다(CW 8, "Synchronicity: an acausal connecting principle").

그 실험은 대단히 많은 비판을 받았다. 그가 연구한 집단은 점성술을 신봉하는 사람들로서 무작위로 선택된 집단이 아니었던 것이다. 또한 통계도 의문시되었는데, 무엇보다도 중요했던 것은 점성술은, 그것이 어떤 것이었을지라도, 비인과론적인 것이라고 할 수 없는 것이 아닌가! 귀신 붙은 것과도 같은 비인과론적 사건들을 의미하는 동시성을 과학적인 기초 위에서 설명하기란 여간 어려운 일이 아니었다. 그럼에도 불구하고 대부분의 사람들은 그들에게 일어났던 사건들 사이에서 의미 있는 일치를 체험하거나, 거기에 어떤 흐름이 있다는 사실을 감지하였다. 그것은 융이 동시성 이론이라는 가설을 개진하는데 사용하였던 유형의 체험과 어떤 관련이 있다.

하지만 융은 동시성 이론을 심리학적으로나 유사 심리학적으로 좀 더 정확하게 살펴보아야 하는 종류의 광범위한 현상들에 적용시켰다. 그가 이렇게 한 실제적인 예는, 앞에서도 말했듯이, 그가 어머니와 아기 사이의 의사소통과 같은 종류의 체감적 수준에서의 지각을 예로 들 수 있을 것이다. 그것들은 레드펀(Redfearn)이 생각했던 것처럼 결코 동시성적 사건이라고 할 수 없는 것이다.

> 인간의 감각 자료들은 매우 밀접한 연관 관계 속에서 움직인다. 즉 어머니의 신체와 얼굴 표정은 … 사람들의 지각 과정에 의해서 포착되어 그 자료들이 조직화되면서 … 그들의 감정과 운동 기관에 의해서 표현된다. 그러나 그것들은 언제나 의식적이고 신경학적인 구조 속에 통합되는 것이 아니다. … 이런 차원에서 작용하는 자기는 신체적 자기일 뿐이다(1982, p. 226).

개성화에 대한 융의 관념

　인간의 정신 과정 속에서 자기(self)가 어떻게 작동하는가 하는데 대한 융의 생각은 자연히 우리들로 하여금 일생을 통해서 자기가 어떻게 점차적으로 실현되는가 하는 과정에 대한 고찰로 이끌어 간다. 융은 이것을 개성화라고 불렀다.

　개성화의 요체는 한편으로는 집단적이고 보편적인 것과 다른 한편으로는 독특하고 개별적인 것을 개인적으로 잘 통합하는 것에 달려 있다. 개성화는 하나의 과정이지, 상태가 아니다. 개성화는 죽음을 하나의 궁극적 목표로 간주할 수 있다는 사실을 제외하고서는 결코 완결될 수 없으며, 언제나 하나의 이상적인 것으로 남아 있다. 개성화 과정이 진행되는 양태와 규칙성(regularity) 또는 단속성(fitfulness) 등은 모두 개인의 특성에 달려 있다. 그럼에도 불구하고 어떤 이미지들은 개성화 과정의 본질적인 상을 나타내는데, 예를 들어서 말하자면 여행, 죽음과 재탄생, 입문식의 상징 등이 그것이다. 융은 개성화 과정과 비슷한 것을 연금술에서 발견하였다. 비천한 요소(본능적인 것과 자아)가 금(자기)으로 변환되는 것이다(연금술에 대한 더 깊은 논의를 보기 위해서는 p. 393이하를).

　융은 "개성화는 개인성에 도달하는 것이나 개인적인 자아—정체성이 확립되는 것과 구분되어야 한다"고 설명하였다. 개성화에서 자아가 건강하게 작동하는 것이 필요하기는 하지만, 그것이 개성화의 종착점은 아니기 때문이다. 융은 그의 개성화에 대한 이론을 인생의 후반기에 접어든 그의 환자들과의 경험을 통해서 더 발전시킬 수 있었다. 그가 생각하기에 인생의 전반기에서 영웅적인 자아는 어머니로부터 자유롭게 되고, 그 자신의 독립성을 이루려고 싸운다. (그런데 이 작업은 필연적으로 삶을 일방적으로 이끌어가서 정신은 그것을 다시 바로 잡아야 한다.) 이것은 사람들이 중년기에 접어들면서 그가 초기에 맺었던 관계의 세계를 개인적이고 내향적인 방식으로 재평가하면서 그들의 삶을 되돌리게 하는 방식으로 이루어진다. 그 다음에 이런 재평가의 결과는 그의 개인적인 관계에 영향을 미치며, 그는 좀 더 명확하고 만족스러운 삶을 살게 된다. 인생 후반기의 과제는 자아—분화와 개인적 정체성을 넘어서 의미와 초개인적인 가치들에 초점이 맞춰져 있는 것이다. 그렇게 하기 위해서 자아는 이미 안정되어 있어야 한다.

이러한 예비적인 언급들은 융이 인생의 후반기에서 이루어지는 개성화에 대해서 자주 말했던 개성화 과정의 중요한 요소들을 잘 말해준다. 그러나 개성화 과정을 이렇게 한정 짓는 것이 모든 분석심리학자들에게 더 이상 다 받아들여지지 않는다는 사실도 분명하다.

개성화와 자기

개성화는 인격의 의식적인 부분과 무의식적인 부분을 통합함으로써 전일성(wholeness)을 향해서 나아가는 움직임으로 볼 수 있다. 이 과정에서 사람들은 그들이 의식의 일반적인 태도는 물론 집단적 무의식으로부터 분화되는 데서 생기는 개인적이고 정동적인 갈등을 피할 수 없다(CW 6, para. 762).

개성화는 그 자신이 되는 것, 즉 사람들이 그의 잠재적인 것들을 실현시켜서 그가 개인적인 존재로 되는 것을 말한다. 거기에는 초기에 그에게 불쾌하거나 부정적으로 보였던 부분들을 인식하고 수용하는 것이 암시되어 있으며, 그에게 이성적인 요소(anima/animus)로 비쳤던 새로운 가능성을 향해서 나아가는 것 역시 포함되어 있는데, 이 요소는 우리가 제7장에서 살펴보겠지만, 무의식으로 가는 관문이며 안내로 작용할 수 있다. 이 요소들에 대한 통합은 자기—실현의 많은 부분을 이루게 할 뿐만 아니라, 그에게 자기(self)가 있다는 사실을 알게 해준다.

융은 그림자의 통합이 매우 고통스러운 작업인 것을 잘 알고 있었지만, 그런 통합을 통해서 "인격의 확장이 이루어져야 한다"(CW 7, para. 136)고 주장하였다. 그런데 그림자란 그에게서 거부되고 억압되면서 그가 살지 않은 측면(unlived aspect)인데, 그것이 다른 사람에게 투사되어 있던 것을 철회하여 그 자신에게 속한 것임을 받아들여야 하는 일은 여간 고통스러운 일이 아닐 것이다. 이렇게 되면 자기는 좀 더 온전한 사람의 이미지일 뿐만 아니라 삶의 목표가 되며, 그런 맥락에서 우리는 그의 자기에 도달하거나, 실현시키는 것이라고 말할 수 있다.

> 경험적으로 볼 때, 자기는 의식적인 마음이 바라거나 두려워하는 것을 떠나서, 무의식에서 자발적으로 일어나는 인간의 삶의 목표가 되는 이미지이다. … 이 과정은 본능적이라고 할 만큼 역동적인데, 그것은 한 개인의 삶에 속해 있는 것은 그가 동의하든지 동의하지 않든지 간에 그의 삶에 들어오게 되어 있다는 의미이다(CW 11, para. 745).

융은 "의식은 모든 것을 결정적으로 분화시키는데 그 특징이 있다"고 강조하였다. 또한 무의식은 본성의 장애 앞에서 어떤 구실로도 용납받지 못하고, "오히려 어떤 잘못이 있을 경우 반드시 심한 처벌을 받는다"고 주장하였다. 자기는 "도덕적으로 높은 수준"에 위치해 있으며, "사람들은 그 자신이 누구인지 알려면 반드시 하나님이 누구인지 알아야 하는 것"이다(CW 11, para. 745—6). 여기에서 융이 왜 자기를 하나님—이미지와 같이 생각했는지 분명해진다.

개성화는 사람들이 "자기 자신이 되는 것"이다. 즉 그 사람이 "그 자신으로" 되는 것이다. 이 사실은 개성화가 한 개인의 특이성들이 협동하여 이루어지는 균형 잡힌 발달 또는 최적의 발달이라는 사실을 암시한다. 그리하여 그 자신의 진정한 본성은 억압에 의해서 손상 받거나, 그와 정반대로 어느 한 부분이 비대해지거나 과장돼서 손상 받지 않는 것을 의미한다. 이 사실은 또한 개성화가 가능한 한 자기—기만 없이 정확한 자기 이미지를 깨달으면서 이루어지는 과정이라는 사실을 의미한다. 자아—이상은 자기—수용에 의해서 포기되고, 더 중요한 것은 집단적 규범에 맹목적으로 집착한다고 비판 받는 초자아가 이제는 내적 인도자로 작용하는 자기에 의해서 도덕적 중재자로 바뀌게 된다는 사실이다. 우리가 지금 말하는 것은 집단적인 것과의 분리와 자기 자신에 대한 책임감 및 과거와 미래를 향한 좀 더 발달된 태도이다. 집단적인 것으로부터 분리되는 것은 관계들에 부어졌던 에너지를 회수하는 것으로까지 확장되는데, 내가 생각하기에 개성화에 대한 융의 생각이 강조하는 것은 사람들이 집단무의식과 더 대화를 해야 한다는 것이지 사람들이 다른 사람들과의 관계를 줄이라는 것은 아닐 것이다.

우리는 자기가 어떻게 상징을 발달시켜서 의식의 일방적인 태도를 보상하고, 대극들을 같이 가져오는지에 대해서 언급하였다. 이것에 대한 특별한 예는 유형론 분야에서 발견된다. 개성화 과정에 대한 융의 생각에서 의식의 다양한 기능들은 덜 계급적인 방식으로 작용하고 있는 것이다. 특히 열등기능은 더 통합되는 것으로 나온다. 이것은 개성화 과정이 가장 이상적인 방식으로 이루어지는 측면을 나타낸다. 그러나 한 사람 속에서 대극들 사이의 심리학적인 긴장은 개성화에 의해서 없어지거나 대체되지 않는다. 오히려 그것은 자아가 의식의 통상적인 작용으로부터 지원을 하지 않음으로써 더 강화될 수도 있다. 합리적 충동과 비합리적 충동 사이의 갈등이 터져 나올 수 있는 것이다. 이것보다 먼저 어느 한쪽이 억제되는지도 모른다. '대극들'과의 작업은 분석에서 핵심적인 부분이지만, 궁극적 화해는 불가능하다. 융의 생각에서 개성화는 갈등을 없애는 것이 아니라, 오히려 그것을 의식화함으로써 그 잠재적 작용을 없애는 것이다.

콤플렉스에 대한 우리의 논의는 인간의 정신이 수많은 실체들로 이루어져 있음을 보여준다. 그래서 우리는 통합과 전일성에 대해서 이야기하였다. 이 두 가지 성향(그 자체로서 서로 대극적인 관계에 있는 보완자들이다)들 사이의 균형은 후기 융 학파 심리학의 중심이 되는 주제이다. 우리는 인간의 정신이 균형을 유지하려는 자기―규제의 시도로 보상(compensation)을 사용하는 방법들에 관해서 살펴보았다. 작은 보상들이 점점 이루어지면 개성화는 이루어진다. 그러면서 한 개인에게 그의 삶의 계획, 유형, 의미 등이 드러나게 된다(CW 8, para. 550). 우리는 이러한 과정이 자기―규제의 한 형태라고 생각할 수 있다. 인격의 여러 가지 부분들은 하나의 중심, 즉 자기를 둘러싸고 연관을 맺는 것이다.

우리는 대극에 대해서 말할 때, 자아가 대극의 쌍 가운데 하나를 분화시킨다는 사실을 암암리에 이야기하였다. 이러한 관점에서 볼 때, 개성화 과정은 자아 기능에 의존되어 있다고 말할 수 있다. 그러나 상징과 이미지들은 자아와 독립적으로 생기며, 자아가 그것들을 통합하려는 것이 융의 개성화론에서 핵심적 개념이다.

융 학파는 분석을 통해서 개성화의 자기로부터 나와서 그 과정에서 함께 가는 상징들과 이미지들을 이용함으로써 얻어진다고 생각한다. 그래서 정통학파에서는 환자의 삶의 외적으로 드러난 사실들에는 별로 중요성을 두지 않고, 치료자와 환자의 상호작용에도 거의 중요성을 두지 않는다(p. 412 이하를). 자연히 증상의 소실도 변화와 발달의 기준이 되지 않는다. 실제로 융이 자주 지적하듯이, 어떤 환자들이 가진 문제는 오히려 분석 과정에서 어떤 증상으로 생기기도 한다. 사실이 그렇듯이 자아는 개성화에서 계속적인 역할을 수행하고 있으며, 자기에게 포함되어 있지도 않다('상징'과 '이미지'에 대한 충분한 논의를 위해서는 pp. 268—270, 상징 앞에서 '자아'의 역할에 대한 논의를 위해서는 p. 141 이하를).

개성화를 요약하는 말들과 개성화에 대한 은유적 표현들은 다음과 같다: 분화, 잠재성의 실현, 그 자신의 '개인적 신화'를 깨닫는 것, 그 자신을 받아들이는 것. 그 밖에도 다른 표현들이 있을 수 있다. 그러나 이 표현들을 통해서도 개성화에 대해서 충분히 알 수 있을 것이다.

개성화 개념에 대한 일반적인 문제들

글로버는 융의 자기(self)에 대한 생각에 관해서 특별히 예리하게 비판하였다(1950). 그는 자기가 사람들이 그것을 향하여 나아가고, 만드는 것인지, 아니면 사람들이 그것으로부터 발달하는 것인지에 대해서 궁금하게 생각했던 것이다. 물론 그에 대한 대답은 두 가지 다이다. 그러나 글로버의 질문은 분석심리학에 있는 다음과 같은 두 가지 흐름을 비춘 것이다. 하나는 인간의 삶을 언제나 거기 있는 어떤 것이 아직 펼쳐지지 않은 것으로 보는 사람들이고, 다른 하나는 인간의 삶을 목표를 향해서 나아가는 것으로 보는 사람들이다. 다음으로 글로버는 자기와 외부 세계와의 관계에 대해서 의아하게 생각하였다. 그는 모든 에너지가 전체성 속에 있다면, 외부 세계와의 관계에 부어질 에너지는 하나도 없을 것이기 때문이다. 이러한 약점에 대답하기 위해서 후기 융 학파 사람들은 개성화와 관련해서 융이 그랬으리라고 생각되는 것보다 더 대상관계와 개인적인 관계를 살펴보았다. 마지막으로 글로버는 신성(divinity)에 대해서 거의 강조하지 않으며, 자기를 도덕적으로 구속하는 명령으로 생각하지도 않는다. 그것은 모순이기 때문이다. 개성화가 초자아의 지배를 자율적 행위로 대체시키는 것이라면, 한 사람의 외부에서 비롯되는 개성화 작업을 위한 도덕적 훈육은 개성화의 원리에 위배되는 것이다. 여기에서 우리는 글로버가 맥을 제대로 짚고 있다고 인정해야 한다. 그리고 개성화가 지시될 수 있다는 생각은 잘못된 것이라고 해야 한다. 그러면 개성화가 분석을 통해서 도움을 받는 것은 무엇인가? 우리가 잘 알고 있듯이, 모든 것은 내적—지향의 정도에 따라서 결정된다. 그리고 개성화에 대한 생각 자체는 모든 것들을 그 생각을 중심으로 해서 선회하게 만들 것이다.

　스토르는 융이 쓴 것 같은데 많은 것들은 "사람들이 매일 겪는 문제들과 신경증 증상들, 성적인 어려움 등과 별로 관련이 없으며, 그 밖에 사람들의 인격을 형성하는 것들은 심리학과 심리치료에 관한 책을 구성하고 있다"(1973. p. 91)고 지적하면서, 외적 관계의 중요성을 강조하였다. 그는 융이 짧게 또는 때때로 아주 장황하게 종교적이고, 연금술적인 또 다른 상징주의에 대해서 토론하거나 논의하는데, 그것은 현대의 독자들이 융을 멀리하게 하는 요인이 된다고 주장하였다. 또 다른 곳에서 그는 "융은 분석이 환자가 이 세상에서 살아가는데 미치는 영향이나 그의 개인적인 관계에 미치는 영향에 대해서는 거의 아무 말도 하지 않는다"고 지적하였다(ibid., p. 90). 우리는 다시, 이것이 비록 사실일지라도, 후기 융 학파 사람들에 의해서 시정되어야 할 것이라고 생각한다.

역설적이게도 드라이(1961)는 융이 말한 개성화의 한 단면에 대해서 언급하면서, 개성화는 그의 사고방식이 너무 내향화된 것에서 나온 것이라고 지적하였다. 그녀는 개성화를 제임스가 말한 종교적 회심과 비교하면서, 개성화에는 삶의 풍미와 기쁨이 결여된, 위축되고 신중한 종류의 활동으로 느껴진다고 주장했던 것이다. 이것은 개성화에 대한 융의 묘사가 너무 정태적인 것이라고 느끼는 몇몇 후기 융 학파 사람들의 견해를 반영한다.

애트우드와 스토로로브(1975)는 융이 사람들에게서 가장 위험한 것은 인격의 해체와 내면으로부터의 압도라고 생각했기 때문에 사람들이 자기를 굳고 안정되게 표현할 수 있게 하는 것이 필요하다고 주장하였는데, 그것은 개성화를 통해서 이루어진다. 개성화는 인격을 점차적으로 가득 채워서 불안이 들어 설 여지가 없게 하는 것이기 때문이다. 그들은 인격을 '채우는' 세 가지 방법에 대해서 살펴보았다. 그것은 첫째로 무의식을 의식화하는 것, 둘째로 초월적 기능, 셋째로 개인적인 내용과 집단적인 내용을 구분함으로써 삶의 보편적인 주제들과 접촉하는 것 등이다. 사람들이 삶의 보편적인 주제들과 접촉하면 삶이 더 안정되는 것이다.

그러나 애트우드와 스토로로브는 초월적 기능과의 관계에서 자아가 하는 역할을 무시하였고, 사람들이 삶의 보편적인 내용을 체험함으로써 발달할 수 있는 가능성을 닫으면서 개인적인 내용과 집단적인 내용 사이를 너무 예리하게 구분하였다. 그러나 그것은 융의 개성화론에서 핵심적인 사항이다. 그럼에도 불구하고, 그들은 자기 속에 있는 빈 공간은 사람들에게 환원론을 주장함으로써 방어적으로 되게 하며, 사람들은 불안을 줄이기 위해서 거기 접촉하는데, 그것은 잘못된 개성화를 불러올 가능성이 크다고 주장하였다. 그것은 사람들에게 자기—깨달음이 이루어지지 않았고, 진정한 통합이 이루어지지 않은 상태에서 상징들이 범람한 결과 생겨난 일들이다.

　나는 앞에서 자기를 중심점이며, 동시에 전체성으로 보는 것에 대한 문제를 지적하였다. 이 문제에 관해서 포댐(1963)은 융이 자기에 관해서 서로 양립할 수 없는 두 가지 이론을 발달시킨 듯하다고 느꼈다. 첫째로 포댐은 자기가 전체적 인격을 말한다면 자기는 결코 경험될 수 없는 것이라고 주장하였다. 왜냐하면 체험의 요인(要因)으로서의 자아는 전체성 '안'에 들어 있기 때문이다. 둘째로 자기가 중심적 원형이라면, 자기는 그 속에 자아를 담은 전체성이라고 말할 수 없다. 왜냐하면 융에게 있어서 자아와 원형은 구별되어야 하기 때문이다. 이 두 번째 정의에서 자기는 전체적으로 자아에서 배제된다. 그래서 포댐은 자기는 원형이 아니라고 주장하려고 하였다. 오히려 자아와 원형을 "넘어서는" 것으로 보려고 했던 것이다. 그렇게 될 때, 자아와 원형은 자기로부터 나오거나, 자기를 깨면서 나오게 된다. 이러한 도식에서 자아와 자기를 두 개의 서로 전혀 다른 체계로 봄으로써 야기되는 복잡한 문제들을 피할 수 있게 된다.

　포댐은 출생 시에 나타나는 초기의 자기 통합 상태를 가정하였다. 그것은 환경과 접촉하면서 규칙적으로 해체되었다, 재통합되었다 한다. 그때 자아는 자기의 의식적인 요소로서 자기의 원형적 내용의 온전함에 달라붙어 있다. 왜냐하면, 또는 그렇지 않을 경우 자아는 아무 것도 할 수 없기 때문이다. 포댐의 해체와 개성화에 대한 생각(cf. 1957, 1976, 1978a)은 현대 분석심리학에서 매우 중요하다. 그래서 이 장의 다음 절에서 더 깊이 논의하려고 한다. 그리고 인간의 발달에 관한 그의 모형은 이 책의 제5장, 특히 335쪽 이하에 요약되어 있다.

뉴턴(1981)은 자기를 특별한 원형이며, 다른 원형적 표상들과 구별되는 "초월적 원형"으로 보아야 한다고 주장하였다. 그러면서 그녀는 자기의 역동성(자기가 통합, 전일성, 대극의 화해 상태에서 작용하는 것)은 우리가 다른 원형들을 체험하는데 영향을 준다는 결론을 내렸다. 그와 동시에 야코비(1981)는 논리상 모순되는 것처럼 보이지만 자기를 전일체의 한 부분이며 동시에 전일체라고 보는 것에 경험적으로 모순되지 않는다고 생각하였다.

사실 융은 1960년 자기에 관한 이런 모순을 생각하면서, 자기는 특별히 초월적 개념이라고 강조하였고, 재정의하였다(CW 6, para. 789—91). 자기에 대한 새로운 정의가 비록 자기가 전체적인 조직(organism)임을 강조하지만, 자기가 통일체의 원형으로 작용함으로써 초월적 특성이 흔들리는 것은 어쩔 수 없다.

웜베르(Humbert, 1980)는 사람들이 자기 자신을 기만하면서 주체라고 생각하는 문제를 많은 철학자들이 말하듯이 아무 의미 없는 착각이라고 지적하였다. 그는 자기를 더 개인적으로 정의하려고 했던 것이다. "자기는 나에게 '나는 어떻게 살아야 한다고 자주 그리고 구체적으로 말하는 내면의 목소리이다.' 더 나아가서 그는 '전체성'이라는 말의 의미는 의식과 무의식 사이의 관계를 말하는 것이지, 의식이 무의식에 단순하게 붙어 있다는 것을 말하는 것이 아니다"라고 강조하였다(ibid., p. 240). 웜베르는 자기를 관계의 하위—체계를 구성하는 하나의 체계로 보려는 현재의 추세를 나타내고 있다.

래드펀(1969)은 융 학파의 자기 개념과 다른 사람들이 쓰는 자기 개념 사이의 차이를 규명하려고 하였다. 그는 사람들은 매일 자기를 두 가지의 의미로 사용한다고 하였다. 하나는 그 자신을 단순하게 동일시하는 것이고(나는 사실상 누구인가), 다른 하나는 주관적인 경험을 말하는 것이다(내 안에 무엇이 있으며, 무엇이 있다고 느껴진다). 융은 자아도 이와 같은 감정을 말하는 것이라고 하였다. 그런데 융은 자기를 생각하면서, 자아 속에서 드러나는 것으로서 스스로를 나타내는 것보다는 자기와 자기—실현을 나타내는 것에 더 관심을 가지고 있었다. 이 점이 분석심리학과 정통 정신분석학 사이의 근본적인 차이이다. 정통 정신분석학은 자기를 적어도 최근까지는 자아 속에서 드러나는 어떤 특별한 종류의 표상으로 보았던 것이다(p. 279 이하를).

자기: 상대적인 개념

많은 후기 융 학파 심리학자들은 통합에 유독 관심을 기울였던 것에서 벗어나 부분적인 상태들, 즉 자기의 부분들이 나타내는 것들을 고찰하는 것으로 돌아섰다. 그들은 자기를 정신의 다양성과 다중심성을 부정하고 사용한다면 아무 쓸모도 없고, 너무 과대평가된 개념이라고 생각했던 것이다. 재미있는 사실은 이 노선을 따르는 분석가들은 서로 다르지만 스스로를 표현하는데 서로 양립할 수 있는 방법들을 사용하는 여러 학파로부터 온 사람들이라는 점이다.

힐만은 "심리학: 유일신론적인가 아니면 다신론적인가?"(1971, 1981)라는 논문에서 융이 자기를 유일신론, 아니마/아니무스를 다신론과 동일시하였다고 주장하였다. 다신론이 유일신론보다 먼저 있었던 단계였던 것처럼 아니마와 아니무스는 자기의 전초(前哨)이며, 융은 자기가 "현대인들이 이해하는 무엇보다도 중요한 원형"이라고 결론지었다는 것이다(CW 9ii, paras. 422—70). 힐만이 유일/단일에 대한 이야기를 너무 많이 하기는 했지만, 나는 그가 자기에 대해서 말했던 것에 조금 초점을 맞추려고 한다. 다신론적 논의를 제9장에서 말하려는 것이다.

힐만은 자기 개념에 대한 융의 편애는 다른 모든 측면에서 정신의 다양성과 다원성, 원형들과 콤플렉스들을 강조하는 심리학을 너무 좁게 만들어버렸다고 주장하였다. 우리는 분화된 콤플렉스가 자기보다 중요하지 않다고 생각해야 하는가? 만약 사실이 그렇다면, 치유를 위한 분석에서 자기와 자기로부터 파생된 것들을 제외하면 모든 것은 2차적인 자리로 떨어지게 된다. 의식의 모든 탐구는 자기를 체험하기 위한 예비적인 것으로 되는 것이다. 따라서 우리는 대극의 융합을 위해서 만달라, 하나인 세계(unus mundus), 동시성 등을 찾는데 많은 시간을 바쳐야 한다.

자기(통합되어 있고 전일한)와 다원적 정신 체계 사이의 대극에 대해서 이야기하는 것은 그 자체가 일원론적 행동이다. 왜냐하면 이것이냐/저것이냐 하는 말은 다원론과 모순되기 때문이다 (나 이외에 다른 신을 가지지 말라…). 우리는 다원론적 관점 속에도 단일한 체험이 있을 수 있다는 사실을 힐만의 논문에 대한 로페즈—페드라자의 논평 속에서 발견할 수 있다: "다수는 다수의 가능성을 잃지 않으면서 하나의 일체성을 그 안에 품을 수 있다"(1971, p. 214). 이것은 만달라로 나타난 융의 다수를 포함하고 있는 하나라는 관념을 근본적으로 새롭게 해주는 견해이다.

더 나아가서 힐만은 심리학의 어디에서 자기가 우월적 지위를 차지하는지 질문하였다. 통합된 체험을 담는 장소로서의 자기에 관해서는 충분히 언급할 수 있고, 그것은 많은 정신의 기능 가운데 하나의 유형일 뿐이라고 주장하였다. 또 다른 후기 융 학파 심리학자들 가운데서 L.스타인 같은 사람은 통합은 하나의 심리학적 선택일 뿐이라고 강조하였다(1967). 자기에 대한 융의 강조는 아마 그의 내향적 성격뿐만 아니라 "신학적" 성격에서 비롯된 것으로 보아야 할 것이다. 힐만이 지적하듯이, 융은 일신론적 태도를 내향적인 것, 다원론적인 태도를 외향적인 것으로 보았던 듯하다(CW 6, para. 536).

자기는 위축될 수 있을 뿐만 아니라 자기가 그 자체로서 제대로 기능하지 않는 경우도 많이 있다. 자기는 "복잡한 관계들과 초점이 이동되는 수많은 장(場)들을" 제대로 통제하지 못하는 것이다(Hillman, 1981, p. 112). 그러한 경향은 종합의 방향으로 나아가려고 할 때 언제나 생기는데, 그때 사람들은 자발성을 희생시켜서 조화를 이루려고 정신적인 자료들을 대극의 복합 속으로 밀어 넣으려고 한다. 힐만은 우리가 습관적으로 통일체, 단계, 정신적 발달, 즉 개성화라는 환상에 대해서 생각하는 것을 좀 유보할 것을 제안하였다. 개성화는 주로 그것을 전일성으로 표현하거나 중심 잡기 또는 노현자와 지혜로운 여인으로 나타나는 통일체를 향한 움직임이기 때문이다(ibid., p. 113). 이와 관련해서 로페즈—페드라자는 야훼와 그리스도가 자기의 상징인가 아닌가에 대해서 쮜리히에 있는 "융 연구원에서 끊임없는 토론"을 벌였다고 말했다(1971, p. 212).

그러나 융은 정신의 다중심성적인 모델도 사용하였다. 그는 의식의 부분들이 별들이나 신적 불꽃들, 광휘(光輝)들처럼 아주 다양하게 나타난다고 주장했던 것이다(CW 8, paras. 388이하). 이것은 그의 심리학이 다중심적이라는 사실을 뒷받침한다. 그래서 힐만은 우리가 그 불꽃들을 하나로 모으려고 하기보다는 각각의 불꽃들을 "그 자신의 원리를 따라서" 통합하려고 한다고 말하는 편이 낫다고 주장하였다(Hillman, 1981, p. 114). 그러므로 우리는 여러 가지 목소리들을 하나의 형상 속에 통합시키려고 하기보다는 그 다양성을 받아들여야 한다. 이것으로부터 해체 과정은 통합 과정 못지않게 가치 있는 것이라는 사실을 알게 된다. 심리학적 단일성보다 심리학적 다양성에 더 관심을 기울이는 것이 정동, 이미지, 관계성들에 대한 더 깊은 통찰을 줄 수 있다. 이 사실은 개성화를 혼란으로부터 일관성과 궁극적으로 전일성을 향한 강압적인 움직임으로 보아야 하는 사람들에게는 불만족스러울지도 모른다. 그러나 혼란이 전일성보다 언제나 유용한 것이 아니라는 말인가? 또한 전일성은 혼란 속에서 드러나지 않는다는 말인가?

힐만에 의하면 전일성이란, 순전히 심리학적인 의미에서 하나의 현상을 말 그대로 전체적으로 보는 것을 의미한다. 그는 이 말을 신학적인 의미에서의 전일성과 대조시켰는데, 신학적으로 전일성이란 일자(the one)를 의미한다. 이 세상에는,

> 완성을 가리키는데 두 가지 견해가 있다. 개성화를 수많은 관계 속에서 보여주는 심리학적인 의미에서의 전일성과 개성화를 이상적인 상태 또는 단일성에 가까워지는 것으로 나타내는 신학적인 의미에서의 전일성이 있는 것이다 (ibid., p. 116).

개성화는 해체와 파괴를 의미할 수 있다(아니면 이 과정들을 포함할 수가 있다). 그러나 거기에는 개성화의 의미와 신화가 있다.

요약해서 말하자면, 힐만은 개성화를 "정체성, 단일성, 중심화, 통합"을 향해서 나아가는 것으로 보지 않고, "애쓰는 것, 특수하게 되는 것, 복잡하게 결합되는 것"을 향해서 나아가는 것으로 보았던 것이다. 그는 개성화에서 변환을 강조하지 않고, 그 자신 속으로 깊이 들어가는 것을 강조했던 것이다(1981, p. 129).

구겐뷜─크레이그 역시 자기에 대해서 비슷하게 재평가하였다(1980). 그에게 있어서 자기에 대한 융의 견해는 너무 긍정적이고, "병약한 것"을 배제하는 것이다. 우리 자신에게서 불완전하고 병적인 것을 이렇게 인정하는 태도는 전일성에 관한 생각과 정반대되는 것이고, 자기에 대한 분석심리학에서의 정통적인 견해 가운데서 찾아볼 수도 없다. 그는 자기에 대해서 이렇게 말한다:

> 그 특질을 말하면서 원만성, 온전성, 전일성 등으로 너무 많이 말하고 있다. 이제는 자기의 결함과 병약에 대해서 말해야 할 때가 되었다. 나는 만달라가 특별히 자기의 상징으로 여겨지는 것으로 말할 때 언제나 불편하였다─내가 느끼기에 만달라는 너무 전일하였기 때문이다. … 아다시피, … 온전한 것은 불온전한 것을 통해서 채워진다. 병약함을 받아들이면서 동시에 온전하고 전일한 이미지를 가지고 있기는 너무 어려운 일이다(ibid., p. 25).

구겐뷜─크레이그는 융 학파 심리학자들이 '완전교'(完全敎)의 신자가 된 것이나 아닌가 한다고 의아해 하였다. 예를 들어서 말하자면, 우리는 정신질환자나 도덕성이 결핍되어 있는 사람에게 자기(自己)가 있는지 질문하지 않는 것이다. 그들에게도 자기가 있을 터인데, 그것은 비도덕적인 자기가 아닐까?

플라우트(1974) 역시 융이 말한 자아의 광휘 또는 다양한 측면들에 대해서 깊이 살펴보았는데, 그것은 발달학파의 특징인 대상관계이론적 관점과 부분—대상 심리학적 관점에서였다. 유아기에 젖꼭지는 부분—대상이라고 부를 수 있을 것이다. 그것은 어린아이에게 온전한 대상과 대체될 수 있고, 온전한 대상과 같은 냄새를 풍기고 있다. 때때로 부분—대상은 외부 세계 전체를 나타낼 수 있다. 이러한 이유들 때문에 부분—대상은 어린아이들을 붙들고, 매혹시키며, 두려움을 느끼게 한다. 유년기에 부분—대상들은, 우리가 지금 말했던 것처럼, 자기의 전일성을 상대화시키는 방식으로 작용한다.

플라우트는 우리가 아주 자연스럽게 부분이 전체인 것처럼 행동하고, 특별한 사상(事象)이나 주제에 전체성의 깊이와 생명을 부여한다고 생각하였다(1975). 그러나 그는 여전히(선과 악으로 나누어져서) 초기의 분열상을 나타내는 온전하지 않은 대상을 과소평가하는 것은 잘못된 일이라고 주장하였다. 그와 같은 대상 속에는 '특성의 혼합'이 없었기 때문이다. 즉 그 속에 우리가 불변하는 대상이라고 부를 수 있는 선한 어머니 또는 악한 어머니는 따로 존재하지 않는 것이다(ibid., 208). 이와 달리 플라우트가 말한 불변하는 대상은 하나의 측면만 지니고 있으며, 사람들에게 건강한 양가성(healthy ambivalence)은 없는 것처럼 보인다. 그러나 그와 같은 대상은 많은 사람들이 그것을 중심으로 해서 체험을 모으고 동화시킬 수 있는 '대체하는 중핵(中核)'으로 작용하는데 매우 유용하고 필요할 것이다. 그와 같은 대상은 "매혹적이고 외경심을 자아내는, 간단하게 말해서 신성력을 지닌 것"이라고 말할 수 있다. 플라우트는 이렇게 결론지었다: "그렇기 때문에, 그것은 융이 말한 자기와 동일시될 수 있다"(1975, p. 214). 플라우트는 (성 기관들을 그림처럼 그려 가면서)성욕과 창조성 또는 영성 사이의 연계를 지적하면서 그의 사상을 뒷받침하려고 하였다. 그러나 단순하게 그 자신을 어떤 "신성, 뮤즈나 이념"에 바치는 사람들은 도저히 전체가 될 수 없고, 자기가 아닌 것의 누멘적이고 빛나는 본성에 사로잡혀 있는 것이다.

우리는 완전성에 대한 구겐뷜―크레이그의 공격과 플라우트의 변하지 않는 대상의 수용 사이에서 비슷한 주장을 찾을 수 있다. 병약한 것과 전일하지 않은 것들은 자기와 같이 갈 수 있으며, 자기에게 어느 정도 적절한 영향을 줄 수 있는 듯한 것이다. 여기에 힐만이 통합된 상태에 대해서 너무 과대평가하지 말라는 주장까지 곁들이면, 우리는 우리가 융이 처음 출발했던 것에서 얼마나 멀리 떨어져 나온 것인가 하는 사실을 알 수 있다.

포댐 역시 자기의 통합 기능과 능력에 너무 강세가 주어졌다고 생각하였다. 그는 인간의 삶은 어쩔 수 없이 신체적으로나 심리학적으로 매우 불안정하고 역동적인 상태에 있다고 생각했던 것이다. 그것은 정신구조의 경우에 있어서도 마찬가지다. "그것은 어떤 때는 아주 안정되어 있고(통합되어 있고), 어떤 때는 안정되어 있지 않다(통합되어 있지 않다)." 포댐은 우리가 앞에서 언급했던 힐만의 1971년의 논문에 대해서 말하면서, 힐만이 개성화 과정에 통합되어 있지 않은 것들까지 포함시켜야 한다고 주장한다고 하면서, 힐만의 주장에 동의한다고 하였다(Fordham, 1971, pp. 211―12). 포댐 역시 통합되지 않은 것들에 관한 그의 저작에서(예를 들어서 말하자면, 1976) 힐만이 하려고 했던 것과 같은 말을 했던 것이다. 결국 이 두 사람은 인간 정신의 다중심성에 대해서 강조하였다. 혼란스러운 것을 하나의 형태에 집어넣는다는 해결책 또는 그에 대한 강조는 유아시절이나 삶의 전체적인 과정에서 가능하지 않은 것이다.

"상상적인 구성으로서의 자기"라는 논문(1979a)에서 포댐은 우리에게 그 어떤 상징도 온전한 자기를 나타낼 수 없다는 사실을 상기시켜주었다. 왜냐하면 이미지로 그렇게 하려면 자기는 이미지를 만들어내는 부분(무의식)과 그 이미지를 보고 그것과 상호작용을 하는 부분(자아)으로 나뉘어야 하기 때문이다. 그는 자아는 언제나 어느 정도까지 '외부'에 있어야 한다고 주장하였다. 포댐은 우리는 거대한 원형적 형태(form)와 신비한 것으로부터 우리 자신이 여러 부분으로 구성되어 있다는 사실을 깨닫게 되도록 이행해왔다고 말하였다. 그런데 그 각각의 부분들은 똑같이 '나—자신'이다. 그러면서 그는 사회적 자기나 윤리적 자기 같은 부분적—자기(part—self)에 대해서 주장하였다.

통합 상태와 비통합 상태가 있기 때문에, 자기에는 두 가지 형태가 있다고 해야 한다. 하나는 전일적 자기이고, 다른 하나는 충분히 안정되게 나타나고, 체험될 수 있는 부분적—자기(통합되어 있지 않은)들이다. 포댐은 힐만과 같은 입장을 취하면서, 이 사실에 대해서 입증하려고 하였다. 먼저 그는 그의 모델은 중립적인 것이라고 말하였다. 부분—자기들은 무엇이라고 나타낼 수 없는 추상적인 전체 자기보다 못한 것이 아니라는 말이다.

포댐과 힐만은 각각 상황적이고 상대적이며 다원적인 자기에 대해서 제안하는데, 거기에서 체험의 알갱이들은 '전일적인' 느낌이나 존재보다는 '나 자신이 되는' 느낌을 가져다준다. 부분—자기나 정신적 파편들을 충분히 살면 전일성은 스스로 이루어지는 것이다. 자기 자신이 된다는 것이 때로는 편안하게 느껴지지 않으며, 그렇기 때문에 구겐뷜—크레이그가 이상화되고 완전한 자기에 대해서 반대하였다는 사실이 잊혀져서는 안 된다.

마지막으로 나는 지금 분석심리학에서 '통합'이 어떤 위치를 차지하고 있는지를 뒤돌아보면서, L.스타인의 주장을 덧붙이고자 한다. 그는 우리가 통합의 구조를 '원형적 구조'라는 의미에서 말한다면, 질서라는 말은 동어반복이 되고 만다고 주장하였다. 어떤 경우에서든지 선험적인 원형은 모든 것을 어떤 정형(定型)을 따라서 '질서있게' 배정하기 때문이다. 그러나 질서 있게 되고, 정형적으로 이루어진 것이 조화를 이룬 것으로 생각한다면, 대단히 잘못된 생각이다. 왜냐하면 혼란 상태에 있는 것도 질서 속에 있는 것일 수 있기 때문이다. 그 전의 상태를 계속해서 유지하는 것이 반드시 조화 속에 있는 것도 아니고, 통합되지 않은 상태가 지속되는 것일 수 있다는 말이다. 그래서 스타인은 우리는 반드시 거시적—질서에 대한 이론과 미시적—안정의 체험 사이를 구분해야 한다고 결론지었다.

그러나 이 책을 읽는 독자들에게 후기 융 학파 심리학자들이 모두 통합으로부터 고개를 돌린다는 인상을 주는 것은 잘못된 일이다. 애들러(1961)는 비록 무의식에 통합되지 않으려는 충동이 있다는 사실을 잘 알고 있었음에도 불구하고, "부정적인 무의식에도 통합에 대한 숨겨진 성향이 있음을 보여주는 체험적인 사실이 있다"고 생각하였다(p. 37). 만달라를 보면, 그것은 "정신의 통일성과 그 전체성"을 나타내는 것이다(ibid., p. 56). 또 다른 곳에서 애들러는 "원, 원형(圓形)은 전일성과 통합을 상징하며, 그렇기 때문에 자기를 상징한다"고 생각하였다(1979, p. 21). 야코비도 비슷한 말을 하였고(1959), 에딘저(1960), 휘트먼(1969), 프라이—론(1974), 매튠(1981)도 마찬가지다.

그러므로 우리는 이 문제에 대해서 어느 것을 강조하며, 더 중점을 두어야 할 것인가 하는 문제가 아니라 진정한 토론을 해야 한다. 그에 대해서 고든은 자기는 하나의 개념으로서 두 가지 측면을 가지고 있다고 올바르게 지적하였다. 즉 자기는 메타심리학적인 관점 또는 정신구조 모형에서 볼 때, 의식과 무의식, 개인적 체험과 능력 및 원형적 체험과 능력을 아우르는 정신의 전체성을 나타낸다고 주장하였던 것이다. 따라서 자기는 우리 삶의 체험을 의미있게 해주는 실천적 모델로 이용할 수 있다(Gordon, 1978, p. 33). 그런데 나는 여기에서 "의미있게 해주는"이라는 말은 질서있게 하고, 조직하며, 통합하는 것과 전혀 다른 의미라는 사실을 지적하고 싶다.

개성화: 민주적인 과정

융이 개성화에 대해서 말할 때, 그것이 누구를 위한 것인지 말하기는 대단히 어렵다. 사실 그는 "개성화는 정신적으로 성장하려는 사람 속에 있는 본능"이라고 주장하면서, 성충동이나 먹으려는 충동과 비슷한 것이라고 비유하였다. 개성화는 본성적인 경향이라는 말이다. 그와 동시에 그는 개성화가 목표로 되기 전에 사람들은 최소한 "집단적 규범에 먼저 적응해 있어야 하는 것"이 필요하다고 주장하였다(CW 6, para. 388). 이것은 개성화는 "자아가 강하고, 사회에 적응을 잘하고 있으며, 성기능도 원활한 사람들만을 위한 것"이라는 사실을 의미할 수 있는데, 그것은 개성화는 엘리트들을 위한 것이라는 사실을 암시하게 된다. 즉 "인간의 본성은 결국 귀족적인 것이다"(CW 7, paras. 198, 236 ; CW 17, paras. 343, 345)라고 한 말은 이 사실을 정당화시킬 수 있을 것이다.

융은 사람들은 개성화를 위해서 '부름' 받았다고 주장하였다(CW 17, para. 300): "내면의 목소리가 가진 힘을 의식적으로 동의할 수 있는 사람만이 하나의 인격체로 될 수 있다"(ibid., para. 308). 그러나 그는 더 나아가서 이 필연적인 과제는 이 부름을 그의 개인적인 현실로 해석하여야 한다고 주장하였다(우리는 여기에서 융이 이렇게 말함으로써 개성화에서 자아가 작용하는 부분을 우연히 확정하였다고 생각한다).

그러나 그가 개성화를 말하면서 '부름'이라는 단어를 사용했고, 그 밖에도 다른 수 많은 전거들을 통하여 종교적이거나 영적인 태도와 동일시한 것은 개성화를 하나의 심리학적 과정이나 필연으로서가 아니라 어떤 신비주의적 호출로 여겨지게 했다. 개성화는 개인을 넘어서는 어떤 것, 느껴지지 않을 수 없지만, 알 수 없는 어떤 것을 받아들이는 것을 의미하는 것이다. 그런 의미에서 개성화는 영적인 부름이지만, 인격을 충분히 실현시킨다는 점에 있어서 심리학적 현상이다. 개성화에 대한 추구 또는 탐구는 많은 사람들의 첨예한 관심사이다. 그리고 그 과정 자체는 때때로 성배(聖杯) 자체, 즉 성배가 그 목표라기보다는 성배 자체인 듯하다.

마지막으로 개성화가 인생의 후반기에 예외적으로, 또는 특히 뚜렷하게 나타나는 과정이라는 융의 생각에 질문을 할 필요가 있다. 발달학파에서는 개성화가 일생에 걸쳐서 일어나는 활동이고, 개성화의 본질적인 모습은 어린아이들에게서도 발견된다고 주장한다. 이것은 인생의 후반기에 '알맞은' 개성화와 유년시절과 그 후에 일어나는 개성화를 구분해야 하는 상황으로 이끌어간다. 내가 앞에서 개성화는 본성적인 것이지만, 극히 적은 사람들에게만 해당되는 것이 아니냐고 다소 모순되게 말했기 때문에 우리는 개성화를 다음과 같이 세 가지 종류로 정리해야 할 것 같다. 첫째로 본성적인 것으로서 전 생애에 걸쳐서 일어나는 개성화 과정, 둘째로 본성적인 것으로서 인생의 후반기에 일어나는 개성화 과정, 이 두 가지 것과 구별되는, 셋째로 분석을 통해서 의식과 함께, 또 의식에 전달되는 것으로서의 개성화 과정이 그것이다. 우리는 이 세 번째 개성화 과정(분석을 통해서 이루어지는 개성화)이 분석심리학에서 연금술적, 종교적, 신비적, 그리고 또 다른 불가사의한 상징체계와 함께 지배적인 관념을 이루고 있다는 사실을 유감스럽게 생각한다. 그리고 후기 융 학파 심리학자들이 아무리 개성화를 과정이라고 말할지라도 존재의 상태를 암시하는 '개성화된'이라는 말은 여전히 통용되고 있다.

개성화가 구겐뷜―크레이그가 말하듯이(1980) 당신이 당신 자신으로 되거나, 그렇게 되려는 것이라면, 원형적 요소들의 우연한 배열로 인한 성향과 환경적 재난 때문에 생긴 모든 종류의 약함과 개인적 상처들을 그 안에 품고 있을 것이다. 우리는 고아는 개성화될 수 없다고 말하는 것인가? 아니면 하반신이 양쪽 다 마비된 사람은 어떤가? 성도착자는 어떤가? 자기가 오직 개성화와만 관계하고 있다는 생각이 도전 받았듯이, 그와 똑같은 비판이 개성화에 대한 초기의 정의에 대해서 행해진다.

우리는 이 문제와 관련해서 포댐이 말한 아동기의 개성화 이론에 대해서 살펴볼 수 있을 것이다. 그는 그의 이론의 출발점을 융이 "개성화는 실제로 초기의 동일성의 상태, 즉 … 주체와 대상이 미분화된 초기의 상태로부터 의식이 발달하는 것과 같은 것이다"라는 말에 두고 있다(CW 6, para. 762). 이 후기의 발달은 유아기에 일어난다. 마찬가지로 "집단적이고, 보편적인 심리"(CW 6, para. 757)로부터의 분화는 아이가 그의 어머니로부터 분리되는 것과 같은 것이라고 말할 수 있다. 포댐은 이런 분화는 두 살에 끝이 난다고 주장하였다. 출생 이후 초기의 자기는 비통합적이며, 아이는 어머니와의 동일시 상태를 향해서 나아간다(1976, p. 37). 그 다음, 아이는 이 동일시 상태로부터 대상관계를 발달시키고, 융이 정의한 것처럼 개성화를 향해서 나아간다. 물론 어느 누구도 정동적인 의미에서 어머니와 완전히 분리될 수는 없다. 그래서 "이 연합은 그 다음에도 다른 사람들과 계속해서 생산적인 융합을 맺게 해준다"(ibid., p. 38). 포댐이 생각하기에 어머니와의 동일시 상태는 아니마/아니무스, 페르조나, "더 위에 있는 인격"의 기초가 된다(ibid., p. 38).

두 살이 되기 전에 어린아이는 상당히 많은 정도까지 그의 몸을 통제할 수 있어서 항문과 요도의 괄약근을 통제할 수 있고, 그의 피부가 어디까지 연장되는지 알게 된다. 또한 그는 다른 사람의 관심을 받아들이면서 정동이 발달하며, 초기 단계의 의식이 생기게 된다. 무엇보다도 먼저 이때 어린아이들은 상징을 사용할 수 있게 된다. 그것이 중간대상(transitional object)이든지, 아니면 다른 놀이이든지 상관은 없다(ibid., p. 21—3). 개성화를 위한 모든 본질적인 요소들이 이 시기에 있는데, 여기에 덧붙여서 보통 있을 수 있는 어머니의 역할만 있으면 된다(ibid., p. 40). 이 과정은 상처를 받기 쉬우며, 곧 잘못될 수도 있다. 그러나 그 어떤 점도 교정될 수 있다. 선과 악, 안과 밖 사이의 대립은 화해되었고, 출생 때 본래적인 유기체가 가지고 있던 통합과 아주 다른 의식/무의식의 통합이 이루어진 것이다.

이것은 개성화가 아니라 단지 성숙에 대한 묘사라고 말할 수도 있다. 이렇게 생각할 수 있는 것은 두 가지 점에서이다. 첫째로 위에서 말했던 모습들은 모두 하나의 인격 속에 여러 가지 다양한 가닥들을 연합하고, 상징적 체험을 하는 성숙의 특별한 부분이다. 성숙은 보다 큰 용어이고, 개성화는 특별한 부분을 말한다. 둘째로 성숙을 개성화로 받아들이는 사람도 있다. 그들은 우리가 개성화를 하나의 본성적 과정이라는 모델로 생각한다고 강조할 것이며, 개성화는 유아기와 아동기에도 이루어지기 때문에 그 후의 삶에서도 계속해서 이루어질 것이라고 주장할 것이다. 그래서 포댐은 개성화가 얼마나 본성적인 과정인가를 강조하면서 개성화를 민주화시켰다.

융은 포댐이 주장한 아동기의 개성화에 대한 생각에는 아마 동의하지 않았을 것이다.

> 계속해서 말하지만, 나는 개성화 과정이 자아가 의식 속으로 들어가고, 그에 따라서 자아가 자기와 혼동되고 있다는 사실을 지적하고자 한다. 그러나 그것은 우리를 구제받을 수 없는 개념적 혼란으로 이끌 것이다(CW 6, para. 432).

여기에서 개성화가 무엇이고, 어떻게 되어야 할 것인가 하는 융의 개념 또는 예상이 위험에 처하게 된다. 그는 어떤 특별한 종류의 자기 상징과 그에 대한 상징적 체험에 관심을 기울여서, 때때로 그가 처음에 개성화란 하나의 본능이나 충동이기 때문에 본성적인 것이라고 했던 통찰을 잃어버린 것이다.

다시 한번 힐만은 우리가 하나의 특정한 개성화를 생각하기보다는, 우리 내면의 다양한 인물들에서 나오는 개성화의 다양한 측면을 이야기해야 한다고 주장하면서 같은 문제를 다른 각도에서 살펴보았다. 그러므로 한 사람은 그 자신을 위한 어떤 규범을 스스로에게 줄 수 없다(1975 b, p. 88). 우리 각 사람에게는 순종해야 하는 신들이 너무 많으며, 수 많은 다양한 규범들은 이 내면의 만신전(萬神殿, pantheon)에 나타나 있는 것이다. 모든 사람에게 타당한 규범은 초점을 잃은 모습인 것이다.

힐만이 생각하기에 개성화는 원형적인 환상이다. 그 전통적인 정의에서 개성화는 하나의 원형인 자기의 작업 또는 그 산물이다. 그러나 그 길을 밟아가는 것은 한 가지 방법만이 아니다. 개성화 자체는 그 안에 자동적으로 발달, 진보 또는 질서를 담은 것을 추구해가는 특별한 길이다. 힐만은 그 과정에서 원형들이 서로에게 작용하면서 생긴 수 많은 변용들을 끊임없이 섞어서 짤 것을 제안하였다. 그러나 거기에서 개성화는 어떤 것이라고 단정적으로 정의를 내릴 수 없다.

멜처(Meltzer)는 클라인 학파의 정신분석적 배경을 가지고 다음과 같이 주목할 만한 말을 비슷하게 하였다.

> 클라인 여사는 사실 당신이 말한 것을 마음의 신학적 모델이라고 불렀다. 모든 사람들은 당신이 말한 것을 그 안에서 내적 대상이 신들과 같은 기능을 수행하는 하나의 '종교'라고 말해야 하는 것이다. 그러나 그것은 엄밀한 의미에서 종교는 아니다. 왜냐하면 그 힘을 그 신들에 대한 믿음 때문에 도출하지 않고, 그 신들이 그들의 기능을 마음 안에서 수행하기 때문이다. 그러므로 당신이 그 신들을 신뢰하지 않으면 당신은 혼란에 빠질 것이다. 그런데 그 혼란은 나르시시즘적인 혼란이다(1981, p. 179).

힐만의 우상파괴주의(개성화는 사물을 보는 하나의 방법이라는 의미에서)는 포댐의 민주화(일반적인 좋은 어머니 역할 이외에 다른 것을 요구하지 않는다는 의미에서)에 덧붙여져서 후기 융 학파 심리학자들의 종합적 견해에 신선한 느낌을 제공해준다.

한 가지 더 고려해야 하는 요인은 개성화에 친밀한 개인적 관계가 포함되어야 하는 점이다. 인격의 여러 부분들을 모으고, 통합하게 되면, 사람들은 개인적인 관계들로부터 자연스럽게 물러나게 될 수 있다. 그러나 어떤 사람들에게는 오히려 다른 사람들과의 관계의 특질이 중심적인 것으로 될 수 있다(cf. Plaut, 1979).

다른 어느 영역에서보다 개인 관계의 영역에서 개성화는 완전을 의미할 수 없다. 우리는 구겐뷜―크레이그가 그랬듯이 '정상적인 기준'에서 보자면 미친 짓 같지만 관계성에 대한 최적의 자기―표현을 나타내는 개성화 결혼에 대해서 말을 해야 할 듯하다(1980). 관용, 다른 사람들에 대한 감각과 같은 개성화의 특질들은 두 사람 이상의 관계에서 반드시 검증되어야 한다. 어느 누구도 완전하지 않기 때문에 병리적인 것들은 언제나 고려되어야 한다. 이 사실은 우리가 개성화에 대해서 논의할 때 정신병리학이 포함되어야 할 필요가 있다는 사실을 일깨워준다.

나는 다음 단계로서 개성화를 집단적 및 사회적 기능과 연계시켜야 한다고 생각한다. 많은 융 학파 사람들은 "집단들에 잘 대처하지" 못한다(아니면 그들은 그렇게 말한다). 그러나 그와 동시에 분석심리학과 집단적 심리치료 사이에 관계를 도모함으로써 분석심리학을 풍부하게 하려는 노력이 점증하고 있다(p. 448 이하를). 나는 개성화의 중심적인 요소가 왜 인간의 사회적인 삶에 전반적으로 적용될 수 없는지 그 이론적인 근거가 희박하다고 생각한다. 특별히 그것들이 후기 융 학파 심리학자들에 의해서 변화되었고, 재구성되었기 때문에 더욱더 그러하다.

개성화에 대해서 말할 때, 융이 이 문제를 잘못된 개성화인 "무의식적 전일성"과 조심스럽게 구분하였다는 사실을 기억하는 것이 중요하다. 그와 달리 "의식적 전일성"은 "자아와 자기를 잘 연합해서 그것들이 그들의 내적인 특질을 잘 유지하도록 하는 것"이기 때문이다(CW 8, para. 430n).

대극은 얼마나 다른가?

후기 융 학파 심리학자들은 대극을 둘러싸고 있는 자기와 그것들의 화해에 대한 그의 심리학적 구조를 변경시켰다. 프로이트의 정신분석학에서 적극적/소극적, 남근적인/거세된, 남성/여성 등과 같은 대극적인 것들은 영원히 같이 갈 수 없는 개념들이다. 사람들은 그 다른 것들을 종합하거나 그와 비슷한 변증적 과정으로 이끌 수 없는 것이다. 오히려 그 대극의 쌍은 영원한 갈등을 나타낸다. 전통적인 융 학파 분석은 '대극들'을 중요시한다: "무엇보다도, 자기에 대해서 명확하고 객관적인 견해를 갖는 것은 그것을 대극들로부터 구분하는 것을 의미한다"(Hannah, 1967). 때때로 대극들은 놀라울 정도로 작용한다: "충분히 많은 사람들이 대극이 자아내는 긴장을 견딜 수 있다면 원자폭탄이 사용되지 않을 수 있을 것이다"(ibid.).

윌포드(Willeford, 1976)는 모든 심리학적 현상들이 그 밑에 있는 양극성을 나타내는 것은 아니라고 생각하였다. 그는 양극성/화해의 역동에 강세를 주는 모델을 채택하는 것이 잘못된 일이라고 느꼈다. 왜냐하면 이 모델은 "인간의 정신 기능이 언제나 서로 적대적인 것이 아니라 서로 지지하면서 상호작용을 한다" (p. 116)는 사실을 간과하기 때문이다. 대극들에만 초점을 맞추면 그들의 차이가 조금 달라지거나 상황이 진전되는 것을 놓치게 된다. 그 개념은 너무 포괄적인 것이다. 이와 비슷한 견해를 드라이(1961)도 피력한 적이 있는데, 그는 융이 자주 사용하였던 대극의 쌍들(의식/무의식, 남성/여성, 본능/정신)이 인간의 정신생활을 구성하는 궁극적인 단위가 되기에는 너무 복합적이라고 반대하였다. 그녀는 대극의 긴장이 가설적으로는 정신에너지를 만드는데 필요할 것이라고 생각되지만 그것만 가지고서는 그 이론을 다 설명할 수 없다고 주장하였다. 그렇다면 신체적 영역에서 작용하는 에너지는 어떻게 된다는 것인가? 나는 이것보다 더 나아가서, 현대 정신분석학의 흐름에 발맞추어서 우리에게 정신에너지라는 개념이 반드시 필요한 것인가 하는 질문을 하고자 한다. 에너지는 우리가 제1장에서 살펴보았듯이, 물리적 세계에서 발달한 하나의 유비이고, 메타심리학에서 쉽게 사용될 수 있는 개념적 구성이다. 거꾸로 에너지라는 관념은 그것이 비록 오늘날 순전히 하나의 은유처럼 사용된다고 할지라도 우리가 지각하는 것들의 다른 점들을 설명하는데 도움을 준다.

힐만은 대극주의(oppositionalism)를 심리학의 기반으로 삼는 것을 거부하였다. 그는 "결코 녹아 없어지지 않는 하나의 주제로 귀속되는 순환과정을 만드는"(1975b, p. 213) 하나의 원형적(圓形的)인 심리학의 이미지를 그린 것이다. 힐만은 대극주의가 유용한 도구가 될 수 있지만, 그것이 지배적인 도구가 되어버렸다고 비판하였다. 여기에서 우리는 융의 이론에 대한 그의 반대가 처음에는 비록 논리적인 반대는 아니었지만 (그것들은 경험적인 반대였다) 점차 논리적인 반대처럼 되는 것을 볼 수 있다. 그러나 인간 정신에 대한 융의 개념 전체를 이루고 있던 것은 대극에 의한 길항작용(拮抗作用)과 상보성(相補性)이었다.

힐만은 더 나아가서 그 어떤 정신적 사건에서도 대극은 이미 존재하는 것으로 여겨진다고 제안하였다. "모든 정신적 사건은 적어도 두 가지 입장을 동일시함으로써 생긴다"(1979a, p. 80). 우리가 지금 생각하는 범주들이 어떤 의미에서 서로 연관되어 있다면, 우리는 대극들의 동일시에 대해서도 생각할 수 있다. 그러면 자연히 우리는 모든 것들을 언제나 그 대극들과의 관계 속에서 생각해야 한다. 그때 화해는 결코 의식의 작업이 아니다. 오히려 그것은 선재하는 대극의 동일시 위에 있는 것으로 생각해야 한다. 아이는 어머니와 어머니의 반대되는 것을 담고 있는 것이다. 그때 그 둘은 반대되는 것이 아니다. 마찬가지로, 아이와 어른은 동일하다. 서로가 서로에게 깊이 포함되어 있는 것이다. 종합해서 말하자면, 대극주의는 사물을 보는 특별한 방식의 또 다른 은유 가운데 하나인 것이다. 무엇보다도 먼저 대극주의는 제한된 온전성을 가진 자아를 돕고 격려하는 하나의 지각적 은유이다. 그러나 그것은 분석을 위한 훌륭한 도구가 되기도 한다.

물론 힐만의 "대극의 동일성"에 대한 생각 역시 사물을 보는 하나의 은유이다. 그러나 우리는 여기에도 논의할 만한 것이 있다고 생각한다. 그는 대극은 연합되어야 하고, 종합되거나 화해되어야 한다는 융의 논제를 반대편에서 확장시킨 것이다. 그렇게 될 때, 한 사람 속에서는 아이 부분과 창조적이며, 거부할 수 없는 중요한 부분인 어른 부분 사이에서 진정한 긴장이 생겨난다.

우리가 앞 장의 부록에서 살펴보았던 후기 융 학파 심리학자들 가운데 유형론자들 역시 융의 대극 이론에 대해서 비판적이다. 루미스와 싱거(1980)는 대극들이 초월될 수 있다면, 왜 양극성을 그렇게 강조하느냐고 주장하는 것이다. 또한 메츠너 등은 사람들이 정신적 태도와 기능을 혼합한다면, 어느 정도까지 될 수 있는지 질문하였다(1981).

우리가 여태까지 말했던 것들을 도표로 나타내면, 우리는 다음과 같이 인간의 정신활동을 나타내는 세 가지 다른 모델을 얻을 수 있다.

(1) 갈등상태에 있는 대극의 쌍들(프로이트)
(2) 잠재적으로 화해할 수 있는 대극들(융)
(3) 대극들의 순환과 동일성(힐만)

융의 생각 가운데서 네 번째로 검토해야 하는 것은 그가 인간의 정신활동과 발달을 나선형(螺旋形)으로 그렸다는 점이다. 나선형은 그 안에 새로운 요소가 즉흥적인 방식으로는 아니지만 들어올 수 있는 체계이다. 나선형 속에서는 같은 요소들이 다른 요소들과 상호작용을 하는데, 그것은 서로 다른 자리에서, 상승하면서 반복하는 방식으로서이다(예를 들어서 말하자면, 자아와 자기는 서로 다른 지점에서 서로 다르게 관계 맺는다). 나선형적 구조는 그 안에서 정신의 구성 성분들이 환경적 요구에 따라서 작용하는 방식을 보여준다. 나선형적 구조 속에서 원형성과 대극주의는 그 국면에 알맞은 현상으로 나타난다. 징킨(Zinkin, 1969)은 "나선형적 구조는 두 사람의 장(場), 즉 분석상황을 잘 묘사할 수 있다"고 주장하였다. 즉 그 구조는 충분히 단단하고, 개방적이라는 말이다. 그러나 사람들 사이의 상호관계의 차원은 융이 말한 대극 이론으로 지배받지는 않는다. 오히려 자아가 갈등 관계 속에 있을 수 있는 실제의 인물은 내적 대상의 외적 표명이라고 해야 할 것이다. 다시 말해서 사람들은 자신의 부인과 갈등 관계에 있는 것이 아니라, 아니마와 갈등 관계에 있는 것이다.

쇼터는 (1982년 개인적인 대화 속에서) "융이 말하는 대극 이론의 본질은 그것에 의해서 조성되는 긴장과 충돌이 행동에 의한 해결, 즉 정신적 변화를 요청한다는 사실에 있다"고 주장하였다. 대극들과 우리가 그 대극들에 대해서 하는 것들은 우리가 그 의미를 아는지 모르는지 간에 우리의 태도가 우리 삶에 어떻게 하는지를 알려준다고 주장했던 것이다. 무엇보다도 먼저, 우리 의식과 무의식 사이에서 긴장이 조성됐다면, 그것은 그 둘 사이의 종합에 대해서 강조하는 것이다.

발달 속에서의 대극들

융이 말한 매우 추상적이고 거의 철학적이기까지 한 대극에 대한 생각은 발달학파에 속한 학자들에게 유아기의 자아와 자기의 관계에 대한 사변의 기초가 되었다. 그런데 이런 생각들은 그 안에서 자아와 자기는 서로 분리돼서 체험된다는 생각을 반영하고 있다: "실제로 자아와 자기는 때때로 서로가 서로에게 반대되는 것으로 체험된다"(Gordon, 1978, pp. 32—3). 자아는 그와 분리된 모든 것들, 즉 경계에 대한 감각과 개인적인 정체성과 외적인 성취 등을 "그 자신의 몸이나 인격과 연관된 이미지"(ibid.)를 통해서 요약하여 나타내는 것이다. 그러나 우리는 자기로부터 "혼합하고 전일적으로 되려는 욕구—어머니의 가슴과 배꼽 속으로 다시 들어가려는 환상이나 … 어머니, 자연, 우주 속에 다시 녹아들려는 욕구"(ibid.)를 끄집어낸다.

스트라우스 역시 자기와 자아라는 두 개의 정신체계 사이의 상호작용을 강조했는데(1964), 그는 자아가 가진 분리되려는 경향과 자기가 가진 연합하려는 경향 사이에 있는 갈등의 해결이 유아기는 물론 삶 전체에 걸친 인격 발달에 무엇보다도 중요한 일이라고 주장하였다. 스트라우스는 융이 말한 자기에 대한 개념에 함축된 두 가지 다른 상태를 구별하였다. 첫째는 타고나며, 통합하고, 동화되고, 미분화된 전일성이고, 둘째는 대극들의 융합으로서의 자기가 그것이다. 전일성의 선재하는 상태, 초기의 자기, 인간의 유기체적인 사실로서의 모습과 둘 또는 그 이상의 분화된 실체들과 인격의 여러 부분을 연합한 것으로서의 모습은 서로 같을 수 없는 것이다.

나는 다른 논문에서(Samuels, 1982) 유아기에 이루어지는 대극들의 분화는 공격적인 깨물음, 갈갈이 해체하는 환상, 치아의 상징체계와 관계가 있다는 사실을 언급하였다. 그런 환상은 대극의 분화 과정을 나타내는데, 그 분화는 나중에 앞에서 언급한 연합을 이루게 된다. 그런데 그의 부모가 결혼하는 모습을 그린 어린 아이의 이미지는 그가 경험할 수 있는 가장 처음의 대극의 연합이다. 아이는 그때 처음으로 이미 하나가 된 부모로부터 자신을 의식적으로 분화시켜야 한다. 그것을 위해서 깨무는 행동은 그에게 많은 도움을 준다. 그때 그는 "부모가 열매를 많이 맺을 수 있는 결혼 생활 또는 연합을 이루게 하면서", 그의 시기와 질투를 극복해야 한다.

발달학파의 많은 분석가들(예를 들어서 말하자면, 레드펀 같은 사람들, 1978)은 대극들을 분화시킨 결과 생겨난 성과는 사람들이 생애 초기에 단일한 세계를 구축하려는 시도들로부터 분리됨으로써 생긴 긴장을 얼마나 견딜 수 있는가 하는 데 달려 있다는 사실을 강조하였다. 그렇게 긴장을 담을 수 있는 것은 생애 초기 어머니가 갈등상태에 있는 아기를 "붙들어 주었던" 특질에 뿌리를 둔 자아의 기능과 관계가 있다(제5장을).

분석에서 대극을 분별하고, 대극과 화해하는 것은 (하나는 자아와 관계되고, 다른 하나는 자기와 관계된다) 상호 공존한다. 뉴턴은 분석 작업에서 한 환자에게 그가 분석가로부터 분리됨으로써 어떻게 분별이 이루어지고, 분석가/어머니의 좋기만 하고, 나쁘기만 한 이미지와 어떻게 화해하는지를 보여주는 사례자료(1965)를 발표하였다.

대극 이론의 위상이 어떻게 되든지 간에, 그것을 개인적인 발달과 임상 작업에 적용시키는 것은 융이 가지고 있던 기본적인 관심사로부터 나온 재미있는 시도였다. 그런데 이 특별한 주제에 대해서 논술한 모든 사람들이 자아에 대해서 말하지 않고서는 자기에 대해서도 언급하지 않았고, 그 반대도 마찬가지였다는 사실을 반드시 짚고 넘어가야 한다. 이제 우리는 그 둘 사이의 관계에 대해서 좀 더 자세하게 말을 해야 한다.

자아—자기의 축

에딘저(Edinger, 1960, 1972)는 인생의 전반기에는 자아—자기가 분리되고, 인생의 후반기에는 재연합한다는 고전적인 공식이 수정되어야 한다고 주장하였다. 그는 자아—자기의 분리와 재연합은 일생을 걸쳐서 교대되면서 주기적으로 이루어진다고 제안했던 것이다. 자아—자기의 관계에는 세 가지 형태가 있다: 자아—자기의 동일시, 자아—자기의 분리, 자아—자기의 소외가 그것이다. 자아—자기의 동일시에서 자아와 자기는 하나인데, 그 상태는 자아가 자기에게 흡수된 것을 의미한다. 자아—자기의 분리는 완전히 이루어질 수는 없는데, 그때의 상태는 자아와 자기 모두에 대한 의식적인 깨달음이 상당한 정도까지 이루어진 것을 의미한다. 자아—자기의 축은 (이 용어는 원래 노이만, 1959이 만든 것인데, 에딘저가 훨씬 더 정교하게 다듬어서 사용하였다) 인격의 의식적인 부분과 무의식 사이의 관문으로 작용한다. 자아—자기 축이 제대로 작동하지 않으면 (예를 들어서 말하자면, 무의식의 내용이 너무 위협적이라서 자아가 공포 때문에 그 관문을 닫을 수 있다) 자아와 자기 사이에는 소외가 생길 수 있다.

에딘저는 실생활에서 자아—자기의 분리와 자아—자기의 소외를 명확하게 구분하기는 매우 어렵다고 주장하였다. 소외는 부모가 자기(self) 속에 담긴 어린아이 인격의 모든 측면들을 용납하지 않을 때 생길 수 있다.

에딘저는 노이만을 따라서(1973) 자기는 생애 초기에 부모들에게 투사됨으로써만 체험될 수 있다고 생각하였다. 자기는 구체적인 부모—아이 관계가 없다면 "원형의 개인적인 환기(喚起)"(Neumann, 1959, p. 21)로 작용할 수 있게 드러나지 못한다. 노이만은 한 걸음 더 나아가서 어머니를 "어린아이의 자기의 운반자이며, 때로는 어린아이에게 자기로서의 어머니를 가져다주는 존재"라고 생각하였다.

> 인간 정신에서 후기의 자아—자기 축의 발달과 자아와 자기 사이의 의사소통과 반목은 자기로서의 어머니와 자아로서의 어린아이 사이의 관계로부터 시작된다(1973, p. 17)

여기에서 노이만이 기도했던 것은 어린아이(자아)가 어머니(자기)로부터 분리되어야 한다는 제안을 더 발달시키려는 것이었다. 포댐(1981)은 자기가 전체성을 의미한다면, 이 세상에 어린아이는 있을 수 없다고 지적하였다. 그렇지 않으면, 다른 각도에서 볼 때, 어머니가 어린아이의 자기라면, 이 세상에 어머니는 있을 수 없게 된다. 그래서 포댐은 그가 받아들일 수 있는 것은 어린아이에게 그의 어머니는 자기의 일부라는 사실이었다(1976, p. 54).

포댐과 노이만의 이런 견해 차이는 유아기를 경험적이고 과학적인 입장에서 연구하려고 접근하는 쪽과 은유와 공감에 기초해서 접근하는 쪽 사이의 더 큰 분열의 한 부분으로 볼 수 있다. 어머니가 아기의 자기를 운반한다고 하는 노이만의 생각은 현대 정신분석학에서 어머니의 반영을 중요시하는 이론과 연계되는데, 우리는 그 문제에 대해서 다음 장에서 다룰 것이다. 통합과 다원주의에 대한 후기 융 학파의 논의 속에서 자기에 대한 노이만의 개념은 정신의 다중심성적 사고보다는 융의 개념을 더 따르고 있다. 그러나 포댐의 접근은 우리가 살펴보았듯이 더 다양한 가능성을 열어둔다.

어머니와의 관계 속에서 어린아이의 자기가 비통합적이라는 주장과 반대로, 어머니가 어린아이의 자기로 작용한다는 주제는 분석심리학에서 수많은 뜨거운 논의를 불러일으켰다. 거기에 대해서 뉴턴과 래드펀은 그것을 이어주는 두 가지 유용한 제안을 하였다. 첫째로, 어머니—아이의 관계에 관한 임상적 자료 속에서 나타나는 이미지들은 자기와 자아 사이의 관계를 상징하고 있다.

> 자기가 어린아이에게 부분적 충동과 부분—대상적 관계를 시작하게 하고, 담고 있으며 초월하듯, 모든 것이 순조롭게 진행되기만 하면 조용하고, '안아주는' 어머니는 아이와 양육적 관계를 시작하고, 유지하며, 아이의 구강적 충동에서 비롯된 변화무쌍한 정동적 갈등으로부터 아이를 지지해 줄 수 있다. 그때 어머니에게는 아이를 '온전한 인간'으로 대하는 능력이 필요하다(1977, p. 299).

내부로부터 나오는 자기의 활동과 외부에서 경험되는 모성적 활동 사이의 이런 일반적인 관계로부터 두 번째의 더 세밀한 평행이 도출된다. 내적인 조화감과 (자기를 체험하려는) 목적은 모성적인 환경, 특히 어머니에 대한 '느낌'과 현존을 내면화하려는 것으로 생각될 수 있다(ibid., p. 310). 이것을 비유적으로 말하자면, 마치 한 학교에서 수석 교사의 인격이 그 학교 전체에 스며드는 것과 비슷한 것이다. 한 사람의 자아—자기 자리는 그 사람과 그의 어머니 사이에서 있었던 모든 것들이 반영되어서 나오는 것이다. 이렇게 생각하는 것은 아마 "자기로서의 어머니"라는 공식을 너무 단순화시켜서 보는 것보다 더 자아—자기의 축을 잘 이용하는 방법일 것이다. 그러므로 이제 자기의 상대화가 얼만큼 많이 진척되었는가 하는 사실을 지켜보는 것도 흥미 있는 일이다. 인격의 중심, 중핵이 되는 원형으로서의 자기가 이제는 유아기의 감정체험에 의해서 개인들에게 육화되어서 나타난다는 것이다. 이 사실은 후기 융 학파 심리학의 이론적 접근에서 관건이 된다. 이 지점에서 유아기 분석의 핵심과 자기라는 '더 큰 인격'은 결국 만나게 된다.

상징으로부터 이미지로

융의 이론에 대한 후기 융 학파의 근본적인 수정은 상징과의 관계에서 가장 잘 드러난다. 나는 이제 융이 초기에 '기호'와 '상징' 사이를 구분한 것이 얼마나 '상징'과 '이미지' 사이를 구별하도록 확장되었는지 보여주고자 한다. 내가 말할 수 있는 한, 애들러와 같은 전통학파 심리학자들은 상징에 대해서 특별한 의미를 적용하는 것에 반대하고, 후기 융 학파 심리학자들은 그 뒤를 따랐다. 더 나아가서 애들러는 "상징의 부정확성"(1979, p. 11)에 긍정적인 의미가 많이 있을 수 있다는 사실을 발견하였다. 그러면서 그는 "상징이 가진 이 모호성은 생명의 본성에 알맞은 것이고, 생명의 본성을 반영하는 것"이라고 주장하였다. 더구나 우리가 물리학자 보어(Bohr)의 "상보성의 원리"를 심리학에 적용시키면, 해석에 대한 진술이 너무 명확하고 분명하다면, 그 진술은 무엇인가 오류를 품고 있을 수 밖에 없다는 사실을 알게 된다. 우리가 인간의 심리에 대해서 탐구한다면, 우리는 돌아서 가야 하는 것이다.

그러나 사람들이 아무리 경고를 하고 그 효용성에 의문을 품을지라도, 상징 사전은 출판된다. 서로트(Cirlot)의 『상징사전』(1962)의 여백 면에는 다음과 같은 주장이 씌어 있다: "이 작업의 기본적인 목표는 모든 상징의 변화하는 본질적 의미를 명확히 함으로써 상징 연구의 일반적인 전거의 중심을 만들려는 것이다". 서언에서 그는 융에 대해서 특별한 신뢰를 보낸다고도 하였다(xii). 그러나 분석심리학은 이런 유형의 모험을 반대한다. 하지만 상징을 '고정'시키려는 시도는 계속해서 이루어진다. 예를 들어서 말하자면, 노이만은 『의식의 기원과 역사』의 서문에서 개인적 상징처럼 보이는 것이 사실은 초개인적인 상징이며, 그에 따라서 집단적이고 고정된 것이라는 사실을 애써서 강변하고 있다(1954, xxiii). 나중에, 그는 상징이 가진 기본적인 의미를 개인들이 변이시키는 것을 짐짓 과소평가하면서, 상징의 개인적 측면은 "이차적 인격화"라고 주장하였다(ibid., pp. 335—42). 폰 프란츠 역시 1982년 8월23일 BBC 방송에서 "새는 언제나 영적 직관을 의미하며—그래서 성령은 언제나 새로 나타난다"고 말하였다.

이것이 분석심리학의 일부 집단에서 보편적으로 말하는 방식이다. 상징을 한정시키고, 교조화하며, 자족적 체계로 만들면서. 상징에 대해서 다 아는 듯한 내집단을 만들고, 유지시키려는 것이다. 거기에서 자연히 분열과 분파가 생겨난다.

힐만은 이런 유형의 접근에 대해서 화를 내면서 반발하였다(1977, 1978). 그는 상징에 대한 그의 이런 통렬한 비판의 기반은 원리에 대한 진술(방법론)에 있지 않고, 일부 융 학파의 분석(방법)에 있다고 주장하였다. 그는 쮜리히에 있는 융 연구소의 1회 감독자로서 그와 같은 사정을 잘 알고 있었을 것이다. 쉽게 말해서 그는 이제 상징이 죽을 지경이 되었다고 느꼈던 것이다: "상징은 이제 더 이상 나의 관심을 끌지 못하였다"(1977, p. 62). 상징에 대한 지식의 발달은 상징적으로 말해서 상징을 죽게 했던 것이다(cf. Fordham, 1957, p. 51. 여기에서도 포댐은 상징을 죽이는 것 같은 이미지를 드러내고 있다).

어떤 것이 상징이 되기 전, 그것은 먼저 하나의 이미지이다(cf. Samuels, 1982, p. 323). 그러나 상징을 박사학위나 석사학위 논문의 한 부분으로서, 즉 학문적인 방법으로 고찰할 때, 그것은 그것이 있던 특별한 상황, 즉 분위기나 장면으로부터 옮겨와 이미지보다 못한 어떤 것으로 되어버린다. 이미지들은 너무 구체화되고, 축소되는 것이다. 그 결과 소위 상징이라고 하는 어떤 것들은 그것이 진정한 이미지를 나타내지 못하기 때문에 상징으로 간주될 수 없게 되고 만다. 우리가 어떤 이미지를 상징적 관점에서 보면, 우리는 그것을 즉시 일반화하고, 거기에 새로운 의미를 부여하여 그 의미를 제한하게 된다. 힐만의 이 말은 처음에는 그가 (프로이트가 말한) 기호와 (융이 말한) 상징을 혼동하는 것처럼 들린다. 그러나 힐만의 항의는 앞에서 말한 방법론과 방법 사이의 차이에 있다. 분석심리학자들이 융의 저술이나 다른 곳에서 상징들을 찾고 있다는 사실은 그 실체들이 이미지가 아니고, 상징도 될 수 없다는 사실을 보여준다.

그렇다면 이미지들은 상징이 되어야 할 필요가 있는가? 융은 "상징적 과정은 이미지 안에서 이루어지고, 이미지에 대한 체험"이라고 하였다(CW 8i, para. 82). 또한 이미지 없이는 상징도 있을 수 없다고 덧붙였다. 그러나 우리는 힐만의 주장에서 상징은 이미지가 가진 독특한 특이성과 충만성을 지워버리려는 경향이 있다는 사실을 살펴보았다. 어떤 의미에서 우리는 프로이트와 융이 한 일 때문에 고통 받는 것이다. 이미지로부터 상징을 추상화하여, 이미지의 의미를 잃어버린 것이다. 현대의 분석가에게 상징은 이제 더 이상 그 옛날처럼 신비한 것이 아니게 되었다. 상징은 이제 "개념의 대용물"로 되어버렸다(Hillman, 1977, p. 68). 한 때 잃어버렸던 무의식의 언어는 심층심리학의 창시자와 그 후계자들에 의해서 상당히 많이 찾을 수 있게 되었다. 힐만은 이제 상징으로부터 이미지를 구원하는 일은 제3세대 심리학자들의 안목에 달려 있다고 주장하였다.

힐만이 말한 이미지적 접근에서 이미지는 이미지와의 관계에 집중되어 있는데, 이것은 내가 제2장에서 말한 "관찰자의 눈에 비친 원형"의 상상을 상기시킨다. 우리는 이것이 원형적 이미지가 반드시 "커다란" 필요, 즉 "상징적일" 필요는 없다는 사실을 말해준다는 것을 보았다. 그 이미지가 원형적인 것이냐, 아니냐 하는 것은 사람들이 그 이미지로부터 무엇을 이끌어내느냐에 달려 있는 것이다. 움직임이 내재적인 상징으로부터 실용적인 이미지로 옮겨가는 것이다. 분석의 영향은 그 해석이 '맞느냐', '틀리냐' 하는 것에 있지 않고, 그 해석으로부터 얼마나 풍부한 것들이 흘러나오느냐 하는 것에서 효과가 판정되는 것이다. 이것은 클라인 학파의 분석가 멜처(Meltzer)가 말한 '해석적 분위기'라는 관념과 상당히 비슷한데, 멜처는 분석가가 이미지를 상징으로 '번역'하는 것보다는 두 사람이 이미지가 담고 있는 의미를 토론하는 것이 더 낫다고 주장하였다.

이미지에 대한 힐만의 주장을 그보다 20년 전에 있었던 상징에 대한 포댐의 주장(1957)과 비교할 때, 우리는 그 당시 포댐에게는 상징이라는 단어에 긍정적인 의미가 많이 담겨 있었기 때문에, 그가 비상징적이라고 했던 것이 힐만에게는 비이미지적인 것이라는 것과 같은 의미라는 사실을 기억해야 한다. 요점을 말한다면, 이 두 이론가들은 상징/이미지에 대한 한정적 접근을 조롱하고, 그것들이 배제되고, 수정되어야 하는 왜곡으로부터 벗어나게 하려고 했다는 것이다. 즉각적인 해석을 위해서 필요한 미리—규정된 상징 사전은 있을 수 없다는 것이다.

상징적 태도의 발달

모든 사람들은 상징적 태도를 보통 잠재적인 상태로 타고나지만 초기의 발달 상황 속에 멈춰져 있거나 간섭받는 경우도 많다. 이 사실은 우리에게 삶의 초기에 좋은 젖가슴과 나쁜 젖가슴 또는 좋은 어머니와 나쁜 어머니라는 대극을 형성하지 못한 사람들은 나중에 대극의 상징적 조합을 이루지 못하지 않는가 하는 생각을 하게 한다. 어린 아기는 상징화의 능력을 발달시킬 수 있기 전까지 먼저 그의 의식에서 그 자신과 내면세계, 그 자신과 외부 세계, 그의 내면세계와 외부 세계 사이를 구별할 수 있어야 한다. 이 질문은 쉬운 말로 해서, 아기가 그의 어머니가 그 자리에 있지 않을 때도 그에게 안전감과 신뢰감을 줄 수 있는 충분히 안정된 내적 어머니의 이미지를 가지고 있느냐 하는 것이다. 다시 말해서, 아기가 상상 속에서 어머니에 대한 상징을 활용할 수 있느냐 하는 문제인 것이다. 우리는 상징적 태도를 중간 대상과 놀이를 통해서 발달한다고 살펴보았다(p. 255를). 여기에서 우리는 융이 돌과 자갈을 가지고 놀면서 그의 직관에 도달하였다는 사실을 포댐이 고찰했다는 것에 주목해야 한다. 그 작업은 그로 하여금 상징을 통해서 그에게 있는 '두 가지' 인격을 통합하는 방식을 통찰하게 하였던 것이다(1976, p. 23).

고든(1978)은 상징적 태도가 발달하는 여러 가지 단계에 대해서 자세히 설명한 적이 있다. 그녀는 그녀의 생각을 시걸(Segal, 1973)의 작업에 기반을 두고, 상징적 '동일화'와 진정한 상징적 기능 사이를 구분했던 것이다. 상징적 동일화와 진정한 상징적 기능은 모두 감관 자료의 층과 불완전한 감각 인상들 위에서 이루어진다. 그러나 그 둘 사이에는 매우 중요한 차이가 있다. 상징적 동일화에는 "마치 … 인듯한" 요소, 즉 은유 감각이 없는 것이다. 이에 대한 유명한 예증은 시걸이 말한 것으로서, 청중들 앞에서 자위행위를 하는 것 같아서 연주를 하지 못했던, 정신분열적인 바이올린 연주가가 있다. 다른 한편, 쇠스랑에 대한 꿈을 꾼 나의 환자는 그녀의 어머니의 젖꼭지가 마치 쇠스랑의 날처럼 보인 적이 있었다.

고든은 어떤 사람들은 왜 "마치… 인듯한" 체험을 하지 못하는지에 대해서 세 가지 가능한 설명이 있을 수 있음을 제시하였다. 그것들은 죽음에 대한 두려움(때때로 죽음에 대한 매력으로 뚜렷하게 드러나기도 한다), 분리의 문제와 두려움, 탐욕 등이다. 이 모든 것들은 정신적 다양성의 발달과 반대되는 것이며, 더구나 은유의 반명제(反命題)들이다. 죽음은 아무 변화도 없는 무기물적 상태이고, 분리의 문제는 구분된 현실과 타자성을 거부하는 것이며, 탐욕이란 모든 것을 그의 내면에 취하겠다는 시도이다.

우리는 고든의 가설로부터 상징적 태도의 발달에 간섭을 하는 것은 자기 자체이고, 이 모든 문제들은 본질적으로 단일성(oneness)에 고착되려는 시도라는 결론에 도달하게 된다. 그러나 자기는 또한 상징의 의미 있는 요소라는 사실도 간과해서는 안 된다. 그러므로 우리는 두 가지 종류의 자기—하나는 상징적 태도를 조장하고, 다른 하나는 그것을 파괴하는—가 있다는 결론을 내려야 하거나, 아니면 우리가 지금 자기의 역기능에 대해서 말하고 있다고 해야 한다. 그렇지 않으면, 이 모든 문제들을 종합해서, 우리가 자기의 자연적 기능에 대해서 관찰하고 있는데, 자기는 한 개인의 특별한 상황 속에서 파괴적으로 작용할 수 있다고 말해야 한다. 그런데 자기의 자연적 기능은 자기의 방어라고 할 수도 있을 것이다.

포댐(1974a)은 '초기의 자기'(primary self)에 대한 그의 생각을 확장시켜서 그 안에 자기는 자아와 마찬가지로 방어 기전을 가지고 있다는 관념을 포함시켰다. 그런데 이 기전은 아기와 어머니 사이에 충분히 감정이입적인 '적합한 관계'가 결여될 때, 작동하게 된다. 그래서 비통합적 과정은 제대로 흐르지 못하게 된다. 또 다른 곳에서 포댐(1976)은 상징화 능력의 결핍은 자기와 어머니 사이의 관계의 '기본적 재난'으로부터 생겨서, 그 둘 사이에서 실제적으로 양육이 이루어질지라도 아무런 정동적 의사소통이 행해지지 않는다고 주장하였다. 이러한 결핍은 그보다 더 직접적인 형태로 경험될 수 있는 병이나 어머니의 이른 죽음이나 쌍둥이의 고통과 같은 결핍과 함께 사람들을 단일성으로 이끌어가고, 그때 사람들은 "마치… 인듯한" 생각을 할 수 있는 능력을 발달시키지 못하게 된다. 이것은 이론적으로 매우 중요한 관점인데, 사람들에게 상징화의 능력을 파괴하는 것은 단순한 정신적 외상이나 기대했던 것의 좌절이 아니라는 사실이다. 거기에는 자신도 모르게 자기가 아닌 것으로(not—self) 반작용을 일으키는 방어 체계가 작동한다. 그때 모든 것은 마치 어떤 수단을 쓰더라도 가치중립적으로 되어야 하는 사악한 원수가 작용하게 된다.

램버트는 여태까지 우리가 논의한 것은 파편화되었지만 굳세게 방어하는 인격에 대한 것이라고 주장하였다. 그 파편화의 결과는 그 어떤 자아도 한데 모아질 수 없고 결국에 가서는 비통합/재통합의 과정을 밟아야 한다는 것이다. 그런데 많은 상황들 속에서 경험한 것은 (다시 말해서 관계를 맺은 바에 의하면) 그것은 분열될 수 밖에 없다는 것이었다(1981b, p. 196). 그런데 융은 또 다른 관점에서, 개인들이 '표면적 통합성'을 이룰 수 있다고 주장했는데, 그 이론에 의하면 사람들에게서 잘못된 것은 모두 그의 바깥에서 이루어지거나, 개인적인 그림자는 없다는 것이다. 그러나 '표면적 통합성'이 무의식과 만나면 (즉 이미지들과 만나면), 그것은 분열되고 만다(CW 16, para. 399). 플라우트는 이와 같은 현상, 즉 경직되고, 특별히 부서지기 쉬운 자아를 묘사하기 위해서 '위급상황에서의 자아' 라는 단어를 사용하였다(1959). 또한 뉴턴은 어머니와 아기를 행복이 넘치지만 무시무시한 단일성으로 이끌어가는 어머니—아기의 환상적 이미지들이 이와 비슷한 작용을 한다고 주장하였다(1965).

그런데 나는 사람들이 사람들 사이에서의 체험을 축소하기 위해서 근친상간적 환상을 사용하고 있다는 사실을 강조하고자 한다. 그렇게 할 때, 타자들은 모두 자기의 한 부분으로 여겨지게 된다. 그러면 자연히 내면세계와 외부 세계에 대한 전능한 통제는 확보되게 된다(Samuels, 1980a). 내가 지금 말하는 것은 '우로보로스적 전능성'(uroboric omnipotence)인데, 그것은 어린아이들이 전능의 환상을 지키기 위해서 방어적으로 되는 것을 묘사하기 위한 것이다. 그때 아이들은 그것보다 덜 위협적인 것 같은 대상이 없는 단일성으로 돌아가려고 한다.

하나인 세계: 임상적 관점

후기 융 학파의 심리학적 관점에서 우리가 지금까지 살펴본 자기의 측면에 대한 고찰은 단일한 세계(unus mundus)라는 개념이 임상의 실제에서 매우 유용하다는 사실을 말해준다. 하지만 우리는 과장된 주장을 피하기 위해서 그와 같은 비인과성, 즉 우주의 연관성에 대한 개념과 분석심리학자들이 말하는 "이상한" 연관성에 대한 특별한 예들 사이를 구분해야 한다. 그 가운데는 심리학 영역에서가 아니라, 과학 영역에서도 지적하는 것들도 있다(cf. Gammon, 1973이 상대성에서 말한 것과 Keutzer, 1982가 생물학에서 말한 것이 있다). 심리학이 주관적 사상(事象)을 다뤄서 사물의 실제를 포착하기가 어렵기 때문에 분석심리학자들은 그들이 다루는 자료를 제대로 파악하기 위하여 계속해서 다른 학문 분야로 가서 도움을 받는다. '하나인 세계'라는 개념이 분석이나 치료에서 별로 도움이 되지 않는다는 사실은 명백하다. 그것은 현실을 "초월함으로써" 그 어떤 깊은 수준에서의 탐색도 도피하려는 시도, 즉 거짓되고 방어적인 전일성 속으로 물러서려는 시도이기 때문이다. 이것은 자기의 행위가 아니라 자아가 자기의 왜곡된 각색을 방어적으로 사용하려는 것일 수 있는 것이다. 그러나 윌리엄즈는 그것이 임상의 실제에서 도움을 줄 수 있다는 사실을 살펴보면서, 동시성에 대한 생각은 분석가나 환자를 다음과 같은 태도를 가지지 않게 해준다고 주장하였다.

다음과 같은 두 가지 반대되는 태도, (1) "나는 운명, 즉 초자연적인 힘에 사로잡힌 존재이다". (2) "나, 즉 자아가 그것을 했다. 다시 말해서 마술을 해버렸다"는 태도로부터 구원받을 수 있는 것이다. 분석가 역시 무의식이 스스로 변화를 향해서 나아가도록 하는 대신에 환자가 하는 일의 심리적 동기를 규명하기 위해서 인과론적인 설명을 하지 않도록 해준다(1963b, p. 138).

윌리엄즈의 접근은 동시성 이론이 초심리학이나 비일상적인 인과론을 설명하려는 이론이 아니라, 문제를 정의하려는 시도, 즉 우연히 던져진 듯이 보이는 현상이 사실은 우연히 생긴 것이 아니라는 (즉 동시성에 의해서 생긴 것이라는 사실) 포댐의 주장에 의해서 강화되었다. 융은 언제나 우연—원인의 이중성을 뛰어넘으려고 했던 것이다(Fordham, 1957, pp. 35—6).

융은 소위 말해서 동시성 현상은 의식 수준이 낮을 때 더 많이 일어나는 듯하다고 주장하였다. 그때 그것들은 문제가 있는 영역에 무의식 때문에 잘 알 수 없는 치료적 주의를 기울이게 하면서 보상적으로 나타나는 것일 수 있다는 말이다. 더 중요한 것은 동시성적 일치 현상이 분석가와 환자 사이에서 치료적 관계와 상호작용을 심화시키게 한다는 점이다(제10장에 있는 이에 대한 예에 대한 설명을).

이 영역에 대한 재미있는 연구가 디크맨과 세 명의 다른 독일 분석가들에 의해서 행해졌는데, 그들은 역전이에 대해서 연구하려고 모임을 조직해서 특히 환자의 자료들에 대한 분석가의 연상을 그에 대한 환자의 응답을 기록하면서 같이 기록하였다. 꿈의 이미지들에 대한 연상과 관련해서,

우리에게 가장 놀라운 결과는 분석가의 연상의 사슬과 환자의 연상의 사슬 사이에 어떤 관련성이 있다는 사실이었다. 물론 심리치료자에게서 연상의 사슬은 모두 심리학적

으로 의미 있는 연관성 아래 있어야 한다는 사실은 자명한 일이다. 그러므로 이 심리학적 연관성은 분석가의 연상의 사슬에서는 물론 환자의 연상의 사슬에서도 발견되어야 할 것이다. 그러나 우리는 이 두 사슬이 서로 연관되어 서로 의미 있는 반응을 보이면서 나아가리라고는 기대하지 않았다. 이 상황을 가장 잘 특징적으로 나타내는 것은 우리 모임의 구성원 가운데 하나가 놀라움을 표하면서 다음과 같이 말한 사실일 것이다: '환자들은 계속해서, 나는 그때 그렇게 생각하고, 그렇게 느낀다고 말한다'(Dieckmann, 1974, p. 73).

이 문제에 대해서 디크만은 스피츠가 주장한 것으로서 사람들이 몸으로 느끼는 지각 체계는 계통발생학적으로 볼 때 다른 사람들과 공감할 수 있고, 공감을 뛰어넘어서 공감할 수 있는 신경 체계에 위치한 구(舊) 지각 체계에 기반을 두고 있지 않겠는가 하는 제안으로 결론지었다(ibid., p. 82). 여기에서 떠오르는 것이 헨리가 원형의 자리를 과거 '파충류적인' 두뇌인 해마로 보았던 관찰이다(Henry, 1977, p. 39).

하나인 세계라는 관념을 임상 작업에서 사용하는 것과 관련해서 내가 마지막으로 언급하고 싶은 것은 분석을 하면서 역경(易經)과 같은 체계인 타로나 점성술 등 의심스러운 수단을 사용하는 것이다. 여기에는 아마도 융이 1945년 프라이—론에게 역경에 관해서 쓴 편지를 살펴보는 것이 좋을 것이다.

나는 역경이 매우 흥미 있다는 사실을 압니다. … 하지만 나는 이제 지난 2년 동안 역경을 사용하지 않았습니다. 나는 사람들이 어둠 속을 걷는 것을 배워야 하거나, 아니면

(수영을 배우고 있다면) 물이 그 사람을 데리고 가는지 어떤지를 알아야 한다고 느꼈기 때문입니다(Jaffe, 1979에서 재인용).

정신분석학에서 비슷한 견해들

최근 정신분석가들 가운데는 자기와 자기—심리학이라는 흥미 있는 이론을 발달시킨 이들이 있다. 이것은 임상적 필요성, 특히 정통적인 구조이론과 대상관계적 접근이 똑같이 사용 불가능한 더 심하게 왜곡된 환자들과의 작업에서 나온 것이다. 그런데 매우 다양하고 많은 배경에서 출발한 이론가들이 이 분야에서 출발하였기 때문에 상황은 많이 뒤섞여 있다. 그러나 나는 후기 융 학파의 자기—심리학과 정신분석적 자기—심리학이 서로 교차되면서 창조적으로 서로를 비옥하게 할 수 있다고 확신하기 때문에 세 사람의 중요한 정신분석 이론가들의 작업에 대해서 살펴보고자 한다: 그들은 코헛(Kohut), 위니캇(Winnicott), 비온(Bion) 등이다.

그와 동시에 나는 정신분석가들이 50년 전에 이미 융이 지나간 자리를 밟고 있다는 사실에 그렇게 기뻐할 것이 없다는 야코비(1981)의 말에 동의하면서, 융 분석가들은 그렇게 오랫동안 자기에 대한 생각을 가지고 작업을 해왔기 때문에 이 영역에서 이루어지는 정신분석학의 분파들에 별로 영향을 받지 않을 것이라는 고든의 견해(1980)에 동의한다.

코헛의 자기―심리학과 정신분석학

시카고에 기반을 둔 코헛은 가장 포괄적인 정신분석학적 자기―심리학을 창안하였고, 그가 발견한 것들을 임상과 기술에서 중요한 변화를 새롭게 끌어내면서 적용시켰다. 코헛은 정신분석학의 세 가지 서로 다른 흐름에 반작용을 보인 듯하다. 첫째로, 그는 프로이트의 정신생물학적 접근에 반대했는데, 그것은 그가 나르시시즘을 기계적으로 쾌락원리의 관점에서 보는 프로이트의 견해를 근본적으로 무시하고, 변경시키는데 초점을 맞춘 것으로 드러났다. 둘째로, 자아―심리학이 충동에 기반을 둔 불안에 대한 방어에 집중하고 있다는 이유로 자아―심리학을 반대하였다. 그는 내적 과정에서 정신적 갈등을 통해서 작용하는 부분을 공격하였던 것이다. 마지막으로, 그의 자기―심리학은 대상관계 심리학이나 클라인 학파의 접근과 다른 종류의 것이다. 왜냐하면 클라인의 정신분석학은 초심리학적 구조를 가지고 있지 않으며, 더욱더 중요한 것은 내적 분열과 외적 분열 사이에 있어서, 코헛의 견해에 의하면 인간의 경험에 반하기 때문이다 (Tolpin, 1980).

사실 우리가 다음 장에서 살펴볼 터이지만, 코헛은 초기 발달 경험에 대한 대상관계적 접근이 정신분석학적으로 볼 때 타당하다는 사실에 논쟁을 제기하였다. 좀 더 구체적으로 말하자면서, 그것은 대상적인 관점을 내적 활동에 적용시킨 것이다. 외부 관찰자가 아이에게서 갈등을 찾아볼 수 있다고 할지라도, 그것이 아이의 주체에게 항상 갈등으로 경험되는 것은 아니라는 말이다. 아이는 단순히 성숙 과정에 있기 때문이다. 그러나 우리는 인격 발달에 대한 대상관계 이론 속에서도 자기에 대한 개념이 들어설 수 있는 자리는 찾아볼 수 있다(pp. 359—62 이하를 참고하시오).

코헛의 생각을 떠받치고 있는 원리는 두 가지이다. 우선, 그는 나르시시즘은 초기적 형태로서 다른 사람들과의 건강한 리비도적 관계를 통해서 해소될 수 있는 어떤 것이 아니라, 평생에 걸쳐서 존속하는 어떤 것으로 볼 수 있다고 주장하였다. 코헛에게 있어서 나르시시즘은 그 자신에 대한 긍정적 포용과 투자라는 의미, 즉 자존감을 발달시키고 유지시키며, 야심과 목표를 세우고 달성하게 하는 의미를 지니고 있다. 이렇게 볼 때, 나르시시즘이 다른 사람이나 외적 대상과 실패한 관계라는 의미에서 병리적인 것이라고 할 만한 것은 아무 것도 없어진다. 자기애적 발달은 평생 동안 이루어가야 하는 과제인 것이다. 코헛의 두 번째 원리는 자아가 아닌 정신의 중심에 대해서 설명하는데, 그것은 현상으로서가 아니라 감정으로서이다. 처음에 그는 다른 많은 정신분석가들과 마찬가지로, 자기라는 단어를 그것이 자아에게, 그리고 자아 속에서 나타날 때, 그 사람과 그의 정체성을 나타내는 것이라고 생각하였다. 그 다음에 자기는 코헛에게서 그 자신의 역동성과 구조를 가진, 그 자체의 정신적 체계를 의미한다.

이제 자기가 어떻게 발달하는가에 대한 코헛 사상의 뼈대를 간단하게 살펴보도록 하자. 자기애의 발달은 대상관계들이 각각 고유한 발달의 길을 가고 있는 것과 마찬가지로 그 자신의 분리된 길을 따라서 이루어진다. 우리는 여기에서 자기애의 발달이 왜 대상들과 관계 맺는 능력에 해를 끼치는지를 설명할 근본적인 이유가 없다는 사실을 지적해야 한다. 오히려 그와 반대되는 생각, 즉 자기—발달이 잘 이루어져야 다른 사람들과도 좋은 관계를 맺을 수 있다는 사실이 진실이다.

자기애의 발달은 그 자체의 고유한 대상들, 즉 자기—대상들을 가지고 있다. 우선, 흔히 어머니가 되는 "반영적인" 자기—대상은 아기의 "자기—현시벽"과 "과대성"을 표현하고 펼치도록 허용한다. 다시 말해서 어머니는 아기가 이 세상을 질주하고 있으며, 이 세상의 중심이라는 환상을 가지게 하는 것이다. 그녀는 자기 아기에게 감정이입적 응답뿐만 아니라 아기를 기쁘게 받아들임으로써 그렇게 한다. 그때 아기는 어머니의 얼굴에 비친 자신의 모습과 어머니가 그에게 의사소통 하는 방식을 봄으로써 한 사람으로서 그가 어떤 존재인가 하는 생각을 가지게 된다.

어머니는 점차 그녀가 받아들일 수 있는 수준과 좌절의 유형을 도입하는데, 그것은 아기가 그의 과대성과 전능에 대한 환상/환멸을 조절하는 기준으로 작용한다. 어머니는 아기를 부드럽게, 그렇게 서둘러서 놓지 않는다. 코헛은 어머니가 얼마나 사랑스럽게, 친절함을 잘 감축시키느냐 하는 것이 아이에게 "내면화의 변이"를 가져다주는 요인 가운데 하나라고 주장하였다. 그 전까지 아기가 자신을 과대하게 생각했던 것이 이것을 통해서 자기—주장, 목표, 야심 등으로 변환된다는 것이다. 이 말의 의미는 사람들은 위축되는 상황에서도 어머니가 사랑과 수용으로 대했었다면, 성인이 된 다음에도 그런 상황을 잘 맞을 수 있다는 것이다. 코헛은 이렇게 할 줄 아는 것이 모성의 자연스러운 부분이라고 생각하였다.

이와 동시에 아기는 그의 자기—대상들을 이상화시킨다. 처음에는 젖꼭지와 가슴, 그 다음에 어머니이다. 아기가 그렇게 하는 데는 두 가지 주요한 이유가 있는데, 하나는 그 자신의 과대한 선(善)을 투사시켜서이고, 다른 하나는 아기가 그의 외부에 더 큰 선이 존재한다고 생각하고 싶어서이다. 그래야 자기가 만든 자극이 이 세상을 향해서 나아갈 수 있게 된다. 변형적 내면화의 원리는 이상화된 자기—대상들과 과대성에 똑같이 적용된다. 그것들 역시 점점 이상적이고 가치 있는 것들로 이상화된다.

이 두 과정을 같이 놓고 보면, 양극적인 자기가 나오는데, 그 안에서 원초적 과대성과 자기—현시는 하나의 극인 목표와 야심으로 변환되고, 원초적 이상화는 다른 한 극인 내적 이상들과 가치들로 된다. 이렇게 두 극들은 코헛이 말한 "핵(核) 자기"를 이루게 된다. 이것이 초기의 복합적 정신 구조이다.

정신병리의 발달과 분석에 관한 질문들을 다음 장에서 다루겠지만, 코헛의 치료를 위한 자기 발달의 모델을 간단히 설명할 필요가 있다. 변형적 내면화는 분석 과정(반영 또는 이상화) 속에서 자기—대상의 전이를 통해서 부모와의 정신병리적 관계, 환경적 결핍 및 어머니와 아이 사이에서 있었던 부적합했던 관계 때문에 핵(核) 자기에 생긴 손상을 복구시킬 수 있다. 과대성과 이상화를 통해서 생기는 이중적 발달이 잘못 이루어지면, 사람들은 목표와 야심을 성취하지 못하게 되고, 본능적인 삶 또는 가치와 관계되는 질서 경험을 제대로 할 수 있는 능력이 부족해진다. 그런 현상들은 옆길로 새거나 목표에 도달하지 못하기, 비합리적인 요구를 하기, 과도한 자만감, 착취에 대한 공포 등으로 나타난다. 코헛은 이런 것들을 다른 정신분석가들과 마찬가지로 자기애성 인격장애의 조건으로 묘사하였다.

시간성에 관한 코헛의 생각은 특별히 흥미롭다. 과대성은 두 살과 네 살 사이의 어느 지점에서 야심으로 변환된다. 반면에 이상화는 네 살과 여섯 살 사이의 어느 지점에서 가치감과 원칙으로 바뀐다. 그러므로 자기는 부모라는 자기—대상이 아이가 마치 하나의 자기(코헛의 용어로 말하자면, "실제적 자기")를 가진 듯이 보고, 대할 수 있을 때 창조되는 것이다. 그때 반영적 자기—대상에 의해서 수용된 아기의 자기 주장과 건강한 분노는 점점 더 자기를 안전하게 형성하게 한다. 분노는 아기가 상처 받았다는 감각에 대한 긍정적인 반응으로 여겨지는 것이다.

코헛이 묘사한 것으로서의 자기는 메타심리학적 구조이면서 동시에 실험할 수 있는 실체라는 점이 지적되어야 한다. 이것은 (융이 자기를 중심이면서 동시에 원주(圓周)라고 했던 것과 마찬가지로) 논리학자들을 만족시키지는 못하지만, 그럼에도 불구하고 자기를 이렇게 두 가지 관점에서 본다는 것에는 상당한 이점이 있다. 그것은 객관적 구조이지만, 주관적으로 경험될 수도 있는 것이다. 자기는 자아에 대한 인식을 요청하지 않는 유아기에 발달한 그 자신에 대한 감정을 조절하는 체계로 생각될 수 있는 것이다. 자기는 자아가 접근할 수 없는 것이다.

우리의 비판적 비교로 돌아와 보면, 분석심리학에서는 융이 주장한 자기와 코헛의 자기 이론 사이의 유사성과 차이점에 대한 논의가 분분하다. 먼저 우리는 자기가 코헛이 주장하듯이 발달 과정에서 창조되는 것이라면, 그것은 융이 말하는 원형이론과 포댐이 말하는 선험적 초기 자기라는 후기 융 학파의 개념과 반대된다고 말할 수 있다. 다른 한편, 야코비(1981, p. 23)가 지적했듯이, 코헛이 말한 것은 핵(核) 자기에 있는 "삶의 청사진"이며, "불변하는 특수성"으로서의 자기(Jacoby, 1983, p. 108)이다. 여기에서 우리는 언어와 배경에 대한 문제가 생기는 것을 보게 된다. 왜냐하면 프로이트 학파적 배경을 가진 분석가에게 "삶의 청사진"이라는 말은 성격형성의 초기 경험에서 우선적인 것 및 정신결정론과 관계되는 것을 의미하기 때문이다. 그러므로 코헛에게 있어서 네 살 때 생겨서 마흔 살 먹은 어른에게까지 영향을 끼칠 수 있는 사건은 충분히 "청사진"일 수 있다.

내가 생각하기에 코헛은 자기를 태초부터 있었던 어떤 것으로는 전혀 말하지 않았던 것 같다. 그가 생각하기에 자기는 오히려 어머니와 아기 사이에서 오갔던 수많은 대화를 통해서 생긴 결과였을 것이다. 하지만 어머니가 아기의 과대적 자기를 반영해주었다는 생각은 그가 어떤 의미에서는 그것(자기—대상을 창조하는 '자기'는 도대체 어떤 것인가?)과 대화를 하였고, 그에 따라서 코헛의 이론을 타고나는 자기로까지 이끌어갈 수 있지 않겠는가 하는 생각을 하게 한다. 그러나 코헛이 말하는 것은 삶의 어떤 시점에서 형성되는 이른 자기이며, 그것은 융 학파적인 의미에 있어서의 자기와는 반대된다.

그럼에도 불구하고, 자기가 아기와 그의 자기—대상 사이의 감정이입적 의사소통에 의해서, 그리고 그것으로부터 창조된다는 코헛의 설명은 포댐의 주장이 자기와 자기성 개념이 경험에 초점이 덜 맞춰져 있는 것을 보완해 준다. 우리는 이 두 가지 주장을 융합시켜서 포댐의 비통합성이라는 개념이 그 속에서 자기—대상들이 형성되는 방법을 설명하는 것이라고 볼 수 있게 된다.

야코비는 코헛의 자기—대상(어머니)이라는 생각으로부터 노이만이 어머니가 아기의 자기를 육화하고 있거나, 아니면 전달한다는 생각을 이끌어낼 수 있다고 하면서 더 발전시켰다(Jacoby, 1981, p. 21). 나는 코헛의 발달이론을 노이만과 포댐의 중간에 넣고 싶다. "코헛이 말하는 아기"는 "정상적인 권리감" 또는 "중요한 신뢰감"을 가진 존재로서 강하고, 효과적이며, 독립적이고, 적극적이며, 원기왕성하다. 따라서 매일매일의 작은 규모의 좌절감이나 불안 때문에 소멸되지 않는다.

> 아기의 뿌리 내리고, 빨고, 삼키고, 젖꼭지를 거부하고 밀치며, 움켜잡고, 만지고, 울고, 소리 지르고, 발로 차고, 싸우고, 수영하는 듯이 돌진하며, 보고, 듣고, 사람 소리가 나는 것에 맞춰서 움직이는 등의 행동들은 모든 아이들이 가지고 있는 자율적 능력에서 나온 것이다(Toplin, 1980, pp. 54—5).

이 말은 노이만보다는 포댐이 강조한 아이의 적극적 기여처럼 들린다. 그러나 여기에서 이 능력들은 생애 시작부터 존재하는 유기체의 통합된 부분에 속한 것이라는 생생한 암시가 빠져 있다. 이와 동시에, 아기의 지속성과 통합성을 반영해주는 어머니의 반응은 노이만이 아기와 아기의 자기를 가져다주는 어머니의 초기 관계에 대해서 말한 것과 같은 맥락이다.

코헛의 자기 이론과 융의 그것과 같이 갈 수 있는가 하는 우리의 논의를 계속할 때, 슈바르츠—샐런트(1982)는 야코비에게 동의하지 않으며, 그 차이점을 네 가지로 지적한다. 우선, 코헛의 자기는 너무 발달에 초점을 맞춰져 있어서 원형의 유형 가운데서는 오직 하나, 아이/어른(puer/senex) 원형, 즉 지혜를 향해서 성장하고, 성숙하는 원형만 반영할 뿐이다. 거기에는 오직 아이/어른의 대극만 담겨 있을 뿐인 것이다. 다음으로, 코헛의 자기는 방어적 특질을 나타내고 있다. 그것은 융의 자기보다는 방어적인 느낌을 담고 있는 것이다. 셋째로, 자기 현시와 이상화라는 양극성은 수많은 가능성 가운데 오직 하나의 극(極)만 담고 있을 뿐이다. 자기는 그 외에도 이성(異性)의 원형을 비롯해서 수많은 대극들을 담고 있다. 마지막으로, 코헛의 자기는 대체로 긍정적이다. 미움, 시기, 격노 등과 같은 부정적 정동들은 "빈약한 감정이입" 때문에 생긴 "통합되지 않은 산물들"인 것이다(ibid., p. 21).

융에게 있어서 자기는 모든 가능성들을 포함하고 있다. 긍정적인 것과 부정적인 것 및 영적인 것과 본능적인 것을 포함하는 것이다. 슈바르츠—샐런트는 몇몇 후기 융 학파 분석가들의 코헛에 대한 공감적 태도는 코헛이 분석치료에서 보이는 목적적 접근과 관계가 있는 것 같다고 생각했는데, 그것은 코헛의 그런 접근이 임상적 실제에 도움이 되리라고 개인적으로 생각했기 때문이다. 슈바르츠—샐런트는 코헛이 "우주적" 본성에 대해서 여러 번 언급한 것으로 보아서 융과는 관계가 없는 것이라고 주장하였다.
　야코비는 코헛이 "우주적 나르시시즘"이라고 한 것에 대해서 더 심각하게 생각하였다(1981). 코헛은 "자기가 개인의 심리적 우주의 중심"이고, 주도성의 중심이라고 주장했다는 것이다. 이에 대해서 우리는 이미 "삶의 청사진"이라는 은유라고 지적한 바 있다. 결국 코헛은 자기—심리학의 한계를 고백했다는 점에서 적극적인 의미에서 "융 학파"라고 할 수 있는 것이다.

> 한 개인의 심리적 우주의 중심으로서 자기는 다른 모든 실재들과 마찬가지로—물리적 실재 … 또는 정신적 실재—그 본질을 알 수 없는 것이다. 우리는 내성화나 감정이입으로 자기 그 자체에는 뚫고 들어갈 수 없다. 우리에게는 기껏해야 자기의 내성적 또는 감정이입적으로 지각된 심리적 표상만 감지될 수 있을 뿐이다(1977, pp. 310—11)

　코헛 이론의 이런 측면은 융의 자기 개념과 수많은 유사성은 물론 차이에 대한 생각을 불러일으킨다. 우리가 살펴보았듯이, 자기가 반영과 이상화 과정을 통해서 생긴다는 코헛의 설명은 자기는 타고나는 (원형적) 구성력에 초기의 통합이 이루어지는 것이라는 포댐의 이론에 덧붙여질 수 있다. 자기가 왜곡되는 것에 대해서 포댐은 커다란 물방울 같은 자기가 무력해지는 것으로 설명한 반면, 코헛은 자기는 점점 물방울처럼 형성되는데, 아직 커지기 전의 형태로 존재하는 것으로 설명하였다. 두 사람의 이론 사이에 있는 긴장을 한 사람은 자기를 외부의 관찰자의 입장에서 보았고, 다른 사람은 자기를 일인칭으로 체험하는 입장에서 보았기 때문이다.

자기―심리학은 다른 사람이 그 자신에 대해서 어떻게 느끼고, 그의 내면세계와 체험들이 그에게 무엇을 의미하는지에 대해서 설명하려는 철학적 난제를 풀려고 하였다. 우리가 콤플렉스에 대해서 논할 때 지적했듯이, 자기―심리학은 의미의 심리학인데, 철학적인 문제들은 우리가 한 사람이 그에 대한 다른 사람들의 평가에 대해서 어떻게 생각하는지를 알려고 할 때 생긴다.

정신분석학 자체에서 볼 때 대상관계 이론가들 및 코헛과 연관된 분석가 집단 사이에는 커다란 의견의 불일치가 있다. 톨핀(Tolpin)은 코헛 학파 분석가들에 대해서 말을 하면서, 모든 대상관계적 접근들은 그것이 내면세계와 외적 현실 사이의 것이든지 아니면, 서로 다른 내적 작용들 사이의 것이든지 간에 갈등에 기초를 두고 있음으로 해서 왜곡되었다고 주장하였다. 계속해서 그녀는 대상관계 이론에는 아이의 정상적인 심리와 어른의 정신적인 비통합의 산물을 혼동하는 기본적 오류가 있다고 지적하였다. 대상관계 이론은 다음의 것을 설명하지 않는 것이다.

> 마음의 정상적인 작업들, 갈등이 없는 영역에서의 중요한 조절들은 … 응집적 자기의 한 부분이고 구획이며, 주도성의 독립적인 중심인 것이다. 그것은 인간의 한계 속에서 자기를 조절하는 그 자신의 기능들을 수행할 수 있다 (Tolpin, 1980, p. 59).

톨핀은 이런 것들(초기 대상관계 이론에서의 무익하고 논쟁을 위한 논쟁)과 같은 정신분석학 내에서의 논쟁들은 이미 갈라진 정신분석학의 고백들 속에 또 하나의 균열을 뒤섞어 놓는다고 결론적으로 지적하였다(ibid., p. 60).

그래서 우리는 고든(1980)을 따라서 분석심리학은 자기―심리학과 대상관계 이론 사이에 다리를 놓는 논의를 할 수 있을 것이다. 나르시시즘을 건강한 자기―사랑(self―love)로 볼 수 있다면, 우리는 고든과 함께 "내가 사랑하는 이 나는 과연 누구인가?"라는 질문을 해야 한다. 자기―대상과 아기와의 의사소통이 아기가 그 자신에 대한 감정을 발달시키는데 도움을 주는 것이 사실이라면, 똑같은 자기―대상은 부분적으로 아기의 정동을 구성하는 부분이며, 아기는 이미 광범위한 감정들을 가지고 있다고 해야 한다. 그와 같은 자기―대상의 구성은 초기의 방어 기전(투사적 동일시, 균열, 이상화 등), 특히 자기의 비통합성으로부터 생긴다. 간단하게 말해서, 후기 융 학파 심리학의 공헌은 주관적 관점은 물론 객관적 관점을 사용해서 사람들이 타고나는 잠재능력들과 내적 과정, 외적 대상들이 서로 협력할 수 있는 모델을 만들어 준다는 점에 있는 것이다.

　우리는 자기의 가장 높은 의미와 가장 낮은 의미를 다 살펴보았는데, 자기는 상위의 인격, 전체성, 하나님의 이미지 등이다. 또한 자기는 래드편의 용어를 빌어서 말하자면, 아기가 어머니의 현존 속에서 경험하고, 어머니에 대해서 느끼는 어떤 것이다. 우리가 자기가 가진 이 두 가지 측면을 구분하기는 하지만, 이 두 측면은 서로 뒤섞여서 나타나고, 어느 정도 뒤섞이는 것은 불가피하다. 유감스러운 것은 분석심리학과 정신분석학이 이 두 관점 가운데 어느 하나만 강조하는 것이다. 그러므로 첫 번째 과정이나 두 번째 과정 어느 하나만 가지고 살거나, 융의 용어로 말해서 지향적 사고나 비지향적 사고 가운데 어느 하나만 가지고 사는 것은 매우 잘못되고 무익한 것이다.

위니캇과 자기

위니캇은 융의 작업과 종종 비교되는 또 한 명의 정신분석가(1958, 1965, 1971)이다. 우리는 위니캇이 분석심리학자들과 교류하고, 분석심리학회지(Journal of Analytical Psychology)에 기고했으며, 정신분석가와 분석심리학자들로 구성된 영국 심리학회의 수많은 '일치' 모임에 참석한 것을 알고 있다. 하지만 그는 그가 쓴 수많은 논문들에서 분석심리학의 개념들에 대해 신뢰를 보내지 않았으며, 런던에서 이루어지는 발달 학파의 작업들에 대해서도 거의 언급하지 않았다. 분석심리학에 대한 위니캇의 영향력, 특히 그가 말한 어머니—아기의 관계의 발달에 대한 생각은 매우 크다(고 알려져 있다). 여기에서 우리는 그것보다는 자기에 대한 위니캇의 태도에 대해서 더 살펴보려고 한다.

위니캇에 의하면, 사람들에게는 삶을 시작할 때 자기가 없거나 자기 의식이 없다. 우리가 '자기'에 대해서 말할 수 있는 것은 나중에 발달했을 때뿐이다. '사람'은 자아를 형성하기 시작하는 것이다. 그런데 위니캇은 정통 프로이트 학파의 충동 이론과 구조적 체계 이론의 결함을 극복하기 위해서 자기라는 개념을 사용하려고 한다. 정통 프로이트 학파의 충동 이론에는 자신의 체험에 무엇인가를 기여하는 체험자로서의 사람을 무시하기 때문이다. 이 기여들은 중심적 자기 또는 인격의 핵을 둘러싼 알갱이처럼 생각되는 내적 실재의 형태를 하고 있다.

> 중심적 자기는 물려받은 잠재력인데, 그것은 존재의 연속성으로 경험되고, 그 자신의 방식과 속도를 따라서 개인적인 심리적 실재와 신체 체계를 획득함으로써 형성된다(Winnicott, 1965, p. 46).

자기는 내적 실재 속에 있고, 내적 실재로 둘러싸인 어느 정도 소외된 하나의 핵이다. 자기는 타자성과 차이를 인식하면서 발달한다. 자기는 타자에 의해서 규정되는 것이다. 아기는 비교적 통합되지 않은 상태에서 삶을 시작한다. 그리고 어머니의 모성적 돌봄의 질에 의존하여 통합을 향해서 나아가고, "하나의 단위로서의 자기" 상태를 향해서 나아간다. 그와 같은 통합을 촉진하는 어머니의 역할 이외에 위니캇은 신체적 활동에서 나오는 상상력과 환상의 계속적인 동화의 중요성도 지적하였다. 다른 말로 해서, 통합이란 모성적 환경과 아기 자신의 정신적 과정의 융합의 산물이라는 것이다.

어머니와 아이 사이의 '적합성'이 충분히 좋지 않으면, 아기는 그 환경을 박해하고, 침입하며, 나쁜 영향을 미치는 것으로 경험한다. 위니캇에 의하면 그와 같은 상황에서 일어나는 것은 아기의 참 자기(True Self)가 침해받고, 화가 나며, 그의 전능성이 미성숙하게 파괴된 것에 대해서 불안감을 느끼고 밑으로 숨어드는 일이다. 그때 아기는 세상에 맞서려고 고분고분한 거짓 자기(False Self)를 내보이게 된다. 어른의 삶에서 거짓 자기는 공허하고, 무의미하며, 진정하지 않은 것으로 경험된다.

융과 위니캇 사이에는 두 가지 비슷한 점이 있다. 첫째, 위니캇이 말한 거짓 자기는 융이 말한 페르조나가 잘못 작용할 때와 비슷한 것이다. 둘째, 자아가 거짓 자기로 작용할 때는 거의 없지만, 자아가 자기의 목적적 특성을 거의 반영하지 못하면 삶에서 거짓 자기의 특성인 무의미성을 드러내면서 살게 된다. 참 자기/거짓 자기의 부침(浮沈)이 어떻게 변화되면서 나타나든지 간에, 위니캇에게서 확실한 것은 아이의 자기에 대한 감각에 영향을 주고 변화시키는 것은 대상관계이고, 아이의 어머니와의 관계이지 자기가 대상관계에 무엇인가 공헌하는 것은 아니라는 점이다.

융에게서와 달리 위니캇에게 있어서 포댐과 노이만은 자기를 비통합성으로부터 통합성으로 발전이 이루어졌을 때 생기는 최종 결과로 그려진다.

위니캇은 그가 분석심리학과 그 사이에 난 빈틈을 메울 수 있는 방법을 찾아냈다고 생각한 듯하다. 분석심리학에 관한 언급 가운데 하나에서, 그는 분석심리학자들은 "마치 환경과도 같은 원시적 자기"에 대해서 주장했는데, 그것은 본능의 작용보다 더한 어떤, 즉 원형으로부터 생겨나는 듯하다고 지적했던 것이다. 거기에 대해서 위니캇은 이렇게 말하였다.

> 우리는 이 두 가지 생각을 모두 끌어안기 위해서 우리의 (즉 정신분석학의) 관점을 변경시켜야 한다. (그것이 사실이라면) 우리는 이론적으로 가장 초기의 원시적인 상태에서 자기는 그 자신이 만드는 환경을 가지고 있는데, 그것을 만드는 것은 본능이라기보다는 자기라고 해야 한다 (Winnicott, 1958, p. 155n).

나로서는 그 어떤 분석심리학자가 환경이 바로 자기라고 주장했는지 확실하지 않다. 여기에서 중요한 것은 우리가 자기를 환경과의 관계 속에서, 그리고 환경과 상호의존적으로 그 자체의 권리를 가지고 존재하는 것으로 볼 수 있는가 하는 점이다. 여기에서 위니캇은 그의 이 관점을 끌고 나아갔는데, 그것은 개인과 환경 사이에서의 활동으로부터 나오는 창조되는 자기라는 관념과 다른 견해이다.

의미 기관으로서의 자기에 대한 위니캇의 강조와 창조적 행동을 통해서 스스로를 초월하려는 인간의 욕구에 대한 그의 관찰은 자기에 대한 융의 생각과 비슷하다. 그러나 융과 가장 비슷한 것은 아마 무의식 과정에 상당한 정도의 신뢰를 보내는 것, 그것도 무의식이 잠재적 갈등이나 신경증을 통해서가 아니라, 삶을 풍부하게 하고, 누미노스하다는 의미에서이다. 위니캇은 정신건강이라든지 정신위생과 같은 추상적인 것들보다는 삶의 질에 대해서 강조했는데, 참 자기 과정의 이러한 측면에 대한 생각은 개성화와 비슷한 것이다.

분석심리학과 비교할 수 있는 위니캇의 또 다른 영역은 중간 대상(transitional object)에 대한 관념인데, 그것은 상징 형성과 "제3의 영역", "체험의 영역"으로 이어진다. 그런데 이것은 내적/외적 실재의 다른 영역들과 다르다. 중간 대상은 상징적으로 작용하는데, 그 기원은 아이들이 손으로 만질 수 있는 대상들(담요나 장난감 곰이나 손이나 손가락 등)에 있다. 그것들은 본래 분리 불안이나 우울에 대한 방어로 사용되다가 나중에는 어머니의 부재에 대한 상징으로 작용한다. 위니캇은 중간 대상들이 자기와 다른 스펙트럼 위에 특별한 초점이 맞춰져 있다는 사실을 지적하기 위하여 "내가 아닌 최초의 소유"라는 문구를 사용했는데, 그것은 아기가 현실을 인식하고 수용할 수 있는 능력의 매우 조심스러운 상태를 반영하는 직접적인 지점이다(1971). 여러 가지 기능들을 종합하고, 내적 실재와 외적 실재 사이를 잇는 중간 영역의 작업들은 융이 말하는 초월적 기능을 상기시킨다. 초월적 기능이란 상징이 지성으로서는 불가능한 내용들을 통합하는 것을 말한다. 위니캇에게 있어서, 상징의 사용은 처음에는 손으로 만질 수 있는 것이었는데, 나중에는 내면의 심리적 실재와 관계를 맺을 수 있는 정신적인 것이다. 위니캇은 상징을 "외부 세계의 현상과 관찰되는 개인적 존재라는 현상"이라는 두 극을 초월해 있는 것을 다루는 것이라고 보았다(1971, p. 168).

놀이에 대한 위니캇의 관심은 융 자신이 체험했던 놀이의 창조적 잠재성과 직접적으로 연관시킬 수 있다(Jung, 1963). 놀이의 본질은 자아의 규칙, 즉 범주적 차이, 계급 체계, 현실, 정상성, 예의, 명확성 등등이 깨어진다는데 있다. 모든 것은 무시될 수 있는 것이다. 우리가 놀이는 자아―체계보다 자기―체계에 의해서 작동된다는 사실을 수용한다면, 그것은 위니캇이 말한 놀이와 놀이의 근본적인 정신과 부합되며, 위니캇과 융을 더 뚜렷하게 연관시킬 수 있는 종교나 창조성과도 부합될 수 있다. 융은 종교적 본능이나 충동과 놀이는 어디서나 있으며 본성적인 것이라고 말했다. 종교와 초월적인 것과 상징에 대한 창조적 충동 및 나―아닌 것을 체험하려는 창조적 충동은 아이의 놀이 속에 담겨 있는 것이다.

비온의 O 개념

내가 융의 생각과 비교하려는 세 번째이자 마지막 정신분석가는 비온(Bion)이다. 그런데 우리는 여기에서도 선택적이어야 하며, 불가피한 일이지만 비온의 생각 전체에 대해서는 말할 수 없다(cf. Bion, 1977). 비온이 말한 O라는 개념은 융이 말하는 자기와 몇 가지 점에 있어서 비슷하다. O는 다음과 같이 정의될 수 있다.

> (O는) 궁극적 실재, 절대적 진리, 또는 칸트적인 의미에 있어서 다 알 수 없는, 심리적으로 변환된 것들을 통해서 밖에는 알 수 없는 것이다(Grinberg et al, 1977, p. 145).

비온은 그 어느 곳에서도 우리는 정태적 현상과 관계하는 것이 아니라 하나의 상태와 다른 상태 사이의 변환과 관계하고 있다고 주장하였다. 분석 상황에서 단어들로 표현되는 환자의 연상은 생각들과 정동들이 변환되어 나온 것이다. 다른 말로 해서, 그것들은 외적 또는 내적, 과거 또는 현재의 사건들의 변환인 것이다. 그것들은 "본래적인 사실들"에 기반을 두고 있다. 그러나 분석 시간에 그 다 알 수 없는 사실들은 O가 된다. 그러므로 O는 심리적 실재를 의미한다. 비온에 의하면 O는 변환들을 관찰하는 것을 통해서 간접적으로만 알 수 있다. 예를 들어서 말하자면, 첫째로 O로부터, 즉 분석시간에 묘사된 것으로부터만 알 수 있다는 것이다. 둘째로 O 안에서만 알 수 있는데, 그것은 O 자신이 역동적인 것을 품고 있다는 말이다. O 안에서 이루어지는 변환은 언제나 파괴적인 것이다. 마지막으로 그 안에서 현상들은 O로 되는 의미가 있다. 즉 현상들은 그것의 궁극적인 기반과 다시 연결되는 것이다. O는 언제나 추론만 될 뿐, 직접 알 수 없기 때문에 신앙이나 헌신은 항상 O에 다가가는 것이다. 이것이 과학자와 신비가의 확신일 수가 있다.

우리는 비온과 융 및 분석심리학에서 비슷한 것을 찾아볼 수 있다. 융 역시 자기를 궁극적으로 다 나타낼 수 없고, 다만 그 발현상을 통해서만 볼 수 있다고 강조하였다. O 속에서의 분열은 비통합의 과정을 상기시킨다. O가 되는 과정은 한 사람의 존재의 기반인 "어머니의 세계"로 돌아가려는 충동과 비슷하다. O에 대한 확신과 되도록 O를 잘 알려는 열정은 융이 말한 개성화를 향한 본능과 비슷하다. O의 발현상들에 대한 인식은 감각들 및 자아에 의해서 얻어질 수 있다. O에 대해서 아는 것은 신앙의 문제이다.

포댐은 O는 그가 말한 초기의 자기 개념에 해당하고, 궁극적 진리로서의 O는 융의 자기 또는 하나님의 이미지에 해당한다고 느꼈다(1980b, p. 203). 비온이 분석가들은 분석시간에 일어난 것들에서 "분석적 직관"(비온의 용어)을 얻기 위하여 그의 의식적 의도와 욕망을 떠나야 한다고 강조한 것은 자아―자기의 역동성과 어느 정도 비슷하게 들린다고 플라우트는 주장하였다. 그때 O는 자아―자기 축에서 자기의 목적을 차지하기 때문이다. 이와 반면에 분석가의 의도가 더 적극적일 경우, 그것은 그 축에서 자아의 의도를 나타낸다(1972).

내가 보기에 O와 융의 자기 사이의 유사성에서 주안점은 그것들이 발달하지 않고, 모든 잠재성을 포함하고 있는 것으로 보았다는 점이다. 발달하는 것은 O 또는 자기에 대한 인식 상태와 접근의 정도뿐이다. 그러므로 그의 정동적 발달에서 한 사람이 어디에 있는가 하는 것은 그가 O와 자기를 어떻게 지각하고, 경험하는가 하는 것을 말해준다.

정신분석학과 개성화

나는 위에서 정신분석학 사상과 분석심리학의 개성화 개념 사이의 분명한 차이에 대해서 언급했다고 생각한다. 그것은 잘 안 된 것에 있다. 정신분석학의 논의에서 무엇을 하고, 무엇을 하지 않는 것은 "정상성"으로 분류되는데, 우리는 그와 비슷한 생각을 후기 융 학파의 개성화에 대한 생각에서 찾아볼 수 있다.

조셉(1982)은 "정신분석학에서의 정상"이라는 논문에서, 그의 경험에 의하면 "정상"이란 사전에서 말하는 대로, 규칙적, 표준,

자연적, 전형적인 것과 동의어가 아니라고 말하였다. 오히려 정상이란 주관적 가치평가라는 것이다. 프로이트(1937)는 "일반적인 정상성"을 "이상적(idal) 허구"라고 하였다. 그래서 조셉은 "프로이트는 정상성을 분석 가능한 것, 그리고 성공적인 분석으로부터 얻어지는 것과 동일시하였다"고 결론지었다. 또한 조셉은 오퍼(Offer)와 사브쉰(Sabshin)이 『정상성』이라는 책에서 정신분석학에서의 정상은 세상에서 말하는 정상과 네 가지 점에서 다르다고 지적한 것을 말하였다. 정신분석학에서의 정상은 건강하고, 평균적이며, 이상적이고, 하나의 과정이라는 것이다.

존스 역시 1931년 정상이란 "행복", "효율성", "현실에 대한 적응"이라는 용어들 속에서 발견될 수 있다고 정상성에 대해서 비교조적으로 다가갔다. 클라인 역시 같은 맥락에서 정상성이란 인간의 정신적 삶의 몇 가지 측면에서 조화 있게 상호작용이 일어나는 것이라고 주장하였는데, 그것들은 정동적 성숙, 성격의 강인함, 정동적 갈등을 다룰 줄 아는 능력, 내면세계와 외부 세계 사이의 균형, 통합된 자기 개념을 향해서 인격의 부분들을 융합하는 것 등이다(1960).

정상성에 관한 정신분석가들의 설명 밑에 있는 것들은 개성화에 대한 생각과 상당히 유사하다. 특히 클라인의 목록은 더욱더 그렇다. 정신분석가들 역시 분석심리학에서 말하는 개성화가 신비적 추구가 아니라 그들의 관심과 비슷하다고 생각할 것이다.

결론적 언급

이제 나는 내가 "자기"라는 단어를 사용하면서 언급했던 정의상의 문제들을 모으면서 말을 마치려고 한다. 첫째, 심리학 이론에서 체험되는 나 자신(myself)과 그 단어를 객관적으로 사용할 때 혼돈이 있다. 다음으로, 중심으로서의 자기(통일성 또는 균형의 원형)와 인격의 전체성으로서의 자기 사이에는 문제가 있다. 마지막으로, 우리는 자기 그 자체와 자기—표상들 및 상징을 구별해야 한다.

독자들은 강조점이 점점 변화했음을 알 수 있을 것이다. 오늘날 자기와 개성화는 점점 더 상대적인 어조로 논의되어 가고 있는 것이다. 우리는 자기에 대해서 살펴보면서, 이 점을 통합에 관한 논쟁, 대극 이론에 관한 고찰, 자기와 자아의 상호의존에 대한 강조, 상징 사전의 사용에 대한 거부 등에서 고찰하였다. 개성화는 덜 절대적인 개념이 되었으며, 본성의 심리학과 감정이입적으로 연계될 수 있도록 정신병리학을 포함할 수 있게 확장된 것이다.

제 5 장
인격의 발달

　우리는 이제 개인 인격의 발달에 대해서 논의할 수 있는 지점에 도달하였다. 자아와 자기는 모두 한 개인이 타고나는 잠재성이 그가 만나는 환경적 요인에 대응하면서 생겨나는 것이다. 자아가 무의식의 내용들이 그대로 지나가게 할 수 있도록 충분히 강하다면, 자아 자체는 강해지는데, 이렇게 되는 것의 많은 부분은 그가 맺는 초기 관계의 특질과 신뢰의 형성에 많이 의존되어 있다. 이때 중요한 것은 어머니와 아이가 좌절을 어떤 식으로 처리했는가 하는 점이다. 여기에서 존재에 대한 주관적 느낌을 의미하는 자기는 어머니가 그를 하나의 통합된 전체성으로 수용할 때, 그 개인에 의해서 그의 어머니에 대한 느낌과 현존이라는 이름으로 체험된다. 그는 그의 개인적 전일성을 어머니가 그의 전일성을 올바르게 지각하고, 그와 관계를 맺는 눈동자 안에서 체험하는 것이다. 그의 존재의 수많은 모습들을 다 파악하고, 그에게 의미에 대한 감각을 제공해주는 어머니의 능력이 그에게 정신적 통합을 이루는 기반을 제공하는 것이다. 그는 그런 대가들 때문에, 이제 그가 처한 상황 속에서 그 자신의 전일성을 느낄 수 있는 타고난 잠재력을 가지게 된다.

전통적인 견해에 의하면, 융은 한 사람의 개인적 발달에 대해서는 별로 관심이 없었고, 초기의 발달에 대한 그의 이론 역시 적합하지 않았으며, 따라서 그런 주장은 정신분석학으로부터 한꺼번에 빌려온 것으로서 시정되어야 하는 것이다. 발달의 측면에 관한 융의 관심이 종종 계통발생에 치중되어 있었고, 정신—문화적 발달에 대한 고찰에 치우쳐 있었던 것이 사실이기는 하지만, 그것이 반드시 그에게 유아기와 아동기의 발달 이론이 전혀 없었다는 것을 의미하지는 않는다. 그가 이 주제에 관해서 쓴 것들은 많이 있다. 그리고 그에 관한 통찰력 있는 논문들은 『인격의 발달』(전집 제10권)이라는 제목으로 나온 융 전집에서 발견되지 않는다. 그 이유는 그가 너무 빨리 개인적이고 개체발생적인 관심으로부터 초개인적이고 계통발생적인 관심으로 옮겨갔기 때문이다. 따라서 우리가 이 주제에 관한 그의 주장을 일관성 있게 살펴보면, 수많은 자료들을 찾을 수 있으며, 그것을 체계적으로 만들려는 것이 우리의 과제이다.

나는 여기에서 융의 글들은 인격 발달의 문제에 대해서 일관된 이론을 주장하였고, 이 분야에 관해서 그가 설정한 방향이나 그의 일관된 태도는 로젠(Roazen)이 확언하였듯이, 수년 동안 정신분석학에서 어떤 연구가 이루어졌는가를 관찰하려는데 있었다는 사실을 밝히고 싶다. 분석심리학에서도 이 분야에 관해서 토론하였고, 이 책에서도 그에 관해서 기록하고 있다. 그러나 핵심적인 부분에 있어서 분석심리학자들은 융이 던져 주었고, 앞서 나갔던 생각을 따라서 정신분석가들이 치열하게 싸우고, 갈라졌으며, 프로이트에 대한 책임감과 충성심 때문에 대립했던 이 문제를 부드럽게 헤쳐 나아갈 수 있었다. 우리는 이것은 자기—심리학과 대상관계 이론을 결합시키면서 이미 다루었고,

이제 인격의 발달과 관계시키면서 다시 다루려고 한다.

융이 발달의 주제에 대해서 쓴 글들이 흩어져 있고, 내가 정신분석의 사상사를 쓰려는 의도도 없기 때문에, 이 장에서 내가 논지를 전개하는 구조는 앞선 것들과 다르게 진행될 것이다. 앞에서 내가 각각의 주제들을 따로 다루었다면, 다시 말해서 내가 앞에서 어떤 주제에 대한 융의 공헌, 그 주제에 대한 분석심리학의 안과 밖에서의 비판, 후기 융 학파에서의 견해들과 토론, 정신분석학과 다른 분야에서의 비슷한 생각들, 나 나름대로의 논평들을 차례로 소개했다면, 여기에서는 이 주제들이 모두 뒤섞여서 나오게 될 것이라는 말이다.

유아기의 영향

우리는 왜 융이 초기의 발달에 관한 그의 생각들을 모으는데 소극적이었는지, 그 이유에 대해서 더 알고자 한다. 그 점에 관해서, 융은 아마 후기 프로이트 학파 사람들과 같은 지적 과정을 겪지 않았을까 하는 생각이 든다. 로젠은 이미 융은 "자아 심리학이 탄생하기 전부터" 신경증은 반드시 고착에 의한 것이 아니라고 생각했노라고 지적한 바 있다(1976, p. 272).

융이 발달에 관한 일관된 이론 수립에 열중하지 않았던 주된 이유는 프로이트에 대해서 과도하게 반작용을 일으켰기 때문일 것이다. 융은 때때로 그는 프로이트의 (애들러 역시 마찬가지) 이론을 그것이 환자에게 필요하다면 차용한다고 언급하였다. 그런데 그 말 속에는 그 이론들이 적합할 경우라는 의미가 담겨 있다. 융이 프로이트의 이론을 조금 수정하면서 이용한 것 중 그가 1913년에 쓴 '정신분석학의 이론' (CW 4)에서 그는 그가 그의 멘토에게 엄청난 빚을 지고 있음을 숨기지 않았다. 우리가 제3장에서 자아에 관해서 살펴볼 때 지적했듯이, 융이 진정한 프로이트 학파 정신분석가처럼, 특히 유아기에서 일어나는 다양한 정신적 사건들의 연대기에 관해서 (아마 그가 아는 프로이트처럼), 활동 했던 때도 있었다.

융은 상당히 의식적으로 프로이트의 품을 벗어나려고 했으며, 프로이트와 상당히 다른 탐구 분야를 찾아서 프로이트와 다른 길을 가려고 했던 듯하다. 그런데 그 가운데 많은 것들은 그가 정신분석학을 만나거나 정신과 의사가 되기 전인 학생 시절부터 그에게 흥미를 주었던 것들이다. 예를 들어서 말하자면, 융이 1895년 바젤 대학교에 있는 조핑그 회에 낸 문건들에서 우리는 그가 나중에 다루었던 종교, 자연과학, 심리학 및 다른 것들에 대한 그의 관심의 측면(Jung, 1983)들을 얼핏 찾아볼 수 있다. 그와 동시에 그는 프로이트에 대한 문제를 무시할 수 없었다. 그래서 그 문제에 대해서 살펴보았으며, 결국 프로이트를 떠났다. 이것은 융이 쓴 글 어디에서나 생애 초기의 삶에 대한 프로이트의 언급에 관해서 동의하지 않는다고 말한 것에서 확증된다. 예를 들어서 말하자면, 융은 기억이나 오이디푸스 콤플렉스를 문자적으로 볼 것인가, 아니면 상징적으로 볼 것인가 하는 문제에 관해서 프로이트와 다른 생각을 가지고 있는 것이다. 또한 융은 한 개인의 운명에서 부모의 중요성이 상대적인 것이라고 생각하였고, 더 중요하게는 환원적인 접근이나 구성적 (또는 종합적) 접근에서도 융과 프로이트의 생각은 달랐다. 우리는 이 장에서 이 모든 문제에 대해서 다루고자 한다.

융이 초기의 발달에 관한 그의 생각을 법칙화하지 않은 중요한 또 다른 이유는 그가 유아기와 아동기에 초점을 맞췄던 프로이트와 달리 삶 전체에 초점을 맞춘 심리학을 성안하려고 했던 그의 비전이 흐려지게 될 위험이 있었기 때문이다. 이 점에 대해서는 우리가 그 다음에 살펴볼 것이다.

융은 인간의 "소망 또는 분투의 기본적인 과정"을 밝히려는 프로이트의 방법 가운데서 중심적인 것은 환원적 방법이라고 생각하였는데, "그것은 결국 인간의 본성을 유아적이거나 생리적인 것"으로 보려는 시도였다(CW 6, para. 788). 융은 환원적 방법에 비판적이었는데, 그 이유는 그때 무의식의 산물(증상, 꿈의 이미지, 실언)이 가진 의미는 실종되기 때문이다. 융이 더 반대한 것은 환원론적 방법이 그가 깊은 의미가 담겨 있다고 본 것들을 보지 않으려고 하면서 너무 단순화시켰기 때문이다.

융은 한 사람 속에서 작용하는 정신결정론과 인과론에 대해서 의문을 품었다. 그것은 다음과 같은 말에서 잘 드러난다.

> 한 사람의 심리는 그 사람만 가지고서는 온전히 다 설명할 수 없다. 그 사람에 대해서 더 뚜렷하게 알려면, 그의 역사적이고 환경적인 상황에 의해서 만들어진 것들이 필요하다. … 그 어떤 정신적 사실도 인과론으로만 설명할 수 없다. 그의 정신은 살아 있는 현상으로서, 계속해서 이어지는 생명의 과정과 떼어낼 수 없을 정도로 연계되어 있기 때문이다. 그러므로 그것은 발달된 어떤 것일 뿐만 아니라, 계속해서 발달하고, 창조해가는 것이라고 해야 한다(CW 6, para. 717).

융은 더 나아가서 그가 "목적적 입장"이라고 부른 것은 우리가 매일매일의 삶 속에서 아주 인과론적인 요인들을 배제시키는 사실에서 확실히 알 수 있다고 지적하였다. 예를 들어서 말하자면, 어떤 사람이 그의 견해에 대해서 말을 한다면, 우리는 그것이 무엇을 의미하고, 그가 무엇을 노리고 있는지 알려고 애쓰는 것이다. 그러나 융은 인과론적 관점과 목적론적 관점은 공존할 수 있다고 주장하였다. 그는 환상을 어떻게 이해해야 할 것인가에 대해서 다음과 같이 말하였다.

> (이것은) 인과론적으로는 물론 목적론적으로도 이해되어야 한다. 인과론적으로 해석할 때, 그것은 생리적이고 개인적인 상태, 즉 그 전에 있었던 사건의 산물인 하나의 증상으로 보일 수 있다. 하지만 목적론적으로 보면, 그것은 하나의 상징, 즉 눈앞에 보이는 물질의 도움을 통해서 어떤 특정한 목표를 이루려는 상징이나 앞으로의 정신적 발달의 길을 찾으려는 기미(機微)처럼 보인다(CW 6, para. 720).

융은 환원적 입장에 대해서는 높이 평가하지 않았다. 그는 환원론적인 접근의 예를 진수성찬이 차려진 연회에 대한 꿈을 꾼 이는 자기 전에 배가 고팠을 것이라고 해석하는 것으로 들었다. 여기에서 '환원적'이라는 말에 대한 융의 생각은 너무 진부한 것이라는 사실을 알 수 있다. 우리는 이 꿈에서 가능한 또 다른 의미, 여전히 환원적이지만 그렇게 무신경하지 않은 의미들을 더 찾을 수 있을 것이다. 왜 "진수성찬이 차려진" 연회였는가? 이것은 혹시 초기 구강기적 결핍을 보상하려는 의미는 아니었을까? 그렇지 않으면 팽창을 나타내는 것은 아닐까? 그의 소망? 또한 꿈 꾼 이는 주인이었는가? 아니면 손님이었는가? 그 연회는 전통적인 축하 모임이었는가? 아니면 어쩌다 한번 베푼 연회였는가? 명명식을 위한 것이었는가? 아니면 장례식을 위한 것이었는가? 나는 이런 종류의 질문의 목록들을 한없이 끌고 갈 수 있으리라고는 생각하지 않는다. 그러나 나는 환원적 접근이 반드시 그 안에 광범위한 사고방식을 품지 않고 있다는 생각과 다를 뿐이다. 그것 역시 상상력을 요청한다. 환원적 방법 역시 단순히 유아기와 아동기를 재구성하려고 하는 것이 아니다. 이 질문들 속에서도 참고해야 하는 것은, 그것들이 환상들로 만들어졌으며, 꿈 꾼 이의 현재의 상태에 대해서 말하고 있다는 사실이다. 그것은 현재를 미래와 목적적으로 연결시키려고 하는 것이다.

정신분석학에서도 인과론에 대해서 이와 비슷한 내부 논의를 하였다. 프로이트의 정신분석학에서도 정신결정론에 대한 개념을 발달시켰다는 말이다. 그 어떤 정신적 사건도 그에 선행하는 정신적 사건들의 산물로 나오는 것은 불가피한 일이다. 이 선행 사건들은 원인으로 작용하고, 논의의 대상이 되는 현상들은 이 원인들의 결과이다. 라이크로프트는 정신분석학의 내부에서 토의된 것들을 조사하면서, 자연과학에서도 이와 비슷한 일들이 많이 있었다고 알려주었다. 예를 들어서 말하자면, 그는 이렇게 말하였다.

> 나는 지금 … 스자츠, 홈, 로마스와 나를 비롯한 다른 사람들이 프로이트의 이론에서 말하는 인과론적—결정론적 가정이 타당한지 하는 의문에 대해서 말하고 있다. 다시 말해서 나는 인간의 행동에 생리적인 현상들이 일어나는 것과 같은 원인이 있는 것인지, 아니면 인간의 성격은 정말 그가 어린아이였을 때 일어난 사건들의 결과라고 설명할 수 있는지 묻는 것이다(1972, p. ix).

라이크로프트의 이 인용은 대단히 유용하게 사용되는 『정신분석학 비평 사전』의 서문으로부터 빌려온 것이다. 그 서문 속에서 라이크로프트는 프로이트의 이론의 또 다른 한계들이 자아 심리학자들, 대상관계학자들, 실존주의 분석가들과 어떻게 만나고 있는가 하는 점에 대해서 보여주고 있다. 이 세 집단과 분석심리학자들, 즉 융 학파와 후기 융 학파 심리학자들 사이의 유사성은 우리가 지금 논의하고 있는 대로이다. 이런 비교가 행해질 수 있었던 것에는 특별한 즐거움이 있다. 그것은 라이크로프트가 말했듯이 "융의 저작을 이해하기 어렵게 만드는 특별한 구조적 결함"(ibid., p. ix) 때문에 더욱더 그렇다.

나는 라이크로프트가 말한 인과론에 관한 언급을 융이 1921년에 말한 다음의 내용과 상세히 비교할 것이다.

> 과학적 심리학은 본래 자연과학으로부터 빌려온 인과론적 입장에만 예외적이고 엄격하게 의존해 있으면 되지 않는다. 왜냐하면 그것은 정신의 목적적 본성 역시 고려해야 하기 때문이다(CW 6, para. 718).

라이크로프트에게 다시 돌아가면, 그는 그와 그가 언급했던 분석가들이 프로이트의 중요한 공헌으로 생각하는 것은 프로이트가 증상들을 의사소통으로 본 것이라고 주장하였다.

> 이러한 견해에 대한 변호는 인과론에 관한 이론들은 오직 무생물에게만 적용시킬 수 있으며, 물리학에서 나온 결정론적 원리를 인간의 행동에 적용시키려는 프로이트의 시도는 인간이 결정을 내리고 선택할 수 있으며 창조적일 수 있는 살아 있는 요원(要員)이라는 사실을 설명할 수 있겠는지에 대한 논란을 불러일으킨다(1972, p. 89).

우리는 이제 융이 환원론적 방법과 대조시킨 종합적 또는 구성적 방법이 과연 어떤 의미에서 창조적일 수 있는가(모든 의미에 있어서) 하는 문제와 이것이 초기 발달에 관한 그의 사고에 어떤 영향을 끼쳤는지 하는 문제에 대해서 살펴보려고 한다. 그런데 여기에는 한 가지 중요한 사실이 있다. 그것은 융이 모든 해석을 할 때 종합적 사고를 가지고 하는 것이 이해되지 않는 한, 유아기와 아동기에 대한 그의 사상은 별 의미가 없다는 점이다.

종합적 방법

융은 '종합적'이라는 말과 '구성적'이라는 말을 서로 바꾸어서 쓸 수 있도록 사용하였다. 그러나 그는 '종합적'이라는 말을 더 좋아하였는데, 그것은 '종합'이라는 말이 환자의 과거가 사실적으로 재구성되는 것을 의미하는 정신분석학에서의 용어와 혼동되는 것을 피하려고 했기 때문이다. 물론 그것은 융이 말하는 종합과는 정반대되는 개념이다(CW 6, para. 701).

융이 종합적 방법이라는 말을 어떤 맥락에서 사용했는지에 대해서 살펴보는 것은 중요한 일이다. 왜냐하면 그의 언급들은 이상화(idealization)에 열려 있기 때문이다. 융은 그가 무의식의 산물을 보는 관점은 상징적이며, 아직 일어나지 않은 심리적 발달을 예기하는 것이라고 주장하였다. 예를 들어서 말하자면, 과로와 관계된 증상은 자신의 상황을 바로잡으려는 욕구에 주의를 촉구하려는 보상적 상징으로 볼 수 있다는 것이다.

방금 묘사한 것과 같은 나의 환자 가운데 한 사람은 그가 그의 사무실에서 규칙적으로 잠에 골아 떨어지는 것을 알게 되었다. 그래서 그는 에너지가 떨어지는 것을 막으려고 약을 복용하였다. 그러나 그는 곧 복용해야 하는 약의 정량이 위험할 정도로 늘어나게 되었고, 나와 같이 그 상황에 대해서 이야기하였다. 우리가 잠에 초점을 맞추어서 이야기를 나누다가, 그는 곧 그가 10대 초반 어느 휴가 기간 중에 어머니와 기차를 같이 타고 갈 때 어머니의 무릎을 베고 잤던 기억이 (이것은 사실이 아닐 수도 있는데, 그것이 여기에서 중요한 것이 아니다) 떠올랐다. 그는 그때 멀미를 느꼈고, 지금과 같은 모습으로 잠을 잤던 것이다. 이 생각은 더 깊이 들어갈 것도 없이, 그로 하여금 그의 사업상의 고민을 그의 아내와 나누도록 하였는데, 그의 아내는 그가 생각했던 것과 달리 아주 도움이 되었고, 그는 그 전보다 일을 덜하게 되었다. 그는 이제 그녀의 아내를 지나치게 돌보려고 염려하지 않게 되었으며, 아내에게 어머니의 무릎 같은 이미지로 상징되는 도움을 요청하게 되었다. 그가 그의 아내를 돌보아야겠다는 환상은 (과로를 하면서도 아내가 좋아하는 것들을 해주어야겠다는 환상) 사실 그에게 필요한 모성적 돌봄이 그가 아내를 돌보아야 한다는 투사의 형태로 나타났었던 것이다. 내가 지금 이 예를 제시한 것은 종합적 접근은 언제나 현실 생활에서 일어나는 일과 환상을 연결시키는데 도움이 된다는 것을 말하기 위해서이다.

융은 이런 접근방법을 '무의식의 예시적 기능'과 관계시키면서 설명하였다. 우리는 이미 자기가 어떻게 유기체가 그의 몸에 가장 좋은 것을 '알아서 처리하는' 방식으로 정신을 조절하는지에 대해서 논의한 바 있다. 이것이 '예시적 기능'의 증거이다. 무의식의 산물이 '어떤 목표나 목적을 향해서 나아가는' 표현으로 생각되기 때문에 우리는 그 무의식적 자료들의 원천이 어떤 것이냐 하는 것보다는 그 의미가 무엇이냐 하는데 더 관심을 가지고 있다. 그때 우리에게 중요한 문제가 되는 것은 어떻게 이 의미를 설명할 것인가 하는 것이 되고, 융이 그것을 입증하기 위하여 비교적인 자료들을 사용하고 확충을 한 것도 그 때문이다(이 책의 제1장, p. 27 을).

초기의 발달에 관한 우리의 고찰과 가장 직접적으로 관계 되는 종합적 방법에서 문제되는 것은 무의식이 그 자신을 '상징언어'로 표현한다는 사실에 있다. 융은 상징의 본성은 종합하는 것이라고 생각하였고, 그렇게 강조하였던 것이다. 그것이 그와 프로이트 사이를 균열시켰던 지적 태도의 차이였다.

실제적 인간인가? 아니면 상징적 표상인가?

융이 오이디푸스 콤플렉스를 문자적이거나, 실제적 사건으로 받아들이려고 하지 않았다는 것은 잘 알려져 있는 사실이다. 그는 원형이 무엇들로 이루어져 있는지를 알고 있었고, 어린아이가 어머니를 바라는 것은 그가 어머니의 몸속에 다시 들어가서 초기에 느꼈던 평안한 상태로 다시 돌아가려는 원망으로 생각했던 것이다. 융은 우리가 앞으로 더 자세하게 살펴 볼 테지만 그와 같은 귀환을 통해서 인격을 더 고양시키려는 욕망에 대해서 강조하였다.

융이 사람들이 초기경(primal scene)이라고 생각하는 것이 사실은 어른들이 나중에 그것과 관련시켜서 생각하는 환상이라고 주장한 것을 프로이트가 받아들이지 않을 수 없었다는 사실은 잘 알려져 있다. 라쁠랑쉬와 뽕딸리스가 『정신분석학의 언어』에서 말한 바에 의하면, 융은 프로이트의 논의를 "깨부수었던" 것이다 (1980, p. 332). 프로이트는 계속해서 그와 같은 지각이나 지각 착오가 부분적으로 작용한다고 주장했지만, 우리가 제2장(p. 42)에서 살펴보았듯이 그는 원형의 작용이라고 가정할 수 있을 정도로까지 다가왔다.

융이 얼마나 환자가 '실제로' 그의 부모라고 말하는 모습들이 사실은 원형들이 상호작용을 하면서 만들어낸 상징적 상(像)이거나, 원형적 동일시의 결과라는 생각을 발달시키기 위해서 애썼는지에 대해서는 비교적 잘 알려져 있지 않다. 예를 들어서 말하자면, 융은 어린아이에 대해서 이렇게 말하고 있다.

> 어린아이에 관한 주제가 나왔을 때, 사람들에게 편견이 작용하여 마치 실제로 어린아이가 문제의 원인이 되었다거나, 그 어린아이에 관한 주제가 나오게 된 사전의 조건이 되었다고 주장하려는 경향이 항상 존재한다는 사실을 지적하는 것이 불필요한 것만은 아니다. … 우리가 실제로 경험하는 '어린아이'에 대한 생각은 단지 하나의 심리적 사실을 말하려는 수단에 불과한 것이다. 이와 똑같은 것이 신화에서 어린아이에 대해서 말하는 것인데, 그때 어린아이는 우리가 실제로 경험하는 어린아이가 아니라, 어린아이가 그럴 것이라는 상징이다. … 실제의 인간 어린아이가 아니라는 말이다(CW 9i, para. 273n).

그런데 융은 영웅과 모성적―괴물 사이의 투쟁에 있어서는 그 괴물이 실제의 어머니를 상징하는 것으로 보지 않는다.

그것은 상징화된 실제의 어머니가 아니라, 그 대상이 언젠가 어머니였던 아들의 리비도이다. 우리는 신화적 상징을 너무 구체적으로 생각한다. … 우리가 '그의 어머니는 마녀이다'라고 하면, 우리는 그렇게 생각하는 것이다. 그때 아들은 그의 리비도를 모성—이마고로부터 분리시키지 못하고, 그가 그의 어머니와 묶여져서 저항 때문에 고통 받는다(CW 5, para. 329).

생각하건대, '그의 어머니는 마녀'가 아닌 것이다.
융은 부모에 대해서 이렇게 말하였다.

부모는 전혀 '부모'가 아니라, 그들의 이마고일 뿐이다. 그들은 다만 사람들에게 있는 어린아이적인 경향과 특정한 부모가 만나서 융합된 것으로부터 나온 표상인 것이다 (CW 5, para. 505).

이 모든 발췌문들 중에서 문제가 되는 것은 실제의 사람, 즉 '경험하는 어린아이'와 '특정한 부모'이다. 그래서 융은 어른의 성격을 형성하는데 유년기에 실제로 일어났던 사건들이 작용했을 부분을 배제하지는 않았다. 실제로 그는 현대 분석심리학에서 그들의 환자가 '실제적'이라고 하는 자료들이 정말 실제로 일어난 것인지, 아니면 믿을 수 있는 것인지 하면서 지나치게 따지지 않으면서 그것들을 모두 담을 수 있는 체계를 제공하였다. 아동기 기억의 왜곡들과 원형적 주제들은 소위 사실이라고 하는 것과 똑같이 현상학적인 관점에서 취급된다. 우리는 이제 발달학파의 분석가들이 어떻게 이것에 의해서 해방되었는지 살펴볼 것이다. 그러나 우리는 먼저 융의 사상 가운데서 그가 원형적 접근과 경험적 접근을 제대로 혼합하지 못한 영역에 대해서 명확하게 밝혀야 한다. 그것은 아동의 심리학의 본성에 관한 부분이다.

아동의 심리학

단순하게 말해서 문제는 다음과 같은 것이다. 우리는 작은 어린아이를 부모의 심리의 연장으로 보아야 할 것인가? 아니면 한 사람의 자기로 인정할 수 있는가? 이 질문은 여기에서 반드시 물어보아야 한다. 그 이유는 융이 모순되게 말하기 때문이다. 1957년에 촬영한 인터뷰 기사에서 융은 다음과 같이 두 가지로 말을 하였다.

초기 아동기에 이미 어머니는 그녀의 아이의 개인성을 인식한다. 그리고 당신이 잘 살펴보면, 당신은 어린아이들에게도 커다란 차이가 있음을 알게 될 것이다.

또한

그 어떤 아동 신경증의 경우에서도 나는 그 부모에게까지 뒤돌아가서, 거기에 어떤 것이 있는지 살펴본다. 왜냐하면 어린아이들에게는 문자적인 의미에서 그들 나름대로의 것이라고 할 수 있는 심리가 없기 때문이다. 아이들은 너무 그들의 부모의 정신적 환경에 파묻혀 있어서 … 그들은 그들의 어머니와 아버지의 환경에 젖어들어 있고, 그 영향들을 표현하는 것이다(Jung, 1978, p. 274).

그가 말로만 이렇게 모순된 말을 했다는 생각이 든다면, 그가 다른 곳에서도 이와 똑같은 혼돈을 보인 예를 찾아보는 것도 좋다. 그는 위크스(Wickes)가 쓴 『아동기의 내면 세계』라는 책의 서문에서 다음과 같이 말하였다.

예를 들어서, 사려 깊은 독자는 부모의 무의식이 어린아이의 정신적 상태에 미치는 수수께끼 같지만 부인할 수 없는 사실에 대해서 어떻게 생각하고 있는가? … 그의 정체성에 '신비한' 것은 아무 것도 없다. … (그것은) 본질적으로 어린아이의 무의식으로부터 이끌어진다. … 무의식은 미분화성을 의미한다. 거기에는 아직 분명하게 확정된 자아가 없고, 오직 나에게 속해 있거나 다른 사람에게 속해 있는 사건들만 있을 뿐이다(CW 17, para. 83).

그러나 또 다른 곳에서 융은 다음과 같이 말하였다.

전의식적 정신은—예를 들어서 말하자면, 갓난아기의 정신—그 속에 … 아무 것이나 부어 넣을 수 있는 빈 그릇이 아니다. 그와 반대로, 그것은 지극히 복잡하고, 상당히 한정된 개인적 본체이다. 그러나 우리가 그것을 직접 볼 수 없기 때문에 그것은 우리에게 불명확하게 보인다(CW 9i, para. 151).

나는 융의 이와 같은 약점은 그 안에 강한 것을 잠재적으로 안고 있다고 제안하고 싶다. 어린아이의 개인성은 융이 언급했던 '우연히 만난 부모'보다 훨씬 더한 어떤 것으로부터 유래하는 것이다(CW 17, para. 93). 그러나 어린아이는 부모의 돌봄이 없으면 자라지 못하고, 어떤 경우 그것은 적절하지 않을 수 있다. 대부분의 경우에 어린아이의 개인성과 그가 태어난 환경 사이에는 만족할 만한 연계가 있기 마련이다. 그러나 여기서 '만족할 만한'이라는 말은 '완전한'이라는 의미는 아니다. 우리가 살펴보았듯이, 좌절은 의식의 발달에서 본질적인 것이다. 융은 버팀대라고 생각되거나, 아니면 현대의 발달적 접근에서 가장 중요하다고 생각되는 것에 걸려 넘어질 뻔했다. 하나의 분리된 개인으로서 어린아이는 생존하기 위해서 부모님과 관계를 잘 맺어야 하고, 부모님들은 아이의 개인성에 잘 적응해야 한다.

후기 융 학파와 발달심리학

내가 그린 그림은 융이 상당히 양가적이라는 사실을 보여준다. 이와 같은 불명확성은 놀랄 것도 없이 후기 융 학파 심리학자들 사이에서, 그리고 발달학파의 경우 그 학파의 내부에서 수많은 논쟁을 불러일으켰다.

그들 사이에서 합의에 이르지 못했던 것은 두 가지 커다란 영역이었다. 첫째는 발달이론을 사용하는 분석방법이 "발생적 환상" 이외에 다른 것에 기반을 둔 것이 아닌가 하는 관심이었고(Giegerich, 1975, p. 125), 둘째는 (발달학파에서 더 한정시켜서 말한다면) 다음과 같은 문제가 있다: 우리가 '어린아이'에 관해서 말을 할 때 그것은 우리가 아동기에 경험적으로 관찰할 수 있는 상황에 대해서 말하는 것인지, 아니면 우리가 공감할 수 있는 한 어른의 어린아이적인 부분에서 유래한 이미지에 대해서 말하는 것인지 하는 문제이다. 이 두 가지 쟁점에 대해서 차례로 살펴보자. 먼저 살펴볼 문제는 발달적 접근이 가치가 있는 것인가, 아니면 가치가 없는 것인가 하는 문제이다.

발달심리학: 심리학에서 진정한 것인가? 아니면 잘못된 것인가?

"발생적 환상"이라는 단어를 사용했던 기즈리치는 사람을 대상으로 회고적 전망을 하는 그 어떤 접근도 융적인 것이 아니라고 주장하였다. 왜냐하면 융에게 있어서 '출처'는 '목적지'보다 덜 본질적인 것이기 때문이다. 기즈리치는 실제로 자아의 발달단계를 정확하게 서술하려고 했던 노이만을 공격하였다. 그러면서 그는 그의 주장이 "경험적으로 입증되고, 과학적 진리이자 체계"라고까지 확장시켰다(ibid., p. 125).

기즈리치는 어린아이는 그 위에 발달심리학자들이 "그 어떤 모순도 없이 그의 환상을 마음대로 펼칠 수 있는 화면으로 작용한다"는 힐만의 말에서 도움을 끌어냈다(Hillman, 1972, p. 243). 그렇지 않으면 그는 또 다른 것에서 도움을 받기도 하였다: "프로이트가 말한 작은 소녀의 마음이라는 환상은 프로이트 학파 사람들의 작은 소녀의 마음에 대한 환상이 되었다"(ibid., p. 243).

기즈리치와 힐만이 애써서 말하려고 했던 것은 발달심리학자들이 흥미를 가졌던 것은 초기 아동기에 대해서 그려내고 이론화하려는 시도였다는 것이다. 물론 그 시도는 원형적 추구와 질문이며, 그 목표는 기원에 관한 인식이다. 발달심리학에서 찾아낸 것들은 다른 것이 아니라 현대판 창조신화들을 구성하고 있다. 다시 한번 라이크로프트는 이와 전적으로 다른 배경에서 출발하여 발달이론들은 '임상적 현재'를 설명하려는 목적을 가진 역사적이며 설명적 개념들이라는 사실을 부각시켰다. 그가 한 말은 다음과 같다.

> 성인들로부터 회고적인 외삽법(外揷法)을 통해서 얻어낸 개념들은 분석 기록들에서 희미하게 나타나는 '유아'나 '아동'들에 대한 전향적(前向的) 발달에 대한 이론적 구성의 시도들이다(Rycroft, 1972, p. xxiii).

이것은 어린아이들을 관찰하고, 분석한 사람들의 노고를 폄하하지 않는다. 우리는 이에 관해서 더 살펴볼 것이다. 그러나 우리가 이미 일어난 것으로 추론된 사건들에 대해서 말하는 것을 다룬다는 사실은 틀림없는 사실이다(ibid.).

힐만이 어린아이들에 대해서 완전히 객관적인 태도로 볼 수 있는 관찰자나 분석가라는 관념은 잘못된 것이라고 말한 것은 옳은 말이다. 그러므로 우리가 어린아이나 아동기에 대해서 말하는 것은 실제의 어린아이나 아동기에 대한 것이 아니다. 더 나아가서 그는 우리 문화에서의 아동관은 수세기 동안 변화되었으며, 우리는 그것을 회화나 조각 속에 나타난 아이들의 이미지가 발달한 것에서 볼 수 있다고 설명하였다. 더구나 어린아이를 "특별한 관심과 촉진적 환경이 필요한" 분리된 개체로 보아야 한다는 생각은 최근에 들어와서 발달하였다(1975a, p. 10).

그러나 힐만의 이와 같은 반대되는 주장의 뒤편에 있는 그의 또 다른 작업에는 한편으로는 선적인 발달(단계 등과 같은) 모델과 또 다른 발달 모델이 있고, 다른 한편으로는 발달을 나선형으로 보는 관념이 들어 있다. 나선형적 사고가 말하는 것은 인격의 똑같은 요소가 소용돌이 같은 문양 속에서 서로 다른 지점에서 자아와 자기의 달라진 관계 속에서 계속해서 나타난다는 것이다. 그러므로 힐만에게서 방향은 성장에 대한 생각으로 기울어져 있으며, 그는 순환적 모델을 선호하는 것이다(p. 259 이하를). 순환적 모델이 말하는 것은 인격의 모든 요소들은 언제나 그렇게 존재하였고, 현재도 존재하고 있으며, 발달은 그 안에서 어떤 것이 발달하는 것으로 해석된다. 그 속에 언제나 들어있는 본성이 발달한다는 것이다.

나는 여기에서 원형학파들이 강조하는 순환적 접근은 발달학파(e.g. Lambert 1981a, p. 193)를 연상시키는 "풀어냄"이라는 단어에 대한 사용으로 요약될 수 있을 것이라는 생각을 옹호하고, 또 그렇게 제안하려고 한다. 이에 의하면 자기의 내용은 시간을 통하여 풀어내지며, 환경과 더불어 "얽혀 들어간다"는 것이다. 힐만은 그가 쓴 "노인과 어린이"(1979b)라는 논문에서 노현자이며, 의미의 원형인 노인(senex)은 "모든 원형적 주(主)형상들처럼"(p. 21) 태초부터 존재하는 것이라고 주장하였다. 그러므로 힐만 역시 원초적 자기(primary self)라는 생각에 다가간 것이다(그러나 이것은 우리가 살펴보았듯이, 우리를 불가피하게 안정되고, 조직된 상태로 이끌어가지 않는다). 힐만은 세넥스가 사람들에게 올바른 발달적 자극이 주어지기만 하면 즉시 육화될 수 있는 잠재적인 것으로 보았다. 우리는 세넥스가 늙은 나이에서만 육화되는 것이라고 생각해서는 안 된다. 어린아이 속에도 그 나이에 맞은 노현자가 들어 있기 때문이다. 우리는 이에 대한 증거를 아이들의 호기심, 지식에 대한 존중, 체험을 통한 학습의 능력 등은 물론 어린아이 같은 '지혜'에서도 찾아볼 수 있다.

　발달학파와 힐만의 발달 모델 사이의 유사성은 발달은 상당한 정도까지 어린아이 속에 이미 들어있는 것으로부터 발생한다는 생각과 관계가 된다. 우리는 이런 생각을 융이 말한 목적적 관점은 물론 종합적 접근과도 비교해서 생각할 수 있다. 엄밀하게 말하자면, 이 두 가지 관점(순환적 접근과 목적적 접근) 사이에는 비교할 것이 없는 것이다. 한 사람의 목표들은 언제나 거기에 있을 것이고, 언제나 거기에 있었다. 그러나 매순간 강조하는 것은 다르다. 우리는 여기에서 다시 한 번 자아가 여러 가지 모습으로 나타나고, 자기와 개성화가 민주적이고 상대적인 것으로 해석되면서, 후기 융 학파 세계의 두 쪽이 힘을 합쳐서 융 학파의 중심인 정통학파를 공격하는 것을 볼 수 있다.

　나는 힐만의 공개적인 반—발달적 견해에 관한 전체적 진술에 대해서 반박하려고 하지 않는다. 오히려 나는 그들 사이에 있는 유사성을 지적하려고 한다. 그는 아마도 그의 사상이 융의 사상 위에 근거한다고, 특히 융이 "어머니의 오래 된 아들"(Jung, 1963, p. 153)에 대해서 말하거나 아기 속에 있는 200만 살이 된 노인의 주제(Jung, 1978, p. 99)에 대해서 반복해서 말할 때 더 그 위에 있다고 주장할 것이다.

　우리는 이제 인간의 발달의 중요성에 대해서 말하는 다른 것들에 대해서 살펴보려고 한다.

발달의 중요성

기즈리치와 힐만은 원형적 관점 위에서 볼 때, 발달심리학은 환상이라고 주장하였다. 당연한 일이지만, 발달학파는 거기에 동의할 수 없었다. 포댐은 분석의 모든 초점은 환자의 기본적인 행동 양식과 정신 기능을 탐색하기 위하여 콤플렉스의 구조를 단순한 형태들과 체계로 갈라놓는데 두어져야 한다고 제안하였다. 포댐은 "나중에 형성되는 정신 구조의 핵이 발견되는 것은 마음의 유아적 상태 속"에서라고 주장하였다(1978a, p. 59). 포댐은 분석적 의도 이외에서도 유아기와 아동기에 대해서 논의하고 탐색하는 것은 치료자들의 권리에 속한 부분이라고 덧붙였다. 한 사람의 개인사(個人史)를 그의 사회적, 문화적 맥락에서 배제시켜야 할 이유는 전혀 없기 때문이다.

포댐은 더 나아가서 분석과정이 얼마나 '역사적'으로 이루어져야 하는지에 대해서도 논의하였다. 그는 가능한 한 완벽하게 환자의 발달을 재구성하려고 했던 것이다. 그러나 그는 그 작업이 필연적으로 불완전할 것이라는 사실을 잘 알고 있었다. 그럼에도 불구하고 재구성하려는 작업은 분석가에게나 환자에게 미래를 전망할 수 있는 이점이 있는데, 포댐은 그와 같이 재구성하는 작업의 방식이 언젠가는 수정될 터이고, 폐기될 것이라고 강조하였다.

예를 들어서 말하자면, 환자는 그의 부모에 대한 견해를 바꿀 수 있다. 나의 환자 가운데 한 사람은 그의 아버지를 '실패자', 완전히 실패한 사람으로 생각하였다. 그러나 동시에 훌륭하고, 독재적인 사람이라고 하였다. 그의 아버지가 돌아가셨을 때, 그는 그의 삼촌들, 고모들, 조카들에게 부고를 전했다. 그는 그의 할아버지가 일찍 돌아가셨으며, 막내였던 그의 아버지와 삼촌이나 고모들이 열일곱 살이나 차이가 나서 그 전에 만난 적이 없었으며, 그의 아버지가 가족적으로나 물질적으로 별로 혜택을 받지 못했다는 사실을 알고 있었다. 그의 아버지는 노동자 계층으로 살았지만, 다른 사람들은 중상류층이며, 전문직에 종사하면서 살았던 것이다. 나의 환자는 이런 것들을 이야기하면서 그의 아버지의 삶의 경험에서 어떤 것이 있음을 알게 되었고, 그의 아동기가 그렇게 뒤틀리거나 박해받았던 것은 아니었으며, 좀 더 넓은 의미에서 보자면, 어느 삶에나 있을 수 있는 인생의 비극의 한 부분에서 이루어졌던 것을 알 수 있었다. 그런 과정에서 그는 그의 아버지를 용서할 수 있었다.

포댐은 융이 제기하였고, 우리가 앞에서 언급히였던 문제, 즉 환원적 분석이 무의식에 파괴적인 것인가 하는 문제에 대해서 다시 논의하였다.

> 인간의 행동을 생애 초기에 있었던 몇 가지 사건들에 의한 것으로 환원시키려는 것은 무엇이 나올지 모르는 창조적 능력을 가진 인간 존재의 목적이 아니다. … (그것은) 그것을 어떤 유형이나 … 원형들에 과도하게 귀속시키려는 사람들과 마찬가지로 하나의 환상이다(1978a, p. 60).

램버트(1981a, p. 106)는 과거사를 검토하고, 바람직한 이야기를 재구성하는 것은 환자가 과거에 너무 묶여 있는 것으로부터 벗어나게 하려는데 목적이 있다고 역설적이지만 중요한 점을 지적하였다. 그는 환자들이 임상 상황에서 보이는 현상들은 그들이 현재의 상황에서 적당하지 않게 총체적으로 나타내는 정동적 반응의 반작용이라고 주장하였다. 환자들은 어쩌면 모든 아기들이 대체적으로 하는 반응 양식인, 아기들 특유의 참지 못하고 신경증적인 반응을 하는 것이다. 그렇지 않으면, 환자들은 초기 발달 단계의 어떤 지점에 고착되어서 외골수적인 인격, 과도한 의존성, 질투를 보이는 것인지도 모른다.

램버트는 문화적 차원으로서, 환자가 자랄 때 부모의 양육 방식이나 종교적 태도와 같은 사회 체계 등의 측면도 고려해야 한다고 제안하였다. 그러나 램버트는 역사학자—로서의—분석가는 일반적인 역사학자와는 다르다고 주장하였다. 왜냐하면 그가 다루는 역사는 살아 있는 역사이기 때문이다.

노이만은 그가 쓴 "분석심리학에서 발생학적 측면의 중요성"(1959)이라는 논문에서 분석심리학은 개인적인 것과 초개인적인 것 및 '시간 속에서 발생한 것'과 비시간적이며 비인격적인 것을 결합하려고 노력해야 한다고 제안하였다. 그 논문이 발표된 이후, 그 질문이 말하려는 것이 과연 무엇인지 물으려는데 수많은 관심이 부어졌다. 그 질문에 대한 답변으로서 노이만은 그 자신의 말로서 "원형에 대한 개인적 환기(喚起)"를 제시하였다. 그 예로서 노이만은 아이의 어머니에 대한 의존을 들면서, 그 의존은 어머니에 대한 것과 동시에 어머니의 원형적 이미지에 대한 것이라고 지적하였다. 초개인적이며, 무시간적인 원형은 한 사람이 인간적 존재를 만나지 않는 한 작동할 수 없는 것이다. 그러나 원형의 환기(evocation)가 개인적 수준에서 이루어지기 때문에, 거기에는 장애와 병리의 가능성이 있다.

노이만은 그가 발달적 지향과 원형적 지향 사이에 있는 중도적 입장을 발견했기를 바랐다. 그는 그런 희망 속에서 한 사람의 정통적 분석심리학자로서 그가 생각하는 발달에 대한 개념이 달라서 자주 갈등 관계에 있었던 발달학파와 공유할 수 있는 어떤 것을 가지고 있었다. 노이만은 다음과 같이 결론을 내렸다.

기억 속에서 개인적 자료들만 찾으려고 하거나, 유년 시절의 자료를 원형적으로만 확충하지 않는 것이 올바른 태도이다(ibid., p. 129).

래드펀은 "우리는 변화될 수 있는가?"라는 주제를 다루면서 대부분의 사람들에게 있어서 실체적인 변화도 '역동적 연속성'에 대한 느낌을 방해하지 않는다고 주장하였다. 그것은 한 사람의 삶을 변화시켰다고 생각되는 사건들이나 경험들도 그의 본질적인 부분을 변화시키지는 않는다는 것이다. 이것은 발달에 관한 우리의 토의에서 의학적인 입장에서의 고려를 제기한다. 역동적 연속성은 자료들을 환원적으로 볼 수 있는지, 아니면 종합적으로 볼 수 있는지, 그렇지 않으면 지금 여기서의 문제로 볼 수 있는지 혹은 지금 가지고 있는 자료와 그 시점에서 가장 유용하게 보이는 하나의 관점 위에서 다른 관점들을 통합하면서 볼 수 있는지 하는 문제들과 함께 검토되어야 하는 것이다.

래드펀은 그에 대한 실제적인 예로써 그에게 청소년기 후기에 있었던 개인적 기억에 대해서 말하는데, 그때 그는 그것을 보석이라든지 아니면 완전한 소녀 같은 눈에 보이는 이미지의 형태나 어떤 관념이나 이상적인 것들 속에서 찾으려고 하였다. 그에 대해서 그는 다음과 같이 말하였다.

우리는 이 탐구의 대상들을 이상적인 젖가슴이라든지 어머니 또는 다른 잃어버린 심리적 상태 등과 같은 것들 속에서 보려고 한다. 이런 용어들을 사랑하는 것이 그가 그것을 추구하는 것을 낙담시키지 않는 한 아무 해도 없을 것이다. 왜냐하면 우리 삶이 변화되고 계속해서 잘 진행되는 것은 이런 목표들에 대한 추구를 통해서 이루어지기 때문이다(ibid., p. 1).

감정이입과 관찰

　나는 앞에서 후기 융 학파 심리학자들 사이에서 또 다른 논쟁이 있었다고 했는데, 이제는 발달학파 속에서 있었던 두 번째 논쟁에 대해서 말할 차례이다. 이 논쟁은 실제의 어머니와 아이에 대한 경험적 관찰로부터 나온 유아기 모델(포댐이 1980년에 제안한 것과 같은 모델) 및 어른과 아동에 대한 분석에서 얻어진 자료를 외부에서 감정이입적으로 관찰한 것으로부터 나온 모델 등 두 가지 모델을 중심으로 해서 이루어졌다. 첫 번째 모델을 택한 이들은 그들이 그 속에서 유아기에는 정상이라고 여겨졌던 것들이 나중에 어른이 된 다음에 가지게 된 (퇴행했거나 병든 어른의) 심리적 상태가 뒤섞인 어른의 환상을 피해 갈 수 있었다고 생각하였다. 그러나 감정이입적 외삽법을 선호하는 이들은 그들이 어른 속에 있는 아이의 감정적 경험을 발견함으로써 아이의 내적인 삶을 더 잘 관찰할 수 있었다고 생각하였다. 그런데 유아기 초기에 아이들에게 과연 어떤 일이 일어나는지에 관한 가설을 세운 많은 사람들은 공통적으로 아이들이 초기에는 어머니와 심리적으로 동일한 상태에 있거나, 비유적으로 말해서 어머니와 마치 하나인 것 같이—프로이트가 말한 '초기의 자기애', 말러가 말한 '정상적인 자폐', 위니캇이 말한 '전능의 환상' 등은 이것을 말한다—움직이거나 어머니와 관계를 맺는다는데 동의한다. 이 생각들 사이에 작은 차이점들도 있지만, 겹쳐지는 부분도 많이 있다. 이와 비슷한 것으로서, 우리는 성인에 대한 분석에서 분석가와 이상적으로 하나가 되거나 두려움에 가득 차 하나가 되는 환상을 볼 수도 있다. 이 두 가지 종류의 환상 사이에는 어떤 관계가 있는 것인가? 그 어떤 경우에 있어서도 거기에 두 사람 이외에 어느 다른 것이 있다는 것은 객관적으로 볼 때 사실이 아니다. 그러나 정동적으로나 은유적으로 말해서, 그 두 경우 모두에서 거기에는 심리적으로 하나가 된 분위기가 지배하고 있는 것은 틀림없는 사실이다. 그런데 궁금한 것은 그런 환상들이 어른의 환상 속에서 실제로 그것들이 유아기 때 경험하고 느꼈던 것들로 거슬러 올라간다는 의미에서, 어느 정도까지 퇴행적일 수 있는가 하는 문제이다. 그렇지 않으면 그 환상들은 단순히 하나의 바람, 즉 유아들이 그와 같이 하나가 되는 것이 즐거웠든지 아니면 즐겁지 않았든지 하는 것에 따라서 감상적으로, 또는 공감을 하면서 그렇게 되었으면 하고 바라며 찾았던 소망에 불과한 것이 아니었던가?

그 논쟁은 어머니와 아이의 기능이 아기가 어머니와의 관계에 대해서 주관적으로 지각하는 것과 합치된다고 말하는 것이 아기에게 정말 도움이 되느냐, 되지 않느냐 하는 질문을 중심으로 해서 이루어졌다. 다른 말로 해서, 아주 작은 아이가 어머니와 그 자신 사이의 경계를 명확하게 지각하지 못하고, 어머니와 그가 구분되어 있거나 분리되어 있는 것을 잘 알지 못한다면, 관찰자가 보기에 틀림없이 분리되어 있는 아이가 한정된 기간 동안 어머니와 심리적으로 하나가 된 국면에 있는 것에 대해서 말하는 것이 무슨 의미가 있겠는가? 하는 말이다.

관찰자의 입장에서 말한다면, 이와 같은 하나됨은 있을 수 없다. 어머니와 아기는 두 개의 분리된 존재들로 삶을 함께 시작하고, 점차 상대방을 발견하며, 관계 속으로 들어가는 것이다. 그 전 과정 속에서 어머니와 아기는 적극적으로 참여한다. 그 관계를 맺는 과정에서 아기는 그 자신을 어머니와 동일시하고, 어머니와 뒤섞일 수도 있다. 그러나 그것은 아이의 일시적 착각일 뿐이며, 어머니와 아기가 객관적으로 분리된 두 개체라는 사실을 잊어서는 안 된다(Fordham, 1976, p. 54).

공감을 하는 관점에서 보면, 아이와 정신적으로 퇴행을 경험하는 어른은 각자 서로 다른 입장에서 그들의 경계를 설정하고, 객관적으로 어머니와 분리되어 있는 것을 깨달으려고 투쟁한다. 그런데 아기에게 있어서 어머니와 하나라는 환상과 전능에 대한 환상은 정상적인 것이며, 바람직한 자아—발달의 기반을 제공해준다. 하지만 어른이 그런 환상을 가진다면, 그것은 병리적인 의미에서 착각이며, 그가 유아기에 정상적이기는 하지만 그런 환상을 가졌었다는 사실을 말해준다. 그런 환상들이 그가 현재 맺고 있는 관계와 정동적인 상태에 영향을 끼치고 있기 때문에, 그 환상들은 과거와 현재 사이를 잇는 강력한 다리의 역할을 한다. 이에 대해서 뉴턴은 다음과 같이 말하였다.

> 유아가 어머니와 분리되어 있다는 현실은 유아가 반드시 그것을 주관적으로 경험하고 있다는 사실을 말하지 않는다. … 나는 유아가 관찰하는 것과 어른 안에 있는 유아의 작용을 구분하고자 한다. 융은 인간 발달의 모든 국면은 각각 정신의 자율적 내용들로 이루어져 있다고 주장하였다. 성인 환자에게서 유아기와 관계되는 이미지들은 그의 개인적인 차원은 물론 원형적인 차원에서 비롯된 자율적 콤플렉스에서 나온다. … 환자와 관계를 맺고 있는 분석가는 그 자신의 주관적인 반응과 접촉하고, 그 반응을 이용한다. … 유아의 관찰 속에서 관찰자는 참여자가 아니다 … 그는 아마 객관성을 추구하며, 그의 주관적 반응을 최소화하려고 할 것이다. 이 두 가지 종류의 접근법의 차이는 서로를 풍부하게 하거나, 거꾸로 서로 오해하게 할 것이다. 둘 중 하나이다(1981, pp. 73—4).

뉴턴이 (융을 인용하면서) 언급한 것, 즉 발달의 초기 국면이 성인의 삶 속에서 자율적인 내용들로 이루어져 있고, 계속되고 있다는 관념은 상당히 중요한 지적이다. 한 사람의 삶 속에서 발달의 초기 국면, 또는 초기의 경험은 그 어느 때에나 작용할 수 있기 때문이다. 이 사실은 사람들에게는 믿을 수 없으리만치 복잡한 잠재적인 이미지의 모자이크들이 작용하고 있음을 암시하고 있다. 자율적인 내용들로—이루어진—발달의 국면들은 모든 사람들과 모든 사람들의 자아에 영향을 미치고 있으며, 객관적으로 재구조화되어야 하는 왜곡들과 문제들을 설명해주는 그 사람의 정신체계를 형성하고 있다. 우리는 주관적 편견 이외에, 자아가 통합될 때 초기의 국면에 영향을 주는, 나중에 형성된 이미지에 대해서도 알고 있어야 한다. 여기에서 시간의 법칙이 언제나 적용될 수 있는 것은 아니다.

우리는 이와 같은 방식으로 발달하는 유아기와 아동기의 개인적인 경험은 성인에게 그 핵을 둘러싸고 성인기에 경험한 것들이 들러붙고, 그 사건들이 자아내는 감정들이나 정동을 불러일으키게 하는 콤플렉스들로 작용한다고 말할 수 있다. 그래서 성인의 삶에서 유아기의 이미지들은 실제로 유아기에 일어났던 사건들을 말할 뿐만 아니라 하나의 상징으로 볼 수 있는 것이다. 여기에서 중요한 문제는 인간관계에서의 요인과 심리내적 요인 사이의 균형을 이루는 것이다. 유아기에 원형적 결정 요인, 즉 타고나는 가능성은 아이가 그의 개인적인 어머니와 상호작용하는 경험에 영향을 끼친다. 그와 동시에 상호관계에서 작용하는 것들은 심리내적 심상(心象)을 자극한다. 성인에게서도 이런 인간관계/심리내적 기반에서 나오는 이미지들은 성인으로서의 그의 인간관계에 영향을 준다.

이 내용들이 이미지의 형태로 표현된다는 사실은 원형적 심리학의 다중심적이고 이미지적인 색조에 다리를 놓을 수 있으리만큼 유용하게 사용된다. 여기에서 다시 한번 이 두 반대되는 학파, 즉 발달학파와 원형학파는 비슷한 면모를 보인다. 이 사실 때문에 우리는 개인적인 것과 원형적인 것 사이에 균형을 맞출 수 있는 도구를 가지고 있다고 생각되는데, 그것은 노이만이 1959년에 추구했던 것이다.

예를 들어서 말하자면, 그렇게 크지 않은 수술을 받으려고 병원에 입원한 나의 환자 가운데 한 사람은 그녀의 어머니의 암이 말기에 접어들었다는 사실을 확신하고 있었다. 그런데 그녀는 그녀의 어머니가 그 시간을 주도면밀하게 짜놓은 것이라는 환상을 그리고 있었다. 나중에 사실들은 정말 그렇게 진행되었다. 그녀는 수술을 받기 바로 전에 그녀의 어머니의 침상으로 달려가야 했던 것이다. 그녀가 어릴 때부터, 또한 어린 시절 내내 그녀와 그녀의 어머니 사이에서 그렸던 이미지는 그녀와 그녀의 어머니가 부정적인 의미에서 하나였던 것이다. 이 경우, 이 이미지가 그녀의 환상의 핵으로 먼저 나타났고, 그것은 실제로 현실 속에서 전개되었다.

정신분석학은 논쟁의 여지가 있는 견해를 말할 것이다. 그러나 코헛(1977, pp. 267—312)은 정신분석학의 본질, 즉 다른 많은 과학 중에서 정신분석학의 특성은 그것이 그의 자료들을 내성적인 태도와 감정이입을 통해서 얻는데 있다고 주장하였다. "그 세계는 관찰자의 내성적인 자세에 의해서 규정되고", "관찰자와 관찰대상은 하나"가 된다. 사실, 코헛은 관찰의 방법이 내성과 감정이입에 기초를 두고 있다면 그 현상들은 심리학적인 것으로 여겨질 수밖에 없다고 주장하였다.

감정이입(empathy)은 우리가 그것을 이용하여 다른 사람의 내적인 삶에 접근하려는 방법만이 아니다. 내적인 삶이라는 생각 자체, 즉 복합적인 정신 상태에 대한 심리학은 우리가 상상에 의한 내성을 통하여 다른 사람의 경험을 나도 똑같이 하는 것 같이 느낄 수 있는 능력을 가지고 있지 않다면 생각할 수조차 없는 것이다. 감정이입에 대한 나의 정의는 그런 것이다. 인간의 내적인 삶이란 우리가 다른 사람이 느끼고 생각하는 것처럼 우리도 똑같이 느끼고 생각하는 것을 말하는 것이다(ibid., p. 306).

감정이입적으로 관찰하면서 접근하는 것은 자연과학에서 경험적으로 접근하는 것과 다르다. 분석적 태도를 가진 발달심리학자들이 아무리 경험적인 입장에서 접근할지라도, 그들에게는 언제나 "실제로 살고 있는 개인의 바깥에서 이미지들을 살펴보면서 접근하는" 관찰자의 입장이 남아 있는 것이다(ibid.). 그와 반면에 감정이입적이고 내성적인 관찰법은 관찰자를 "그가 감정이입을 해가면서 동일시하는 개인의 정신체계 안에 두면서 이미지들을 살펴보려고 한다"(Kohut, 1971, p. 219).

경험적인 자료들로 이끌어가는 관찰은 사회과학에 속한 것이다. 그것들은 분석이 아닌 것이다. 코헛은 그에 대한 예로 스피츠의 공식(1965)과 말러를 들었고, 그것들은 잘못된 것이 아니었다. 그러나 그것들은 '경험의 간격'이 있는 것이었다. 왜냐하면 거기에는 관찰되는 이의 내적인 삶에 감정이입적으로 녹아들어가서 관찰한 것이 없었기 때문이다. 거기에 외재성의 정도가 너무 짙었기 때문에 코헛은 그와 같은 관찰법은 "서구인의 전통적인 가치 판단"으로 오염되었고, 그 지배 아래 있는 것이라고 비판하였다(1980, p. 450).

여기에서 코헛이 서구적 가치라고 한 말은 힐만이 자아와 관련해서 발달주의자들의 태도에 보내는 비판과 맥락을 같이 한다 (pp. 177—179을 좌표하시오). 코헛은 말러의 저작들에서 '분리'와 '개성화'(이 말은 융의 개성화와는 다른 말이다)의 중요성을 강조하는 것은 이미 존재하는 가치 범주 속에서 나온 것이라고 주장하였다. 그녀는 떨어지지 않으려고 하는 의존성은 '나쁜 것'이고, 불평하지 않으면서 자족적으로 지내는 것은 '좋은 것'이라는 전제 속에서 접근한다는 것이다. 그런데 이것은 코헛이 그의 책에서 이미 독립된 상태에서 나오는 '내적인 감정 상태'에 대해서 강조한 것과 반대된다 (Kohut, 1980, p. 451).

코헛이 계속해서 사용하는 단어—그림인 감정이입이라는 말 속에 담긴 의미는 무엇인가? 감정이입이란 그가 누구라는 안목을 잃지 않고 그 자신을 다른 사람의 위치에, 또는 다른 사람의 속에 들어가는 것을 말한다. 다른 사람은 분석이 잘 진행되고, 분석가와 환자 사이에서 협력이 잘 이루어지고 있을 때 상대방이 더 잘 감정이입을 할 수 있도록 한다. 그렇지 않은 경우 환자는 분석가의 감정이입에 방어적 태도를 취하게 된다. 감정이입은 아동의 관찰에서 사용될 수 있는데, 이에 대한 예로써, 위니캇은 아기가 노는 것을 시적인 마음으로 유심히 관찰하면서 심사숙고를 통하여 그가 느끼는 내적 감정들을 어떻게 표현할 수 있는가에 대해서 말한 적이 있다 그때 그 감정은 '반가운 대상' 등의 단어로 나타낼 수 있을 것이다. 그러나 여기에는 어려운 점 하나가 있다. 그것은 사람들이 어린아이들과 감정이입을 하려면, 그들이 그들 자신의 개인적 경험 자료들을 집어넣지 않으면서 그들 자신의 유아성을 활성화시켜야 하는데 그것은 여간 어려운 일이 아니다. 이것은 유아에 대한 '객관적' 관찰과 매우 다른 것인데, 여기에서 관찰자의 유아적—자기는 가능한 한 통제되어야 한다. 대부분의 유아—관찰자들이 이와 같은 객관성에 도달하는 것이

거의 불가능하다고 하지만, 몇몇 사람들은 코헛의 견해를 지지하고, 유아를 관찰할 때 자기와 타인이 혼합되는 것을 감수하려고 한다.

　코헛은 감정이입을 한편으로는 동정(compassion), 다른 한편으로는 직관(intuition)과 구분하려고 애를 쓴다. 감정이입에 비록 진정한 동정이 필요하지만, 감정이입을 할 때 동정할 필요는 없다. 감정이입에는 노련한 세일즈맨에게 능란한 비결이 필요하듯이 심리적인 전쟁이 필요하다. 그러나 직관을 감정이입과 구분하기는 더 어렵다. 모든 부모들은 물론 대부분의 분석가들은 환자가 어떤 지점에 이르기 전에 그가 가져오는 자료들에 대해서 어떤 연상이 떠오르는 것을 경험했을 것이다(역전이에 관한 디크맨의 연구를 참고하시오. p. 278).

　이런 현상이 생기는 것이 직관에 근거한 것이 아니라는 주된 이유는 그것들이 형성되는 과정이 합리적인 탐구를 통해서 가능할 수 있는데, 직관적 행동이나 경험은 그것과 전혀 다르기 때문이다. 그에 대해서 코헛은 이렇게 말하였다.

　　물론 어느 누구도 우리가 친구의 얼굴을 알아보는 것을 직관이라고 말하지는 않을 것이다. 그러나 노련한 의사가 어떤 병을 한 눈에 보고 진단하는 것은 어떤 것일까? 또한 다른 경우, 재능이 많은 연구자가 합리적으로 추리하지 않은 채 한 눈에 보고 여태까지 가지 않았던 길을 따라 가다가 결국 위대한 발견을 하게 되는 과학적 탐구는 어떻게 말해야 하는가? 그 외에도 많이 있다. 뛰어난 체스 선수들, 군사 전략가들, 정치가들, 외교관들의 경우는 어떻게 설명할 수 있는가? 이 모든 경우는 둘 중 하나일 것이다. 그것은 재능과 경험이 서로 결합되어 수많은 자료들을 전의식적으로 재빠르게 모아서 의미 있는 형상을 인식하도록 하는 것이든지, 아니면 전의식에서 이미 모아 놓은 복잡한 형상들을 한 눈에 인식하는 것일 것이다(1980, pp. 450—1).

코헛은 외부세계에 대한 관찰이 내면세계에 대한 관찰보다 훨씬 더 자세하게 이루어질 수 있음을 알고 있었다. 그러나 내면세계에 대한 관찰에 많은 한계가 있음에도 불구하고, 감정이입은 중요할 뿐만 아니라 내면세계에 대한 탐색에 알맞은 최고의 기준을 유지할 수 있도록 해준다. 외부세계에 대한 감정이입적이지 않은 탐색과 내면세계에 대한 감정이입적인 탐색 사이의 차이는 원리적으로 볼 때 없다. 다만 감정이입이 내면세계에 대한 탐색을 더 원활하게 해줄 뿐이다. 여기에서 독자들은 코헛의 이러한 주장이 감정이입이 대상을 '활성화시키고', 감정이입을 적극적으로 활용 가능하다고 주장한 융의 견해와 비슷한 것을 알 수 있을 것이다(CW 6, para. 486).

발달심리학에 대한 융의 공헌

여태까지 우리는 인간의 발달에 대한 예비적 고찰을 하였다. 이제 나는 초기 발달에 관한 융의 공헌에 대해서 중점적으로 고찰하려고 한다. 거기에 덧붙여서 나는 정신분석학에서의 발달 이론 가운데서 비슷한 것을 같이 살펴볼 것이다. 그 다음에 나는 후기 융 학파 심리학자들의 견해도 언급할 것이다. 나는 그 가운데서 융의 공헌이 크거나 괄목할 만한 영역 여덟 가지에 대해서 그릴 수 있는데, 나는 그것들에 관해서 이미 여기 저기에서 말한 적이 있을 것이며, 그에 대한 전거도 제공한 바 있다.

어머니에 대한 강조. 융은 오늘날 우리가 알아들을 수 있도록 어머니와 유아가 맺는 관계의 중요성에 대해서 우선적으로 강조한 최초의 사람 가운데 하나이다. 이것은 오이디푸스적인 삼각구도가 어떤 사람이 그 다음에 맺는 관계 유형에 그림자를 드리우고 우여곡절을 겪게 한다는 프로이트의 주장과 비교될 만한 것이다. 그에 대해서 융은 1927년 이렇게 말하였다.

> 어머니―아이의 관계는 우리가 아는 한 가장 깊고, 가장 준엄한 관계인 것이 틀림없다. … 그것은 인간이라는 종(種)에게서 절대적인 경험이고, 기질적인 면에 있어서도 그렇다. … 사람들에게는 아이들로 하여금 본능적으로 어머니에게 달라붙게 하는 비상하게 강한 관계가 생래적으로 존재한다(CW 8, para. 723).

똑같이 우리는 어머니로부터의 분리 욕구 역시 중심적이라는 사실도 (그리고 그러한 노력의 한계까지) 알고 있어야 한다.

> 나이를 먹어감에 따라서, 사람은 자연히 어머니를 벗어나면서 성장한다. … 그러나 그는 똑같이 자연스러운 방식으로 원형에서는 벗어나지 못한다(CW 8, para. 723).

융은 어머니와 아이의 관계에서 세 가지 측면의 중요성을 강조하였다. 그것들은 첫째로 성숙의 과정에는 퇴행이 있을 수 있고, 둘째로 어머니와의 분리는 투쟁이며, 셋째로 영양섭취가 무엇보다도 중요하다는 것이다.

퇴행은 아기가 적응하는 과정에서 주어지기 때문에 생기는데, 그러한 요청은 외부적인 것일 수도 있고, 내면적인 것일 수도 있다. 퇴행은 개인적 어머니에게로 가서 삶의 요구들을 재충전하고 휴식을 취하려는 것일 뿐만 아니라 무의식에 있는 어머니의 원형적 이미지에게로 가는 것이기도 하다. 왜냐하면 '퇴행은 … 어머니에게로 가서 끝나는 것이 아니라 어머니를 벗어나서 부모의 영역에 있는 "영원한 여성상"으로 가는 것이기 때문이다.' 여기에서 우리는 의식적으로 실현되기를 기다리는 '전일성의 씨앗'을 보게 된다(CW 5, para. 508). 이 사실은 정신분석가 발린트가 구분한 긍정적인 퇴행과 부정적인 퇴행을 상기시키는데, 긍정적인 퇴행에서는 전일성의 씨앗이 '새로운 출발'의 기회를 제공한다(Balint, 1968).

융이 두 번째로 강조한 것은 아이가 어머니로부터 분리되는 투쟁이다. 융은 개인들에게 있는 분리되려고 하는 욕망(그것은 거의 프로그램화되어 있다)에 대해서 논박하지 않았다. 그러나 그는 사람에게는 또 다른 의지와 유혹이 존재하고 있음도 알고 있었다. 그것이 당분간은 오이디푸스적인 갈등을 피할 수 있게 하기 때문에 나이에 맞지 않게 어머니에게 녹아 있는 채로 있는 것이 매혹적일 수 있다. 융이 왜 투쟁이라는 단어를 사용했는가를 곰곰이 생각해 보면, 그것은 정당화될 수 있는 생각이다. 그는 부모와의 분리는 새로운 상태로 나아가는 입문식이라고 주장했던 것이다. 그러나,

> 아무리 변화가 일어날지라도 과거의 형태는 그 매력을 하나도 잃지 않는다. 왜냐하면 그 자신을 어머니와 갈라놓는 사람은 언제나 어머니에게 다시 돌아가려고 하기 때문이다. 이런 욕망은 이미 얻은 모든 것들을 위협하는 소모적

인 열정으로 곧 변할 수 있다. 그때 어머니는 한편으로는 최고의 목표로 나타나고, 다른 한편으로는 가장 무서워해야 할 위험으로 나타난다(CW 5, para. 352).

이것이 우리가 제3장에서 논의한 영웅의 곤경의 본질이다. 융은 인간의 본성에는 어떤 분열이 있음을 알았다. 한 부분은 바깥과 위로 성장하려고 하고, 다른 부분은 강화되기 위해서 근원으로 돌아가려고 하는 것이다. 한 부분은 '바깥에 있는' 새로운 경험들을 동화시키려고 하고, 다른 부분은 정신의 기본적인 세력과 새롭게 재생을 가져오는 만남을 추구한다. 이러한 분열이 삶의 충동과 죽음의 충동이라는 개념의 본질적인 전제이다. 사람들이 보통 죽음의 본능의 표출을 공격성이나 파괴성에서 찾고 있지만, 우리는 그것의 진정한 대상은 이미 알고 있는 세계를 먼저 있었던 무기물적 상태로 환원시키려는 것임을 안다(p. 272을). 그래서 인간의 무의식이 퇴행하려는 것이 위험할 수 있는 것이다.

융이 세 번째로 강조한 것은 어머니—아기의 관계에서 중요한 것은 초기 단계에서의 영양섭취라는 것이었다. 프로이트로부터 떠나려는 결심이 확고했던 융은 영양섭취는 성적인 영역에 속한 것이 아니라는 사실을 강조하였다. 융은 1913년에 프로이트는 영양섭취가 즐겁고 흥분되는 일이라고 보았으며, 젖을 빠는 것에 성적인 특성이 있다는 결론을 내렸다고 주장하였다. 융은 이 문제에 대해서 프로이트의 이런 주장은 성관계와 젖 빨기를 모두 흥분하게 하는 일로 동일시한 것이라고 반박하였다. 그러나 "쾌락을 얻는 것이 언제나 성욕과 동일시되는 것은 아니다"(CW 4, para. 241). 더 나아가서 융은 다른 대부분의 자연적인 것들과 마찬가지로 사람에게는 영양을 섭취하고, 언젠가 성장하려는 예외적인 욕망이 있다고 생각하였다. 유아기에 있어서 어머니의 자궁 속에 있을 때와 출생 직후가 삶의 이 과정 단계에서 더 특별한 시기이다(CW 4, para. 237).

융은 오늘날 잘못된 판단인 듯이 보이는 주장을 하면서 이 중요한 사실을 따라갔다. 그러면서 융은 사람에게 성적 본능과 영양섭취의 본능이 있다면, 우리는 영양섭취가 성적인 것이라고 주장해서는 안 되고, 성적 본능은 영양섭취 본능 위에 기반을 둔 것이라고 주장하였다. 그래야 다른 사람이 이와 반대되는 주장을 하지 않을 수 있다. 우리는 지금 많은 성적 역기능이 영양섭취의 충동들이 충족되지 않았을 때나 좋지 않은 경험 때문에 생긴다는 사실을 안다. 간단하게 말해서 성욕과 영양섭취는 서로가 서로에게 영향을 주는 것이다.

성욕과 영양섭취가 서로에게 영향을 주는 데는 몇 가지 이유가 있다. 그 두 가지 행동에서 모두 신체적 접촉과 친밀성이 이루어지고, 한 쪽에서 다른 쪽에 무엇인가가 들어가는 것이다. 또한 양자에서는 흥분이 생기고, 나중에는 긴장의 완화가 이루어진다. 구강(영양섭취적인)과 성기(성적인) 사이의 혼합에는 여러 가지 형태가 있다. 구강적 공격의 투사는 여성의 성기에 이가 난 환상을 불러일으키기도 한다. 끌어들이려고 하거나 개입하려는 어머니는 삼키려는 질(膣)이 되거나, 여성에게는 끼어들고 통제하려는 성기의 환상을 불러일으킬 수 있다(이처럼 국부적인 혼합이 언제나 구강이나 성기 사이에서만 일어나는 것은 아니다. 성은 항문과 성기가 혼합돼서 더러운 것으로 여겨지거나, 유아기의 항문적 긴장에서 비롯된 심상과 함께 권력을 위한 투쟁으로 경험되기도 한다).

융은 이런 공식화에 개방적인 것처럼 보이지만, 사실은 이런 '개념의 유희'를 물리침으로써 막았다. 그는 성욕과 영양섭취라는 서로 분리된 두 가지 본능이 유아에게 공존할 수 있다는 사실을 용납하지 못했던 것이다. 그래서 그는 이렇게 결론을 내렸다.

> 유아에게 두 본능의 공존이나 서로 분리된 표출은 있을 수 없다. 왜냐하면 본능체계 가운데 하나는 아직 유아에게 발달하지 않았거나, 임시적인 상태에 있기 때문이다. 두 본능체계의 공존은 틀림없이 설명을 원활하게 하기 위한 가설일 뿐이다(CW 4, para. 241).

하지만 융은 "영양섭취 기능과 성적 기능 사이에서 많은 밀접한 관계"가 작동하고 있다고 주장하였다(ibid., para. 291). 나는 (유아기에 오직 성욕만 있을 뿐이다라고 했던) 프로이트처럼 융이 (유아기에는 성욕이 없다라고) 일방적인 태도를 취하지 않았더라면, 더 깊이 나아갈 수 있었을 것이라고 확신한다.

융은 어머니—유아의 관계에서 생기는 정신병리들을 살펴보면서, 거기에 어떤 원형적으로 예기될 수 있는 것은 없다고 생각하였다. 그 경우 어떤 병리적인 현상이 생긴다면, 그것은 원형적으로 볼 때 유아 쪽에서 생기는 문제일 것이다. 어떤 사람이 개인적 경험을 통해서 원형적 이미지가 인간적으로 되지 못했을 경우, 그는 그의 기대를 충족시켜주지 못했던 원형적 구조와 직접적으로 관계를 맺으려고 할 것이다. 그는 그 원형적 이미지에 기반을 두고 살려고 할 것이라는 말이다. 그런데 병리는 언제나 우리 삶에 있는 긍정적/부정적 가능성의 범위 안에 있는 것 가운데서 오직 하나의 축 위에만 서 있으려고 할 때 생긴다. 그러므로 유아기에 좋은 경험보다 좋지 않았던 경험이 더 많았다면, 그의 기대의 범위 안에서 '나쁜 어머니'라는 축이 활성화될 테고, 그와 반대되는 축은 존재하지 않게 될 것이다. 그 결과 그는 나쁜 어머니라는 이미지에 사로잡혀 있다고 여겨질 것이다. 마찬가지로, 어머니—유아의 관계에서 이상적인 이미지만 있을 경우 그것은 그의 경험의 범위 내에서 좋은 쪽으로만 이끌고 갈 것이다. 자연히 그 사람은 삶에서 있을 수 있는 현실적인 것들과 실망을 받아들이지 못할 것이다.

어머니—유아의 관계에 대한 현대 정신분석학 이론들을 살펴보면, 우리는 융이 그의 저작에서 말했던 의미들이 비록 다른 용어로 넌지시 말을 했을지라도 많이 나타나는 것을 볼 수 있다. 해밀턴은 그녀의 책, 『나르시서스와 오이디푸스』에서 정신분석적인 관점에서 기술한 아동심리학의 많은 관점들을 살펴보면서, 그것들을 수동적/부정적 관점에서 살펴본 것으로부터 적극적/긍정적 관점에서 본 것까지 도표로 나열하였다. 그 가운데서 우리는 수동적인 극단에 (그러지 않으려고 하지만 '유혹'에 끌려가는 아이로부터 생기는) 1차적 나르시시즘을 주장한 프로이트, (어머니와 아이의 공생 관계를 주장한) 말러와 코헛이 있는 것을 볼 수 있다. 해밀턴이 생각하기에 이 이론가들은 아이들이 초기 관계에서 비교적 수동적인 태도를 가지고 있다는 것이다. 그 다음에는 어머니와 유아가 깊은 관계를 맺는다는 발린트가 있고, 마지막에는 아이와 어머니가 '상호작용한다'면서 좀 '적극적으로' 보는 바우어(Bower)와 어머니와 아이의 상호의존성을 강조하는 위니캇이 있다.

융은 해밀턴이 말한 것으로서 정신분석가들과 같은 생각을 전혀 하지 않았음에도 불구하고, 그녀의 도표에 넣는다면 그 둘 사이에 걸쳐 있을 것이다. 왜냐하면 그가 생각하기에 아이들은 그의 부모들의 심리에 지배 받을 뿐만 아니라(수동적) 적극적인 개인이기 때문이다. 해밀턴의 도표에 대해서 한 가지 비판을 하자면, 그녀가 어떤 사람은 심리내적 관점을 취했고, 어떤 사람은 상호관계적 관점을 취했으며, 또 다른 사람은 양자를 동시에 취하고 있었는지 명확하게 구별하지 않았다는 점이다.

초기의 심리기제(mechanism). 융은 인간의 심리기제에 관해서 주장했는데, 그 가운데 어떤 것들은 그가 유아의 상태에 대해서 말할 때 적용하였다. 그런데 우리는 그것들이 모두 대상관계 이론을 예기했다고 할 수도 있을 것이다.

아이에게 있어서 최초의 기전은 깨어진다. 이것은 주로 클라인 학파의 정신분석에서 말하는데, 아이는 초기에 방어적인 태도에서 대상을 통제하기 위하여 좋은 부분—대상과 나쁜 부분—대상으로 나누는 것이다. 그에 따라서 자아 역시 좋은 자아와 나쁜 자아로 나누어진다(Segal, 1973, p. 128). 그러면서 한 개인은 그 분열을 기준으로 해서 좋은 것들을 즐기고, 나쁜 것들은 공격한다. 그러면서 그는 혼란에 빠지지 않고, 처벌받거나 상실되면 어떻게 하나 하는 두려움에 빠지지 않게 된다.

융은 이러한 분열을 어머니와의 관계에서, 좀 더 자세하게 말하자면 어머니의 이미지와의 관계에서 말하였다. 융은 '이중의 어머니'에 대해서 말했는데(1912년), 우리는 그것을 다음과 같이 두 가지 방식으로 이해할 수 있다: 첫째로 그것은 인간적이고 개인적인 어머니와 원형적인 어머니 사이의 이중성이고, 둘째로 그것은 실제의 어머니와 원형적 어머니에 대한 좋은 해석과 나쁜 해석 사이의 이중성이다(CW 5, para. 111과 352). 우리는 어쩌면 '실제의' 어머니와 '원형적' 어머니라는 말을 괄호 속에 넣어야 하는지도 모른다. 왜냐하면 실제의 어머니에게도 원형적인 내용이 겹쳐져 있고, 원형적 어머니도 개인적 어머니로부터 불러지기 때문이다. 우리는 지금 말한 것을 다음과 같이 도표로 그릴 수 있을 것이다.

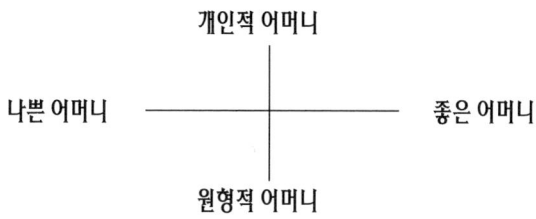

도표 4

융이 두 번째로 말한 기전은 '원시적 일치성'이다. 융이 이 말에서 의미하려고 한 것은 주체와 대상 사이의 본래적인 비—분화 상태에 기반을 둔 선험적 동일성이다. 예를 들어서 말하자면, 그런 '동일성'은 아기가 어머니와의 관계에서 경험하는 것인데, 아기에게 무의식적이고, '초기 유아기의 정신 상태의 특성'이다 (CW 6, paras. 741—2).

융은 1921년 발린트가 '창조의 영역'이라고 말했고(1968), 말러가 정상적 자폐 단계라고 말했던 것(1975)과 비슷한 발달 단계에 대해서 말하였다. 하지만 이 모든 것들에서 중요한 것은 여기에 주체—대상 사이의 분화가 뚜렷하지 않다는 점이다. 그런데 융의 공헌이 두드러진 것은 그가 어머니와 아기 사이에 이미 존재하는 동일성, 즉 아이가 동일시에 대한 성향을 타고 난다고 강조했다는 사실인데, 이 동일시는 경험을 통해서나 환상을 통해서 얻어지는 유사성과 다른 것이다. 융과 다른 대부분의 이론가들은 그것을 동일시라고 보았다(cf. Laplanche & Pontalis, 1980, p. 205).

융이 주장한 것으로서 원시적 일치성에 대한 생각보다 더 중요한 것은 그가 '신비적 융합'이라는 단어로 말하면서 지적한 특별한 종류의 일치에 대한 생각이다. 그 말은 그가 인류학자 레비―브륄(Levy―Bruhl)에게서 빌어온 것이다. 인류학에서 이 단어는 주체가 그 자신을 어떤 것(흔히 사물을 가리킨다)과 구별할 수 없을 정도로 되는 대상과의 관계 형태를 가리킨다. 그리하여 이것은 사람과 사물이―예를 들어서 말하자면 숭배 대상이라든지 거룩한 장식물 등이―이미 연계되어 있어서 그 '신비적 융합' 상태가 활성화되어 현실적인 삶에 영향을 미칠 때 사용하는 문화적 관념으로 되었다.

    융은 1912년부터 이 용어를 어떤 사람이나 그 사람의 일부분이 다른 사람에게 영향을 미치거나 그와 반대되는 경우, 즉 그 두 사람이 일시적으로 주체의 자아 속에서 구분할 수 없을 정도로 된 관계를 말할 때 사용하였다. 좀 더 현대화된 정신분석학 용어로 말하자면, 융은 그 안에서 인격의 일부가 대상에게 투사되고, 그 대상을 마치 그 투사된 내용처럼 경험되는 현상을 말했던 것이다. 예를 들어서 말하자면, 아기는 그의 공격성을 어머니의 젖가슴에 투사시킬 수 있다. 그 경우 아기가 상당히 강하게 투사시키면 아기는 젖가슴을 그의 공격성과 완전히 동일시할 수 있고, 젖가슴으로부터 실제로 공격당하거나 박해받는다고 느끼게 된다. 어떤 심리적 내용이 대상 위에, 그리고 대상 안에 투사되고, 그 내용과 다시 동일시되는 것이다.

    투사적 동일시나 신비적 융합은 초기의 방어인데, 성인의 정신병리에서도 나타난다. 그것들은 주체가 가진 내적 세계의 견해에 따라서 외적 대상을 한정시키거나 '착색(着色)함으로써' 주체가 대상을 통제하거나, 통제한다는 착각을 가져다준다. 이런 방식으로 유아가 타고나는 원형적 유산은 외부 세계에 영향을 주고, 우리는 그것을 보고 경험의 주관적 도식 또는 원형적 대상이라는 말을 할 수 있게 된다(pp. 111—13을).

    신비적 융합과 비슷한 것으로서 코헛이 말한 자기―대상도 있는데, 그 속에서 자기와 대상 사이의 일반적인 분할은 도전 받는다(p. 281이하를). 더 나아가서 신비적 융합과 비온이 말한 타고나는 것과 환경적인 것 사이의 '결합'에 대한 생각도 관계 지어서 생각할 수 있을 것이다.

또한 융은 투사와 내사에 대한 개념도 사용하였다(CW 6, paras. 767—8 및 783—4). 우리는 여기에서 융이 그 단어들을 어떻게 썼는지 자세하게 구별할 필요는 없을 것이다. 왜냐하면 그가 그 단어들을 특별히 이상하게 사용하지 않았기 때문이다. 그럼에도 불구하고 우리는 그가 투사는 집단적인 내용은 물론 개인적 내용들로 구성될 수 있으며, 감정이입에서 '적극적인 투사'가 일어날 수 있다고 강조하였고, 투사에 의해서 개인이 위축될 수 있으며 그것은 결국 투사 철회의 필요성을 불러일으킨다(cf. von Franz, 1980)고 지적한 것을 언급하여야 한다.

전—오이디푸스적 리비도. 우리는 앞에서 융이 전—오이디푸스기의 발달에 대해서 말한 심리학자 가운데서 선구적인 존재였다고 말한 바 있다. 그는 리비도에 관한 수많은 생각들을 제시하였고, 그것이 오이디푸스 콤플렉스보다 먼저 어떻게 작용하는지에 대해서도 설명하였다. 그러면서 융은 특히 리비도의 본능적 과정의 반대편에 있는 정동적인 것에 대해서 강조하였다. 그는 어린아이의 정감은 어른의 그것 못지않게 강력한데, 그는 어른의 리비도가 성적인 것으로만 정의되는 것을 논박하는 한편, 어른의 리비도와 유아의 리비도 사이에는 차이가 있다는 사실을 강조하였다.

융은 1913년 "영양섭취의 리비도"에 대해서 언급하였다(CW 6, para. 269). 그는 또한 다른 곳에서 어린아이가 숭배할 만한 어떤 것을 항문 영역과 관계시킨다면, 그것은 그가 존경을 나타내는 것으로 보아야 한다고 주장하였다. 그는 항문성과 창조성 사이의 연관성에 대해서 지각하였는데, 그것은 다른 이론가들도 발달시킨 것이다.

융은 리비도의 변환에 초점을 맞췄으며, 특히 정신에너지가 본능으로부터 가치 창조와 영성으로 '상향운동'하는 것에 대해서 강조하였다. 이때 문제가 되는 것은 어떻게 하면 그 차이에 대한 감각을 잃지 않으면서 본능과 영 사이의 관계를 유지시키는가 하는데 있다.

정신분석학에서도 본능적 리비도의 변환에 관해서 관심을 가졌다. 그러나 정신분석학에서는 정신성과 가치—형성 이외에 리비도의 변환을 관계성에 두는 것에 강조하였다. 거기에 대해서 라이크로프트의 견해를 들어보면 다음과 같다.

> 지난 35년경이나 그 전부터 모든 학파에 속한 프로이트 분석가들은 점점 더 '성적으로 민감한 영역'을 아이가 그것을 가지고 부모와의 관계를 매개하는 도구로 보려고 시도하였다(1972, p. xxiv).

라이크로프트는 항문 단계에 대해서 이렇게 말하였다.

> (이것은) 이제 더 이상 어린아이가 항문의 기능에 관심을 가진 시기로 간주되지 않고, 그 시기 동안 아이가 그의 신체를 통제하고, 그의 행동을 어른들이 용납할 수 있게 하는 문제와 직면하는 시기로 보고 있다(ibid., xxv).

분화. 이 용어는 융이 대단히 많이, 또 많은 방식으로 사용한 용어이다. 그가 1921년에 강조하면서 정의한 바(CW 6, para. 705)에 의하면, 그는 분화란 전체로부터 부분이 분리되는 것을 의미하였다. 예를 들어서 말하자면, 콤플렉스나 정신기관의 비교적 분리되어 있는 것에 집중하거나 관심을 기울이는 것을 말한다.

두 번째는 개성화와 관련해서 사용한 것이다. 여기에서 한 사람은 그 자신을 다른 사람으로부터 분화되어 있다고 말할 수 있다. 그렇지 않으면, 다르게 말해서 그 자신을 분화시키는 것이다. 즉 그의 전체를 일방적으로 되게 하거나 불필요하게 분열되지 않도록 분화시키는 것을 의미한다.

미분화라는 관념은 그것이 그것과 같은 계열에 속하는 미분화와 전(前)—분화에 대해서 말을 하게 하기 때문에 유아기나 아동기와의 관련 아래서 쓰일 수 있다. 미분화와 전분화는 올바른 경계가 아직 설정되지 않은 (분화되지 않은) 심리적 상태를 말한다. 그 가운데서 전분화는 초기 발달 단계에서 정상적인 측면일 수 있지만, 미분화는 다소 정신병리학적 범주에 속한다.

정신신체적 도식. 융은 1913년 정신신체적 발달 모델을 주창하였는데, 그것은 생리적 성숙과 심리적 상징주의를 주목할 만하게 결합시킨 것이다(CW 4, paras. 290—1). 그는 아동기에 걸쳐서 리비도는 천천히 성적인 형태를 향해서 나아간다고 제안하였다. 융은 이 과정에서 중심적인 상(相)은 젖을 빠는 행위가 영양섭취의 기능을 그치고 쾌락과 만족을 추구하려는 리드미컬한 행위로 바뀌는 방식이라고 보았다. 그 리듬은 신체의 여러 가지 부분을 손으로 자극하는 기반이나 모형이 된다. 결국 그것은 손으로 '문지르거나, 뚫거나, 후벼 파거나, 잡아 당기면서' 성기에 다가가고, 곧이어 자위 행위로 이어지는 것이다. 여기에서 요점은 나중에 손의 리듬이, 이것은 상징적인 것인데, 초기에 젖을 빠는 리듬으로부터 유래했다고 하는 것이다. 여기에서 우리가 상징적이라는 단어를 쓰는 것은 정당할 수 있다. 왜냐하면 아동기의 자위행위는 나중에 하게 되는 생식을 위한 성욕을 미리 가리키고, 그럼으로써 그것은 과거에 젖을 빠는 행위를 대체할 뿐만 아니라 앞으로의 행위를 예기하기 때문이다.

그와 같은 모델은 우리에게 퇴행과 진행은 하나의 연속선 상에 있다는 사실을 가정하게 한다. 즉 영양섭취를 위한 빨기―쾌락적 빨기―손으로 몸을 탐색하기―손으로 성기를 자극하기―성기에 관심을 집중하기는 모두 이어져 있는 것이다. 또한 우리는 몸을 탐색하는 단계가 피부의 경계를 만드는 것과 연계되어 있다고 생각한다.

나는 우리의 논의를 좀 더 완벽하게 하기 위해서 다른 곳에서 충분히 논의되었던 것으로서 융이 초기 발달의 심리학에 공헌했던 것들을 지적하고자 하는데, 그것들은 그가 자아는 의식의 섬으로부터 떠오르면서 형성되는 것이라고 한 것(p. 164 이하를 참고하시오)과 그가 초기 발달에 상징적으로 접근한 것(p. 216 이하를 참고하시오) 등이 있다. 우리는 융의 접근을 위니캇이 말한 중간 대상(transitional object)이라는 개념과 연결시킬 수도 있다. 우리가 이미 살펴보았듯이, 그런 대상들이 "최초의 내가―아닌 소유물"이라는 역설적 공식은 융이 상징의 기능이라고 한 것과 정확하게 맞아 떨어진다. 그것은 독특한 방식으로 눈에 띄게 서로 화해할 수 없는 것들을 이어주는 것이다.

아동 심리학에 관한 융의 모순되게 보이는 견해들은 이 장에서 논의되었다. 한편으로 아이가 한 사람의 인격을 가진 개인이라는 그의 견해는 아동에 대한 분석을 가능하게 한다. 아이는 특히 그 자신의 강건함을 가진 개인이기 때문에 가정의 어려운 환경 속에서도, 아무리 적대적인 취급을 받을지라도 살아날 수 있도록 강해질 수 있는 것이다. 다른 한편으로, 아이가 부모의 심리의 수납적 존재라는 그의 견해는 가족치료를 가능하게 한다. 가족치료 분야에서 저명한 치료자는 융에게 빚을 지고 있다고 인정하였다(pp. 366—70을 참고하시오).
 우리가 여태까지 인간의 초기 발달에 관해서 융의 공헌이 두드러진 영역을 다시 한번 살펴보면 다음과 같다.

― 어머니의 중요성에 대한 강조
― 초기의 심리적 기전에 대한 언급
― 분화
― 정신신체적 도식
― 자아 형성에 대한 이론
― 상징

 나는 융의 공헌이 이렇게 뚜렷하기 때문에 글로버가 융은 '심리적 발달을 가볍게 훑고 지나갔다'거나(1950, p. 50) 아니면 융은 개인의 정신적 발달에 대한 이론을 거부했다(ibid., p. 41)는 주장에 대해서 동의할 수 없다.
 이제 나는 후기 융 학파에서 이 모든 것을 가지고 어떻게 나아갔는지 보여주고 싶다. 그들이 이 모델 가운데서 어떤 것을 배척하거나 채택하였고, 다른 데서 어떤 것을 채택하였는지 보여주고 싶은 것이다.

초기 발달에 관한 후기 융 학파의 견해들

 독자들은 앞으로 포댐과 노이만의 이론 사이에 반대되는 것이 있음을 알게 될 것이다. 예를 들어서 말하자면, 우리는 제3장에서 자아—의식에 대한 그들 사이의 견해가 얼마나 다른지 살펴보았다. 또한 제4장에서 자기에 대한 그 두 사람의 개념이 매우 다르다는 사실도 명확하게 나타났다. 하지만 그들 사이의 이론적 대립은 어느 정도까지 그 두 사람이 분석심리학에 부족하다고 여겨지는 것을 보완하려는 역설적 사실에서 비롯된 것이며, 그것은 융이 인간의 초기 발달에 대한 그의 생각들을 명확하게 진술하지 않기 때문이다. 그럼에도 불구하고 포댐과 노이만은 필요한 경우 손질을 가해서 각자가 발달학파와 고전학파의 대표자로 갈등 관계에 서게 되었다.

이 두 학자 사이의 이론적 차이를 기반으로 유아기와 아동기에 대한 그들의 접근 방식이 같지 않았기 때문에 나는 그들의 생각을 비교하는 형식으로 병렬시키면서 기술하려고 한다. 나는 비록 그 두 사람의 작업에 대한 나의 개인적인 이해에 기반을 두고 나의 논지를 전개시키겠지만, 내가 택한 중요한 자료는 노이만이 쓴 『아동』(The Child, 1973. 이 책은 그가 죽은 다음인 1963년 독일에서 출판되었지만, 노이만의 부인은 이 책이 1959—60년 사이에 집필되었다고 알려주었다)과 포댐이 쓴 "아동 분석의 출현"(1980a)과 램버트가 포댐의 견해에 대해서 명확하게 이해하고 저술한 책 『분석, 회복과 개성화』(1981a) 등이다. 포댐과 노이만은 여기에서 초기 발달에 관해서 집중적으로 살펴보는 것이 말하는 것보다 훨씬 더 광범위한 것들을 주장했다는 사실을 강조해야 한다.

나는 이 두 사람을 좀 더 잘 비교하기 위해서 네 가지 주제를 선택하였다. 그것들은 첫째로 가장 초기의 상태, 둘째로 어머니—유아의 관계, 셋째로 성숙 과정, 넷째로 정신병리가 그것이다.

포댐	노이만

1) 가장 초기의 상태

인간의 초기 발달에 관한 포댐의 견해는 그것이 어머니들과 유아들에 대한 객관적 관찰로부터 나온 것임을 강조한다. 그러므로 그는 경험주의에서 주장하는 경험적 목적을 채택하고 있는 듯하다. 그는 공감은 하지만, 그것과 분리시키면서 관찰하는 듯한 것이다. 포댐은 어떤 의미에서는 출생 전부터 존재하며, 모든 정신적—신체적 잠재성을 지니고 있는 초기의 자기를 가정하고 있다. 그런데 이것들은 환경과 소인 사이에서 원형적 기대를 하게 하는 형태를 지니고 있다. 그것들은 환경 속에서 지각하게 하고, 행동하게 하며, 반응하게 하는 방식을 지니고 있는 것이다. 또한 초기의 자기에는 비록 파편화된 형태이기는 하지만 자아—의식을 위한 잠재태가 들어있다. 초기의 자기에서 가장 중요한 것은 그것이 범주적으로 개성화를 향	인간의 초기 발달에 관한 노이만의 개념은 주로 주관적 자료, 즉 주로 성인들에게서 나온 데이터들을 감정이입적으로 외부에서 고찰한 것들로부터 나온다. 그리고 그는 그가 특히 초기의 발달을 마치 아기가 경험하듯이 내면으로부터 관찰하려고 했다고 주장하였다. 포댐의 경우에서도 마찬가지이지만 이것이 다는 아니다. 노이만은 그가 객관적인 관점도 채택했음을 주장하는 것이다. 그런데 그것은 어떤 사람에게 직접 적용시킨 것이 아니라 정신현상에 비유적으로 적용시킨 신화적 자료들이다. 노이만은 생애 첫해의 마지막 무렵에 발생하는 유아의 두 번째 심리적 탄생에 관해서 언급한다(그는 또한 아동이 그에게 지배적인 문화 속으로 진입하는 단계에서의 세 번째 탄생에 관해서도 언급한다).

포댐	노이만
해서 나아가는 타고난 경향을 전달하는 것이다. 이 안에는 성장, 목적적 요인, 항상성적 기능은 물론 여러 가지 다양한 자기—보호의 기능들이 들어 있다. 성장하려는 성향은 초기의 자기가 리드미컬하게 해체되었다가 다시 통합되는 능력 안에 담겨져 있다(이 문제에 관해서는 성숙과정을 다룰 다음 절을). 해체는 환경과의 관계 속에서 더 성장하려는 것이다. 우리는 자기의 분화된 부분은 그 나름대로의 심리내적 관계성을 즐기려고 한다는 사실을 기억해야 한다. 유아는 어머니가 임신한 순간부터 분리되었고, 분리된 개인으로 존재한다. 그가 하는 일은 어머니와 관계를 맺는 것인데, 그것은 초기의 관계의 특성이 아무리 혼합되어 있거나 '신비적 융합'일지라도 사실이다. 유아들은 잘 발달된 지각 능력을 가지고 있다(pp. 172—174위를). 포댐의 이때 초기	단계를 자궁 바깥에 있는 배아 국면이라고 부르는데, 그 이유는 아기가 아직 한 개인으로서 충분히 형성되지 못해서, 자기가 기껏해야 모성적 환경이라는 물속에서 사는 것처럼 생각되기 때문이다. 노이만은 발달의 여러 단계들은 원형적으로 조건화되어 있으며, 일반적으로 환경은 원형적 요소들의 수용체로 보기는 힘들다고 생각하였다. 더 나아가서 발달의 최초 단계는 비—자아 또는 전—자아 상태로 특징지어진다. 노이만은 이 단계의 특징을 우로보로스의 이미지로 그려냈다. 여기에서 우로보로스는 유아적 전능성, 어머니에 대한 거부, 경계에 대한 감각의 결핍 등을 나타내는 이미지이다. 우로보로스는 최초의 상태로서 유아들에게 특별한 퇴행의 형태를 자극하는데, 그것은 한편으로는 무의식에 대한 열망, 다른 한편으로는 창조적인 어머니에게 합쳐지기를 바라는 욕망과 비슷한 것이다.

포댐	노이만
유아는 어머니의 감각기관을 끌고, 어머니가 그에게 다가가게 하는 능력을 가지고 있다고 생각하였다. 그는 적응하는데 타고난 능력을 가졌다. 적응을 별 것도 아닌 타협으로 생각해서는 안 된다. 오히려 외부 세계에 영향을 끼치고, 외부 세계를 조정하는 능력으로 생각해야 한다. 그 결과 유아와 어머니는 서로가 온전한 존재라는 사실을 알게 된다. 그 둘 사이에서 온전한 대상 관계들이 일어나지 않음에도 불구하고, 그 광경은 절대적으로 사람과 사람 사이의 관계이다. 거기에 비록 부분—대상이 작동하고 있을지라도, 그것 역시 개인적인 것이라는 말이다.	비록 자아가 우로보로스 속에서 활성화되어 있지는 않지만, 그것은 여전히 자아의 핵이 각성되어 있지 않은 수동적인 형태로 존재하기는 한다. 우리가 앞장에서 살펴보았듯이, 노이만은 어머니를 아동의 자기의 '운반자' 또는 때때로 아동의 자기인 '것처럼' 보았다.
2) 어머니—유아의 관계	
포댐은 어머니는 전능하지 않고, 오히려 유아와의 관계에서 반쪽인 짝이라고 강조하였다	노이만은 유아가 어머니에게 전적으로 의존되어 있는 이 관계를 '근원적인 관계성'(primal

포댐	노이만
초기 관계에서 바람직한 것은 평범하게 잘 돌봐주는 것에서 나오며, 어머니의 역할을 이상화하지 않는 것이 중요하다. 어머니는 아기의 성장을 촉진시키는데, 특별히 그녀가 아기를 품는 행동을 통해서 그러하다. 이것은 아기를 자궁 속에 품고 있을 때의 연장인 것처럼 보이는데, 특히 아기를 안는 신체적 행위로 나타난다. 그러나 거기에는 더 깊은 의미가 담겨져 있다. 안는 것은 어머니의 눈초리, 말, 일반적인 현존 등으로도 표현된다. 더구나 아기에 대한 관심은 아기를 정신적으로 안는 것이며(그때 아기는 어머니의 생각 속에 있게 된다), 아기에게 이 세상을 알게 해준다. 어머니는 아기에 의해서 영향을 받으며, 아기와의 관계에서 감정이입의 능력을 활용한다. 어머니는 아기가 깊이 느끼는 것이 무엇인지 이해하고, 그것을 다시 취하며, 그녀가 인식	relationship)이라고 말하였다. 이 결합을 가능하게 하는 것은 유아의 자기보존의 본능이다. 어머니의 몸은 아기가 그 속에서 사는 하나의 세계이다. 최초의 이 단계에서 아기는 '몸—자기'에 지나지 않는데, 그것은 어떤 경우에도 근원적으로 배아적인 관계 속에 사로잡혀 있다. 더 나아가서 이 관계는 '이중적 연합'인데, 그 안에서 어머니와 아기는 분리되어 있지만 심리적으로는 하나인 듯이 작용한다. 어머니는 '좋은 태모'처럼 보인다. 그녀는 그녀의 아이를 품고, 양육하며, 보호하고, 다독거리는 것이다. 그러나 노이만은 어머니가 아기에게 한 인간으로서의 개인으로 여겨지지는 않는다고 강조하였다. 노이만이 생각하기에 이것은 상당한 시간이 지난 다음에나 가능한 것이다. 그것은 생애 첫 해의 마지막 무렵에 어머니의 여러 가지 다양한 기능들이 어

포댐	노이만
할 수 있을 정도로 변환시켜서 같이 느낀다. 어머니와 아기는 하나의 체계 속에서 관계를 맺으며, 서로가 서로에게 영향을 준다. 그러나 이것은 공생적인 관계는 전혀 아니다.	머니라는 개인 속에서 경험되고 인간화될 때 가능하다는 것이다. 그때에야 비로소 어머니와 아기 사이에 나—너의 관계가 시작된다. 그러나 그때에도 "근원적인 관계성은 여전히 아이의 삶 전 영역을 지배하고 있으며 … 어머니는 매우 강력한 존재로 남아 있다"(1973, p. 25). 노이만은 어머니와 아기 사이의 '신비적 융합'은 태어나면서부터 존재하는 것이며, 결코 얻어지는 어떤 것이 아니라고 보았다. 그 역시 아이의 발달을 통제하고 규제하는 것은 처음에는 주로 어머니에 의해서 이루어진다고 지적하였다(이 점에 있어서는 포댐과 반대이다). 하지만 노이만은 아이가 어머니를 자극하는 효과는 있는 것으로 보았다. 그에 대한 것으로서 그는 아기가 머리로 어머니를 자극하여 어머니가 어떤 반응을 보이는 것에 대한 연구 결과를 언급하였다.

포댐	노이만

3) 성숙 과정

포댐	노이만
포댐은 인간의 발달을 끊임없이 이어지는 과정으로 보았다. 그 발달은 초기의 자기 속에 있는 다양한 원형적 요소들이 환경과 만나는 가운데서 해체와 재통합을 이루는 운동 위에 기반을 두고 있다. 예를 들어서 말하자면, 젖가슴과 관계를 맺으려는 원형적 기대가 초기의 자기와 재통합될 때, 초기의 자기는 실제로 실제의 젖가슴이나 젖꼭지를 만나게 되는 것이다. 이러한 만남이 충분히 긴 기간 동안 안정적으로 이루어지면, 자기는 본래적인 것으로부터 벗어난 또 다른 것을 다시 통합할 수 있다. 유아는 이제 진정한 내적 대상을 위한 기반을 가지게 되는 것이다. 제일 처음에 이루어지는 관계성들은 순전히 부분—대상적인 것이고, 그 다음에 이루어지는 모든 리드미컬한 과정들은 마치 숨 쉬는 것처럼 이루	노이만의 개념은 포댐의 그것과 전혀 다르다. 그는 아동은 우로보로스 단계 후에 발달의 모권적 단계를 거치고 그 다음에 부권적 단계를 거친다고 제안했던 것이다. 모권적 단계에서 가장 기본적인 것은 유아가 '존재의 연속성 속에서 보호받고 있음'을 느끼는 것이다(1973, p. 39). 유아가 그 다음에 맺는 모든 관계성(two person relationship)이다. 우로보로스도 어머니와 아기의 이원성을 감추고 있다. 이것은 모권적 단계에서 극도로 고조되고 부정적인 경험들을 통합하는 능력을 함양시키게 한다. 또한 이것은 통합적 자아 형성으로 이끄는데, 통합적 자아에는 방어 능력이 있다. 특히 통합적 자아는 부정적인 감정들을 해소시키고 처리한다. 그러나 이 통합적 자아는 두 살이 시작되기 전에는 존재하지 않는다.

포댐	노이만
어진다. 시간이 지나고 발달이 진행되면서, 대상들은 점점 더 내면화된다. 거기에는 항상 원형적인 것으로서 아직 실현되지 않은 것들이 있을 수 있고, 어떤 원형적 이미지들이 행동을 하게 하였지만 그에 알맞은 환경적 반응을 만나지 못했거나, 아직 실현되지 않은 것들이 있을 수 있다. 물론 아이는 그가 해체되기도 한다는 사실을 알지 못한다. 그러나 그는 그와 관계되는 어성의 기반을 제공하는 것은 유아가 어머니와 맺는 이자 관계 떤 것을 몸으로 겪고 있다는 사실을 그의 신체적인 영역과 거기에서 수반되는 흥분 등을 통해서 눈치 채기는 한다. 다른 한편 재통합은 수면(睡眠) 또는 졸린 듯한 상태를 수반하기도 한다. 재통합은 유아가 그를 흥분시키는 해체 과정을 동화시키고, 소화시키려고 할 때 그가 그것들과 분리되어 있	노이만은 아버지의 현존을 설명하기 위하여 융의 '아니무스' 개념을 사용하였다(제7장 이하를). 아버지는 처음에는 어머니의 남근적 측면 속에서 발견되는데, 이 사실이 의미하는 것은 아버지가 여전히 태모(太母)에 종속되어 있다는 것이다. 그러다가 아버지 형상이 드러나고, 때때로 이상화되기도 하며(코헛이 말한 이상화된 자기―대상과 비교해서 생각하시오) 가족 속에서 영적인 가치의 수호자로 여겨진다. 노이만은 이유(離乳)는 단순히 문자적인 의미와 달리 이 두 가지 전혀 다른 단계로의 전환을 나타낸다고 주장하였다. 우리가 아동의 내적 발달의 계획표를 따라가 보면, 이유는 그렇게 외상적이지 않을 수 있다. 특히 어머니가 아이를 쓰다듬어 주거나 키스를 하는 등으로 다른 신체적 접촉을 통해서 이로 인한 손상을 보충하기

포댐	노이만
다는 사실을 느끼려고 하는 시간이다. 그는 그의 개인적 영역에 어떤 것이 침입할 때 그것에 부정적으로 반응한다. 그것이 아버지의 영향과 관계되는 것일 때, 포댐은 중요한 것은 두 사람 사이의 관계로부터 세 사람 사이의 관계로 관계 양상을 전환시키는 것이라고 제안하였다. 이때 삼각구도는 새로운 요소이지만, 의식을 완전히 달리 해야 하는 것은 아니기 때문이다.	만하면 더욱 그럴 것이다. 노이만은 이 전환기에서 어머니와 아버지의 이미지는 즉시 긴장 관계에 놓이게 된다고 주장하였다. 그는 '남성적' 속성과 '여성적' 속성을 구별했는데, 전자는 의식, 행위, 동작, 공격성, 파괴, 침입 등이고, 후자는 무의식, 보호, 쉼, 삼키기 등이다. 그러나 그는 이 속성들이 실제의 부모의 형상 속에서 뒤섞일 수 있다는 여지는 남겨두었다.

4) 정신병리

포댐이 주의깊게 살펴본 것은 유아가 어느 정도까지 원형적인 기대와 실제의 외부 세계 사이의 균열을 참을 수 있는가 하는 점이다. 물론 그 균열은 사람들에게 어느 정도까지 필요하고, 의식의 확장을 자극하기도 한다. 그러나 유아가 그렇게 불완전한 상황이 아닌데	노이만도 '고통스러워하는—자아'라는 개념을 주장하면서 포댐과 비슷한 주장을 하였다. '고통스러워하는—자아'는 우로보로스의 보호하는 분위기가 너무 이르게 거두어져서 유아의 자아가 너무 빨리 "불안하고, 배 고프며, 고통스러운 상황에 접어들었다"는 사실을

포댐	노이만
도 격노하거나 실망감 같은 감정을 느낀다면, 유아는 그 상황을 참지 못하고, 파편화되며, 그의 내적 충동이나 외적 요구를 제대로 다루지 못하게 된다. 정신병리학적으로 보면, 그 때 두 가지 가능성이 생겨난다. 하나는 그 개인의 자아가 약화되고, 그렇게 자라나는 것이다. 그렇지 않으면 그 개인은 그의 감정을 지나치게 조직화하고, 세상에 대해서 그 자신을 전능성으로 무장하거나 자기애적 방어(p. 265 위에서 설명한 자기애적 방어를 참고하시오)를 통해서 세상이 아무리 강할지라도 그가 맞설 수 있다고 생각하면서 무장하는 것이다.	알게 될 때 생긴다.(1973, p. 77).). 자기애가 생기는 것은 이 때이고, 노이만은 사람들이 부정적 경험을 참지 못하는 것은 이 때문이라고 보았다. '고통스러워하는—자아'는 영원히 의존적이고, 그의 요구가 충족되기를 집요하게 촉구하는데, 그는 언제나 그 요구를 실제보다 더 크게 생각하기 마련이다. 초기 관계성의 실패, 즉 '고통스러워하는—자아'를 행동으로 이끌어가는 실패는 공격성의 경향이 고조되고, 그에 뒤따라 죄책감이 드는 것이다. 이 공격성은 건강한 자아의 주장과 전혀 다르다. 여기에서 노이만은 연약한 자아를 자기애와 과도한 요구 및 공격성과 연계시켰다. 그것들은 모두 어머니—유아의 초기 관계성의 파열로부터 흘러나온다는 것이다.

공통된 기반

두 사람 사이에서 공통적으로 뚜렷하게 보이는 기반은 아마 '융의 책임'에 대한 문제인 듯하다. 우리는 포댐이 그의 초기의 자기 개념을 융의 생각과 어떻게 나란히 두고 살펴보았는지 고찰하였다(p. 255의 위를 참고하시오). 노이만 역시 융에게 많은 빚을 지고 있다. 나는 특별히 한 가지 사실을 말하려고 한다. 개인적이고 심리적인 죽음의 형태로서의 우로보로스와 그와 정반대로 영적인 재생을 가리키는 우로보로스의 이중적 측면은 어머니를 향한 퇴행이 두렵기는 하지만 매혹적이기도 하다는 융의 논제와 맥을 같이 한다.

그 사람들은 모성을 이상화하지 않으려는 결정을 공유한다(그러나 포댐은 노이만이 아동기를 이상화한다고 비판한다). 노이만은 어떤 상황에서는 어머니가 다른 존재로 대체될 수 있다고 주장하였다(1973, p. 21). 또한 그는 인간의 발달과정은 자동적으로 이루어진다고 강조함으로써 어머니에 대한 아동의 견해는 상당히 그의 현재의 심리적 욕구로부터 파생된다는 사실을 강조하였다.

포댐은 노이만의 견해에 대해서 비판하면서 노이만의 생각을 정신역동적 언어로 요약하였다(1981). 그는 그가 이렇게 한 것은 거기에 어떤 가치가 있을 것 같아서였다고 주장하였다. 포댐의 요약은 다음과 같다.

우선 자아의 단계들은 수동적이고, 주로 지각적인 특성이 있다. 그러나 사색적이고 적극적일 수 있으며, 주로 운동적이다. 그 다음에 환상들이 발달하는데, 그 속에서 주체와 대상 사이의 경계는 뚜렷하지 않으며, 마술에서와 같은 감정들이 뒤따른다. 그 상태는 상대방을 격퇴시키려는 광적인 (전쟁터와 같은) 시도를 불러오기도 한다. 그 다음에 자아가 발달하고 비교적 갈등에서 벗어난 행동들이 가능하게 된다(p. 117).

나에게 흥미 있었던 것은 그와 같은 요약이 노이만의 이론의 정수(精髓)를 파괴할 것인가 하는 문제였다. 사람들은 과학언어와 은유언어 사이에 존재하는 차이가 결코 서로를 잘 이해하게 하지 않는다는 사실을 잘 알고 있다. 그림은 포댐이 그 역시 감정이입에 흥미를 느끼고 있다고 강조하고, 노이만 역시 그가 경험적인 측면에서 객관적이라고 주장해서 더 복잡해진다. 그러므로 우리는 포댐의 이론이나 노이만의 이론이 전체의 반만 말하는 것이라고 생각할 수 있다. 그 두 사람의 이론을 같이 볼 때, 포댐과 노이만의 모델들이 우리에게 융이 그 학파들에서 말하는 중요한 차이점들과 함께 인간의 초기 발달에 관해서 접근했던 모습을 말해줄 수 있는 것이다.

융 학파의 접근을 현대 정신분석학과 비교해 보면, 포댐의 이론은 아기의 활동에 대해서 강조하고, '상호행동적인 동시성'이라는 생각을 불러일으키며, 그 두 가지 생각을 메타심리학에 포함시키게 하는데(초기의 자기와 그 해체들), 정신분석학에서는 아직 이 문제에 대해서 다루고 있지 않다.

다른 한편, 노이만은 유아기의 반영(mirroring in infancy)에 대한 생각을 했던 선구자 가운데 한 사람이다. 어머니가 아기의 자기를 나르고 있다는 그의 제안(1959)—여기에는 그때까지 간과되었던 아기의 전일성과 수용가능성이 전제되는데—은 다음과 같은 몇 가지 정신분석학의 공식들과 비교 가능하다: 거기에는 어머니의 얼굴이 아기에게 그 자신을 비춰주는 최초의 거울이 된다는 위니캇의 생각(1967), 어머니가 아기에게 '기분 좋은 거울'이 된다는 코헛의 생각(1977), 라깡의 '거울단계'에 대한 생각(1949)이 있는데, 라깡은 "거울 속에서의 자기—인식은 생후 6개월과 8개월 사이의 어느 지점에서 이루어진다"(Lemaire, 1977)고 주장하였다. 데어(Dare)와 홀더(Holder)는 정신분석학에서의 이와 같은 견해들을 요약, 설명하였다(1981).

> 어머니는 유아의 자기가 가진 특질을 그에게 제일 처음 비쳐주는 … 존재로 생각될 수 있다. … 우리는 어머니와의 상호작용으로부터 유래하고 유아가 신체적으로 감각하는 경험이 아무리 나중에 그의 '자기'를 형성하게 될지라도, 그것이 혼돈된 것일 경우 유아에게 얼마나 충격적인 것인지 추측할 수 있다(p. 327).

나는 노이만 대신 이런 주장을 하면서, 분석심리학에서 말하는 자기와 정신분석학에서 말하는 자기가 다른 것이라는 사실을 잊지 않았다. 그러나 우리는 제4장에서 가장 '고양된' 형태의 것일지라도 자기는 발달의 초기 단계에서 있었던 일들 위에 기반을 두고 있다는 사실을 살펴보았다. 이제는 포댐과 노이만이 성취한 것들은 물론 제안한 것들과 함께 그들에 대한 비교도 마쳐야겠다.

분석심리학과 대상관계

 발달학파 심리학자들은 똑같이 런던에 기반을 두고 있는 클라인 학파와 클라인의 영향을 받았지만 클라인 학파의 일원은 아닌 몇몇 대상관계 이론가들을 만났다. 나는 여기에서 그들이 어떻게 만나서 친교를 나누었고, 어떤 영향을 주고받았는지 하는 사실을 보여주려고 한다. 왜냐하면 많은 정통학파 심리학자들에게는 그런 사건이 어떻게 생길 수 있었는지가 신비한 일이었고, 그것은 분석심리학에서 발달이라기보다는 결별로 비쳐졌기 때문이다('신—융 학파'에 대한 애들러의 태도를 참고하시오. p. 61 윗부분).

 간단하게 말하자면, 일부 정신분석가들은 프로이트가 가설적으로 주장한 정신에너지 이론, 즉 사람들이 성감대 주위에 있는 신경체계에 자극을 받으면 강력한 에너지가 나온다는 주장은 적절하지 않다고 생각하였다. 그 대신 그들은 인간의 발달은 사람의 어떤 부분이나 사람 자체 또는 그 사람을 상징하는 것들인 '대상들'에 대한 경험과 그 '대상들'과의 관계를 중심으로서 해서 점차 이루어지는 것이라고 생각하였다. 이러한 인식은 정신분석학을 좀 더 삶에서 실제로 일어나는 것들에 가까이 가게 할 수 있었고, 정신분석 기술이 정신분석학 이론과 부합되도록 변화할 수 있게 하였다.

 정신분석가인 서덜랜드(Sutherland)는 '영국의 대상관계 이론가들'(1980)이라는 예리한 논문 속에서 클라인이 했던 작업들을 다루었고, 발린트, 위니캇, 페어베언, 건트립의 저작들을 자세하게 살펴보았다. 그는 클라인이 영감에 가득 찬 이론가이기는 하지만, 그녀가 했던 작업들을 충분히 조직화하지는 못했다고 보았다. 게

다가 그녀에게서 '외부 대상'(실제의 어머니)의 역할은 놀라우리 만치 강조되지 않았다고 주장하였다. 서덜랜드는 발린트와 위니캇은 "수정된 구조이론을 … 만들어내려고 하면서 정신분석학의 유산을 거부하려고 했다"고 주장하였다. 이것은 그들이 우리에게 설명적인 이론보다 은유적 기술(記述)을 남겨주었다는 사실을 의미한다(ibid., 833).

페어베언과 그의 동료였던 건트립은 새로운 메타심리학을 발달시키려고 하였다. 예를 들어서 말하자면, 페어베언은 영역적 발달(구강, 항문, 생식기)이라는 개념 대신, 유아에게서 의존과 초기 관계의 질이 변화된다고 주장하면서 점점 더 성감대에 기반을 둔 리비도 이론을 포기하였던 것이다. 페어베언보다 덜 중요하기는 하지만 위에서 언급했던 다른 이론가들 역시 비슷한 작업을 했는데, 우리는 이들에게서 융 학파 이론가들과 합쳐질 수 있는 공통의 기반이 있는 것을 찾아볼 수 있다.

페어베언은 본래 사람들에게는 삶을 처음 시작할 때 통합된 자아(unitary ego)가 있다고 주장했지만, 곧 건트립을 따라서 그것을 "관계성을 가장 중요한 욕구로 추구하는" '자기'라고 언급하였다(Sutherland, 1980, p. 847). 페어베언의 자기와 분석심리학에서 말하는 자기(융, 노이만, 포댐 등 누구든지) 사이의 구별은, 페어베언에게서의 자기는 본질적으로 시초의 요인이라기보다는 '반응적인 모태'라는 사실이다.

자기가 원형적 잠재성의 원천이라는 생각이 대상관계적 발달에 관한 정신분석 이론에 무엇인가 기여한 것이라도 있는가? 우리는 서덜랜드가 클라인이 내면세계를 너무 강조하는 바람에 내면의 무의식적 환상과 실제의 어머니와 유아의 세계를 동시에 품지 못했다고 주장했다는 사실을 살펴보았다. 그래서 다른 대상관계 이론가들은 그들이 주장한 '자기'에 유아가 외적 대상에게 반응한 자료들을 채우기도 한다. 우리는 여기에서 발달적 분석심리학에 매력적이고 열려 있는 중간 지점이 있는 것을 볼 수 있다.

서덜랜드는 "한 사람을 능동적 요인으로 만드는데 필요한 것이 무엇인지" 파악하는 것은 매우 어려운 일이라고 생각하였다(ibid., p. 854).

더 나아가서 서덜랜드는 "실제의 삶에서 작용하는 것들을 조직하는 원리를 반드시 타고나는 형태라고 생각할 필요는 없다"(ibid., p. 855)고 덧붙였다. 그 문제에 대해서 나는 이렇게 대답하고 싶다: "그것이 그런 것이라면, 무엇이 문제라는 말인가?" 우리가 인간의 정신 속에는 타고나는 구조가 있다고 주장한다고 해서, 그 구조들이 경험을 통해서 인격화된다거나, 그것이 어머니와 아기로부터 개인적으로 실현되도록 입력되고, 불러일으켜질 필요가 없다고 말하는 것은 아니다.

서덜랜드는 우리가 자기를 이렇게 생각할 수 있다고 결론지었다.

> (그것은) 대단히 유연하고, 아마 '장력'(field force)의 본성 속에 있는 초좌표적인 구조일 것이다. 그것의 중요한 기능은 그것과 이미 분화되어 있는 모든 하위체계들로부터 동기들을 구조화하고, 그것들을 품는 것이다(ibid., p. 857).

나는 분석심리학적 입장에서 서덜랜드와 논쟁할 거리를 찾을 것이 없고, 다음과 같은 견해에 대해서도 마찬가지다.

> 자기의 가치는 전체적으로 역동적이며 구조적인 모태로 개념화될 수 있다. … 자기는 때때로, 또한 어떤 상황에서는 그것보다 하위체계들, 예를 들어서 말하자면 초자아 같은 것들의 지배 아래 놓일 수 있다(ibid.).

이것은 우리가 이미 제4장에서 지적했듯이, 자기의 일부(부분—자기, 이미지, 광휘, 꾸준한 대상)가 목적과 의미를 창조하려는 자기의 전체적인 역량과 함께 매우 건강하게 작용할 수 있다는 포댐, 힐만, 플라우트의 주장과 거의 비슷한 것이다.

이제 우리는 인격 발달의 특별한 측면들에 관해서 일련의 고찰을 하려고 한다. 그 주제들은 아버지, 가족, 근친상간, 삶의 전반에 관한 심리학 등이다.

아버지에 대한 기록

분석심리학의 현대 발달학파는 정신분석학과 마찬가지로 초기 발달에서의 아버지의 역할에 관해서 소홀하였다(버링검은 아버지와 전—오이디푸스적 아동에 대한 문헌 자료가 부족하다고 지적하였다, 1973). 프로이트가 위협적이고 금지적 형상으로서의 아버지에 대해서 관심을 가지고 있었음에도 불구하고, 후기 프로이트 학파의 연구는 점점 더 어머니에게 초점을 맞추었다. 융은 "한 개인의 운명에서 아버지의 중요성"이라는 논문을 썼지만, 그것은 초기(1909)의 정신분석학적 논문이고, 나중에 그는 거기에 아버지 원형을 강조하면서 덧붙였다. 그러므로 우리는 융의 작업을 더 광범위하게 살펴보면서 아버지에 관한 다음과 같은 생각들을 캐내어야 한다.

—어머니와 다른 가치들과 다른 속성을 육화시킨 반대되는 존재로서의 아버지.

— 영적 원리와 아버지—하나님의 개인적 상대자를 대표하는, "정신적인 것을 알려주는"(CW 5, para. 70) 존재로서의 아버지.
— 그의 아들에게 페르조나의 모델을 제공하는 아버지.
— 아들이 반드시 그로부터 분화되어야 하는 아버지.
— 그의 딸의 최초의 연인이며, 아니무스로서의 아버지.
— 분석에서의 전이에서 나타나는 존재로서의 아버지.

나는 성별로서의 성(gender)과 성욕에서의 성(sex)에 관해서는 제7장에서 다룰 것이다. 그러므로 거기에 '남성적' 속성이나 '여성적' 속성이 있느냐 하는 문제는 거기에서 자세하게 다루게 될 것이다.

폰 데어 헤이트(Von der Heydt, 1973)는 심리학에서는 대체로 개인적인 어머니가 그 다음에 야기되는 자녀의 모든 정신적 문제가 그녀의 문 앞에서 이루어진다고 할 정도로 과도하게 강조된다는 사실을 지적하였다. (그러므로 성적 존재로서의 여성이나 남성들과 분리돼서 그녀 자신의 권리를 가지고 존재하는 여성에 대해서는 별로 다루어지지 않았다). 여성은 심리적 발달로부터 사회적이고 문화적인 발달에 이르기까지 아버지로부터 배출된 것들을 이어주는 것이다. 그러나 이제 더 이상 아버지는 가정에서의 우두머리가 아니고, 가정의 복지를 위해서 일하는 유일한 일꾼이 아니다. 일하는 부인이 그 짐을 같이 지고 있다. 또한 여권운동 때문에 이제는 더 이상 대단히 높게 평가되었던 전통적으로 정형화된 남성적 특징도 존재하지 않게 되었다. 폰 데어 헤이트는 이제 더 이상 종교에서도 부성적 하나님이 중심이 되는 상으로 되지 않는다고 결론지었다. 이런 현상들은 우리 현대 세계의 도덕적 무정부주의와 상대윤리의 배경을 형성하고 있다.

셀리그만(1982)은 현대 세계의 이런 일반적인 모습에 '아버지의 부재'라는 심리학적 이름을 붙였다. 그녀는 아버지가 어머니와 아이에게 무용한 존재로 경험된다고 말하였다. 그러면서 그녀는 아버지가 배제되는 것인지, 아니면 스스로를 배제시키는 것인지 묻는다. 아버지는 아이를 잉태할 때 남성인 '타자'의 역할을 거부하려는 여성의 양성적 환상의 지배 속에서 배제되는 것이다(cf. Samuels, 1976). 그렇지 않으면 셀리그만이 제안하듯이, 어머니와 아이는 아버지를 배제시킨 채 그들의 친밀한 상태를 연장시키고, 오이디푸스적인 삼각구도로의 이행을 연기시키는 것이다.

아버지가 스스로를 배제시키는 경우, 그것은 아버지 자신의 배경이나 성질로부터 유래한다. 그것은 아버지가 가정에서 '부성적 공감'이 부족한 경우 생긴다. 셀리그만은 한 걸음 더 나아가서 (1982, p. 19), 아버지의 부재는 남편의 부재와 맥을 같이 한다고 주장하였다. 그녀는 그처럼 '망쳐진' 결혼생활에서 아이들은 어머니와의 관계에서 아버지의 행동을 대체하게 한다고 보았다.

폰 데어 헤이트가 말한 문화적 변화의 심리학적 측면들은 디크맨에 의해서 더 깊이 있게 고찰되었는데, 그는 권위의 문제에 초점을 맞추었다(1977). 디크맨은 권위의 수준을 폭력에 기반을 둔 것, 힘, 명성, 위신에 기반을 둔 것, 지식과 지혜에 기반을 둔 것 등 세 가지로 구분하였다. 가정생활에서 아버지는 아이들에게 본능적인 금지 명령을 할 때 이 세 가지를 모두 사용한다. 디크맨이 말한 것 가운데는 "아버지는 아동의 원시적이고 자연적인 존재를 사회적 상황 및 고도로 분화된 유산들과 중재시키려고 한다"(ibid., p. 234)는 말이 들어있다. 디크맨은 그가 심리치료를 시작한 처음 10여 년 동안 덜 '권위적인' 태도로 임했을 때 환자들이 그에게 가져오는 상당히 많은 숫자의 첫 꿈(분석가에게 처음 올 때 말하는 꿈)들을 보았다. 그 꿈들 속에서 권위의 이미지들은 대단히 부정적이고 파괴적인 것이었다.

디크맨은 우리 문화에 대해서 걱정하였다. 왜냐하면 그 꿈들 속에 나타나는 가학적—피학적 이미지들은 "지배계층뿐만 아니라 그 억압에 저항하는 사람들의 내적 정신 체계의 한 부분"(ibid., p. 124)이기 때문이다. 디크맨은 분석은 각 개인에게 영향을 줄 뿐만 아니라, 힘과 폭력에 덜 오염된 권력의 원천을 적극적으로 추구하게 한다고 생각하였다.

블로메이어(Blomeyer) 역시 문화적 관심을 표명하였다(1982, p. 54ff). 그러면서 그는 사람들은 어떻게 어머니의 품속에서 잠자는 오이디푸스의 비극적 운명 때문에 고통을 받지 않으면서 권위 또는 아버지에게 도전할 수 있는가 하는 질문을 던졌다. 블로메이어는 그 문제에 대한 해결책은 의식의 강화 이외에 다른 방법이 없다고 했는데, 그것을 통해서 사람들은 혁명과 퇴행 사이의 관계에 대해서 깨닫게 될 것이다. 예를 들어서 말하자면, 반—권위주의적인 태도를 취할 것인가 아닌가, 약물중독에 빠질 것인가 아닌가 하는 지점에 도달하는 것이다. 그때 약물은 수동적이고 퇴행적인 상태로 이끌 것이다(어머니와 같이 있는 침대로 이끌 것이라는 말이다). 블로메이어는 1919년 정신분석가인 페던(Federn)은 이미 제1차 세계대전 이후 조성된 현대의 정치적 상황과 관련해서 '부친 부재의 사회'라는 말을 했다고 알려주었다. 이 문제와 관련해서 리욘즈는 최근에 아버지와 부친 부재에 대해서 관심이 높아진 것은 군사적으로 통제된 많은 나라들이 두 차례에 걸쳐서 전쟁을 벌였고, 수많은 아버지들이 실제로, 때로는 영원히, 사라진 문화적이고 사회적인 상황을 반영하는지도 모른다고 주장하였다(1983, 개인적인 대화).

이와 반대로 케이(1981)는 그의 개인적인 정신병리 때문에 그의 자녀에게 최초의 모성적 돌봄을 제공하는 아버지에게 초점을 맞추었다. 그가,

그의 성적 정체성과 능력과의 관계가 혼돈 상태에 있거나, 심각하게 회의하는 경우 아기의 탄생, 특별히 첫 애가 아름다운 사내아이인 경우 상당히 강력하고 심각한 영향을 줄 수 있다(p. 215).

케이는 아버지가 그의 아들을 '신적 아이인 영웅'으로 보고, "그 아이가 그의 상처를 치료해 줄 수 있는 존재"로 이상화한 예를 소개하였다. 그때 아이는 아버지의 욕구를 충족시켜야 하고, 아버지와 분화되지 못하게 된다. 그 아이가 케이의 환자가 되었다. 그런데 우연하게도 문제의 아버지 역시 케이에게 분석을 받았었고, 아버지는 케이를 통해서 인격의 재구성 과정을 밟아나갔다.

카발로(1982)는 아버지가 유아의 정신적 발달을 촉진시키는 여러 가지 방법에 대해서 언급하였다. 아버지는 아이에게 남성성을 제일 처음 대표하는 사람이고, 어머니 이외에 첫 번째로 중요한 사람이다. 그러므로 아버지는 아이에게 사회적 기능을 증진시킨다. 아버지가 정서적으로 부재할 때, 아이는 그와 다른 사람들을 분화(differentiation)시켜야 하는 짐을 감당해야 한다. 그때 그 작업은 아이에게 파괴적인 환상을 불러일으키게 되는데, 그 이유는 그것이 아이에게 아버지와의 화해나 그 상황을 수리(修理)할 기회를 마련해주지 않기 때문이다. 그때 환상의 내용은 사내아이에게는 오이디푸스적 승리, 여자아이에게는 오이디푸스적 거부가 될 것이다. 여기에서 한 가지 더 지적할 점이 있다. 그것은 정상적인 발달 과정에서 아버지가 "주어진 환경에서 능동적으로 작용하고, 환경을 능숙하게 다루는 능력"(ibid., p. 344)을 상징적으로 나타내기 때문에 아버지가 존재하지 않는다는 사실은 아이가 그런 능력을 얻는 것이 가능하지 않다는 사실을 의미할 것이라는 점이다.

나는 유아들에게 어머니와 아버지가 분리된 개체라는 사실을 인식하는 능력이 있음을 지적하였다(Samuels, 1982). 그럼으로써 유아들은 일찍부터 어머니와 아버지가 연합된 존재임을 안다. 나는 어머니—유아의 심상이 아이의 나이에 따라서 초기의 심상에 침입해 들어가는 방식에 대해서 관심을 가지고 있었다. 왜냐하면 아이들은 처음부터 그들이 가지고 있는 어머니—아버지의 결혼에 대한 이미지에 따라서 거기에 그들의 무의식을 투사시키고, 좌절을 하거나 희열을 느끼거나 하기 때문이다. 하지만 이런 일이 지속되면, 아이들이 나중에 부모나 다른 사람들과 관계를 맺는 것에는 위험이 뒤따르게 된다. 따라서 유아는 점차 한편으로는 어머니—유아의 관계, 다른 한편으로는 어머니—아버지(남편—아내)의 관계가 서로 다른 종류의 관계라는 사실을 깨달아야 한다.

마지막으로 아버지가 딸의 심리에 미치는 영향에 대해서 특별한 관심이 부어져 왔다. 그 점에 대해서는 길지 않게 지적하고자 한다. 딸이 성인 여성으로 입문하는 문제에 있어서,

> (딸에게 있어서) 아버지의 상은 결정적으로 작용한다. 그리하여 딸이 아버지의 이미지에 어떻게 의식적으로 관계를 맺느냐 하는 것은 (페르세포네와의 관계에 있어서) 제우스의 이미지가 그랬던 것처럼 소녀로서의 딸의 심리적 성숙에 근친상간적 욕망의 책임을 완수할 수도 있고, 그렇지 못할 수도 있는 것이다. 그것은 아버지와 딸의 관계가 어떻게 제의적으로 포함되고, 나타나고, 해석되는가 하는 것과 관계없이 그렇게 이루어진다(1983, p. 8).

쇼터는 그녀의 아버지는 이 점에 있어서 그녀에게 성공적으로

작용하지 못했다고 말하면서, 그럴 경우 여성들은 그녀 자신이 권위적인 존재로 되려고 하거나, 어떤 남성에게 부성적인 권위를 가지도록 변화시켜서 그 남성을 위해서 봉사하려고 한다고 주장하였다. 그때 그녀는 그녀의 성욕으로부터 도망을 가거나, 그녀의 몸을 제대로 돌보지 않는다. 거식증의 경우도 그런 태도에서 나온 것이다. 그렇지 않은 여성은 아버지와 분리되지 못하고, 아버지와 같이 살거나, 아버지의 부인이나 간호원이나 비서 또는 뮤즈(음악의 여신)로 대체되고 있다.

독자들은 내가 지금까지 이야기했던 융 심리학에서의 몇 가지 공헌들은 지난 1980년부터 내가 주장했던 것들이라는 사실을 알 것이다. 우리는 인간의 초기 발달에 대한 분석심리학에서의 탐구의 새로운 면모는 지금 시작되고 있다고 생각할 수 있을 것이다. 쇼터의 표현을 빌어서 말하자면, "아버지에의 낭랑한 부름"은 이제 시작된 것이다.

분석심리학과 가족치료, 가족의 역동

부모의 심리와 병리에 영향을 받은 아이에 대한 융의 묘사(부모가 '살지 못했던 삶'을 사는 아이)는 가족의 역동에 의해서 생긴 신경증에 대한 견해와 그 윤곽이 매우 비슷하다. 융은 부모가 아이에게 영향을 끼칠 뿐만 아니라, 아이의 출생, 발달, 성격은 부모에게도 영향을 끼친다고 주장했던 것이다(CW 4, paras. 91—2). 융의 생각에 이런 요소들이 있었기 때문에 융은 가족의 역동을 분석하는 가족치료의 선구자로 여겨졌다. 가족치료자 가운데 지도적인 치료자 가운데 하나인 스키너(Skynner)는 다음과 같이 말하였다.

> 처음부터 (융은) 아동들의 심리적 문제는 가족 체계 전체가 어려움에 빠져 있는 것이 드러난 것이라고 생각하였다. 그러므로 한 개인이 증상으로부터 벗어나면, 가족의 증상 역시 호전될 수 있을 것이다(1976, p. 373).

또한 스키너는 융이 심리치료에는 교육 또는 재교육적 측면이 있으며, 환자들은 때때로 분석가가 제시하는 과제를 분석 시간들 사이에서 '수행한다'는 사실을 흔쾌히 받아들였다고 주장하였다. 우리는 그것들을 가족치료에서 말하는 '체계'와 '증상'과 견주어서 생각할 수 있다. 앤돌피(Andolfi)에 의하면, "모든 유기체는 하나의 체계이다. 각각의 구성 요소들은 그 안에서 상호작용하는 과정의 부분들을 이루며 역동적으로 배열되어 있다"(1979. p. 6). 우리는 여기에서 '상호'라는 단어가 가족치료를 다룬 책에서 사용되는 '상호작용적 접근'이라는 용어와 비슷한 의미라고 지적할 수 있는데, 그것은 다시 다음과 같은 융의 양가적 견해로 귀착된다: 어린이는 개인이지만, 부모의 심리학적 산물 또는 희생자이기도 하다. 여기에서 스키너가 융에게 귀착시킨 두 번째 요소가 '증상'에 해당된다. 그 역시 가족치료자인 호프만(Hoffman)은 인터 알리아(inter alia) 증상을 '변화의 전조'(1981, p. 347)라고 규정하였다. 그녀는 그 생각을 끝까지 고수했는데, 우리는 여기에서 융이 증상에는 두 가지 측면이 있다고 하면서 증상을 상징적으로 본 것과 같은 맥락에서 나온 것이라는 사실을 찾아볼 수 있다. 융은 증상에서 원인론 뿐만 아니라 해결책까지 찾으려고 했던 것이다.

가족체계의 이론과 치료는 융과 마찬가지로 항상성(homeostasis) 개념을 사용한다. 그러나 가족치료에서 항상성이라는 개념은 증상이 완화되면 종종 거두어지곤 하는 듯하다. 가족체계 안에서는 어떤 결정적인 사건이 생기지 않는 한 그 전에 있었던 무기력한 형태로 되돌아가는 듯하다.

가족치료가 프로이트의 인과론적 인식론에 바탕을 둔 정신분석의 날개로부터 나와서, 그것과 달리 상호성, 피드백, 상호작용을 강조하는 '순환적 인식론'을 발달시키는 데는 오랜 시간이 걸렸다(Draper와의 개인적 대화, 1982). 그런데 우리는 가족치료가 태동하던 무렵인 1950년대에 지배적인 정신역동이론이 융 학파의 이론이었다면 가족치료가 어떻게 발달했을지 상상해볼 수 있을 것이다.

근친상간과 오이디푸스에 대한 관점

얼마 전에 나는 현대 정신분석학이 융이 1913년에 취했던 입장 가운데서 많은 부분을 공유하고 있다는 로젠(Roazen)의 언급을 인용한 적이 있다. 그 사실은 특별히 그 점을 오이디푸스 콤플렉스와 근친상간을 관련시켜서 살펴보는데 흥미로울 것이다.

근친상간에 대한 융의 생각은 종종 수수께끼 같고, 그의 작업 가운데서 생략되기도 한다. 융은 근친상간에 대한 프로이트의 관념을 라야드(Layard, 1942)의 견해를 따라서 사람들이 어머니의 몸 안에 있었던 본래적인 미분화된 상태로 돌아가려는 것이라고 재구성하였다. 하지만 우리는 앞에서 정신의 건강한 발달은 어머니로부터의 분리와 퇴행을 모두 요청한다는 것을 살펴보았다. 그러므로 융이 아무리 오이디푸스 콤플렉스가 인간의 발달 과정에서 원형적이며 결정적인 국면이라고 생각할지라도, 그때 요청되는 것은 실제적인 성관계일 것이라는 생각을 거부하였다.

근친상간에 대한 개념을 융은 하나의 상징으로서(CW 5), 근친상간은 사람이 어머니, 아버지, 가정이라는 집단으로부터 떠나며(근친상간 금기), 그와 동시에 정반대로 퇴행하려는 욕구(근친상간적 충동)라는 것이다. 어머니에게로의 상징적 퇴행은 재생 또는 재탄생을 위한 것인데, 그것은 아마도 정신적으로 발달하기 전에 이루어지는 과정일 것이다(말러의 이론으로 말하면 재충전를 위한 것이다).

근친상간 금기는 성행위를 금지함으로써 근친상간을 실행하게 하는 충동에 담긴 리비도를 눈에 보이지 않는 방식으로 영성화시키려고 한다. 그 결과 '사악한' 근친상간적 충동은 창조적이고 영적인 삶으로 나아가게 된다. 금기 때문에 본능의 영역에 묶여 있던 에너지는 본능성의 반대쪽에 있는 영성으로 옮겨진 것이다. 그것은 놀라운 대극의 역전 또는 반대편으로의 이전이다.

앞에서 언급했던 것으로서 여성들에게 그녀의 아버지가 얼마나 중요한가 하는데 대한 쇼터의 연구는 여기에서 다시 중요해진다. 그녀의 연구는 융이 때때로 남성의 심리와 곤경에 영향을 미치는 듯한 아버지의 영향에 대해서 언급한 것에 균형을 맞춰주기 때문이다. 그녀는 우리들이 소녀가 재생하는데 있어서 아버지와의 근친상간적 융합을 충분히 논의할 수 있다고 하는 것이다. 이것은 딸이 그녀의 어머니와 융합되는 것과 달리 더 에로틱한 것이다. 그런데 아버지의 이미지를 둘러싼 근친상간적인 환상은 소년들이 그의 어머니에 대한 환상을 가지고 하는 것과 비슷한 영성화의 기능을 수행한다.

융은 사람들에게 심리적 재생을 가능하게 하는 족내혼적(族內

婚的) 성향(가족 안에서 결혼을 하려는 상징적 시도)은 잘못된 도착이 아니라 진정한 본능으로 여겨야 한다고 제안하였다. 이 말에는 사람들은 종종 환상 속에서 상징적 근친상간을 꿈꾸지만, 그와 동시에 실제적 근친상간은 금지되어 있다는 사실을 의미한다. 따라서 그러한 충동이나 금지를 억압하는 것은 병리가 될 것이다. 예를 들어서 말하자면, 오이디푸스적 갈등에서 우리는 흔히 금지하는 아버지에 대해서 강조하거나, 그와 반대로 그의 어머니가 아버지의 것이라는 심리적 사실을 인정하지만 거기 대해서 부정적인 감정과 환상을 가지고 사는 아들의 능력에 대해서 강조한다. 그러나 아들이 그 사실을 기꺼이 수용할 수 있다면, 그는 그렇게 좌절된 에너지를 상당히 유용하게 사용할 수 있을 것이다. 그러면 그 에너지는 영적이거나 창조적 목적을 위해서 사용될 수 있을 것이다. 여기에서 우리는 정신분석에서 말하는 승화와의 유사성을 볼 수 있다.

결국 근친상간 금기는 인류에게 아버지와 아들 또는 어머니와 딸 사이에서 작업동맹이 이루어져야 할 필요가 있다는 사실을 일깨워주며, 그것이 이루어지지 않으면 문화는 불가능하다는 사실을 알려준다. 프로이트의 용어로 말하자면, 문화는 동성의 부모와의 동일시를 통한 오이디푸스 콤플렉스의 해결인 것이다. 예를 들어서 말하자면, 아버지와 아들은 적일 수 있지만 동맹을 맺을 수도 있다. 그는 어느 날 가까운 가족의 바깥에서 온 여인과 결혼함으로써(족외혼을 함으로써) 아버지가 되는 것이다. 그래서 코헛은 그가 마지막에 쓴 글에서 이렇게 말하였다:

> 인간 경험의 본질적인 부분은 세대 사이에서 나오는 생물학적으로 불가피한 갈등에서 발견되는 것이 아니라 여러 세대들 사이에 걸친 연속성에서 발견된다(Kohut, 1982).

요약을 하자면, 상징적인 근친상간을 향한 충동은 금기를 통해서 균형 잡혀야 한다. 근친상간은 그것이 다음과 같은 대극의 쌍들을 통일시키기 때문에 상징적인 것으로 이해되어야 한다: 퇴행/진행, 족내혼/족외혼, 본능성/영성, 아버지—아들의 적대감/아버지—아들의 동맹(또는 어머니—딸의 적대감/동맹).

오이디푸스 콤플렉스의 해결을 다른 관점에서 전반적으로 보는 방법도 있는데, 우선 썰즈(Searles)의 견해는 다음과 같다 (1959). 그는 이성의 부모가 사랑을 가지고 그의 자녀가 추구하는 오이디푸스적 분투가 실현 불가능한 것임을 받아들일 수 있을 만큼 충분히 강해지도록 도와주어야 한다고 강조했던 것이다. 그때 필요한 것은 무엇보다도 먼저 아이가 그의 이성 부모의 사랑을 느낄 수 있어야 하는 것이다. 그러면서 아이는 이성 부모와의 관계 속에서 그가 이성 부모의 사랑의 대상이 될 수 있지만, 안타깝게도 그렇게 될 수 없다는 사실을 인정해야 하는 것이다. 그러므로 그 체념은 상호적인 과정이 되어야 하는데, 그것은 전통적으로 아이가 그의 좌절을 수용해야 한다고 강조해왔던 것과는 차이가 난다. 그때 아이의 자아는 그가 사랑하는 이성 부모 역시 아이에 대한 그의 오이디푸스적 사랑을 억압하거나 억제하는 사실 때문에 손상 받을 수 있다. 임상 현장에서 우리는 때때로 오이디푸스적 감정 때문에 상처받은 부모를 만날 수 있다. 그들은 보통 여성들인데, 그녀의 아버지들이 여기에서 말했던 상호적 체념을 같이 나누거나 제대로 다루지 못했던 것이다. 남자들은 대체로 어머니들이 아들에게 그러는 것보다 그들의 딸에 대한 사랑스럽고 성적인 감정을 더 불안해하곤 한다. (남자 아이와 여자 아이의 경험 차이에 대한 문제는 제7장에서 충분히 다루어지게 될 것이다.)

근친상간과 인간의 사랑

위의 제목은 1974년에 나온 R.스타인의 주목할 만한 책의 제목이기도 하다. 그는 그 책에서 라야드와 융을 따라서 근친상간 금기는 근친상간 충동처럼 자연스러운 현상이며, 그 둘 중 어느 하나를 다른 것에 종속되는 것으로 볼 이유는 전혀 없다는 사실을 강조하였다.

스타인이 주로 강조한 것은 근친상간 금기가 인간의 진정한 사랑과 인간과 인간 사이의 관계를 증진시킨다는 사실이었다. 왜냐하면 근친상간 금기는 개인을 멈추게 하면서, 그의 충동이 진행되도록 허용되었는지 생각하게 하고, 그것은 다시 그가 진정으로 바라는 사람은 누구인지 생각하게 하기 때문이다. 이 금기는 부모들을 거룩하게 하고, 세대 간의 정체성을 지키게 하는 효과도 지니고 있다:

타부는 사람들에게 의식의 발달에 본질적인 심리적 거리를 만들어준다. 신비한 후광은 아이들이 어머니와 아버지라는 질적으로 특별한 존재에 초점을 맞춰서 상상을 하도록 자극하면서 부모님 주위에 드리우기 시작한다. 아이들이 그 부모와 그렇게 친밀감을 느끼는 것은 그들에게 성적 기관이 있다는 사실 이외에 어떤 이유가 있을 수 있는가? 왜 부모 중 한 사람은 음경을 가졌고, 다른 한 사람은 질을 가졌는가? 그것들은 아마 잘 맞을 것이다. 사실이 그렇다면, 부모들은 그렇게 친밀할 수 있는데, 왜 아이는 그럴 수 없는가? 그들이 그렇게 친밀한 것이 그들에게는 위험하지 않은가? 왜 그런가? 어머니와 아버지는 같이 가고 있는 듯한데, 그들은 왜 모든 면에서 그렇게 다른가? … 타부는 아이들에게 남성—여성의 관계에 대해서 수많은 질문들과 이미지들을 떠오르게 하고 … 성스러운 연합으로서의 인간의 사랑과 성에 관한 원형을 풀어놓는다(pp. 36—7).

또한 근친상간 금기는 사람이 불완전하다는 깨달음을 가지게 되는 것과 밀접하게 연관되어 있다. 우리가 알고 있듯이, 사내아이는 그의 어머니나 누이와의 성관계를 금지 당함으로써, 어머니와 누이는 그와 다른 개체적 존재임을 깨닫게 된다. 그 과정에서 그에게 좌절감이 수반되는 것은 불가피하다(이와 똑같은 사실은 여자아이가 그의 아버지와 오라비와의 관계에서도 일어난다). 우리는 이 사실(근친상간 금기)에서 두 가지 중요한 의미를 찾을 수 있을 것이다: 첫째, 여기에서 금지된 것은 사람들에게 다가가서는 안 되는 모든 신비와 삶의 목표의 원초형으로 작용한다. 둘째, 타부는 남자나 여자에게 그들이 사는 개인적인 한계와 문화적 법칙 속에서 누구를 사랑하고, 어떻게 사랑할까 하는 방식을 선택하게 한다. 성적 금지는 오히려 사람들에게 "두 사람을 하나로 묶어주는 … 성적 연합에 대한 생각"을 확고하게 해주는 것이다(ibid., p. 37).

스타인은 오이디푸스 이야기에서 현대 정신분석학자들이 그 신화를 읽는 것과 비교할 수 있는 몇 가지 통찰을 끌어내고 있다. 그는 먼저 그 이야기는 근친상간과 부친살해에 대한 두려움에서 나온 부모의 거부로 시작됨을 지적한다. 오이디푸스는 실제의 부모와 원형적 부모를 혼동하면서, 그의 부모들이 대체되었다는 사실을 알지 못한다. 이렇게 되면서 상징적인 것이 실제적인 것으로 된다. 오이디푸스의 친부살해는 그 어떤 재생도 가져올 수 없다. 마찬가지로 요카스테와 그의 퇴행적 관계에서 성(性)은 있지만, 재탄생은 이루어지지 않는다. 그러므로 오이디푸스 이야기가 강조하려는 것은 순치(馴致)될 것을 요구하는 근친상간적 성욕이 아니라, 오이디푸스에게 의식화가 이루어지지 않았다는 사실임이 틀림없다. 오이디푸스의 문제는 늙은 아버지가 죽고, 어머니에게 다시—들어가서 가능해지는 갱신(更新)과 재탄생에 대한 감각이 없었다는 사실에 있는 것이다. 그러나 갱신과 재탄생이 실제로 가능하기 때문에, 오이디푸스는 모든 사람에게 해당되는 이야기가 아니라 신경증적인 사람들의 초상화라고 해야 한다.

스타인의 제안은 융의 공식뿐만 아니라 노이만(1954)에게서도 온 것이다. 우리는 이와 비슷한 견해를 오이디푸스의 비극에 대해서 비온이 정신분석적으로 고찰한 견해에서도 살펴볼 수 있는데, 그것은 해밀턴(1982)이 소개한 것이다. 오이디푸스 신화는 너무 일방적으로 '지식'에 초점이 맞춰진 이야기이다. 그 사실은 오이디푸스 신화에서 신탁이 두 번이나 문제시되고, 스핑크스의 수수께끼를 풀 수 있는가 없는가 하는 것에서 상징적으로 나타난다. 그러나 지식에 대한 오이디푸스의 접근 태도는 전부냐—전무냐 하는 것이었다. 즉 그는 "쟁취 … 탐욕으로 뒤덮힌 (태도였던 것이다.) … 거기에 조금씩 조금씩 알아가는 태도가 들어설 자리는 없었다"(ibid., p. 245). 그러나 이런 태도는 갱신에 대한 그 어떤 깨달음의 기회도 줄 수 없다. 그래서 오이디푸스가 얻은 지식은 "초월적 사실에 대한 것이 아니라, 다만 그의 출생에 대한 구체적인 사실에 불과한 것이었다"(ibid.). 그는 그 자신이 재생되어야 할 필요성을 전혀 느끼지 못했던 것이다.

재생이란 해밀턴이 아이슈타인의 단어를 빌어서 표현하는 바에 의하면 '거룩한 호기심', 즉 불확실함 가운데서 살면서, 특정한 사실보다는 구성적인 가능성들을 추구하는 능력에서 나온다.

그녀는 호기심은 전혀 금지되어 있지 않다고 주장하였다: "내가 생각하기에, 성욕은 사람에게 원인으로 작용하는 것이 아니라 탐구적 활동의 한 측면이다"(ibid., p. 264). 여기에서 우리는 융이 "개인으로 되려는 본능"과 정신의 목적적 관점에 대해서 강조하는 소리를 들을 수 있다.

이제 우리는 유아적 세계에 대한 고찰을 그치고, 또 다른 끝으로 가려고 한다. 인간의 삶 전체에 관한 심리학에 대해서 고찰하고자 하는 것이다.

삶의 전체적 과정에 대한 심리학

융은 수많은 사람들로부터 현대 사회에서 삶의 전체적 과정에 대한 심리학 또는 성인의 발달에 대해서 연구한 개척자라는 칭송을 받고 있다(Levinson et al., 1978; Staude, 1981; Maduro and Wheelwright, 1977). 역사적인 관점에서 볼 때, 이 말은 비록 융과 공식적으로 삶의 전체적 과정에 대한 연구를 표방한 심리학자들 사이에 방법론적으로 주목할 만한 차이가 있지만, 아마 사실일 것이다. 여기에서 내가 말하려는 것은 융이 '인생의 단계들'(CW 8)에서 제시한 혁신적 모델이 여러 가지 점에서 다소 문제가 있으며, 돌봄은 그의 통찰을 전반적으로 받아들이면서 이루어져야 할 것이라는 사실이다.

융은 1931년에 집필된 그 논문에서 중년기에는 매우 다양한 심리적 전환이 일어나고 있음을 관찰할 수 있었다고 강조하였다. 그것은 종종 '위기' 또는 외상적 시기로 그려지는데,

융은 여러 가지 사례 자료들을 제시하면서 그것은 인생의 후반기의 요청에 적응해야 하는 문제들을 보여준다고 주장하였다. 그런데 거기에는 두 가지 어려운 점이 있다. 첫 번째 문제는 다음과 같은 질문으로 제기된다: 우리는 과연 심리학적으로 '인생의 단계'라는 말을 할 수 있는가? 나는 단지 (그것이 매우 중요하기는 하지만) 문화적 상대주의나 사회 변화라는 이유 때문에 다르게 생각하는 것은 아니다. 내가 더 깊이 관심을 가지는 것은 우리 자신이 직선적 과정이나 서로 분리된 단계들을 통한 발전에 서 있을 때 잃어버리는 것들이 더 많다고 하는 입장이다.

두 번째로 중요한 문제는 그런 전환이 정말로 어렵거나 상처를 주는 것인가 하는 점에 있다. 융은 정신분석가 랭크가 발달시킨 '출생 외상'이라는 개념에서 한 가지 점을 비판했는데, 그것은 출생이라는 정상적인 사건에 외상(trauma)이라는 단어를 사용하는 것이 적절하지 않다는 이유에서였다. 그런데 융이 인생의 전반기에서 후반기로 전환할 때 문제가 있을 수 있다고 반복해서 강조한 것은 그 과정에서 정신병리적인 것은 아니지만 어떤 특별한 심리적 현상이 있다는 것이었다. 그래서 나는 그가 그렇게 생각하게 된 것에는 이런 이유가 있지 않았을까 하는 결론에 도달하였다. 융은 그가 38세 무렵 프로이트와 헤어졌을 때 심리적으로 거의 붕괴 직전까지 갔었던 개인적 경험을 쉽게 일반화한 것이 아닌가 하는 것이다. 나는 인생의 전반기와 후반기가 서로 다르다고 강조하는 것이 전적으로 잘못되었다고까지는 말하지 않겠다. 그러나 인생을 꼭 전반기와 후반기로 나눌 수 있을 것인가 하는 것은 수수께끼이다.

더 나아가서 융은 삶을 네 가지 시기로 나누었다: 아동기로부터 사춘기까지, 청년기(사춘기로부터 35—40세까지), 중년기, 노년기 등이 그것이다. 융은 각 시기의 심리학적인 모습을 드러내기 위해서 때때로 극단적 자세를 취한 것 같기도 하다. 예를 들어서 말하자면, 그는 사람들이 아동기와 노년기에 있을 때는 자신의 문제를 거의 의식하지 못한다고 주장했던 것이다. 그때 사람들은 다른 사람들에게 문제가 될 수 있다. 그러나 그는 다른 두 시기에 있을 때, 사람들은 자신의 문제에 대해서 의식하고 있다고 하였다(CW 8, para. 795).

청년기의 심리적 과제는 어머니로부터 분리되고, 강한 자아를 확립하며, 유년기의 상태에서 벗어나고, 성인으로서의 정체성을 가지며, 마지막으로 건전한 사회적 지위를 획득하는 것, 즉 결혼을 하고 직장을 얻는 것이다. 이것들은 사람들이 인생의 후반기를 풍요하게 즐기려면 반드시 필요한 것들이다. 그러나 인생의 후반기에 들어서면 강조점은 대인관계적인 차원에서부터 내면심리와의 의식적 관계, 내면의 심층과정과의 관계로 다소 변화된다. 그 전까지 자아에 투자했던 것이 자기의 지침으로 대체되고, 외적인 성공에 헌신했던 것이 의미와 영적 가치에 대한 관심으로 바뀌는 것이다. 인생의 후반기에 대한 융의 강조는 이런 가치들을 얻고, 사는 것에 두어진다: "어떻게 해야 문화는 인생의 후반기의 의미와 목적이 될 수 있을 것인가?" (CW 8, para. 787).

그러나 이 문제는 더 깊은 질문을 하게 한다. 리비도의 더 깊은 이 변환은 왜 그냥 생기는 것이 아닌가? 왜 우리는 "이런 변화에 아무 준비도 되어 있지 않을까?"(CW 8, para. 785). 이 문제에 대한 융의 대답은 이렇다: 내가 위에서 열거했던 인생의 전반기에 추구되는 사회적 목표는 어느 정도 '인격의 훼손'을 가져와야 얻어지는 것들이기 때문이다(CW 8, para. 787). 그러나 융이 자연스러운 것이라고 말했던 것들이 (즉 사람들이 인생의 전반기에서 추구하는 외적 성취들에 대한 강조) 어떻게 인격을 조금이라도 훼손시키는 것인가?

우리들도 역시 사회적인 성취가 언제나 일방적 발달의 산물이라고 주장할 수 있는지 의심이 든다. 그래서 나는 중요한 것은 직업이나 결혼 등등에 대한 그의 개인적 태도가 아닌가 하는 생각이 든다. 그리고 여기에서 가장 결정적인 요인은 초기의 발달이다. 직업적 성공이 정신분열적인 보복 환상이나 오이디푸스적인 경쟁심에 기반을 두고 있다면, 그의 인격은 왜곡되어 있을 것이다. 그러나 이것이 모든 사람들에게 다 해당되는 것이라고 말하는 것은 너무 어두운 전망이다. 물론 성취에는 내가 방금 말했던 종류의 병리에서 나온 그림자가 있기 마련이다. 그러나 융은 모든 실질적인 것들에는 그림자가 있는 법이라는 사실을 최초로 가르쳐 주었다.

인생의 단계에 대한 융의 관념은 글로버에게 심하게 공격을 당하였다(1950). 글로버는 융의 저작 속에서 우리는 너무 자주 4라고 하는 마술적인 숫자를 발견하게 된다고 지적하였다. 그는 더 나아가서 융이 '청년기'를 40이라는 나이까지 길게 잡는 것에 놀라움을 금치 못하였다. 글로버는 그 나이 무렵에 "대부분의 개인들은 가정생활에서 아이를 낳는 작업을 끝마쳤다"고 보았기 때문이다(ibid., p. 126). 또한 글로버는 융이 인생의 여러 단계에는 어떤 특별한 문제들이 있거나 없다고 주장한 것에 대해서 의아하게 생각하였고, 융의 이론은 그가 유년기와 노년기를 너무 이상화해서 문제가 있다고 생각하였다.

나는 인생의 각 반기 동안 사람들은 특별히 해야 할 과제와 도전이 뚜렷이 다르게 나타난다고 말한 바 있다. 그 가운데 하나는 융이 언급했듯이 인생의 후반기에서 죽음이 받아들여지거나 거부되어야 할 하나의 실재로 더 다가온다는 사실이다. 초기 시절에 드러난 그 사람의 강한 부분들과 약한 부분들을 그대로 인정하는 것 역시 노년 시절에 결실을 이룰 수 있는 과정이며, 그것은 결국 자기—수용으로 이끈다. 그것은 개성화 과정에서 열등기능과 아니마/아니무스를 의식화하게 하며, 인격을 완성하게 하는 것이다. 여기에서 우리는 삶이 만족스럽게 살아져서 자연스럽게 충만하게 되고, 꽃이 활짝 피게 되는 것을 볼 수 있다.

삶의 위기와 전환에 대한 융의 강조는 에릭슨(1951)과 레빈슨(1978)의 저작들 속에서도 공명이 이루어지는 것을 볼 수 있다. 에릭슨은 인생의 여덟 가지 단계에 대해서 말했다. 그의 여덟 단계는 잘 알려져 있어서 요약해서 말할 필요가 없을 것이다. 이 점에 대해서 엘렌버거는 프로이트가 에릭슨이 말한 처음 다섯 단계에 대해서 말했다면, 융은 나중의 세 단계에 대해서 말했다고 재미있게 지적하였다(1970). 그 나중 단계의 과제들은 '친밀성과 소외, 생산성과 침체, 자아 통합과 절망' 사이의 문제들이다(Erikson, 1951).

레빈슨이 말한 단계들은, 20—40세 사이의 초기 성인기, 40—60세 사이의 중기 성인기, 60세 이후의 후기 성인기이다. 그러나 레빈슨은 18—22세, 38—42세, 58—62세 사이의 전환기에 관해서 강조해서 접근하고 있다.

그래서 심리학에서는 인지적, 사회적, 역동적 측면을 포함한 연구 분야가 점차 넓어지고 있다. 여기에서 융의 개척자적인 공헌이 인정받고 있다. 이러한 다양한 평가에도 불구하고, 우리는 융의 강점은 삶을 전체적으로 조망한 심리학자라는데 있다고 긍정적으로 말한 스타우드(Staude, 1981)에게 깊이 동의한다. 융은 삶을 전체적으로 조망하게 하였으며, 내면적 삶과 외부적 삶을 동시에 포함한 모델을 제시하였고, 문화적 맥락에 관심을 기울였으며, 종교적 관점을 가지고 있었고, 계통발생적 측면을 통합할 수 있었다. 결국 그는 인간을 전체적인 관점에서 보려고 했다.

융이 인생을 전반기/후반기로 나누어서 본 것에는 한 가지 측면에서 기대하지도 않았던 엄청난 도움을 가져온 부분이 있다. 그것은 그의 이론으로 우리가 지금 사는 문화를 관찰할 수 있는 것이다. 즉 우리 문화는 그와 상반되는 수많은 측면들이 산발적으로 발견되기도 하지만 융이 묘사했던 인생의 전반기적 유형을 보이고 있는 것이다. 우리는 지금 독립과 성공을 추구하는데, 우리는 그 파괴성을 제어할 수 없는 듯하다. 또한 우리는 삶의 의미와 목적을 다만 흘깃 쳐다보고만 있다. 인생의 후반기의 특성은 우리 문화가 그것을 향해 절망적으로 나아가야 하는 것 같다. 특히 나는 인생의 후반기에서 남성과 여성 사이의 엄격한 차이가 완화된다는 융의 주장에 주목한다. 우리가 제7장에서 타고나는 여성성이 과연 있는 것인가 아닌가 하는 문제를 다룰 때까지 잠시 유보적인 것이기는 하지만, 우리는 우리 자신을 파괴시키지 않으려면 그 문제에 대해서 생각해 보아야 한다. 삶을 전체적으로 조망하는 심리학은 남성성과 여성성 모두를 우리의 관심 안으로 다가오게 한다. 그런 점에서 삶을 연대적으로 분할한 융의 관점은 더욱더 인간성을 분할해서 묘사한 관점인 듯이 보인다.

제 6 장
분석 과정

이제 우리는 우리가 여태까지 논의했던 생각들이 임상에서 어떻게 적용되는지에 대해서 살펴보려고 한다. 앞에서 언급했던 그 어떤 장(章)에서도 나는 독자들이 경험하는 것과 아는 것 사이의 불일치에 대해서 다루지 않았기 때문이다. 혼란을 줄이기 위해서, 우선 나는 내가 심리치료와 분석에서 그 동안 어떤 일이 일어났는지 하는 것들과 프로이트 학파의 잘 알려진 분석 원리에 대해서는 어느 정도 알고 있음을 밝히고 싶다. 앞으로 우리는 정신분석학파들 사이에서 비슷한 문제에 관한 사항을 다룰 때는 대요(大要)만 다룰 것이다. 그러나 융의 공헌이 언급될 때에는 책 전체를 통해서 자세한 사항들까지 다룰 것이다. 또한 후기 융 학파 분석가들의 주장은 필요한 경우 심리치료적 상황 어디에서나 다루게 될 것이다. 융 학파 분석가 가운데서 정신분석학의 발달에 영향을 받지 않은 사람들은 거의 없기 때문이다.

이 책에서 '환자', '분석가' 라는 말은 나의 습관에서 나온 말이다. 이 말은 "융 학파의 분석은 어떤 것인가?"라는 제목이 붙은 절(節)의 내용으로 볼 때 다소 부적절한 것일 수 있다. '환자'

라는 단어는 '내담자'라는 더 자율적인 의미를 사용하는 사람이나 '분석자'라는 더 과정—중시적인 단어를 사용하는 사람에게 불쾌하게 들릴지도 모른다. 그러나 실존분석가들이 그렇듯이 우리는 결국 '사람들'과 함께 작업하는 것이라고 강조하는 말을 염두에 두어야 할 것이다.

개인적인 작업

융은 분석은 과학적이거나 기술적인 절차가 아니라 하나의 예술이라고 강조하였다: "의료의 실제는 언제나, 그리고 지금도 하나의 예술이다. 그것은 분석의 실제에 있어서도 마찬가지다" (Jung, 1928, p. 361). 이런 생각은 그로 하여금 모든 처치는 개인적 작업이며, 그렇기 때문에 그 어떤 계획이나 "해야 한다"는 목록도 있어서는 안 된다는 말을 하도록 이끌었다(CW 16, para. 237).

사실 융은 분석가들에게 조언을 많이 하였다. 그런데 그의 중요한 강조점은 분석가가 개인으로서의 환자에게 적응해야 한다는 것이었다. 분석가가 앞으로 어떤 일이 일어날지 안다고 생각하는 것은 '교만'이다. 분석가들은 일어나는 현상을 관찰하는데, 환자는 분석가가 일어나는 모든 것들을 알고 있다고 생각한다. 그러나 그런 일이 실제로 일어나지 않을 때, 그는 불만을 가지거나 배신당했다고 느낀다. 우리는 분석 상황에서 전형적인 경우와 전혀 다른 사례들을 만날 수 있는데, 그때 분석가는 자신의 병 때문에 분석가가 진단을 내리고 고쳐주기를 바라는 환자와 달리 모든 가능성에 대해서 열려 있어야 한다. 그러나 분석가는 그런 환자들 때문에 쉽사리 팽창 상태에 빠지도록 유혹 당할 수 있다.

융은 그의 이런 생각을 좀 누그러진 어조로, 분석가는 그가 가지고 있는 모든 이론적 지식을 포기해야 한다고 주장하면서 이렇게 말하였다:

> 이것은 그가 (그의 이론들을) 모두 버려야 한다는 의미가 아니다. 오히려 주어진 상황 속에서 단지 설명해줄 수 있는 전제 가운데 하나로 활용하라는 말이다(CW 16, para. 163).

융이 프로이트와 알프레드 애들러의 치료적 접근은 "기술적인 규칙들"과 "귀여운 정동적 사상들"에 초점을 맞추고 있다고 비판한 것에는 지나친 감이 있다(CW 17, para. 203). 그러나 그가 본래 말하려고 했던 것은 심리적 혼란은 임상적으로 '본질적인 부분'이 아니라 사람 전체에게 영향을 미친다는 것이며, 그 점에서 그는 프로이트의 초기 이론과 달랐다.

> 우리는 그 자신조차 자신을 잘 모르는 모호한 개인들에 대한 지루하지만 끈질기고, 그 목표에 도달할 수 없을지도 모르는 그 작업을 두려워하지 말아야 한다. 그러나 그것은 우리가 도달할 수 있는 목표이고, 한 사람의 인격을 발달시키고 성숙하게 하는 길이다. … 그러므로 나는 현대 심리치료가 추구해야 하는 최상의 목표는 오직 개인적 발달을 목표로 하고 나아가는 것이라고 생각한다. … 오직 개인에게서만 생명은 그 의미를 모두 달성할 수 있다(CW 16, para. 229).

융은 신경증을 치료하면서, 신경증 환자들에게는 세상이 너무 변화무쌍하여 차분한 점이 거의 없는 것을 발견하였다. 그것이 신경증 환자들의 특징인 것이다.

> 모든 신경증 환자들의 특징은 해리와 갈등이고, 그들에게는 콤플렉스가 많고, 퇴행과 정신수준의 저하라는 특성을 나타낸다. 나의 경험에 의하면, 이런 원칙들은 변화되지 않는다(CW 17, para. 204).

그러나 우리는 일반화시키지 말아야 한다. 예를 들어서 말하자면, 무엇인가를 억압해서 생긴 모든 신경증 환자들에게 어떤 내용의 '박탈', 또는 어떤 내용의 "공제나 탈취 … 그로 인한 '영혼의 상실'이 발견되는 것"이다(ibid.). 마찬가지로 우리는 심리치료에서 융의 유연한 접근 태도를 어떤 사람은 너무 개인적으로 돼서 신경증에 걸렸고, 다른 사람은 너무 집단에 적응하려다가 신경증에 걸렸다는 그의 금언(金言)에서 찾아볼 수 있다.

융은 계속해서 분석이란 '대화적 과정'이라고 주장하였다. 융은 이 말 속에서 (a) 분석에는 두 사람이 참여하고, (b) 그들 사이에서는 양(兩)방향적인 상호관계가 오가며, (c) 그들의 관계는 동등하다는 사실을 전제로 한다(CW 16, para. 289). 융의 이 제안에는 현대 심리치료에서 공통적으로 채택하고 있는 전망이 들어있지만, 그 당시에는 감히 생각하지 못했던 것들도 있다(1951년 이전 말이다).

두 사람이 참여하고 있다는 말은 한 방에 몸 둘이 있다는 말과는 명백하게 다른 말이다. 그 말이 함축하고 있는 것은 두 사람의 무의식이 작용하고 있으며, 분석가와 환자 사이에서 투사와 내사 및 자아 방어 기제가 작동하고 있다는 사실을 의미한다

(CW 16, para. 239). 거기에 따라서 분석가도 환자에게 전이를 가질 것이며, 그에게 그 자신의 무의식을 투사시킬 것이다. 융의 두 번째 제안, 즉 양방향적 상호관계라는 말은 포댐이 지적했듯이, 융이 분석을 폐쇄된 체계가 아니라 개방된 체계로 보았다는 사실을 의미한다. 이 말은 그 관계 속에서 어떤 결과가 터져 나올지라도 상호관계가 관심의 초점이 된다는 것이다. 폐쇄적 체계에서는 '진단과 예후와 처치의 기술을 사용하면서 환자를 의사로부터 완전히 분리시킨다'(Fordham, 1978a, p. 69). 융의 세 번째 제안, 즉 의사와 환자가 동등하다는 말은 다소 문제적인 말이다.

우리가 의사와 환자는 동등하다고 할 때, 그 말의 의미는 무엇인가? 우리는 동등하다는 말을 똑같다는 의미로는 사용하지 못할 것이다. 두 사람은 서로 다른 심리와 배경과 성적 차이 등을 지니고 있을 것이기 때문이다. 또한 우리는 그것이 어떤 것이든지 간에 한 사람이 어떤 기대를 가지고 다른 사람에게 찾아왔기 때문에 그 두 사람이 같은 기능을 수행하리라고는 생각할 수 없다. 마지막으로 한 관계자는 이와 비슷한 다른 관계에서도 그렇게 하듯이 다른 관계자에게 대금을 지불하고, 특정한 시간에 특정한 장소에 오면서 약속을 지킨다. 분석가와 환자가 동등하다는 말은 이와 정반대되는 관계, 즉 "약을 드십시오"라는 말을 들은 환자가 그대로 따라하고, 자신보다 낫다고 생각하는 상대방을 존경하는 분석의 이미지가 규정하는 것과는 전혀 다르다는 것을 의미한다.

때때로 분석에서는 그것이 환자 자신의 삶이기 때문에, 그것이 관심의 중심이 된다. 그리고 환자만이 그가 어떻게 느끼고, 어떻게 살며, 어떻게 일하고 있는지에 대해서 알 수 있다.

오직 심리치료자만이 … 각각의 경우에서 어쩌면 잘못될 수도 있는 상황에서 한 사람과 함께 하면서 조언이나 도움을 주어야 할지 말아야 할지 결정해야 한다. 그는 어떤 것이 옳다는 고정된 생각을 가져서는 안 되고, 어떤 것이 옳은지 안다고 주장해서도 안 된다. … 나에게 잘못된 것이라고 보이는 것이 진리보다 더 효과적일 수 있다면, 나는 우선 그 잘못된 것을 따라야 한다. 왜냐하면 그 속에 내가 나에게 옳은 듯이 보이는 것을 고집할 경우, 놓치고 마는 참다운 삶과 능력이 들어있기 때문이다(CW 11, para. 530).

또 다른 경우 분석가는 그의 통찰 때문에, 그렇지 않으면 그가 환자의 방어나 저항에 영향을 받지 않았기 때문에 분석 과정을 인도하는 권위를 취할 수 있다. 그러나 융이 주의를 주었듯이, '의사가 다른 사람(환자)을 인도하려고 하거나, 그의 걸음을 같이 하려고 한다면, 의사는 그 사람이 느끼는 것처럼 느끼게 될 것이다' (CW 11, para. 519).

분석가와 환자의 동등성이란 '하나님의 눈으로 보기에' 동등하다, 또는 영적으로나 도덕적으로 동등하다는 의미에서 말하는 동등성을 의미한다. 분석가는 그가 분석적 훈련을 받았고, 그 일에 종사한다고 해서 환자보다 더 나은 사람이 아니다. 오히려 환자와의 접촉이 분석가의 삶을 더 고양시켜줄 수 있다. 우리는 때때로 환자와의 작업을 통해서 그의 개인적인 통찰력과 치유력을 이끌어내는 분석가들을 본다. 분석작업은 그들의 개성화 과정에 도움을 주는 것이다. 그러나 분석가가 환자의 의존성을 이용해서 그의 권력욕구를 충족시키면서 개인적 이익을 도모하려면 위험에 빠지게 된다(다음 부분의 '상처입은 치유자'를).

그러므로 융이 말한 동등성에는 여러 가지 어려운 점들이 있다. 그것보다 더 나은 단어, 또 더 광범위하게 사용되는 단어로는 '상호성'이라는 말이 있다. 아늑함 또는 배제함이라는 함의(含意)를 가진 이 단어의 가능성은 분석가와 환자의 역할이 다름을 전제로 하면서 '비대칭적 상호성'이라는 말의 반격을 받을 수 있다. 그런데 비대칭적이지만 상호적인 또 다른 관계로는 어머니와 아이 및 교사와 학생의 관계도 있다.

이러한 생각들은 우리가 심리치료에 관한 융의 다음과 같은 언급을 떠올려 볼 때 우리 마음에서 떠오른다.

> (심리치료는) 하나의 만남, 즉 정신의 두 축 사이에서 이루어지는 토론이다. 그 속에서 지식은 오직 도구일 뿐이다. 그 목표는 변환이다. … 의사 쪽에서 아무리 애써보아도 이 경험을 강제로 할 수 없다(CW 11, para. 904).

그렇지 않으면 분석가는 분석에서 '동료인 참여자'이다(CW 16, para. 7—8).

분석의 목적이 변환에 있고, 분석이 상호적이고 대화적인 절차라면, 우리는 분석의 목표는 상호 변환이라는 결론에 도달하게 된다. 치료에서 일어나는 것들은 분석가에게 그가 알지 못하는 문제들과 기회들에 직면하게 하면서 그의 삶을 비추고, 변화하게 하는 것이다. 융은 이런 것들을 생각하면서, 분석가가 분석과정에서 일어나는 개인적인 영향을 느끼지 못한다면, 분석에서 아무것도 생기지 않는다고 주장하였다. 분석가는 분석 과정의 영향을 받아야 하는 것이다.

(분석에는) 특별히 심리학적 재능뿐만 아니라, 무엇보다도

먼저 그 자신의 성격을 다듬으려는 진지한 관심이 전제되어야 한다(CW 4, para. 450).

융은 종종 분석가가 자신이 심리학적으로 움직여야만 환자와 그의 작업을 가능하게 할 수 있다고 강조하였다. 분석 작업에서 집착하는 것은 분석가 자신의 심리에 어떤 막힌 것이 있다는 사실을 말해준다(CW 16, para. 400). 그러므로 유능한 분석가가 되려면 분석가로서의 훈련이 필요하다. 이것이 분석의 실제에서 무엇을 의미하는지 우리는 요약해서 말할 수 있다. 분석가가 분석 상황에서 일어나는 것들에 정동적으로 참여하기 때문에 환자의 정신적 발달은 분석가의 발달에 밀접하게 연결되어 있다.

어떤 점에서 우리는 특별히 분석가와 환자 사이에 존재하는 '진정한 관계'에 관해서 이야기해야 할 필요가 있는데, 그것은 그 관계를 전이—역전이라는 내적 또는 환상적 관계와 같이 관찰하기 위해서이다. 심리치료에서 그 관계는 소위 치료동맹(또는 작업동맹)이라고도 불린다(Greenson, 1967 및 "상처입은 치유자"를 부분 좌표하시오). 융은 모든 분석에서는 분석가의 인격이 관계가 된다고 하면서 1938년 이 주제에 관한 논의를 발달시켰다: "사실 모든 것들은 방법에 달려 있는 것이 아니라, 사람에게 달려 있다"(CW 13, para. 4). 포댐은 분석이 많은 점에 있어서 보통의 인간관계가 아님에도 불구하고, 융은 분석에서 인간적인 측면이 부각되어야 할 것을 주장하였다고 지적하였다: "그는 전이로까지 이끌어 갈 수 있는 (분석의) 이 측면에 민감하였다"(Fordham, 1978a, p. 67). 포댐은 더 나아가서 융이 치료에 있어서 동맹까지 기대하였다고 암시하였다.

신경증

융은 신경증이 일반적으로 말해서 '일방적 발달'의 결과라고는 하였지만, 신경증에 대한 정의를 내리려고는 하지 않았다. 그렇다고 해서 그 말은 그가 신경증적인 것들에 대해서 전혀 말을 하지 않았다는 말은 아니다. 오히려 그는 어떤 문제에 있어서나 단 하나의 대답을 주려고 하지 않았던 듯하다. 융은 신경증이 환자의 내면에서 두 사람이 전쟁 상태에 있는 감정으로부터 기인하는 '내적 균열'이라고 설명하였다(CW 11, para. 552). 그와 동시에 신경증은 "그 의미를 아직 발견하지 못한 영혼의 고통"으로 이해되어야 한다(CW 11, para. 497). 또한 융은 계속해서 신경증의 긍정적 측면에 대해서 강조하였는데, 그에 대해서 1934년 이렇게 말하였다:

> 신경증이 부정적인 것만은 아니다. 신경증에는 긍정적인 측면도 있다. 오직 편협한 물질주의적 견해에서 나온 영혼이 없는 합리주의만이 이 사실을 간과해왔다. 사실 신경증에는 환자의 정신이 들어 있다. 그렇지 않다면, 그것의 본질적인 부분이 들어 있다고 해야 한다(CW 10, para. 355).

융은 신경증을 분류하지 않았고, 신경증과 정신병 사이의 경계에 대해서도 말하지 않았다. 또한 그는 증상론과 원인론에 대해서 언급하지도 않았다. 특히 후기 융 학파 심리학자들은—그 가운데서 발달학파만이 그런 것은 아니지만—신경증을 분류하는데 정신분석적인 전문적 식견에 기대고, 초기 아동기 경험에서 비롯된 증후들을 파악하는 기술에 의지해야 할 필요성을 느꼈다(융이래 분석심리학에서 정신병리에 대해서 논의한 것에 대한 논의는 p. 447 이하를). 어떤 이들은 아무 기준 없이 다가가는 것이 각각의 신경증적 표상들을 개인적이고 새롭게 관찰할 수 있는 분석심리학의 강점이라고 주장할 수도 있다. 그러나 나의 개인적인 입장은 원인론을 고찰할지라도 그것이 신경증을 긍정적으로 조망하게 하는 그 어떤 시도를 방해해서는 안 된다는 생각이다.

분석의 네 단계

융은 1929년에 출판된 "현대 심리치료의 제(諸)문제"라는 논문에서 하나의 모델을 제시했는데, 그것은 분석의 단계에 대한 일반적인 상(像)이었다(CW 16). 각 단계들에는 서로 겹치는 부분이 있는데, 거기에서 중요한 점은 그 단계들이 그 과정의 세세한 절차를 말하려는 것이 아니라, 융이 거기에서 분석 과정에 대한 전반적인 윤곽을 그리려고 했다는 점이다.

첫 번째 단계는 고백 또는 정화 단계이다. 이 단계에서 환자는 그의 삶의 이야기에서 관계된다고 여겨지는 것들을 말하고 그가 보기에 문제가 된다고 생각되는 것들을 진술한다. 많은 사람들에게 이 과정은 굉장히 도움이 되는데, 그 이유는 말하지 못했던 것들은 '심리적인 독' 같이 작용하기 때문이다(CW 16, para. 124). 그때 그의 죄의식은 어느 정도 완화될 수 있고, 환자는 그와 그의 삶의 이야기에 대한 분석가의 반응을 살펴볼 수 있다. 그것은 그 자체로 삶에 대한 그의 전망을 확장시킬 수 있다.

두 번째 단계를 융은 설명 단계라고 하였다. 그는 이 단계를 프로이트의 '설명적 방법'과 동일시하였는데, 분석가는 여기에서 환자의 행동들을 환원적으로 설명을 하면서, 특히 전이 관계와 더불어 작업을 한다. 그러나 융은 설명을 통해서 얻을 수 있는 것에는 한계가 있으며, 그것만 가지고서 깊은 변화는 이루어질 수 없다고 생각하였다.

그와 같은 변화는 세 번째 단계인 교육 단계에서 이루어진다. 융은 이 단계는 알프레드 애들러로부터 영향을 받은 것인데, 여기에서는 설명의 단계에서 얻어진 이해들이 사회적이고 행동적 영역으로 확산된다고 주장하였다. 그러나 설명의 단계 다음에도 환자는 계속해서 다른 길들에 대해서 "묘사를 한다".

네 번째 단계는 변환 단계이다. 이 단계는 융이 분석가의 관여가 가장 적절하게 이루어지는 단계라고 강조하였다. 두 번째와 세 번째 단계에서는 각각 정상성과 사회적응에 관한 것에 초점이 맞춰져 있다. 하지만 어떤 사람들에게는 이것만으로 충분하지 않다. 그것만으로는 한계가 있고, 심지어 해를 끼치기도 한다. 변환의 단계에서 이루어지는 변화는 한 사람이 '정상적'이라거나 '적응된 삶'에 머무르지 않고, 그 자신을 향해서 나아가는 것이다. 그러므로 개성화와 가장 관계 깊은 분석의 단계이다(CW 5, para. 508).

램버트는 융이 처음에 만든 분석 단계에 대한 공식을 오늘날 우리가 쓰기 쉽도록 몇 가지 사항에 대해서 언급하였다. (나는 융이 이 공식을 기록한 1929년에는 정신분석의 실제에서 대상관계이론의 영향이 아직 나타나지 않았다는 사실을 말해두고자 한다). 그러므로 융의 논문에는 분석 과정에서 투사 과정이라든지 내사 과정에 대한 언급이 적을 수밖에 없으며, 환자의 자료들이 분석가에게 어떻게 알려지고, 흡수되는지에 대한 언급이 없을 수밖에 없다. 또한 분석가 자신에 대한 분석에 대한 것도 그의 논문에는 나타나지 않는다. 마지막으로 램버트는 융이 정상성과 변환의 단계를 너무 명확하게 구분하는 바람에 정상성이 잘못된 타협으로 비치는 듯한 잘못을 저질렀다고 보았다.

분석에 있어서의 퇴행

　퇴행에 대한 관용적이고 긍정적인 융의 태도는 퇴행을 고착과 결부된 파괴적 현상으로 보는 프로이트의 묘사와 전적으로 대조가 된다(cf. Laplanche and Pontalis, 1980, p. 388). 우리는 앞 장(章)에서 융이 퇴행을 인간 정신에 잠재적으로 긍정적이며 창조적인 활동을 한다고 주장한 사실을 살펴보았다. 우리가 분석 과정에서 퇴행에 초점을 맞출 때, 우리는 이 점이 과장되기까지 한다는 사실을 찾아볼 수 있다: "치료는 퇴행을 지지해야 하고, 그것은 '태어나기 전' 단계에 도달할 때까지 지속되어야 한다"(CW 5, para. 508).
　이와 같은 견해는 퇴행이 "내면 세계의 조건들에 대한 적응" (CW 8, para. 75)이라는 융의 확신에 기반을 두고 있다. 거기에서 분석이 내면 세계와 관련이 있기 때문에 환자가 정신적으로 발달하기 위해서는 퇴행을 하도록 허용해야 하고, 에너지가 풀려나도록 도와주어야 한다.
　분석의 절차에 관해서 말하자면, 나는 퇴행이 유아적 상태로 여겨지든지 아니면 내면세계에의 적응으로 여겨지든지 간에 큰 문제라고 생각하지 않는다. 왜냐하면 퇴행의 외적 표상은 마찬가지이기 때문이다. 예를 들어서 말하자면, 유아적 욕구와 무의식

앞에서의 사람들의 불안은 모두 불가피하게 분석가에 대한 의존 상태를 산출하기 때문이다. 그때 투사의 기전은 분석가에게서 그 어떤 상징적 이미지들을 보게 할 것이다(어머니 혹은 영혼의 안내자나 안내자 등이 교대로 나타나게 하면서).

이와 같은 융의 생각은 대단히 현대적인 것이다. 그래서 마두로와 휠라이트는 융이 "전이 상황에서의 퇴행의 창조적 역할"을 옹호하였다고 요약하였다(1977, p. 108). 우리는 이 사실을 다음 절에서 정신분석학에서의 발달과 결부시켜서 다루고자 한다(405—409쪽을 좌표하시오).

전이에 대한 연금술적 은유

융은 무의식을 탐구하다가 연금술에서 무의식에 대한 그의 연구의 선구(先驅)를 찾아내었다. 연금술사들은 현대 심리학에서 탐구하는 수많은 문제들을 그들 자신의 언어로 기술하였으며, 융은 그들이 오늘날 밝혀진 무의식의 많은 사실들을 직관적으로 기대하였고, 상상 속에서 투사시켰다는 사실을 보았던 것이다.

융 학파에 속해 있지 않은 사람이 전이에 대한 융의 주장을 이해하기 위해서 연구할 때, 그들은 종종 전이에 관해서 말하는 그의 작업이 (1946년에 저술된 것) 1550년에 쓰인 『현자의 장미원』(Rosarium Philosophorum)에 나오는 연금술의 상징주의를 주로 참고하고 있다는 사실에 놀라게 된다(『전이의 심리학』, CW 16). 나는 연금술이 분석 과정을 고찰하는데 상당히 도움을 주고, 그 이유가 무엇일까를 살펴보고 싶지만 여기에서 『현자의 장미원』에 대해서는 살펴보지 않을 것이다. 나는 많은 학생들이나, 수련생 등은 물론 융 저서를 읽는 독자들이 융이 사용하는 은유의 본질을 포착하지 못한다는 사실을 개인적으로 경험한 바 있다.

그가 무엇을 하려고 했는가에 대해서 융 자신이 쓴 기록에서 그는 그 자신이 "무의식적 사고 과정에 대한 위대한 투사상들을" 설명하려고 했다는 점을 밝히는 것이 중요하다(융은 1979년에 나온 Jaffé의 저서에서 이렇게 말하였다). 이 점을 염두에 두고, 우리는 앞으로 분석과 상징적 관계에 있는 더 중심적인 연금술 용어들에 대해서 살펴보려고 한다.

그릇(vas). 이것은 그 안에서 기본적인 요소들(원물질, 뒤섞여 있는 물체 덩어리)이 혼합되고, 첨가되는 연금술의 용기(容器)인데, 앞으로 그가 바라마지 않았던 금으로 변환되게 하거나, 현자의 돌(lapis)을 드러내게 할 것이다. 라피스 또는 현자의 돌은 융에게 자기실현의 은유, 즉 개성화 과정의 산물이다. 그릇은 환자와 분석가가 분석의 구조 속에 들어 있는 것과 환자의 고통이 그의 인격 안에서 계속해서 변화되는 것에 비견될 수 있다. 또한 환자의 관점에서 볼 때, 분석가의 이해, 해석, 상황에 대한 파지(把持)는 그릇을 창조할 수 있다.

융합(coniunctio). 이것은 전혀 다른 요소들이 그릇 안에서 결합하는 것을 말한다(오늘날 우리가 화학적 결합이라고 부르는 것이다). 연금술에서, 화합되어야 하는 기본 요소들은 대극들(opposites)이고, 이 결합은 연금술사에게 금을 산출하게 한다. 이 요소들은 종종 신인동형동성론적으로 남성과 여성으로 나타난다. 연금술사들이 화학 요소들을 사용했다는 사실은 융에게, 그것이 화학적 탐구이기는커녕, 연금술은 창조적인 환상이고 무의식의 투사라는 사실을 보여주었다. 분석에서 융합, 즉 대극의 통합은 다음과 같은 것들을 상징적으로 보여준다. (a) 분석가와 그의 분석 작업에서의 '대극'인 환자 사이의 상호작용, (b) 환자의 정신 속에서 갈등을 일으키고, 싸우는 요소들을 그의 자아 안에서 분화시키고, 통합하는 것, (c) 환자의 정신에 있는 의식적, 무의식적 부분들을 꿰뚫고 들어가서 통합하는 것을 의미하는 것이다.

신성혼(hierosgamos). 이것은 문자적으로 "신성한 결혼"이다. 대극의 융합을 나타내는 이 모티프의 여러 형태들은 많이 발견되고 있다. 예를 들어서 말하자면, 어거스틴 신학에서 신성혼은 그리스도와 교회의 결합으로 나타나며, 그 정점은 신혼의 침상이 십자가 위에서 이루진 것이다. 연금술에서 신성혼은 종종 "화학적 결합"을 의미하는데, 그 속에서 남성과 여성을 나타내는 대극적 요소들은 오점이 없는 실체인 제3의 요소를 산출하기 위하여 통합된다. 그런 실체가 물리적 세계에 존재하지 않는 듯하기 때문에 연금술은 르네상스에서 그렇게 장소와 관심을 우선적으로 요청하는 것에 비쳐볼 때 자연과학으로 별로 중요한 것 같지 않다. 그러나 신성혼의 심리학적 의미는 혼돈과 혼잡으로부터 형태와 통합으로의 변환을 드러낼 수 있다. 분석에서 그러한 변환은 신경증적 갈등과 균열과 관련해서 일어날 수 있는 것이다.

요소들의 변화 가능성(transmutability of elements). 이 생각은 연금술에서 실제로 변환이 일어나기 때문에 중심적인 생각이 된다. 마찬가지로 정신적 운동에 가능성에 대한 이미지가 없다면, 분석에 특별한 점은 없을 것이다. 그것은 분석의 목표가 태도와 행동의 변화에 있는 것이라기보다는 체험을 심화시키고 깨달음을 확장시키는 것이라는 사실을 놓고 볼 때도 진실이다. 자신을 심화시키는 것이 변화 또는 전환을 의미하기 때문이다.

장인(匠人)―누이(adept―soror). 연금술사는 그의 작업을 언제나 그와 반대 성(性)을 가진 조력자와의 관계 맥락에서 수행하는 듯한데, 그 조력자는 신비한 누이(soror mystica)라고 알려진 그의 내면의 형상이며, 때때로 실제적 인물일 수도 있다(CW 14, para. 161). 이 형상은 심리학적인 관점에서 볼 때 연금술사의 아니마나 분석가의 무의식으로 여겨질 수 있다. 그러나 분석은 분석가(연금술사)가 바깥 세계에 있는 환자(누이)에 의해서 보충될 때, 외적인 상황에서도 일어난다.

검은색, 발효, 괴저(壞疽), 부패, 수태(nigredo, fermentatio, mortificatio, putrefactio, impregnatio). 연금술적 관점에서 볼 때, 이 단어들은 연금술 과정의 단계들을 말하고 있다. 검은색은 원물질이 어둡게 되는 것을 말하는데, 그것은 어떤 중요한 일이 일어나고 있다는 표시이다. 발효(醱酵)는 새로운 실체를 만들어낼 요소들을 뒤섞어서 양조하는 것인데, 이때 생기는 것은 본래의 성분과는 전혀 다른 종류의 것이다. 괴저(mortificatio)란 본래의 요소가 이제 더 이상 최초의 형태로 존재하지 않게 되는 단계를 말한다. 부패(腐敗)는 죽어서 썩는 것 또는 본래의 요소가 썩어서 거품이 나는 것인데, 그것이 바로 변화의 전조이다. 수태(受胎)는 『현자의 장미원』에 나오는 그림에서 작은 사람이나 난장이로 그려진 영혼이 하늘로 올라가는 지점을 나타낸다.

분석가의 입장에서 보면, 이 단어들은 분석에서 일어나는 일들을 상징적으로 나타내는 단어들이다. 검은색은 변화와 흔히 변화로 나아가는 우울을 알려주는 중요한 꿈의 형태일 수 있다. 때때로 검은색은 분석가와의 밀월 기간이 끝났음을 알려주기도 한다. 발효는 인격들이 뒤섞여서 그 안에서 전이—역전이가 일어나고, 분석 관계 속에서 분석가와 환자의 무의식이 뒤섞이는 것을 나타내는 좋은 단어이다. 괴저와 부패는 증상들이 변하고, 분석관계가 발달하며, 변화가 이루어지는 방식을 나타낸다. 마지막으로 수

태 단계에 있는 영혼은 환자 속에서 '새 사람'이 탄생하는 움직임을 나타낸다.

연금술에서 사용되는 요소들 자체는 힐만이 융을 이해한 바로는 인격의 은유들이다:

> 연금술에서 사용되는 네 가지 물질(납, 소금, 유황, 수은)들은 … 정신의 원형적 성분들이다. … 인격은 우울한 납, 불이 잘 나고 공격적인 유황, 쓰지만 현명한 소금, 휘발성으로 잘 날아가는 수은이 특별하게 혼합되어 있는 것이다 (Hillman, 1975a, p. 186).

융이 연금술 과정은 참여자 모두의 변화를 도모한다고 말할 때, 이 연금술 개념들과 융이 제안한 심리학적 의미는 마음에 새겨져야 한다(p. 389쪽 위를). 이와 같은 변화는 분석가와 환자의 인격이 화학 요소들처럼 혼합되기 때문에 가능하며, 그 만남의 결과 역시 화학과 연금술에서와 마찬가지로 이루어진다. 새로운 제3의 물질이 만들어지는 것이다. 이 '세 번째 것'은 분석가와 환자에게 모두 변환된 요인이다.

분석가가 환자와 결합할 때, 그는 "문자 그대로 환자의 고통을 '받아들이고', 환자와 함께 그것을 나누기" 때문에, 영향을 받지 않을 수 없다(CW 16, para. 358). 분석이 일단 시작되면 무의식 내용들은 투사되고 끊임없이 잘못된 의사소통을 하게 하면서 일종의 '착각적인 환경'을 만들어낸다. 하지만 전이와 변환을 가능하게 하는 것은 이 환경이다.

『현자의 장미원』에 나오는 그림들은 두 명의 가상적인 인물—왕과 왕비—로 나타나는 일련의 잠재적 변환을 표상화하고 있다. 왕과 왕비는 심리적 대극을 상징적으로 나타내는 것이다.

융이 전이에 대해서 말할 때, 그는 왕과 왕비는 분석가와 환자를 상징하는 것으로 보라고 하였다. 분석상황 속에서 그 대극들이 아무리 인간적인 의미에서 '반대되지' 않을지라도 분석가와 환자로 규정된다. 그러나 다른 차원에서 볼 때『현자의 장미원』그림에 묘사된 과정은 한 개인 속에서 일어나는 심리내적인 성장과 변화로 볼 수도 있다. 남성인 왕과 여성인 왕비는 한 사람의 정신에서 서로 반대되는 충동 또는 관점 때문에 생기는 갈등을 상징하는 것으로 볼 수 있는 것이다. 그렇지 않으면 충동과 초자아 사이의 갈등 등 여러 가지 가능성을 생각해 볼 수도 있다.

그러므로 대인관계적 해석과 심리내적 해석의 중첩(重疊)은 사려 깊은 생각에서 나온 것이다. 볼드리(Baldly)는 환자는 분석가와의 개인적 관계 없이 그의 정신 속에서 일어나는 다양한 요소들의 움직임을 경험하지도, 탐구하지도 못할 것이라고 주장하였다. 다른 한편 분석가에게는 (환자와의 관계에서) 의식에 '타자'로 느껴지는 것들이 배열되어 나타나게 되는데, 분석가에게 환자는 무의식이다. 환자의 정신 속에서 우리가 전이—역전이 및 정신역동이라고 부르는 상호작용은 서로 밀접한 관계에 있는 것이다. 외부 세계와 내면 세계는 서로 관련되어 있기 때문이다:

> 인간의 삶의 살아 있는 신비는 언제나 둘 사이에 감춰져 있는데, 그 신비가 단어에 의해서 배반당할 수 없고, 논의로 제거될 수 없다는 사실 때문에 더 진실한 것이다(융이 야페의 1979년 저작 속에서 한 말. p. 125).

다른 말로 해서, 그러므로 "'영혼'은 관계의 본질이다"(CW 16, para. 504).

예를 들어서 말하자면, '영혼의 귀환'이라는 이름이 붙은『현자의 장미원』의 아홉 번째 그림은 아기 또는 아이로 그려진 영혼이 하늘에서부터 내려와서 죽은 몸에 생명을 불어넣는 것을 보여 준다. 융은 몸에 생기를 다시 불어넣는 것은 실제로는 일어날 수 없고, 따라서 자아에 의해서 의도될 수 없는 초월적 과정이라고 지적한다. 우리는 여기에서 새로운 생명은 그 전 단계에 서 있었던 분석이 온전하게 이루어지고, 살아졌어야 가능한 것이라는 사실을 덧붙이고 싶다. 새로운 생명은 그 전에 이루어졌던 일들의 결과인 것이다. 영혼은 (분석가와 환자)라는 둘로부터 태어나는 하나(통합된 인격)라는 말이다.

열 번째이자 마지막 그림은 새로운 탄생의 그림이다. 이 그림에서는 달로 보이는 받침대 위에 왕과 왕비의 두 얼굴을 한 사람이 서있다. 그리고 그 뒤에는 해골들을 달고 있는 나무가 있다. 이 그림은 그 과정의 마지막 산물이 성(性)의 상징주의를 약화시키지 않고 오히려 강화시킨 양성구유로 그려져 있어서 이해하기가 쉽지 않다. 이로서 융은 대극의 통합이 교만(hybrid)하게 될 수 있음을 암시하고 있다. 프로이트는 대극의 상징주의(피학대음란증/가학대음란증, 수동적/적극적, 여성/남성)를 문자 그대로 성적으로 해석하면서 그 성적인 이미지들에서 우선적으로 환상을 보고 비틀거렸다. 이 사실은 프로이트 역시 연금술사들을 사로잡았던 상징적 주제들에 감염되었다는 사실을 의미한다. 그러므로 프로이트는 물론 우리들까지 비슷한 문제를 가지고 있다고 할 수 있다:

인간과 세계 사이에 얼마나 이해의 균열이 깊은가, 또한 우리는 거기에 어떻게 대응해야 하는가, 그리고 가능하다면 그것을 없애버릴 수 있는가? 그래서 문제가 무의식의 문지방을 넘어가지 못하기 때문에 거기에 달라붙어 있던 성적 상징주의가 벗겨질 때, 여러 가지 질문들이 잇달아 제기된다(CW 16, para. 534).

연금술사는 보통의 현대인, 특히 분석가처럼 외적, 내적 갈등을 해결하려고 노력하였다. 그것이 프로이트에게는 성욕으로부터 불필요한 억압의 족쇄를 벗겨내고 자유롭게 되려는 시도로 나타났고, 융에게는 전일성을 찾으려는 추구로 나타났다.

개인적 전이와 원형적 전이

융이 전이를 오직 하나의 이미지로만 생각했다고 간주해서는 안 된다. 융은 그의 저작 전반에 걸쳐서 전이에 대해서 전통적인 견해를 피력하였고, 특히 개인적 전이와 원형적 전이를 다르게 기술하였다. 융이 이렇게 말한 것은 좀 더 비중이 있는 이론적 구분으로서 이고, 그의 개인적인 작업에서는 그렇게 기술되는 경우가 많지 않다. 융은 전이가 타고나는 유형과 구조에서 비롯되는 이미지들의 투사로 구성되어 있다고 말하였거나, 개인의 실제적인 경험에서 온 것이라고 말했던 것이다. 그러므로 융에 의하면 전이가 다양하게 나타나는 것은 자연스러운 일이고, 그렇지 않은 경우 전이는 분석과정에서 상황에 따라서, 또는 전이 현상에 분석가가 민감하게 반응할 때 더 강조돼서 나타난다.

분석가에게서 전이의 경험은 주관적인 것이다. 융은 전이에 대해서 복합적인 감정을 표출하였다. 그는 1935년에 있었던 타비스톡 강좌(CW 18)에서 전이는 주로 성애적이고, 분석에 '방해가 되는 것'으로 여겨야 한다고 주장하였다. 전이는 '도움이 되지 않으며', '당신은 전이가 있음에도 불구하고 치료하는 것'이라고 주장했던 것이다. 다른 한편, 융은 그가 1907년 프로이드를 처음 만났을 때, 프로이트가 그에게 전이에 대해서 어떻게 생각하느냐는 질문을 했다고 회고하였다. 그때 융은 전이가 '분석 방법 가운데서 알파와 오메가'임을 확신을 가지고 대답하였다. 거기에 대해서 프로이트는 "그렇다면, 당신은 분석에서 가장 중요한 것을 숙지한 것이다"라고 말하였다(CW 16, para. 358).

분석심리학은 한 개인의 무의식에서 잠자고 있는 부모의 이미지에 관한 개인적이고 원형적인 의미에 대해서 융이 다양하게 언급했었기 때문에 오는 긴장과 맞서 싸워야 했다. 때때로 융은 전이에 주의를 충분히 기울이지 않고 다소 소홀히 대한 듯한 인상을 준다. 그러나 포댐이 지적했듯이, 융이 타비스톡 강좌에서 말한 것은 맥락 그대로 받아들여야 한다.

융이 초기에 발표한 "제(除)반응의 치료적 가치"(CW 16, 1921년 집필)와 같은 논문에서 이와 다른 태도가 발견되는 것은 뚜렷하다. 예를 들어서 말하자면,

> 전이 현상은 모든 철저한 분석에서 불가피하게 나타난다. 왜냐하면 의사가 환자의 발달 선상에 가능한 한 가까이 다가가야 하기 때문이다. … 전이는 … 진정한 심리적 관계의 대체물로 작용하는 수많은 투사들로 이루어져 있다. 그때 투사는 그에게 눈에 보이는 관계를 형성하게 한다. 이때 중요한 점이 파악되어야 하는데, 그것은 환자가 일상생활에서 늘 적응에 실패하는 것은 그가 분석 상황에서처럼 자꾸 과거로 돌아가려고 하기 때문이다(CW 16, paras 283—4).

이와 같이 융은 초기의 저술에서 전이 분석에 치료적 효과가 있다고 강조하였다. 어떤 점에서 이것은 특별한 공헌이다. 왜냐하면 포댐이 보기에 정신분석은 1921년까지 전이분석보다 무의식에 있는 것을 의식화하는 것에 가치를 두고 있었기 때문이다.

포댐은 융이 1935년 꿈 분석의 중요성을 주장하기 위해서 전이분석을 경시한 것을 설명하면서, 융은 집단무의식에 대한 그의 생각을 개진하려고 하였으며, 그가 개인적 전이의 주제를 부각시킬 경우 원형적 자료에 대해서 그가 강조한 것들이 사라져버리지 않을까 두려워했다고 주장하였다.

더 나아가서 융은 1935년 경 분석을 포댐이 "자아와 원형 사이의 내적 대화"(1974b, p. 10)라고 특징지은 것으로 보았으며, 그 분석에 흥미를 가지고 있었다. 이 분석은 꿈과 적극적 상상으로부터 온 자료에 대한 작업에 초점을 맞춘다. 나는 그와 같은 종류의 접근을 삼각형으로 도식화한다. 환자의 그 전의 무의식 자료가 꼭대기에 있고, 관찰자로서의 분석가와 환자가 각각 구석에 있는 모양이다. 에너지의 흐름은 우선적으로 자료로부터 오지 분석가나 환자로부터 오지 않는다.

1934년 정신분석가 스트레취는 변이를 일으키는 해석이라는 개념을 제시하였다. 그 개념은 흔히 그런 해석이 분석 과정에서 효과적이고 변화를 촉진하는 요소로 생각되는 즉각적인 상황을 말한다. 변이를 일으키는 해석은 환자와 분석가 사이에서의 지금 여기서의 상황과 관계가 된다는 점에서 그런 해석은 '예민한' 해석이다. 그러므로 환자와 분석가 사이에서 이루어지는 생생한 상호작용은 전이와 해석의 재료가 된다. 독자는 이제 스트레취의 견해가 어떻게 융의 공식과 양립하는지 알 수 있을 것이다. 또한 변이를 일으키는 해석이라는 개념이 후기 융 학파 가운데 발달학파에게 어떻게 비옥한 기반을 마련해 주었는지도 알 수 있게 된다.

정신분석학에서 비슷한 견해들

다시 한번 말하지만, 융은 그가 제기한 주제들을 가지고 정신분석학자들과 거의 또는 전혀 직접적으로 의사소통을 하지 않았지만 정신분석학자들은 그의 주제들에 많이 주목하였다.

발린트(1968)는 한 개인은 그의 삶 전체에 걸쳐서 다른 사람과 인간관계를 나누는 유형으로 고찰될 수 있다고 강조하였다. 그러면서 발린트는 특히 환자가 발달의 초기에 대상과 충분히 좋은 관계를 맺으려고 분투(奮鬪)했었다고 느껴질 경우, 음성언어로 된 해석을 그만 두고, 그의 정서적 박탈에 응답하려고 하였다. 환자가 발달의 초기에 있었던 잘못을 교정할 수 있는 기회를 제공하려고 했던 것이다. 그때 분석가는 '대상'이 되거나 '환경'이 되고, 환자는 분석가를 그가 원하는 대로 사용할 수 있게 된다. 이 상황은 때때로 퇴행의 가치를 필요로 하고, 퇴행이 발달의 전조(前兆)라고 인정하게 하며, 발린트의 말을 빌어서 말하자면, 퇴행이 '새로운 출발'(1952)의 선구임을 암시하고 있다.

발린트는 정신분석학자 가운데서 프로이트와 달리 퇴행이 정신분석에서 그렇게 부정적이지 않다고 보았던 소수의 사람들 가운데 하나이다. 우리는 다음에서 이와 비슷한 견해를 보여주는 잘 알려진 정신분석학에서의 표어들을 찾아볼 수 있다.

— '자아에 봉사하려는 자아의 퇴행'(Kris)
— '착각의 유용한 휴식처'(Winnicott)
— '상식적인 자아의 초월의 필요성'(Milner).

이런 언급들에 대한 융 학파의 논평을 위해서는 플라우트

(Plaut, 1966)를 참고하면 좋을 것이다. 정신분석학의 용어들 가운데서 분석심리학과 가장 놀라울 정도로 병행하는 것은 리틀(Little)의 'R'이라는 개념인데, 그것은 그녀가 역전이를 가리켜서 분석가가 "환자에게 전적으로 반응하는 것"(1957)이라고 한 개념이다.

나는 이 주제에 대한 정신분석학에서의 태도는 이 주제에 대해서 두 가지로 나누어지지 않는가 하고 생각한다. 그 가운데 하나는 영국을 중심으로 한 견해인데, 환자에 대한 분석가의 정서적 반응을 어머니—아이의 관계 또는 그 관계를 상징적으로 재현하는 것이다. 다른 말로 해서, 일관성, 신뢰, 따뜻함, 수용 등의 요소를 강조하는 것이다. 여기에서 정서에 기반을 둔 반응은 배제되지 않는다. 또한 여기에서의 기본적인 전제는 환자의 초기 시절에 어머니—아이의 관계에 어떤 손상이 있었다는 것이다.

이런 관점을 피력하는 정신분석가들(발린트, 위니캇, 리틀, 밀너 등)은 그들이 때때로 환자들에게 어떤 소품들을 사용하고 있음을 보고한다. 그들은 환자들이 애착을 가지는 물건을 집에 가지고 가게 해서 분석 시간들 사이의 간격, 특히 주말이나 휴가 기간 사이의 간격을 메우게 하는 것이다. 그렇지 않으면 그들은 환자에게 간단한 먹을거리를 주기도 한다: 우유 한 잔이나 물 한 잔 또는 과자 등을 주는 것이다. 그때 방석이나 담요도 쉽게 이용될 수 있고, 때로는 가벼운 신체적 접촉도 사용될 수 있다. 여기에서 말하려고 하는 요체(要諦)는 '정통' 정신분석학의 기법에서 분석가에게 매우 낯선 그와 같은 행동이 덜 직접적인 방식으로 사용되면 너무 상처를 많이 받아서 심하게 퇴행되어 있는 사람을 돌보려고 할 때 커다란 도움이 된다는 사실이다. 이것을 기술적인 처치라고 생각해서는 안 된다. 여기에서의 관심사는 환자가 그것을 상징화할 수 있느냐 하는 것을 떠나서, 관계의 질적 측면이다. 환자에게 궁극적으로 기대하는 것은 그가 그의 내면 세계와 관계를 맺을 수 있게 하려는 것이다. 그런 점에서 환상, 심지어 퇴행적인 환상이라도 창조적으로 보일 수 있다.

그러나 미국에서 랑스(Langs)와 썰즈(Searles)가 했던 작업은 이와 매우 다르다. 랑스는 그 안에서 "분석적 상호작용이 일어나는 시간적—물리적 공간"(1979, p. 72)을 의미하는 "두—사람의 장(場)"이라는 개념을 사용하였다. 여기에서는 어머니—아이의 관계보다는 체계와 소통 이론의 냄새가 더 많이 난다. 랑스의 견해에서는 상호관계가 일어나는 장(場)에서 다른 형태들이 강조되는 것이다: 그것들은 상징적 의사소통, 혼돈된 정감의 방출, 의미와 소통을 파괴하려는 시도 등이다. 랑스는 융과 마찬가지로 분석가에 대한 환자의 관계에는 전이의 요소와 전이가 아닌 요소가 동시에 들어 있다고 강조하였다. 따라서 환자에 대한 분석가의 관계에도 역전이가 아닌 요소들이 포함될 수 있는 것이다(융과 랑스의 견해 사이를 살펴본 것은 Goodheart, 1980을).

랑스는 오늘날에도 수많은 프로이트 학파의 정신분석가들은 환자를 긍정적인 빛에서 보지 않는다고 주장하였다. "분석가의 무의식에서 동맹자이며 치유자로서의 환자의 이미지는 별로 떠오르지 않는데 반해서, 적이며 저항하는 이로서의 이미지는 지배적이다"(1979, p. 100). 마찬가지로 역전이가 치료에서 본질적인 도구로 작용할 수 있다는 생각을 하기도 상당히 어렵다.

썰즈는 "역전이에서 나타나는 오이디푸스적 사랑"(1959)에서 분석 "과정에서 나타나는" 분석가의 모습을 장황하게 묘사하면서 역전이에 대한 그의 생각을 발달시켰다. 그는 거기에 대해서 이렇게 개진하였다:

정신—분석을 성공적으로 하는 동안 분석가는 환자를 그의 오이디푸스적 사랑의 대상으로 삼았다가, 마지막에는 그것을 철회하는 국면을 거쳐 간다(p. 284).

그러면서 썰즈는 우리가 지금까지 논의했던 많은 정신분석가들이 살펴보았으리라고 생각한 바를 기술하였다: 정신분석가들은 분석 관계를 통해서 그 자신의 감정을 살펴봄으로써 환자에 대해서 알 수 있는 것이다. 썰즈는 이러한 생각은 분석가를 해방시켜준다고 주장하였다. 왜냐하면 그 전까지 환자에 대한 분석가의 모든 강렬한 감정들, 즉 성적인 감정이나 분노 등은 분석가 쪽에서의 신경증적인 감정으로 여겨졌기 때문이다.

나는 이런 깨달음(환자에 대한 분석가의 감정들이 의사소통이며 정보의 원천이라는 사실)은 오늘날 정신분석적 사고에 있어서 가장 위대한 진전이라고 덧붙이고 싶다. 이런 생각을 강화시키기 위하여 정신분석가들은 역전이에 대한 프로이트의 부정적 태도를 뛰어넘으려고 나아가야만 했다(cf. Laplanche and Pontalis, 1980, p. 92 & Rycroft, 1972, p. 25).

썰즈는 분석가가 얼마만큼이나 더 많이 침해되었고 억압된 환자에게 영향을 받고 있는지를 보여주면서 이런 생각을 옹호하였다. 그러면서 그는 그런 감정이 언제 나타나고, 그 내용이 무엇인지까지 밝혔다. 그가 쓴 것은 그 자신의 유아적인 감정들이었지만, 그렇다고 해서 성인의 정동이 없었던 것은 아니다. 그는 오이디푸스 콤플렉스(371쪽 윗부분을) 속에서 성인 또는 부모에게 상실감이 어떻게 나타나는지에 대해서 강조했던 최초의 사람이었던 것이다. 그렇다고 해서 썰즈가 "부모에게 있어서 아이의 중요성을 무의식적으로 부정하려는 태도"를 되풀이하려고 한 것은 아니다. 그는 랑스와 마찬가지로 정신분석에서 가장 중요한 것은 전이를 분석하는 것이라고 강조한 것이다. 그러나 그는 분석가들이 분석할 때 "그 뒤에 또 다른 감정"이 있음을 깨닫고 있었다.

전이와 역전이를 여러 가지 종류로 분류한 래커(Racker, 1968)의 연구는 그것들을 어머니—아이의 관계처럼 탐구했던 정신분석가의 첫 번째 집단과 랑스와 썰즈처럼 현재의—소통—안에서 연구했던 집단 사이의 가운데 있다. 나는 래커가 역전이에 대해서 언급한 것에 특히 초점을 맞추려고 하는데, 그 이유는 그것이 분석심리학에서의 관점과 더 가깝기 때문이다.

래커는 신경증적 역전이와 있을 수 있는 역전이 사이를 구분하였다. 신경증적 역전이는 분석가에게 어느 정도 남아 있을 수밖에 없는 그의 유아적(infantile) 자기가 그도 알지 못하는 사이에 드러나는 현상을 말한다. 특별히 분석가의 유아적 감정은 그에게 부모님이나 적대자처럼 느껴지는 환자를 향해서 나아가는 것이다. 신경증적 역전이는 부모님을 동일시하거나 이상화하는 형태로 나타날 수 있다. 그렇지 않으면 분석가가 환자에게서 부모님의 모습을 보거나, 환자에게 감명을 주려고 하기도 한다. 그래서 분석가는 너무 과도하게 해석하려고 함으로써 환자의 문제로부터 그 자신의 문제를 풀어내지 못하거나, 치료하려는 그의 의도가 실패할 수도 있다. 마지막으로 그는 그의 분석가로서의 태도를 포기하고, 환자의 분노에 찬 공격에 앙갚음을 하거나, 성애적 소통에 성적 행동으로 반응할 수도 있다.

다음에 래커는 신경증적이지 않은 역전이를 둘로 나누면서, 하나는 일치적(concordant) 역전이, 다른 하나는 상보적(complementary) 역전이라고 하였다.

일치적 역전이는 분석가가 환자가 느끼는 것을 느끼고 있지만, 정작 그 자신은 자신의 감정에 대해서 알지 못하는 것을 말한다. 이것은 분석가 자신의 정신이 환자의 감정 상태와 감정이입에 의해서 일치되어 있기 때문에 가능한 일이다. 예를 들어서 말하자면, 어떤 특정한 환자를 만난 다음에 분석가가 우울하다면, 그 기분은 환자의 우울일 수 있다. 하지만 그때 환자는 자기 자신이 우울하다는 것을 아직 모를 수 있다.

상보적 역전이는 분석가가 그에게 낯설게 느껴지는 방식으로 행동하는 것에서 찾아볼 수 있다(그런데 그 행동은 어떤 식으로든지 환자와 관련이 있다). 래커의 공식에 의하면, 분석가는 환자의 내면세계에 포함되어 있거나 합치되고 있으며, 환자가 그랬을 것이라고 느끼는 내면세계의 형상(아마도 어머니나 아버지)처럼 느끼거나 행동한다. 앞에서 말했던 예에서 분석가의 우울한 감정은 환자가 그랬을 것이라고 생각하는 부모의 우울의 표현일 수 있다—그 우울은 환자의 내면세계의 형상을 육화시킨 것일 수 있는 것이다.

전이와 역전이에 대한 래커의 강조는 정신분석학에서 그린슨이나 다른 분석가들이 치료동맹이나 비(非)—전이적 관계를 강조하는 것과 균형을 맞추려는 것일 수 있다. 우리는 앞에서 이미 융의 그와 비슷한 입장에 대해서 언급한 바 있다. 우리는 여기에서는 다만 치료동맹이라는 개념이 곧 모든 도움의 상황에 적용할 수 있는 '치료계약'(Menninger, 1958)으로 이어지고 있음을 덧붙이고자 한다. 치료동맹을 정의하자면 다음과 같다:

> (치료동맹은) 환자가 그의 분석가와의 관계에서 가지는 것으로서 그로 하여금 분석 상황에서 합목적적으로 작업하게 하는, 신경증적이지 않고, 합리적이며, 이성에 기반을 둔 관계이다(Greenson and Wexler, 1969, Sandler et al., 1973, p. 27에서 재인용).

샌들러는 더 나아가서 치료동맹은 이상화되지 말아야 한다고 지적하였다. 그것은 단지 환자가 의식적으로 더 나아지거나, 환자와 분석가 사이에 긍정적이고 조화로운 관계가 이루어지는 것을 의미하지 않는 것이다. 실제로 치료동맹의 본질은 환자가 분석가를 증오하고, 의식에서는 분석 상황을 그만두려고 할 때에도 진행되는데 있다.

결국 정신분석학에서 융의 생각과 병행되는 것들을 뒤돌아 볼 때, 우리는 비온이 사용한 이미지인 담는 사람(분석가)거ㅏ 담겨진 사람(환자)을 생각하게 된다. 이것은 유아기의 물리적 담음만 의미하지 않는다. 이 생각이 말하는 것은 아이가 어머니에게 투사시켰던 정동과 불안은 좀 더 완화되고 견딜 수 있는 형태로 아이에게 되돌아온다는 것이다. 담는다는 이미지는 그 안에 담을 수 없는 정동을 변화시킨다는 의미를 내포하고 있다.

상처입은 치유자

후기 융 학파의 분석심리학으로 돌아가서 생각할 때, 분석 상황에서 실제로 일어나는 것에 대한 두 가지 기본적인 이해가 있다. 첫 번째는 분석시간에 일어나는 상호작용을 이해하는데 집단무의식의 자료들을 사용해서 원형적으로 접근하는 것이다. 두 번째는 우리가 지금까지 논의했던 정신분석학의 전통을 따르면서 경쟁하는 것이다. 이제 우리는 그에 대해서 살펴보려고 한다.

메이어(1949)는 현대 정신분석과 고대 아스클레피우스 신전에서 행해졌던 치유 작업의 유사성에 대해서 살펴본 적이 있다. 거기에는 두 가지 사실에서 연관성이 있다. 하나는 치유 작업과 의례가 테메노스(temenos) 또는 사원의 경내(境內)라는 닫힌 상황에서 이루어지는 것이고, 다른 하나는 '환자'가 치유의 꿈을 꾸려는 희망을 가지고 잠재워지는 것이다. 그때 치유술의 스승인 켄타우르스라고도 하는 카이론은 치유될 수 없는 상처 때문에 고통 받는 것으로 그려지는데, 여기에서 분석과의 관계에서 이 유비가 말하고자 하는 것이 명백해진다. 분석가가 상처입은 치유자로 되고, 분석 상황은 테메노스처럼 지나친 의식이 지양되고, 퇴행이 허용되는 것이다.

메이어가 현대의 환자들에게서 발견되는 자료들에 긍정적인 유형과 부정적인 유형이 치유자—사제들이 알고 있었던 것과 같다는 사실을 피력했지만, 그가 정말 말하려고 했던 것은 집단적 정신 안에 있는 역사적 연속성을 보여주려는 것이었다. 그러나 그의 책에는 정신분석에서 실제로 일어나는 것들에 대해서는 별로 나와 있지 않고, 우리가 지금 말하고 있는 역전이에 관한 것도 많지 않다.

구겐뷜—크레이그(1971)는 상처입은 치유자의 이미지에 대해서 계속해서 탐구하고 있다. 그러나 그것은 분석의 실제에서 일어나고, 보다 넓게는 전문적 도움의 관계에서 일어나는 것이다. 그의 이론을 요약하면 다음과 같다: 상처입은 치유자의 이미지가 모순을 타고났다는 사실을 살펴볼 때 원형적 이미지라고 할 수 있다. 그 안에 원형의 양극성이 배열되어 있는 것이다. 그러나 우리는 치유 관계에서 분석가의 모습이 강력해지도록 하기 위하여 그 이미지를 쪼개려고 한다. 치유자의 부분을 더 강하고, 건강하며, 유능하게 하려는 것이다. 그 반면에 환자가 수동적이고, 의존적이며, 지나친 의존성 때문에 고통 받기 쉽다면, 환자는 오직 환자로만 남을 수밖에 없게 된다(cf.

Goffman, Asylum, 1961. 특히 환대에 관한 부분).

상처입은 치유자의 이미지를 치유자인 분석가와 상처입은 환자로 나눈 것을 더 밀고 나아가면, 우리는 구겐뷜―크레이그의 생각 속에서 이 분리가 분석가와 환자 모두에게 적용될 수 있음을 볼 수 있다. 그때 모든 분석가가 내면의 상처를 가지고 있으면서도 그 자신을 '건강하게만' 드러낸다면, 그는 그의 내면세계의 부분을 잘라내는 것이다. 마찬가지로 환자를 '아픈' 사람으로만 본다면, 그것 역시 그의 내적 치유자 또는 그 자신을 치유할 수 있는 능력을 도려내는 일이 될 것이다. 분석가가 어떤 의미에서 상처를 입고 있다는 사실은 거의 의심할 바 없는 일이다. 그리고 도움을 주는 전문직이나 의사라는 직업을 선택할 때 심리적 요소가 작용하며, 그 요소가 그들이 스트레스와 관계되는 증상들 때문에 고통 받게 한다는 견해가 점점 더 커지고 있다(cf. Ford, 1983).

구겐뷜―크레이그는 한 사람이 병에 걸릴 때, 치유자―환자 원형이 작동하기 시작한다고 주장하였다. 겉에 있는 사람은 병이 들었지만, 그의 내면에는 치유자가 있는 것이다. 환자가 의사와 만났을 때, 그는 그것이 사회적 상황(흰 까운과 청진기 등)으로 주어졌기 때문에 의식에서 그 사람이 의사인 것을 안다. 그러나 환자의 내면에 있는 치유자가 의사에게 투사되지 않는다면, 치유는 잘 일어나지 않을 것이다. 그러나 치료가 시작되기 위해서 투사가 처음에 필요했을지라도, 환자의 자기―치료 능력이 활성화되려면 투사는 어떤 지점에서 철회되어야 한다.

같은 방식으로 분석가는 그가 환자와 마주 하고 있음을 외적 표시들을 통해서 '안다'. 그때 그 역시 환자를 정동적인 의미에서 알기 위해서 그의 내면에 있는 아픈 부분을 환자에게 투사해야 한다. 우리는 여기에서 코헛이 감정이입을 '대체적 내사'

(vicarious introspection)라고 정의한 것과 비슷한 생각을 보게 된다. 분석가는 그 자신이 환자와 합성된 존재이기 때문에 환자가 된다는 것이 어떤 것인지를 안다.

어떤 사람이 분석가이고, 어떤 사람이 환자인지 규정하는데 작용했던 투사들이 그 역할을 다한 다음에 철회되어야 한다고 말하기는 쉽다. 그러나 그로스벡(Grosbeck)의 "상처입은 치유자의 원형적 이미지"라는 논문이 발표될 때까지, 이것은 분석 상황에서 실제로 잘 작동하지 않았다. 그로스벡은 여기에 계속해서 메이어가 암시한 신화적 주제와 구겐뷜―크레이그가 제시한 현대적 분석 상황을 적용시키려고 하였다.

그로스벡은 환자와 분석가 모두의 속에 상처입은 치유자라는 갈라진 원형적 이미지를 복원시켜 놓으려고 하였다. 나는 그로스벡이 분석 중에 일어나는 투사의 생성과 철회를 조명하기 위해서 그가 고안한 일련의 도표를 사용하도록 허락한 것에 감사를 표한다. 그런데 여기에서 설명을 붙인 것은 나다. 내가 생각하기

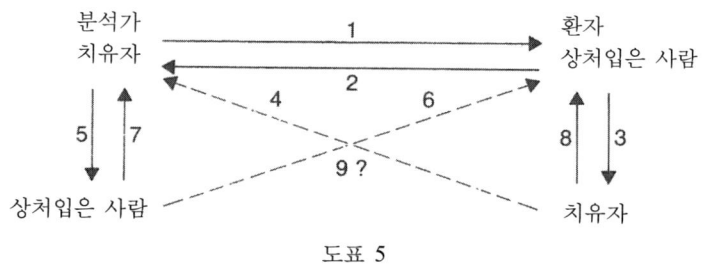

도표 5

에 이 도표들은 분석의 초기 단계에서 일어나는 것들을 아주 잘 보여주고 있으며, 분석의 과정에서 계속해서 벌어지는 유형을 잘 드러내고 있다.

첫 번째 도표인 도표 5에서 분석가와 환자 사이의 상호작용은

양방향인 것을 볼 수 있다(1과 2). 또한 분석가와 환자는 각각 그의 무의식 속에 따로 따로 상처입은 사람과 치유자의 재능을 가지고 있으며, 의식에서의 역할과 무의식에서의 성분이 상호작용하고 있다(5, 7, 8, 3). 분석가는 그의 상처를 환자에게 투사시키고, 환자는 그의 치유자를 의사에게 투사시킨다(4와 6). 그러나 환자

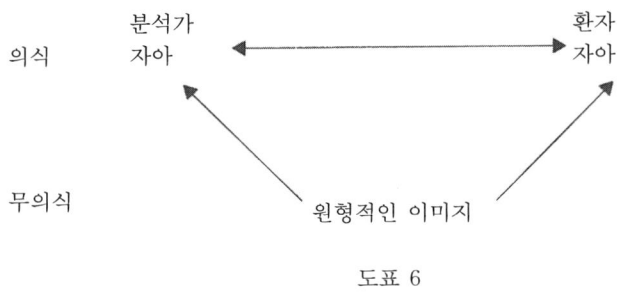

도표 6

의 내적이고 무의식적인 치유자와 의사의 내적이며 무의식적인 상처 사이에는 아무 연계도 이루어지지 않았다(9).

도표 6에도 분석의 초기 단계가 나타나 있다. 여기에서 분석가와 환자는 상호작용을 한다. 분석가의 자아는 환자의 자아와 함께 환자의 자료들을 살펴보는 것이다. 그런데 환자의 자료들은

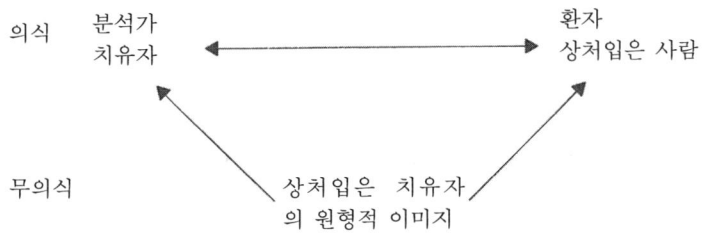

도표 7

원형적인 것이라서 다른 것들과 함께 여러가지 이미지들과 주제들을 담고 있다. 왜냐하면 그것들은 분석가를 치료 상황으로 끌어당기면서, 분석가에게 작용하고 영향을 주기 때문이다.

도표 7에 옮겨와서 보면, 상처입은 치유자의 이미지가 있는 것을 볼 수 있다. 분석가는 환자의 약점과 강점을 살펴보고, 계속해서 살펴본다. 환자의 강점은 그의 내면에 있는 치유자와 관계된

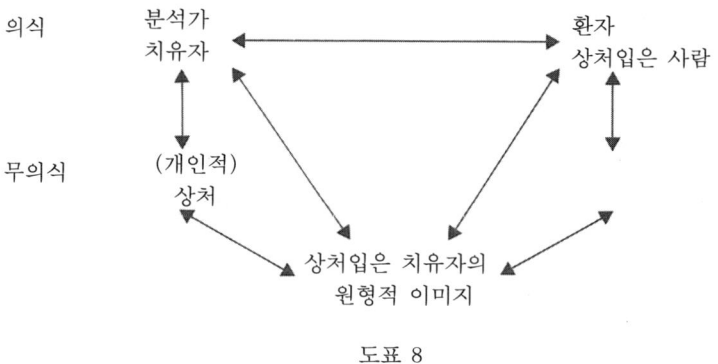

도표 8

다. 또한 환자는 분석가에게 부정적 전이를 하고, 그의 약점을 드러나게 하면서 그의 치료 기술을 살펴본다. 이렇게 분석가와 환자는 상처입은 치유자의 이미지를 서로에게 관계시키는 것이다.

도표 8에서 우리는 분석가가 래커가 신경증적 역전이와 있을 수 있는 역전이라고 부른 것들 사이에서 균형을 잡으려는 노력을 본다. 분석가의 상처는 환자에 대한 감정이입을 보여주는데(2, 4, 5), 위험은 동일시에 존재한다. 그럼에도 불구하고 이 도표는 분석가가 되는 것이 어떤 것인지를 잘 보여준다. 환자의 인격은 있는 그대로 받아들여지고, 탐구되며, 분석가의 정신병리를 통해서 감정이입적으로 여과된다(1, 2, 4, 5). 그때 바라는 것은 가능한

제6장 분석 과정 / 417

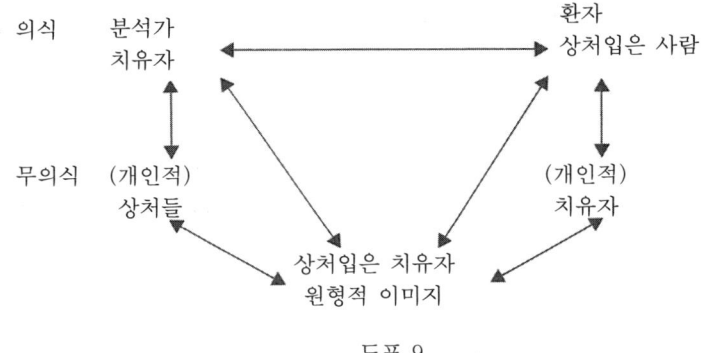

도표 9

한 왜곡이 덜 되는 것이다.

도표 9는 도표 8에 기대어 있다. 분석가가 환자에 의해서 마음이 움직여지면, 환자는 분석가를 치료의 현존으로 더 잘 느끼게 된다. 게다가 분석가는 환자에게 그가 더 수용적이고, 전이를 잘 반영하고 있는 것으로 비쳐진다. 이것은 환자에게 그의 내면에 있는 치유자를 그 자신의 잠재능력으로 동일시하면서, 의사소통을 더 잘 하게 한다. 그에 따라서 환자는 처음으로 내적 치유자를 아이의 이미지나 새로운 출발을 상징하는 이미지로 만나게 된다. 여기에서 도표 8과 도표 9는 상처입은 치유자의 이미지가 가진 원형의 양극성을 보여준다는 사실이 지적되어야 한다. 그러나 그것은 병과 건강의 이미지와는 다른 것이다.

이제 도표 10 단계에 도달했는데, 여기에서 분석가와 환자는

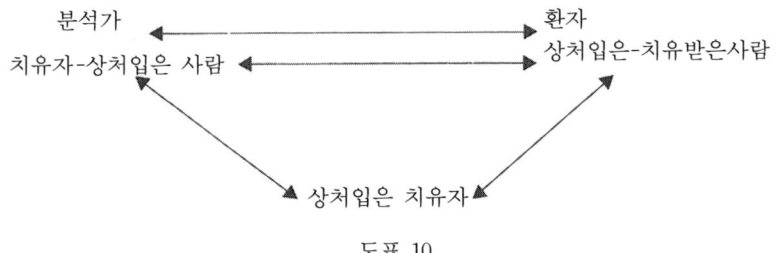

도표 10

상대방을 "전적으로 상처 받았고", "완전히 치유된" 분열된 이미지로 보려는 편집—분열적 경향을 뛰어넘어서 발달하게 되었다. 이때 분석가나 환자 어느 쪽도 분열되어 있지 않다. 그러므로 분석은 온전한 대상의 기반에서 이루어진다. 그러나 여기에서는 앞의 도표에서 발견되었던 퇴행이 완전히 배제되지 않는다. 그런데 도표 10이 모든 분석에서 달성되는 것은 아니다.

우리는 내적인 치유자라는 생각이 단지 융의 상상이라는 사실을 강조해야 한다. 그래서 우리는 정신분석학자들이 이와 같은 요인(factor)을 암시하는 것을 무엇이라고 했는지 살펴볼 필요가 있다. 우리는 앞에서 랑스가 환자를 '동맹자'나 "치유력을 가지고 있는 사람"라고 불렀고, 그린슨은 치료동맹이라는 개념을 개진하기도 하였다고 말한 바 있다.

모니—컬(Money—Kyrle)은 "정신분석의 목표"라는 논문에서 정신분석의 목표 가운데 하나는 존재하는 것이라고 말하였다.

> (정신분석은) 환자로 하여금 그가 생래적으로 이미 알고 있는 것을 발견하도록 그의 정동적 장애를 알게 하고, 극복하게 하는 것이다(1971, p. 104).

라이크로프트는 이렇게 말했다.

> 인간의 자아는 수동적인 실체가 아니다. … 오히려 어떤 행동을 시작할 수 있는 적극적인 요원(要員)이다. 거기에는 궁극적으로 신경증이라고 하는 자기—패배적인 행동들도 포함된다(1972, p. xxiv).

마지막으로, 스터바(Sterba)는 정신분석 과정에서 환자는 기본적으로 그의 자아를 분열시켜서 한 부분은 분석가와 동일시하고, 자아의 다른 부분은 그가 환자로서 만들어 놓은 자료들을 관찰하고 반추하는 것이라고 생각하였다. 우리는 이 사실을 분석심리학 언어로 바꾸어 말할 수 있는데, 그것은 치유의 기능을 완수하는 것은 환자의 내적 치유자가 활성화되는 것을 통해서이다.

분석심리학에서의 역전이의 사용

나는 그들의 동료인 정신분석가들과 마찬가지로 분석 시간 동안 전이—역전이의 상호작용이 어떻게 일어나는지를 고찰하려는 분석심리학자들의 분석과정에 대한 두 번째 이해에 대해서 언급한 바 있다. 융이 역전이에 대해서 강조한 적은 없지만, 그는 실제로 1929년에 역전이가 "정보를 수집하는데 매우 중요한 기관"이 된다고 주장하면서 분석가의 역전이가 임상적으로 긍정적 측면이 있다고 말한 최초의 사람 가운데 하나이다. 그러면서 융은 다음과 같이 언급하였다:

> 당신이 영향을 받지 않으려고 한다면, 당신은 아무 것도 하지 못할 것이다. … 환자는 무의식적으로 (분석가에게) 영향을 미친다. … 이런 종류의 증상으로 가장 잘 알려진 것은 전이에 의해서 불러일으켜진 역—전이이다(CW 16, para. 163).

융은 역전이의 영향을 피하려는 프로이트의 시도와 반대되는 그의 견해를 피력하였다(CW 16, para. 358n). 융은 신경증적 역전이의 영향을 설명하기 위해서 '심리적 감염'이라는 이미지를 사용하였는데, 그것은 그들의 개인적인 상처가 본질적으로 유사할 경우 분석가는 임상 상황에서 환자를 동일시하게 된다는 것이다(CW 16, para. 358, 365). 대체로 융은 역전이의 유익한 형태나 해로운 형태는 직업상 유리하거나 불리하게 작용할 수밖에 없는 것으로 단순하게 받아들였다(ibid.).

후기 융 학파 가운데서 발달학파 사람들이 역전이를 사용한 방식은 흥미롭다. 래커가 역전이에 대한 그의 작업을 발달시킨 것과 비슷한 시기에 포댐은 그것을 알지 못한 채 그의 착각적 역전이, 동조적 역전이라는 개념을 제기하면서 발달시켰다.

구체적으로 말하면, 착각적 역전이는 래커가 말한 신경증적 역전이와 비슷하고, 내가 앞에서 죽 나열했던 형태로 나타나는 것이다(pp. 409 - 410을 좌표하시오). 포댐은 그때의 착각들은 분석가의 증상들을 나타내며 그들에게 역전이의 병리현상들을 불러일으킬 수 있다고 지적하였다. 그러나 역전이적 착각들은 교정될 수 있다.

동조적 역전이는 래커가 말한 '상보적' 역전이에 해당된다. '동조적'이라는 말은 라디오를 수신할 때 청취자가 채널을 정확하게 맞추는 것을 말하는데, 그것을 통해서 특정한 송신자가 보내는 전달사항이 접수될 수 있다. 포댐의 말로 하면, 분석가의 무의식이 환자가 전달하려는 내용에 장단을 맞추는 것이다. 그래서 포댐은 융을 따라서, 분석가의 무의식은 '정보의 기관'으로 된다고 말하였다(1960, p. 247).

같은 의미에서 코헛은 감정이입을 직관과 구분하였고(감정이입은 합리적 이해에 바탕을 둔 것이라고 함), 포댐은 동조적 역전이에서는 정동과 투사적/내사적 과정이 작용하고 있다는 사실에 주의를 촉구하면서 직관과 구분하였다. 그러나 이 말은 직관의 확실성에 대해서는 아무 것도 말하지 않는다.

동조적 역전이에서 분석가의 감정과 행동은 환자의 내면 세계와 들어맞거나 장단을 맞추고 있다:

> 분석가는 내사(內射)를 통해서 환자들이 그것들을 자신의 것으로 의식하기 오래 전에 환자의 무의식 과정들을 지각하고 경험한다(Fordham, 1969b, p. 275).

포댐은 역전이 개념의 발달에 관한 그의 본격적인 발걸음은 그가 동조적 역전이의 내용을 분석가가 환자에 대한 자료들과 전이에 대한 이해 속에 합체시킬 필요가 있다는 사실을 깨달으면서부터라고 밝힌 바 있다. 그렇게 하면 분석가는 역전이 경험의 주관적인 측면에 과도하게 매달리는 것을 피할 수 있게 된다. 그때 동조적 역전이는 투사와 내사의 끊임없는 순환의 한 부분, 즉 전체 의사소통 과정의 무의식적 부분으로 되기 때문이다.

이 생각을 더 전개시키면, 분석가는 그가 무엇인가를 환자에게 투사시키고, 환자에 대해서 어떤 환상을 가지고 있다고 느낄 때, 그의 투사가 환자에게 해를 주지 않게 하기 위해서 그것을 즉시 철회하지 않아도 된다. 동조적 역전이와 같은 개념이 주는 이점은 그것이 분석가로 하여금 그가 환자에 대해서 느끼는 감정은 환자도 모르지만 환자 속에서 생긴 어떤 감정이나, 환자가 과거 언젠가 그의 내적 세계나 외부 세계의 사상(事象)들과의 관계에서 느꼈던 감정일 수도 있다고 생각하게 하기 때문이다. 이렇게 하여 분석가의 투사는 새로운 빛을 받게 되는 것이다.

포댐이 이런 입장을 취하기 위해서, 그는 그 당시 지배적인 정신역동 이론의 정설(orthodoxy)을 뛰어넘어야 했다. 그들은 분석가가 환자에게 투사를 일으키는 것은 커다란 범죄이며, 환자가 분석가에게 어떤 감정을 일으키게 한다면, 그것은 어떤 맹점을 드러내는 것으로서 반드시 주의 깊게 살펴보아야 하는 것이라고 생각했기 때문이다.

동조적 역전이는 매우 급속한 정감(情感)의 과정이며, 어떤 상황에서나 나타날 수 있다. 여기에서 요점은 동조적 역전이의 본질은 소통을 위한 것인데, 그것이 제대로 인식되느냐, 그렇지 않느냐 하는 점이다. 동조적 역전이는 하나의 태도나 에토스이기는 하지만, 어떤 기술처럼 가르쳐질 수는 없다.

우리는 포댐이 그의 이런 생각을 자아의 기능 위에 두지 않고, 자기의 기능 위에 두었다는 사실을 주목해야 한다. 자기는 그의 초인격적인 외관(p. 227을) 속에서 동조적 역전이를 위한 본질적인 내용들과 조건을 제공하는 것이다. 분석심리학에서 자기(自己) 개념은 분석가와 환자를 이어주는 것이 무엇이든지 간에 그것을 살펴보려는 노력을 강화시켰다. 포댐은 역전이가 환자의 무의식의 기능을 알려주는 유일한 정보원이 아니며, 분석가는 이 특별한 정보를 '기술의 한 부분'이라고 강조하였다(1969b, p. 286).

나는 역전이에 대한 포댐의 최근의 수정된 견해에 대해서 살펴보기 전에, 포댐은 융이 그랬듯이 분석가의 개인적 자질에 관해서 한 가지 점을 지적했다는 사실을 강조하고 싶다. 포댐이 생각하기에, 분석가는 어떤 범위 내에서 그의 개인적 자질을 동일시하는 것보다 그것들을 어떻게 운용하느냐 하는 것이 더 중요하다. 포댐으로 하여금 분석가는 그의 정감을 지식의 원천으로 사용하기보다 환자에 대한 반응으로 사용해야 한다고 생각하게 한 것은 이러한 깨달음이었다. 그렇게 하면 모든 선입관은 덜 주관적이고 내성적으로 되지 않을 수 있다(ibid., p. 267).

더 최근에 포댐(1979b)은 그의 생각이 논리적 발달의 귀결이라는 사실을 다음과 같은 질문들을 통하여 제기하였다. 상호작용이 분석의 기초이고, 분석가의 정감과 행동이 상호작용의 부분이라면 우리는 왜 아직도 분석가의 업무에 속한 것을 '역전이'라고 하는가? 이 질문에서 포댐이 염두에 두고 있는 것은 '역전이'라는 단어는 그것이 실제로 분석가의 업무에서 정상적인 부분인데 반해서, 아마도 착각, 망상 또는 환상이라는 의미를 넌지시 비치지 않은가 하는 점이다. 포댐은 '역전이'라는 용어는 그것이 실제로 환상적 또는 신경증적 역전이라고 하는 것들에만 제한적으로 사용되어야 한다고 제안하는 것이다 .

> 나는 역전이 이론은 그의 중요한 기능을 모두 수행하였다고 생각한다. 그것은 분석가들로 하여금 그들이 분석적 치료에서 실제로 무엇을 하는지 자료들을 비교하게 함으로써 분석가들을 상아탑으로부터 벗어날 수 있는 바람직한 결과를 불러일으켰던 것이다. 분석가의 병리학적 반작용은 … 역전이라고 불릴 수 있을 것이다. 나는 그렇지 않은 부분들은 상호작용에 의한 대화라고 부르고 싶다(1979a, p. 208).

제10장에 있는 사례 예증에서 역전이의 여러 종류의 예들이 제시될 것이다.

역전이에 대한 이 생각들은 그것들이 비록 주로 발달학파에 의해서 만들어졌을지라도 현대 분석심리학 전반에 걸쳐서 많은 영향을 주고 있다. 맥커디(McCurdy, 독일과 쮜리히에서 훈련을 받고, 미국에서 일하는 분석가)는 포댐의 작업에 대해서 다음과 같이 논평하였다.

이와 같은 관찰들은 분석의 기술적 절차의 세부적인 부분들에 대해서 더 구체적으로 살펴보게 하고, 전이/역전이 현상을 검토하며, 가치 평가하게 한다. 전이/역전이 현상을 치료적, 진단적 도구로서만이 아니라, 그 안에서 신경증적 행동과 관념이 관찰되고, 체험되며, 작업되게 하는 실제적인 상황적 구조로 살펴보게 하는 것이다(1982, p. 55).

다른 학파로서 우리는 이미 독일의 디커만이 전이—역전이의 이미지들을 나누어 쓰고 있다는 사실을 지적하였다(pp. 278-280 위를 참고하시오). 또한 그의 방법론이 매우 다르기는 하지만, 피르츠(Fierz) 같은 정통학파 분석가는 "분석가에게 있어서의 전이 투사의 최면적 효과"라는 논문을 쓸 수 있었다. 그러므로 분석가들은 분석 상황에서 실제로 어떤 일이 일어나고, 잘못 되는 것이 있다면, 무엇이 잘못 되는지 살펴보아야 하는 것이다.

분석가가 까다로운 사례를 다룰 때, 그는 눈에 띄게 피곤해질 수 있다. 심지어 탈진하거나, 극도로 우울해질 수도 있다. 이 사실은 어떤 중요한 요인이 아직 충분히 의식화 되지 않았고, 그와 관계되는 콤플렉스가 에너지를 끌어당겨서 무의식으로 가져갔다는 사실을 의미한다(1977, p. 8).

피르츠는 분석가의 이론이 적용될 수 있는 수많은 부정적인 경우들을 흥미있게 살펴보았다. 그것들은 특별히 신경증적인 역전이의 경우들이다. 분석가는 환자가 그의 혼란과 고독감을 분석가가 속해 있는 학파의 이론을 통해서 설명 받으려고 하고, 그 이론을 옹호하려고 시도할 때 그 환자와 공모할 수 있다. 피르츠는 환자의 그와 같은 옹호는 인간의 고통스러운 문제를 어떤 집단이나 학파와 소속감을 가짐으로써 그의 고독감을 경감시키려는 잘못된 시도라고 생각했던 것이다. 나는 그의 생각은 심리학적으로 '궤변적인' 환자들과 훈련생들에게 특히 적합한 지적이라고 생각한다. 분석에 대한 논의가 그렇게 빈약하거나 경직되게 만드는 것은 학자들이 독립적인 견해를 발달시키려고 노력하기보다는 부모의 상에 대한 생각을 옹호하려고 하기 때문이다.

융 학파적인 분석이란 무엇인가? (1) 서문

나는 이 장(章)의 도입부에서 융 학파의 분석과 관련해서 '분석가'와 '환자'라는 단어를 사용하는 것은 사람들의 감정을 자극할 것이라고 말한 바 있다. 그 이유는 현대 사회에 들어와서, 특히 융의 사후에 융 학파 사람들은 융 학파적인 분석이란 무엇인가? 그것은 어떻게 운용되어야 하는가? 분석기술들을 동일시할 수 있고, 유용하기까지 한가? 하는 질문들을 제기하였다. 그리고 이러저러한 절차들은 분석적인 것이 아니라는 의무가 주어졌다. 그밖의 다른 방법들은 융 학파적인 것이 아니라는 주장이다.

분석 과정의 운용 방법에 있어서, 후기 융 학파의 분석심리학은 두 개의 집단으로 나뉜다. 하나의 집단은 발달학파인데, 이 장에서 우리는 그 학파는 환자와 분석가 사이의 상호작용과 임상에서의 역전이의 사용에 초점을 맞추고 있음을 살펴보았다. 포댐의 문구를 사용해서 우리는 그것을 상호작용적 대화(interactional dialectic, ID) 방법이라고 부를 수 있을 것이다. 정통학파와 원형학파에 속한 사람들은 또 다른 집단을 이룬다. 분석의 방법에 관한 후기 융 학파 심리학자를 구성하는 세 개의 학파가 두 개의 집단으로 나뉘는 것이다. 왜냐하면 힐만이 말하듯이 원형 심리학은 치료의 형태가 아니라 치료의 초점을 달리함으로써 정통적인 융 분석으로부터 떨어져 나왔기 때문이다(Hillman, 1983, p. 44). 이 장에서 말한 상처입은 치유자라는 주제는 이 두 번째 집단의 기여이다. 이들은 상호작용에는 별로 관계하지 않는데, 우리는 이 집단의 분석가들의 방법을 맥커디(1982, p. 50)의 언급을 따라서 정통적—상징적—종합적(classical—symbolic—synthetic, CSS) 방법이라고 부를 수 있다.

내가 앞에서 포댐에 대한 맥커디의 평가를 논의하는 자리에서 지적했듯이, 서로가 서로에게 영향을 주면서 분석심리학의 풍토를 비옥하게 하였다(p. 43-47에서 내가 학파들에 대한 개념에 대해서 쓴 변론을 좌표하시오). 그럼에도 불구하고 ID와 CSS 접근을 비교하는 것도 더 많은 것들을 밝혀줄 것이다.

융 학파적인 분석이란 무엇인가? (2) 분석구조와 절차

분석과 학습이 서로 다른 경험이라는 견해 또는 전혀 달라야 한다는 견해에는 아무 불일치가 없지만, 그 경험이 어떻게 구조되어야 한다는 견해에는 상당히 다양한 차이가 있다. 피르츠(1977)는 어떤 공식적인 구조를 통하여 붙잡기 어렵고, 유연하게 흐르는 정신적 내용을 풀어내는 바탕으로 삼으려는 분석의 모순을 지적하였다. 분석의 구조는 분석의 과정을 환자의 삶에서 주변적인 것으로부터 중심적인 것으로 삼는 변환을 용이하게 한다는 것이다. 여기에는 정기적인 약속, 분석에 알맞은 상황, 서로 합의된 사례비 등이 포함되는데, 이것들은 CSS에 속한 분석가들이나 ID에 속한 분석가들 사이에 차이가 없다.

분석의 구조에서 중요하고 논쟁거리가 될 만한 측면은 카우치인가 아니면 의자인가 하는 상투적인 문제로 표명되기도 한다. 융은 프로이트가 환자에게 카우치를 제공하고 분석가는 카우치 뒤에 앉자는 제안에 반대하였다. 그 이유는 그것이 분석가(analyst)와 피분석자(analysand) 사이의 동등성과 상호성을 강조하는 그의 입장과 달랐기 때문이다. CSS에서는 분석가와 피분석자 사이의 자리 배치와 대면이 대단히 중요하고, 분석가의 적극적 참여 역시 강조된다. 예를 들어서 말하자면, 애들러(1966)는 환자를 카우치에 눕히는 것을 여러 가지 이유를 들면서 반대하였다(환자가 매우 흥분하거나 긴장해 있어서 이완이 필요한 경우 이외에는 반대다). 그는 카우치가 환자의 수동성을 강화시킨다고 생각한 것이다. 그것은 마치 환자를 수술하는 것처럼 보이게 하는 것이다. 더 중요한 것은 카우치는 환자에게 그의 경험들을 그의 매일매일의 삶에서 떼어 놓고 생각하게 하기 때문이다. 얼굴과 얼굴을 마주 대고 보는 자리는 좀 더 인간적인 상황을 조성할 수 있다. 그리하여 환자가 그의 현실을 검토하지도 않고 분석가에게 그의 투사를 걸쳐 놓을 수 있는 실물 인형으로 삼기도 더 어렵게 한다(ibid., pp. 27—8).

포댐(1978a)은 카우치를 선호하는 입장에서 여태까지 말했던 것들과 정반대되는 견해를 피력하였다. 포댐은 우선 융은 얼굴과 얼굴을 맞대고 의사소통하는 것의 중요성을 너무 고지식하게 이해하고 있다고 주장하였다. 그러면서 그는 카우치가 한 때 분석가들에게서 사용되었지만, 오늘날에도 그와 똑같은 방식으로 사용되어야 하는 것은 아니라고 덧붙였다. 카우치는 환자에게는 그가 치료를 받으려는 환자이고, 분석가에게는 그가 지금 일상적인 인간 관계 속에 있지 않다는 사실을 강조한다는 것이다. 분석가의 입장에서 볼 때, 분석가는 그가 환자와 절대적으로 동등하다고 주장할 필요는 없고, 그의 전문가적 태도를 유지해야 한다는 것이다. 포댐의 견해에 의하면, 카우치가 "자연스러운" 것은 아니다. 그러나 분석 자체 역시 자연스러운 것은 아니다. 성적이거나 공격적인 종류의 행동들이 배제되어야 하고, 분석 자체가 자연스러운 감정을 변화시키는 것이다. 그러므로 카우치가 "자연스럽고 인간적인 것"을 훼손시킨다는 카우치에 대한 우려의 많은 것들은 이미 해결된 셈이다. 포댐의 견해에 의하면, 환자가 분석가를 언제나 보아야 하는 것은 바람직하지 않다. 환자의 관점에서 보면, 그는 혼자 느끼거나 아무런 침입 없이 혼자서 탐색할 필요가 있는 것이다. 그렇지 않으면 당연하게도 환자는 분석가에게 무엇인가를 감추고 싶어 한다. 물론 카우치에 누운 환자는 고개를 돌려서 분석가를 볼 수 있고, 분석가에게 왔을 때와 돌아갈 때도 분석가를 볼 수 있다.

　나도 분석 중에 카우치를 사용하는데, 내 의자는 카우치의 뒤쪽이 아니라 머리 쪽 옆에 놓는다. 그래서 환자는 나를 볼 수도 있고, 보지 않을 수도 있다. 나 역시 환자를 정면으로 보거나, 눈을 맞출 수 있고, 내가 원한다면, 환자를 그저 바라보기만 할 수도 있다. 카우치는 자주 오지 않는 환자들에게는 강제적이지 않다. 나는 카우치의 사용만 주장하지 않는다. 나는 분석가가 카우치의 뒤에 침묵하면서 냉정하게 앉아 있는 정형화된 모습은 아마 정신분석학에서도 역사적으로 진기한 것으로 되었다는 포댐의 말에 동의한다.

　무엇보다도 포댐은 분석가가 카우치에 누운 환자와 접촉하지 말아야 하는 이유가 없다고 주장한 것이다. 포댐은 환자가 카우치를 사용할 때, 분석가는 역전이의 움직이는 부분을 구성하고, 그를 환자와 이어주는 그 자신의 반응을 더 잘 살펴볼 수 있다고 생각하였다.

우리가 이 문제에 대해서 논의하는 것은 단순히 가구의 문제만이 아니다. 여기에서 중심이 되는 문제는 유아 시절에서 유래된 전이와 퇴행에 대한 분석가의 태도이다. 카우치를 사용하는 분석가들은 그것들을 충분히 이용하면서 작업하는 것이고, 의자를 사용하는 분석가들은 그것들을 해소시키려고 하는 것이다.

정신분석학에서는 이 문제에 대해서 별로 논쟁이 벌어지지 않았다. 그러나 페어베언은 1958년 그는 자신의 분석실에서 카우치를 사용하지 않는다고 하면서, 카우치의 사용에 반대를 표명하였다. 페어베언은 분석에서 카우치를 사용하는 것은 최면술처럼 프로이트 시대에서 나온 시대착오적인 것이고, 프로이트가 환자를 마주 보지 않으려는 성향에서 나온 것이라고 느꼈다. 페어베언의 말을 들어보면 다음과 같다.

> 카우치 기법은 유아시절의 외상적 상황을 재구성함으로써 환자에게 외상적 상황을 긍정적인 방식으로 임의적으로 조성하는 효과를 가져올 수 있다. 그것은 마치 아기를 유모차에 혼자 두어서 울게 하거나, 아이가 초기 시절에 흔들거리는 침대에 혼자 있게 하는 것과 같은 것이다 (Jackson, 1961, p. 37에서 재인용).

다른 말로 해서, 페어베언은 카우치의 사용은 '중립적인' 것이 아니고, 분석가의 자기방어에서 나온 것으로서 분석가가 환자의 요구로부터 자신을 보호하려는 욕망에서 비롯된 것이 아닌가 하고 의심한 것이다. 내가 아는 한 페어베언처럼 카우치의 사용을 포기한 것은 정신분석학에서 넓게 받아들여지지 않았다. 다만 심층적 치료가 행해지지 않거나, 단기간의 치료의 경우에는 다룰 수 없는 퇴행이 일어나지 않도록 조심하면서 카우치가 사용되어야 한다.

CSS와 ID의 비교에서 절차상의 두 번째 불일치점은 분석회기의 문제에 있다. 분석에서 치료가 어떤 기간 동안, 얼마나 깊이 있게 되어야 한다고 규정되면, 그 요구에 따르지 않는 분석은 분석이 될 수 없다는 것이다. ID의 옹호자들은 이 문제에 있어서 철저하다. 그들은 분석을 그렇게 정의하고, 동어반복적으로 그렇게 말하는 것이다(분석이 주 4—5회 이루어져야 한다고 규정한다면, 그렇게 치료가 이루어지는 것만 분석이라는 것이다).

그러나 융은 분석회수에 대해서는 좀 유연했던 것 같다. 분석이 요구하는 것은 다음과 같다.

> 환자는 가능한 한 자주 보는 것이 좋다. 나는 분석이 1주일에 최대한 4회 이루어졌으면 한다. 구성적 치료가 시작될 때, 분석은 자주 이루어지는 것이 좋다. 그 다음에 나는 환자가 그 자신의 길을 가는 방법을 배워야 하기 때문에 보통 분석을 일주일에 한 시간이나 두 시간으로 줄인다 (CW 16, para. 26).

여기서 말하려고 하는 것은 융이 말한 분석의 네 단계 가운데서 처음 세 단계에서는 환자를 자주 보아야 하지만, 변환(구성)의 단계에 도달하면 드문드문 이루어져도 된다는 것이다. 또 융은 자주 환자가 분석으로부터 '휴가'를 받아야 한다고 주장하였다.

융은 어떤 종류의 환자들을 보았는가? 그는 특별한 종류의 환자들을 치료하였다('특별한 구성'이 필요한 사람들을 치료했던 것이다).

> 새로운 사례들은 그렇게 많지 않다. 그들 가운데 대부분의 사람들은 이미 어떤 형태로든지 심리치료를 받아서, 부분적으로 치료되었거나 전혀 치료되지 않은 사람들이었다. 나의 사례들 가운데 삼분의 일은 임상적으로 신경증이라고 규정할 만한 것으로부터 고통 받는 사람들이 아니었고, 그들의 삶에서 아무 의미도 느끼지 못하거나 아무 목표도 없어서 고통 받는 사람들이었다. 나는 이것이 우리 시대의 일반적인 신경증이라고 부르는 것에 반대하지 않는다. 나의 환자 가운데 삼분의 이 이상은 인생의 후반기에 접어든 사람들이었다(CW 16, para. 83).

나는 그렇게 '일반적인 신경증'으로 고통 받는 환자들은 융이 그 글을 썼던 1929년보다 오늘날 더 보편적인 것 같다고 생각한다. 이미 다른 치료를 받았고, 인생의 후반기에 접어든 환자들을 주로 치료하는 것은 그렇게 일반적인 현상이 아니다.

ID의 옹호자들로 하여금 치료가 분석이라고 불리려면 분석회수가 잦아야 한다고 주장하게 한 것은 위에서 말한 것과 같은 이유 때문이다. 덜 심층적인 치료는 분석이 아니라 심리치료인 것이다. 정신분석학에서처럼 타협이 제시되기도 하였고, 우리는 분석의 깊이는 덜 하지만 분석적인 방법과 목표를 가지고 치료하는 것을 '분석적 심리치료'라고 부를 수 있다(Cf. Paolino, 1981, pp. 22—48. 정신분석의 비교).

그러나 분석에서 분석회수가 중요한 요소이기는 하지만 분석의 정의가 반드시 그것만을 의미하지는 않는다. 우리가 분석은

"자아—원형의 상호작용의 원형적 형태와 유형들 속에서 콤플렉스의 구조와 이미지들을 가려내고 깨뜨리는 것"(분석심리학회의 토의 자료, 1966)이라는 정의를 받아들인다면, 우리는 이것이 일주일에 한번 만나는 분석에서도 이루어질 수 있는지 어떤지에 대해서 생각해보아야 한다. 그 정의는 분석 과정의 전반적인 것을 규정하기보다는 분석적 심리치료의 일반적인 부분을 지적하는 듯하다. 그러므로 우리는 분석 회기의 한 지점이나 긴 치료의 어느 한 기간에서 분석하는 것에 대해서 말하는 것 같다. 거기에서 모든 회기가 다 그런 것은 아니지만, 대부분의 회기에서 분석이 효과가 있으면 있을수록 분석의 공간이 더 알맞게 된다. 그렇게 정의된 분석은 한번의 면담에서도 이루어지기 때문에 단서를 찾아야 한다. 그리고 길고, 깊이 있는 치료는 분석적이라기보다는 지지적 치료이다.

그와 같은 논제는 회수의 문제만은 아니다. 그것은 매툰이 분석심리학을 개관하면서 "융학파의 분석에서 분석회기는 보통 일주일에 한 번이나 두 번 정도 이루어진다"(1981, p. 228)라는 주장과 맥을 같이 한다. 카우치 사용—의자 사용의 문제와 분석회수의 문제는 그 문제만이 아니라 거기에 관계된 깊은 이념적 차이를 상징적으로 드러내는 문제라고 생각된다.

융 학파적인 분석이란 무엇인가?
(3) 분석가의 관여

융과 같이 작업을 했던 사람들의 기억 속에서 융은 종종 일종의 분석적 트릭스터(trickster)처럼 남아 있다: 통찰의 대가, 지혜,

직관 그리고 훈계하거나 가르치거나 암시하는 것을 반대하지 않았던 사람인 것이다. 이런 묘사 속에서(Henderson, 1975a) 융은 적극적이고 관여적인 치료자의 모형을 떠올리게 된다. 이 묘사들 가운데 어떤 것들은 그의 치료법이 '특별히 구성적 방법'이기 때문에 의심의 여지가 없다. 융이 암시하듯이, '환원적' 분석을 한다고 생각되는 사람들에게 분석가의 그런 관여는 더 어울리는 듯하다.

그러나 융의 관여는 그가 환자의 이미지를 "종교사에 대한 폭 넓은 의미 속에서 살펴보고, 신화, 민담, 원시인의 심리학"을 사용하면서 심리학적으로 비추어보는 것에 중심을 두고 있다. 이 "원형적 형태의 보고(寶庫)"는 분석가에게 "도움을 주는 비슷한 유형을 끌어오게 하고, 깨달음을 주는 비교"(CW 12, para. 38)를 하게 한다.

이 문제에 대해서 융은 다음과 같이 말하였다:

> 그것들을 더 잘 읽을 수 있도록 하기 위해서 환자의 마음의 눈 앞에 어떤 종류의 맥락을 가진 아주 이상하고 위협적일 수 있는 환상적 이미지들을 제공하는 것이 절대적으로 필요하다. 우리 경험에 의하면 이렇게 하기 위해서는 비교 신화학적인 자료들을 이용하는 것이 가장 좋은 방법이다(CW 12, para. 38).

CSS의 방법론은 이와 같은 것이다. 예를 들어서 말하자면, 애들러는 "분석가는 때때로 환자의 연상을 확장시키기 위해서 그가 알고 있는 지식을 이용해야 할 필요가 있다"고 주장하였다(1966, p. 51). 더 나아가서 그는 그와 같은 방법은 "꿈 꾼 이가 거기에 동의하는 한"(ibid.) 정당하다. 애들러는 분석가의 권위가 남용되는 것을 피하기 위해서는 해석에 대한 환자의 동의가 필요하다고 생각하였다. 그러나 실제로는 또 다른 문제가 제기되기도 한다. 환자가 분석가의 사색에 즉각적으로 동의하는 것은 환자의 과도한 피암시성을 가리킬 수도 있는 것이다. 애들러는 "집단적 상징주의에 대한 우리의 지식"은 오직 모든 연상들이 고갈되었을 때(ibid., p. 95) 작동된다고 조심스럽게 지적했는데, 그 지점은 ID에 속한 분석가들이 저항을 해석하려고 하는 지점일 것이다.

애들러는 꿈 해석에 대한 그의 방법을 소개하면서, 그는 환자에게 꿈의 이미지를 더 확대하기 위하여 그림을 그리라는 암시를 준다고 말하였다. 이 방법은 놀랍고 의심스러울 만큼의 치료 효과를 주었다. 그러나 여기에서 우리가 물어보아야 할 중요한 사실은 다른 CSS 분석가들이 애들러가 정말 다른 연상들이 없었을 때 그렇게 조심스럽게 암시했는지 아닌지 하는 사실이다. 애들러의 경우에서 그렇게 암시한 다음 작동되는 집단적 상징주의는 신화학의 영역에 속한 것이다. 물론 애들러는 그가 환자에게 그렇게 암시한 다음, 신화학에 대한 그의 지식을 이용하여 환자가 산출한 것들의 의미를 밝힐 수는 있을 것이다.

원칙적으로 말해서, 확충(amplification)이 이렇게 환자에게 이미지의 형태로 강요된 상태에서 행해져야 할 필연적인 이유는 없다. 분석가는 그 자신이 조용하게 (마수드 칸의 '해석하지 않음'이라는 용어에 맞추어서 '확충하지 않음') 확충할 수도 있을 것이다. 그렇지 않으면 분석가는 예를 들어서 말하자면, 그가 가진 확충에 대한 지식을 이용해서 어떤 점에 초점을 맞추어야 할 것인가 하는 지점에서 적절하게 개입할 수도 있을 것이다. 또한 신화소(神話素)에 대한 지식은 분석가에게 사태가 어떻게 전개될 것인지를 알게 할 수도 있을 것이다. 환자는 때때로 그에게 헨젤과 그레텔 생각이 난다든지, 아니면 고대 영웅상의 현대판인 슈

퍼맨에 대해서 말할 수도 있을 것이다. 환자가 하는 그런 말들도 확충의 대상이 될 수 있다. 물론 환자들 가운데는 집단적 상징주의에 대해서 알고 있는 이들도 있다. 마찬가지로, 성인 환자의 유아적 자료를 가지고 작업하거나, 유아기의 심리적 발달 모델을 사용하는 것도 확충의 형태로 행해질 수 있다.

내가 이 문제에 대해서 길게 논의한 이유는 확충은 환원적 해석과 더불어서 분석가가 하나의 개인으로서 작업을 하게 하는 방법이기 때문이다. 이 사실과 분석가가 조성하는 환경은 다른 기술적 절차를 사용하는 것만큼 중요한 것이다.

우리는 그가 반응할 수 있는 환자의 자료 앞에서 기다리거나, 무의식적인 것을 의식화하는데 밀접한 관계가 있는 해석에 거의 주도적으로 임하지 않는, 과묵하고 유보적인 정신분석가의 이미지는 과연 어떻게 생각할 것인가가 궁금하다. 분석심리학에서 ID에 속한 분석가들은 분석에 대한 심정이 CSS에 속한 분석가들보다 훨씬 더 그와 가깝다.

그러나 정신분석학에서도 유보적인 분석가, 즉 침묵으로 나아가는 수동적인 분석가는 비판을 받아왔다. 그에 대해서 안나 프로이트는 다음과 같이 말하였다.

> 전이를 가장 엄격하게 처리하고 해석해야 하는 필요성을 존중하면서, 나는 우리가 어딘가에 분석가와 환자는 두 사람의 진정한 인간이고, 서로가 진정한 관계를 맺고 있다는 사실을 깨달을 공간을 마련해야 한다고 여전히 느낀다. 나는 사실의 이 측면에 대한 우리의 태만—때로는 아주 완전한—은 우리가 우리 환자로부터 오는 것으로서, '진짜 전이'라고 치부해버리려는 환자의 적대적 반항 때문만은 아닌가 하고 생각한다(Malcolm, 1982, p. 40에서 재인용).

안나 프로이트의 이런 논평은 1961년에 발표된 스톤의 한 논문에 대해서 행해졌는데, 스톤은 그 논문에서 환자가 지금 분석가가 이번 휴가를 어디에 가서 지내려고 계획하고 있는지, 또는 그가 골프보다 항해에 대해서 더 많이 안다는 사실을 알고 있을 때 환자의 전이가 얼마나 좋지 않은 결과를 가져올지 궁금하다고 하였다. 코헛은 이에 대해서 더 퉁명스럽게 응수하였다: "어떤 사람이 질문을 받았을 때 침묵을 지킨다는 것은 중립적인 것이 아니라 무례한 일이다"(Malcolm, 1982, p. 40에서 재인용).

분석심리학자가 오직 인상적이고, 원형적이며, 누미노스한 자료만 찾는다면, 그는 너무 적극적이거나 너무 암시적으로 될 우려가 있다. 예를 들어서 말하자면, 우리가 자기 외투를 벗지 않거나, 분석 시간에 의자에 앉아서 헤드폰을 낀 채 전자기기를 듣는 환자를 보고, 그가 신화—비슷한 자료들을 제시하지 않을 것이라고 생각할 수 있다. 그것이 사실일까? 나는 신화소들이 그렇게 중무장을 한 행동들에도 적합하다고 생각하지는 않는다. 다만 무의식이 무엇을 말하는지 예측할 수 없거나 그 이미지들이 시간이 지나면서 변화되었을 때 그 단서들 주위에서 생각을 자극하기만 바랄 뿐이다. 우리는 확충의 창고 또는 '해석의 창고'(Fordham, 1978b, p. 127)라는 생각을 받아들이지만, 어떤 것이 드러날지 예언할 수는 없는 것이다. 거기에 따라서 발달이론은 그것이 잘못 사용될 경우 지금 고찰하고 있는 신화에 무조건적으로 집착하면서 환자의 자료를 과도하게 조직하려고 할 우려가 있다.

융 학파적인 분석이란 무엇인가?
(4) 분석심리학에서의 전이

분석심리학의 분파 사이의 이념적 차이에 대한 논쟁과 고찰을 살펴보면서, 우리는 전이에 대한 질문에 도달하였다. 이 절(節)의 제목은 플라우트(1956)의 논문에서 따온 것이다. 거기에서 그는 임상적 분기(우리가 지금 쓰는 용어로는 CSS와 ID적 접근을 말한다)의 역사적 출발에 관해서 논하고 있다. 그때 관계되는 것은 특히 '전이 현상의 운용'(ibid., p. 155)이다.

플라우트는 두 학파에서 모두 전이가 발생하며, 중요하다고 생각한다고 인정한다. 하지만 CSS의 방법은,

전이를 주로 원형적 내용들을 규명하고, 분화시키는데 중점을 둔 교육적 절차로 사용한다(ibid., p. 156).

그와 반면에 ID에 속해 있는 분석가들은 (플라우트도 그 사람들 가운데 하나이다),

투사를 충심으로 받아들이고, 그것이 분석가가 되었거나 분석가와 환자 모두가 되었거나 상관없이 환자를 그가 속해 있는 상황으로부터 빠져나오게 하려는 직접적인 도움을 전혀 주지 않는다. 오히려 그들은 환자를 위해서 그들 자신이 그의 몸으로 그 이미지를 감당하려고 한다. '육화시키려고' 하는 것이다(pp. 156—7).

플라우트는 문제는 전이 현상을 시간을 맞춰서 해석해주는 것

이 아니라 "전이된 이미지에 전적으로 다른 태도를 취하는 것"(ibid., p. 157)이라고 강조하였다. 그 이미지를 육화한 분석가는 전이에 반응을 하면서 그렇게 행동해야 하는 것이다. 분석가는 그가 그 이미지를 육화시키면서 그렇게 행동한다고 표명해서는 안된다. 그가 그 사실을 깨달았을 때, 중요한 것은 그가 "그 자신의 자아의 경계를 알 수 있어야 한다"(ibid.)는 것이다.

환자로 하여금 그를 환자가 무의식에서 그렇게 되기를 바라는 존재로 만들 수 있는 분석가의 기술은 확충을 하려는 것과 관계되는 기술이 아니다. 그렇게 되면 내가 앞에서도 언급했듯이, 그 자료가 환자와 분석가가 '분석 테이블에서' 살펴보는 정도로 될 위험성이 있다. 거기에 따라서 플라우트처럼 작업을 하는 ID에 속한 분석가들은 분석의 상황에 이미 '현실'을 끌어들인다고 생각하지 않는다. 이것은 애들러가 CSS의 입장에서 앞에서 말한 것과 대조가 된다(p. 427 위를 참고하시오). ID에 속한 분석가들에게서 전이 환상은 작업을 위해서 추구되어야 하는 것이다.

융 학파적인 분석이란 무엇인가?
(5) 해석과 기술

나는 애들러가 펴낸 세 권의 책(1961, 1966, 1979)들에 있는 색인 항목 가운데서 '해석'(interpretation)에 대해서 말한 것이 하나도 없는 것을 보고 충격을 받았다. 마찬가지로 매툰의 『융 심리학의 전망』역시 CSS의 편견을 보여주는데, 거기에는 해석의 동의어인 '해명'(elucidation)이 들어 있기는 하다. 힐만은 해석을 전반적으로 반대했으며, 특히 그것이 '번역'이나 '정밀검사'를 의미할 때는 더욱더 그러하였다. 이것들은 모두 이미지를 왜곡시키고 정신에 손상을 준다는 것이다. 그는 꿈이나 이미지와 "친숙해져야 한다"고 강조하였다(1967, p. 57).

다른 한편, ID의 견해에 의하면, 해석은 분석 기술의 시금석이다(Fordham, 1969b, p. 270). 그러나 '분석의 기술'이 있을 수 있다는 생각은 몇몇 융 학파 사람들에게 공식화를 거부하면서 분석을 하나의 예술이라고 한 융의 관념에 비추어 볼 때 너무 낯선 것이고, 이론을 과도하게 사용하는 것을 금지한 융을 너무 모르는 것 같이 들린다(cf. Henderson, 1975b).

그러나 정통 분석심리학파와 CSS 방법에 이론과 기술이 전혀 없을 것이라고 생각하는 것은 합리적인 생각이 아니다. 그러므로 분석심리학자들이 ID에 속한 분석가들이 분석의 기술에 대해서 말하고, 그 기술들의 윤곽을 그리려는 시도에 등을 돌릴 이유가 없다. 다른 한편, 힐만은 분석가의 기술을 분석 과정의 중심에 놓으려는 것에 대해서 반대하였다. 그는 개인적인 대화(1976)에서 발달학파들이 그에게 도발적으로 느껴지는 제목의 책을 두 권(Fordham et al., 1973, 1974)이나 냈는지 의아하다고 말하였다. 그 제목들은 『분석심리학: 새로운 과학』과 『융 분석의 기술』인데, 도발적인 단어는 '과학'과 '기술'이었다.

그러므로 어떤 후기 융 학파 사람들에게는 발달학파에 의해서 시행되는 ID의 접근방법이 과격하다고 보고, 특히 포댐이 "분석가―환자 사이의 상호작용"에 대한 미시적 연구라고 말한 것에 대한 감정적 반작용이 있어왔다고 할 수 있다.

중간적 입장에 선 분석가들

　때때로 사람들은 우리가 여태까지 살펴본 차이점들을 성격, 언어, 이론적 교만, 분수를 모르는 확장욕 등에서 나온 것이라고 치부하려는 유혹을 느낀다. 그리고 분명하게 '기술적인' 접근을 분석에 대한 상호적이며 대화적인 태도와 분리시키려는 구분은 잘못된 것이다. 분석의 기술을 생각하면서 접근하는 것의 이점은 환자와 분석가 사이의 상호 관계성이 분석을 더 깊이 있게 할 수 있다는 점에 있다. 그럼에도 불구하고 CSS와 ID 사이의 대조는 모든 후기 융 학파 사람들이 분석에서 대부분 비슷하다는 안이한 결론을 내리지 않을 수 있게 한다. 우리는 이것을 고찰하기 위하여 중간적 입장, 즉 정통적—상징적—구성적 생각을 상호작용적—대화적 방식과 결합시키려는 분석가의 경우를 살펴보려고 한다.

　내가 살펴보려는 것은 잠재적으로 중간적 입장에 서있는 두 사람의 심리학자의 견해이다. 첫째로, 데이빗슨(Davidson)은 1966년 융의 적극적 상상에 대한 생각을 그녀의 전반적으로 ID적 방법에 기반을 둔 전이 분석과 결합시키려고 하였다. 둘째로, 슈바르츠—살란트는 자기애성 인격장애에 대한 치료에서 그가 훈련받았던 CSS 전통을 변형시켜서 전이—역전이의 상호작용에 대한 분석에 합체시키려고 하였다(1982).

　데이빗슨이 생각하기에, 전이는 환자와 다른 형상, 분명하게 보이기는 외부에 있는 분석가 사이에서 이루어지는 상상적 대화로 보일 수 있지만, 주로 환자의 내면세계에서 나온 것이다. 그런 점에서, 그것은 환자의 자아와 그의 무의식적 내용 사이에서 이루어지는 적극적 상상과 직접적인 유사점이 있다. 데이빗슨에 의하면, 분석에서 분석가는 환자의 자아가 적극적 상상을 할 때 환자의 무의식의 자아가 "흘러나올 수 있도록" 환자를 도와줄 수 있다. 그러므로 전이―역전이는 어떤 의미에서 적극적 상상일 수 있는 것이다.

많은 정통학파와 CSS 분석가들에게 이런 생각은 저주스러운 것이다. 왜냐하면 그들이 적극적 상상의 통상적 기반에 위배되기 때문이다. 예를 들어서 말하자면, 폰 프란즈는 (개인적 대화에서) 사람들은 적극적 상상을 살아 있는 사람과, 그것이 분석가가 되었건 환자가 되었건 상관없이 시행하지 않아야 한다고 주장하였다. 그러나 우리가 적극적 상상에 관한 위버(Weaver)의 권위있는 요약을 자세히 검토해보면, 데이빗슨의 논문(1964)이 타당성을 가지는 것을 볼 수 있다.

위버는 적극적 상상의 첫걸음은 자아가 정신적 파편들과 이미지들에 주의를 기울이는 것이라고 생각하였다. 자아는 환상을 시작하고, 그런 환상의 의식적 기록자가 될 수 있는 것이다. 환상은 자아의 참여와 개입으로 더 확장될 수 있다. 그 드라마의 전개 속에 더 많이 포함될수록, 자아는 더 많이 참여할 수 있다. 그러나 자아가 참여할 수는 있지만, 이해할 수 없는 영역이 생길 수도 있다. 마지막으로, 이것이 가장 중요한 부분인데, 자아는 중요한 것들을 표현하기보다는 "의미있는 방식으로 참여하는 것"이다(ibid., pp. 17―8).

데이빗슨에게로 되돌아 와서, 우리는 적극적 상상에 대한 융의 본래적 도식으로 볼 때, 분석가는 자아를 관찰하는 대표자라고 할 수 있다. 분석가가 환자의 전이의 이미지를 육화시켰을 때, 분석가는 환자의 내적 세계의 드라마 속에 들어가지만 그 자신의 경계를 지키고 있는데, 그것은 자아가 통상적인 적극적 상상에 참여할 때와 같은 방식이다.

두 번째로 중간적 입장에 선 분석가인 슈바르츠―살란트는 진정한 자기—사랑에서 떨어져 나와서 자기—사랑을 할 줄 모르는 환자들에 대해서 기록하였는데, 그들은 겉으로 보기에 사회적 적응을 훌륭히 하고 있음에도 불구하고, 감정이입을 잘 하지 못하고, 정서적 반응도 너무 구체적인 방식으로 한다고 주장하였다. 그렇게 자기애적 장애를 가진 환자들은 보통 분석적 작업이라고 생각될 수 있는 분석이 시작되기까지 길고 고통스러운 기간을 보내게 된다. 분석가는 그 안에서 신뢰가 발달할 수 있도록 따뜻하고 감정이입적인 환경을 만들어주어야 한다. 슈바르츠—살란트는 인간적 접촉으로부터 떨어져 있는 자기애적 장애 환자가 갇혀 있는 원형적 현실을 "어느 정도 원형적 기반을 가지고 개인사적인 삶이 가능한 방식으로"(1982, p. 25) 변환시키려는 노력을 기술하였다. 그는 이렇게 하기 위하여 그가 사용했던 정상적인 기술들을 사용하지 않았다.

우리의 목적을 위해서 우리는 슈바르츠—살란트가 자기애적 장애 환자의 치료와 관련시켜서 그가 사용했던 CSS 기술을 좀 더 자세하게 초점 맞춰서 살펴보려고 한다. 그는 다음과 같이 말하였다:

임상의 그림, 특히 변환 단계의 초기에서는 전이—역전이의 특별한 본성들의 지배를 받는다. 그러므로 자기애적 성격을 가진 사람과의 관계의 실패, 특히 이 과정에 대한 이해, 즉 역전이의 객관적 본성에 대한 이해를 통한 관계의 실패는 치유 과정을 배열시키지 못하게 한다(ibid., p. 25).

이 사실이 의미하는 것은 확충을 하지 않겠다는 것, 무엇보다도 먼저 융이 제시한 환자와의 상호성과 동등성의 모델을 사용하지 않겠다는 것이다. 왜냐하면,

무의식에 영향을 주는 두 개인 사이의 만남은 그들 사이의 상호작용이 동등한 참여 아래 이루어진다면 적절하게 이루어질 수 있다. 그러나 자기애적 성격 장애자와의 만남에서는 그렇지 않다. 상황은 종종 환자의 눈에 띄는 권위 때문에 흐려지는 것이다(ibid.).

슈바르츠―살란트가 말한 두 가지 중요한 점은 다음과 같다: 전이―역전이에 대한 집중과 확충을 하지 않음, 상호성/동등성 모델의 중단. 이것은 슈바르츠―살란트가 ID 분석가로 되었음을 의미하는가?

슈바르츠―살란트는 자기애는 자기의 장애이며 새로운 방식으로 기능을 수행하려는 시도라고 주장하였다. 예를 들어서 말하자면, 메르쿠리우스(또는 헤르메스)와 같은 여러 가지 모습들을 가진 원형상들이 자기애의 부정적이고 긍정적인 측면들을 제시하고, 창조성과 관계를 맺으려고 하는 시도라는 것이다(ibid., pp. 36―7). 융에 의하면 메르쿠리우스는 일련의 정신적 역할을 모두 담당할 수 있다. 즉 트릭스터, 도둑, 사기꾼, 납치범으로부터 신의 메신저, 영혼의 안내자까지 담당할 수 있는 것이다. 헤르메스는 자기애적 장애는 물론 그것이 가진 긍정적 함의(含意)의 원형적 기반을 넌지시 드러낸다. 슈바르츠―살란트는 자기가 "삶에서 실현되기 위하여" 살려고 하며, 그것이 좌절되었을 때 부정적으로 나타난다는 융의 생각을 강조하는 것이다. 이것이 자기애적 장애에서 일어나는 일이다.

그러나 슈바르츠―살란트는 레더만(1979, 1981, 1982)과 같이 ID에 속한 다른 분석가들과 달리 자기애적 장애의 역사적이고 문화적인 관점을 제시한다. 그것이 "임상적 접근이 흔히 빠질 수 있는 근시안적 관점을 쉽게 넓혀주기"(1982, p. 105) 때문이다. 이런 생각은 슈바르츠—살란트로 하여금 자기애적 장애의 원인은 물론 치료에서도 긍정적이고 영적인 강조가 이루어져야 한다는 주장을 하게 하였다.

이런 진술들은 슈바르츠—살란트가 아직도 CSS 분석가라는 사실을 의미하는가? 아니면 그의 작업 전체를 보고서 중간적 입장에 선 분석가라고 해야 하는가? 우리가 그의 작업을 레더만의 작업과 비교하면, 두 사람이 모두 치료에서 감정이입이 결정적인 것이라고 강조하였고, 환자의 진짜 어린시절을 다루지 않았다는 점에서 공통적이다. 차이점은 두 사람이 모두 '치료 전 단계'를 설정하였지만, 레더만은 치료 전 단계에서 치료 단계로 덜 급격하게 넘어간다는 것에 있다. 왜냐하면 레더만에게는 치료의 첫 번째 단계가 자라날 수 있는 자아가 생기기만 하면 종결되니까 말이다(Ledermann, 1982, p. 311). 비록 레더만이 그때 해석을 할 수 있는 정상적인 작업이 시작될 수 있다고 주장하지만, 그것은 슈바르츠—살란트가 그의 분석의 첫 번째 단계와 두 번째 단계 사이에 설정한 경계에 비해서 덜 예리한 것이다. 그러면서 창조적인 자기—조절 기능을 가진 자기의 현상학은 CSS의 신화의 상징주의를 사용함으로써 제시될 수 있게 된다.

나는 슈바르츠—살란트가 분석을 원형들이 나오기 전에 유아시절의 '자료'가 전이를 통하여 '다루어지는' 과정으로 보지 않았다고 확신한다. 그러나 그에게 레더만 같이 두드러지게 발달학파에 속한 분석가의 작업과 그 스타일에 있어서 연속선 상에 있는 듯한 인상 역시 찾아볼 수 있다. 아마 슈바르츠—살란트(그리고 데이빗슨) 같은 후기 융 학파 분석가는 그 보다 더 극단적인 분석가들보다 치우침이 덜할 것이다. 이것이 그들의 강점인지도 모른다. 그들이 더 유연하고 더 폭넓은 환자들을 다룰 수 있을 테니까 말이다.

나는 슈바르츠—살란트가 환자가 거기에 준비되어 있을 때, 신화적 자료들을 사용하여 확충의 방법을 사용한다고 말하였다. 우리가 유아기와 아동기를 이해하려고 할 때 신화를 적용시키는 것이 온당한가 하는 문제 제기는 흥미 있는 일이다. 즉 오이디푸스 콤플렉스나 나르시서스의 문제들에서, 우리는 그 신화들을 언급하면서 무엇을 하고 있는가? 하는 것이다.

나는 그 어떤 분석심리학자도 신화가 어린아이의 마음이 어떻게 작용하고 있는지를 보여준다는 주장을 한다고는 생각하지 않는다. (아이들은 신화적 자료로 가득 찬 마음을 가지고 있는 것이 아니다). 현대 사회에서 신화를 강조하는 것은 신화가 일생에 걸친 인간의 정동적 행동의 전형적인 유형과 관계된 어떤 것을 은유적인 방식으로 보여주기 때문이다. 우리는 '전형적인' 유형을 연구하는 것이 쉽지 않다는 사실을 안다. 왜냐하면 관찰자도 그가 연구하는 것 속에 스며들기 때문이다. 그러나 신화는 주관성으로부터 떨어지게 하며, 그의 체험의 뒤에 서고 생각을 불러 일으킬 기회를 준다. 그와 동시에 신화는 정동적 체험을 할 수 있는 지하수로가 된다. 내가 계속해서 신화에 대한 연구와 아기와 어머니의 행동에 대한 경험적 관찰이 같은 것이라고 말하는 것은 그 때문이다. 그 둘은 모두 정동적 행동들을 담고 있는 객관적 작업을 가리키는 것이다.

신화가 마음에 새겨지면 우리는 신화에 너무 문자적으로 다가가지 않게 되며 (이것이 슈바르츠—살란트가 '임상적 근시안'이라고 말한 것이다), 우리를 상상적인 것과 접촉하게 한다. 그러나 위험성도 있는데, 그것은 기즈리치가 노이만의 작업에 대해서 지적했듯이, 신화는 너무 문자적이고 구체적으로 취급될 수 있고, 그에 따라서 "상상적인 것을 문자적으로 동일시하게 되는 것"이다(Giegerich, 1975, p. 128).

우리가 이와 같은 반성(反省)들을 중립성에 대한 우리의 논의 속에서 다시 살펴볼 때, 우리는 이와 같은 논의들이 존재하고 있으며, 어떤 분석심리학자들의 작업은 CSS와 ID 사이에서 자란 분열을 중재하려는 욕망의 표현이라는 결론을 내릴 것이라고 생각한다.

정신병리학에 관한 더 심층적 논의

나는 자기애적 장애 이외에 또 다른 두 가지 증후군들에 관해서 논의하려고 하는데, 그것들은 정신병과 '영원한 젊은이'(puer aeternus)이다.

융은 정신병 환자들의 말과 행동에서 그 원인과 의미를 모두 추적하려고 했던 렝(Laing)과 그 학파의 작업을 기대하였다. 렝은 정신분열병 환자는 그가 그 사람으로부터 이해받고 있다는 어떤 사람을 만나면 정신분열 증상이 그치게 된다는 융의 언급에 주목하였다. 또한 융은 어떤 정신병자들에게서 붕괴는 심리적 침해 때문일 수 있다고 언급하였다. 이 점 역시 렝에게 반향을 일으켰다. 융은 정신병을 정상적인 사람이 이미 분리되어 나왔고, 자아—의식에 의해서 보호받고 있는 집단무의식 속으로 들어가려는 움직임이라고 생각하였다. 그러므로 융은 정신병이 본성적 과정이 좌절된 형태이며, 그런 종류의 정신병은 '입문식', '의례' 또는 '여행'일 수 있다는 렝의 주장(Laing, 1967, p. 136)에 동의한다. 융이 현대 사회에서 말하는 '정신분열병 유발 가족'이라는 개념을 만들었을 수도 있다는 사실을 아는 것은 흥미 있는 일이다. 그는 가족의 한 구성원은 이 쪽 방향으로 나아가려는 다른 구성원에게 심리적 갈등을 '유발할' 수 있다고 생각했던 것이다.

후기 융 학파의 작업은 정신병의 발달적 측면에 초점을 맞추고 있으며(Redfearn, 1978), 전형적으로 정신병적인 요소가 어떤 것인지 체계적으로 살펴보고, 집대성하려고 한다(Perry, 1962).

내가 언급하려고 하는 또 다른 정신병리학상의 특별한 예는 융이 '영원한 젊은이'라고 부른 것으로서, 성장하지 않으려거나 성장할 수 없는 사람이다. 이 생각은 폰 프란츠(1970)에 의해서 삶에 뿌리가 없어서 그 어떤 개인적이거나 다른 헌신을 할 수 없는 미성숙한 사람을 지칭하는 개념으로 발달되었다. '영원한 젊은이'는 언제나 '임시적인 삶'을 산다는 것이다. 뿌에르('영원한 젊은이', 여성형은 puella이다)는 그들의 삶에 뿌리가 없는 것을 과도한 영성(excessive spirituality)과 구름—위를—나는—듯한—태도 또는 스포츠나 전쟁에서 물불을 가리지 않고 모험을 하는 것 등으로 보여준다. 폰 프란츠의 견해에 의하면, 뿌에르의 문제는 어머니로부터 분리되지 못하고, 어머니에게 집착하여 그 어느 다른 헌신을 하지 못하는 것에서 유래된다. 매튠(1981, p. 99)은 그런 사람은 중년이 되어서 삶에 심각한 공허와 소외를 느낄 때까지 그런 삶에서 벗어나지 못한다고 지적하였다. '영원한 젊은이' 증후군은 정신분석학에서 분열성 인격에 대해서 기술하는 것과 유사하다(Guntrip, 1961).

융은 뿌에르에 대한 처방은 일이라고 하였고, 폰 프란츠는 거기에 자아—의식의 강화가 필요하다고 덧붙였다. 때때로 지루하게 느껴지거나 충분히 고양시키지 못하는 판에 박힌 분석은 뿌에르나 뿌엘라들이 현실과 접촉하지 못하고 사는 중요한 요인이 된다(cf. Samuels, 1980a, pp. 40—41).

융과 폰 프란츠는 '영원한 젊은이'에게 긍정적인 측면이 있다고 생각하지 않았다. 그런 사람은 언제나 영적인 본성을 가진 진정한 체험을 바라는데, 그들의 문제는 그들이 너무 쉽게 그들을 음울하고, 권태로운 삶으로 이끌어가는 거짓되고 천박한 삶이나, 앞에서 말했던 너무 과도하게 행동적인 광적인 삶에 만족한다는 데 있다. 힐만은 뿌에르의 긍정적인 측면을 지적하는데, 그것은 다음과 같은 그의 언급에서 볼 수 있다: '뿌에르는 걸으려고 하지 않고 날려고 한다. … 뿌에르는 정신을 공략한다. … 정신이 굴복하는 것은 뿌에르에게이다(1979a, pp. 25—6).

많은 사람들을 융 학파의 분석으로 이끄는 것은 그들 속에 있는 뿌에르인데, 그들은 결국 다음과 같은 것을 발견하게 된다.

그것은 정신분석적으로 볼 때 굳센 정신과 숭배하거나 신비적인 특성이 없는 것이어야 한다. 또한 그것은 숭고한 영적 추구가 언제나 도움이 되지 않으며, 순전히 상징적인 내면세계로의 여행보다는 세속적이고 심리적인 갈등을 향해서 나아가도록 할 때 더 도움이 된다(M.Stein, 1982, p. xii).

또 다른 융 학파 분석가(Clark, 1978)가 지적했듯이, 이 세상에서의 일에 그럴 위험성이 상존하지만, 그것이 반드시 영성에 해를 입힌다고 생각할 이유는 하나도 없다.

다른 치료들과의 관계

　분석심리학을 집단치료, 아동분석, 결혼문제 치료 등에 적용시키려는 시도들이 많이 행해져 왔다. 그 가운데서 우리는 분석심리학과 결혼문제 치료를 다음 장에서 다룰 것이다.
　자기가 인격의 다른 모든 부분들을 품고 있으며 조절하고 있다는 융의 이론은 집단치료에 적용시킬 수 있으며, 집단의 문제와 과정의 원형적 기반에 대한 연구는 행해져 왔다(Hobson, 1959; Whitmont, 1964; Fiumara, 1976).
　융 학파의 아동분석은 분리되어 있지만 번성하는 분야이고, 거기에서 사용되는 주제의 범위는 그에 관한 문헌들이 계속 나오는 데서 입증된다(Wickes, 1966; Fordham, 1969a, Kalff, 1980). 좀 넓게 말해서 정통적—상징적—구성적 방법과 상호작용적—대화적 방법 사이의 논쟁 역시 아동 분석에 관한 토의에서 찾아볼 수 있다. 최근에 분석심리학의 다른 학파 출신의 아동분석 심리학자들이 서로 만나서 논의하는 발달이 이루어지기도 하였다. 아동분석에 종사하는 분석심리학자들 사이에서 논쟁거리가 되는 복잡한 요소들은 우리가 마지막 장에서 다루게 되듯이 아동의 심리학에 대한 융의 양가적인 태도에서 기인한다.

치료와 치유

　이 장의 결론을 지으면서 무엇이 분석을 하게 하고 분석의 목표가 무엇인지를 말하는 단어 몇 가지를 살펴보는 것도 의미 있는 일이라고 생각한다. 고든은 분석에서 일어나는 치료(curing)와 치유(healing)의 의미를 구별한다. 치료는 자아의 발달, 충동들과 원형들의 통합과 관계되는 것이고, 그와 반면에 치유는 "더 크고 복합적인 전체성을 향해서 나아가는 전인격적 작업 과정"이라는 것이다(1979, p. 216).

개성화에 대한 이런 강조는 우리를 포댐이 분석의 종결 기준에 대해서 논의할 때 지적한 역설로 끌어간다(그는 일방적인 '중단'이 아니라 분석가와 환자가 서로 대화하면서 종결한다고 주장하였다). 포댐은 환자에게 어떤 일이 생겨도 그가 관여하지 않아도, 환자가 스스로 살 수 있고, 자신의 기능을 수행할 수 있는 증거를 찾으려고 하였다. 그러므로 여기에서는 분석이 환자로 하여금 그에게 일어나는 모든 일들을 완벽하게 통제할 수 있도록 해주어야 한다는 환상은 배제되어야 하고, 분석의 종결 상태의 상대성이 어느 정도 강조되어야 하는 것이다.

예를 들어서 말하자면, 분석에 있어서 환자를 선택하고, 진단하거나 판단하는 것과 관련된 결정에서 이 상대성은 유지되어야 한다. 이 문제에 있어서의 문제점은 분석심리학은 분석가와 환자 사이의 '화합'과 감정이입을 강조함으로써 더 많이 공헌할 수 있는 부분을 제한한다는 사실이다. 분석심리학은 치료 모델보다는 성장 모델에 초점을 맞추려고 하는 것이다. 그런데 환자를 선택하는 문제에 있어서, 정통학파에 의해서 (나이 때문이거나 아니면 너무 병이 깊다는 이유 때문에) 거부된 많은 사람들이 다른 분석가들에게 받아들여진다. 마지막으로, 자아—강도, 손상의 깊이, 동기, 환자의 현재 상황이 그에게 바람직하거나 바람직하지 못한 영향을 미치는가 하는 등을 기준으로 해서 환자를 선택하는 것은 더 깊이 생각되어야 한다.

정신분석가들 역시 치유는 어디서 비롯되는지 묻는다. 파오리

노는 정신분석에서 치유와 치료가 어떻게 이루어지는지에 대해서 완전히 전통적인 정의를 내렸다: "충동들을 건설적으로 운용하고 … 자아가 더욱더 현실에 적응하도록 기능하게 하며 … 심리내적 갈등이 적어지도록 (해야 한다)"(1981, p. 87). 그는 더 나아가서 그의 정의와 부합되는 다른 분석가인 기텔슨(Gitelson)의 견해를 인용하였다:

> 정신분석학에서 아직 해결되지 않은 문제는 정신분석학적 치료의 본질적 본성과 관련된 문제이다. 그것은 통찰이 아니고, 유아시절의 기억을 떠올리는 것도 아니다. 그것은 정화(catharsis)나 제반응(abreaction)도 아니며, 분석가와의 관계 속에 있는 것도 아니다. 그것은 아직 드러나게 합성되지 못했던 이 모든 것들이 어떤 형태로든지 종합되는 것 속에 있다. 어쨌든 환자는 분석이 성공적으로 이루어질 때 전인으로 되는 것이다(ibid., p. 87에 인용되어 있음).

융이 '용인하라'는 단어가 분석 위를 선회하고 있다고 말하거나, 연금술사들이 그들의 작업장에서 그들의 작업이 성공하도록 명상을 하고 기도를 하면서 기원(oratorium)이라는 단어를 사용한 것은 이상한 일이 아니다(CW 13, para. 482).

제 7 장
성별, 성, 결혼

융 학파, 비(非)융 학파, 그리고 절충적인 상담 방법을 지향하는 수련생들을 가르치다 보면, 성별(gender)과 성(sex)에 관한 융의 견해가 사람들에게서 가장 열정적인 감정을 유발시키는 것을 알 수 있다. 이것은 일반적인 문화적 흥미가 일부 반영된 것이기도 하지만, 보다 특별한 무엇이 걸려있음을 나는 확신하게 되었다. 융이 남성성과 여성성에 관해서 써놓은 방대한 양의 저작물 안에 쉽지는 않아도, 우리가 현재 가지고 있는 난제를 이해하는 실마리가 있을 수 있다는 인상을 받았다. 동시에, 단지 융이 표현한 태도 중 어떤 것만이 아니라, 융의 개념 전반에 대해서 어마어마한 불만도 감지되었다. 기대와 좌절 사이의 긴장감이 너무 현저해서 나는 이 장의 제목을 거의 "융: 여성주의자인가 남성우월주의자인가"라고 붙이려고 하였다.

이렇게 되면, 융의 생각에 대한 세련된 논평으로 의견이 확산되고, 확장된다. 마두로(Maduro)와 휠라이트(Wheelwright)는 이 논평들이 여성성의 긍정적인 평가에 있어서 자신들의 시대보다 훨씬 앞서 있었고, 융이 현대적인 관심을 기대하였다고 느꼈다

(Maduro와 Wheelwright, 1977). 한편, 골든버그(Goldenberg)는 "(융의) 기본 모형의 불평등성을 살펴보기 위하여 여성주의자의 비평"을 요청한다(Goldenberg, 1976b, p. 445).

간단명료하게 말해서, 나의 논점은, 성뿐만 아니라 성별과의 관계를 살펴볼 때, 로고스(Logos)와 에로스(Eros) 및 아니무스(animus)와 아니마(anima)에 대한 융의 개념 형성이 해체될 수 있다는 것이다. 그것이 이루어지면, 우리에게는 정신에 접근할 수 있는 최상의 도구가 생긴다. 게다가 그런 시도를 함으로써 오늘날의 정신분석학과 연결된다.

용어들

심각한 논의를 시작하기 전에, 용어에 대한 정의를 하는 것이 도움이 될 것이다. 융이 구체적으로 구분을 하지 않았기 때문에, 융이 종종 성과 성 차이(남자와 여자)에 대해서 이야기하고 있는지, 성별 차이(남성성(masculine)와 여성성(feminine))에 대해서 이야기하고 있는지 알지 못하였다. 보다 최근에 스톨러(Stoller)는 영향력 있는 정신분석학 저서인 『성과 성별』(1968)에서 성(sex)이란 용어를, 염색체, 생식기, 호르몬 및 이차 성징 등 생물학에만 국한시키는 것을 제안하였다. 스톨러는 "성은 이런 모든 품질의 대수(代數)적인 합산으로 결정되며 대부분의 사람들은 두 개의 분리된 종 모양의 곡선(bell curve) 중 하나에 속하는데, 그 중 하나는 '남자'라고 부르고, 다른 하나는 '여자'라고 부른다"(ibid., p. 9)라고 하였다. 성별(gender)은 문화와 관련된 심리적 용어로, 사람 안에서 발견되는 남성성 또는 여성성의 양이라고 정의되는데, 스톨러는 "대부분의 사람은 두 성을 모두 가지고 있으며, 평범한 남성은 남성성이 우세하고, 평범한 여성은 여성성이 우세하다"고 덧붙였다' (ibid., pp. 9—10).

그런 다음에, 스톨러는 성 정체성(gender identity)과 성 역할(gender role)이라는 용어들을 더 소개한다. 전자는 어떤 성에 속하는가를 아는 것인데, 보다 중요한 것은 그 아는 것의 개인적이고 문화적인 측면이다. 이렇게 해서, 사람은 "남자 같은 남자" 또는 "여자 같은 남자"라고 자신을 인지하거나, 사회가 여자들에게 기대하는 것을 가지고 논쟁한다. 이것은 두 번째 용어인 성 역할로 이어진다. 성 역할은 사회 내, 특히 다른 사람들과의 관계에서의 명시적인 행동인데, 결정적으로 자신의 성별에 대한 개인의 평가가 포함된다.

성과 성별을 이렇게 깔끔하게 구분하는 것이 지니는 문제는 (출생 순간부터 그 이후 주로 학습되는 것이라고 스톨러가 이야기하는) 성별 행동이 물론 현저하게 생물적인 성적 행동에 필수적인 역할을 한다는 것이다. 더 나아가 성별 행동이 성적 구성요소의 변화에 의해서, 예를 들어서 말하자면, 거세(去勢)를 당한 다음 영향 받는 정도를 관찰하는 것이 가능하다. 출생 시 남아와 여아 사이에는 뚜렷한 행동의 차이가 보인다. 예를 들어서, 남아들은 수유 전에 더 가만히 있지 못 하지만 수유 후에는 쉽게 차분해지고, 여아들은 그 반대의 행동을 보인다고 한다. 그러나 반박하자면, 이것 중 어떤 것은 출생 후 즉시 시작되는 학습에 기인할 수도 있다고 스톨러는 이야기한다. 어머니—유아의 상호작용은, 아기의 성에 대한 어머니의 정서적 태도에 의해서 영향을 받을 수도 있고, 이로 인해서 아기를 다루는 것과 아이에 대한 기대 둘 다에서 차이가 나타날 수도 있다.

스톨러의 종합(synthesis)에는 두 가지 결론이 있다. 첫째는 정확하게 정의하기가 어렵지만 성별이 반영된 행동에는 생물학적 기질(氣質)이 있다는 것이다. 둘째는 성 관계가 "인간의 가장 강렬한 의사소통 방법"이기 때문에, 사람들 사이에서 일어나는 것, 심지어 한 사람의 속에서 일어나는 것—"신경증, 환타지, 소망 등이 휘젓는 것"(ibid., p. 16)—을 고찰할 필요가 있다. 스톨러에 의하면, 이로 인해서 "성욕을 이해하기 위해서 본질적인 방법론인 심리학"으로 돌아가는 것이 불가피해진다(ibid., p. 16).

지금쯤은 누가 보아도 성과 성별에 대한 논쟁이, 타고난 것과 문화적인 것에 대한 개념을 중심으로 돌아간다는 것을 알 수 있다. 성과 성별을 논의할 때, 갤럽(Gallop)이 요약한 것처럼, "개인 사이의 실제적인 관계 안에 있지"(1982, p. 2) 않은 성욕이라는 개념을 발전시킨 프로이트의 발자국을 따라갈 것이다. 다른 말로 하면, 결혼과 인간관계를 논의할 때에도, 동일시와 내적 균형이 먼저이고 남녀 관계는 그 다음이라는 의미이다.

우리는 앞으로 개인의 인생 초기 경험이 뒤에 나오는 성의 정체성에 어느 정도로 중요한 역할을 하는가를 더 이야기할 것이다. 이렇게 될 때 생기는 의문은, 남자와 여자의 발달 사이에 있을 수 있는 차이에 대해서 일반적인 견해가 있는가 하는 점이다. 예를 들어서 말하자면, 남자아이가 이자(二者) 관계에서 삼자(三者) 관계로 나아갈 때, 수유하는 어머니와 오이디푸스 콤플렉스의 어머니는 동일인이기 때문에 사랑의 대상을 바꾸지 않는다. 그러나 서구 문화에서 여자아이는 대상을 바꾸게 된다. 성 정체성을 발달시킴에 있어서 여자아이에게 제시되는 문제와 남자아이에게 제시되는 문제는 다른 것이다. 어머니에 대한 남자아이의 관계에서는 여성성의 인식이 분명하게 구분되기에 극복되어야 할 것이지만, 여자아이는 여성성을 이루기 위해서 어머니에 대한 관계를 그런 식으로 극복해서는 안 된다. 남자아이가 어머니와의 관계에서 이런 어려움을 갖는다는 보다 확립된 개념은, 딸과 어머니는 같은 성이기 때문에 그들만의 특별한 문제가 있다는 여성주의 정신분석학자의 주장과 함께 고찰되어야 한다.

런던 여성 치료 센터(London Women's Therapy Center)의 창립자들은 여성의 심리에 관한 책에서 여자의 자아발달은 모녀 관계에서 형성된다고 주장하였다. 이것은 여성이 "부계 사회 내의 사회적 약자"라는 것과 함께 다음의 사실에 의해서 영향을 받는다.

> 모든 어머니들은 이 세상에서 자신들의 위치가 어딘지를 자신의 어머니에게서 배웠다. 각 여자의 경험에는 여성이 되는 과정과 자신의 활동을 제한하고 관심을 특정 방향으로 이끌어가는 법을 배우는 과정에서 어머니와 싸웠던 기억이―묻혀져 있든지 움직이든지―있다(Eichenbaum & Orbach, 1982, p. 31).

우리는 어머니에게 무의식적 동기를 주어 딸의 영역을 제한하게 하고 딸은 어머니를 능가하려는 식으로, 동일함이 어머니와 딸 사이에 질투를 부채질 할 가능성이 있음을 덧붙일 수도 있다.

이러한 여성주의 관점을 더 보면, 초도로우(Chodorow)는 다음처럼 단언하였다,

> 여자 아이들에게 있어서 전(前)오이디푸스 경험은 남자 아이들보다 더 길고 그 본성 역시 다르기 때문에, 또 이 시기의 문제에 대해서 계속해서 고민을 하기 때문에, 자기에 대한 여성들의 감각은 다른 사람들과의 연속성 속에서 이루어지고, 여성들은 두 가지 중요한 동일시의 능력을 가

지고 있다. 그것들은 여성들이 그들에게 감정이입적 경험을 가능하게 하는 것과 동일시할 수 있으며, 돌봄을 받는 아이들에게 필요한 현실감의 결핍 역시 동일시할 수 있다. 남자들에게서는 이런 자질들이 적은데, 그 이유는 어머니가 남자아이를 일찍부터 다르게 취급하고, 그 다음에도 어머니에 대한 애착이 억압되어야 하기 때문이다(Chodorow, 1978, p. 26).

모녀 관계에 대한 융의 관점은 아버지와 다투는 것이 여자아이를 파괴하지 않지만, "어머니를 거부할 때 딸은 자신의 본성 안에 있는 불분명하고, 본능적이고, 애매모호하고, 무의식적인 모든 것들을 거부하기"(CW 9i, para. 186) 때문에 어머니와 싸우는 딸은 "자신의 본능이 해를 입을 수 있다"고 강조하였다.

남자아이와 여자아이의 발달 사이에 있을 수 있는 모든 차이를 생각하는 것은 양성적 특질(heterosexuality)의 역할까지 토론하게 된다. 위에서 제기된 특별한 역동성은 성 관계에서 만연된 다름 또는 같음에 근거한 것이다. 그러나 우리는 양성적 특질 자체가 타고난 것이어서 논쟁할 수 없는 근본적인 것인지, 아니면 그것 또한 문화적 차원을 가진 것인지에 대해서 질문할 필요가 있다. 여기에서 나는 타고난 양성성(bisexuality)과 그 뒤에 이루어진 양성적 특질에 대한 프로이트의 관점에 대해서 고려하게 된다. 융의 견해는 남자와 여자가 상대방 없이는 불완전하다는 것이어서 양성적 특질은 당연한 것이다. 이런 의미에서 융은, 양성성을 인간의 자연적 상태라고 강조한 프로이트와 다르다(뒤의 p. 484을). 프로이트의 접근방법에서 성적 정체성(sexual identity)은 생산과 사회라는 똑같이 강요된 두 가지 요구로부터 일어난다. 그러나 우리가 "남성성"과 "여성성"이라고 부르는 것이, 정신 안에서 보상관계로 공존한다는 융의 믿음은 양성성의 심리적 연장이고, 적용이다.

양성적 특질을 가장 명확하게 반영하는 문화제도는 결혼이다. 서구사회에서는 결혼이 핵가족과 연결된다. 이런 패턴이 보편적인 것인가, 아니면 지역적인 것인가 하는 문제는 논쟁거리이다. 문화 다양성에 관한 미드(Mead)의 자료는 핵가족이 이전에 생각했던 것보다 훨씬 오랜 역사를 가지고 있고 널리 퍼져있다는 (Mead, 1949; Macfarlane, 1978: Mount, 1982) 새로운 증거와 함께 평가되어야 한다.

이런 모든 요인들을 고려하면, 남성과 여성은 아마도 현저하게 다른 초기 경험을 하는 듯하다. 그러나 이로부터 남성과 여성이 실제 심리적으로 매우 다르게 기능한다고 주장하는 것은 지나치다. 이것에 관련된 과학적 증거는 혼란스럽고 평가하기가 어렵다 (뒤의 pp. 478-480를 좌표하시오). 예를 들어서 말하자면, 블록을 주면 남자아이들은 탑을 쌓고 여자아이들은 울타리를 만드는 것은 (보통 주장되는 것인) 기능의 차이라기보다는 유사함을 보여준다고 할 수 있다. 남자아이와 여자아이 모두 자신들의 신체에 대한 관심, 아마도 남성과 여성의 해부학적 차이에 관심이 있는 것이다. 이 아이들은 블록 놀이에서 모두 유사한 방식, 즉 상징적으로 그런 관심을 표현하는 것이다. 다른 말로 하자면, 이 아이들은 유사한 방식으로 성 차이에 접근하는 것이다. 성 역할과 성적 정체성의 차이는 동일하게 일어나는 것으로 고찰될 수 있다. 남성이 공격적인 사업가가 될 수 있는 심리 과정과 여성이 보살피는 주부가 되는 심리 과정은 동일하며 최종 산출물이 다르다고 해서 그것에 속아서는 안 된다. 실험적인 증거를 보면, 문화적 요인의 거대한 영향력이 드러나면서, '유사' 논쟁을 강하게 지지함을 알 수 있다(Nicholson, 1984).

남성과 여성의 심리

융은 심리적 기능에는 원형적으로 결정된 서로 다른 두 가지 원리가 존재한다고 주장한다. 융이 로고스('말', 합리성, 논리, 지성, 성취)라고 이름 붙인 남성 원리와 에로스(원래는 정신의 연인, 관계성)라고 이름 붙인 여성 원리가 그것이다. 융의 목표는 이 두 가지 원리가 한 개인 안에 조화롭게 존재하는 필요성을 강조하려는 것이었다. 그러나 그의 이론의 발달은 성별적 용어로 인해서 흐려진 경향이 있다. 우리는 여기에서 해부학적 성(性)과 별개인 심리 요인을 융이 상징적 용어로 말하는 것을 보는 것이 중요하다. 로고스와 에로스는 어느 성이든 그 안에 존재한다. 두 가지 분리된 원리들 간의 균형과 관계는, 전체성과 완전성에 대한 감각(感覺)인, 성과 성별에 관련된 자신의 존재감을 조절한다. "로고스가 떼어낸 것을 연합하는 것이 에로스의 기능이다"(CW 10, para. 275).

에로스와 로고스는 "정의하기 어려운 경험 분야를 표시하는 직관적 개념"이다(CW 9ii, para. 29). 융은 남자가 "세밀하게 분화된 에로스"(CW 9i, para. 164)나 "별로 발달하지 못한 에로스"(CW 9i, para. 37) 또는 "수동적인 에로스"(CW 9i, para. 20)를 가질 가능성에 대해서 이야기한다. 여자는 "과도하게 발달한 에로스"(CW 9i, para. 168)를 가질 수 있거나, 로고스를 필요로 하기도 한다(CW 9i, para. 33). 야훼조차 "에로스가 없는" 것으로 그려진다(CW 11, para. 621).

그러나 때로 융의 주장은 에로스와 로고스가 측정가능하고 양적일 뿐만 아니라, 실제로 남자와 여자에 들어 있는 것 같기도 하다.

에로스의 개념은 현대적 용어로 정신의 관계성이라고 표현될 수 있고 로고스의 개념은 대상에 대한 관심이라고 할 수 있다…. 남자는 보통 '논리적인 것' 만으로 만족한다. '심리적인', '무의식적인' … 것은 모두 남자에게는 대단히 불쾌하다. 남자는 그런 것을 모호하고, 흐릿하고, 병적인 것이라고 생각한다…. 여자에게는 어떤 것 그 자체를 아는 것보다 사람이 그것에 대해 어떻게 느끼는가를 아는 것이 일반적으로 더 중요하다(CW 10, para. 255, 258).

무엇이 이런 차이를 만드는가? 매툰이 제언한 대로, 융이 "행동보다는 가치"(1981, p. 101)를 더 서술하려고 하지만, 융은 때때로 굉장히 다른 인상을 준다. 융의 기본 개념은 인류, 문화, 심리에 근본적인 이분법이 있고 '로고스'와 '에로스'는 이것을 표현한다는 것이었다. 에로스와 로고스는 똑같이 가치가 있다. 융은 그의 저술에서 다르게 말한 적이 없다. 그러나 융이 이 두 가지 원리에 성별을 연결시키려고 할 때 혼동과 선입관이 찾아오게 된다.

우리는 여기에서 다음과 같은 것을 고려해야 한다: 로고스는 능동적이고 자기주장적이며, 지적이고 침투하며, 대상에 대한 관심을 시사하고, 에로스는 소극적이고 수동적이며, 정서적이고 수용적이며, 정신적인 관계성을 내포하고 있다. 그러므로 우리는 성별에 대한 문제를 전혀 포함하지 않으면서도 많은 다른 방법으로 이 기본적인 이분법을 나타낼 수 있다: 아폴로형—디오니소스형, 고전주의—낭만주의, 이차적—일차적 과정, 디지털적 사고와 아날로그적 사고가 그것이다. 음(陰)과 양(陽)은 (이미 성별이 전제되어 있으므로) 이러한 법칙을 입증하는 예외적인 예일 것이다. 그러나 그것은 융이 성별의 개념을 타고난 것으로 우선적으로 고려한 기반이 되었을 것이다.

로씨(Rossi, 1977)는 이 일반적인 이분법이 두뇌의 우반구와 좌반구의 기능 사이에 있는 차이를 반영하며, 거기에서 비롯되는 것이라고 제언하였다. 그러나 남녀 모두 두 반구를 가지고 있으므로 질문은 여전히 남는다: 왜 성별이 나타나는가? 우리가 출산에 대해서 이야기한다면 남자와 여자를 서로 갈라놓고 생각할 수는 있다. 그렇지 않다면, 우리는 우리 안에 남자와 여자 사이에 어느 정도 기본적인 분할과 차이가 있다는 결론을 내려야 할 것이다.

남성과 여성 사이에 전통적이고 문화적인 분열이 로고스—에로스 패턴을 따라서 이루어진다고 해서, 성별을 내가 위에서 언급한 쌍(雙)의 한 쪽 담당자로 배치하는 것은 별로 타당한 방법이 아니다. 그러나 관습적으로 사용하다 보면 그것이 정의(定義)가 되기는 한다. 우리가 생각하기에 여자들에 관한 융의 의심이 어떤 여자들에게 맞는다 하더라도, 정서와 지성을 균형 있게 가진 여성들도 물론 많다.

그러나 에로스와 로고스에 관한 융의 비전을 양성(兩性)에 서로 보완적인 것이고, 서로 이용 가능하며, 동반자로서 건설적인 것이라고 강조하기로 한다면 어떠한가? 그의 입장이 모든 자질과 능력은 서로 이용 가능하고, 정말 중요한 것들은 모두 혼합적인 것이라고 하기 때문에, 1927년에 쓴 글을 보면 융은 거의 현대 여성주의자인 것처럼 보인다. 우리가 이런 결론을 도출해내려면, 우리는 다른 많은 사람들과 같이, 융이 인간의 심리적 기능에 있는 기본적인 이분법적 형태를 (아마 무의식적으로) 상징적인 형태—남성과 여성—로 나타내려고 하지 않았나 하고 생각해야 한다.

아니무스와 아니마

전통적으로 융의 아니무스와 아니마 이론은 "더 적은 수의 이성적(contrasexual) 특징을 가진 유전자가 무의식에 남아있는, 해당되는 이성적(異性的) 특징을 만들어 내는 듯한…생물학적 사실"에 관해서 비(非) 융 학파에게 자세히 설명되어 왔다.(Jaffé in Jung, 1963, p. 410). 지나치게 단순한 형태에서는 사람을 부추겨서 남자와 여자가 정말로 그 안에 있는 것처럼 행동하도록 유혹한다. 그러나 아니무스와 아니마를 원형적 구조나 능력으로 보아야 아니무스와 아니마에 대한 융의 용법을 더 잘 이해할 수 있다. 그런 의미에서 아니마와 아니무스는 남자와 여자의 타고난 측면—아니마와 아니무스가 어떻게 의식적으로 기능하는지와는 다소 다른 측면인, 다르고 낯설고 아마도 신비스럽고 그러나 확실한 가능성과 잠재력으로 가득 찬 어떤 것—을 나타내는 이미지를 고취한다. 그러나 왜 "이성적 특징"을 강조하는가? 이것은 남자가 해부학적으로 자기와는 '다른' 것을 다른 존재인 여자라는 상징 형태로 매우 자연스럽게 이미지화 할 것이기 때문이다. 여자는 자신에게 낯설거나 신비로운 것을 자신이 갖지 않은 신체의 형태로 상징화하는 것이다. 이성적인 특징은 정말로 "반대되는 심리적인 것"(contrapsychological)이고, 여기서 성(性)은 은유이다.

이것은 아니마와 아니무스가 쉽게 인격화되어 심상의 모습이 형성되는 이유를 설명한다. 그런 모습을 꿈이나 환상 속에서 만날 때, 그것들이 인식과 행동의 대안적 양식을 대표하기 때문에, 다른 가치 체계를 가진 것이라고 해석될 수 있다. 예를 들어서 말하자면, 아니무스는 집중된 의식과 사실에 대한 존경과 연결이 되고, 아니마는 상상, 환상, 놀이와 연결이 된다. 결정적인 문제는 이들이 모든 사람들에 관한 일반 원칙과 관계되는 이미지이기 때문에, 그 순간에 이용되지 않을 경우 그것은 개인적인 이유 때문이지 성적인 이유 때문이 아니다. 아니마와 아니무스에 성적 특성과 관계되는 희미한 그림자를 드리지 않을 수 없고, 또한 그것이 바람직한 일도 아니기 때문에 우리는 그것을 '초점이 맞추어진 의식'이나 '환상' 또는 그때그때 필요한 용어로 단순하게 말하는 편이 더 낫다.

   대안(代案)을 묘사하는 기능을 수행하기 위해서 아니마와 아니무스는 안내자나 지혜와 정보의 원천의 모습으로 행동한다. 이들은 (꿈의 흔한 주제인) 여행을 돕는다. 융이 프로이트와 헤어진 다음, 극도의 스트레스 속에서 이 현상들을 만났을 때, 융은 그것들을 "영혼의 안내자"(soul—guide)나 "영혼의 인도자"(psychopomp)라고 불렀다. 그것들이 분석 시간에 사람들을 지금 있는 그대로의 모습(자아)으로부터 그렇게 되어가는 모습(자기)으로 연결시키는 데 적극적인 역할을 담당하기 때문이다. 융은 그의 자서전에서(1963) 그의 마음속에서 만난 여인상과 대화한 것을 묘사하였다. 나중에 그는 여자들에게서도 같은 유형의 것이 존재한다는 것을 알았고, 거기에 아니무스(라틴어에서 "마음" 또는 "지성"이라는 의미)라는 이름을 붙였다. 그것은 남자의 아니마(라틴어에서 "생명의 숨" 속에 있는 "영혼"이나 "숨"이라는 의미)와 대조된다.

   아니마와 아니무스는 종종 현실의 남자와 여자에게 투사돼서 나타난다. 그때 두 성 사이에서는 매력의 불꽃이 튈 수 있는데, 그것은 아니마와 아니무스가 이성에 대한 이해와 의사소통의 씨앗을 가지고 있기 때문이다. 투사를 통해서 남자와 여자는 서로를 알아보고 서로에게 이끌리는 것이다. 아니마와 아니무스는 원형적 구조로서 사람들에게 어떤 경험을 하게 하고 조건화하는데,

그것은 흥미로운 문제로 이어진다. 그것은 아니무스와 아니마의 원형적 구조가 (가설적으로 타고난) 어떤 자질을 실제의 부모에게 투사함으로써, 아버지와 어머니에 대한 초기 지각에 어느 정도 영향을 미친다. 그렇지 않을 경우, 아버지와 어머니의 모습이 이제 막 형성되려는 개인의 초기 아니마나 아니무스의 모습이나 색조에 영향을 미치기도 한다. 융은 "아니마"를 "어머니"로부터 조심스럽게 떼어냈지만(e.g., CW 9ii, para. 26), 이 문제는 우리가 나중에 결혼의 문제를 논의할 때 다룰 것인데, 이론적으로는 쉬울 것 같지만 실제에서는 여간 어려운 문제가 아니다.

투사는 아니마와 아니무스에 궁극적으로 중요하다. 융은 어느 정도는 투사가 정상이고 건강하다고 생각하였다. 오히려 아니무스나 아니마의 투사가 전혀 일어나지 않는 것이 병적인 것이다. 융은 1921년에 이에 대한 예를 나르시시즘에 대해서 설명하면서 말하였다. 투사가 일어나지 않을 때, 모든 정신 에너지는 주체 속에 사로잡혀 있기 때문이다(CW 6, para. 810).

그러나 아니무스와 아니마의 투사는 양성을 용이하게 하는 것 이상을 포함한다. 이성적 특질을 투사하는 것은 "영혼의 이미지"인 무의식적인 잠재력의 투사이다. 이렇게 여자는 아직 의식하지 않았지만 그럴 필요가 있는 자신의 일부를 남자 안에서 처음으로 보거나 경험한다. 남자는 여자로부터 여자의 영혼을 (기꺼이) 끌어낸다. 그리고 남자에게는 그 반대가 적용된다. 융은 "영혼"이라는 단어를 페르조나와 대극적인 것으로 사용한다. 페르조나는 영혼보다 덜 깊거나 성격을 덜 풍요롭게 하는 것으로 이해하는 것이다. 융은 영혼을 "내적 인격", 즉 개인의 진정한 중심이라고 이야기한다.

마지막 두 단락은 투사의 긍정적 면을 강조한다. 그러나 과도한 투사는 문제가 된다. 투사를 받는 사람은 이상화된 투사를 육화시킬 수 없는 것이다. 그에 따라서 상대방이 진흙으로 된 인간이라는 사실을 알게 됨으로써 사랑이 깨어질 때, 사람들은 실망하게 되고, 낙심하게 된다. 그래서 융은 어리석은 투사와 투사를 전혀 안 하는 것 사이에 중간 지점을 찾아야 한다고 제안하였다(이 책의 다음 부분에서 결혼에 관한 절을).

아니무스와 아니마가 자아와 무의식 사이의 통로 또는 의사소통의 수단으로 작용한다는 사실은 아니마와 아니무스를 통해서 사람들이 자신의 그림자를 투사하는 것과 자신 안에서 가장 두려워하고 경멸하는 것을 파트너 안에서 경험하는 것으로 이어질 수 있다. 더 병리적인 것은 자아가 아니무스나 아니마에게 압도당하고, 아니무스나 아니마에게 사로잡히는 상태에 빠지는 것이다. 그의 아니마나 아니무스와의 동일시는 반대되는 성의 모습이라고 생각되는 것이 완전히 없어진 판에 박힌 전형적인 행동을 하는 것으로 나타난다. 남자의 경우 기분의 변화가 심하고, 비합리적이며, 게으르고, 여성적으로 된다. 여자의 경우는 지나치게 자기—주장적이고, 논쟁적이며, 사실에 사로잡혀서 문자적으로 무엇이 옳은 것인지만 고집하게 된다. 아니무스에 사로잡힌 여자는 "남자의 불쌍한 모습"이라고 그려질 수 있고, 아니마에 사로잡힌 남자도 마찬가지 모습이다.

모든 사람에게 아니무스와 아니마가 있을 것이라고 말한 서투른 '주장'이 매우 유용하게 여겨지게 된 것은 우스운 일이다. 이전 예로 돌아가 보면, 성격에 존재하는 불균형이 무엇이든지 모든 사람은 그것을 마무리하는, 충분히 초점이 맞춰진 의식이나 환상의 능력을 가지고 있는 듯하다. 그러한 접근방법을 가지고 우리는 융이 말한 대극의 쌍(syzygy)이라는 개념을 계속해서 사용할 텐데, 그 개념은 그 안에서 아니무스와 아니마가 서로 연결되어 전일성 비슷한 것을 이루게 될 것이다. 다른 하나 없이 어느 것에 대해서 말하는 것은 무익한 일이다. 하지만 초점이 맞춰진 의식과 환상의 조합이 모든 것에 의해서 달성될 수 있다고 말하는 것은 긴장, 화해, 대극의 발달에 질문의 여지를 남겨둔다. 그러나 그것은 실용적인 면에서는 성별이 낳은 혼동으로부터 벗어나게 된다.

아니무스와 아니마가 이렇게 다르게 사용되는 것을 살펴보면서, 나는 남자와 여자 사이에서 실제로 이루어지는 성적인 교류가 심리학적으로 볼 때 한 사람 속에서 심리적 발달을 촉진시키는 과정으로 관찰될 수 있다는 것을 알고 충격을 받았다(그리고 이것은 사람들이 왜 단순히 기능적인 관계 이상의 것을 필요로 하는가 하는 이유가 될 것이다). 그 반대도 역시 사실이어서, 내적 과정은 성적인 관계를 추진시킨다. 그러나 융은 그 안에서 대인관계적인 차원에의 집중을 수정할 수 있는 심리학적 모델을 만들었다.

우리는 아니무스와 아니마에 대한 현대적 독해(讀解)가 대극주의(oppositionalism)의 북소리를 다소 조용하게 하였다는 것에 주목한다. 아니무스와 아니마는 다른 것, 즉 타자와 의사소통하는 방법인데, 그 타자는 무의식성 때문에 잠시 이용할 수 없었던 것이기도 하다. 그때 아니무스와 아니마는 기대하지도 않았던 것, 즉 "질서를 벗어난 것", 지배적인 질서에 위배되는 것에 대해서 이야기한다. 우리는 마지막에 이 주제에 대해서 다시 이야기할 것이다.

골든버그(Goldenberg)는 융의 이론 가운데서 대칭(symmetry)을 논하는 것을 주로 논박(論駁)하였다. 아니무스 이론은 상당히 인위적인 것이고, 융이 나중에 발달시켜서 깊이 생각한 것이 아니다. 그와 비슷한 것이 프로이트의 오이디푸스 콤플렉스와 균형을 맞추기 위하여 엘렉트라 콤플렉스를 제시한 것이다(Goldenberg,

1976, p. 446). 골든버그는 남자는 (융 자신?) 그의 무의식적이고, 여성적이며, 영혼의 측면과 긴급하게 통합될 필요가 있지만, 여자들은 아마 그녀들 안에 있는 분열과 평안하게 살 수 있으며, 그것을 그의 내면에 있는 남성상과 대화를 하지 않고도 치유할 수 있다고 주장하였다. 그렇게 될 경우, 대칭은 무너지고 만다. 남자가 그의 아니마와 분투한다고 해서 모든 여자들도 그런 식으로 아니무스와 분투해야 한다고 결론지을 수밖에 없는 것이라는 말이다.

골든버그의 입장이 논리적이기는 하지만, 여성들이 실제로 그들의 내면에서 느끼는 (우리가 아니무스라고 부르는) 어떤 것과 가지는 경험은 남성들의 경험과 유사하다. 그래서 우리는 인간의 무의식에 반대되는 성적 요소가 있다면, 그것은 남성과 여성에게 모두 같은 방식으로 작용하지 않을까 하고 생각한다.

그러나 융이 아니마를 아니무스보다 더 좋게 본 것은 별로 의심할 여지가 없다. 그는 그가 쓴 책들에서 아니마가 남성을 더 부드럽게 하고 영혼을 충만하게 해주는 것이라고 말한 반면, 아니무스는 여성을 공격적이고, 권위적으로 말하게 하며, 사실에 광적으로 집착하고, 문자적으로 받아들이게 하는 것 등으로 묘사하였다. 이러한 편견은 사실 문제가 많은데, 빈스방거(Binswanger, 1963) 같은 후기 융 학파의 저자들에 의해 재작업 되었다.

에로스와 로고스에 대한 융의 생각을 아니마와 아니무스에 대한 그의 이론과 화해시키기는 어렵다. 융은 에로스와 로고스가 서로에게 모두 유용하다고 했기 때문에, 아니마와 아니무스는 이차적이고 무의식인 것이라고 강조하였다('열등한', CW 10. para. 261).

남성적인 요소와 여성적인 요소가 우리 인간의 본성에 연합되어 있기 때문에 남자는 그의 여성적인 부분 안에서 살 수 있고, 여자는 남성적인 부분 안에서 살 수 있다. 그럼에도 불구하고, 남자 안에 있는 여성적 요소는 배경(背景) 안에 있는 무엇인가 일뿐이고, 여자 안에 있는 남성적 요소도 마찬가지다. 사람이 자신 안에 있는 이성(異性)으로 산다면, 그것은 자신의 배경 속에서 사는 것이어서 실제의 개별성은 고통을 받는다. 남자는 남자로 살아야 하고, 여자는 여자로 살아야 한다(CW 10, para. 243).

우리는 임상적 경험을 통해서 알게 된 것을 간과하는 위험이 있다. 남성이 어떤 존재인가를 말하는 것들 속에는 한 번 무의식화 된 남성성의 이미지들이 많은 것이다. 마찬가지로 융이 말하듯이, 여자에게도 그녀의 여성성 역시 순전히 의식적인 관점에서만 말할 수 있는 것은 아니다. 융은 언제나 대극주의적으로 생각했는데, 이 경우에서는 그것이 의식과 무의식이다. 여성과 남성은 각각 여성성과 남성성을 무의식적으로 표현하는 것이다.

성별과 성: 맥락 안에서의 융

성별과 성에 대한 융의 접근방법은 불가피하게 융의 개인적 상황과 그가 살았던 맥락, 그리고 그의 전체적인 사고 자세, 그의 개념적 성향에 의해서 영향을 받았다. 이 개념적 성향을 먼저 살펴보고 다음에 융의 문화적 성향을 보도록 하자.

우리는 융이 사람의 심리적 구성을 보상적인 대극으로 그린 것과 그에게 있어서 대극은 양극화와 스펙트럼을 형성하는 것이라고 이야기하였다. 융은 남성성과 여성성이 심리적으로 보상하는 것으로 보았다. 또한 그는 대극의 원리를 더 확장시켜서 정신 구조의 지도 안에 성별을 놓았다. 구체적으로 대극 원리의 확장이나 적용은, 페르조나가 취한 자아와 관련하여 반대편 자리를 차지하는 것으로 아니무스 또는 아니마를 구상화(具象化)하는 것을 포함하였다. 아니무스와 아니마는 자아와 내적 세계를 중재하는 반면, 페르조나는 자아와 외적 세계를 중재한다(CW 6, para. 804). 더구나 융은 무의식에 있는 성별적 잠재성을, 성에 제한된 성별의 대극이고 문화가 부과한 것과는 다르다고 보았다. 이것의 효과는 내적(무의식적)인 것과 외적(의식적)인 것 사이의 관계를 과도하게 구획 짓는 것이다.

융의 "문화적 편향"을 언급함에 있어서, 융의 이론은 남자와 여자, 성과 성별에 대한 그의 개인적인 태도에 의해서 실행되고, 나는 그 이론에 의식 또는 무의식이 영향을 미친다고 결론짓는다. 융 자신은 다음과 같이 질문한다.

> 남자가 자신의 대극인 여자에 관해 무엇을 이야기할 수 있을까? 물론 나는 성적 프로그램 밖에 있는 것, 분개, 환상 및 이론에서 벗어나서 분별 있는 어떤 것을 의미한다. 남자는 어디서 우월함을 찾는가? 여자는 남자의 그림자가 있는 곳에 항상 서있을 뿐이어서 남자는 그 둘을 혼동할 것 같다(CW 10, para. 236).

그러나 융은 자신이 그 시대의 일반적 편견을 포함하여 문화의식을 얼마나 반영하고 있는지와 다른 스위스 사람과 자신의 견해가 종종 다르지 않다는 것을 모르는 것 같다. 융의 생각에 여자는 느껴야 하고, 어머니이어야 하는데 실제로 여자가 생각하고 일한다는 것에 놀란 것 같고, 염려하는 것 같았다. 그래서 심지어 여자들이 치마보다는 바지를 입는 것에 놀라고 염려한다는 소문이 돌았다. 그리고 그의 결혼생활에서 융은 성적 자유에 대해 관습적인 이중 잣대를 적용한 것 같다. 융의 관점을 이해하기 위해는 기본적으로 그런 맥락을 마음에 두어야 한다.

때때로 융의 문화적 편향은 그의 개념 형성에 영향을 미친다. 예를 들어서 말하자면, 여러 가지 다양한 심리 유형에 대한 그의 일반적인 기술에서, 융은 내향적 감정이 주로 여자들에게서 발견된다고 주장한다. 융은 여기에서 표어는 "고요한 물은 깊이 흐른다"(CW 6, para. 640—1)이어야 한다고 단언한다. 우리는 정말로 많은 좋은 자질을 가졌지만 감히 드러내려고 하지 않는 여자에 대한 진부한 만화를 보는 것 같다.

융의 부인(E.Jung, 1957)을 포함하여 여성분석가들이 여성의 심리에 대하여 많은 책을 저술하였는데, 후기 저술가들도 상당히 보수주의적임을 알 수 있다. 예를 들어서, 하딩(Harding)은 여자와 일의 문제를 논의하면서 여자가 보다 남자 같을 때만 일을 할 수 있고, 이 조차도 "여성성과 생물학적 욕구를 이행하는 아내와 어머니의 삶"(1933, pp. 70—1, 1970년 저자가 살아있는 동안 재출판)을 너무 많이 방해하지 않아야 한다고 말한다. 하딩이 한 가지 예외로 한 것은 여자의 수입으로 남편의 직업 훈련을 지불할 때이다. 하딩에게 공평하게 하자면, 하딩이 오늘날 많은 여자들이 가정과 직업 사이에서 느끼는 긴장에 관해서도 언급했다는 것을 밝혀야 한다. 그럼에도 불구하고 융 학파의 원리에 그녀의 이해를 밀착시켜 놓는 것은 오늘날 더 이상 우리에게 공감을 얻을 수 없을 것이다.

융의 문화적 편향의 다른 예로는 남자와 여자가 관계, 특히 결혼을 매우 다르게 본다는 그의 주장이다. 융에 의하면, "남자가 여자를 성적으로 가지게 되면 남자는 여자를 소유한다고 생각하지만, 여자에게 있어서 관계의 질은 완전히 다르다. 여자에게 '성은 결혼에 따라오는 것으로 결혼은 성을 가진 관계이다'"(CW 10, para. 255). 그러나 이것은 특별히 개인적이고 역사적인 맥락을 반영하고 어떤 사람에게는 사실일 가능성이 있을지 몰라도, 이와 같은 것의 일반화를 강조해서는 안 되고, 절대적인 말로 취급되어서는 안 된다.

한편으로는 융(과 융의 친한 동료들)의 이런 태도 사이에 있었던 모순과, 다른 한편으로는 일차대전과 이차대전 사이의 쮜리히 사람들에게 있었던 이런 모순에 충격을 받았던 것은 나만이 아니다. 분석심리학의 하위문화에서 최소한 서너 명의 여성분석가들이 쮜리히에서 거주하며, 높은 성취를 이루고 있었다. 그런데 이 여성들은 자녀들이 없거나, 남편이 없었으며, 자신들의 경력과 여성성에 관해서 말해야 하는 것 사이에서 어떤 불안이나 갈등을 느끼지 않은 것 같았다.

결혼 문제를 남자와 여자 사이의 상호작용 측면에서 논의하는 것을 예외로 하면, 우리는 융이 말한 것들을 문자 그대로 취하거나 행동에 실제로 적용시킬 수 있는 것으로 생각하지 말아야 한다. 오히려 수많은 정신 내적인 심리적 관점 가운데 하나로 생각해야 한다. 그런데 그것은 융 자신이 구별하지 못한 불찰이다. 그러나 우리는 그 때문에 남자와 여자가 경험하는 외적 세계와 내적 세계에서 경험하는 심리적 심상 사이에서 이론적 혼돈에 처하게 되었다. 물론 이것들 사이에 서로 연결되는 부분이 있지만, 융이 계속해서 관점을 바꿔서 말하는 것은 신중하지 못하고, 혼동을 일으키기까지 한다.

내가 생각하기에 지금 필요한 것은 대극이론의 사용을 제한하고 성별 용어를 명확하게 하는 것이다. 성별 용어는 논의 중인 주제에 절대적으로 필요하고 보증될 때만 사용되어야 한다. 예를 들어서 말하자면, 성 행위에서 적극적 또는 소극적 행동을 다르게 기대하는 것에 대한 논의가 이루어지거나 환상으로 되면, 양쪽 성과 성별 용어가 관련된다. 그러나 많은 적극적 또는 소극적인 행동이 성 또는 성별과는 무관하다. 적극적, 소극적은 적극성과 소극성에 관한 심리적 가능성의 스펙트럼을 정의한다 — 그 이상은 아니다.

이 논쟁이 남성과 여성을 구분하고 유아가 아버지와 어머니를 구별하는 것에 대한 필요를 없애주지는 않는다. 양쪽 성으로 구분한다는 사실을 극복하는 것은 외적 현실 검증을 위해서 뿐만 아니라 내적이고 심리적인 다양성과 혼동을 조화롭게 하는 첫 접근방법으로써도 중요하다.

아니무스/아니마, 로고스/에로스와 관련한 문제는 다음처럼 요약될 수 있다.

(1) 남성성과 여성성에 대한 절대적 정의가 있을 수 있는지 또는 성별 용어가 융의 관점에서처럼 널리 적용될 수 있는지;

(2) 절대적 남성성이나 절대적 여성성이 있을지라도 남자가 반드시 남성성을 더 갖고, 여성이 여성성을 더 갖는 것은 아니다;

(3) 남성성인 것 같은 모든 것이 남자의 의식에서 발견되지 않고 여성성인 것 같은 모든 것이 여자의 의식에 이용 가능하지는 않다. 아직 이용 가능하지는 않은 다양한 잠재력에 관해서 이야기해야 한다.

여성적인 것에 대한 추구

다음 절에서 나는 정신에 관한 성별의 관계를 논의하였다. 성별은 원형적 요소(에로스와 로고스)를 가지고 있다는 융의 생각을, 대부분이 여자인, 서너 명의 후기 융 학파를 통해서 자세히 살펴본 것이다. 역사적 관점에서 보면 넓은 범위에서 세개의 그룹이 있다.

첫째 그룹은 에로스가 '정신의 관계성'을 함축한다는 융의 말을 계속해서 탐구한다. 이미 언급한 엠마 융이나 하딩을 제외하고 이 그룹에는 볼프(Wolff), 클레르몽 드 카스티레조(Claremont de Castillejo, 1973)가 포함된다. 고전 분석심리학자들 사이에서 한때 소논문 쓰기가 유행했었는데 볼프는 "여성 정신의 구조적 형태"(1951)라는 소논문을 썼다. 이 논문에서 볼프는 어머니, 헤타이라 (hetaira, 또는 동반자), 여전사(amazon)와 영매(medial woman)의 네 가지 형태를 이야기하였다. 이 형태는 모두 남자 아니면 적어도 다른 것과의 관계성—아이나 남편에 대한 어머니, 배우자에 대한 동반자, 일과 객관적이고 외적 목표의 세계인 아마존 등—을 표현한다. 볼프 시대의 문화에서 표현된 것처럼 최소한 여자가 남자를 닮게 될지라도 아마존은 심리적으로 남자와 관련되거나 남자에게 의존하지는 않는다. 영매는 의식과 무의식 사이의 역동을 조절하면서 개인적인 힘과 집단적인 힘 사이에서 다리 역할을 한다. 여자는 어떤 순간에 무엇이 '되어가고' 있는지를 알고 그것을 소통한다. 그렇게 여자는 (남자의) 아니마의 인격화이다.

볼프의 논문은 주로 개인 간 관계—남편, 아내, 객관적 목표 등—밖에 있는 다른 것에 대한 관계성을 분석한다. 의식과 무의식 사이에서 역동을 조정하는 것이 의식에 이익이 되고 의식을 보호하는 것이기 때문에 이것은 영매에 관해서도 적용이 된다.

더구나 매튠이 지적한 것처럼(1981, p. 90) 남자를 단순히 고려하지 않았기 때문에 볼프는 정말로 여성 정신에 관해서 쓰고 있다(즉 여성의 정신). 휘트몽(Whitmont)이 남자들에 대해서 이에 필적할 만한 분류를 시도하였을지라도(1969) 성과 성별 사이의 혼동은 여전히 그대로이다.

볼프는 자신의 범주가 상호배타적이라고 말하는 것이 아니라, 위상(位相)에서 처럼, 우월적이거나 보조적인 형태(그리고 아마도 열등한 형태인데 그것은 가장 무의식적이어서 가장 문제가 된다)에 관해 말할 수 있다. 이렇게 해서 볼프의 모형은 이동과 변화의 가능성을 그 안에 내포하고 있다.

여성 심리학에 관해 글을 쓴 후기 융 학파의 둘째 그룹은 여자를 '관계하는' 존재로 보는 입장에서 벗어나 권리를 가진 여자로서 있는 그대로를 바라본다(Woodman, 1908; Perera, 1981; Ulanov, 1981). 이 학자들은 여자인 것이 무엇을 의미하는지, 역사적으로는 어떠했는지를 탐구한다. 이들은 이것이 '가부장적인' 심리학에서는 무시되어 왔다고 느낀다.

여기에서 나는 작업의 기본 주제에 결함이 있는지, 타고난 여성성에 대한 강조가 너무 커서 '여성성'이 이상화되는 결과를 가져오지 않는지 의심을 해야 한다. 예를 들어, "원시의 여성성 에너지 패턴"과 같은 개념이 확실히 내부 가설일지라도 (그래서 남성과 여성에 관한), 페레라(Perera)는 "현대 여성을 위한 함의"를(1981, p. 94, 강조한 것은 필자이다) 고려해야 한다고 제언한다. 그러나, 서양 사회에서 '여성성'이라고 할 수 있는 무엇인가가 억압되고 저평가되는 것에는 의심의 여지가 없고 균형을 바로 잡으려는 무엇인가가 일어나고 있다(뒤의 p. 493—6을).

때때로 여성성에 대한 글을 쓰는 현대 융 학파의 여성들은 자신들을 정치적인 여성주의와 구별하기 위해서 상당히 애를 쓴다. 예를 들어, 우드맨은 다음과 같이 언급한다.

서양에서 가장 강력한 여성주의 운동은 인정을 요구하고 있지만 그들의 접근방법은 너무 자주 남성성의 단순한 패러디이다. 수천 명의 여자들이 가부장제도의 지배에 맞서 무기를 들고 있다. 많은 다른 사람들은 정부에게 인정하라고 강요해서 얻어진 여성의 새로운 권리를 즐긴다. 많은 다른 사람들은 상실감을 느낀다. 그들은 전투적인 여성주의자 리더들에 어안이 벙벙해져 있지만, 자신들 안에서는 깊은 공허함을 인식한다. 그들은 좋은 아내이고, 좋은 엄마이고 좋은 직장 여성이기를 원한다. 그러나 무엇인가가 빠져있다. 그들은 자신의 여성성에 대해서 어떻게 진실해지는지를 모르는 것이다(1980, p. 103).

셋째 그룹은 '여성주의자'라고 부르는 것은 그들의 입장을 너무 단순화시킨다. 그럼에도 불구하고 이 융 학파들은 현대 여성주의에 맞는 견해를 표현하고 있다. 우리는 융이 에로스와 로고스를 남자와 여자 안에 허용하였지만 어떤 진술에서는 그렇지 않음을 보았다. 이 학자들이 융 이론의 이런 측면에 관여하였다. 근본적인 심리적 양성성이 출발점으로써 뿐만 아니라 목표로 제의되었다. 예를 들어, 싱거(Singer)는 자신의 책 『안드로지니』(1977)에서 각 개인 안에 있는 남성성과 여성성의 잠재력을 "의식적으로 인식"하는 것에 대해서 썼다. 그녀는 남성성과 여성성의 요소에 조화로움을 주기 위해 분투함으로써 이 인식이 생긴다고 서술한다. 그녀는 양성성보다 남녀양성구유라는 단어를 더 좋아하는데 그 이유는 이 단어가 타고난 일차적인 화합을 강조하며 나중의 분할을 위해 개방된 채로 두기 때문이다. 반면, 단어로서 양성성은 두 요소의 합계이다. 싱거의 비전은 성별과 성에 대한 새로운 태도를 대표하는 것으로서 남녀양성구유에 관한 것이다.

싱거가 성별 차이의 문제를 간과하였다고 생각되더라도 그녀는 양극성(兩極性)이 주목할 만한 가치가 있다고 강조하였다. 양극성은 없어지기를 바랄 수 없다. 그러나 그러한 차이는 성별을 고려하는 중립성이라는 한 가지 원천에서 나온다고 본다. 그래서 골든버그는 남녀양성구유에 관한 싱거의 개념에 동의하지 않지만, 그 자체로 중립적이고 남자와 여자 내에 같이 있는 정신의 힘을 우리가 진정으로 논의하고 있다는 일반적 동의를 요청한다.

> 기본적인 인간의 추동을 '남성적인 것'이라고 하든지 '여성적인 것'이라고 하던 나에게는 별로 중요하지 않다. 중요한 것은 인간의 리비도 안에는 동일한 일차적 추동력이 남자와 여자에게 아주 비슷하게 존재한다는 것이다. 앞으로의 작업에는 정신을 사소하게 아니마—아니무스로 분할하는 것보다 이 모형이 더 유익하게 전개될 것이다(1976, p. 47).

유사하게, 약간 덜 극단적이지만 서너명의 학자들은(Mattoon, 1981; Moore, 1983) 아니무스와 아니마를 두 개의 분리된 원형으로 보아서는 안 되고 그러므로 우리는 아니마—아니무스에 관련하여 넓은 범위의 의견들을 경험하거나 통합할 가능성을 보다 자유롭게 이야기할 수 있다고 제언하였다.

의식은 남성성인가?

자아의식에 관한 제3장의 논의에서(p.160 윗부분을), 우리는 노이만이 의식과 남성성 간에 만든 연계에(1954) 주목하였다. 융이 의식을 남성적인 것 자체라고 지적한 적이 없음에도 불구하고, 그는 남성의 의식과 여성의 의식을 예리하지만 다소 가볍게 구분하였다. 그는 여성의 의식에 대해서, "보통 남성에게는 전혀 가능하지 않는, 개인적인 관계라는 무한한 뉘앙스"를 가진 영역이 있다고 인정하였다. 그러나 그는 남성에 대해서, "상업, 정치, 기술, 과학의 광범위한 분야, 이 모든 영역은 남성의 마음에 적용이 된다"고 하였다(CW 7, para. 330).

의식이 왜 전통적으로 남성적인 용어로 표현되어왔는지를 이해할 수 있는 좋은 방법이 있다. 그것은 어머니와의 초기 분리와 관계가 있기 때문이다. 남성과 여성은 모두 자기-주장을 해야 하고, 담력이 있어야 하며, '아니'라고 말할 수 있도록 배워야 한다. 그런데 어머니는 여성이고, 여성은 여성적이라는 문화적 공식 때문에 어머니는 여성적인 것 모두를 나타내게 된다. 여기에서 어머니로부터의 분리, 즉 자아의 발달은 아이에게 어머니와 반대되는 것으로 인식되게 된다. 이것이 남성으로 되는 것이고 같은 문화적인 공식의 작업을 통해서 궁극적으로 남성적인 것으로 되게 된다. 다른 한편으로는 남성적인 편견을 가진 이미지가 널리 퍼져 있어서, 의식(영웅, 태양신 등)을 남성적인 것으로 생각하는 것은 우리 문화가 가치를 두는 것(의식)과 그 안에 있는 우세한 집단(남성)이 가치를 두는 것이 같다는 사실을 나타내는 것 이외에 다른 것이 아니다. 그 심상(imagery)은 현상을 상징적으로 나타내는 것이다. 나는 조심스럽지만, 성에 타고난 차이가 있는 것처럼 성별에도 타고난 차이가 있다는 믿을 만한 과학적인 증거가 있는지 살펴보기를 제안한다. 내가 망설이는 이유는 그렇게 하는 것이 동시에 "과학"을 평가하는 어마어마한 일이기 때문이다. 다른 말로 해서, 그것은 객관적 연구가 될 수도 있지만, 자칫 잘못하면 지배적인 사회적 관계와 가치에 영향을 받은 연구가 될 수도 있는 것이다. 과학자가 아닌 사람으로서, 내가 독자들에게 제공할 수 있는 것은 그 토론에 나타난 가닥들에서 내가 이해한 것들이다. 내가 주로 참고한 것은 다음 두 권의 책이다. 처음 책은 융 학파의 정신과 의사, 스티븐스(A.Stevens)가 쓴 『원형: 자기의 자연사』(1982)이고, 또 한 권의 책은 심리학자인 세이어스(J.Sayers)의 『생물학적 정치학』(1982)이다.

스티븐스는 견해 차이에 대한 정취를 주기 위해서 자신의 생각을 다음과 같이 명확하게 진술하였다.

> 남성의 지배는 우리 종(種)의 '정신생리학적 현실'를 보여준다. 더구나 성 차이의 생물학과 관련하여 유전적이고 신경생리적 증거가 [있다]…. 가부장 제도는 인류의 자연적인 조건인 것 같다…. 사회는 그 대표자인 부모를 통해서 성적인 행동과 의식의 패턴을 수정하거나 억압하거나 과장할 수 있지만, 이런 영향력을 통해서 수정되거나 억압되거나 과장되는 것은 이미 거기에 있는 성별의 경향뿐이다 (1982, pp.188-92).

다른 한편, 세이어즈는 여성의 사회적 역할의 변화를 반대하는 사람들이 그 원인을 찾기 위해서 생물학을 "전용하였다"고 주장하였다. 세이어즈는 때때로 실험에서 도출된 데이터를 무자비하게 공격하면서 다음과 같이 말하였다.

성 역할에 대해서 소위 순수하게 생물학적으로 설명한 것이라는 것들을 조사해보면, 그 설명들은 생물학적인 것이 아니라 사회적 고려에 대한 호소에 근거한 것들임을 발견하게 된다. 그런데 이것은 사회에서의 성 구분에 대한 최근의 생물학적 분석일뿐만 아니라 19세기에 발달된 이런 구분에 대한 유비 생물학적인 설명에서도 적용될 수 있는 것들이다. 과거에 운위되었던 "생물학이 여성의 운명"이라는 주제가 오늘날에도 똑같이 운위된다는 사실이 놀랍기만 하다.(1982, p.3)

스티븐스는 허트(Hutt)의 연구를 참고했는데, 허트는 성에 따른 행동의 차이를 매우 어린 나이에서부터 살펴보았고, 우리의 문화적이고 사회적인 조직이 그 위계의 측면에서 어떻게 유전적으로 결정되는가를 보여주려고 했던 윌슨(Wilson)과 골드버그의 사회생물학을 통해서도 살펴보려고 하였다. 허트의 전형적인 실험(Stevens에서 인용, p.181)은 남자아이들과 여자아이들에게 장난감을 주는 것이다. 허트는 남자아이들이 좀 더 본래적이고 독창적으로 사용하는 것을 관찰하였다. 교사들도 그런 독창성이 교실에서 지장을 주는 행동과 연결된다고 보고하였다. 스티븐스는 "창의성, 자기주장 그리고 확산적 사고하기는 남성적 특징과 연결된다"(ibid.)는 허트의 결론에 동의한다.

이것과 성 차이에 관한 다른 관찰을 근거로, 스티븐스는 성 차이와 성 역할에 생물학적으로 결정된 상보성(相補性)이 있다고 결론짓는다. 여기에서 스티븐스는 "성"보다는 "성별"에 대해서 말한다. 왜냐하면 그가 융이 말한 타고나는 성별적 특질에 대한 생각을 생물학을 끌어들이면서 입증하려고 하기 때문이다.

그래서 그는 예를 들어서 말하자면, 정치권력에 있는 남자들이 수적으로 우세한 것은 "[남성의] 생물학적 본성을 직접적 표현이다… 그 반면에, 여성들은 공적 문제에 현저하게 열의가 부족한 것을 보인다"(Stevens, 1982, p.187)고 말하였다.

이것은 데이터로부터 부정확하게 내린 결론의 확실한 예이다 (그리고 이것은 세이어즈가 확실히 지적하는 것이기도 하다). 스티븐스는 계속해서 "오랫동안 [여성들이] 전문 조직이나 사업 조직뿐만 아니라 정치에 입문할 수 있었지만, 권력의 정점에 오른 사람들은 거의 없다"고(ibid.) 덧붙인다. 스티븐스는 이것이 여성들에게 그에 대한 관심이 부족하거나 타고난 결함 때문이라고 가정하는 것 같다.

생물학적 접근방법을 더 이야기하면, 많은 용량의 남성 성호르몬을 자궁 안에 있는 여자 태아에게 주사하여 나온 결과가 주요 쟁점이다. 이렇게 하면, "남성같이 된다고 한다. 여기에는 공격성과 (앞으로 논의될) 다른 요인들이 증가하는 것이 포함된다. 논쟁은 명백하다. 그런 행동은 성 호르몬과 연결되어 있고 그렇기 때문에 유전적으로 결정된다"는 것이다.

그러나 세이어즈의 입장은 그런 데이터가 증명하는 것은 거의 없다는 것이다. 예를 들어, 사회생리학자인 윌슨조차도 이런 행동의 변화가 자궁 안에서 일어나는 것이 아니라 출생 후 여자아이들이 치료받고 있는 코르티존(cortisone)[1])에 기인할 수도 있음을 제언한다. 더구나, 이런 증거의 근거는 딸의 의학적 상황을 알고 출생 당시 남자같은 성기의 존재에 반응하였던 엄마들의 보고이다. 그러나 골드버그는 '남녀양성구유적인' 여자아이들의 예는 다음과 같은 것을 보여준다고 말했다.

---

1) 신경통, 류머티즘, 관절염, 기관지천식, 눈·피부·점막의 급성염증, 알레르기 질환이나 만성피부병에 사용되는 부신피질호르몬제(역자 주)

[이 여자아이들이] 직업 경력에 관심이 더 많고 결혼에는 관심이 적으며, 총과 같은 '남자' 장난감을 선호하고 인형 같은 '여자' 장난감에 거의 흥미를 보이지 않았다(Sayers, 1982에서 인용됨, p. 75).

세이어즈는 이와 같은 결론을 경멸한다.

아동기에 보이는 직업 경력에 대한 흥미가, 그러나 반드시 성인기 고위직의 성취까지 이어진다고 할 수 없다. 그러나 골드버그는 태내에서 남녀양성구유된 여자아이들에 관한 데이터를 사용하려 한다면, 골드버그는 가부장제도가 '남성 호르몬화'에 의해 결정된다는 가정을 해야 한다(ibid., pp. 75—6).

사회생물학적 사례가 반박될 수 있는 다른 예는 양성이 보이는 기술이 다른 것에 관한 윌슨의 데이터를 세이어즈가 다루는 방식에 있다. 윌슨은 남자아이들이 여자아이들보다 수학을 잘 하고 여자아이들은 언어 능력이 더 높다는 일관성 있는 연구 결과를 인용하였다. 그리고 윌슨의 견해로는 남자아이들은 사회적 놀이에서 더 공격적이다. 이런 근거에서 윌슨은 "똑같은 교육을 받고 모든 직업에 동등한 기회가 주어져도 남자는 계속해서 정치, 사업, 과학에 치우친 역할을 한다"(Sayers, 1982에서 인용됨, p. 77)고 주장하였다.

세이어즈는 남자들의 언어 능력이 덜한 것이 어떻게 정치 생활에 더 잘 '맞는' 것으로 이어지는지 냉소적으로 말한다. 생물학이 정말로 사회적 역할을 결정한다면 확실히 반대로 되어야 한다. 세이어즈는 또한 수학적 능력과 정치적 우성이 어떻게 연결되는지를 보는 것도 어렵다고 덧붙인다.

사회생물학에 대한 보다 근본적인 비평은 '남성성'이라는 용어를 공격성과 연결하여 사용하는 것이다. 기본 아이디어는, 공격성이 남성의 성 호르몬인 테스토스테론에서 나오기 때문에, 그리고 공격성이 남성의 사회적 우세로 이어지기 때문에 테스토스테론은 사회적 우세와 연결된다는 것이다. 공격성에 관한 많은 데이터는 원숭이 연구의 결과이다. 남성 호르몬을 주사하면 암컷 원숭이들은 좀 더 "거칠고 소란스런 놀이"를 하고, '공격성'과 '우성(優性)'을 보인다. 그러나 이것들과 정치 또는 직업 생활 간에 반드시 관계가 있는가? 현재 정치 또는 직업 생활이 주사 맞은 원숭이의 놀이와는 모두 다르다고 말하거나 그 연결이 단지 상황적일 뿐 과학적인 것이 아니라고 말하는 것은 아니다.

사회생물학적 견해를 유지하기 위해서 (사냥하는 암사자와 새끼를 돌보는 어미 사자가 증거인) 여성의 공격성이 간과되거나 최소화되어서는 안 된다. 더 한 것은, '공격성'과 '우성'이라는 용어 사이에 사회생물학의 개념적 혼동이 있다. 인간이 (또는 영장류가) 가지고 있는 우성의 패턴이 모두 공격성에 달린 것은 아니다. 세이어즈는 다음과 같이 쓰고 있다.

> 남성 우위가 본질적으로 남성 공격성의 효과라는 생물학적 결정론자의 주장은….무너진다. 개코원숭이 사회에서처럼 인간 사회에서 남성 우위는 삶의 자료 조건에 대한 반응인 학습된 현상이고, 조건은 역사적으로 문화적으로 다양하다(ibid., p. 82).

아마도 세이어즈는 이타적이거나 자기희생적인 행동, 양심, 리더의 권력에 놓여진 견제, 위기 시에 자발적으로 힘을 리더에게 부여하는 것 등을 마음에 두고 있는 것 같다. 리더는 지위를 얻지만 이것은 우성과 같지 않다. 마지막으로 인간에게는 집단적인 의사 결정을 할 수 있는 잠재력이 있다.

독자들은 이 문제에 대하여 자신만의 관점이 있을 것이다. 지금까지의 이 간단한 개요에서 내 목적은 주제가 아직 명료화되지 않았다는 것을 보여주기는 한다. 소위 많은 과학적 증거가 부적절한 연구방법과 연구자가 이미 가지고 있는 가치로 인해 오염될 수 있다는 것을 인정하는 것이다.

논의

이 장에서 우리가 이야기해 온 것은 타고난 남성성과 타고난 여성성 또는 둘 다에 관계된 것이 아니다. 우리는 차이의 현상에 관계된 이야기를 하고 있다. 그 차이의 기저 위에 세워진 사회적 또는 문화적 구조를 고려해 왔다. 우리는 그런 차이와 관련하여 각각의 삶을 살아간다. 이것은 (예를 들어, 한 여자가 우리 사회에서 자신을 어떻게 가장 잘 주장할 수 있는가 라는) 성별 역할에 대한 질문으로 이어지지만 이 질문들은 타고난 여성성이나 남성성 면에 의거하거나 남성성—여성성 스펙트럼에 의거해서 말할 수 없다(예로 자기주장과 준수 간의 차이로 표현될 것이다).

겉으로 보기에 보다 융통성 있어 보이는 이 접근방법의 문제는 우리가 전체적인 남성성—여성성 스펙트럼을 기술하려고 시도한다면 우리가 왜 성이나 성별에 관련된 용어들을 사용하는지 확신이 있어야 한다는 점이다. 그렇지 않으면, 우리는 ('남성적인' 주장이 아니무스와의 관계를 통해서 이루어지는 여성의 그것보다 효과적이라는) 무미건조하고 잘못된 결론에 도달하게 된다. 여기서 다시 주장에 대해서만 이야기해 보자.

싱거의 "남녀양성구유", 골든버그의 "인간 리비도 안의 일차적인 추동력", 나의 "차이에 대한 관계" 등은 모두 분석심리학을 현대 정신분석학 및 유아기 성이 다형도착(多形倒錯)이라는 프로이드의 차갑지만 명석한 통찰 가까이로 데려간다. 융이 (보편적인 것은 도착일 수가 없기 때문에) 프로이드의 "도착"이라는 말을 반박하였지만, 융이 좋아하는 표현인 "발달 초기 다기능의 성향"은 결국 같은 말이다.

위에서 막 소개한 세 가지 용어를 라깡(Lancan) 학파의 정신분석학 견해와 비교할 수도 있다. (라깡의 작업에 대한 소개에서) 미첼과 로즈(Mitchel & Rose)가 다음과 같이 표현했듯이,

> [우리는] 서로를 완전하게 하고 만족시키는, 이미 주어진 남성과 여성의 실체라는 용어를 가지고 성 간의 차이를 설명하려는 이론을 단호하게 거부한다[고 말하고자 한다]. 성의 차이는 오직 분할의 결과로 생긴 것이다. 따라서 분할이 없어진다면 차이 역시 사라질 것이다(1982, p.6).

지금은 이런 개념들을 분석심리학으로 되돌릴 시간이다. 대극에 관한 융의 전반적인 이론으로부터는 아마도 차이, 다름, 분할에 대한 주제를 뽑을 수 있다. 아마도 이것이 성과 성별에 관한 논쟁이 토대를 두어야 하는 원리— '대극'이 아니라 차이를 통한 정의(定義)—이다. 나는 이것을 최고로 중요한 것, 성별에 대한 융의 일반화로부터 뽑아낼 수 있는 어떤 것으로 본다. 우리가 다름이라는 인식을 초기에 인용한 융의 글('남성성과 여성성 요소는

우리 인간의 본성에서 연합된다')에 첨가한다면, 우리는 앞으로 나아가는 데 실행 가능한 기저를 가지게 된다(CW 10, para. 243).

라깡에게 분할과 차이라는 질문은 무엇보다 가장 중요하고 그의 표현으로 이것은 "차이의 절대적 기표"(記標)로서 남근 주변을 회전한다(1958). 후기 융 학파와 견주는 것은 라깡에 대한 미첼과 로즈의 작업을 인용한 아래 글에서 생생하게 표현된다.

> 모든 말하는 존재는 분할의 한 쪽에 자신을 세운다. 그러나 누구든지 그 선을 넘어서 해부학적으로 다르게 운명 지어진 쪽에 자신을 바칠 수 있다. 우리는 그것을 이쪽/아니면 저쪽의 상황이라고 말할 수 있다(1982, p.49).

각 사람은 '남자' 또는 '여자'로 지내지만, 그 의미는 상대적이다. 즉 다름(otherness)의 구조 내에서 가변적이다.

이러한 생각은 양성성의 개념을 미분화된(다양한 형태를 갖는 또는 다기능적인) 것으로부터 성과 성별 차이 및 분할에 관계된 모든 다양한 입장에 설 수 있게 하는 비전으로 바꾸어 준다(ibid.). 나는 여기에 이 입장들이 계속해서 나뉜 채로 있거나 통일될 수 있을 것이라는 사실을 덧붙이고 싶다. 남성적인 것과 여성적인 것이라는 주제는 언제나 해결되지 않는 것이다. 어떤 입장을 취하든 다른 입장이 생기게 된다. 이 두 입장은 그 스펙트럼을 분할할 수도 있고, 그 위에 입장 두 개를 그대로 둘 수도 있다. 아니면 한 쪽 입장이 다른 입장을 없앨 수도 있다. 새로운 입장인 세 번째 입장을 만들기 위해 서로 연합할 수도 있다! 이런 수많은 가능성이, 아니마에서 유래되고 아니마로 이어지는 '다신교' 심리학이라는 개념을 소개할 때 힐만이 마음에 둔 것이다(1971, 1981).

심리적 관계로서의 결혼

융이 종종 결혼이란 주제를 다른 곳에서도 서술하고 있지만, 그가 결혼에 대해서 저술한 주요 논문은 "심리적 관계로서의 결혼"이다(1925, CW 17). 여기서 우리는 아니무스와 아니마에 관한 그의 개념을 살아있고 계속되는 관계에 적용할 수 있다.

융은 결혼 적령기에 있는 젊은 사람들은 자신들의 부모와 해결되지 않은 채 무의식적으로 묶여 있음으로 인해서 파생되는 무의식의 동기적 영향력에 시달릴 수 있음을 인정함으로써 [이 주제를] 시작하였다. 여기에서 그는 아이들이 부모들의 살아보지 않은 심리 생활로 인해 고통을 받는다는 그의 생각을 다시 말한다. 그는 또한 결혼 유대가 조화를 찾아서 무의식의 퇴행적 성향을 자극하는 것에 주목한다. 개인 수준에서 그는 모든 결혼에는 퇴행적인 유아의 요소가 있음을 인정한다.

결혼은 출산과 연결되기 때문에 집단적인 관계로 볼 수 있다. 우리는 아니무스와 아니마가 결혼에서 어떤 역할을 하는지 지적해 왔다. 그래서 융은 남성과 여성이 심리적 역할을 서로 교환할 수 있는 전체적인 모형을 만들려고 하였다. 이것은 영문판에서는, 융이 한 가지 구체적인 역할을 여자들에게, 다른 역할을 남자들에게 주는 것처럼 들리기 때문에 반드시 지적해야 한다(영문판 번역자는 독일어판에서는 그렇지 않지만, 영문법 상에서는 요청적 의미가 있기 때문이라고 지적하였다—CW 17, para. 333n).

융이 지각하듯이, 결혼에는 종종 한 사람은 보다 단순하고 또 한 사람은 보다 복잡한 성격으로 이루어진 동반자관계(partnership)가 내포되어 있다. 결혼은 보다 복잡한 성격의 사람이 보다 단순한 성격의 사람을 둘러싸고 압축하는 관계가 되는 것이다. 융은 보다 복잡한 성격을 "담는 사람"(container), 보다 단순한 성격을 "담기는 사람"(contained)이라고 정의하였다.

> 담기는 사람은 전적으로 자신의 결혼 범위 내에서 살아가고 있음을 느끼며, 배우자에 대한 태도가 분리되어 있지 않다. 결혼생활 밖의 의무는 본질적이지도 않고 구속력도 없다(CW 17, para. 333).

한편 좀 더 복잡한 성격을 가진, 담기는 사람은 자신의 굉장한 심리적 불일치와 다면적 본성을 연합하고 조화롭게 하기 위해서 노력한다. 담기는 사람은 너무 단순해서 담는 사람의 다양성과 복잡성을 수용할 수 없기 때문에, 담는 사람은 담기는 사람과의 관계에서 이 일을 할 수 없다. 단순한 사람, 즉 담기는 사람은 단순한 대답을 원한다. 그리고 담는 사람은 단순한 대답을 주는 것이 불가능하다. 담기는 사람은 결혼에 만족하는 것 같은데, 문제는 불안정함을 지닌 담는 사람에게 있다. 그러나 적어도 담기는 사람은 연합을 소유한다.

담는 사람은 통합의 요청에 도움이 되는, 좀 더 복잡한 사람을 필요로 하고 "단순성에서 도망치는" 경향이 있다. 이로 인해서 결혼 밖에 있는 존재에 대해서 감정이 생길 것이고 결국은 "불륜"(para. 334)이 된다. 융이 표현했듯이 "[서로를 못 믿어] 창문에서 [뭐하는 거지 하면서] 들여다보는" 경향이 된다(para. 333.)

융은 계속해서 좀 더 보다 복잡한, 담는 사람이 자신의 담겨지고 싶은 욕구가 충족되지 않아서 고통을 받는다고 중요한 이야기를 한다. 담는 사람이 결혼 밖으로 나가서 "항상 문제를 저지르는"(para. 333) 이유는 자신을 담아줄 것을 찾기 때문이다. 담기는 상대방이 담길 것을 요구하면 할수록, 소위 담는 사람은 그의 욕구를 충족시킬 수 없다—그래서 담는 사람은 연합과 조화를 다른 어딘 가에서 찾으려고 한다. 담기는 사람이 자신 내에서 해답을 찾아야 하는 것, 담는 사람이 모든 것을 하리라는 기대를 하지 않는 것, 그리고 결혼이 전부가 아님을 알 때, 이 문제의 많은 패턴은 해결된다. 담는 사람은 먼저 어느 정도 실패를 경험해야 하고, 자신이 추구하는 통합이 결혼 내에 있다는 사실을 알게 되는 것이다.

내가 처음에 융의 이 모형을 접했을 때, 나는 이것이 보편타당하지 않다고 느꼈다. 내 현재 느낌은, 이 역동이 상당히 많은 결혼에 적용되지만, 다소 추상적이어서 일상의 소규모적인 많은 상호작용 면에서 들여다 볼 필요가 있다고 생각한다. 그러면 겉으로는 담는 일을 하는 사람이 비밀리에 그를 담아줄 것을 찾고 있다는 생각이 더 생생하게 다가올 것이다.

융의 모형은 결혼에 관한 것이긴 해도, 어머니와 아기의 관계 같은 다른 관계, 특히 집단에 대한 개인의 관계를 탐색하는 데에도 굉장히 유용하다. 융의 논제는 비온(Bion)이 같은 용어를 사용하고 있는 것에 비교될 수 있다. 비온 또한 담는 사람과 담기는 사람의 관계를 변환이라는 문제와 연결시켰는데, 담는 사람이 담기는 사람을 위해서 변환의 경험을 제공한다고 생각하였다.

융이 "담는 사람"이라고 말할 때, 거기에는 정서적 색조와 보폭 및 지배 등과 같은 것들이 내포되어 있다. 그의 이론 중 이 부분은, 짓누르는 남편(담는 사람)이 담기고 싶은 자신의 욕구를 누르고 있다는 것을 이해함으로써 여성들의 문화적 압박에서 벗어나려는 시도에서 유용하게 사용될 수 있을 것이다.

결혼 치료를 하는 윌리암스(Williams, 1971)는 융의 담는 사람-담기는 사람의 모형은 현대 결혼치료의 중요한 개념인 무의식적 결탁과 유사하다고 주장하였다. 그것은 그 모형이 본래의 배우자를 선택하게 했던 환상이 결혼에 의해서 보호받는 것을 설명해 주기 때문이다. 윌리암스는 대상관계 이론을 사용하여, 융의 개념을 더 진척시켜서, 결혼한 부부는 공유된 하나의 이미지의 지배를 받기 쉽다는 생각으로까지 나아갔다. 이 공유된 지배적인 이미지는 어느 한 배우자의 (주로 담는 사람) 무의식에서 비롯되거나 공동으로 만든 이미지이다. 양쪽 배우자와 관계된 이 이미지는 어떤 의미에서 결혼을 담고 있다.

윌리암스는 유아기와의 연관성이 결혼의 불화에 중심적인 문제라고 강조한다. 어머니-유아의 관계와 남편-아내의 관계는 모두 신체적인 친밀감을 그 안에 담고 있으며, 입의 구멍(orifice)/젖꼭지의 관계는 질 구멍/페니스의 관계와 같은 것이다.

배우자의 선택에 관한 융의 주요 논제는 사람들이 자신들 내에 있는 충족되지 않은 요인들을 활성화하는 사람을 선택하는 경향이 있다는 것이다. 병리적으로 이것은 어머니/아버지 역할을 담당하는 배우자와의 결혼으로 이어질 수 있다(para. 328). 그러나 융에 의하면 인격을 원숙하게 하려는 무의식의 충동은 자신과 다른 특징을 나타내는 사람에게 끌리게 한다. 여기에 두 가지 재미있는 증거 자료가 있는데, 이 자료는 이런 일이 항상 일어나는 것은 아니라고 말한다. 하나는 대규모 컴퓨터 결혼 정보 회사에 지원한 사람들의 데이터를 조사한 결과였는데, 거기에서 지원자들이 자기의 성격을 소개한 프로파일과 "이상형"이라고 제시한 프로파일은 굉장히 비슷하였다(Wilson과 Nias, 1977, pp.53-6). 다른 하나는 후기 융 학파 분석가들의 배우자 유형에 대한 연구였다(Bradway와 Wheelwright). 그에 관해서 저자들은 다음과 같이 논평한다.

이 자료는 이전에 우리가 가지고 있던, 우리가 우리와 심리적으로 다른 사람과 결혼하는 경향이 있다는 주장을 지지하지 않는다. 적어도 배우자들을 지각하는 면에서 이 견해는 다수의 분석가들에게 맞지 않는다(p.189).
우리는 컴퓨터 결혼 정보 회사 지원자들과 융 분석가들은 거의 전형적인 경우가 아니라고 항의할 수도 있다(cf. Samels, 1980a).
또 다른 자료는 비슷한 사람들이 결혼한 경우가 절반이고, 반대되는 사람들이 결혼한 경우가 절반이다. 결혼의 성공은 너무 비슷한 사람이 아니라 충분히 비슷한 사람들이 결혼한 경우에 토대를 두는 것 같다(Mattoon, 1981, pp.217-18).

결혼과 개성화

나는 융의 논문에 관한 논평에서 융은 양쪽 배우자들이 문제에 대한 해결은 서로에 대한 관계에 있는 것이 아니라, 자신들의 내면에 있다는 사실을 깨달을 필요가 있다고 생각한 듯하다고 주장하였다. 이런 생각은 비교적 최근까지 분석심리학 안에서 공감대를 형성하고 있었다. 그러나 일부 후기 융 학파 심리학자들은 이런 생각이 개성화 이론을 대인관계적인 요인과 심리내적 성장으로 분열시키는 것이라고 불평하였다. 그 항의자 가운데서 가장 대표적인 사람이 구겐뷜-크레이그인데, 그는『결혼—죽이는 것인가, 살리는 것인가』(1977)라는 책에서 아래와 같이 말하였다.
그는 현대 사회에서 결혼을 반대할 유리한 조건들이 쌓이고 있으며, 얼핏 보기에도 젊은이들에게, 현대 평균 수명으로 보아

50년을 쉽게 넘을 평생 동안 결혼생활에 헌신할 것을 기대하는 것이 불합리해 보인다는 사실을 받아들였다. 그러므로 결혼에 반대하는 시대정신(Zeitgeist)이 대두되는 것이 무리가 아니다. 그러나 그러한 비판들에도 불구하고 많은 사람들은 오늘날에도 결혼을 하고, 이혼한 사람들 역시 또 다시 결혼을 하곤 한다. 결혼 제도에 관한 비교문화 연구를 보아도 결혼의 형태나 표현은 무한정으로 다양한 것을 알 수 있다.

구겐뷜-크레이그는 결혼에 관한 우리의 다양한 관념들 가운데서 '웰빙'과 '구원' 사이의 중요한 차이점을 구분한다. 웰빙은 결혼의 안정성, 육체적 건강, 폭넓게 말해서 행복이라는 개념에 가깝다. 다른 한편 구원은 "삶의 의미라는 문제를 포함하고" (ibid., p.22) 있으며, 심지어 웰빙과 반대될 수도 있다. 왜냐하면 구원은 웰빙 개념이 포함할 수 없는 고통을 담을 수 있기 때문이다.

구겐뷜—크레이그는 구원과 고통을 염두에 두고, 개성화에 대한 문제를 제기한다. 논의가 정상적으로만 진전된다면 '개성화'에 무엇인가가 빠지는 것이다.

> 개성화와 구원론의 (구원에 관한) 문제는 다소 자폐적이고 자기-중심적인 것 같다. 그것은 사람들이 골방의 고요함 속에서 자신들의 영혼에 집중할 때 일어나는 것 같다 (ibid., p.34).

구겐뷜—크레이그는 결혼에서 (대화나 의사소통을 의미하는) "변증적인 것"이 개성화의 통로, 즉 "영혼을 발견하는 특별한 통로"일 수 있다고 제안한다. 인간관계를 맺고 있는 배우자들이 서로에게 개성화 과정에서 화해해야 하는 심리내적인 대극으로 작용하기 때문이다. 어떻게 "대화가 자기-인식을 진전시키는지"

(p.190의 윗부분을 참고하시오)에 대한 부버(Buber)의 생각과 징킨(Zinkin)이 부버를 인용한 것을 떠올릴 수 있다. 이것은 또한 연금술과 전이에 대한 우리의 설명과도 결합되는데, 거기에서는 대인관계와 심리내적인 것들이 서로 의사소통을 하고 있다 (p.399의 윗부분을).

구겐뷜―크레이그는 심리내적 개념을 대인관계의 영역으로 확장하여 사용한다. 여기에 다른 사람에 대한 적응을 통한 개성화라는 역설이 있다. 이것은, 달성될 수 있으면, 만족스런 사회적 순응이 가장 최선인 신교도적 (또는 탈무드적) 개성화이다. 이것은 양쪽 배우자 모두 상대방의 특성과 행동에 상당한 정도의 관용을 보여야 하는데, 거기에는 흔히 성적인 변태도 포함될 수 있다. 구겐뷜-크레이그는 성욕 자체를 개성화의 한 형태로 보는 것이다.

> 나는 … 무엇보다도 성생활이 환상에서 스스로를 드러내듯이, 상징적인 면에 있어서 심오한 개성화 과정임을 강조하고 싶다(ibid., pp.83-4).

구겐뷜―크레이그는 성과 출산을 분리시켜서 생각하려고 한다. 성은 자기표현 양식의 하나인데, 여기에서의 역설은 다른 사람이 관여된다는 사실이다. 구겐뷜―크레이그는 결혼의 양쪽 배우자가 서로에게 완전히 "직면한다"면 일어날 수 있는 "본능적 개성화"에 대해서 이야기하였다. 이 경우에만 그들은 정말로 결혼으로 "들어가서" 잠재력으로 존재하는 영혼을 고양시키는 경험을 할 수 있다.

구겐뷜―크레이그의 인상적인 저서를 평가하는 것은 쉬운 일이 아니다. 그는 어떤 면에서는 오늘날 많은 결혼에서 일어나고 있는 것들을 단순히 기술하고 있다. 오늘날에는 그 이전 시대에서보다 결혼 안에서 관용이 훨씬 더 많이 이루어지고 있으며, 많은 사람들은 고투 후에 성과 출산을 분리하게 되었다. 그 책의 가치는 대인관계에서의 관계성과 심리내적으로 이루어지는 개성화에 대한 전통적인 구분을 한결 더 진전시켜서 보여주었다는 점에 있다(11장을).

성 행동에 관한 메모

융이 프로이드의 통찰을 자유롭게 사용한 것과 같은 방법으로, 후기 융 학파의 분석심리학자들은 성적 일탈 행동에 대한 정신분석학적 이해를 광범위하게 참고하였다. 성적 정신병리에서 오이디푸스 콤플렉스의 역할을 강조하는 이론(예를 들어, 『금지된 사랑』(Kraemer 편, 1976, 소아성애에 관한 논문 시리즈)과는 달리, 발달학파에서는 그런 일탈이 일차적인 어머니—유아 관계의 장애에서 유래한다고 보는 이론들을 선호한다.

스토르(1957)는 융 학파의 이론을 성욕 도착(倒錯)과 복장 도착(倒錯)에 적용시켰다. 특히 그는 증상들이 가진 긍정적이고 보상적인 작용을 보여주었다. 이에 대한 간단한 예는, 자신의 지위에 너무 의존하면서 살기 때문에 창녀로부터 치욕을 당하고 싶어 하는, 권력 있는 남자 안에서 발견된다. 즈네(Genet)의 연극 "발코니"도 같은 생각을 보여준다. 테러리스트 지도자와 경찰 간부가 사창가에서 서로의 삶을 환상 속에서 사는 것을 보여주는 것이다.

분석심리학에서는 동성애에 대해 거의 관심을 갖지 않았다. 내가 아는 한, 동성애가 정신병인지 생물적으로 결정된 것인지에 대한 언급이 전혀 없다. 융은 남자의 동성애는 자신의 어머니한테 지나치게 몰입된 결과라고 보았다. 동성애인 남성들은 그들의 남성적인 측면이 덜 발달되어 있는데, 그들은 남성의 성기를 이상화(理想化)하고, 거기에 강하게 매료됨으로써 남성성을 경험한다. 융은 여성의 동성애에 관해서는, 역시 어머니에 대한 지나친 몰입이 관계된다는 것 외에, 거의 말하지 않았다. 일반적으로, 융의 설명은 거의 개략적인 것이다.

나는 동성애에는 두 가지 매우 다른 종류가 있다는 생각으로 접근한다. 첫째는 압제적이고 감정이입적이지 않은 부모로부터 비롯된 깊은 나르시스적 상처에서 유래되며, 그의 자기(self)와 관계된 틈을 메워 줄 파트너를 찾는 것으로 이어진다. 따라서 파트너를 그와 분리된 한 개인으로 경험되지 않는데, 그것은 그가 해부학적으로 같다는 사실이 일조(一助)를 한다. 우리는 이것을 나르시스적 동성애라고 부를 수 있다.

나르시스적 동성애는 좀 더 오이디푸스적인 성격의 동성애와 비교될 수 있다. 그런데 나르시스적 동성애는 안나 프로이드의 말로, "어머니 또는 아버지 한 쪽을 과도하게 사랑하고 의존하거나 어느 한 쪽을 극도로 미워하는"(1966, p.161) 것을 제외하고는, 이성애의 성 정체성과 같은 역동으로 나타난다. 여기서 요점은 이성애적인 성 정체성에 대한 오이디푸스적인 설명 역시 사람들이 자신의 부모에 대해서 느끼고, 환상 속에서 그리는 것을 강조한다는 사실이다.

분석심리학에서는 일반적으로 사람들의 성적 행동에 관해서 무엇인가 한정적으로 말하는 것이 매우 어렵다는 사실을 안다. 상당히 많은 양의 분석 작업은 환자에게 어떤 고정된 성적 취향이 있다면, 그가 동성에게 깊은 감정을 느끼고 있을지라도 그것에 "동성애"가 아니라는 환자의 말을 받아들인다. 그 깊은 감정은 건강하고, 풍부하며, 심리적 양성애에서 나오는 것이다. 마지막으로, 한 개인의 성적 행동에 관해서 이야기할 때, 우리는 이것을 자아 강도의 관점에서 고려해보아야 한다. 특히, 성적 추동에 의해 일어나는 분노의 빈도와 강도에 주목해야 한다.

아니마-화(Anima-tion)

우리 시대의 문화적 변화는 성별, 성 및 결혼에 초점을 맞추고 있다. 우리 주위에 새로운 분위기 같은 것이 펼쳐지는데, 여성들의 사회적이고 정치적 분투가 그 일부를 이루고 있는 듯하다. 나는 여기에 아니무스와 아니마가 동등하게 여성들과 남성들 안에 존재한다는 생각을 적용시킬 수 있으며, 우리는 점점 더 아니마의 세계, 아니마화-되는(anima-ted) 세계에서 산다고 말할 수 있다고 생각한다. 우리가 아니마를 (아니마가 아니무스와 항상 연계되어 있는) 대극의 쌍으로부터 떼어내고, (아니마가 항상 "열등하고" 무의식적 요소가 되는) 페르조나, (아니마가 항상 "사용되는") 자아, (아니마가 비교로 인해서 보잘 것 없이 되는) 자기로부터 떼어낸다면, 우리는 우리의 문화적 변천을 이해할 수 있는 훌륭한 도구, 또는 방법론을 가지게 될 것이다.

융은 이 새로운 분위기를 알아차렸다. 그는 1950년 교황이 복되신 동정녀 마리아의 승천 교리를 선언한 것은 여성성을 신성에 포함시키는 것을 시사하는 것으로서, 굉장한 의미를 가지는 사건이라는 사실을 알았다. 이러한 발달은 수천 년 이상 동안 태동하였고, 집단적 압력에 의해 유발된 것이다. 그런데 그 방법은 연금술사들이 마련하였다. 그 상징이 남성적인 모습과 여성적인 모습을 사용하면서 정신적 분열과 통일을 나타내기 때문이다(CW 14, paras 662-8).

우리 문화는 여전히 가부장 제도이고 융과 융의 분석심리학은 그 가부장 제도의 일부이다. 여기서 나는 융을 개인적으로 지칭하는 것이 아니라, 분석심리학이 가부장 제도의 관점으로 채색되고, 조정되며, 구조화되어 있다는 사실을 말하는 것이다. 가부장 제도의 본질은 모든 것이 제자리에 있어야 한다는 것이다. 가부장 제도는 질서에 의해서 특징지어지는데, 거기에서 훈련은 확실하고, 아마도 순위도 포함될 것이다. 어느 한 요소가 없으면 반대되는 다른 것을 거의 생각하지 못하기 때문에 우리의 언어 사용조차도 가부장 제도의 본질을 뒷받침하고 있다. 가부장 제도는 "깨달음이 확산되는 것"을 좋아하지 않고(Claremont de Castillejo, 1973, p.15), "변화 가운데 있는 지혜"를 추구하지 않으며(Perea, 1981, p.85), "기본적인 존재"에 대한 감각을 업신여기며(E. Jung, 1957, p.87), "달빛 같은 반성"을 인정하지 않는다(Hillman, 1972, p.111). 이것이 아니마이다.

제 8 장

꿈

　환자와 환자와의 꿈 작업은 융의 분석에서 중요한 역할을 한다. 융은 꿈에 관한 자신의 생각을 일반적인 이론으로 조직화하지 않았지만 꿈과 꿈꾸기에 대한 그의 태도에 대해서는 매우 명확하게 이야기하였다. 융의 개념 가운데서 어떤 것들은 불가피하게 프로이트와 일치하지 않는다. 이 사실은 그가 어떤 점에서는 프로이트에게 빚을 지고 있지만, 그가 프로이트의 방법으로 꿈에 접근하지 못하게 하는 한계가 되기도 한다.

기본 원리들

　간결하게 이야기해서, 융이 주로 프로이트에게 동의하지 못하는 것은 꿈의 현현된 내용과 잠재된 내용의 문제였다. 융은 꿈이 조심스럽게 해독해야 하는 잠재적으로 기만적인 메시지를 담은 것으로 보지 않았던 것이다. 그에 대해서 융은 다음과 같이 썼다:

나는 꿈을 그것이 말하는 것으로 여긴다. 꿈은 굉장히 어렵고 복잡한 것이어서 나는 꿈이 교활할 가능성이 있다거나 기만하는 경향이 있다는 가정을 감히 하지 않는다. 꿈은 자연스럽게 일어나는 것이기 때문에 꿈이 우리를 잘못 인도하는 교활한 기제라고 우리가 가정해야하는 이유는 도대체 없는 것이다(CW 11, para. 41).

융은 꿈과 꿈의 내용을 정신적 사실로 보았다(CW 13, para, 54). 그러나 꿈을 그대로 다룰 수 있다는 융의 주장에 반하여, 우리는 융이 꿈의 구조, 언어 및 의미에 대하여 많은 작업을 했다는 사실을 고려해야 한다. 매툰(Mattoon)이 지적한 것처럼, 융이 프로이트보다 환자의 꿈 작업을 '많이 하지 않았다'고 생각하는 것은 실수일 것이다(1981, p.248). 융은 대부분 확실히 꿈을 해석하였지만, 매툰이 "일 대 일 표상"—비교적 의미가 고정되어 있으며 성적 갈등을 드러내는—이라고 정의한 것(ibid.)으로는 꿈을 해석하지 않았다. 융은 프로이트가 상징이 아니라 기호를 가지고 작업을 했다고 생각하였다. 상징과 달리 기호는 미리 방법을 지시하거나, 독특한 방식으로 복잡한 상황을 표현하지 않으며, 이미 알려진 어떤 것을 (페니스, 아버지, 어머니 등) 나타낸다. 기호는 그러므로 "기호가 표상하는 개념보다 항상 덜한 반면, 상징은 명백하고 즉각적인 의미 이상의 것을 항상 나타낸다"(Jung, 1964, p.41).

나는 프로이트의 보다 진화된 꿈 해석 방법이 그렇게 엄격한지에 대해 잘 알지 못한다. 마찬가지로 프로이트와 융의 차이를 구별하는 것이 융 자신의 발달에 얼마나 도움이 되었는가? 예를 들어서 말하자면, 프로이트의 해석에서는 공격성이 성적인 것만큼이나 많이 중요하다는 상당한 증거가 있는 것 같다(cf. Jung,

1963, pp.182-3, 프로이트가 죽음-욕망에 의거하여 본인의 꿈을 해석했다고 융은 기록한다). 한편, 꿈에 대한 후기 프로이트 학파의 정신분석 작업은 프로이트의 출발점에서 융의 관점에 더 가깝게 그 위치를 옮겨간 듯 하다(e.g. Rycroft, 1979; Gill, 1982). 이것은 무엇인가 엄격한 태도가 실제로 존재했을 때만 일어났을 것이다. 모든 것을 고려해 볼 때, 융의 접근방법은 프로이트의 방법과는 사뭇 달라 보인다.

또한 우리는 분석심리학이, 선재(先在)하는 상징적 어휘에 근거한, 고정된 해석을 가진 그 자체의 문제를 가지고 있다는 것을 마음에 새길 수도 있다. 어떤 남자의 꿈에 여자가 나오면, 그 꿈에 실제로 들어가는 것이 이루어지기 전에 '아니마 상'에 대해서 듣는 것은 흔한 일이다. 일반적으로 여전히, 분석심리학은 융의 다음과 같은 서술을 받아들여 왔다:

꿈은 영혼의 가장 깊은 내면 그리고 가장 비밀스러운 곳에 있는 작은 숨겨진 문인데, 이 문은 어떤 자아의식이 있기 오래 전 정신이며 우리의 자아의식이 얼마나 멀리 확장되는지에 상관없이 정신으로 남을 우주적인 밤으로 향해 열린다(CW 10, para. 304).

이런 개방성과 융의 '지시된 연상' 기법(프로이트의 자유연상법과는 대조적으로 꿈꾸는 사람의 주의를 꿈의 중요한 요소로 이끄는 방법) 간에는 긴장이 있다.

프로이트의 소망충족(wish—fulfilment)이라는 개념에 반하여, 융은 꿈의 기능을 설명하기 위해 보상(compensation)에 관한 본인의 이론을 만들었다. 이에 대해서 두 가지 측면이 있다. 첫째, 융은 다음처럼 서술한다:

꿈은 실제 상황을 상징적인 형태로 무의식에 그리는 자발적인 자화상이다(CW 8, para. 505).

두 번째,

꿈은 상황을 개선한다. 꿈은 결핍된 자료를 기증하고 그럼으로써 환자의 태도를 개선한다. 그것이 우리의 치료에서 꿈 분석을 필요로 하는 이유이다(CW 16, para. 482).
즉각적으로 그리고 불가피하게 너무 멀리 가는 모든 과정은 보상을 요구한다….보상이론은 정신 행동의 기본 법칙이다….우리가 꿈을 해석하려고 할 때, 꿈이 의식의 어떤 태도를 보상하는가? 라고 묻는 것은 항상 도움이 된다(CW 16, para. 330).

독자는 이것의 논리에 주목해야 할 것이다: 꿈이 무의식적인 상황을 이야기하는 동시에 (어느 정도 반대적인 의미에서) 의식에 대한 보상이라면, 융은 한 편으로는 의식의 태도가, 다른 한 편으로는 꿈에서 표현된 무의식의 태도가 항상 보상적인 관계에 있다고 이야기한다. 이러한 결론이 융의 명제에서 논리적으로 유도되었다고 하더라도 우리는 이 결론이 일부 후기 융 학파들에게는(예를 들어, 뒤에 나오는 Dieckmann, Hillman) 어떻게 수용될 수 없는지를 조금 후에 볼 것이다.

융의 의식과 무의식의 양극(兩極)성에서 일어나는 하나의 요건은 그 순간에 의식의 상황에 대해 완전한 지식을 갖는 것이 정말로 중요해진다는 것이다. 꿈은 "의식의 상황을 무의식에 배열하는 재료들로" 가득하다. 개인의 상황을 모르는 채, "꿈을 정확하게 해석하는 것은 운을 기대한다면 모르지만 불가능한 일이다"(CW 8, para. 477). 꿈의 확충을 고려할 때, 그리고 나중에 이 장에서 후기 융 학파의 분석 심리학자들이 융의 접근방법을 변형한 것을 고찰할 때, 우리는 진실로 의식의 상황에 대한 융의 이런 관심에 마음을 둘 필요가 있다.

꿈과 꿈꾸는 것의 보상적인 특성에 대한 융의 주장에 더해서, 융은 꿈과 같은 심리적 자료에 대한 그의 종합적(synthetic) 접근방법이 프로이트의 환원적 방법보다 적절하다고 생각하였다. 우리는 종합적 지향과 환원적 지향 간에 선을 긋는 것이 다소 명확하지 않다는 것을 앞에서 살펴본 바 있다(앞의 303-5를). 지금 우리는, 융이 종합주의자와 환원주의자 둘 다 꿈의 원인은 동일하게 볼 수 있지만 꿈을 이해하는 준거는 다르다는 것에 동의함에 주목한다. 융은 다음과 같은 것을 알고 싶어한다:

> 이 꿈의 목적은 무엇인가? 어떤 효과를 갖는가? 이런 질문들이 모든 정신 활동에 적용될 수 있다는 점을 고려해 보면 이 질문들은 추상적이지 않다. 모든 유기체의 구조가 목적적인 기능을 가진 복잡한 네트워크로 구성되어 있고, 이런 기능들의 각각은 목적적인 방향성을 가진, 일련의 개별적인 사실로 해결될 수 있기 때문에 '왜'와 '어디로' 라는 질문은 어디에서든지 제기될 수 있다(CW 8, para. 462).

프로이트와의 마지막으로 불일치되는 영역은 꿈을 '주관적' 관점에서 볼 것이냐 '객관적' 관점에서 볼 것이냐이다. 전자라면, (꿈에 나온 이미지가 꿈꾸는 사람에게 잘 알려진 실제 인물일 때 반드시는 아니더라도) 꿈의 모든 요소들은 꿈꾸는 사람에 관한 것, 또는 꿈꾸는 사람 자신의 정신의 일부로 취해진다. 객관적인 관점에서는 예를 들어서, 꿈에 나오는 인물이 꿈꾸는 사람이 직면하고 있는 삶의 상황에서 비롯된, 실제 사람들을 나타낸다고 보거나 또는 실제 사람들의 어떤 면이라고 본다. 이 점은 융이 객관적인 견해보다 주관적인 견해를 선호했다는 것이 아니라 융이 둘 다를 사용했다는 것이다—그리고 융은 프로이트가 객관적인 방법론에만 한정하였다는 것을 논의하였다.

꿈의 해석

    융은 꿈이 전형적인 구조를 가지고 있다고 느꼈고 어떤 특별한 꿈이 이런 구조에 맞는 방식 또는 이런 구조에서 파생된 방식에 주의를 기울임으로써, 분석가는 꿈의 중요한 요소를 확실히 놓치지 않으리라고 느꼈다. 꿈의 구조는 네 가지로 나뉘어진다: 상세한 설명, 전개, 정점과 소산(CW 8, paras 560—6).

    상세한 설명에는 그 꿈이 제기하는 문제에 대한 암시를 주는 장소, 주요 등장인물, 초기 상황 등이 나타난다. 전개에는 복잡한 플롯이 따라오며 "그 사람이 무엇이 일어날지 모르기 때문에 한정적인 긴장이 있다"(ibid., para. 562). 정점에서는 꽤 한정적인 무엇인가가 발생하거나 상황이 바뀐다. 모든 꿈에 해결이 있는 것은 아니지만 이것은 최종 상황일 것이다(실제로 아무것도 정리되지 않을 수도 있기 때문에 서술적인 의미에서의 최종이다).

    우리는 이 구조를 M이라는 거식증 환자의 꿈에 적용해 볼 수 있다. 이 여환자의 부모는 M이 15개월 때 별거를 하였고, 아버지는 그 후에 M을 거부하였다. M의 계부는 M이 10대였을 때 죽었다. 꿈을 꿀 당시 M은 남자친구가 없었다(M은 지속적인 관계를 가진 적이 없었고 최소한의 성경험도 없었다). M은 28세였으며 일견 좋은 이유로 어머니가 일했던 동일 기관에서 동일 일을 하였다. M은 내가 꿈에 관해 라디오에서 인터뷰하는 것을 듣고는 나를 찾아왔는데 앞으로 보게 되듯이 중요한 면일 수 있다.

나는 융의 도식에 따라서 그 꿈을 아래와 같이 나누었다.

상세한 설명: 나는 엉덩이 수술을 받으려고 병원에 있어요. 간호사가 내게 와서 무엇인가 실수가 있었다고 이야기해요.
전개: 이 실수 때문에 내가 암이 생긴 거예요.
정점: 나는 정말로 속이 상하고 화가 났지만 아무 말도, 아무 것도 하지 않기로 했어요.
소산: 간호사의 감정을 상하게 하고 싶지 않기 때문이었어요.

융의 계속되는 관심은 개인적인 연상과 원형적 평행을 지닌 확충을 통해서 그 꿈을 작업하는 것이다. 우리의 이어지는 논의에서 융이 이 수준의 확충에 관심이 있다는 것을 기억하는 것이 중요하다.

환자에게 자신의 꿈 이미지에 대해 그가 어떻게 느끼는가를 항상 묻는다. 꿈은 항상 잘못된 의식적 판단을 하는데 대한 개인의 특별한 문제에 관한 것이기 때문이다(CW 18, para. 123).

그리고

환자와 나는 함께 우리 모두 안에 있는 2백만 살 먹은 사람에게 말을 건다. 결국 우리가 겪는 대부분의 어려운 점들은, 우리가 우리 안에 저장된 아주 오래된 잊혀지지 않는 지혜와 우리의 본능이 접촉을 잃어버리는 데서 온다. 그러면 우리는 우리 안에 있는 이 노인을 어디에서 만나는가? 우리의 꿈에서이다(C.G.Jung, 1978, p.100).

나는 융이 원형적인 것은 개인적으로 관련되지 않고 그런 자료는 꿈꾸는 사람의 개인적 상황에서 일어나는 것이 아니라고 말했다고는 생각하지 않는다. 실제로 분석의 과제는 "우리 안에 저장된, 아주 오래된 잊혀지지 않는 지혜"를 우리의 개인적 상황에서 만나는 것이다.

지금 막 기술한 M의 꿈에서 간호사 상은 환자가 자신의 어머니 "이다"고 하였고, 암은 어머니와의 관계의 결과라고 하였다. 보다 일반적인 수준에서 M의 연상은 이렇게 더 나아갔다: 병원에서 한 실수, 현대 의료의 일방성, 정신과 신체의 연결 가능성.

고전 융 학파는 상처 받은 치료자와 오류를 범하기 쉬운 상처 등과 같은 집단 무의식에서 파생된 은유를 가지고 작업을 계속해 왔다. 사실, 내가 환자의 개인사(個人史)를 알고 있으며, 무엇보다도 그녀가 그녀의 어머니는 비판이나 저항에 매우 취약하다는 사실을 알고 있음을 알았기 때문에 나는 그 꿈을 객관적으로 해석하였다. 이렇게 해서 전문적 지위에도 불구하고 기분을 상하게 해서는 안 되었던 간호사는 보다 주관적인 "결함이 있는 내적 치유자"라기 보다는 '어머니'를 상징하였다.

환자는 다음 회기에 와서 그녀가 그 날 저녁에 집에 갔을 때 분노가 폭발하는 것을 경험하였고, 분노의 강한 표현으로 머리를 침대에 찧었다고 말했다. 이것은 매우 평소답지 않은 행동이었다. 나는 그 환자에게 그녀가 이 강한 감정을 회기 동안 드러내지 않으려고 노력하였다고 말했다. 환자가 나를 믿지 못했던 것일까? 아니면 내가 실수했다고 생각했을까? 환자는 실수가 아니라 내가 자기를 도울 수 있다는 것을 믿지 못하였다. 그리고 그런 말을 해서 내 감정을 상하게 하면 어떻게 하나 하고 걱정하였다. 그런 후 우리는 그 꿈의 전이적 측면에 관해 논의하였다.

아주 이상하게도, 내가 그 꿈에서 (간호사는 결함이 있는 내적 치유자를 표상했다고) 생각했지만, 그렇게 해석하지 않은 것은 점점 더 타당한 것으로 드러났다. 나는 그녀가 스스로 자신을 돕기를 원하고 있는 자기 자신을 발견하였고, 우리는 그녀가 자신의 문제와 관련하여 적극적일 수 없는 이유와 그녀가 그렇게 무기력하게 됨으로써 얻을 수 있는 숨겨진 이득을 살펴보려고 하였다. 그래서 그 간호사는 계속해서 어머니, 분석가, 결함 있는 내적 치유자, 그리고 간호사 "였다"(p.514 이하를).

융은 전(前)개념(preconception) 없이 꿈과 확충에 접근해야 한다는 것을 강조하였다.

> 꿈 해석의 기술은 책에서 배울 수 있는 것이 아니다. 방법과 규칙은 그것들 없이 잘 지낼 수 있을 때만 좋은 것이다. 어쨌든 그렇게 할 수 있는 사람만이 진정한 기술을 가진 것이고, 정말 이해를 할 수 있는 사람만이 이해하는 것이다(CW 10, para. 153).

그러나 동시에 "전문가가 소유해야 하는, 폭넓은 지식이 요구된다"(ibid.). 이 지식은 "살아있고" "그것을 사용하는 사람의 경험에 스며들어야" 한다(ibid.). 우리가 이것과 치료적 상호작용에 대한 융의 전체적인 태도를 결합하면 꿈 해석에는 분석가의 완전한 정서적 관여가 요구됨을 알 수 있다.

꿈이 시리즈의 일부인가, 그렇다면 주제적 재료가 어떻게 발전하는가 아닌가를 보는 것은 중요하다. 덧붙여, 융은 분석에서 제시된 초기 꿈에 상당한 중요성을 부여하였다. 초기 꿈은 진단과 예후를 알리면서 종종 상황을 요약한다. 모든 꿈이 보상적인 것은 아니다. 어떤 꿈은 숨은 뜻이 있거나, 예언적이고 미래 사건을 예견한다고 융은 말한다.

융은 '정확한' 꿈 해석에 관해서는 융통적이었다. 융이 그 단어를 사용한다고 해도, 융은 그의 해석이 꿈꾸는 사람의 전체 생활과 관련하여 검증되어야 할 '가설'로서 생각하는 것 같다. 심리적 자료에 대한 심미적 접근방법에 대한 경고에도 불구하고 (1963, p. 210), 융에게 꿈 해석은 창의적 현상에 대한 반응인 것 같다.

꿈에 대한 고전 융 학파의 접근방법에 대해서 더 알고 싶은 사람들은 포괄적으로 설명해 놓은 글들을(Hillman, 1977; Mattoon, 1978) 읽으면 되지만 이 글들이 융의 입장과 현저하게 다르지 않다. 나는 융의 제안에 대해 세 가지 중요한 변형을 고찰하려고 한다. 이것들은 (a) 꿈 자아의 중요성을 더 강조한 것, (b) 꿈을 분석하는 것이 아니라 환자를 분석하는 것을 확실히 하기, 그리고 (c) 융으로부터 꿈의 밤 세계와 의식의 낮 세계간의 다른 구분을 이끌어내기 이다.

꿈 자아의 중요성

디크맨(Dieckmann, 1980)은 분석심리학이 꿈과 각성시의 경험 사이의 차이를 과대평가하는 것은 아닌지에 대해 의문을 제기한다. 내가 생각하기에 디크맨은 다음과 같은 융의 견해에 대해 반응하고 있는 것 같다.

> 나는 평행하는 꿈의 가능성, 즉 꿈의 의미가 의식의 태도와 우연히 일치하거나 의식의 태도를 지지하는 꿈의 가능성을 부인하지 않는다. 그러나 적어도 내 경험상으로 이런 경우는 드물다(CW 12, para. 48).

디크맨은 꿈에서 꿈꾸는 사람(꿈 자아)의 행동이 깨어있을 때와 종종 비슷하다는 것을 지적한다. 꿈 자아는 각성시의 자아처럼 동일한 방어물들을 투입하고 동일한 감정을 느끼고, 각성시의 자아처럼, 살아남기 위해 그 자체를 유지하려고 한다. 물론 디크맨은 꿈이 억압된 감정이나 새로운 경험을 자아에게 전달한다는 것을 인정한다. 그러나 디크맨은 소망충족이나 보상과는 다른 식으로 꿈을 마음속에 그리는 제3의 방법이 있음을 느낀다. 다른 말로, 디크맨은 꿈꾸는 사람이 깨어있을 때 일어나고 있는 것을 꿈이 표현하며, 다만 잠깐 동안 꿈꾸는 사람의 각성시의 자아에 (아마도 받아들이기 쉽지 않기 때문에) 이용 가능하지 않은 것이라고 한다.

디크맨이 제시하는 꿈과 각성시 사이의 연속성은 임상에서 장점으로 작용한다. 환자는 꿈에서 경험한 것에 대해 이야기할 수 있고 다음과 같은 것을 발견할 수 있다.

전에는 환자가 알 수 없었던 것을 꿈에서 쉽게 알아볼 수 있다. 이에 기초해서 관계와 이해를 연결해 주는 최초의 다리가 꿈에 건설될 수 있다. 꿈 자아를 매우 명확하게 차지하고 있는 자아 감정이 이 과정을 용이하게 한다(1980, p. 50).

이 방법론에서 환자는 낯선 꿈 맥락 안에 있는 자신을 보고 경험함으로써 내부 세계로 움직여 들어갈 수 있다. 이 자체가 통찰력을 가져온다. 객관—주관 단계 스펙트럼에서 본다면 디크맨은 자신의 접근방법이 객관적인 것임을 인정한다. 그러나 '객관'은 꿈꾸는 사람 자신인, '주관' 이다.

이전에 보고한 꿈을 디크맨의 시점에서 다시 한 번 검토해 보자. M은 생시에 화를 내거나 심지어 자기 주장을 하는 것조차도 굉장히 어려워하였고, 자신의 엄마를 탓하는 감정을 막대한 저수지에 담고 있었다. M은 이것을 의식적으로는 알지 못 했고, 다만 엄마와 연락을 하지 않으려고 하였다. M은 무의식적으로 자신의 엄마가 노출되고 취약하다고 보았기 때문에 이런 감정들을 놓으려고 하지 않았다. 우리가 M의 어린 시절을 재구성해 볼 때, M은 항상 그렇게 해 온 것 같다. 사실, 그 당시 내가 이런 지식 없이도, M의 일상 행동과 꿈 행동 사이에 일관성이 있었기 때문에 우리는 디크맨의 방법을 사용하여 그 꿈에 접근하였다. (비록 그 꿈 자체가 분노 폭발이라는 보상적 경험으로 이어졌을지라도) 이 경우에는 보상이 특별히 그 꿈에 관련이 없어 보였다. 나는 M에게 이렇게 이야기할 수 있었다: "보세요. 당신이 불평할 진짜 이유가 있고 화가 나지만 화를 내지 못 했을 때 꿈에서 당신이 어떠했는지, 실생활에서는 어떤지, 그리고 당신의 어머니가 당신을 잘 못 보살핀 것(당신에게 암을 준 것)에 대항해서 어머니가 먹이지 않아서가 아니라 당신의 분노를 인정함으로써 당신을 변호해야 한다고 당신은 느끼고 있습니다."

꿈이 아니라 환자를 분석하기

융의 기본 접근방법에 대해 내가 토론하고 싶은 두 번째 변형은 꿈에 대한 융의 고전적 접근방법에 대한 램버트(Lambert)의 비판이다. 램버트는 "분석가들이 매일의 임상적 상황에서 환자의 꿈을 실제적으로 다루는" 문제에 관심이 있다(1981a, p. 173). 램버트는 이 고전적 접근방법의 문제점을 네 가지로 밝힌다.

첫째, 꿈을 요청함으로써 환자들에게서 꿈을 끌어낸다면 재료의 자연스런 흐름이 방해되고, 분석가는 환자의 무의식이 말하고자 하는 것이 아니라 분석가 자신이 원하는 것을 들을 것이다.

둘째, 이것의 결과는 분석가를 꿈 해석자에 불과하도록 만들어 분석가가 일하고 있는 전인(全人)에 대한 시각을 잃을 수 있다. 고전적 접근방법에서는 많은 경우 꿈을 두 부(部) 타이프 하여, 환자와 분석가 사이에 있는 은유의 테이블에 놓는데, 이는 꿈을 분리시켜 조사함으로써 깊은 정서 경험을 가로막게 한다.

셋째, 고전적 분석가들은 전이—역전이 상호작용으로서의 꿈이 (그리고 어느 정도로는 꿈의 내용도) 나타날 수도 있음을 간과할 수 있다. 꿈이 요구에 응하려는 마음에서 나타날 수 있다. 분석가가 꿈을 좋아한다는 것을 알기에 환자는 꿈을 만들어내어야 한다고 느낄 수 있다. 꿈이 너무 많아서 분석가가 완전히 압도될 수도 있다. 정반대로 환자는 분석가에게 꿈을 가져오지 않음으로써 만족할 수도 있다. 때로 환자가 단편적인 꿈이나 옛날 꿈을 가져옴으로써 분석가를 감질나게 하거나 분석가의 해석에 동의하지 않는, 겉보기에 안전한 형태로 분석가와 싸우거나 부정적인 감정을 표현하는 것 같을 수 있다.

넷째, 고전적 접근방법은 보통 심리적 기제(예를 들어, 투사, 내사)가 꿈속에서 작용하는 방법에 충분히 주의를 기울이지 않는다. 예를 들어, 위협하는 인물은 꿈꾸는 사람이 격노를 투사하여 표상한 것일 수 있다.

램버트는 분석가가 꿈을 요구해서는 안 되며 꿈은 다음과 같음을 기억해야 한다고 제안한다.

> 꿈은 여러 가지 의사소통 방법 중 환자가 사용하는 한 가지 방법이다. 중심되거나 마디가 지어지는 의미를 분리하여 해석할 수 있다(다른 말로 꿈이 아니라 환자가 분석된다)(1981, p. 186).

램버트의 지적은 중요하지만 오늘날 대부분의 분석심리학자들은 꿈을 꾸는 데 대한 전이—역전이의 영향에 대해 알고 있다. 예를 들어, 베리(Berry)는 "과정 지향적 분석가"가 꿈이 말해지는 방법에 대해 어떻게 주의를 기울이는지, "적절하게" 표현되는지 아닌지, 환자가 해석과 관련하여 능동적인지 수동적인지 등등에 대해서 언급한다(1974, pp. 59—70).

블럼(Blum, 1980)은 램버트가 꿈이 최고라는 고전적 강조에 과대 반응하는지와 분석과정과 꿈 과정 사이의 차이를 잘못 구별하고 있는지에 대해 의문을 제기하였다. 블럼은 환자의 꿈 하나를 다른 꿈들과 분리해서 보는 것에 반대한다. 이것은 융이 꿈의 맥락을 무시하였다고 비난받을 가능성과 관련하여 융이 이야기한 것을 생각나게 한다. 융은 일련의 꿈은 그 자체의 맥락이며, 그런 상황 속에서 개별 데이터는 때로 덜 중요하다고 느꼈다 (CW 12, paras 49—50).

의문이 남는다: 꿈들은 어떤 방법으로 특별한가? 램버트는 꿈들이 꿈꾸는 자의 심리적 상태를 요약하는 "놀랄 만한" 방법을 언급하면서, 꿈들의 특별한 역할을 배제하지 않는다. 그럼에도 불구하고, 램버트는 분석 방법에 관한 한, 꿈을 덜 중요하게 보려는 인상을 준다. 그렇기 때문에 블럼이 제언하듯이 램버트는 과대반응하는 것일 수 있다. 그러나 꿈을 불건강하게 이상화하고 분석이 일어나는 것을 멈출 수 있는 방법에 주목함에 있어 그는 분석심리학 방법에 대해 다소 어색한 질문을 제기한다.

M의 꿈에 램버트의 관점을 적용해 보면, M의 개인사(個人史)에 대한 지식과 재구성 없이 나는 "간호사"를 "결함있는 내적 치유자"라기 보다 "엄마"로 해석하는데 그렇게 자신 있지는 않았으리라. M은 꿈에 대한 나의 관심을 확실히 알았고 그래서 나와 함께 일하는 것을 고려하게 되었다. 그럼에도 불구하고, 꿈 재료가 아닌 것들 역시 충분히 있었다.

낮의 세계와 밤의 세계

세 번째 변형은 힐만(Hillman)의 접근방법이다. 힐만도 "억압 또는 보상"으로부터 다른 길을 찾는다(1979a, p. 1). 힐만은 꿈이 정확한 원형적 위치로부터 나타나는 현상임을 제안하기 위해 지하세계라는 은유를 사용한다. 낮 세계와는 사뭇 다른 것으로서의 꿈의 밤 세계인 지하세계를 강조함으로써 힐만은 그가 의식 자체가 커지는 것을 추적하지 않음을 보여준다. 힐만은 어떤 해석가들, 즉 프로이트 학파와 융 학파 모두의 목표는 의식 자체의 증가를 추구하는 것이라고 믿었다. 힐만은 꿈 자체가 목적을 가지고 있기 때문에 꿈을 해석하거나 번역하는 것에는 관심이 없다.

게다가 힐만은 의식과 무의식 사이의 간극을 메우려고도 하지 않는다:

> 우리는 지금 우리가 사용하고 있는 의례적인 절차인 꿈을 자아—언어로 번역하는 절차를 뒤집어서 대신 자아를 꿈—언어로 번역해야 한다. 이것은 자아 위에서 꿈 작업을 하는 것, 자아의 은유를 만드는 것, 자아의 '현실'을 통해 보는 것을 의미한다(ibid., p. 95).

힐만은 꿈을 인과관계로 만드는 것, 꿈으로부터 도덕적인 것을 얻는 것, 꿈을 개인 생활과 관련 있는 것으로 보는 것, 꿈을 시간적 모드에 놓는 것(앞뒤로 왔다 갔다 하면서 보는 것), 꿈을 행위의 안내자로 보는 것, 그리고 무엇보다도 꿈을 문자 그대로 보는 것을 피하고 싶어 한다. 그래서:

> 내가 나의 어머니와 아버지, 형제와 자매, 아들과 딸에 대한 꿈을 꾸면 꿀수록, 내가 그들을 나의 문자 그대로 순진한 자연주의 안에서 덜 실제적 인물로 지각하고, 그들은 더욱 더 지하세계의 정신적 거주자들이 된다(ibid., p. 96).

그것은 '옳은' 해석이 성취 불가능하다는 것을 시사한다; 대신 우리는 복수적이고 다중적인 접근방법을 지녀야 한다. 그러나 여기에 모순이 있는 듯하다. 무엇이 복수적이고 다중적인가? 틀림없이 독특한 방식으로라도 궁극적으로 힐만은 해석을 사용한다. 그러나 그의 '해석' 방식은 '표면적인 현실'로 번역하기보다는 더 깊은 것이다. 힐만은 꿈을 통해 정신의 원형적 층에 도달하려고 시도한다. 그래서 우리는 꿈의 이미지들과 은유를 심사숙고하고 명상하고 가지고 놀면서 그것들이 인도하는 곳을 볼 수 있다.

힐만의 관점에서 그것들이 인도하는 곳은 밤의 세계 즉 지하세계로 들어가는 것이다. 그리고 그 지하세계에는 의식과 무의식 간에 조화 또는 균형 (보상)이 없다, "자아—통제"가 없는 것이다:

> 회복되어야 하는 이 이상적인 균형인 '원래의 조화'는 무엇인가?… 분석가의 상담실에서 그것의 결과는 그것이 해석가에게는 "무엇인가 하기를" 요구하고 꿈꾸는 사람에게는 "무엇인가 바로잡는 것"인 듯하다. 보상이론은 자아의 낮 세계 관점인 것 같고 꿈이 아니라 그것의 철학에서 비롯된다(ibid., p. 78—9).

힐만에게 각 꿈은 그 자체가 완전하여서 무엇인가의 보상에 대한 이야기를 할 이유가 없다. 그러므로 초기 저작에서 힐만은 "꿈과 친해지기"를 언급한다(앞의 p. 437 이하를).

힐만의 꿈 작업을 보면 자유연상이라는 전통적인 프로이트 학파의 방법론과 매한가지인 방법을 그가 실제로 사용하고 있음을 알 수 있다. 지하세계에서는 규칙이 많이 달라서 (프로이트의 일차 과정), 자연의 법칙이 변경된다(프로이트의 대체, 응집, 전치). 힐만은 실언, 깜박 잊기, 착오, 의미론적 반전, 실험과 연극에 대한 사랑을 보이며 끊임없이 프로이트의 『일상생활에서의 정신병리』 (1901)를 마음에 두고 있다. 당연히 힐만은 프로이트의 성적 프로그램이나 억압은 마음에 두지 않으며 그의 결론은 완전히 다르다. 그러나 무의식의 언어가 의식의 언어와 다르다는 그의 확실성과 꿈에서는 자연의 법칙이 전적으로 적용되지 않는다는 그의 논평에서 알 수 있듯이, 힐만은 어떤 의미에서 보상에 관한 융의 생각보다는 프로이트에 더 근접해 있다.

자신의 꿈을 가지고 프로이트의 "지하세계 경험"을 언급하며 프로이트가 대단한 정도로 "꿈 위에 세계를 세웠다"고 주장하는 힐만 자신이 이런 제안의 원천이다(1979a, p. 8). 덧붙여, 자아의 편견에서 어느 정도 떠나는, 프로이트의 꿈—작업 개념이 힐만이 가장 동감하는 개념이라고 힐만은 이야기한다 (ibid, p. 94).

그러나 힐만의 평가에 따르면, 프로이트는 그 날의 사건의 잔여물과 꿈을 문자 그대로 연결시키고 그 날 낮 세계에 의거해서 꿈을 봄으로써 프로이트 자신의 생각을 "망쳤다". 힐만에게는 그날의 사건들은 꿈이 이용하는 원재료일 뿐 꿈이 아니다. 프로이트에 대해서 힐만이 자세하게 해석한 것이 때로는 프로이트의 입장이 되기도 한다. 꿈이 본질적으로 각성시에는 완전히 알 수 없는데, 꿈이 낮 세계와 관련 있다는 식으로 꿈을 해석하는 이유는, 프로이트의 말을 사용하기 위해 꿈을 "되돌려받기" 위해서인가?

힐만의 방법은 꿈 요소들이 빠르게 움직이는 라운드를 포함한다. 빠르게 움직이는 글자들의 신비스런(Cabbalistic) 기법처럼, 꿈 요소들이 빠르게 움직이는 것은 일시적으로 의식에 큰 감동을 주는 효과를 갖는다. 이것은 꿈의 은유 차원을 열어준다. M의 꿈으로 되돌아가서 엉덩이라는 이미지가 그 자체를 앞으로 내밀어 주의를 끌게 하였다. M은 엉덩이가 여자가 아기를 내려놓고 쉬는 것이라고 말하였다; 그러므로 엉덩이는 여자됨과 관련이 있는 것이다. "엉덩이"인 것은 또한 차분함이나 태평함 그리고 분노와 같은 강한 정서를 표현하지 않는 것을 의미한다. 그러므로 힐만의 관점은 그가 좋아하지 않는 표현이나 해석 유형에 도달하는 도중에 유용했다. M의 정신은 여성적임에 대한 정서의 부족과 연결되어 있고 보살피는(mothering) 이미지가 아니라 수유하는 (nursing) 이미지에 관심이 있었다고 우리는 첨가하였다. 원형적 심리학을 다루는 다음 장에서 힐만의 이미지와 감정을 연결하는 방식이 보다 명확해질 것이다.

논의

여기에는 지하세계로 들어가는 방법과 낮 세계에서 환자의 개인 생활과 계속 연결하는 방법이라는 난제가 있다. 나는 힐만과 램버트의 관점 중 어느 하나의 이점도 잃고 싶지 않지만 힐만과 램버트가 제시했듯이 둘은 서로 반대이다.

이 난제를 해결하기 위한 나의 시도는 꿈에 대해서 우리가 일반적으로 생각하는 것을 조금 확장시키는 것이다. 힐만은 내가 꿈에 대해서 문학적 접근방법이라고 부르는 것을 채택한다. 꿈으로서 취해지는 것은 쓰일 수 있는 것으로 제한되며 (꿈 문서), 그 이상도 그 이하도 아니다. 이렇게 힐만은 고전 분석심리학에 대한 그의 배경을 보여준다. 내 제안은 '공식적인' 꿈과 꿈이 어떻게든 궤도에 올려놓는 것은 무엇이든 다 꿈으로 간주한다는 것이다. 이것은 환자의 개인사 중 관련 부분, 그 꿈에 관계되어 환자의 생활에서 그 다음에 일어난 사건들―그리고 무엇보다도 꿈에 연결되며 꿈에 의해 형성된 치료적 상호작용의 부분들을 포함한다.

우리의 예에서 꿈에는 환자가 각성시에 자신의 엄마로부터 도피하는 것, 그 꿈에 대한 환자의 강한 분노 반응, 그리고 치료자로서의 나의 효험에 대한 환자의 의심 등이 포함되어야 할 것이다. 이런 과외적인 재료를 포함하는 것과 그것을 꿈으로 계산하는 것은 내적 탐험을 위한 길을 닦아주는데, 이는 지하세계 관점에 일관성이 있지만, 그러나 환자의 전인성을 그들의 고통과 함께 인정하는 것이고 관련된 전이—역전이를 통합하는 것이다.

그 꿈은 꿈이 정서적으로 접촉하는 모든 것과 꿈 위에서 접촉하는 모든 것을 통합하는 것으로 여긴다. 이미지에 대한 힐만식의 초점은 과정에 대한 램버트의 관심을 동반할 수 있다. 둘 다 환자가 꿈에서 자신을 관찰함으로써 배운다는 디크맨의 관심에 연결되는 것으로 보인다. 디크맨의 관점에서 우리가 이전에 주목했던 역설은 이 여러 가지 접근방법을 혼합하는 것을 촉진하는데 기여한다. 그러나 우리는 여기에서 다시 차이를 최소화하지 않아야 한다.

현대 정신분석학에서의 꿈

라이크로프트(Rycroft)는 『꿈의 순결성』(1979)에서 꿈이 속이지 않는다는 융에 동의한다. 라이크로프트는 상징화가 받아들일 수 없는 소망을 기만하는 방법이 아니라, 자연적이고 일반적인 마음의 능력이라고 단언한다. 라이크로프트에 의하면, 일차와 이차 과정은 삶을 통해 공존하고 꿈꾸기는 완전히 탈(脫)병리화된다(그리고 위 p. 181의 일차 과정과 이차 과정이 전 생애를 통해 공존한다는 플라우트의 생각을). 라이크로프트가 꿈이 '순수하다'고 한 것은 꿈이 "아는 것이 부족하고, 받아들인 범주에 대한 무관심을 표명하고, 그리고 신실할 수밖에 없으며 자아의식적 의지에 의해 오염되지 않은 중심을 가지기" 때문이다(ibid., p. 7).

라이크로프트의 접근 방법은 프로이트의 객관적 방법과 비교해 볼 때 본질적으로 주관적이다 (사실 꿈에 대한 대부분의 현대적 접근방법은 융의 선구자적인 주관적 접근방법을 사용한다. 예를 들어 꿈 요소를 꿈꾸는 사람의 일부로 보는 게슈탈트 심리학). 라이크로프트에 의하면 꿈꾸기는 다음과 같다.

> 자신과 의사소통하거나 친하게 지내는 형태이고 혼자말하기, 자신에게 알려주기, 자신을 놀라게 하기, 스스로의 상상으로 자신을 즐겁게 하기 등과 같은 각성시의 활동들에 대해 유비적이다. 그리고 아마도 그런 생시의 중재하고 상상하는 활동들을 과거의 것과 유사하게 축약하거나 미래의 가능성 있는 것으로 예상한다(ibid., p. 45).

꿈의 언어는 은유적이다. 라이크로프트는 분명한 용어로 꿈꾸는 것이 상상 활동이고(ibid., p. 71) 꿈 심상은 은유적으로 이해되어야 한다고 이야기한다. 그러나 그가 꿈의 심상을 꿈 밖의 '주제'에 연결시키려는 시도를 할 때 그의 방법은 힐만보다는 융에 더 가깝다.

힐만의 겉보기에 극단적인 태도에 필적할 만한 것을 찾기 위해 우리는 프랑스의 정신분석학자인 뽕딸리스가 "이미지로 꾼 꿈을 말로 옮기면 무엇인가를 잃어버리는" 것이라고(Gill에서 인 융, 1982, p. 476) 언급한 것을 숙고해야 한다. 같은 분석심리학 논문에서 길(Gill)은 "꿈 텍스트에 실마리가 없는 꿈꾸기 경험이" 있다는 칸(Khan)의 경구를 인용한다. 마지막으로 길은 라깡이 언어가 꿈을 조직화하고 조절하려고 함으로써 꿈을 왜곡한다고 말한다고 생각한다(ibid., pp. 475—6).

일반적으로, 정신분석학에서는 꿈을 기만하거나 금지된 소망으로 보았던 것에서 벗어나려는 움직임이 있는 것 같다. 정신이 기만하기 보다는 창의적인 것으로 보려고 하는 것이다. 꿈을 기만이라고 의심하는 것은 파리에 있는, 길이 제안했듯이, 프랑스어를 모르는 영국사람 같다. 그 사람은 파리사람들이 그를 바보로 만들기 위해서 횡설수설 이야기하는 것이라고 말한다.

제 9 장
원형 심리학

이 책에서는 분석심리학의 학파 중 주요 학파인 원형학파에 대하여, 전반적으로 제임스 힐만(Hillman)(그리고 Avens, 1980; Berry, 1982; Giegerich, 1975; Lopez—Pedraza, 1997; M. Stein, 1973; R. Stein, 1974)의 저술을 중심으로 소개하였다. 이 장에서는 논란의 여지가 많은 이 심리적 이념을 중점적으로 논의할 것이다. 분석심리학을 위한 공동의 이념적 미래를 강조해온 본서의 논제는 11장에서 더 개진할 것이다.

원형 심리학이라는 용어는 힐만(1975a, pp. 138ff.)이 1970년에 처음으로 사용하였다. 힐만은 융의 작업 중에서 원형에 관한 이론이 가장 근본적이라는 견해를 가졌지만 '원형 심리학'이라는 용어를 처음 만들었을 때는 이 견해가 그리 분명하지는 않았다. 원형은 치료에 관한 융의 중심 개념으로, 정신생활의 버팀목이 되는, 정밀하면서도 정의하기 어려운 개념인 것이다. 더 나아가서 힐만은, 원형은 분석 작업과 무관하게 그 자체로 존재하는 것이며, 한정된 용어를 보다 근본적인 용어로 대체하여야 상담실 너머에서도 인간의 정신에 대한 탐색이 이루어질 수 있다고 계속해서 지적하였다. 요약하면, "결국 분석 또한 원형적 환타지의 재연인 것이다"(ibid., p. 142). 우리는 이런 주장이 함의하는 바를 논의해야 한다. 이것이 바로 힐만이 후에 원형학파의 접근방법을 교육용으로 요약한 자료에서 반복적으로 이야기하는 것이다. 거기에서 그는 원형 심리학이 "상담실 너머 서구적 상상력이라는 보다 넓은 문화로 연결하는" 시도라고 말한다(Hillman, 1983, p. 1).

융의 영향력이 크지만—아마도 가장 주요한 영향력이지만—분석심리학을 하지 않는 다른 학자들의 영향력도 크다. 예를 들어, 상상의 세계(mundus imaginalis)라는 용어를 처음으로 사용하였고, 원형을 상상력의 기본 구조로 본 코르빈(Corbin, 1972)은 실제로 이슬람의 학자였다. 철학에서는 케이지(Casey)가 중요한 공헌을 하였는데, 그것은 아마도 케이지가 대부분의 분석심리학자들이 당연하게 여기는 인본주의적 차원에 의해 방해받지 않았기 때문일 것이다. 케이지는 "개인적인 것을 넘어섬(extrapersonal)"에 대해서 이야기하고(1974, p. 21) "우리가 원형적으로 상상하는 것 안에서 경험하게 되는 것은 ….. 인간의 의식이 자아의 형태를 띠든지 아니면 자기(Self)라는 보다 광범위한 형태를 띠든지 상관없이 인간의 의식 밖에 뿌리를 두고 있다"고 강조한다(ibid.). 케이지는 한 쪽에는 감각이 있고 다른 한 쪽에는 인지가 있으며 그 중간에 상상을 놓는 지형을 발전시켰다. 이런 배치에서는 상상이 중간에 위치하고 있음이 명확해진다—그러나 신체와 지성을 인정하기에 [상상으로부터] 본능을 강조하는 심리학을 향해 다리를 창조하거나 인지발달을 강조하는 심리학을 향해 다리를 창조하는 것이 가능하다.

심상을 강조하면 이미지 자체에 초점을 맞추게 된다. 아벤스(Avens)는 융, 그 다음에는 힐만이 이미지를 소생시키고 정신이 자연스럽게 이미지를 만들어내는 능력으로 우리의 관심을 돌렸다고 주장한다(1980, p. 32). 원형의 심리학에서는 이미지가 표상도, 기호도, 상징도, 우화도, 의사소통 수단도 아니다. 이미지는 이미지일 뿐이며 정신적 실제 영역의 일부이다. 이 접근방법의 단순명쾌함은 이미지가 경험되어져야 하며, 어루만져져야 하고, 놀아져야 하며, 뒤바뀌기도 하고, 반응되어져야 한다고—줄여서 말하면, 단순히 해석되거나 설명되기 (생각되기) 보다는 관계 맺어져야 (느껴져야) 한다고—주장한다. 심미적 접근방법이 오랫동안 금지되고 억제되지 않았다면, 그러한 심미주의가 정서적이고, 대담하고, 열정적이고, 역사와 무관하게, 아마도 단순하다는 단서를 가지고 예술작품을 대하는 것처럼 이미지에도 그렇게 반응할 수 있을 것이다. 심미적 접근방법에 대항하여 논쟁을 한 사람은 융 자신이었다. 정신의 자연적인 산물을 어떻게 예술가가 창조한 것처럼 판단할 수 있을까?(1963, p. 210)

이미지가 살고, 서로 관계 맺고, 이야기를 재연하는 방법은 원형 심리학을 이미지 자체로부터 끌어내어, 인간의 심리적 경험의 깊은 곳에서 나오는 이야기들이 있는, 다른 영역으로 멀리 스며들어가게 한다. 그 영역은 신화이다. 힐만에게 있어 "원형적 유형의 일차적이면서 더 이상 단순화할 수 없는 언어는 신화의 은유적 대화이다"(1983, p. 2).

여기에서 은유적이라는 단어가 결정적이다. 이것을 밀러(Miller)가 잘 요약하였다.

> 남신과 여신이라 함은 사회적 역사적 사건, 인간의 의지나 이성, 또는 개인적 개별적 요인으로 인해 조건화되거나 영향 받지 않는, 자율성을 가진 권력 또는 힘에 다른 이름을 붙인 것이다… 신들은 사회적, 지적, 개인적 행동을 구체화하는 권력을 알리는 것으로 느껴진다(1981, pp. 28—9).

비슷하게, 힐만은 신화란, 문제를 가두는 것이 아니라 무엇인가를 여는 것으로 본다고 이야기한다. 그렇게 가두는 것은 고전학파에서 일어나는 것이라고 말한다. 신화적 환원주의의 책임이 그에게 있다는 것에 힐만은 반박한다. 그에게 있어 신화는 이미지의 더욱 생산적인 순행(巡行)과 경험으로 이어지기도 한다. 특히 다신론의 만신전(pantheon)에서 유래되었고, 우리 시대에 유일신론인 유대─그리스도 세계관과 이야기에 의해 무색하게 된 그리스 신화는, 프로이트가 "인간 발달의 골동품서"라고 부른 자료들을 원형의 심리학에게 제공한다. 그 주제에 관한 밀러의 설명은 숙고할 만한 가치가 있다. 예를 들어, 우리의 문화에 대한 기술의 영향은,

> 프로메테우스, 헤파이스토스, 아스클레피오스 등의 이야기에 따라 진행하고 있다. 군산(軍産) 복합기업체는 헤라─헤라클래스─헤파이스토스…이다. 이타적인 사회 개량주의(do─good─ism)의 형태이든지 혁명 운동의 형태이든지 간에 활동주의(activism)는 헤라클레스의 작업이다…도시화는 아테나의 영향을 받는다…비합리성의 급증/발발이 언제나 존재하는 것은 팬이 하는 일이다.…신의 교리는 제우스의 작업이라는 것에 의심이 있을 수 있을까?(ibid., pp. 83─8)

다신론 문화에 관심이 집중되는 것은 우연히 그렇게 된 것이 아니라, 이미지로서의 이미지의 소생에 대한 질문과 직접적으로 연결이 되어 있다. 부분적으로는 융의 '신학적' 기질에서 비롯된 정신의 제한적인 관점으로 인해, 예컨데 아니무스/아니마와 비교하여, 자기(self)가 어떻게 출중한 위치에 놓이는가를 고찰하였고,

이것은 힐만을 자극하여 자기, 사위일체(quaternity), 만달라 등의 우월함에 대한 논쟁을 하도록 하였다(앞의 pp. 242—8 을). 힐만은 자기와 정신의 소위 다른 원형이 심리적으로 동등함을 역설한다.

밀러와 힐만은 유일신관과 유일신론적 세계관이 증가하는 것을 현대 서구 문화의 상상력과 다양성의 한계로 해석한다. 사회적 용어에서는 그 자체가 전체주의로 표현된다. 다원주의를 이루려는 사회가 있다고 해도, 밀러는 다원주의가 성취되었다기보다는 다원주의에 대한 바람으로 본다. 그래서 그것은 현대 정신을 위한 것인데, 현대 정신이란 신이 없고, 분열되었으며, 일방적이고 신경증적이다. 어떤 수준에서는 이런 현상들이 존재의 원칙에 대한 믿음보다는 어떤 존재에 대한 숭배로까지 쫓아가게 된다. 실존의 한 층으로서의 신성(神性)은, 니체가 처음으로 예언했듯이, 진실로 더 이상 단일신으로 표현될 수 없다. 이 상황에 대한 밀러의 해석에 의하면, 사람과 자연에 더 가까운 존재일 뿐만 아니라 훨씬 더 다채롭고 하나하나 자세히 다루어진 그리스 신화의 신들을 손상시키고 파괴함으로써 일신론은 지금 여기에 와 있다. 신이 하나라는 개념은 두 가지 원천으로부터 점진적으로 성장하였는데, 그 원천 중 하나는 유대교이고 또 하나는 신성을, 편재(遍在)가 중심이고 원주(圓周)는 없는, 하나의 단일한 공으로 보는 그리스의 철학적 사색이다. (앞의 pp. 200-2에서 자기에 대한 융의 정의에서 고찰했듯이) 이것이 융의 관심을 끈 이미지이고, 하나님의 이미지(imago dei)를 자기와 연결하는 한 요인이다.

밀러는 공 같은 유일신, 서구의 과도한 이성주의 및 기술에 대한 의존성과 도덕적 또는 도덕성으로 이끄는 어떤 신학적 단순화 사이를 연결하는 도표를 그린다. 밀러는 그리스의 만신전에 악마적 형상이 단 하나도 존재하지 않는다고 해서 그들의 도덕적 철학 능력에 심각하게 손해가 되는 것 같지 않다고 단언한다.

그래서 우리는 신들의 방식을 재연하고, 신들은 우리를 위해서 우리의 본성을 표현한다. 다신론은 행동양식을 여러 가지로 만들고, 보고, 살아가는 것을 포함하지만, (융의 고전학파의 전통에서처럼, 그리고 심지어 일과 성기에 집중된 프로이트 학파의 생각에서처럼) 신화는 도덕을 만들지는 않는다. 다신론에서는 비(非)자아의 경험이 허용된다고 주장한다. 즉 이는 경험하는 자아의 필요성에 대한 우리의 관습적 개념에 대한 도전이다. 융이 항상 주장했듯이 개별적으로 형성되는 상징은 기독교 신앙의 와해 후에 건강하게 출현하는데, 다신론은 상징이 나타나도록 안내하는 심상의 세계를 접근하는 한 가지 방법이다. 정신에서는 지각하고 경험하는 모습이 다양하므로, 그 내용이 '좋은' 것을 나타내든지 '나쁜' 것을 나타내든지 각 사람은 스스로 해나가야 한다.

밀러는 자기 자신의 태도를 단일신교주의자(henotheist)—보다 큰 만신전으로부터 한 때 한 신을 예배하는 사람—라고 정의한다. 단일신교주의자의 표어는 "한 때 한 신이지만, 필요할 경우에는 여러 신들"(ibid., p. 87)인 것 같다. 다신교적 관점은 심상의 인격화로 직접 나아간다. 융이 정신의 내용을 인격화하는 경향이 있으므로 우리는 심지어 융을 비밀의 다신론자라고 일컬을 수도 있다. 그래서 다신교의 만신전의 다원주의적 인격화가 고전 원형의 심리학에 반드시 낯설지는 않다. 그리고 우리는 일신론을 위해 마련된 자리가 일시적인 것임을 잊어서는 안 된다.

지금까지 우리는 원형 심리학의 주요 교리(敎理)인 기본 개념(원형), 관심영역(이미지), 수단(신화), 그리고 세계관(다원주의와 다신론)을 고찰하였다. 이제는 이런 모든 것이 어디에서, 경험의 어떤 수준에서 발생하는가로 관심을 돌리겠다. 이것을 명료화함으로써 원형의 심리학이 갖는 가치와 목표가 제시될 것이다.

답을 주고 시작하겠다. '영혼(魂, soul)'이라는 표의문자는 우리가 어디에서 그리고 어떤 수준에서 움직이고 있는지를 말해준다. '영혼'은, 어떤 사람에게는 모든 문제에 대해 간단히 대답할 때 사용되는, 진부한 표현이기 때문에(Laughlin, 1982, pp. 5—7) '영혼'이라는 단어를 사용하는 것은 다소 논쟁거리가 된다. 그리고 힐만이나 다른 원형 심리학자들이 알고 있는 것을 요약하기가 확실히 어렵다.

힐만은 그가 '영혼'이라는 단어를 사용할 때 우리 인간과 사건 또는 행위 간에 본질적으로 생각되는 관점 또는 견해를 의미하고 있다고 이야기하였다. 영혼은 어떤 하나의 특별한 현상에서 발견되는 것도 아니고 현상과 동떨어져서 이해될 수 있는 것도 아니다. 아마도 이러한 역설 때문에 영혼이 종종 "삶, 심지어 신성의 원칙과 동일시되는"(1975b, p. x) 것일 것이다.

힐만은 또한 의미를 부여하는 것, 사랑을 가능하게 하는 것, 종교적 본능에 자극을 주는 것으로 영을 사용하고 있다. 특히, 힐만은 "사건을 경험으로 심화하기"('영혼 만들기')와 영혼을 죽음과 연결시키는 것을 강조한다. 마지막으로, 힐만은 영혼이 "우리 인간의 본성 안에 있는 상상의 가능성, 반성적인 사고, 꿈 이미지, 환타지를 통해 경험하기—모든 현실을 일차적으로 상징 또는 은유로 인지하는 양식"—을(ibid.) 포함하는 것으로 가시화한다.

힐만은 환상의 이미지를, 우리가 알고 느끼고 말하는 모든 것을 뒷받침 해주는 것으로 본다. 그리고 환상의 이미지가 영혼 안에 있기 때문에, 실제로 삶의 원칙일 수 있는 것이 바로 영혼이다. 이와 같은 이미지의 심리학에서 주요한 이미지는 '심층'이고 비록 정신분석학에서는 거의 사용하지 않더라도 '심층심리학'은 적절한 용어이다(이 말은 여전히 사용되고 있다. Yorke, 1982 참조). 영혼은, 영(靈, spirit)에 의해 닿을 수 있는 높이에 관한 것이 아니라, 심층에 관한 것이다. 심층은 확실히 계통발생론의 조건이면서 동시에 표현이라고 할 수 있다. 이것이 마음에 새겨야하는 중요한 요점이다: 이미지의 형상화는, 시적 형상화마저도, 인류만큼이나 오래되었으며, 문명인들의 산물이나 호모 사피엔스의 과대 문명화된 형태가 아니다. 다른 말로 하면, 이미지는 계통발생론적일 뿐만 아니라 계통발생 그 자체이다.

영혼과 죽음을 연결한 것은 프로이트가 지각한 에로스와 타나토스, 삶 본능과 죽음 본능 간의 건강한 융합을 연상시킨다. 영혼은 합병, 퇴행 및 '대양(大洋)' 상태에 대한 갈망을 포함하는 죽음 본능의 측면에 가깝다. 영혼의 이러한 특징들은, 분석하고, 발달하고, 분리하는 자아의 속성들과 끊임없는 갈등상태에 놓이게 된다.

계속해서 힐만이 사용하는 '영혼' 개념을 보면, 힐만이 심층에 강도(强度)를 추가한 것을(1975b, p. xii) 알 수 있는데, 강도에는 적어도 경험의 대행자와 의미의 대행자의 추가가 내포된다. 이것은 원형 심리학을 통해 자아—자기 언어를 보유하는 것이 (우리가 3장에서 살펴보았듯이) 오직 한 종류의 자아만 있다고 반박하는 것을 정당화한다. 자아만이 무엇인가를 경험하는 유일한 길인가? 자아가 경험을 통합하는 데 필요할 수 있지만, 많은 경험들이 단순히 경험되어질 뿐 통합을 요구하지 않는다. 여기에 인식론의 문제가 있다. 내가 무엇인가를 경험하고 있다고 언급할 때, 내가 이야기하는 '나'는 누구인가? 이것은 자아이어야 하고 경험에서 주요 요인은 영혼이 아니라 자아 강도(ego strength)라고 주장할 수 있을 것이다. 두 개(자아와 영혼)를 분리하는 것은 좋은 토론거리이지만, 여기서 다시 한 번 상호작용을 마음속으로 그려볼 필요가 있다.

요약하면, 영혼은 삶, 죽음, 신성, 사랑, 의미, 심층 및 강도를 포함한다. 그러나, 모든 것이 말해지고 행해질 때, 영혼은 데이터처럼 [실제적이고 구체적으로] 지각하고 존재하는 방식이다. 이런 의미에서 인간이 심층 때문에 영혼에 의지하는 만큼 영혼도 현신(現身)을 위해 인간에게 의존한다. 그러므로 분석하는 일은 영혼을 치유하는 것이 아니라, 지금 막 언급한 혼 만들기를 가능하게 하는 것—깊은 문제를 '다루는' 것이 아니라 문제가 더 깊어지도록 하는 것—이다.

영혼의 반대, 즉 '영'을 고려함으로써, 원형 심리학에서의 '영혼' 사용에 대한 통찰을 더 얻을 수 있다. 혼이 깊은 거기 낮은 곳에 있다면, 영은 이상주의적이고, 배타적이며, 고결한 거기 높은 데에 있다. 원형 심리학은 신학에서 만큼이나 과학에서, 형이상학에서 만큼이나 합리주의와 상식선에서 영의 존재를 (조심스럽게) 탐지한다. 영의 존재를 부정하는 것이 아니라 심리학의 주제로서 논의한다. 힐만은 '영'이 궁극적인 것들을 좇고 있으며 이로 인해 많은 것—특히 환타지—이 배제된다고 지적한다. 분석은 영적인 작업이 아니다.

> 요가, 초월적 명상, 종교적 묵상, 수련, 심지어 선(禪)이 한 편에, 심리치료의 심리주의는 다른 한 편에 있으며 그 둘은 차이가 있다(1975b, p. 67).

간결하게 이야기하면 영혼은 꿈에 관한 것이고 영은 기적 또는 소망에 관한 것이다. 그것은 안(속)과 밖(겉)의 차이이다. 과학이 밖인 것(또는 안이라면, 마치 그것이 밖인 것처럼)을 보듯, 그것은 영적 작업이다. 힐만이 이야기한 것처럼, 문제는 영(과학)이 영혼(환상의 이미지)을 훈육하고 이용하려 한다는 것이다. 그래서 이미지의 해석은 영을 영혼에 부과하는 것처럼, 첨언해서, '맞는' 해석이란 일신론을 다신론에 부과하는 것처럼 보일 수도 있다. 또한 힐만은 '영'을 자기, 영웅주의 및 '합일, 궁극, 동일성이라는 화려한 문제'와 관련지었다(1983, p. 28).

이런 작업은 환상과 현실의 상대성을 고려하는 곳으로 우리를 인도한다. 힐만은 현실과 환상에 대한 관습적 개념이 서로 자리를 바꾸는 것을 제언하거나 적어도 서로 상반되지 않을 수 있음을 이야기한다(1983, p. 23). 힐만에 의하면, 환상은 단순히 정신적으로 주관적인 것이 결코 아니며 항상 재연되거나 구현된다. 그리고 구체적이고 실제적인 것 뒤에는 이미지, 환상적 이미지가 있다. 여기에서 원형학파와 발달학파 간의 연결 고리를 볼 수 있기 때문에 두 학파가 서로 필적할 만한 논의를 재개할 때, 이 지점으로 돌아와 다시 논의할 것이다.

비(非)임상적 입장에서 원형 심리학을 연구하다 보면 우리의 문화적 전통에 관해서 무엇을 정상적으로 수용하는가에 대해 재평가하는 작업을 하게 된다. 이것은 지중해의 사상가들—남구(南歐), 그렇기 때문에 인본주의적 전통이 있는 북구(北歐)와는 차이가 난다—에 대한 관심에서 명백하게 드러난다. 힐만은 다음과 같이 썼다.

> 북구의 접근방법은 명백히 '심리학'이라고 불린다. 체계적이고 객관적으로 써 있다.… 남구의 심리주의는 그렇게 불리지 않는다. 사건중심이고 주관적으로 써 있다(1975b, p. 260).

힐만은 원형 심리학의 선구자로서 플로티노스(Plotinus), 피치노(Ficino), 비코(Vico)를 꼽는다(1975a, pp.146ff.). 플로티노스는 "공식적으로" AD 3세기의 철학자이지만, "분노, 행복, 자살과 같은 심리적인 질문들과 씨름하였고" 힐만은 더구나 플로티노스의 저술 중 많은 주제가 원형 심리학이나 분석심리학의 주제와 필적한다는 것을 발견하였다. 예를 들어, 사람은 무의식적으로 행동할 수 있고, 동시에 의식적이기도 하고, 무의적이기도 할 수 있다. 융처럼 플로티노스에게도 하나의 보편적 정신이 있다. 의식은 이동성이 있고 다양하며 자아—의식과 동일하지 않으며 상상에 의존한다. 마지막으로, 논쟁에 이기기 위한 시도인 플로티노스의 화려한 문체는 융의 것과 비슷하다. 에라스무스(Erasmus), 베이컨(Bacon), 프로이트가 예로 보여준 침착하고 '합리적'인 의사소통 방법과는 사뭇 다르기에 여기에서 화려한 문체는 중요한 주제이다.

남구 전통의 두 번째 예는 르네상스 시대에 플로랜스에 살았던 피치노이다. 피치노는 정신을 세 가지로 나누는 도식을 발전시켰다. 첫째는 마음 또는 합리적 지성이다. 둘째는 상상 또는 환상인데, 운명과 연결된다. 셋째는 육체이고 본성과 연결된다. 힐만은 다음처럼 의견을 말하였다.

> 환상과 육체 사이의 관계는 원형 이미지와 본능의 관계에 대한 융의 생각과 잘 들어맞는다. 두 사람 모두에게 환상은 본성—피치노의 언어로는 '육체'이고 융의 언어로는 '본능'—이 강박적으로 나아가는 길을 지배하고 지도하는 정신의 능력을 보여준다 (1975a, p. 156).

힐만이 인정하고자 하는 세 번째 인물은 18세기 나폴리 사람 비코이다. 비코가 중요한 이유는 비코의 저술이 은유나 환상—사고를 역설하기 때문인데, 최근에 철학자들이 그의 저술에 상당히 관심을 보이고 있다. 비코는 신화에서 보이는 것과 같은 보편적인 환상 또는 보편적인 이미지에 대하여 이야기한다. 비코는 올림푸스의 12신을 "각각이 역사적, 사회적, 신학적 그리고—내가 첨가한—심리적 의의를 가진" 기본 구조로 놓았다(Hillman, 1975a, pp. 158—9). 그러므로 비코는 유일신론이나 과학이 결코 완전하게 금지할 수 없는 다신론적 상상의 전통 중 일부이며, 힐만은 그 안에서 그 자신과 원형 심리학을 본다.

이 글이 원형의 심리학의 주요 관심사를 부적절하게 요약한 것은 의심할 바 없다. 잘 알려진 대로 융이 로마를 방문할 수 없었던 것으로 관심을 돌리면 요점이 보다 명확해 질 것이다. 융은 기차표를 사는 동안 기절하였고 의식이 표현한 욕구를 한 번 이상 고의로 방해하였다(Jung, 1963, pp. 318ff.). 남구의 전통은 융의 개신교주의와 마음의 신학적 틀에 대한 무의식의 보상으로 기능하면서 융의 사고의 틈을 메우는 것으로 볼 수도 있다(Hillman, 1975a, p. 160).

그러나 원형 심리학자들에게 상담실과 환자들이 있고, 그들은 학회에도 소속되어있다. 그러므로 여기에서는 병리학, 원형적 병리학 및 분석 방법에 대한 몇 마디 말로 결론을 내리는 것이 적절하다.

힐만은 "원형의 본래적인 허약함"을 역설하였다. 각 원형은 병리적 요소 또는 병리적이 될 수 있는 잠재력을 가지고 있고 이것은 또한 신화에서 상세히 설명될 것이다: "병리는 신화화되고, 신화는 병리화된다"(Hillman, 1983, p. 23). 그러므로 원형 심리학은 그림자에 가깝게 기능하고 악마의 실제에 관해 융이 계속 강조해 온 것이라고 주장한다. 이 접근방법은, 어렸을 때 한 경험들과 그 경험을 사용하는 방식이 결정하는 요소인, 정신역동적 정신병리학과는 다소 다르다. 그럼에도 불구하고, 동시에 정신역동학과 원형적 접근방법은, 어떤 한 시점과 어떤 한 맥락에 있는 어떤 한 사람에게 건강이란 무엇인가와 변수가 달라지면 건강하지 않을 수 있다는, 병리학의 비전을 공유한다. 신생아가 의식이 너무 많은 것은 병리적이지만 자라면서 의존성과 경계를 아는 것은 살아가는 데 필수적이다. 정신병리는 그 주제를 다루는 학파와 상관없이 순환형의 작업이다. 정신역동적 정신병리학은 최근에는 직선적인 성장 모형을 엄격하게 적용하지 않지만, 원형심리학처럼 나이, 맥락, 개별성에 의해 활기를 띠게 될 때까지는 정신생활의 요소를 중립적이라고 본다.

정신병리에 대한 원형적 접근방법의 예시는 로페즈-페드라자의 연구인 『헤르메스와 그의 아이들』(1977)에서 찾아볼 수 있다. 저자는, 허위성, 범죄성, 곡해하는 특징을 가진 협잡꾼(trickster)으로서의 헤르메스와 연금술의 수행자, 신들의 사자(使者), 그리고 하데스에 대한 영혼의 안내자로서 역할을 하는 "로마 신화의 신 머큐리(the spirit Mercurius)" 사이의 연결을 지적하는 것 이상의 일을 한다. 연결시킨 자체가 기릴 만하며 중심이 된다. 나는 전에 어딘가에서(1982) 정신역동적 언어와 원형적 언어 둘 다 안에서 유동적으로 움직이려고 한 적이 있는데, 예를 들어, 헤르메스의 범죄성은 아기에게 도덕성과 현실적 원칙이 대두하기 전에 아기가 웅장하고 전능한 환상을 갖는 것 같은 정신의 패턴으로 볼 수도 있다. 헤르메스는 도덕관념이 없는 인물이고 아기도 그렇다. 둘 다는 변환하는 힘과 변환되는 힘을 가지고 있다.

치료와 분석의 실시에 관한 한, 힐만은 6장에서 논의한 고전적—상징적—종합적(classical—symbolic—synthetic, CSS) 전통에 머무른다(Hillman, 1983, p. 48). 그의 견해에서 다른 점은 환자의 이미지에 초점을 맞추는 것이다. 힐만의 신조는 이미지가 "[환자의] 감정으로 환원되어서는 안 된다"는 것이다. 감정이란 "개인적일 뿐만 아니라 실제적인 심상에 속한 것"(1983, p. 48)이다. 다른 말로, 이미지는 의식화될 수 있는 무엇인가에 대하여 부호로 의사소통을 하는 것이 아니라 그 자체로서 타당하다. 힐만은 이보다 더 나아가서, 분석가가 관습적으로 금가루라고 여기는 감정을 통해 기저에 깔린 이미지를 지각하고 경험하기를 원한다.

특히, 성격의 일부와 (그림자와 아니마, 또는 추동과 갈등 같은) 임상적이며 추상적인 개념들이 인격화되는 형태로 표현되는 방식에 주의를 기울여야한다. 이것은 이론이 아니어서, 평범하게 발생하는 일에 대해 이야기하는 것과 같다. 이것은 무의식의 내용을 인격화함으로써 무의식의 내용에서 자신을 분화시켜야 한다고 조언한 융으로부터 비롯되었다. 융은 그러한 무의식의 내용은 비교적 자율적이어서 행하기가 어렵지 않다고 덧붙였다. 힐만은 그것이 감정이 의미하는 바를 구성하는 이런 내부 인격, 또는 내부 인격의 이미지와의 관계라고 상술한다.

이 인격들은 우리가 정서, 기억, 태도, 동기 등으로 부르는 행동의 단편과 패턴에 의미를 부여하면서 우리의 인격에 질서를 유지시킨다(1975b, p. 128).

원형의 구조가 갖는 힘, 보편성 및 원형의 구조를 신(神)으로 경험하고 또 그렇게 부르고자 하는 경향으로 인해 이런 인격화는 원형의 구조에서 유래된다. 이렇게 해서 인격화를 연구하는 원형 심리학의 추세는, 이론을 구체화하지 않거나 너무 문자 그대로 받아들이지 않으면서 우리의 일상적인 상담실 자료와 이론 사이에 연결 고리를 만들 수 있다.

제 10 장

이론과 실제: 사례 연구

나는 많은 독자들이 지금 실제로 분석가나 심리치료사로 일을 하지 않는다는 사실을 안다. 그래서 나는 환자와의 분석 작업에서 여태까지 언급했던 이론적인 문제가 어떻게 적용되는지를 보여주는 측면에 대해서 논의해보고자 한다. 하지만 나는 분석의 전 과정에 대해서 설명하기보다는 이론과 실제 사이를 이어주는 사례들을 채택해서 실제로 그들 자신의 임상 경험이 없는 독자들의 이해를 돕고자 한다. 모든 분석가들은 서로 다른 사례들을 가지고 서로 다른 방식으로 분석에 임해야 한다. 이 장에서 다루는 사례들은 영국 분석심리학회에서 훈련 받은 것에 기초를 둔 나 자신의 분석 방식에서 나온 것이다. 사례에 대한 설명은 이탤릭 체로 되어 있고, 거기에 대한 논평은 정자체로 (어떤 부분은 나중에 생각난 것도 있다) 썼다.

D는 28세 여성으로, 나에게 찾아왔을 때는 아직 미혼이었다. 그녀의 주된 문제는 그녀가 토하면 어쩌나 하는 엄청난 두려움이 드는 것이었다. 그 두려움은 그녀의 인격을

갈갈이 찢어놓았고, 그녀의 인격에 재난스러운 일이었다. 그녀가 이런 두려움에 사로잡힌 것은 아홉 살부터였는데, 그녀는 실제로 아파본 적이 전혀 없었다. 그녀가 지금 말하는 분석을 4년 동안 받은 다음, 그 증상은 대부분 사라졌다. 내가 그녀를 처음 만났을 때, 그녀는 그녀의 삶에 아무 방향이 없는 듯 하다고 불평하였다. 그녀는 그녀의 방에 타로 카드 같은 모양을 한 카드들이 여기저기 버려져서 어수선하고, 기타와 배를 젓는 노 등이 가득한 '중년의 집시'처럼 느껴지고, 그 어떤 계획도 세워서 집행할 수 없을 것 같다는 느낌이 든다고 말하였다. 그리고 그녀는 그녀 자신이 어린아이 같고 불쌍하며, 그녀가 자신의 문제를 해결하려고 애쓰기보다는 '날아다니는 것' 같다는 사실을 인정하였다.

이 비합리적이고 강박적인 두려움은 그녀에게 어떤 콤플렉스가 있음을 암시한다. 그런데 그녀는 왜 실제로 병이 들지는 않고, 토하지 않을까 하는 두려움만 느꼈을까? 병이 드는 것이 다른 사람의 관심을 끌려는 유아적 행동이 명백한 데도 말이다. 토할 것 같은 행동에는 정신의 항상성을 뒤흔드는 어떤 것이 있지 않을까? 어쩌면 그것은 정신의 자기—조절을 향한 절망적인 몸부림이 아닐까? 또한 그것은 조화를 이루기보다는 생존하려 하고, 실제적 분열은 없지만, 두려움을 나타내는 것이 아닐까? 그녀의 많은 행동들은 (지금은 거의 없어졌지만) 그녀에게 삶의 뿌리가 없었다는 사실과 자아—의식이 약했다는 사실을 보여준다. 초기에 그녀에게는 그녀가 다른 사람들에게 어떻게 보일까를 염려하는 페르조나에 대한 관심이 과도하였다. 그러나 그녀는 내면에서 자기—성취를 하려는 충동이 밀려올 때 즉각적으로 행동하려고 하였다. 그래서 그녀는 지금 자신의 도예소(陶藝所)를 가진 도공(陶工)이 되었다. 다른 말로 해서, 그녀는 자기—발달을 위한 '본능'에 부응하려는 견고성과 (자아의) 일관성을 보여주었던 것이다. 뒤돌아보면, 이것은 개성화를 위한 증거인 것이다. 그것이 없었다면, 그녀는 사실 분석을 다 받지도 못했을 것이다.

그녀는 "날아다니는 것"은 그녀가 다른 사람들에게 영향을 주려는 것을 의미한다고 말하였다. 그 말을 할 때, 그녀에게서 느껴지는 것은 처량하고, 불쌍하게 기대려고 하며, 상처를 쉽게 받을 것 같다는 인상이었다. 그러나 그녀의 말을 들을 때, 다른 사람들은 그녀가 바라는 것을 채워주어야 하지 않을까 하는 매우 강력한 영향을 받았다. 그러므로 "날아다니는 것"은 더 명확하게 말해서, 그녀의 전능성을 나타내는 것이었다.

겉으로 보기에 그녀는 작았고, 매우 말랐으며, 사내녀석 같은 모습에 강한 인상이었다. 내가 그녀를 처음 보았을 때, 그녀는 기계인형처럼 매우 절도 있게 움직였고, 카우치 위에서는 딱딱하게 길게 누워 있었다. 그녀의 옷차림은 좀 이상했다. 그녀는 1960년대의 미니 드레스를 겉에 입었고, 그 속에 남자가 일할 때 입는 가슴받이가 있는 작업복을 줄여서 입었다. 거기에다가 검은 비단 스카프를 하였고, 웰링턴 부츠를 신었다. 그녀는 화장을 하지 않았고, 장신구도 달지 않았으며, 말아서 피우는 담배를 피웠고, 건강식품과 채식을 하였다. 그녀는 융의 책들을 읽었으며, 런던을 싫어하였다. 내가 그녀를 처음 보고 받은 인상은 그녀가 포르토벨로 가(街)에서 온 난민 같다는 것이었다.

그녀는 이런 페르조나와 동일시하는 것일까? 이런 양성구유적인 옷차림은 사람들에게 그녀의 자신의 아니무스와의 관계, 성 정체성, 특히 그녀의 여성성에 대한 생각, 남자에 대한 그녀의 생각들을 불러일으킨다.

> *D는 네 남매 중 막내였으며, 그녀의 어머니가 그녀를 낳았을 때, 어머니는 마흔 살이었다. 그녀의 어머니는 D가 열세 살 때 유방암으로 돌아가셨으며, 아버지는 몇 년 후 재혼하였다. 아동기 동안 (성인인 된 다음에도), 그녀는 아버지를 지배적인 모습으로 경험하였다. 즉 아버지는 그가 자녀들에게 제일 좋은 것이 무엇인지 안다고 생각하면서 이끌고 가려고 하면서 독재적이었다고 생각하는 것이다. D는 삶에 대한 아버지의 태도는 언제나 금지로 나타났으며, 그것은 그녀와 여러 차례 부딪혔고, 어머니가 돌아가신 다음에는 특히 더 하였다. 그녀가 받아들일 수 없었던 것은 그녀가 학교에서 어떤 수업을 들어야 할지, 어떤 옷을 입어야 할지, 어떤 날을 택해야 할지 하는 것 등 많이 있었다.*

그녀가 가진 아버지의 이미지는 매우 전형적인 것으로서, 부정적인 원형적 아버지의 모습 그대로였다. 어머니의 죽음은 원시적인 상징의 공식을 만들어냈다: 여성이 되는 것은 죽는 것이다. 그녀는 사춘기에 오이디푸스적 투쟁을 다시 해야 했는데, 어머니가 그때 돌아가심으로써 그녀에게 있던 오이디푸스적 환상은 실현되었다. 그녀에게 어머니가 없어졌다는 사실은 그녀에게 역할 모델, 즉 그녀를 성인 여성이 가진 성욕을 믿고 따르게 하는 모델이 사라졌다는 것을 의미하는 것이다.

분석적으로 말해서, 그녀에게서 세대간의 동맹은 일어날 수 없게 되었던 것이다. 마찬가지로, 아버지의 이미지가 (정신의 발달을 위해서는) 그렇게 부정적이었기 때문에 그녀에게는 아버지를 매개로 한 재충전, 퇴행, "근친상간적" 움직임이 시작되어야 했음은 두 말할 필요도 없다. 그런데 그녀에게 분석이 잘 진행되었고, 분석료를 지불했으며, 그녀는 그것을 아버지에게 청구해야 했다. 모든 것이 당연한 귀결이었다. 그때부터 그녀는 도자기를 만들고, 그녀의 일반적인 삶에 쓸 수 있는 또 다른 에너지가 나오게 되었다.

> 그녀는 그녀의 아버지가 그녀에게 이상적이고, 쉽지 않은 일로 떠민 것, 특히 아버지가 엔지니어였기 때문에 기술적이고 실질적인 분야의 일을 하도록 한 것이 아닌가 하는 느낌을 가지게 되었다. 그녀는 무용과 미술을 그만두지 않으면 안 되게 되었다. 놀라운 일이지만 그녀는 여배우가 되려고 했으며, 대학교에서 미술을 배우고 있었던 것이다.

그녀는 그녀의 아버지가 그녀가 가진 개인적인 재능을 사용하고 발달시키는 것에 간섭을 한다고 불평하고 있었다. 하지만 그녀가 선택했던 주제는 권위주의적인 아버지의 이미지에 맞서려는 아주 단호한 반응이었던 것이다.

> 어머니가 돌아가신 다음 그녀가 열여덟 살 때 대학교에 들어가서 집을 떠날 때까지 그녀는 실제로 집에서 아버지와 둘이만 있었다.

그녀의 거부를 향한 자아의 방어는 여기에서 생겼다. 아버지는 사랑할 수 없는 듯이 그려져서, 그녀에게 긍정적인 감정이 나오지 못하게 하였다. 그런데 그녀는 그녀의 이 거부를 알아채지 못하였다. 그녀는 무의식적으로 근친상간적 관계에 들어가는 것으로부터 도망쳤던 것이다.

> 그녀는 어머니가 유능하기는 하지만 매력적이라고는 생각하지 않았다. 그녀는 어머니를 '농부의 아내 같은 어머니'라고 불렀다.

나는 그녀가 어머니가 돌아가시기 전부터 어머니와 개인적인 관계를 많이 맺으면서 이야기를 하지 않았으리라고 생각한다. 그녀의 어머니는 그녀에게 강력하고, 풍부하며, 생산을 많이 하는 농경적 '여신'의 이미지를 가져다주지 못했던 것이다. 농부의 아내인 어머니는 그녀가 먹이고 돌보는 동물들보다는(아기들) 매우 위에 있다. 그런데 그녀는 매력적이지 못하다. 그녀에게서 어머니는 자식을 너무 많이 낳고, 주지 않으며, 에로틱하지 않은 이미지로 만들어졌던 것이다(뒤에 나오는 그림 11, 12, 13은 이것을 말한다).

> D는 처음부터 일상적으로 이루어지는 분석에서 나의 무한한 듯한 힘을 체험하면서 분석의 구조에 대해서 유쾌하게 생각하지 못하였다. 그녀는 분석 시간과 분석료와 분석의 목적을 가지고 싸웠다.

그녀는 전이 환상 속에서, 나는 농부의 아내인 어머니이며 동시에 폭군적인 아버지, 그녀 자신은 작은 소녀의 역할을 맡을 수밖에 없는 것처럼 느꼈다. 그녀가 분석을 받기 시작했을 때부터 퇴행 상태에 있었고, 우울하였으며, 광장공포증이 있었음에도 불구하고, 그녀는 내가 그녀의 문제의 원인이라고 생각하였다.

그녀는 그녀가 융 학파 분석가를 선택한 이유는 융 학파 분석가들이 우주적인 전망을 가지고 있어서 위와 밖을 향해서 나아갈 수 있으며, 융 분석가들은 멀리 느껴지지 않고, 때로는 친구처럼 될 수도 있었기 때문이라고 말하였다.

나는 그 말의 의미는 그녀가 프로이트 학파 분석가들의 성에 대한 강조를 원하지 않는다는 것이라고 생각하였다. 언젠가 오르가즘에 대한 문제에 관해서 말하면서, 그녀는 "분석 때마다 오르가즘을 느낀다면 분석가를 만나지 못할 것 같다"고 말하였다. 이것을 보면, 많은 사람들은 아직도 융 학파 분석가를 선택하면서 본능적인 문제에 대해서 작업하지 않기를 바라는 것 같았다. D는 융 학파 분석가를 생각하면서 '동등성'에 대해서 강조하였는데, 그 이유는 그녀가 다른 거의 모든 사람들과의 관계에서 동등하지 못하다고 느꼈기 때문이다. 그녀는 그녀가 아직 통합하지 못한 우월감과 열등감 사이에서 갈갈이 찢어졌다고 느끼고 있었던 것이다.

그러던 어느 날 그녀는 다음과 같은 꿈을 꾸었다(이 꿈은 그녀의 첫 꿈이다):

나는 웨일즈에 있는 폐허가 된 오두막집 앞에 그것을 다시 재건축하려는 생각을 가지고 서있었다. 나는 그것이 내가 생각하는 것처럼 그렇게 쉬운 일은 아니라는 사실을 알고 있었다. 왜냐하면 나는 배관이라든지, 전기시설과 같은 기초 공사를 어떻게 해야 하는지 몰랐기 때문이다. 내가 위를 올려다보니까, 멀리 보이는 언덕 꼭대기에 발전소가 있는 것이 보였다. 나는 이 건물이 비록 볼 품은 없지만, 그 발전소가 문제 해결을 하는데 도움을 줄 수 있을 것이라고 생각하였다. 그 발전소에는 어마어마한 굴뚝이 두 개 있었다.

먼저 주관적 수준에서의 해석을 보면, 배관은 그녀의 구토에 대한 두려움과 관계가 있는 듯하다. 폐허가 된 오두막집은 그녀의 자기 이미지와 관계되고, 재건이 쉽지 않으리라는 깨달음은 자기—설명이며, 분석과도 관계가 있을 것이다. 그녀가 의식에서 모든 산업적인 것을 혐오하는 것과 꿈에서 그녀에게 도움을 줄 것이 발전소라는 사실은 무의식에서 보상의 상징을 만들어낸 예라고 할 수 있다. 그녀는 앞으로 그녀의 의식에서 좋아하지 않는 것을 사용해야 하는 것이다. 이 꿈을 꾼 다음, 그녀는 어느 정도 나와 더 협력적인 관계에 들어갔다. 그러나 그녀는 여전히 나의 객관적 수준에서의 해석은 받아들이지 않았다. 그녀는 그 두 개의 굴뚝은 나의 가슴 두 개를 나타낸다는 해석을 받아들이지 않았던 것이다. 그래서 어떤 특별한 해석은 타이밍을 놓쳤을 수도 있을 것이다.

> 9개월 동안의 분석이 진행된 다음, 내가 자신을 통제한다는 환상과 싸웠으며, 그것은 그녀가 때때로 분석에 빠지는 것으로 나타났고, 결국 그녀가 근래에 사귄 남자 친구와 웨일즈에 있는 오두막(첫 꿈에 나온 집)에서 지내느라고 석 달이나 합의하지 않고 분석을 받지 않은 것으로 절정에 달하였다. 그 사실이 드러났을 때, 그 기간은 내가 그때 가졌던 휴가기간과 정확히 일치하였다. 하지만 나는 마음이 불편하였고, 버림받은 느낌이었다.

그녀는 내가 잔인하다고 느껴지는 그녀의 감정에 대한 복수를 하면서, 나로 하여금 그녀가 어떻게 느끼고 있으며, 과거에 어떻게 느꼈는지 알게 하였다. 내가 마음속에서 느꼈던 역전이 감정은, 내가 비록 그것이 그녀가 나에게 의사소통을 하는 것이라는 사실을 알고 있었지만, 나로 하여금 그녀의 정동의 상태에 감정이입을 하게 하였다.

> 아무 말도 없이 석 주가 지났다. 그래서 나는 런던에 있는 그녀의 집에 전화를 걸어서 웨일즈 오두막의 주소를 알아내어, 그녀에게 사정에 대해서 묻는 편지를 보냈다. 그러자 그녀는 전면에 양 그림이 있고, 그녀가 언제 돌아갈지 모른다는 내용의 한 줄로 된 메시지가 쓰인 엽서를 보냈다. 나는 그 엽서에 대해서 몇 가지 경계를 설정하는 답장을 보냈다. 나는 그녀가 다시 돌아와서 분석에 임하지 않으면, 어쩔 수 없이 분석을 그만두어야 할 것이라고 했다.

나의 내면세계는 그녀를 혼자 내버려 둘 수 없고, 그녀 없이 살 수 없는 손이 투박한 아버지가 되었다. 이것은 그녀에게 그녀의 어머니가 돌아가신 다음 그녀와 아버지가 둘이 살 때 아버지의 마음이 어떠했는가 하는 것을 알게 하는 좋은 열쇠가 되었다. 그것은 동조적 역전이로서, 그런 아버지의 이미지가 내 안에 있다는 사실을 그녀에게 알려줄 필요가 있었던 것인지도 모른다. 하여간 그것은 그녀에게 무엇인가를 자극하였다.

엽서에 그린 양은 모든 것들을 요약하고 있다. 그녀는 돌아와서 나에게 그 양은 그녀가 자신의 삶을 어떻게 느끼는지를 말해주는 상징이라고 말하였다: 그녀는 사람들이 그녀에게 무엇을 하고, 어떻게 살아야 하는지 말해주기를 온순하게 끊임없이 기다린다는 것이다. 그런데 그녀는 자신의 그런 이미지를 깨버리고, 더 성장하며, "변환되려고" 웨일즈에 갔었던 것이다. 물론 거기에는 내가 그녀를 내버리고 휴가를 떠난 것에 대한 복수도 들어 있었다. 보복은 그녀의 행동의 변환적 측면의 그림자였던 것이다.

> 나에 대한 D의 싸움은 '동등성'을 얻으려는 시도로부터 그녀가 나의 삶을 변화시키고, 개선시키려는 시도로 전환되었다. 무슨 말인가 하면, 나는 그녀와 지리적으로 더 가까워져야 했으며, 우리가 사회적으로 서로 만나기 시작했으며, 같이 공원이나 시골에 갔어야 했던 것이다. 그녀는 그런 환상을 나를 '뒤흔드는' 환상이라고 말하였다.

그녀는 그녀 자신을 나에게 혁명적인 아니마로 나타냈는데, 그것은 아직 잠재적인 연인인 것은 아니었다.

> 그녀는 다음과 같은 꿈을 꾸었다: 나는 병들어 누워 있는 의사를 찾아갔다. 의사는 나에게 같이 있으라고 하였다.
> 그때 그녀는 그녀의 어머니가 돌아가신 다음 그녀의 아버지가 얼마나 외롭고, 마음이 터질 것 같았는지를 회상하였고, 나의 병들어 있음, 약함, 개인적 상처에 대해서 환상을 통하여 상상해 보았다.

여기에서 나는 상처 입은 치유자의 모습으로 나타나는데, 그것은 동시에 그녀의 아동기 때의 기억에서 나온 개인적 전이이기도 하다. 그것은 아마 우리에게 억압되어 있는 오이디푸스적 자료가 있다는 점에서 가까워졌다는 사실을 가리키는 듯하다—그녀는 꿈에서 그것을 "다룰 수 있는 것"이다. 나는 그때 근친상간에 대해서는 해석하지 않았다.

그녀가 자신의 내면에 있는 공허감을 직면하기를 두려워했기 때문에, 그녀는 자신의 내면을 통제하려고 하지 않을 수 없었다. 그녀가 나와 그렇게 싸웠던 것도 사실은 그녀의 내적 공허감 때문이었다. 그녀의 일기는 그 사실을 보여준다. 그녀의 일기장은 두꺼웠는데, 그 날짜는 시간을 많이 거슬러 올라간다. 그 일기에는 내가 관여하지 않은 일들이 쓰여 있었으며, 그녀는 내가 그 사실을 알리라고 확신하고 있었다. 나에게 있어서 문제는 어떻게 그녀가 일기를 쓰는 것을 그만두게 하지 않으면서, 그것이 나와는 상관이 없다는 사실을 알려주느냐 하는 것이었다. 그녀는 나에게 그녀가 분석이 시작되었던 이년 반 전부터 쓴 일기를 보라고 하였다. 나는 그 제안을 받아들였다.

나는 이것이 그녀가 나와의 관계에서 처음으로 나에게 보여준 생산적이고 너그러운 태도였다고 생각한다. 또한 그것은 개인적 경계의 규정을 나타내기도 하였다. 그와 동시에 그것은 나에게 그녀의 삶의 많은 부분이 우리의 관계 바깥에서 이루어지는지를 보여줌으로써 나를 조바심나게 하였다.

그녀의 일기 속에서 그녀는 사랑에서 버림받고, 정동적으로 메마르며, 존재론적으로 비—실존적인 듯이 보였다. 그녀가 나에게 일기를 보여준 것은 그녀가 여태까지 싸우거나 싸움을 억제해왔던 방식을 변화시키겠다는 신호였다.

그녀가 그녀의 일기를 나에게 넘겨준 것은 그녀가 전이 속에서 나에 대한 신뢰를 더 많이 하게 되었다는 상징으로 볼 수 있다. 이런 해석은 너무 단순한 것인지도 모르지만 어떤 일이 일어나고 있는지를 어느 정도 보여준다. 분석에서 어떤 대상들에 의해서 행해진 것이나 이 일기처럼 자발적으로 일어난 것들은 여러 가지로 해석할 수 있으며, 각 경우 다양하게 해석될 수 있다. 내가 이 일기를 건네받았을 때, 나는 그 사실을 해석하지 않으려고 조심하였다. 오히려 그녀에게 더 초점을 맞추려고 하였다.

> 남자들과의 관계에서 *(일기의 대부분은 그에 관한 이야기이다)*, 그녀는 언제나 남자들을 이상화하였다. 사춘기 때 그녀는 완전히 가공의 인물을 만들어서 그와 관계하였다. 그는 시인이었고, 결핵 환자였으나, 천재라는 갈채를 받고 있었다. 그녀는 그와 '모든 신비한 것들'에 대해서 이야기를 나누었다.

> … 그러나 그녀는 그와 잠을 자지는 않았다. 그것은 이상화된 (영적으로 된) 아니무스 이미지의 투사였다. 그러나 그것은 동시에 그녀의 자아가 의인화 작업을 수행할 수 있는 능력을 암시한 최초의 일이었다. 나는 그에 해당하는 아폴로와 아르테미스 신화에 대해서 "확충하지는 않았다".

> 이 일이 있은 후 얼마 되지 않아서, 그녀는 켄 러셀의 영화 '사나운 메시아'를 보았다. 그 영화는 나이 든 여인인 소피 브르제스카와 깊은 사랑에 빠진 젊고 낭만적인 조각가 앙리 고디에가 나오는 것이었다. 그들이 가까워진 표시로 *(이 영화에는 성적인 관계가 나오지 않는다)* 그들은 그들의 이름에 상대방의 이름을 덧붙이기로 하였다. 그래서 그 조각가의 이름은 고디에—브르제스카가 된다. D는 나에게 그 영화의 줄거리를 이야기한 다음, 그녀도 그들의

관계를 그녀의 삶에 적용시켜서 그것을 나타내는 특징의 목록을 만들었다고 하였다. 그 목록은 다음과 같이 열거된다: '이상적인, 플라토닉한, 영적인, 근친상간적인, 불운한'.

확실히 실제의 삶 속에서 이성 관계의 행동을 이상적이고, 플라토닉하며, 영적이고, 근친상간적이면서도, 불운하지 않게 이끌어 갈 수는 없을 것이다. 원형적 (이미지)의 영적 측면과 리비도적 충동 (본능) 사이에는 균열이 있는 것이다.

나는 D와의 분석에서는 근친상간적 압력이라고 밖에는 말할 수 없는 어떤 것을 느꼈다. 나는 그것을 세 번 드러내야 할 필요가 있음을 알았다. 그때마다 나는 나 자신이 깊은 상호작용 속으로 들어갔으며, 거기에서 나오는 어떤 것에 깊은 영향을 받았다. 이 세 심급(審級)은 분석의 대화적 과정을 보여주고, 분석가와 환자의 정신이 합쳐져서 어떻게 그것과 전혀 다른 것을 만들어내는지를 드러낸다.
D는 때때로 그의 미술 친구들과 히피 세계 친구들의 집단에 대해서 이야기했다. 그녀는 그들이 그녀를 좋아했고, 나와는 다른 방식으로 그녀를 이해해주었다고 말하였다. 또한 그녀는 그들과 같이 있을 때는 나와 있을 때와 달리 제대로 행동하지 않는 것 같이 느껴진다고 하였다. 그런데 나는 그녀가 생각하기에 나에 대해서 아주 좋은 감정을 가지고 있지 않은 집단의 사람들을 알게 되었다. 그러다가 얼마 후, 나는 그녀가 그 사람들과의 관계에서 모든 것을 아는 듯이 말하고, 그들을 가학적인 방식으로 대한다는 확신을 가지게 되었다.

이 무렵 나는 아마 신경증적이거나 정신병적 역전이를 일으켰을지도 모른다. 그러나 나는 점점 나의 반작용을 다룰 수 있게 되었으며, 그것은 결국 임상적으로 좋은 결과를 가져다주었다.

두 번째 경우는 그녀가 나를 극장에서 만났던 다음에 일어났다. 그때 본 연극은 오스카 와일드의 '살로메'였는데, 등장인물이 모두 남자가 분장한 실험적 스타일로 연출되었다. 그 연극을 보는 동안 나는 살로메를 연기하는 배우가 D를 연상시킨다는 강한 환상을 가졌다. 그래서 그녀가 나를 보고서 그 연출에 대한 그녀의 소감을 말했을 때, 내가 가졌던 환상에 대해서 이야기하였다. 그러자 그녀는 살로메는 언제나 그녀에게 중요한 인물이었으며, 같은 연극이 대학교에서 무대에 올려졌을 때, 그녀는 살로메 역을 얻으려고 무진 애를 썼으며, 그녀는 그 배역을 아주 잘 소화해 냈었다고 말하였다. 그녀는 특히 살로메와 헤로디아스(살로메의 어머니이며, 헤롯의 전임자의 아내)가 헤롯에 대항하여 동맹을 맺은 것에 매혹을 느꼈다고 하였다. 그녀에게 중요했던 또 하나의 주제는 살로메가 매력 있고 영적인 젊은이인 세례 요한에게 거부당하는 것이었다. 그러나 그녀에게 또 한 가지 중요한 점은 살로메가 헤롯에게 그녀가 요구하는 것이 그 어떤 것(그것은 세례 요한의 머리이다)일지라도 들어주지 않는 한 춤을 추지 않겠고 하는데에도 있다.

D의 삶에서 그녀가 그녀의 아버지이자 왕인 헤롯을 폐위시키려고 싸웠을 때, 그녀를 도와줄 헤로디아스는 전혀 없었다. 그녀의 어머니는 그녀의 아버지를 사랑스럽게 돌보았을 뿐이다. 여기

에서 나는 나의 지도분석가가 말하였던 것이 떠오르는데, 그는 그때 나와 D가 모두 나와 같이 있었던 여인이 나에게보다는 D에게 더 중요했다는 사실을 알지 못했던 것 같다고 말하였다. 그때 내가 그것을 깨닫고 D에게 제대로 대입시켰더라면, D는 그 여인(D가 극장에서 보았던 여인) 및 그 여인과 나와의 관계에 대한 환상을 탐색할 수 있었을 것이다.

> 세 번째 상호작용은 D가 어떤 축하 모임에서 만났던 심리치료사들의 '이미지'와 그들의 물질주의에 대해서 공격할 때 터져 나왔다. 그 일이 생겼을 때, 나는 그녀가 말하는 사람들이 누구인지 알았다. 나는 화가 많이 났다. 그래서 나는 옷과 삶의 방식이 D 자신에게도 아주 중요한 관심사가 아닌가 하는 나의 느낌을 전하였다. 사실, 그녀는 그녀나 다른 사람을 그들의 외관, 직업, 성취 등으로 평가하곤 하였다. 예를 들어서 말하자면, 그녀는 나에게 자신을 소개할 때, '나는 D이고, 도예가입니다'라고 말하려고 했다고 하였다.

분석 과정을 뒤돌아 볼 때, 나에게는 이 모든 사건들 속에 내포되어 있는 근친상간적 전능성을 직시하고 일종의 경계선을 확실히 했어야 할 필요가 있었다. 그 점에 있어서 나는 D의 감수성 때문에 깜짝 놀란 적이 많았다. 그녀가 사실 나에게 기대한 것은 "굳건한 사랑"이었는데도 말이다. 분석 초기에 D는 나에게 우리의 관계는 일방적인 관계라고 말한 적이 있다. 그 말의 의미는 표면적으로는 그녀가 그녀에 관한 자료들을 모두 나에게 말하고, 느끼며, 고통을 당한다는 것이었다. 그러나 더 깊은 층에서는 그녀가 나와 둘이 하나가 된 느낌, 또는 상호성을 느끼지 못한다는 것이었다. 분석은 그녀가 근친상간적인 하나됨으로부터 경계선에 대한 감각을 가지고 둘이 하나가 되는 것으로 진전되는 것이라고 볼 수 있다. 내가 살로메 배역에서 그녀를 떠올린 환상과 그녀 역시 내가 그녀의 친구들을 알고 있을 것이라는 예감은 나로 하여금 그녀와 직면하게 하면서 이 둘이 하나가 되는 배열을 불러일으켰다. 우리는 언제까지나 하나로 합쳐지지는 못할 것이다. 그녀는 이런 일들이 하나의 방점을 찍었는데, 그때 그녀는 어떤 신뢰를 가지기 시작하였고, 분석에서 희망을 보게 되었다고 말하였다.

그 다음 여섯 달 동안 그녀는 점차로 그녀의 일에서 자리를 잡아갔고, 남자들과도 안정된 관계를 맺기 시작하였다. 남자들과의 관계는 그녀에게 쉬운 일이 아니었다. 그러나 그녀가 그때까지 진전을 보여 왔던 것들은 다음과 같은 보고에서 드러난다: 그녀는 언젠가 그 남자와 아주 심하게 말다툼을 한 다음, 그 남자가 방을 나와서 그녀를 쫓아왔을 때, 갑자기 아주 새로운 상실감이 들었는데, 그 감정은 그 사람을 잃을지도 모른다는 감정이었다고 말하였다. 그러면서 그녀는 그 감정은 '내가 그 사람을 통제하지 못하면 어떻게 하나 하는 감정이 아니라, 사랑에 실패한 감정으로 가득 찬 것'이었다고 하였다. 여기에서 전환된 것은 그녀가 그 남자에 대한 통제력을 잃어버릴까봐 불안해하는 것으로부터 그 남자가 다른 남자로 느껴졌다는 사실이다. 그녀는 어느 날 그녀가 '날아다니는 것' 같다는 것에 대해서 말하면서, 그녀가 실제로 그 남자를 그렇게 밀어붙였다고 말하였다. 나는 이것을 두목 같은 어머니와 여간해서는 말을 듣지 않는 말썽꾸러기 아이와 비교하게 하였다. 거기에 대해서 그녀는 '내가 어머니라면, 나는 돌 같은 어머니일 것이다'라고 대답하였다. 이 말은 그 다음에 그녀가 말한 '돌 같은 어머니'의 이미지를 더 발달시키는 작업으로 이어갔다.

내가 여기에서 중요하다고 생각한 것은 그녀가 의식적으로 의인화를 했다는 사실이다. 그녀는 나와 달리 그 이미지에 이름을 붙였던 것이다.

이 이미지를 가지고 했던 이 작업의 첫 번째 단계는 그녀가 자신의 존재를 그 이미지인 돌 부인과 동일시한 것이다. 그녀는 그녀가 묘사했듯이, 돌 부인이었던 것이다. 그녀가 가져온 그림에서 그녀는 그녀의 남자친구가 "자기"라고 쓰인 푯말을 따라서 그의 친구들을 따라서 가지 못하게 하였다(그림 11). 그 남자는 우는 아이(그녀의 날아다니고, 강력한 자기)를 거쳐서 지나가는 사슬에 의해서 묶여져 있다.

그 다음에 우리는 돌 부인이 그녀가 그랬으리라고 느꼈던 그녀의 어머니 이미지라는 생각으로 옮아갔다. 두 번째 그림(그림 12)에는 아주 약하고, 벌거벗었으며, 태아처럼 웅크린, 작은 D 너머로 음산하고, 딱딱한 표정의 여자가 보인다. 그러나 그 어머니는 그 아이에게 관심이 없다. 어머니와 아이 사이에는 아무 관계도 없는 것이다. 이 그림은 D가 자신의 불안 때문에 D를 내버린 그녀의 어머니에 대한 감정적 기억을 보여준다. 그녀가 그녀의 어머니에 대해서 가지고 있는 기억은 그녀의 아버지가 배탈이 났을 때, 아버지를 위해서 끓는 물을 목욕탕으로 길어 나르던 어머니에 초점을 맞추고 있다. "집은 그때 아버지의 복통을 중심으로 해서 돌아가고 있었다." D는 화가 난 듯이 말하였다. 그녀는 집안이 자신을 중심으로 해서 돌아가기를 바랐고, 그녀가 어머니의 관심을 끌 수 있었기를 바랐던 것이다.

그림 13은 D가 이미 해체 작업이 진행되고 있는 여성의 상에 망치질을 하는 모습을 보여준다. 그림 속에서 여성의 몸은 생명과 에너지를 발산하고 있다. 멀리서 남자가 그녀를 기다리고 있다.

이 그림들은 분석 외의 시간에 자발적으로 그린 것이고, 아주 짧은 시간 동안 그려졌다. 그림을 그리자마자 그녀는 그것들을 가지고 왔다.

D는 여전히 내가 분석 이외에 다른 관계들을 가지고 있는 것을 좋아하지 않았다. 예를 들어서 말하자면, 그녀는 내가 같이 사는 여자에 대해서 언급하였다. 그러나 지나친 질투는 하지 않으려고 하였다. 그러다가 그녀는 점차로 나에게 다른 여자가 있다는 것을 받아들였고, 그 여자는 무의식적이기는 하지만, 새로운 방식으로 그녀에게 매우 중요하게 되었다. 우선 그녀는 그녀의 중간 관리자가 (D는 당시에 임시직 일을 하고 있었다) 그녀로 하여금 나의 집을 청소하러 보냈다는 환상을 가졌다. 그녀는 그녀가 마치 어린아이가 어머니를 도와주는 것처럼 나의 동거녀를 돕는다는 생각을 즐겼다. 그녀는 청소를 하는 것을 천하게 생각하지 않았고, 오히려 그 반대였다. 그때 그녀는 다음과 같은 꿈을 꾸었다:

나는 내 남자 친구가 찾아왔을 때, 앤드류의 집 청소를 하고 있었다. 우리는 앤드류의 동거녀가 들어왔을 때, 침대에서 사랑을 나누고 있었다. 그녀는 나를 엄하지만 부드럽게 질책하였다. 그녀는 내가 사랑의 행위를 할 수 있는 방이 마련되어 있다고 말하였다. 그러면서 그 방을 사용하겠느냐고 물어보았다.

제10장 이론과 실제: 사례 연구 / 551

그림 11

그림 12

제10장 이론과 실제: 사례 연구 / 553

그림 13

여기에서 목적적 요소는 그녀의 성욕에 긍정적인 태도를 보이는 모성상이 등장했고, 그녀의 초기의 부족을 메우려고 한다는 것이다. 나의 동거녀는 원형적인 잠재성을 자극하는 요소로 등장하는 것이다. D의 성적 행위를 위한 자리가 마련되었는데, 그것은 엄격한 경계를 전제로 한 것이었다. 성은 그녀에게 중요한 것이었지만, 근친상간적인 것과 뒤섞이지 않은 것이 분명하였다. 나의 동거녀는 D에게 있어서 아버지/연인을 가운데 놓고 동일시로부터 경쟁자로 이어지는 어머니—딸 사이의 모든 관계를 경험하게 하는 어머니를 상징적으로 나타내고 있다.

여기에서 우리는 어머니의 이미지가 (a) 죽은 어머니, (b) 농부의 아내인 어머니, (c) (승리한)돌 어머니, (d) (패배한)돌 어머니, (e) 성적으로 받아들일 수 있는 어머니 등으로 진전되는 것을 본다. 나와의 분석관계와 나의 개입은 그녀의 전능적 통제의 투사를 처음에는 나로부터, 다음에는 돌 어머니로부터 철회하게 하였다. 그리고 이것은 그녀에게 심리—성적 발달을 가져오는 원형적 어머니의 잠재상을 풀어내게 하였다. 그 후 전이는 두드러지게 성애적인 것으로 되었다.

그녀가 꾼 마지막 꿈은 다음과 같다: 나는 미대의 전시회에 서있다. 전시장의 구석에 찬장이 있었고, 찬장의 벽 안쪽 위에 커다란 음핵(陰核) 그림이 있었는데, 그 그림은 우리 학생들에게는 숨겨져 있었다. 그 그림은 아주 자세하게 그려져 있어서, 나는 힘줄과 살의 단면까지 볼 수 있었다. 그것은 마치 곤충 같이 보였다. 찬장의 또 다른 벽에 있는 창문을 통해서 나는 쪼개져서 은으로 수선된 해골을 보았다. 그 해골은 선사시대의 유물이었다. 나는 그 해골을 언젠가 본 적이 있음이 생각났다. 어느 중년 여인이 다

가와서 그 그림과 해골 사이에 있는 칸막이를 치웠다. 그녀는 앞으로 무슨 일이 생길지 아는 듯했다. 이윽고 장면은 호수로 바뀌었다. 세 명의 남자가 뗏목을 타고 있는 나에게 인사를 하였으나, 나는 혼자서 다른 뗏목을 선택해서 가려고 하였다. 나는 깜짝 놀랐다. 나는 어렸을 때 꾸었던 아주 많은 꿈들이 생각났다. 그 꿈들은 지금의 이것을 준비하든지, 아니면 이 꿈의 전주(前奏) 같았다. 나는 내가 탄 뗏목은 호숫가에 가서 멈출 때까지 빙글빙글 돌아갈 것이라는 사실을 알았다. 나는 뗏목의 키를 애써서 잡으려고 하였다.

우리는 이 꿈을 다음과 같이 해석하였다: 그녀는 수 년 동안 여성에게 성적 쾌락인 오르가즘을 느끼게 하는 상징인 음핵에 대한 직접적 체험으로부터 멀리 떨어져 있었다. 이 그림이 다소 기술적이기는 하지만, 매우 명료하고, 아무 것도 감추거나 흐릿한 부분이 없다. 이 그림은 곤충이라는 모티프에 의해서 또 다른 차원을 제시하는데, 그 이유는 곤충이 본능적인 삶의 강력한 창고이며, D의 연상에 의하면 사실상 파괴될 수 없는 것이기 때문이다.

우리는 음핵—곤충 그림을 은으로 수선된 고대 두개골과 연결시킬 필요가 있다. 우리에게는 이것이 자기의 상징이라는 느낌이 든다. 그것이 외부의 덮개가 벗겨진 그녀의 핵이기 때문이다. 그 덮개는 (유아기에?) 어떤 방식으로든지 손상을 받았다가 (분석에 의해서?) 수선된 듯한 것이다.

칸막이 벽을 치우는 중년 여인은, 여태까지 말해왔던 그녀의 어머니에 대한 이야기를 생각해볼 때, 의미심장하다. 이것은 여기에서 단순히 사회적 집합에 불과하지 않은 행위의 모태로 작용하는 호수로 이끌고 간다. 그녀는 그들에게 "아니다"라고 하면서,

그들과 떨어져서 여행을 하려고 하였다. 그녀의 의식에서는 그녀가 그 남자들로부터 돌아서는 대담한 행동에 불안을 느꼈다. 그러나 그녀가 어릴 때 꾸었던 꿈들이 그녀에게 다가오는 일들을 준비하게 했다는 느낌이 들면서 다시 안심하였다.

그녀는 어지럽고, 빙글빙글 도는 여행을 시작하였다. 분석 초기에 소용돌이 이미지는 분석 시간에 계속해서 같은 바다을 돌아가지만, 매 순간 소용돌이 속에서 좀 더 멀리, 좀 더 높은 곳으로 나아가는 것이라는 이야기를 한 적이 있다. 그러므로 와선형(渦旋形) 여정은 도달하기 어려운 성장, 의식의 성취를 상징하는 것이다. 그녀는 어느 지점에서 굳건한 대지(terra firma)에 도달할 것이다. 그러는 동안에 그녀는 그녀가 그 과정에서 그녀의 노를 저어야 할 것이라는 사실을 생각하게 될 것이다.

제 11 장
비교와 평가

두 개의 날개와 중심

　독자들은 이 책의 첫 번째 장에서 우리가 강조했던 주된 전제는 우리가 분석심리학의 여러 학파들 사이의 차이를 고찰하면 분석심리학의 원리 전체를 파악할 수 있을 것이라고 한 사실을 기억할 것이다. 하지만 그들 사이에 있는 공통된 전통은 그 학파들을 같이 파악하기에는 충분하지 않았다. 오히려 우리가 일치와 분열 사이에 있는 두 개의 착각을 피하고, 미래를 향한 계속적 발전을 보장받기 위해서는 대화가 더 필요하다. 그래서 나는 내가 보기에 그렇게 달라 보이는 발달학파와 원형학파들이 공통적으로 정통주의 분석심리학의 교의(tenet)를 수정하려고 하고, 인습적 태도를 타파하려는 시도들을 모아서 요약해 보려고 한다. 실제로 발달학파와 원형학파는 정통학파를 공격하기 때문이다. 그렇다고 해서 나는 분석심리학에 발달적으로 접근하는 사람들과 원형적으로 접근하는 사람들이 그들의 차이에 대해서도 합의

했다고 생각하지는 않는다. 그들은 그렇게 할 수가 없다. 그러나 그들은 같은 과정에 대해서 서로 나누고는 있다.

예를 들어서 말하자면, 우리는 제4장에서 그 두 학파가 자기(自己)에 대한 정통학파의 개념을 비판하는 것을 살펴보았다. 그들은 정통학파가 자기의 잠재적 능력을 강조하고, 해결자로서의 능력을 부각시키려고 갈등적 관점을 제시함으로써 과부하(過負荷)되게 하였다는 것이다. 그리고 개성화 관념은 병든 사람을 회복시킬 수 있지만, 유아시절에 시작되는, 일생에 걸친 과정으로 규정하였다. 발달학파와 원형학파가 공유하는 또 다른 견해는 그들이 "전일성"(wholeness)을 정신의 목표로 생각하지 않는다는 것이다. 그 대신 그들은 정신적 내용의 분화를 강조하는데, 그것이 힐만에게서는 "범신론"으로, 포댐에게는 "자기의—부분들"로 나타난다. 한 사람이 그의 "자기의—부분들"에 솔직하고, 주의를 기울이거나, 어떤 특정한 신화의 차원을 애를 써서 탐구한다면, 통일체(unity)가 스스로를 돌볼 것이라는 말이다. 이것은 완전하거나, 전일적이거나, 완성되지 않은 것에 정신에너지를 집중하면 그것과 다른 정신 기능을 살릴 수 있다는 플라우트의 결론과 유사하고, "완전에 대한 숭배"를 거부하는 구겐뷜—크레이그의 생각과 비슷하다.

우리가 논지를 더 많이 전개했던 이와 비슷한 생각들을 살펴보자. 우리는 제2장에서 원형에 대하여 논의하면서, "원형적인 것"이라는 명칭이 생기기 전에 현대 분석심리학이 어떤 이미지에 대하여 요구한 것은 이제 근본적으로 변화되었다. 두 학파에서 모두 원형적 이미지를 말하면서 그것을 선재하는 어떤 기준(criteria)에 맞추려고 하지 않는 것이다. 그래서 나는 원형이라는 것은 그것을 관찰하는 사람의 눈으로 발견하는 것이지, 어떤 특별한 이미지 자체를 말하는 것은 아니라고 말하고 싶다. 우리는 이런 전제와 더불어서 원형을 미리 생각해놓은 도식(圖式)이나 위계(位階)처럼 생각하지 않을 수 있게 되었다. 원형적 체험이란 더욱더 마음의 상태로 된 것이다.

두 학파에서 사용하는 언어가 너무 달라서 이와 같은 공통의 기반에 대한 고찰이 강제적으로 이루어져야 한다는 주장은 있을 수 없다. 물론 힐만, 베리, 로페즈—페드라자가 구사하는 시적 수사(修辭)나 문화적 내용과 일부 발달학파 분석가들이 사용하는 냉정하고, 경험적이며, 과학적 경향 사이에는 틀림없이 커다란 차이가 있다. 그러나 나는 은유적 언어와 과학적 언어 사이의 전통적 구분이 심리학에 도입될 때 완전히 극복되지 않는지 궁금하다. 우리는 이미 클라인 학파 정신분석학의 언어가 내면의 "하나님들"을 말할 때 도움을 준다(p. 257쪽 윗부분을)는 사실을 살펴보았다. 사실 클라인 학파의 접근방법은 본질적으로 신화적인 것이다.

발달학파에 속해 있는 어떤 동료가 말하였듯이, 클라인은 프로이트가 공표한 "과학적" 세계관의 사용을 그만두고, 어린아이의 내면세계에 대한 이야기를 하기 시작하였다. 그녀는 사람의 행동에서—심지어 어른의 행동에서도—뒤를 거슬러 올라가 이야기를 추적하려고 할 때, 내면의 이야기(신화, 무의식의 환상들)와 그의 신(神)들이 개인의 발달에서 지배적인 힘을 행사한다는 결론을 내렸다. 그와 같은 관점이 채택되는 순간은, 나의 사고방식으로는, 은유적—과학적 이분법이 무의미해지는 순간이다. 타자를 그것과 다른 우리 내면에서 체험할 때, 우리는 상상적이고 은유적 상태로 들어가게 된다. 클라인—힐만의 그늘은 합쳐지는 것인가?

우리는 최근의 정신분석학의 발달에서도 언어상의 차이를 찾아볼 수 있다. 베텔하임은 겉으로 보기에 과학적인 프로이트의 견해와 스타일은, 프로이트의 본래적인 독일어의 반영이 아니라

스트레이취의 영어 번역의 산물이고, 프로이트의 목표와 목적은 왜곡되었다고 주장하였다(1983). 영어 사용 세계는 진정한 프로이트를 만나지 못했다는 것이다. 베텔하임은 자유스럽고 인간적인 규율을 가진 프로이트의 정신분석 개념은 과학적 추상보다는 더 사람과 문화를 지향한다는 것이다.

예를 들어서 말하자면, 베텔하임은 자아(ego)는 ich(I)의 정확한 번역어가 아니고, 이드(id)는 es(it)의, 본능(instinct)은 충동(impulse 또는 drive)의 정확한 번역어가 아니라고 주장하였다. 철학자인 햄프셔는 베텔하임의 책을 전반적으로 살펴보고, 우리가 죽음의 충동(death impulse)이나 두 개의 충동에 대해서 생각해야 한다면, 그것은 생물학적 개연성에 대해서 말하는 것이 아니라, 심리적 사실을 말하는 것이라고 주장하였다. "죽음이란 우리를 찌는 듯한 대낮으로부터 구원해주는 서늘한 밤인 것이다"(Hampshire, 1983).

베텔하임에 의하면, 그 왜곡은 스트레이취가 Seele를 영혼(soul)으로가 아니라 마음(mind)으로 오역한 것에서 가장 두드러지게 나타난다. 그렇게 함으로써 프로이트의 인간의 내적 존재에 대한 관심이 기계적으로 덧씌워지면서 왜곡되었던 것이다. 베텔하임은 프로이트 같은 무신론자에게서 영혼이라는 단어는 종교적 함의를 내포해서 많은 측면에서 정신(psyche)이라고 더 만족스럽게 번역될 수 있을 것이라는 점을 인정하였다. 그러나 우리는 프로이트는 베텔하임이 생각하는 것보다 더 객관적인 과학에 매혹 당했을 것이라고 말해야 할 것이다.

하지만 베텔하임의 논제는 분석심리학과 정신분석학의 관계를 위해서 대단히 중요하고, 분석심리학에서 발달학파와 원형학파의 관계에서도 대단히 중요하다. "영혼 만들기"와 같은 단어들은 충동 이론이라는 언어나 초기 발달에서의 원형의 영향이라는 언어와 같이 사용될 수 있기 때문이다.

그러나 원형심리학에서 개인적 발달의 모델이 없는 것은 어떻게 되는가? 이 점에 대해서는 앞으로 살펴볼 테지만, 이것은 그와 병행되는 것을 살펴보려는 그 어떤 시도도 불가능하게 한다. 이에 대한 대답은, 고려의 대상이 되는 아이는 대부분의 경우에 있어서 내면에 있는 아이, 즉 심리적 실재로서의 아이 또는 아이의 은유, 아이의 이미지, 상징적 아이인 것이다. 그러므로 물론 "실제의" 아이이다. 유아기와 아동기에 있었던 사건들은 그 결과를 남긴다. 그런데 그 결과들을 인과론이나 확실성이나 결정론적으로 표명할 수는 없다. 점점 더 발달학파에서는 논의의 대상이 되는 아이를 성인의 내면에 있는 심리적 아이로 보고 두 가지 방향에서 살펴본다. 하나는 원형적인 시작이고, 다른 하나는 거기에서 나오는 산물이다. 이제 우리는 발달의 신화에 대해서 말할 수 있게 되었다. 이것은 융이 "개인의 신화"라고 한 구절에 잘 들어맞을 것이다.

원형학파 심리학자들은 때때로 "정신역동성"과 개인적인 것을 온전히 또는 부분적으로 배제시키는 것 같다. 그래서 그들이 왜 그러한지에 대해서 생각해보는 것도 중요하다. 나는 그 문제는 우리가 앞에서 논의한 것처럼(p. 303쪽의 윗부분을), 프로이트의 환원론에 대한 환상이 융에게 영향을 끼쳤기 때문이라고 생각한다. 사실 발달학파에서 사려 깊은 재구성 과정이 진행되는 경우를 제외하고, 유아적인 자료는 지금 여기서의 전이 속에 현재하는 것으로 생각되며, 과거의 분석의 주제로 생각되지는 않는다. 심리적인 아이는 상상 속에서의 아이, 과거의 아이의 한 변형, 원시적 정감들의 상징적 의인화이다. 그러므로 그림을 전체적으로 보면, 과거의 아이는 융이 지적했듯이 원형적 아이의 한 변형일 뿐이다.

융은 "안에 있는 것은 바깥에도 있다"는 괴테의 경구를 즐겨 인용했는데, 그 말은 과거의 아이를 다루는 것을 정당화시키려는 의도에서다. 그러나 나는 솔직하게 말해서, 오늘날 많은 프로이트 학파 정신분석가들이 원형심리학에서 그것을 환상으로 보는 것처럼 똑같이 그렇게 진짜 환원적으로 보는지 궁금하다. 간단하게 말해서, 힐만이 발달학파를 공격하려는 생각에도 묘미는 있는 것이다(그의 "아이를 포기하기"라는 논문을 . 1975a, pp. 5 이하).

우리는 이미지와 감정의 관계를 감안하면서 각 학파들 사이의 병행에 대해서 더 살펴볼 수 있을 것이다. 힐만은 과거에 사람들은 이미지를 좀 더 직접적으로 표현할 수 없는 감정에 다가가는 수단으로 사용하였다고 주장하였다. 그러나 발달학파에서는 무의식의 심상들이 어떻게 정동과 정감으로 이끌어가고, 그것들이 다시 어떻게 관계성들을 용이하게 하거나 간섭하는지 하는 문제를 규명하려는 연구들을 많이 행하였다(Newton, 1965를). 그러므로 우리는 여기에서도 이미지는 단순히 감정이 각인돼 있는 것만이 아니라 인간 정신의 활동적인 요인(要因)이라는 사실을 볼 수 있다.

역전이와 이미지의 세계

정신분석의 각 학파들이 상대방의 개념들을 차용해서 분석할 때, 그 개념들 사이에서 종종 오해가 발생할 수도 있을 것이다. 발달학파에 속한 분석가가 충동, 본능, 과정 등과 같은 "과학적" 언어를 사용하지만, 그가 막상 분석을 하는 환자는 분석심리학의 기본적 형태로 의인화시켜서 생각해야 하는 경우가 있을 수 있는 것이다. 인격이나 성향이나 정동적 특징들은 명명되기를 요구한다. 그러므로 융이 "인격"이란 착각이고, 인간의 정신은 표상(figure)으로 말을 한다는 지각은 두 학파에서 모두 사용될 수 있는 것이다.

우리는 상호작용적 대화(ID)의 전이—역전이의 핵이 어떻게 그리고 과연 원형심리학의 이미지적 관점과 양립할 수 있는지를 물으면서 결론을 내릴 수 있을 것이다. 힐만은 심리학적 통일성 "모든 사건들을 심리적 실재로 보는 견해"(1975a, p. 138)에 대해서 언급하였다. 이것은 특히 발달학파에서 발전되어온 것으로서 환자—분석가의 상호작용을 "현미경적으로" 보는 접근이다. 따라서 환자가 꿈을 어떻게 제시하느냐가 꿈 자체처럼 중요하다. 그렇지 않으면, 더 정확하게 말해서 그 방식은 우리가 앞에서 말했듯이(pp. 514-8 윗부분을) 꿈과 아주 밀접하게 연관되어 있는 것이다.

우리는 분석가와 환자의 상호작용을 그 두 사람의 존재를 망각하지 않고 완전히 상상적 영역에 놓고 생각할 수 있다. 착각, 환상, 상상 등은 모두 전이의 자료이다. 그리고 분석가는 환자가 그러리라고 생각하거나 느끼는 사람과는 거리가 멀다. 그래서 나는 분석 상황에서 우리가 두 사람 사이의 이미지의 세계(mundus imaginalis)에 대해서 말하고 있는지 궁금하다.

두 사람 사이의 상상적 세계라는 생각을 가능하게 하는 요인은 역전이이다. 우리는 분석가가 어떻게 자신을 환자인 듯이 생각하고, 느끼고, 행동할 수 있는지 또한 그가 어떻게 환자의 내면 세계의 한 부분이 될 수 있는지에 대해서 살펴보았다. 예를 들어서 말하자면, 내가 앞에서 말했던 거식증 환자 M은 나에게 몸이 썩고, 부패되어가는 것을 머릿속으로 그릴 수 있게 해주었다. 그녀의 안색은 창백하였고, 매우 말랐으며, 쇠약하였다. 내 마음속에는 "살아 있지만 죽었다"는 글귀가 들어왔다. 그녀는 구더기에 대한 생각을 아주 많이 하지만, 나에게 말하지 않았다고 하였다. 우리는 왜 그녀가 음식에 대해서 질색하는지, 그녀의 내면에서 먹힌다는 것이 어떤 것을 의미하는지, 달걀(애벌레 또는 새끼라는 의미에서)이 왜 싫고, 거기에 관계되는 것이 무엇인지 등에 대해서 이야기를 나누었다. 나는 내가 그녀에 대해서 생각하는 것을 나눌 필요를 느끼지 않았다. 왜냐하면 그때는 그녀가 제공한 자료들이 무엇인가를 말했기 때문이다. 그러나 그때 생긴 어떤 일이 (모든 분석가들은 이런 체험을 할 것이다) "이미지의 세계"가 경험의 차원을 서로 나누는 것이라는 사실을 알게 되었다.

나는 지금 저이에 대한 현대 세계의 견해는 우리로 하여금 내적 분석과 외적 분석 사이의 분할에 대한 우리의 태도를 재고하게 한다는 점을 말하려고 한다. 우리는 우리가 대인관계적인 차원에 대해서 포기하는 것이 아닌가 하는 두려움이나 초기 발달의 심리적 결과가 분석을 필요로 한다는 생각을 잃지나 않을까 하는 두려움을 가질 필요가 없다. 사실 나는 내면세계에 대한 우리의 관념이 대인관계에서 일어나는 역동을 포용할 수 있도록 확장될 수 있는 것과 마찬가지로, 대인관계에 대한 우리의 관념 역시 내면에 있는 이미지가 분석 관계 안에서 환자와 분석가를 (두 사람) 이어줄 정도로까지 확산되고 재규정될 수 있을 것이라고 말하고 싶다. 그러므로 분명하게 이미지들만 가지고 작업하던 것에서 떠나서 분명하게 대인관계적인 것들만 가지고 작업하는 것은 개념상 잘못된 것이고, 한계가 있을 수밖에 없다.

그것은 대인관계에서 나오는 의사소통과 그것에 대한 분석적 방법과 이미지를 중심으로 한 분석적 방법을 대립시키는 문제만이 아니다. 두 사람 사이에서 이루어지는 이미지의 세계(mundus imaginalis)에 대한 생각을 심각하게 고려하면, 우리는 대인관계적인 것을 정신이 말하는 것으로 보아야 하고, 이미지적인 것 역시 두 사람 사이의 소통이라는 견지에서 보아야 한다. 사람들은 내적 역동의 표현이고, 내적 이미지들은 어느 정도까지는 사람들에게서 나오는 것이라는 말이다. 실제적인 관점에서 볼 때, 환자들이 가져오는 자료를 평가하면서 이 구분을 무의미하게 만드는 것은 모든 학파의 분석가들이 콤플렉스(개인적인 경험에서 보이는 원형적 핵, 심리적 실재의 부분)라는 개념을 사용하면서 이미 행해왔던 것이다. 때로는 이 구분을 강조하는 것이 대단히 중요하지만, 그것은 어떤 특별한 상황에서의 반응일 수가 있다.

하지만 분석심리학에서는 일반적으로 사람과 작업을 하는 것과 이미지와 더불어 작업을 하는 것 사이에 긴장이 있다. 이 긴장은 때때로 "임상적" 접근과 "상징적" 접근 사이의 균열로 표현되기도 하였다. 나는 그 둘 사이에 방법론적으로나 설명적으로 거대한 차이가 있지만 그러한 균열은 연결될 수 있다고 주장하였다. 그렇지 않다면, 분석심리학은 하나의 규율로 존재하지 못할 것이다.

우리는 분석심리학의 준거의 장을 이은 데가 없고, 연속적인 것으로 볼 필요가 있다. 그래서 겉으로 보기에 "이미지적인 것"과 겉으로 보기에 "대인관계적 소통"은 분리되는 것이 아니다. 그러므로 어느 누구도 미리 어느 것이 더 중요하다고 하면서 우선권을 주장하지 말아야 한다.

준거의 장: 후기 융 학파 분석심리학의 기풍(ethos)

그러나 우리는 오히려 특별하게도, 분석심리학의 매끄럽게 이어진 준거의 장을 생각하면서, 다른 것이 아니라 어떤 요소에 주의를 기울여야 하는 이유를 살펴볼 필요가 있다. 나는 앞에서 원형적인 것에 다른 많은 점들도 있지만, 사람들이 하는 말이 너무 장황하지 않다면 그 속에서도 영향을 준다고 주장하였고, 그 예를 살펴보았다(p. 132윗부분을). 그러므로 우리는 무엇이 그렇게도 강력한 주의를 끄는 것인지, 즉 원형적인 것이 배열되게 하는 원인인지 물어보아야 한다. 그 사례에서 사람들이 주의하게 되는 것은 감정적 충격, 무엇보다도 감정의 변천(shift of feeling)에 있다.

감정의 변천은 한 집단이나 그 집단 속에 있는 개인에게서 감각적 조건이 변화되었을 때 느껴진다. 그리고 변화는 다시 그 전과 다르게 잘 맞지 않는 상태에서 생긴다. 분석에서 분석가는 그런 것들과 더불어 작업을 하면서 거기에 있는 심리학적 의미를 찾고, 조심스럽게 접근한다. 분석가의 환자에 대한 말은 동요를 일으키고, 어울리지 않으며, 은유로 가득 찬 것일 수 있다. 그것이 아무리 재구성을 위한 것이기는 하지만, 분석가의 해석이나 개입은 환자의 감정을 변천시키려고 고안된 은유일 수 있는 것이다.

우리가 감정의 변천에 대해서 이야기할 때, 우리는 두 가지 사실을 확인할 수 있다. 첫째로, 뿌웽까레(Poincare)가 "선택된 사실"(selected fact)이라고 부른 것이다. 이것은 심리학 용어로 보면, 모순된 상황 속에서 사람들에게 주의를 끄는 특별한 마디점(nodal point)을 제공하여 순식간에 납득했다는 느낌을 주는 이미지 또는 생각을 말한다.

두 번째 요소는 비온의 용어로 주체의 "정점"(vertex)이다. 이것은 관점, 보는 각도 또는 전망을 의미하는데, 과거의 경험에서 얻은 학습, 예견, 가치—판단, 가정 등이 포함되어 있다. 사람들이 어떤 현상이 자아내는 것을 이해하려고 할 때, 작용하는 것은 그의 사고(思考)의 정점이다. 그러나 이것을 순전히 지적인 것으로만 생각해서는 안 된다. 비온은 사고의 정점과 관련해서 "내면의 눈을 사용하기", "예지하기", "상상 속에서 보기" 등을 말하였다(Bion, 1965).

분석의 이론과 실제에서 분석가들 사이의 수많은 불일치는 그들의 서로 다른 사고의 정점들 때문이다. 비온이 지적하고 있으며, 이 장(章)에서 말하려고 하듯이, "어떤 두 분석가가 비록 서로 다른 학파에 속해 있을지라도, 그들이 사고의 정점을 공유한다면, 아무리 그들의 이론이나 개념의 도식이 달라도, 그들은 의사소통을 할 수 있으며, 서로를 이해할 수 있다" (Grinberg, et al., 1977, p. 108). 그러므로 우리는 분석심리학의 규율을 규정하고, 후기 융 학파의 사고의 정점을 제공하는, 우리가 제1장에서 말한 여섯 개의 범주를 다시 돌아볼 수 있다. 분석심리학자들이 가진 이론과 개념의 도식은 서로 다르다. 그러나 그들이 앞에서 말한 여섯 개의 주제에서 어떤 것을 더 강조하고, 어떤 것을 덜 강조하는지 관련시켜보면, 후기 융 학파 심리학자들은 사고의 정점과 공통된 이념적 지향을 나누고 있다. 중요한 점은, 이것은 그들이 서로 의사소통을 할 수 있으며, 서로를 이해할 수 있다는 사실이다.

사고의 정점은 관점 또는 전망을 의미한다. 그런데 무엇에 대한 전망인가? 그것은 아마도 인간 정신에 대한 전망일 것이다. 인간 정신에 대한 심리학의 도식적, 계급적, 분류적 접근은 주제, 유형, 행동, 이미지, 정동, 본능 등을 포함하는 중립적이고, 기능적인 기풍으로 대체되었다. 이제 주제어는 (그 요소들의) 상호작용, 상대성 (그 소유자가 보는 원형), "계열적"(전체 구조에 영향을 주는 것—역자 주) 등이다. 계열적 (체계적이라는 말이 아니다) 관점은, 고려의 대상이 되는 그 어떤 요소에서라도 변화가 생기면 그것과 연관되는 모든 요소들에 변화가 생긴다고 보는 것이다. 따라서 어느 한 요소만 고려하는 것은 어렵고, 무익하며, 부담이 된다.

결국, 제대로 살펴보려면 내면과 외부, 타고나는 것과 개인적인 것, 이미지와 본능, 대인관계적인 것과 심리내적인 것을 동시에 보아야 한다. 그 어떤 미리 존재하거나, 규정된 초점이나 관심사를 가진 이음매가 없는 준거의 장을 가지고 보아야 하는 것이다. 사고의 정점을 가지고 보는 것은 이렇게 보는 것이다.

분석심리학의 이와 같은 비전과 20세기에서 이루어진 물리학, 언어학, 인류학의 성과들 사이에서도 어떤 연계가 있어야 한다. 그 영역에서도 질량, 본질, 본체 등의 관점에서 사고하는 것으로부터 다원적 관계와 전제를 가지고 생각하고 상상하는 것으로 넘어갔으며, 그 순간의 우주의 유동성을 포착하려는 다양한 시도를 하고 있다. 융의 심리학을 문자적으로만 읽으면 잘못되지만, 전체적으로 볼 때 융은 이에 대해서 귀뜸하였다. 그러나 그는 구체적이고 정태적인 것에 대해서도 책임 있게 보았다.

우리가 지향하는 것은 거의 현상학적인 것이다. 그러나 내가 말하는 현상학적 탐구라는 말은 동시에 내면세계에 들어가고, 이미지들과 환상들까지 탐구하는 것을 의미한다. 그 탐구는 그 개인이나 상황이 정말 원하는 것이라면 의미에 대한 추구로까지 확장될 수 있을 것이다. 의미는 주어진 것이거나, 외부세계에서 주어지는 의무나 요청이 아니다.

분석심리학은 이제 더 이상 다음과 같은 네 가지들만 살펴보지 않는다: 정신기능, 분석의 단계, 인생의 단계, 여성심리의 형태들. 또는 측정할 수 있는 대극의 유형들만 살펴보지도 않는다. 그런 의미에서 후기 융 학파 분석심리학은 정신분석학과 공통적인 것을 가지고 있는데, 정신분석학에서도 초심리학적 구조에 대한 우아하고 선구적인 시도들이 구체화되고 있다(Schafer, 1976). 그런데 그것은 프로이트가 개인적으로 반대한 것이고(Atwood and Stolorow, 1979), 영국에서는 사물을 잘못 읽은 불행한 결과라고 한 것이다(Bettelheim, 1983).

선택된 사실,

사고의 정점, 감정과 관심의 변천에 대한 논의는 분석가의 성격과 그의 이론적 입장에 동시에 초점을 맞추게 한다. 왜냐하면 이것들은 그가 어디에 관심을 가지고 있으며, 무엇을 선택할지에 영향을 주기 때문이다. 분석가가 이미 가지고 있는 이론은 분석 회기 동안 분석가의 주관적 반응에 많은 영향을 미친다. 이것은 분석가의 이론적 관점에 그의 성격이 많은 영향을 미친다고 알려진 사실인데, 융은 이것을 1951년 "개인적 편차, 주관적 고백"(CW 16, para, 235)으로 지적하였다.

그러나 분석가들의 성격이 그 이론에 맞추어지고, 그의 이론과 환자의 자료가 맞추어진다고 생각해서는 안 된다. 그리고 어떤 경우 성격과 이론의 잘 맞지 않고, 융통성이 없는 것은 그 사례들이 잘 맞지 않기 때문이다.

우리가 이론을 성격의 연장이라고 믿거나, 분석가의 인격이 치유에서 핵심적인 요소라고 주장한다면(CW 8, paras, 1070—2), 분석심리학자들 사이에서 이념적인 문제를 가지고 왜 그렇게 애써서 논쟁을 벌이는가? 그 대답 가운데 일부는 이론은 그것이 명백하게 오류라고 밝혀져서 포기되지 않는 한, 어떤 사실들을 설명한다는 확신 속에서 믿어지고, 주장된다는 사실을 상기해보면 된다. 그런 의미에서 이론은 한시적이고 어떤 정보를 조직하려고 만들어진 고안(考案)인 모형(model)과는 다르다. 이제, 개인적 성실성이 분석적 효율성을 뒷받침하고, 강하게 주장되는 확신들이 개인적 성실성의 한 부분이라면, 이론을 가지고 있다는 것은 분석의 효율성을 기하기 위해서 필요한 일이다. 융이 비록 경직되고, 통합되지 않은 이론의 사용을 비판했지만, 다음과 같이 말하였다:

> 심리치료라는 예술은 치료자들이 찬동할 수 있고, 믿을 수 있으며, 방어할 수 있는 확신을 가지고 있기를 요구하는데, 그 확신은 과거에 그 자신의 그 어떤 신경증적 해리라도 해결해주었거나, 아니면 그것이 나오지 못하도록 막아서 그 생장가능성을 입증한 것이어야 한다(CW 16, para, 179).

융은 다른 곳에서 심리치료사들이 어떤 이론에 대해서 합의에 이르지 못한다고 염려할 필요는 없다고 주장하였다. 왜냐하면 "합의는 언제나 일방성이나 무미건조하게 될 것이니까 말이다." 우리가 "매우 복잡한 인간 정신에 대해서 개략적이나마 파악하려고 할 때조차" 우리에게는 많은 이론이 필요하다(CW 16, para, 198).

나는 이 책을 거의 다 쓴 다음, 정신분석가인 샌들러의 논문 하나를 읽었다. 그는 그 논문에서 소위 "표준적이고", "공식적이며", "공공적인" 이론들과 그 자신의 "개인적이거나", "은연중에 사용되는" 이론 사이의 거리와 긴장에 관해서 고찰하였다(1983). 분석심리학과 정신분석학은 이른 시기부터 조직적으로 발달해

왔다. 이론적 발달은 이론과 실제 모두의 또 다른 영역을 자극하였다. 어떤 본래적인 개념이 나오면, 표준적이고 공식적인 공식과 갈등을 일으키는 새로운 개념들이 출현하는 것이다. 우리가 비록 개념적인 용어에 수많은 의미들이 있다는 사실을 알고 있지만, 우리는 다르게 작용하는 것이다. 우리는 쉽게 하나의 용어는 "상황—의존적 의미들을 가진 전체적인 스펙트럼을 가지고 있어서 융통성 있게 사용된다"는 사실을 잊어버린다(ibid., p. 35).

그래서 샌들러는 "무지개의 끄트머리에서 황금률을 담은 단지"를 찾으려고 하지 말 것을 주장한다(ibid., p. 35). 그리고 우리가 사용하는 개념들의 유연성의 가치를 주장한다. 왜냐하면 심층심리학을 가능하게 하는 것은 유연성이기 때문이다. 분석심리학은 (또는 정신분석학) 추상적인 것의 서로 다른 수준들을 부분적으로 논하는 이론이나 생각들로 이루어져 있다. 그것들은 결코 완결된 이론이 아니고, 임상적 접근에서는 더욱더 그렇지 않다. 다만 생각의 덩어리일 뿐이다. 샌들러가 말하듯이 우리의 생각이 어떤지는 우리가 우리 생각 가운데서 어떤 것을 선택하여 강조할 것인지보다 더 중요하지 않다.

분석가에게 경험이 더 쌓이면, 환자의 자료들에 맞추어서 이론을 아주 작은 부분만 무의식적으로 혹은 반쯤만 그것을 의식한 채 자신의 방식 대로 사용한다. 이론의 이 작은 부분은 때때로 논리적으로 서로 모순될 수도 있다. 그러나 그것은 별로 문제되지 않는다. 하지만 그 모순이 의식되면, 그 합성물은 공식적이고, 표준적인, 또는 공적인 공식과 충돌하게 된다. 그래서 그들은 그것을 개인적으로 사용하려고 한다.

우리는 이렇게 개인적이고, 감추어진 방식으로 사용되는 이론들에 관해서 살펴볼 필요가 있다. 표면적으로 볼 때, 융은 프로이트보다 이론적으로 덜 교조적인 지도자였기 때문에, 분석심리학에서는 개인적인 것과 공적이고 공식적인 것 사이의 긴장이 많지 않았다. 그러나 분석심리학에서도 그런 긴장은 존재하였으며, 샌들러는 그 과정을 개괄적으로 설명하였다. 샌들러는 그 논문 속에서 그가 생각하기에 정신분석학의 영역 가운데서 개인적이고 암시적인 이론과 표준적이고 공식적인 이론 사이의 간격이 큰 지점 세 가지에 대해서 살펴보았다(이 영역들은 충동과 동기, 갈등과 대상 관계, 전이 등이다).

나는 그와 똑같은 시도를 분석심리학에서도 해보려고 한다. 물론 내가 이 책 전반에 걸쳐서 그와 같은 작업을 해왔다는 사실을 잊어버리지는 않았다. 그 세 영역은, (a) 대극 이론, (b) 원형적인 것, (c) 이미지 등이다.

대극 이론은 은혜인가? 아니면 저주인가? 대극들 사이의 상호작용은 심리적 운동과 발달을 묘사하고, 정신의 구조와 존재론을 뒷받침하는데 도움을 준다. 그러나 그 이론은 그 입장이 너무 경직되어 있고, 헤겔적이며, 정신에너지라는 특정한, 문제의 여지가 있는 정의에 너무 의존하고 있다. 우리는 대극 이론을 검토하고, 그것을 사용할 때 시험을 해보아야 한다.

분석심리학에서 원형적 구조에 대해서 행한 작업들은 그 어떤 다른 임상적 방법보다 상당히 앞서 있다. 그런데 문제는 우리가 원형적인 체험의 영향을 감소시키지 않으면서, 그것이 우리의 일상생활의 수준에서 얼마만큼이나 그 작용을 살펴볼 것인가 하는 점이다. 원형이 계통발생론을 심리학적 측면에서 보는 것이라면, 우리는 원형과의 작업을 매일매일 정동적 수준에서 체험할 수 있어야 한다. 하지만 나의 입장은 원형적인 것은 그것을 보는 사람에게만 작용하는 것이라는 점이다. 나는 그렇게 실제로 현실에—적용시킬 수 있는 태도에 대해서 말하는 이론은 콤플렉스 개념이라고 생각한다. 특히 나는 원형의 핵과 연관된 것들이 생애 초기의 경험에 어떻게 작용해서 성인의 콤플렉스를 형성하게 되었는지 세밀하게 살펴보는 것도 흥미 있으리라고 생각한다.

어떤 점에서 융은 이미지와 개념을 대립시켜놓았다: 개념이 만들어지고, 변경될 수 있는 가치라면, 이미지는 삶 자체이다(CW 14, para, 226). 이 말은 분석심리학에서 심상론의 결정적인 중요성을 강조하고 있다. 분석이 깊고, 살아 있는 사건으로 되는 것도 이미지의 체험 속에서 이루어지고, 이미지에 의해서 촉발된 체험 속에서이다. 개인적이고, 주관적이며, 심지어 내밀한 것들도 이미지를 통해서 자유롭게 지나가고, 표현된다. 이미지를 그 자체로 즐기거나 치유 관계의 일부로 즐기는 것은 그것을 상징적으로 해석하거나 확충하는 것과 전혀 다르다. 그 어떤 분석가도 상징에 대해서 그가 알고 있는 것을 버릴 사람은 없다. 특히 그가 상징의 치유의 힘을 개인적으로 체험해 보았다면 더더욱 그렇게 하지 않을 것이다.

분석심리학의 각 학파들은 이 세 가지 영역에서 그들의 접근 방법상 유사점과 차이점이 있다. 거기에는 샌들러가 지적한 대로 특별한 긴장이 있음이 명백하다. 표준적이고, 공적이며, 공식적인 것과 개인적이고, 암시적인 것 사이에 긴장이 있는 것이다. 그 긴장 역시 아마 수학자인 뿌엥까레가 1912년 과학의 발달에 관해서 쓴 어떤 것에서 유래할 것이다: 사람들은 언젠가 그리고 동시에 "다양하고, 복잡한 것"을 향해서 나아가며, 동시에 "통일되고, 단순한 것"(Carr, 1961, p. 90에서 재인용)을 향해서 나아가기 때문인 것이다. 뿌엥까레는 이렇게 분명하게 모순으로 보이는 것이 지식의 조건으로 필요한 것인지 궁금하다고 묻는다.

융과 후기 융 학파 심리학자들

세 가지 주된 실마리가 이 책 전반을 흐르고 있다. 첫 번째는 후기 융 학파 심리학자들의 작업에 대한 고찰이다. 이 주제를 전개시키면서, 나는 오늘날 분석심리학의 단초에 대해서 기술하는 것, 즉 융 자신의 생각을 비판적으로 언급하는 것이 필요하다고 생각하였다. 그러나 그 점에서 이 작업은 어느 정도 편협할 수 있다는 위험성이 있다. 그 작업은 자연히 세 번째 주제로 확장될 수 있었는데, 그것은 분석심리학과 정신분석학, 그 과거와 현재를 비교하는 것이었다. 그래서 나는 거기에 "알려지지 않은 융 학파들을" 포함시켰다. 그러자 융은 현대의 정신분석과 심리치료를 위한 제대로 된 원천일 뿐만 아니라 여러 가지 각도에서 선구자로 부각되었다.

칼 포퍼와 윌리엄 제임스의 제안에 의하면, 후기 융 학파의 분석심리학을 그 안에서 파악하는 가장 좋은 방법은 그 속에서 논쟁을 하면서 파악하는 것이다. 논쟁은 분석심리학이 기반을 둔 기초를 비춰주기 때문이다. 후기 융 학파에 대한 미래의 전망 가운데서, 많은 사람들은 학파로의 형성 과정이 어떻게 진행될 것인가 하는 것을 궁금해 한다. 여태까지 있어왔던 수많은 이유들(pp.58-61쪽을) 때문에 이 과정이 앞으로 더 심화되기는 할 것이다. 그리고 많은 사람들은 모든 학파의 작업과 에토스에 대해서 말하면서, 그들 자신의 견해에 대해서 말하려고 할 것이다. 절충주의 방향에 대한 융 자신의 추구는 "공통적으로 주장되는 견해"라고 알려진 열네 가지 점을 전파시키려는 그의 적극적 참여의 형태로 나타났다(Meier와의 개인적인 대화, 1983). 앞에서도 지적하였듯이, 1930년 서로 다른 방향으로 나아가는 심리치료자들(프로이트 학파, 애들러 학파, 융 학파 및 다른 학파들) 사이에서 모든 심층심리학자들이 하나로 통일체를 이룰 수 있을까 하는 시도가 이루어졌었다. 나는 이 열네 가지 점이 후기 융 학파 분석심리학파들에게 적용될 수 있으며, 어떻게 적용될 수 있는지 생각해보는 것이 유용하리라고 생각한다.

열네 가지 점의 대부분은 심층심리학과 분석 작업의 기본적인 전제들에 관한 것이다—예를 들어서 말하자면, 심리학적 장애의 원인론과 증상에 관한 것 등을 다루는 것이다. 또한 많은 것들은 분석가와 환자의 관계에 관한 것들—전이, 직업윤리 등에 관한 것이다.

그런데 한 가지 특별한 점은 진지하게 생각할 것도 있다. 그것은 "고착의 중요성"인데, 거기에 대해서 나는 전문을 옮기겠다.

> 고착은 한편으로 거기에 따라서 잇달아 일어나는 병리적 상태의 실제적 원인(causae efficients)으로 나타난다. 다른 한편으로 고착은 한 사람의 삶에서 나중에 나타나는 행동에 결정적으로 영향을 미치려는 목적을 가지고 있는 만큼 목적적 원인(causae finales)으로도 나타난다. 이것은 아동기의 초기적 상황에 있는 전망적 측면일 것이다.
> 인간의 충동들과 그것의 발달은 모두 상징과 사고와 함께 고려되어야 한다.
> 고착은 처음부터 병리적으로 작용할 수 있다. 그렇지 않으면 고착은 퇴행을 통하여 병리적으로 작용해서 실제로는 그렇지 않지만, 역동적인 원인으로 나타난다.

분명하게 말하자면, 나는 소위 상징적이라고 하는 것과 임상적이라고 하는 것, 환원적—인과론적 방법과 종합적—예기적 방법을 이어주는 것을 찾아냈다. 마지막 문단이 매력적인데, 그 이유는 여기에서 몇 마디 단어로 어른 속에 있는 아이는 생애사적이며, 동시에 상징적 아이라고 암시하기 때문이다. 이 지점이 나에게는 각 학파들 사이에서 대화(p. 561의 윗부분을)할 수 있는 지레 받침인 것이다.

융 자신의 저작으로 돌아와서, 나는 어떤 특별한 지적을 하고자 한다. 이것은 융이 계속해서 인류의 어두운 부분, 특히 분석가의 진료실에서 드러난 어두운 부분에 대해서 말하고, 맞서는 방식이다. 우리는 거기에 대해서 이론적인 언어로 그림자의 통합 또는 악의 실제성과 파괴성의 통합을 말하였다. 그러나 그것은 융이 관계시켰고, 그가 관심을 가지고 있는 악과 대결할 때 그가 끌어들였던 형상인 헤르메스이다. 헤르메스는 이 책에서 융이 다음과 같이 언급한 방식대로 등장한다.

> 이중적인 메르쿠리우스는 한편으로는 신비전수가이며 영혼의 안내자이다. 그리고 다른 한편으로는 독이 있는 용, 악령, '사기꾼'(trickster)이다(CW 9i, para. 689).

융은 예술적 재능을 물려받은 어떤 환자가 "전형적으로 사위성의 만달라"를 그리고 그것을 두꺼운 종이 위에 붙인 것에 대해서 쓴 적이 있다. 다른 쪽에는 그것과 맞서서 변태 성욕에 관한 그림으로 둘러싸인 원이 있었다. 융은 그것을 자기(self)를 뒤에 감추고 있는 "혼돈"을 나타내는 것으로 보았다.

또 다른 곳에서 융은 위네바고 인디언의 트릭스터에 대해서 이야기하면서, 트릭스터 신화소(神話素)는 의식에 의해서 하나의 준거점으로 열심히 논의되었고, 강화되어왔다고 주장하였다. 그는 트릭스터는 더 문명화되어 왔고, 심지어 "유용하고 예민해져 왔다"고 지적했던 것이다(CW 9i, para. 477). 극도로 유연해질 수 있도록 아주 모호하게 처리된 몸을 가지고 있으며, 외설적인 언사를 일삼으며 자신의 환상을 실현시키려고 하는 위네바고의 트릭스터는 때때로 전능한 아이의 상징으로 여겨지기도 한다. 그는 아마 그럴 수도 있을 것이다. 그러나 내 생각에 그는 정신 자체를 표현하는 것이 아닐까 한다. 헤르메스로 다시 돌아와서, 융은 "그가 가진 수많은 내적 모순들이 극적으로 멀리 날아서 그와 같은 숫자의 전혀 다르고 독립적인 형상들을 만들어낼 수 있음에도 불구하고" 헤르메스를 통일된 실체로 보았다(CW 13, para. 284). 그것 역시 정신인 것이다.

분석에서 헤르메스는 분석가로부터 환자에게로 "훌쩍 날아가 버린다." 헤르메스는 "동맹에서 세 번째 부분"인 것이다(CW 16, para. 384). 분석에서 상호작용은 빨리빨리 지나가며, 분석에서의 주의는 최소한의 자극이다. 분석가에게 철학적 전문지식이 요청되는 것은 아니다. 그러나 이 실재들을 어떻게 갖추고, 그것들을 더 심화시키며, 영적으로 만들 것인가? 그것이 바로 헤르메스가 공헌할 지점이다. 더 나아가서 어느 누구도 헤르메스의 사기와 창조성 사이의 관련성을 알아채지 못할 수가 없다.

마지막으로, 융은 정신분석학의 발달에서 상당히 많은 것을 기대했는데, 그것은 무엇을 위한 것인가? 이 접점에서 우리가 논의를 다시 할 필요는 없을 것이다. 다만 우리가 되풀이 할 필요가 있는 것은 우리가 본래 하려고 했던 것, 즉 융이 기대했던 신뢰의 간극을 메우기 위해서 무엇인가를 시도하는 것이다.

신뢰의 간극은 환상이 아니다. 예를 들어서 말하자면, 학문적인 심리학자 허드슨(Storr, 1983)은 융 선집(選集)을 감사와 함께 회고하면서, 융은 "영국의 학문 세계에서 훌륭한 시민들에 의해서 돌팔이라고 전체적으로 금지 당했었기 때문에" 신뢰의 간극이 있다고 주장하였다. "그에 대한 포괄적인 거부"로 이어지는 융에 대한 의심은 "변절자들을 … 심각하게 취급하지 않기 위해서 에른스트 존스에 의해서 만들어진 (정신분석학의) 비밀 위원회에 의해서 이미 견고하게 되었다"(Hudson, 1983).

어떤 의미에서 말하면, 융은 결코 "금지 당한" 적이 없다. 그러나 융 학파 분석가로 글을 쓰자면, 나를 사로잡은 것은 분석가 융이다. 그가 이제 신뢰할 수 있는 영감을 가졌고, 훌륭한 판단력을 가진 사람으로 보일 수 있다면, 그의 작업과 후기 융 학파 분석심리학자들의 작업에 대한 그 전과 다른 반응이 더 활발하게 진행될 것이다.

실제적인 정보

SOME   JUNGIAN JOURNALS

Journal of Analytical Psychology, I Daleham Gardens, London NW3.

Spring, 2719 Routh Street, Dallas, TX 75201.

Psychological Perspectives, 10349 W. Pico Blvd., Los Angeles, CA 90064.

Quadrant, 28 East 39th Street, New York, NY 10016.

Harvest, 20 Canonbury Park North, London N1.

San Francisco Jung Institute Library Journal, 2040 Gough Street, San Francisco, CA 941090.

Zeitschrift fur Analytische Psychologie, S. Karger AG, Postfach, CH-4009 Basel.

Rivista di Psicologica Analitica, Via Severano 3, 00161 Roma.

Cahiers de Psychologie Jungienne, I Place de I' Ecole Militaire, 75007 Paris.

Chiron, 400 Linden Avenue, Wilmette, IL 60091.

TRAINING

Training institutions marked * are constituent members of the International

Association for Analytical Psychology.

Society of Analytical Psychology*, I Daleham Gardens, London NW3.

Association of Jungian Analysts (Alternative Training)*, 18 East Heath Road, London NW3.

British Association of Psychotherapists, 121 Hendon Lane, London NW3. (Has a separate training in analytical Psychology.)

Westminster Pastoral Foundation, 23 Kensington Square, London W8. (Counsellor training oriented towards analytical psychology.)

Chicago Society of Jungian Analysts*, 550 Callan Avenue, Evanston, IL 60202.

Inter-Regional Society of Jungian Analysts*, c/o 1673 Canyon Road, Santa Fe, NM 87501. (Organises training for those not in other US localities listed.)

Society of Jungian Analysts of Southern California*, 10349 W. Pico Blvd, Los Angeles, CA 90064.

Society of Jungian Analysts of Northern California*, 2049 Gough Street, San Francisco, CA 94109.

New England Society of Jungian Analysts*, 264 Beacon Street, Boston, MASS 02116.

New York Association for Analytical Psychology*, 28 East 39th Street, New York, NY 10016.

Society of Jungian Analysts of San Diego*, c/o 12350 Oak Knoll Road, Poway, CA 92064.

For details of training in other countries contact International Association for Analytical Psychology. Postfach 115, 8042 Zurich. (Australia and New Zealand, Austria, Belgium, Brazil, France, Germany, Switzerland, Israel, Italy; other training programmes may exist by publication date - check with IAAP in Zurich.)

더 깊은 인식을 위한 독서

DEVELOMENTAL

Fordham, M. (1978), Jungian Psychotherapy: A Study in analytical Psychology, Wiley, Chichester.

Fordham, M. et al. (eds) (1973), Analytical Psychology: A Modern Science, Heinemann, London.

Fordham, M. et al. (eds) (1974), Technique in Jungian Analysis, Heinemann, London.

Lambert, K. (1981), Analysis, Repair and Individuation, Academic Press, London.

CLASSICAL

Adler, G. (1979), Dynamics of the Self, Conventure, London.
Frey-Rohn, L. (1974), From Freud to Jung, C.G. Jung Foundation, New York.
Jacobi, J. (1959), Complex/Archetype/Symbol in the Psychology of C.G. Jung, Princeton University Press.
Whitmont, E. (1969), The Symbolic Quest, Barrie & Rockliff, London.

ARCHETYPAL

Hillman, J. (1975), Revisioning Psychology, Harper & Row, New York.
Hillman, J. (1983), Archetypal Psychology: A Brief Account, Spring, Dallas.
Lopez-Pedraza, R. (1977), Hermes and his Children, Spring, Zurich.
Miller, D. (1982), The New Polytheism, Spring, Dallas.

참고문헌

Abenheimer, K. (1968), 'The ego as subject', in The Reality of the Psyche, ed. Wheelwright,J., Putnam, New York.

Adler, G. (1961), The Living Symbol, Routledge & Kegan Paul, London.

Adler, G. (1966), Studies in Analytical Psychology, Hodder & Stoughton, London.

Adler, G. (1967), 'Methods of treatment in analytical psychology', in Psychoanalytical Techniques, ed.

Wolman, B., Basic Books, New York.

Adler, G. (1971), 'Analytical Psychology and the principle of complementarity',in the Analytic Process, ed. Wheelwright, J., Putnam, New York.

Adler, G. (ed.) (1973-4), C.G. Jung Letters vols 1 & 2, Routledge & Kegan Paul, London.

Adler, G. (1979), Dynamics of the Self, Coventure, London.

Andolfi, J. (1979), Family Therapy: an Interactional Approach, Plenum, New York.

Apter, M. (1982), the Experience of Motivation, Academic Press, London.

Atwood, G. and Stolorow, R. (1975), 'Metapsychology, reificationand the representational world of C.G. Jung', Int. Rev. Psychoanal., 4:1.

Atwood, G. and Stolorow, R. (1979), Faces in a Cloud: Subjectivity in Personality Theory, Jason Aronson, New York.

Avens, R. (1980), Imagination is Reality, Spring, Dallas.

Balint, M. (1952), Primary Love and Psychoanalytic Technique, Hogarth, London.

Balint, M. (1968), The Basic Fault: Therapeutic Aspects of Regression, Tavistock, London.

Bateson, G. (1979), Mind and Nature: A Necessary Unity, Dutton, New York.

Berry, P. (1974), 'An approach to the dream', Spring, 1974.

Berry, P. (1982), Echo's Subtle Body, Spring, Dallas.

Bettelheim, B. (1983), Freud and Man's Soul, Chatto & Windus, London.

Bion, W. (1963), 'Elements of psychoanalysis', in Bion, 1977.

Bion, W. (1965), 'Transformations', in Bion, 1977.

Bion, W. (1977), Seven Servants, Jason Aronson, New York.

Binswanger, H. (1963), 'Positive aspects of the animus', Spring, 1963, pp. 82-101.

Blomeyer, R. (1982), Der Spiele der Analytiker: Freud, Jung und die Analyse, Walter, Olten.

Blum, F. (1980), Comment on 'The use of the dream in contemporary analysis' by Lambert, K., J. Analyt. Psychol., 25:3, pp. 275-8.

Bowlby, J. (1969), Attachment and Loss, vol. I, Attachment, Hogarth Press, London.

Bradway, K. and Detloff, W. (1976), 'Incidence of Psychological type among Jungian analysts classified by self and by test', J. Analyt. Psychol., 21:2, pp. 134-46.

Bradway, K. and Wheelwright, J. (1978), 'The Psychological type of the analyst and its relation to analytical practice', J. Analyt. Psychol., 23:3, pp. 211-25.

Brome, V. (1978), Jung: Man and Myth, Macmillan, London.

Brown, J. (1961), Freud and the Post-Freudians, Penguin, Harmondsworth.

Burlingham, D. (1973), 'The Pre-oedipal infant-father relationship', Psychoanal. Stud. Child, 28, pp. 23-47.

Capra, F. (1975), The Tao of Physics, Wildwood House, London; Fontana, London, 1976.

Carr, E. (1961), What is History? Penguin, Harmondsworth, 1965.

Carvalho, R. (1982), 'Pater deprivation in relation to narcissistic damage', J. Analyt, Psychol., 27:4, pp. 341-56.

Casey, E. (1974), 'Towards an archetypal imagination', Spring, 1974.

Chodorow, N. (1978), The Reproduction of Mothering: Psychoanalysis and the Sociology of Gender, University of California Press, Los Angeles.

Cirlot, J. (1962), A Dictionary of Symbols, Routledge & Kegan Paul, London.

Claremont de Castillejo, I. (1973), Knowing Woman: A Feminine Psychology, Harper & Row, New York.

Clack, G. (1978), 'A process of transformation: spiritual puer, instinctual shedow and instinctual spirit', Harvest, pp. 24-39.

Corbin, H. (1972), 'Mundus imaginalis, or the imaginary and the imaginal', Spring.

Dare, C. and Holder, A. (1981), 'Developmental aspects of the interaction between narcissism, self-esteem and object relations', Int. J. Psychoanal., 62:3, pp.323-37.

Davidson, D. (1966), 'Transference as a form of active imagination', in

Technique in Jungian Analysis, ed, Fordham, M. et al., Heinemann, London, 1974.

Dieckmann, H. (1974), ' The constellation of the countertransference', in Success and Failure in Analysis, ed. Adler, G., Putnam, New York.

Dieckmann, H. (1977), 'Some aspects of the development of authority', J. Analyt. Psychol., 22:3, pp. 230-42

Dieckmann, H. (1980), On the methodology of dream interpretation'. in Methods of Treatment in Analytical Psychology, ed. Baker, I., Bonz, Fellbach.

Dry, A. (1961), The Psychology of Jung: A Critical Interpretation, Methuen, London.

Edinger, E. (1960), 'The ego-self paradox', J. Analyt. Psychol., 5:1, pp. 3-18.

Edinger, E. (1962), 'Symbols: the meaning of life', Spring, 1962.

Edinger, E. (1972), Ego and Archetype, Penguin, New York.

Eichenbaum, L. and Orbach, S. (1982), Outside In . . . Inside Out: Women's Psychology: A Feminist Psychoanalytic Approach, Penguin, Harmondsworth.

Ellenberger, H. (1970), The Discovery of the Uniconscious, Allen Lane, London; Basic Books, New York.

Erikson, E. (1951), Childhood and Society, Imago, London.

Fiedler, L. (1955), An End to Innocence, Beacon Press, Boston.

Fierz, H. (1977), Translated as 'Methodics, theory and ethics in analytical psychotherapy', Die Psychologie der 20. Jahrundert, vol. 3, Kindler, Frankfurt.

Fiumara, R. (1976), 'Therapeutic group analysis and analytical psychology', J. Analyt. Psychol., 21:1, pp. 1-24.

Ford, C. (1983), The Somatizing Disorders: Illness as a Way of Life, Elsevier, New York.

Fordham, M. (1949), 'Biological theory and the concept of archetypes', in

New developments in Analytical Psychology, Routledge & Kegan Paul, London, 1957.

Fordham, M. (1957), New Developments in Analytical Psychology, Routledge & Kegan Paul, London.

Fordham, M. (1960), 'Countertransference', in Technique in Jungian Analysis, ed. Fordham, M. et al., Heinemann, London, 1974.

Fordham, M. (1963), 'The empirical foundation and theories of the self in Jung's works', in Analytical Psychology: a Modern Science, ed. Fordham, M. et al., Heinemann, London, 1973.

Fordham, M. (1969a), Children as Individuals, Hodder & Stoughton, London; Putnam, New York, 1970.

Fordham, M. (1969b), 'Countertransference and technique', in Technique in Jungian Analysis, ed. Fordham, M. et al., Heinemann, London, 1974.

Fordham, M. (1971), Comment on 'Psychology: monotheistic?' by Hillman, J., Spring.

Fordham, M. (1972), 'Note on psychological types', J. Analyt. Psychol., 17:2, pp. 111-15.

Fordham, M. (1974a), 'Defences of the self', J. Analyt. Psychol., 19:2, pp. 192-9.

Fordham, M. (1974b), 'Jung's conception of transference', J. Analyt. Psychol., 19:1, pp. 1-21.

Fordham, M. (1975), 'Memories and thoughts about C.G. Jung', J. Analyt. Psychol., 20:2, pp. 102-13.

Fordham, M. (1976), The self and Autism, Heinemann, London.

Fordham, M. (1978a), Jungian Psychotherapy: A Study in Analytical Psychology, Wiley, Chichester.

Fordham, M. (1978b), 'Some idiosyncratic behaviour of therapists', J.

Analyt. Psychol., 23:1, pp. 122-34.

Fordham, M. (1979a), 'The self as an imaginative construct', J. Analyt. Psychol., 24:1, pp. 18-30.

Fordham, M. (1979b), 'Analytical psychology and coundtransference', in Counter-transference, ed. Epstein, L. and Feiner, A., Jason Aronson, New York.

Fordham, M. (1980a), 'The emergence of child analysis', J. Analyt. Psychol., 25:4, pp. 311-24.

Fordham, M. (1980b), Review of the Kleinian Development by Meltzer, D., J. Analyt. Psychol., 25:2, pp. 201-4.

Fordham, M. (1981), 'Neumann and childhood', J. Analyt. Psychol., 26:2, pp. 99-122.

Fordham, M. et al. (eds) (1973), Analytical Psychology: A Modern Science, Heinemann, London.

Fordham, M. et al. (eds) (1974), Technique in Jungian Analysis, Heinemann, London.

Freud, A. (1937), The Ego and the Mechanisms of Defence, Hogarth, London.

Freud, A. (1966), Normality and Pathology in Childhood, Penguin, Harmondsworth, 1973.

Freud, S. (1901), The Psychopathology of Everyday Life, Std Edn, 6, Hogarth, London.

Freud, S. (1912), 'Recommendations to physicians', Std Edn, 12, pp. 109-20, Hogarth, London.

Freud, S. (1916-17), Introductory Lectures on Psychoanalysis, Std Edn, 15 & 16, Hogarth, London.

Freud, S. (1918), 'From the history of an infantile neurosis', Std Edn, 17,

Hogarth, London.

Frey-Rohn, L. (1974), From Freud to Jung, C.G. Jung Foundation, New York.

Gallop, J. (1982), Feminism and Psychoanalysis: The Daughter's Seduction, Macmillan, London.

Gammon, M. (1973), 'Window into eternity', J. Analyt. Psychol., 18:1, pp. 11-24.

Giegerich, W. (1975), 'Ontogeny=phylogeny? A F=fundamental critique of Erich Neumann's analytical psychology', Spring, pp. 110-29.

Gill, H. (1982), The life-context of the dreamer and the setting of dreaming', Int. J. Psychoanal., 63:4, pp. 475-82.

Glover, E. (1939), 'The psychoanalysis of affects', Int. J. Psychoanal., 20, pp. 299-307.

Glover, E. (1950), Freud or Jung, Allen & Unwin, London.

Goffman, I. (1961), The Asylum, Doubleday, New York.

Goldberg, A. (1980), Introduction to Advances in Self Psychology, ed. Goldberg, A., International Universities Press, New York.

Goldenberg, N. (1975), 'Archetypal theory after Jung', Spring.

Goldenberg, N. (1976), 'A feminist critique of Jung', Signs: J. of Women in Culture and Society, 2:2, pp. 443-9.

Goodheart, W. (1980), 'Theory of analytic interaction', San Francisco Jung Institute Library J., 1:4, pp. 2-39.

Gordon, R. (1078), Dying and Creating: A Search for Meaning, Society of Analytical Psychology, London.

Gordon, R. (1979), 'Reflections on curing and healing', J. Analyt. Psychol.,24:3,pp. 207-19.

Gordon, R. (1980), 'narcissism and the self: who am I that I love?' J.Analyt.

Psychol., 25:3, pp. 247-62.

Greenson, R. (1967), The Technique and Practice of Psychoanalysis, Hogarth, London.

Greenson, R. and Wexler, M. (1969), 'The non-transference relationship in the psychoanalytic situation' ,Int. J. Psychoanal., 50, pp. 27-39.

Geenstadt, W. (1982), Letter in Int. Rev. Pschoanal., 9:4, pp.485-6

Grinberg, L. et al. (1977), introduction to the Work do Bion, Jason Aronson, New York.

Grinnell, R. (1971), 'In praise of the instinct for wholeness: intimations of a moral archetype' , Spring, 1971.

Groesbeck, C. (1975), 'The archetypal image of the wounded healer' , J.Analyt. Psychol, 20:2, pp.122-45.

Guggenbuhl-Craig, A. (1971), Power in the Helping Professions, New York.

Guggenbuhl-Craig, A. (1977), Marriage - Dead or Alrive, Spring, Zurich.

Guggenbuhl-Craig, A. (1980), Eros on Crutches: Reflection on Psychopathy and Amorality, Spring, Dallas.

Guntrip, H. (1961), Personality Structure and Human Interaction, Hogarth, London.

Hall, J. (1977), Clinical Uses of Dreams: Jungian Interpretation and Enactments, Grune & Stratton, New York.

Hamilton, V. (1982), Narcissus and Oedipus: Children of Psychoanalysis, Routledge & Kegan Paul, London.

Hampshire, S. (1983), Review of Freud and Man' s Soul by Bettelheim, B.(q.v.), in The Observer 17 July London.

Hannah, B. (1967), 'Some glimpses of the individuation process in Jung himself' , privately printed and circulated to mambers of the Analytical Psychololgy Club, London.

Hannah, B. (1976), Jung: His Life and Work, Putnam, New York.

Harding, E. (1933), The Way of All Woman, Harper & Row, New York, 1975.

Hartmann, H. (1939), 'Psychoanalysis and the concept of health', Int. J. Psychoanal., 20, pp. 308-21.

Heimann, P. (1952), 'Certain Functions of introjection and projection in early infancy', in Developmants in Psychoanalysis, ed. Riviere, J., Hogarth, London.

Henderson, J. (1975a), 'C.G.Jung: a reminiscent picture of his method', J. Analyt. Pschol, 20:2, pp. 114-21

Henderson, J. (1975b), Review of Analytical Psychology: a Mordern Science and Technique in Jungian Analysis, both ed. Fordham, M. et al. (qq.v.), in Psychological Perspectives, 6:2, pp. 197-203.

Henry, J. (1977), Comment on 'The cerebral hemispheres in analytical psychology' by Rossi, E. (q.v.), in J. Analyt. Psychol, 22:2, pp. 52-8.

Hillman, J. (1962), 'Training and the C.G. Jung Institute, Zurich', J. Analyt. Psychol., 7:1, pp. 3-19

Hillman, J. (1967), Insearch: Psychology and Religion, Spring, Dallas, 1979.

Hillman, J. (1971), 'Psychology: monotheistic or polytheistic?', Spring.

Hillman, J. (1972), The Myth of Analysis, Northwestern University Press, Evanston, Illinois.

Hillman, J. (1973), 'The Great Mother, her son, and the pure', in Fathers and Mothers, ed. Berry, P., Spring, Zurich.

Hillman, J. (1975a), Loose Ends, Spring, Dallas.

Hillman, J. (1975b), Revisioning Psychology, Harper & Row, New York.

Hillman, J. (1977, 1978), 'An enquiry into image', Spring, 1977, 1978.

Hillman, J. (1979a), The Dream and the Underworld, Haper & Row, New

York.

Hillman, J. (1979b), 'Senex and pure', in Pure Papers, ed. Giles, C., Spring, Dallas.

Hillman, J. (1981), Expanded version of Hillman (1971) in Miller (1981) (q.v.).

Hillman, J. (1983), Archetypal Psychology: A Brief Account, Spring, Dallas.

Hobson, R. (1959), 'An approach to group analysis', J. Analyt. Psychol.., 4:2, pp. 139-52.

Hobson, R. (1961), 'The archetypes of the collective unconscious', in Analytical Psychology: A Modern Science, ed. Fordham, M. et al, Heinemann, Lodon, 1973.

Hoffiman, L. (1981), Foundations of Family Therapy, Basic Books, New York.

Hubback, J. (1973), 'Uses and abuses of analogy', J. Analyt. Psychol., 18:2, pp. 91-104

Hubback, J. (1980), 'Developments and similarities, 1935-1980', J. Analyt. Psychol., 25:3, pp. 219-36.

Hudson, L. (1983), Review of Jung: Selected Writings ed. Storr, A. (q.v.), in Sunday Times, 13 March, London.

Humbert, E. (1980), 'The self and narcissism', J. Analyt. Psychol., 25:3, pp. 237-46.

Isaacs, S. (1952), 'The nature and function of phantasy', in Developments in Psychoanalysis, ed. Riviere, J., Hogarth, London.

Jackson, M. (1961), 'Chair, couch and counter-tranceference', in J. Analyt. Psychol., 6:1, pp. 35-44.

Jacobi, J. (1942), The Psychology og C.G. Jung, Kegan Paul, Trench,

Trubner, London; Yale University Press, New Haven, 1962 (6th ed).

Jacobi, J. (1959), Complex/Archetype/Symbol in the Psychology of C. G. Jung, Princeton University Press.

Jacobson, E. (1964), The Self and the Object World, Hogarth, London.

Jacoby, M. (1981), 'Reflections on H. Kohut's concept of narcissism', J. Analyt. Psychol, 26:1, pp. 19-32.

Jacoby, M. (1983), Comment on 'Ego and self: terminology' by Redfearn, J. Analyt. Psychol., 28:2, pp. 107-10.

Jaffe, A. (1971), The Myth of Meaning, Putnam, New York.

Jaffe, A. (ed.) (1979), C. G. Jung: Word and Image, Princeton University Press.

James, W. (1911), Pragmatism, in Fontana Library of Philosophy, London, 1962.

Jarret, J. (1981), 'Schopenhauer and Jung', Spring, 1981.

Jones, E. (1927), 'Early development of female sexuality', in Papers on Psychoanalysis, Bailliere, Tindall & Cox, London, 1950.

Jones, E. (1931), 'The concept od the normal mind', Int. J. Psychoanal., 23, pp. 1-8.

Joseph, E. (1982), 'Normal in Psychoanalysis', Int. J. Psycholanal., 63:1, pp. 3-14.

Jung, C. G., References are to the Collected Works (CW) and by volume and paragraph number, except as below, edited by Read, H., Fordham, M., Adler, G., McGuire, W., translated in the main by Hull, R, Routledge & Kegan Paul, London; Princeton University Press.

Jung, C. G., (1928), Contributions to Analytical Psychology, Kegan Paul, London.

Jung, C. G., (1963), Memories, Dreams, Reflections, Collins and Routledge

& Kegan Paul, London; Fontana, London, 1972; Pantheon, New York.

Jung, C. G., (1964), Man and his Symbols, Dell, New York.

Jung, C. G., (1978), C. G. Jung Speaking, ed. McGuire, W., Thames & Hudson, London; Picador, London, 1980.

Jung, C. G., (1983), The Zofingia Lectures. CW Supplementary Volum A, ed. McGuire, W., translated by van Heurck, J., Routledge & Kegan Paul, Lonson; Princeton University Press.

Jung, E. (1957), Animus and Anima, Spring, New York.

Kalff, D. (1980), Sandplay: A Psychotherapeutic Approach to the Psycho, Sigo. Santa Monica.

Kay, D. (1981), 'Paternal psychopathology and the emerging ego', J. Analyt. Psychol., 26:3, pp. 203-19.

Keutzer, L. (1982), 'Archetypes synchronicity and the theory of formative causation', J. Analyt. Psychol., 27:3, pp. 255-62.

Klein, M. (1960), 'On mental health', Brit. J. Med. Psych., 33, pp. 237-41.

Kohut, H. (1971), The Analysis of the Self, International Universities Press, New York.

Kohut, H. (1977), The Restoration of the Self, International Universities Press, New York.

Kohut, H. (1980), 'Reflection', in advances in Self Psychology, ed. Goldberg, A. (q.u.)

Gordon, R. (1078), Dying and Creating: A Search for Meaning, Society of Analytical Psychology, London.

Gordon, R. (1979), 'Reflections on curing and healing' ,J. Analyt. Psychol.,24:3,pp. 207-19.

Gordon, R. (1980), 'narcissism and the self: who am I that I love?' J.Analyt. Psychol., 25:3, pp. 247-62.

Greenson, R. (1967), The Technique and Practice of Psychoanalysis, Hogarth, London.

Greenson, R. and Wexler, M. (1969), 'The non-transference relationship in the psychoanalytic situation' ,Int. J. Psychoanal., 50, pp. 27-39.

Geenstadt, W. (1982), Letter in Int. Rev. Pschoanal., 9:4, pp.485-6

Grinberg, L. et al. (1977), introduction to the Work do Bion, Jason Aronson, New York.

Grinnell, R. (1971), 'In praise of the instinct for wholeness: intimations of a moral archetype' , Spring, 1971.

Groesbeck, C. (1975), 'The archetypal image of the wounded healer' , J.Analyt. Psychol, 20:2, pp.122-45.

Guggenbuhl-Craig, A. (1971), Power in the Helping Professions, New York.

Guggenbuhl-Craig, A. (1977), Marriage - Dead or Alrive, Spring, Zurich.

Guggenbuhl-Craig, A. (1980), Eros on Crutches: Reflection on Psychopathy and Amorality, Spring, Dallas.

Guntrip, H. (1961), Personality Structure and Human Interaction, Hogarth, London.

Hall, J. (1977), Clinical Uses of Dreams: Jungian Interpretation and Enactments, Grune & Stratton, New York.

Hamilton, V. (1982), Narcissus and Oedipus: Children of Psychoanalysis, Routledge & Kegan Paul, London.

Hampshire, S. (1983), Review of Freud and Man' s Soul by Bettelheim, B.(q.v.), in The Observer 17 July London.

Hannah, B. (1967), 'Some glimpses of the individuation process in Jung himself' , privately printed and circulated to mambers of the Analytical Psychololgy Club, London.

Hannah, B. (1976), Jung: His Life and Work, Putnam, New York.

Harding, E. (1933), The Way of All Woman, Harper & Row, New York, 1975.

Hartmann, H. (1939), 'Psychoanalysis and the concept of health', Int. J. Psychoanal., 20, pp. 308-21.

Heimann, P. (1952), 'Certain Functions of introjection and projection in early infancy', in Developmants in Psychoanalysis, ed. Riviere, J., Hogarth, London.

Henderson, J. (1975a), 'C.G.Jung: a reminiscent picture of his method', J. Analyt. Pschol, 20:2, pp. 114-21

Henderson, J. (1975b), Review of Analytical Psychology: a Mordern Science and Technique in Jungian Analysis, both ed. Fordham, M. et al. (qq.v.), in Psychological Perspectives, 6:2, pp. 197-203.

Henry, J. (1977), Comment on 'The cerebral hemispheres in analytical psychology' by Rossi, E. (q.v.), in J. Analyt. Psychol, 22:2, pp. 52-8.

Hillman, J. (1962), 'Training and the C.G. Jung Institute, Zurich', J. Analyt. Psychol., 7:1, pp. 3-19

Hillman, J. (1967), Insearch: Psychology and Religion, Spring, Dallas, 1979.

Hillman, J. (1971), 'Psychology: monotheistic or polytheistic?', Spring.

Hillman, J. (1972), The Myth of Analysis, Northwestern University Press, Evanston, Illinois.

Hillman, J. (1973), 'The Great Mother, her son, and the pure', in Fathers and Mothers, ed. Berry, P., Spring, Zurich.

Hillman, J. (1975a), Loose Ends, Spring, Dallas.

Hillman, J. (1975b), Revisioning Psychology, Harper & Row, New York.

Hillman, J. (1977, 1978), 'An enquiry into image', Spring, 1977, 1978.

Hillman, J. (1979a), The Dream and the Underworld, Haper & Row, New York.

Hillman, J. (1979b), 'Senex and pure', in Pure Papers, ed. Giles, C., Spring, Dallas.

Hillman, J. (1981), Expanded version of Hillman (1971) in Miller (1981) (q.v.).

Hillman, J. (1983), Archetypal Psychology: A Brief Account, Spring, Dallas.

Hobson, R. (1959), 'An approach to group analysis', J. Analyt. Psychol.., 4:2, pp. 139-52.

Hobson, R. (1961), 'The archetypes of the collective unconscious', in Analytical Psychology: A Modern Science, ed. Fordham, M. et al, Heinemann, Lodon, 1973.

Hoffiman, L. (1981), Foundations of Family Therapy, Basic Books, New York.

Hubback, J. (1973), 'Uses and abuses of analogy', J. Analyt. Psychol., 18:2, pp. 91-104

Hubback, J. (1980), 'Developments and similarities, 1935-1980', J. Analyt. Psychol., 25:3, pp. 219-36.

Hudson, L. (1983), Review of Jung: Selected Writings ed. Storr, A. (q.v.), in Sunday Times, 13 March, London.

Humbert, E. (1980), 'The self and narcissism', J. Analyt. Psychol., 25:3, pp. 237-46.

Isaacs, S. (1952), 'The nature and function of phantasy', in Developments in Psychoanalysis, ed. Riviere, J., Hogarth, London.

Jackson, M. (1961), 'Chair, couch and counter-tranceference', in J. Analyt. Psychol., 6:1, pp. 35-44.

Jacobi, J. (1942), The Psychology og C.G. Jung, Kegan Paul, Trench, Trubner, London; Yale University Press, New Haven, 1962 (6th ed).

Jacobi, J. (1959), Complex/Archetype/Symbol in the Psychology of C. G. Jung, Princeton University Press.

Jacobson, E. (1964), The Self and the Object World, Hogarth, London.

Jacoby, M. (1981), 'Reflections on H. Kohut's concept of narcissism', J. Analyt. Psychol, 26:1, pp. 19-32.

Jacoby, M. (1983), Comment on 'Ego and self: terminology' by Redfearn, J. Analyt. Psychol., 28:2, pp. 107-10.

Jaffe, A. (1971), The Myth of Meaning, Putnam, New York.

Jaffe, A. (ed.) (1979), C. G. Jung: Word and Image, Princeton University Press.

James, W. (1911), Pragmatism, in Fontana Library of Philosophy, London, 1962.

Jarret, J. (1981), 'Schopenhauer and Jung', Spring, 1981.

Jones, E. (1927), 'Early development of female sexuality', in Papers on Psychoanalysis, Bailliere, Tindall & Cox, London, 1950.

Jones, E. (1931), 'The concept od the normal mind', Int. J. Psychoanal., 23, pp. 1-8.

Joseph, E. (1982), 'Normal in Psychoanalysis', Int. J. Psycholanal., 63:1, pp. 3-14.

Jung, C. G., References are to the Collected Works (CW) and by volume and paragraph number, except as below, edited by Read, H., Fordham, M., Adler, G., McGuire, W., translated in the main by Hull, R, Routledge & Kegan Paul, London; Princeton University Press.

Jung, C. G., (1928), Contributions to Analytical Psychology, Kegan Paul, London.

Jung, C. G., (1963), Memories, Dreams, Reflections, Collins and Routledge & Kegan Paul, London; Fontana, London, 1972; Pantheon, New York.

Jung, C. G., (1964), Man and his Symbols, Dell, New York.

Jung, C. G., (1978), C. G. Jung Speaking, ed. McGuire, W., Thames & Hudson, London; Picador, London, 1980.

Jung, C. G., (1983), The Zofingia Lectures. CW Supplementary Volum A, ed. McGuire, W., translated by van Heurck, J., Routledge & Kegan Paul, Lonson; Princeton University Press.

Jung, E. (1957), Animus and Anima, Spring, New York.

Kalff, D. (1980), Sandplay:A Psychotherpeutic Approach to the Psyche, Sigo, Santa Monica.

Kay, D. (1981), 'Paternal psychopathology and the emerging ego', J.Analyt. Psychol, 26:3, pp. 203-19.

Keutzer, L. (1982), 'Archetypes, synchronicity and the theory of formative causation', J. Analyt. Psychol., 27:3, pp.255-62.

Klein, M. (1960), 'On mental health', Brit. J.Med.Psych, 33, pp.237-41.

Kohut, H. (1971), The Analysis of the Self, International Universities Press, New York.

Kohut, H. (1977), The Restoration of the Self, International Universities Press, New York.

Kohut, H. (1980), 'Reflections', in Advances in Self Psychology, ed. Goldberg,A.(q.v.)

Kohut, H. (1982), 'Introspection, emapthy, and the semi-circle of mental health' ,Int.

J. Psychoanal, 63:4, pp. 395-408.

Kraemer, W. (ed.) (1976), The Forbidden Love: The Normal and Abnormal Love of Children, Sheldon Press, London.

Lacan, J. (1949), 'The mirror stage as formative of the function of the I as revealed in psychoanalytic experience', in Ecrits, trans. Sheridan, A.,

Tavistock, London,1977.

Lancan, J. (1958), ;The significance of the phallus', in Ecrits, trans. Sheridan, A., Tavistock, London, 1977.

Laing (1967), The Politics of Experience, Penguin, Harmondsworth.

Lambert, K. (1977), 'Analytical psychology and historical development in Western consciousness', J. Analyt. Psychol., 22:1, pp.158-74.

Lambert, K. (1981a), Analysis, Repair and Individuation, Academis press, Lodon.

Lambert, K. (1981b), 'Emerging consciousness', J. Analyt. Psychol., 26:1, pp.1-18.

Langs, R. (1979), 'The interactional dimension of countertransference', in Countertransference, ed. Epstein, L. and Feiner, A., Jason Aronson, New York.

Laplanche, J. and Pontalis, J-B. (1980), The Language of Psychoanalysis, Hogarth, London.

Layard, J. (1942), Stone Men of Malekula, Chatto & Windus, London.

Leach, E. (1974), Levi-Strauss, Fontana, London.

Ledermann, R. (1979), 'The infantile roots of narcissistic personality disorder' J. Analyt. Psychol., 24:2, pp. 107-26.

Ledermann, R. (1981), 'The robot personality in narcissistic disorder', J. Analyt. Psychol., 26:4, pp.329-44.

Ledermann, R. (1982), 'Narcissistic disorder and its treatmant', J. Analyt. Psychol., 27:4, pp. 303-22.

Lemaire, A. (1977), Jacques Lacan, Routledge & Kegan Paul, London.

Levinson, D. et al. (1978), The Seasons of a Man's Life, Knopf, New York.

Little, M. (1957), '"R":the analyst's total response to his patient's needs'. Int.J.Psychoanal.,38:3.

Loomis, M. and Singer, J. (1980), 'Testing the bipolar assumption in Jung's typology', J. Analyt. Psychol., 25:4, pp. 351-6.

Lopez-Pedraza, R. (1971), Comment on 'Psychology: monotheistic or polytheistic?' by Hillman, J., Spring.

Lopez-Pedraza, R. (1977), Hermes and his Children, Spring, Zurich.

Loughlin, T. (1982), Yungian Psychology, Panarion, Los Angeles.

Lyons, J. (1977), Chomsky, Fontana, London.

McCurdy, A. (1982), 'Establishing and maintaining the analytical structure', in Jungian Analysis, ed. Stein, M., Open Court, La Salle.

Macfarlane, A. (1978), The Prigins of English Individualism, Blackwell, Oxford.

McGuir, W. (ed.) (1974), The Freud/Jung Letters, Hogarth and Routledge & Kegan Paul, London; Princeton University Press.

Maduro, R. and Wheelwright, J. (1977), 'Analytical psychology', in Current Personality Theories, ed. Corsini, R., Peacock, Itasca.

Mahler, M. (1975), The Psychological Birth of the Human Infant, Hutchinson, London.

Malcolm, J. (1982), Psychoanalysis: The Impossible Profession, Pan, Londaon.

Marais, E. (1937), The Soul of the White Ant, Methuen, London.

Mattoon, M. (1978), Applied Dream Analysis: A Jungian Approach, Winston, Washington.

Mattoon, M. (1981), Jungian Psychology in Perspective, Free Press, New York.

Mead, M. (1949), Male and Female: A Study of the Sexes in a Changing World, Penguin, Harmondsworth, 1981.

Meier, C. (1949), Ancient Incubation and Modern Psychotherapy,

Northwestern University Press, Evanston, 1967.

Meier, C. and Wozny, M. (1978), 'An empirical study of Jung's typology', J. Analyt. Psychol., 23:3, pp.226-30.

Melzer, D. (1981), 'The Kleinian expansion of Freud's metapsychology', Int. J. Psychoanal., 62:2, pp. 177-86.

Menninger, K. (1958), Theory of Psychoanalytic Technique, Basic Books, New York.

Metzner, R. et al. (1981), 'Towards a reformulation of the typology of functions', J. Analyt. Psychol., 26:1, pp/ 33-48.

Miller, D. (1981), The Mew Polytheism, Spring, Dallas.

Mitchell, J. (1974), Psychoanalysis and Feminism, Allen Lane, London.

Mitchell, J. and Rose, J. (1982), Feminine Sexuality: Jacques Lacan and the Ecole Freudienne, Macmillan, London.

Money-Kyrle, R. (1968), 'Cognitive development', in Collected Papers, ed. Meltzer, D., Clunie Press, Strath Tay, Perthshire, 1978.

Money-Kyrle, R. (1971), 'The aim of psychoanalysis', in Collected Papers, as above.

Money-Kyrle, R. (1977), 'On being a psychoanalyst', in Collected Papers, as above.

Moore, N. (1983), 'The anima-animus in a changing world', unpublished.

Mount, A. (1982), The Subversive Family, Cape, London.

Myers, I. (1962), The Myers-Briggs Type Indicator, Consulting Psychologists Press, Palo Alto.

Neumann, E. (1954), The Origins and History of Consciousness, Routledge & Kegan Paul, London; Pantheon, New York, 1964.

Neumann, E. (1959), 'The significance of the genetic aspect for analytical psychology', J. Analyt. Psychol., 4:2, pp.125-38.

Neumann, E. (1973), The Child, Hodder & Stoughton, London.

Newton, K. (1965), 'Mediation of the image of inhant-mother togetherness', in Analytical Psychology: A Modern Science, ed. Fordham, M. et al, Heinemann, London, 1973.

Newton, K. (1975), 'Separation and pre-oedipal guilt', J. Analyt. Psychol., 20:2, pp. 183-93.

Newton, K. (1981), Comment on 'The emergence of child analysis', by Fordham M., J. Analyt. Psychol., 26:1, pp.69-78.

Newton, K. and Redfearn, J. (1977), 'The real mother, ego-self relations and personal identity', J. Analyt. Psychol., 22:4, pp.295-316.

Newton, K. (1984), Men and Women: How Different Are They? Oxford University Press.

Offer, D. and Sabshin, M. (1973), Normality, Basic Books, New York.

Paolino, T. (1981), Psychoanalytic Psychotherapy, Brunner/Mazel, New York.

Perera, S. (1981), Descent to the Goddess: A Way of Initiation for Women, Inner City, Toronto.

Perry, J. (1962), 'Reconstitutive process in the peychopathology of the self', Annals of the N.Y. Academy of Scisnces, vol.96, article 3, pp. 853-76.

Plaut, A. (1956), 'The transference in analytical psychology', in Technique in Jungian Analysis, ed. Fordham, M. et al., Heinemann, London, 1974.

Plaut, A. (1959), 'hungry patients: reflections on ego structure', J. Analyt. Psychol., 4:2, pp. 161-8.

Piaut, A. (1962), 'Some reflections on the Klein-Jungian hybrid', unpublished.

Plaut, A. (1966), 'Refletions on not being able to imagine', in Analytical Psychology: A Modern Science, ed. Fordham, M. et al., Heinemann, London,

1973.

Plaut, A. (1972), 'Analytical psychologist and psychological types: comment on replies to a survey', J. Analyt. Psychol., 17:2, pp. 137-51.

Plaut, A. (1974). 'Part-object relations and Jung's "Luminosities"', J. Analyt. Psychol., 19:2, pp. 165-81.

Plaut, A. (1975). 'Object constancy or constant object?', J. Analyt. Psychol., 20:2, pp. 207-15.

Plaut, A. (1979), 'Individuation: a basic concept of psychotherapy' (English resume), Z. Analytische Psychologie, 10, pp. 173-89.

Plaut, A. (1982), Review of Analysis, Repair and Individuation by Lambert, K. (q.u.), J. Analyt. Psychol., 27:3, pp. 285-8.

Popper, K. (1972), Conjectures and Refutations: The Growth of Scientific Knowledge, Routledge & Kegan Paui, London.

Racker, H. (1968), Transference and Countertransference, Hogarth, London.

Raglan, Lord. (1949), The Hero, Watts, London.

Redfearn, J. (1969), 'Several views of the self', J. Analyt. Psychol., 14:1, pp. 13-25.

Redfearn, J. (1974), ' Can we Change?', unpublished.

Redfearn, J. (1978), 'The energy of warring and combining opposites: problems for the psychotic patient and the therapist in achieving the symbolic situation', J. Analyt. Psychol., 23:3, pp. 231-41.

Redfearn, J. (1979), 'The captive, the treasure, the hero and the "anal" stage of development', J. Analyt. Psychol., 24:3, pp. 185-206.

Redfearn, J. (1982), 'When are things persons and persons things?', J. Analyt. Psychol., 27:3, pp. 215-38.

Riviere, J. (1952), 'On the genesis of psychical conflict in earliest infancy', in Development in Psychoanalysis, ed. Riviere, J., Hogarth, London.

Roazen, P. (1976), Freud and his Fallower, Penguin, London; Knops, New York, 1975.

Rossi, E. (1977), 'The cerebral hemispheres in Analytical psychology', J. Analyt. Psychol., 22:1, pp. 32-58.

Rycroft, C. (1972), A Critical Dictionary of Psychoanalysis, Penguin, London.

Rycroft, C. (1979), The Innocence of Dreams, Hogarth, London.

Rycroft, C. (1982), Review of Archetype: A Natural History of the Self by Stevens, A. (q.u.), New Society, 20 May, London.

Samuels, A. (1976), 'The psychology of the single parent', unpublished.

Samuels, A. (1978), 'Diagnosis and power', in The Jung Symposium, Group for the Advancement of Psychotherapy in Social Work, London.

Samuels, A. (1980a), 'Incest and omnipotence in the internal family', J. Analyt. Psychol., 25:!, pp. 37-58.

Samuels, A. (1980b), 'Incesto e onnipotenza', la Pratica, vol. 2, pp. 113-36.

Samuels, A. (1981a), 'Fragmentary vision: a central training aim', Spring.

Samuels, A. (1981b), 'Fragmentarische Vision: Ein zentrales Ausbildungsziel', Grogo, 9, 1984.

Samuels, A. (1982), 'The image of the parents in bed', J. Analyt. Psychol., 27:4, pp. 323-40.

Sandler, A.-M. (1982), 'The selection and function of the training analyst in Europs', Int, Reu. Psychoanal., 9:4, pp. 386-97.

Sandler, J., Dare, C. and Holder, A. (1973), The Patient and the Analyst, Allen & Unwin, London.

Sandler, J. (1983), 'Reflections on some relations between psychoanalytic concepts and psychoanalytic practice', Int. J. Psychoanal., 64:1, pp. 35-46.

Sayers, J. (1982), Biological Politics: Feminist Perspectives, Tavistock,

London.

Schafer, R. (1976), A New Language for Psychoanalysis, Yale University Press, New Haven.

Schwartz-Salant, N. (1982), Narcissism and Character Transformation: The Psychology of Narcissistic Character Disorders, Inner City, Toronto.

Searles, H. (1959), 'Oedipal love in the countertransference', in Collected Papers on Schizophrenia and Related Subjects, Hogarth, London, 1968.

Segal, H. (1973), Introduction to the Work of Melanie Klein, Hogarth, London.

Segal, H. (1979), Klein, Fontana, London.

Seligman, E. (1982), 'The Half-alive ones', J. Analyt. Psychol., 27:1, pp. 1-20.

Shorter, B. (1983), Woman and Initiation, part 2, 'Growing a woman', unpublished.

Singer, J. (1972), Boundaries oh the Soul: The Practice of Jung's Psychology, Gollancz, London.

Singer, J. (1977), Androgyny: Towards a New Theory of Sexuality, Routledge & Kegan Paul, London.

Skynner, R. (1976), One Flesh, Separate Persons, Constable, London.

Spitz, R. (1965), The First Year of Life, International Universities Press, New York.

Staude, J.-R. (1981), The Adult Development of C. G. Jung, Routledge & Kegan Paul, Boston and London.

Stein, L. (1957), 'What is a symbol supposed to be?', in Analtical Psychology: A Modern Science ed. Foldham, M. et al., Heinemann, London, 1973.

Stein, L. (1958), 'Analytical psychology: a Modern science', in Analytical

Psychology: A Modern Science, as above.

Stsin, L. (1967), 'Introducing not-self', J. Analyt. Psychol., 12:2 pp. 97-114.

Stain, M. (1973), 'Hephaistos: a Pattern of introversion', Spring.

Stain, M. (1982), Editer's preface to Jungian Analysis, Open Court, La Salle.

Stain, R. (1974), Incest and Human Love, Penguin, Baltimore.

Sterba, R. (1934), 'The fate of the ego in analytic therapy', Int. J. Psychoanal., 15, pp. 117-26.

Stevens, A. (1982), Archetype: A Natural History of The Self, Routledge & Kegan Paul, London.

Stoller, R. (1968), Sex and Gender, Hogarth, London.

Storr, A. (1957), 'The psychopathology of fetishism and transvestism', J. Analyt. Psychol., 2:2, pp. 153-66.

Storr, A. (1973), Jung, Fontana, London.

Storr, A. (1979), The Art of Psychotherapy, Heinemann, London.

Storr, A. (1983), Jung: Selected Writings, Fontana, London.

Strachey, J. (1934), 'The nature of the therapeutic action of pstchoanalysis', Int. J. Psychoanal., 15, pp. 127-59.

Strauss, R. (1964), 'The archetype of separation', in The Archetype, ed. Guggenbukl-Craig, A., Karger, Basle.

Sutherland, J. (1980), 'The British object relations theorists: Balint, Winnicott, Fairbairn, Guntrip', J. Amer. Psychoanal. Assn., 28, pp. 829-59.

Tolpin, M. (1980), Contribution to 'discussion' in Advances in Self Psychology, ed. Goldberg, A. (q.u.).

Ulanov, A. (1981), Receiving Woman: Studies in the Psychology and Theology of the Feminine, Westminster, Philadelphia.

von der Heydt, V. (1973), 'On the father in psychotherapy', in Fathers and Mothers, ed. Berry, P., Spring, Zurich.

von Franz, M.-L. (1970), The Problem of the Puer Aeternus, Spring, New York.

von Franz, M.-L. (1971), 'The inferior function', in Jung's Typology, Spring, New York.

von Franz, M.-L. (1975), C.G. Jung: His Myth on Our Time, Hodder & Stoughton, London; Putnam, New York.

von Franz, M.-L. (1980), Projection and Recollection in Jungian Psychology, Open Court, La Salle.

Weaver, R. (1964), THe Old Wise Woman, Vincent Stuart, London.

Westmann, H. (1961), The Spring of Creativity, Rountledge & Kegan Paul, London.

Wheelwright, J. et al., (1964), Jungian Type Survey: The Gray-Wheelwright Test Manual, Society of Jungian Analysts of N. California, San Francisco.

Whitmont, E. (1964), 'Group therapy and analytical psychology', J. Analyt. Psychol., 9:1, pp. 1-22.

Whitmont, E. (1969), The Symbolic Quest, Barrie & Rockliff, London.

Wickes, F. (1966), The Inner World of Childhood, Appleton, New York.

Wilden, A. (1980), System and Structure: Essays in Communication and Exchange, Tavistock, London.

Willeford, W. (1976), 'The primacy of feeling' (Part 1), J. Analyt. Psychol., 21:2, pp. 115-33.

Williams, M. (1963a), 'The indivisibility of the personal and collective unconscious', in Analytical Psychology: A Modern Science, ed. Fordham, M. et al., Heinemann, London, 1973.

Williams, M. (1963b), 'The poltergeist man', J. Analyt. Psychol., 8:2, pp. 123-44.

Williams, M. (1971), 'The archetypes in marriage', unpublished.

Wilson, G. and Nias, D. (1977), Love's Mysteries, Fontana, London.

Winnicott, D. (1958), Collected Papers: Through Paediatrics to Psychoanalysis, Tavistock, London.

Winnicott, D. (1965), The Maturational Processes and the Facilitating Environment, Hogorth, London.

Winnicott, D. (1967), 'Mirror role of mother and family in child development', in Playing and Reality, 1971.

Winnicott, D. (1971), Playing and Reality, Tavistock, London.

Wise, P. (1971), The Schlemiel as Modern Hero, Chicago University Press.

볼프, T. (1951), 'Structural forms of the feminine psyche; a sketch', privately printed, Zurich, 1956.

Woodman, M. (1980), The Owl was a Baker's Daughter: Obesity, Anorexia Nervosa and the Refressed Feminine, Inner City, Toranto.

Yorke, C. (1982), 'Freud rediscorvered', The listener, 28 October, London.

Zinkin, L. (1969), 'Flexibility in analytic technique in Jungian Analysis, ed. Fordham, M. et al., Heinimann, London, 1974.

Zinkin, L. (1979), 'The collective and the personal', J. Analyt. Psychol., 24:3, pp. 227-50.

색 인

ㄱ

가몬 M., 275
가부장 제도 40, 495-6
가부장적 국면 171, 350-4
가족치료 42, 368-70
가학-피학적 음란증 115
갈등 36, 39, 64-5
감각 150, 198-201
감정 150, 164, 198
감정이입 227, 281, 285, 323-32, 340, 350, 356, 410, 413
강박 37, 534
개성화 20, 43, 233-8, 247, 252-9, 297, 450 ; 자기 역시 참고하시오
  아동기의 253-56
  의 분류 253

  와 자아 정체성 233
  와 결혼 257
  와 대극 233
  과정으로서의 253 -212
  와 자기 257
  의 상징 258
  와 유형론 258
개인무의식 116, 530; 발달 역시 참고하시오
갤롭 J., 455
거짓 자기 40, 291
  위니캇 D., 역시 참고하시오
건트립 H., 40, 360, 446-8
게슈탈트 치료 41, 62, 131, 516
결혼 122, 258, 486-93, 488
  과 배우자 선택 505-9
  에서의 결탁 486

에서의 변증법 492
  과 개성화 491-3
  심리적 관계로서의 486-90
  남자와 여자 역시 참고하시오
결혼 치료 448
경제학적 접근 37
경험 201
경험주의 176, 310, 323, 357
계통발생 98, 105, 109, 172, 277
고르돈 R., 251, 263, 273, 279, 288, 450
고백 392
고통스러워하는 자아 354
고프만 E., 413
골드버그 A., 128
골든버그 N., 47, 51-4, 452, 466
공격성 168, 498
공생 337
과대성 281-4
과학적 언어 31
괴테 562
교류분석 41, 130
교육 392
구강 186, 266
구겐뷜-크레이그 A., 246-52, 258, 412, 490, 558
구성 307
구체화 30, 126
굳핫 W., 407

그레이-휠라이트 검사 196-201
그로스벡 J., 414
그릇 396
그리스도 100, 219, 224-6
그린버그 L., 294, 567
그린슈타트 W., 104
그린슨 R., 410, 418
그림자 84-7, 214, 576
근친상간 40, 105, 180, 219, 274, 371-77, 535-40
글로버 E., 28, 60, 91, 114, 162-3, 238-9, 345
금지 148
기능 150
기동성 173, 195
기억 이미지 87
기즈리치 W., 171, 174, 180-1, 184, 189, 314-5, 445-6
기텔슨 M., 451
기호 217, 268-71, 498
꿈 44, 462, 497-532, 564
  현대 정신분석학과 516
  맥락 510
  의 정의 515-8
  dream text 515-8
  꿈 자아 507-9
  첫꿈 506
  의 해석 502-7

에 대한 융의 접근 497-507
과 환자 509-12
예시적 505
의 구조 501-4
의 주관적 및 객관적 관점 501, 507, 538-42
과 지하 세계 511

ㄴ

나-너의 관계성 190-2
나르시서스 443
나르시시즘 280-8, 323, 441-6, 494
나선형 262, 317, 556
나이아스 D., 489
남근 187
남근중심주의 40
남녀양성구유(안드로지니) 475-6, 535
남성성 160, 169, 180, 459-61, 472 ;
  남성과 여성을 역시 참고 하시오
남자와 여자 470-2
  성별; 성; 성욕 역시 참고하시오
내사 341, 394, 421, 509-11
내적 대상 111 ;
  대상관계 역시 참고하시오
내향성 150, 164, 198-21, 215 ;
  유형론 역시 참고하시오
노이만 E., 21, 59, 64, 166-75, 190-3, 266-

68, 285, 315, 321, 327, 356, 377, 445
포댐 344-59
과 프로이트 170
과 어머니-아이의 관계성 347-59
노현부인 245
노현자 245
논쟁 57
놀이 273, 293
뇌 102-4
  원형과 신경학 및 두뇌의 반구 참고하시오
뇌의 반구 101-2, 461
누미노스 133, 249
뉴턴 K., 148, 242, 265-7, 325, 562

ㄷ

다신론 243-6, 521-6, 558
단어 연상 121
단일성 323 ;
  혼합; 통합; 합병; 전일성 참고하시오
단일신교 524
담음 348-51
대극의 역전(에난시오드로미아) 216, 371
대극 이론 180, 212-6, 237, 244, 255-64, 285, 401, 466, 468, 569-73
대상 관계 40, 62, 163, 186, 246-50, 280,

287-9, 337, 359-62
대상 이미지 127
대화 191
대화 과정 396, 404
분석; 분석가로서의 융 참고하시오
데메테르와 페르세포네 43
데어 C., 358
데이비드슨 D., 440-1
데트로프 W., 199
도덕성 146-9, 156
도식 103
도표 35
도착 21, 36, 494
독일 46, 277, 423
동등성 385-90
 담는 사람 69-72
 과 담기는 사람 487-9
동성애 494-5
동시성 231, 245, 277
두드래퍼 R., 370
두 어머니 338
드라이, A., 127, 238, 259
디앤에이(DNA) 99-100
디크맨 H., 278, 330, 362-6, 424, 507-9
띠 186, 260, 343, 359

ㄹ

라깡 J., 40, 104-6, 357, 517
 그리고 융 104
라쁠랑쉬 J., 109, 339, 394
라야드 J., 370, 374
래글란 경 159
래글린 T., 525
래더만 R., 444
래빈슨 D., 41, 377, 381
래커 H., 40, 409, 420
램버트 K., 30, 35, 54, 11-3, 186-8, 275, 317, 346, 393, 509-11
렝 R., 41, 446
런던 학파 45-47, 51
레드펀 J., 193-5, 232, 243, 265-7, 289, 322, 446
레비-브륄 L., 340
레비-스트로스 C., 33, 103-5, 215
로고스 453, 458-61, 467, 473-75 ;
 성별 역시 참고하시오
로마스 P., 40
로시 E., 101, 145
로아젠 P., 38-40, 299, 370
로페즈-페드라자 R., 245, 559
루미스 M., 197
르메르 A 106, 358
리비도 33, 342, 371-4, 380, 477

위한 도덕적 채널 148
리욘스 A., 365
리치 E., 104, 215
라이크로프트 C., 28, 40, 115, 305, 340-2, 418, 516
리틀 M., 40, 406

ㅁ

마두로 R., 377, 395, 452
마레스 E., 149
마리아의 예언 204
마운트 F., 458
마이어 C., 411, 574
마이어-브리그스 유형 검사 196-99
만달라 222-4, 244-8
말 174
말러 M., 323, 328, 339, 371
매슬로우 A., 40, 222
매커디 A., 423-6
매툰 M., 317-20, 222, 251, 432, 438, 460, 474-77, 490, 498, 505
맥가이어 W., 20
맥팔레인 A., 458
맬콤 J., 436
모니-컬 R., 107-8, 418
메닝거 K., 410
메르쿠리우스 443, 575-78

메츠너 R., 200
멜처 D., 258, 271
모권적 국면 169, 351-4
모성 콤플렉스 122
목적론 42, 209
몸(신체) 335, 453-5
  과 정신 343;
  원형 및 본능 역시 참고하시오
무어 N., 476
무의식, 집단무의식; 개인무의식 역시 참고하시오
  의 창조적 측면 40, 308-14
  환상 108-14
무의식적 정신양 81-3, 251
문화 전파 94
물리학 81, 230
미드 M., 458
미첼 J., 41, 484
밀러 D., 521-4
바우어 T., 337
반(反) 영웅 193
발달 40, 50, 104, 299ff, 314-22, 575
  소년과 소녀의 발달 비교 456-9
  아이; 어머니; 어머니와 아이의 관계 역시 참고하시오
발달학파 49, 50, 55, 60, 95, 180, 216, 248, 263-5, 310, 315-22, 359, 392, 424, 440, 528, 557-65

발린트 M., 40, 333, 337, 339, 405, 406
방어 44, 160, 174, 280, 341, 538
　자아; 자기 역시 참고하시오
배아 173
뱀 89
벌링검 D., 362
베리 P., 559
베이트슨 G., 81, 223
베텔하임 B., 559, 560
변형가능성 397
변환 295, 340, 378, 393-4, 400, 541
보상 213, 236, 500-1, 507-8, 511, 513
보조기능 151
보충 134
본능 77, 221, 336, 574
볼비 J., 40, 98
볼프 T., 473-4
봄 D., 82
뽕딸리스 J., 109, 339, 394, 517
부모　원색장면 역시 참고하시오
부버 M., 191, 492
부분 대상 248, 352 ;
　대상관계 역시 참고하시오
부분-자기 248-52, 558
부처 219
분석
　과 연금술 395-7
　에서의 아니마와 아니무스 462-3

과 확충 434-6
예술로서의 344-5
의 정의 425-39
대화 과정으로서의 387, 404
의 종결 405
에서의 동등성 386-9
의 네 단계 430-1
다양한(여러 가지의) 45
과 서로의 변환 40
에서의 대극 397
의 목적 319
에서의 진정한 관계성 390
에서의 퇴행 394
의 구조와 빈도 426-32
과 이론 29-31, 424-5, 566-9, 371-7
에서의 작업 동맹 390
분석가 항목도 참고하시오.
분석가 담는 자로서의 411
의 성육신 이미지 438
의 관계관여 433-5
과 대인관계 400
와 심리내적 관계 400
어머니로서의 184
와 환자 398-400, 407-8
의 인격 40-1
상처입은 치료자로서의 411-9
분석을 참고하시오

분석심리학의 분석:
 환자에 대한 평가 450
 분석심리학 클럽 23
 원리로서의 — 19
 정통 42, 51
 와 정신분석 358-60 ;
 융과 프로이트 역시 참고하시오;
 정신분석; --의 학파 ; 19
 후기 융 학파, --의 학파 23-4, 306
 와 훈련 23-4
 와 전이 437-8 ;
 분석 역시 참고하시오; 분석가;
 와 20세기적 사고 568-9
 비정통 42
분석심리학지 197, 290
분석심리학회 23, 533
분열 338
분열적 성격 448
분화 343
불안 161
불일치 63
뷔르괼쯔리 병원 68
뿌웽까레 J., 566, 574
브라운 J., 19, 33
브래드웨이 K., 197, 199-200, 489
브롬 V., 113-4
블로메이어 R., 365
비-자기 99

비(B) 집단 55
비온 W., 40, 53, 107-8, 112, 279, 294-5, 341, 376, 411, 488, 567
비코 529
비합리 150, 197
빈스방거 H., 467
빌헬름 R., 21
삐아제 J., 103-4

ㅅ

사고 150, 198-201
사무엘 A., 57, 64, 222, 263, 270, 364, 367, 490
사브신 M., 300
사춘기 536
사탄 188
삶의 본능 335, 525
삼위일체 227
살로메 546-50
상보성의 원리 268
상상 166, 181
상상의 세계 563
상징 216+9, 225, 255, 265-72, 293, 304, 309-14, 402, 407, 435, 498, 574-7
 보상으로서의 222
 과 의식 222
 성의 460-3

전일성의 220 ;
　　이미지 역시 참고하시오
상징계 105
상징적 태도 274
상처입은 치유자 411-20, 503-6, 542
상호행동 132, 337
새로운 출발 406
샌들러 A.-M., 24
샌들러 J., 411, 570, 573
샌 프란시스코 45
생각 109, 126
생식성 41, 181-3
셰이퍼 R., 31, 570
선(내분비샘) 207
선의 결핍 225
성 452-506
　차이 459
　과 성별 458, 468 ;
　아니마 ; 아니무스 ; 에로스 ; 성별 ; 로고
　스 ; 성욕 역시 참고하시오
성별 452-6, 458-9
　의 연상 463
　정체성 455, 537
　과 대극 468
　역할 454
　과 성 458, 469
　용어 470-2 아니마 ; 아니무스 ; 에로스 ;
　로고스 ; 성 역시 참고하시오

성숙의 도덕성 190
성욕 43, 334-7, 374-8, 402, 466, 474,
　492-95, 513, 554
　성별 ; 남자와 여자 역시 참고하시오
성 처녀 226, 495
셰익스피어 22
셀리그만 E., 363
써더랜드 J., 359-62
써로트 J., 269
썰즈 H., 40, 373, 405-9
소원 성취 500, 504
쇼펜하우어 67
쇼터 B., 367
슈바르츠-살란트 N., 459-67
스키너 R., 369-70
스타우드 J.-R., 376, 381-2
스타인 L., 27, 99, 217, 251
스타인 M., 448
스타인 R., 374-8
스터바 R., 419
스톨로로우 R., 127, 146, 239, 570
스토르 A., 62, 162-5, 196, 239, 493, 577
스톤 L., 436
스톨러 R., 40, 452-7
스트레이취 J., 559
스트로스 R., 263
스티븐스 A., 160
스피츠 R., 40, 112, 278, 328

시걸 H., 56, 273, 338
식이(食餌) 리비도 341
신경증 122, 312, 368, 377, 391-3, 407-9
신뢰 182
신비적 융합 338-42, 348, 350
신/신들 521-4, 529
신비주의 90
신비한 누이 398--
신생아 173
신-융 학파 44, 51
신적 대극의 쌍 465, 493-6
신화 43, 69, 89, 92-6, 120, 171, 174, 186, 191, 347, 429-35, 443-6, 521
실용주의 65
실재계 105
실존 분석 40, 384
심리-언어학 91, 103
심리적 반전 217
심미적 43, 521
심상 105
싱거 J., 197, 199

ㅇ

아니마 85-6, 122, 126-9, 214, 244, 255, 262, 453, 462-9, 472-3, 485-6, 495-6, 499, 542
  와 자아 465
  와 어머니 463-4
  와 성욕 462-67 ;
  성별 역시 참고하시오.
아니마-아니무스 463-7, 476
아니무스 85-6, 122, 214, 244, 255, 453, 462-9, 472, 486, 544
  와 자아 465,
  와 성욕 462-7 ;
  성별 역시 참고하시오.
아동 분석 449
아동 관찰 317, 323-31
아동기 44, 173, 184-5, 256, 266, 272, 312-22, 319, 325, 348 ;
  발달 역시 참고하시오
  어머니-아이의 관계성에서의 자기 263-5, 268
아동기인본주의 심리학 40
아마존 473-75
아르테미스 544
아버지 362-8, 536
  와 아니마 122
  의 원형적 이미지 83-4, 536
  와 딸 367, 371
  와 어머니 362, 366
  와 아들 370-4
아벤하이머 K., 186-7
아스클레피오스 41
아이슈타인 A., 82, 377

색인 / 619

아이헨바움,L., 456
아폴로 544
악마 523
안는 것 350
안돌피 J., 369
압터 M., 215
양극성 134
양성애 457-8, 475, 495
양자이론 82
애들러 A., 301, 393
애들러 G., 21-2, 42, 44-48, 51-54, 59, 61-62, 118, 251, 268, 359, 433-34, 438
야레 J., 69
야코비 J., 21, 35, 75, 113, 118, 251
야코비 M., 279, 284
제이콥슨 E., 281
야페 A., 462
야훼 160, 203, 460
양육 333-7
어머니 40, 263-5, 268, 311, 331-42, 356-60, 473 ;
  발달; 아동기 역시 참고 하시오
  어머니-아이 관계성;
  와 아니무스 122
  와 딸 42, 455
  와 아버지 362, 367
  좋은과 나쁜 338
  진짜와 원형적 339
  와 아들 369-74, 454-57
어머니-아이의 관계성 167, 228, 260, 265-7, 281-6, 299-309, 321-6, 332-42, 407, 455
  발달; 아이; 어머니 역시 참고 하시오
억압 162, 512-4
언어 30, 559
에딘저 E., 253, 264-7
에로스 453, 459-61, 466, 473-75 ;
  성별 역시 참고하시오
에릭슨 F., 41-44, 381
에이(A) 집단 55
애트우드 G., 125-7, 146
엘렉트라 콤플렉스 466
여성, 여성주의; 여성성; 성별; 성; 성욕 역시 참고하시오;
  과 남성 470-4
  영매 473-5
  의 역할 470-4
여성성 168-71, 180, 189, 228, 459-61, 473-5, 537 ; 성별 역시 참고하시오
여성주의 40— 452— 474-76
여성치료센터 456
역경 278
역동적 접근 348-52
역전이 40, 50, 277, 406-10, 412, 419-25, 546, 563-4
  일치적 역전이와 상보적 역전이 409

동조적 역전이와 착각적 역전이 420-23, 541
신경증적 역전이 408-10
분석; 분석가; 전이 역시 참고하시오
연금술 90-4, 395-402
  인격의 은유 399
  전이의 은유 395-402
  와 성욕 401
  용어 해설 396-403
연상 277-8
열등기능 152, 198, 201-4
영 220, 448, 528
  과 심리학 528
영국정신분석학회 55
영국학파 40, 359
영웅 158-9, 102, 166-9, 176-80, 185, 193-5, 310, 332, 477, 526
영원한 아이(남성, puer aeternus) 447-9
영원한 아이(여성, puella aeterna) 447-9
영혼 400, 499, 525-8 ;
  아니마; 아니무스 역시 참고하시오
  과 죽음 526
  과 꿈 527
  영혼-이미지 464-67
  영혼 만들기 525-28
영혼의 안내자 394, 462
예시적 기능 307-9
오르바하,S., 456

오이디푸스 159, 187
오이디푸스 콤플렉스 28, 302, 370, 375-8, 407, 445-67, 493, 536, 542
오퍼,D., 297
와이즈,P., 195
외적 대상 162, 289, 363 ;
  대상관계 역시 참고하시오
외향성 151, 162-5, 198-201, 215 ;
  유형론 역시 참고하시오
욥 160
우드맨 M., 475
우울증 162-5
우월기능 151, 196-9
원격 작용 81
원물질(프리마 마테리아) 396
원색장면 367,
'원수' 188
원시적-사고 108
원시적 정체성 339
원시적-회화 192
원초적 이미지 68, 75 ;
  원형 역시 참고하시오
원초형 68
원형 50, 59, 66-8, 170-1, 207, 310-1, 332-3, 340, 353, 449, 530-2, 572
  으로서의 아니마/아니무스 462-5,
  이전의 67
  원형적 이미지 77-80, 92, 111-17, 121,

127, 132, 356;
이미지 역시 참고하시오;
과 생물학 70-5, 99-101
의 분류 84-7
의 개념 70, 87-90
과 지배적인 형태 68
과 동물행동학 96-9
과 개인성 70
과 허약함 529-32
아동기에서의 93 ;
어머니와 아이의 관계성 역시 참고
하시오
과 타고나는 구조 90
과 본능 76-7
과 직관 79
과 융 67
과 신경학 101-3;
누미노스 80-90
관점으로서의 133
과 물리학 82
과 정신양으로서의 무의식 79-83
과 심리학 68
과 정신신체적 실체 76, 93
과 자기-통제 78
과 구조주의 103-5
과 상징 268
과 무의식의 환상 109-13
자아; 이미지 ; 자기 역시 참고하시오

원형심리학 48, 54, 118, 178, 425-6, 515,
  519, 532, 561-2 --과 이미지 520
  에의 영향 519
  융과 520
  과 철학 527
  과 다윈주의 520
  과 다신론 521-6
  의 분석가 520
  과 심리학 528
  과 영혼 525-8
  용어 519
원형학파 45, 51, 180, 189, 317, 528,
  557-60
위니캇 D., 41, 44, 279, 290, 323, 337,
  344, 347-60, 405 ;
  과 자기 290-94
위크스 F., 21, 449
윌던 A., 105
윌리엄 M., 116-8, 267, 488
윌슨 G., 489
월포드 W., 165, 259
웜베르 E., 242
유사 32-33, 43, 260
유일신론 243-6
유전학 92
유카 나방 96
유형론 46, 150-4, 162, 196-204, 215, 490
  날짜의 152

의 유전적 기반 154, 202
과 개성화 236
율라노프 A., 474
융 C.G., 분석가로서의 19, 38, 45, 383-404, 577
  과 콤플렉스 131
  개념적 성향 420
  과 역전이 420
  의 신뢰성 39, 577
  문화적 성향 468-72
  과 꿈 497-506
  과 검사 22, 29
  융의 서문 20, 47
  과 프로이트 61, 116, 218, 299-305, 310, 393, 493, 497-502
  과 근친상간 370-77
  과 아동기 301-15, 331-49, 447
  과 융 학파 20
  지도자로서의 20, 89
  의 강의 25
  누미노스 51
  과 개인적 신화 25, 29, 117
  개척자로서의 38, 578
  의 대중화 47
  에서의 주관성과 객관성 129, 147
  과 이론 25-30, 570
  과 유형론 203
  무의식 162
융 E., 20, 470-3, 495
융 연구소 45, 244, 270
융-코헛 혼성학파 129
융합 396 연금술 역시 참고하시오
은유 30, 106, 158, 175, 217, 238, 261, 360
의례 42
의미 173
의식 자아 역시 참고하시오;
  과 남성성 159-60, 477
  과 어머니 477
의인화 167, 531-3
이드 111
이론, 분석과 이론; 융과 이론
  역시 참고하시오
이미지 48, 75, 162, 268-73, 438, 476, 524-8, 565, 573 ;
  원형; 환상; 상징 참고하시오
  와 몸 529
  와 감정 530-2
이상화 281-4
협력적 대립 215
이차적 과정 516
인격 124
인과론 303
인류학 104, 340
인생의 전반기 377-82
인생의 후반기 41, 377-82

일방성 169, 177, 379
입문식 446

ㅈ

자기 39, 50, 86, 190, 205-33, 238-50,
　257, 261-9, 273, 271-6, 293-300, 349,
　356-62, 421, 448, 534, 546 ;
　개성화 역시 참고하시오
　와 원형 211 --와 균형 211
　중심으로서의 210
　의 방어 275
　와 자아 208;
　자아-자기 축 역시 참고하시오
　와 아동기 261-5
　와 의미 205-8
　와 대극 212-17
　초기의 240-3
　상징과 ;상징 역시 참고하시오
　의 상징 221-6
　와 전체성 210
　초개인적 224-33
　와 전일성 216 ;
　전일성 역시 참고하시오
자기-대상 281-6, 341
자기-심리학 129, 279-90
자기-조정 36, 78, 239, 513
자기 인식 161

자아 36, 40, 44, 111, 135-8, 181, 214,
　249, 263-5, 283, 289, 293, 299, 342-5,
　354, 440-3, 525, 534
　분석심리학에서의 141
　와 아니마 194, 465
　와 원형 117
　의 자율성 139
　인격의 중심으로서의 135
　와 콤플렉스 121, 139
　의 방어; 방어 역시 참고하시오
　자아 콤플렉스 137-41, 154-6
　자아-의식 138-41, 156, 166-9, 448
　자아 이상 103
　자아의 핵 162
　자아-자기의 축 208, 265-68, 295
　자아 강화 250
　위급성 자아 182, 276
　와 환경 137
　의 형성 135
　와 자유의지 139
　와 이드 136 -
　와 상상력 166-75
　와 내적 세계 165
　융 학파와 프로이트 학파의 비교
　　135
　와 성숙 174
　의 은유 137
　와 신화 170

의 병리학 154-5
와 정신 137
와 자기 140;
　자기 역시 참고하시오;
와 그림자 156-8
의 구조 162
와 초자아 135, 156-8
의 굴복 140
의 상징 158-60 상징을 참고하시오;
와 초월적 기능 141-6
와 유형론 149-54
와 띠 188-93
자아 심리학 280, 301
자연-양육 논쟁 132
자유연상 512-5
작업 동맹 411
잠재성 46, 94, 289, 317
재구성 319-22
재탄생 88, 227, 400
재통합 347, 350-4
적합 291
적극적 상상 42-4, 55, 440-1
전능 275, 282, 323, 348, 547
전생애 심리학 302, 377-82
전설 68, 95 신화를 참고하시오
전이 44, 50, 394-404, 406, 437-8, 453
　분석; 분석가; 역전이 참고하시오
　개인적 --과 원형적 402-4

전이-역전이 50-2, 444, 509, 563
　역전이; 전이 역시 참고하시오
전일성 247, 250, 258, 558 혼합; 통합;
　합병; 단일성 역시 참고하시오
전체론 32, 276
전통학파 50-2, 59, 95, 189, 238, 318,
　424, 504, 506, 558
절충주의(절충학파) 42, 61
점성술 278
정동 122, 566-69
정상성 296-7, 394
정신 91, 119, 249, 408, 474, 489-502,
　523, 577
　과 신체 342-5
　개인적과 집단적 191
정신건강 42
정신결정론 301-5
정신병 447-9
정신분석학 55, 104-13, 161-5, 301-7,
　327-31, 340-4, 359-62, 405-12, 418-20,
　434, 453 ;프로이드 역시 참고하시오
정신분열증 41, 164, 446
정신에너지 ;리비도를 참고하시오
정점 53, 565, 570
정체성 255, 261, 339; 원초적 339-40
정향적 사고 31
제반응 403
제임스 W., 297

조셉 E., 296-7
조핑그 강좌 302
존스 E., 298, 578
종합적 방법 301-9, 501
좌표 53, 568
죄 157
죽음 273
죽음 본능 227-8, 334, 525, 560
죽음 욕구 500
중간 대상 273, 293, 345
중간 집단 44, 56
중년의 위기 377-82
중재의 산물 143, 208
쥬네 J., 493
증상 40, 146, 238, 304, 369
지각 173잠재된 내용 497
지배적인 68 원형 역시 참고하시오
지형학적 접근 37
직관 150, 198-201, 330, 458
진단 450
질 H., 518
집단무의식 35, 43, 69, 74, 113, 116-8, 529
 원형; 환상; 이미지; 개인무의식 참고하시오
집단치료 449
징킨 L., 188-93, 491
짝짓기 111, 341

쮜리히 24, 45

ㅊ

참 자기 40, 291
 위니캇 역시 참고하시오
체감적 지각 232, 278
체계 369
초기 과정 41, 517
초기의 관계 348-51, 355
초기의 환상 109
초월적 기능 143-6, 183, 239
 자아 역시 참고하시오;
 분석에서의 227-30,
 과 신경학 146
 과 자기 143-7
초자아 147, 239
촘스키 N., 103-41
출산 460-3, 492
치료 449-5
치유 449-51

ㅋ

카스틸레조 I. 드 473, 496
카발로 R., 366
카프라 F., 81, 230
칸 M., 434, 517

칸트 67
칼프 D., 449
케이 D., 366
케이지 520
코헛 H., 41, 127, 190, 279-89, 327-33, 337, 357, 414, 420, 436
콤플렉스 120-31, 326, 534
 와 초심리학 130-1
 신체의 130
 의 치료적 이용 130
 원형 역시 참고하시오
퀴블러-로스 41
크로이처 L., 276-78
크리스 E., 40, 405
클라인 M., 40, 44, 54, 57, 64, 110, 297, 359, 559
클라인-융 혼성학파 54
클라인-힐만 혼성학파 559
클락 G., 448

ㅌ

타고나는 구조 92, 97, 109, 113, 361
타로 279
타비스톡 강좌 402-4
탈무드 398
태도 150-1
태모 74, 169, 176-9, 181, 192, 350

테메노스 412
톨핀 M., 280, 287-9
통합 41, 51, 120, 249-52, 270, 296-7
 혼합; 합병; 단일성; 전일성 역시 참고 하시오
퇴행 40, 227, 333, 394, 405-9
투사 112, 241, 394, 463-5, 509
투사적 동일시 340 ;
 신비적 융합 역시 참고하시오
트릭스터 575-8

ㅍ

페던 P., 365
페어베언 W., 40, 163, 360, 429
포댐 F., 21
포댐 M., 18-23, 45-7, 51-4, 60-3, 113, 172-5, 185, 190-5, 240-3, 252-6 266-72, 275-8, 283-6, 289, 319, 323-6, 362, 385-9, 403, 420-6, 437-9, 449, 558
 과 분석의 실제 426-41
 과 자아 172-5
 과 어머니-아이의 관계성 172-5
 과 노이만 345-58;
 역전이; 아동기의 개성화;
 초기의 자기 역시 참고하시오
프라이-론 21
프로이트 A., 55, 161, 435, 494

프로이트 S., 20, 24, 36, 56, 63-5, 108, 162, 190, 279, 296-8, 301, 323, 336, 359, 362, 401, 454-8, 512-6, 560; 융과 프로이트; 정신분석 역시 참고 하시오
프로이트-융 서간문 20
파올리노 T., 450
파커스 41
파크스 M., 105, 171, 486
판단 198-201
팽창 154
페레라 S., 474, 496
페르세우스 158-60, 170
페르조나 83-7, 214, 533-7
페리,J., 447
편집-분열적 자리 180, 187, 418
포터 K., 63-5, 574
폰 데어 하이트 V., 363
폰 프란츠 M.-L., 21, 59, 202-4, 269, 341, 441, 446-9
프시케 458
플라우트 A., 33, 54, 115, 185-6, 189, 196, 201, 248-50, 257, 296, 361, 406, 517, 558
플라톤 67, 107, 182
플로티누스 529
피들러 L., 195
피에르츠 H., 424-5

피치노 529

ㅎ

하나님-이미지 224-6
하딩 E., 21, 470, 473
하이만 P., 112
한나 B., 21, 259
합리적 150, 199
합병 275 혼합; 통합; 단일성; 전일성 역시 참고하시오
합의 64
항문기 186-, 342
항상성 534 ; 자기-통제 참고하시오
해명 393
해밀턴 V., 337, 376-7
해석 437-40, 505, 509-15, 538
해체 250, 267, 348, 351 본래적 자기 참고하시오
핸더슨 J., 20, 59-60
허드슨 578
허백 J., 32-3, 55
헤르메스 100, 170, 443, 576-7
헤타이라 473-5
헨리 J., 278
현상학 86, 567-71
현실검증 173
현자의 장미원 396-401

현현된 내용 523
호프만,L., 369
혼합 228, 323-8 통합; 합병; 단일성;
  전일성 역시 참고하시오
홀 J., 504
홀더 A., 358
홉슨 R., 87, 129-31, 449
화학적 결합 397
확장 42-43, 93, 434-8, 442-5
환경 97
환상 111
환상, 원형; 이미지; 상징 참고하시오;
  의 자리 37
  의 원천 37, 462
  과 현실 527
  무의식 46, 108-15, 315
환상적 사고 30
환원적 방법 44, 301-5, 319, 501
환자 ; 분석; 분석가 역시 참고하시오;
  치유자로서의 411-20
회화 192
후기 융 학파 19, 20, 36, 47, 52, 60, 557-
  62, 574-8
  원형학파; 고전학파; 발달학파 역시
  참고하시오
휘트몬트 E., 251, 449
휠라이트 J., 196-201, 377, 395, 452, 489
힐만 J., 23, 57-9, 64, 118, 130, 148, 177-8,
181, 184-5, 248-52, 257, 269, 273, 315-8
328, 362, 398, 438, 448, 496, 514-32,
557-62
과 원형심리학 519-32
과 원형 118-20
과 발달 315-20
과 꿈 511-5
과 영웅적 자아 177-9
과 이미지 268-73
과 자기 243-8 ;
영혼 역시 참고하시오

한국심리치료연구소 총서

순수 심리치료 분야

놀이와 현실
Playing and Reality
by D. W. Winnicott / 이재훈

울타리와 공간
Boundary & Space
by D. Wallbridge
& M. Davis / 이재훈

유아의 심리적 탄생
Psychological Birth
of the Human Infant
by M. Mahler & F. Pine / 이재훈

꿈상징 사전
Dictionary of Dream Symbols
by Eric Ackroyd / 김병준

그림놀이를 통한 어린이 심리치료
Therapeutic Consultation
in Child Psychiatry
by D. W. Winnicott / 이재훈

자기의 분석
The Analysis of the Self
by Heinz Kohut / 이재훈

편집증과 심리치료
Psychotherapy
& the Paranoid Process
by W. W. Meissner / 이재훈

멜라니 클라인
Melanie Klein
by Hanna Segal / 이재훈

정신분석학적 대상관계이론
Object Relations
in Psychoanalytic Theories
by J. Greenberg & S. Mitchell / 이재훈

프로이트 이후
Freud & Beyond
by S. Mitchell & M. Black
/ 이재훈 · 이해리 공역

성숙과정과 촉진적 환경
Maturational Processes
& Facilitating Environment
by D. W. Winnicott / 이재훈

참자기

The Search for the Real Self
by J.F. Masterson / 임혜련

내면세계와 외부현실
Internal World & External Reality
by Otto Kernberg / 이재훈

자폐아동을 위한 심리치료
The Protective Shell in Children and
Adult by Frances Tustin / 이재훈외

박탈과 비행
Deprivation & Delinquency
by D. W. Winnicott / 이재훈외

교육, 허무주의, 생존
Education, Nihilism, Survival
by D. Holbrook / 이재훈외

대상관계 개인치료 I · II
Object Relations Individual Therapy
by Jill Savege Scharff & David E.
Scharff / 이재훈 · 김석도 공역

정신분석 용어사전
Psychoanalytic Terms and Concepts
Ed. by Moore and Fine / 이재훈 외

하인즈 코헛과 자기심리학
H. Kohut and the Psychology of the
Self
by Allen M. Siegel / 권명수

성격에 관한 정신분석학적 연구
Psychoanalytic Studies of the
Personality by Ronald Fairbairn / 이재훈

대상관계 이론과 임상적 정신분석
Object Relations
& Clinical Psychoanalysis
by Otto Kernberg / 이재훈

나의 이성, 나의 감성
My Head and My Heart by De
Gregorio, Jorge / 김미겸

환자에게서 배우기
Learning from the Patient by Patrick
J. Casement / 김석도

의례의 과정
The Ritual Process
by Victor Turner / 박근원

순수 심리치료 분야

대상관계이론과 정신병리학
Object Relations Theories and Psychopathology by Frank Summers /이재훈

정신분석학 주요개념
Psychoanalysis : The Major Concepts, by Moore & Fine/이재훈

대상관계 단기치료
Object Relations Brief Therapy by Michael Stadter/이재훈 • 김도애

임상적 클라인
Clinical Klein by R. D. Hinshelwood/이재훈

살아있는 동반자
Live Company by Anne Alvalez /이재훈 외

대상관계 가족치료
Object Relations Family Therapy by Jill Savege Scharff & David E. Scharff/이재훈

대상관계 집단치료
Object Relations, the Self and the Group by Charles Ashbach & Victor L. Shermer/이재훈

스토리텔링을 통한 어린이 심리치료
Using Storytelling as a Therapeutic Tool with Children by Sunderland Margot/이재훈 외

자폐아동과 정신분석
Autismes De L'enfance by Roger Perrson & Denys Ribas/권정아 • 안석

하인즈 코헛의 자기심리학 이야기 1
홍이화

초보자를 위한 대상관계 심리치료
The Primer of Object Relations Therapy by Jill & David Scharff/오규훈 • 이재훈

인격장애와 성도착에서 의공격성
Aggression and Perversions in Personality Disorders/이재훈 • 박동원

대상관계 단기부부치료
Short Term Object Relations Couple Therapy by James Donovan /이재훈 • 임영철

왜 정신분석인가?
Une Psychanalyse Pourquoi? by Roger Perron/표원경

애도
Mourning, Spirituality and Psychic Change by Susan Kavaler-Adler/이재훈

독이 든 양분
Toxic Nourishment by Michael Eigen/이재훈

무의식으로부터의 불꽃
Flames from the Unknown by Michael Eigen/이준호

정신분석학 주요개념 II
Psychoanalysis : The Major Concepts, by Moore & Fine/이재훈

대상의 그림자
The Shadow of the Object by Christopher Bollas/이재훈 외

환기적 대상
The Evocative Object by Christopher Bollas/이재훈

끝없는 질문
The Infinite Question by Christopher Bollas/이재훈

소아의학을 거쳐 정신분석학으로
Through Paediatrics to Psycho-Analysis by D. W. Winnicott/이재훈

감정이 중요해
Feeling Matters by Michael Eigen/이재훈

흑암의 빗줄기
A Beam of Intense Darkness by Grotstein/이재훈

깊이와의 접촉
Contact With The Depths by Michael Eigen/이재훈

기독교 신앙과 관련된 심리치료 분야

종교와 무의식
Religion & Unconscious
by Ann & Barry Ulanov / 이재훈

희망의 목회상담
Hope in the Pastoral Care
& Counseling
by Andrew Lester / 신현복

살아있는 인간문서
The Living Human Document
by Charles Gerkin / 안석모

인간의 관계경험과 하나님경험
Human Relationship
& the Experience of God
by Michael St. Clair / 이재훈

신데렐라와 그 자매들
Cinderella and Her Sisters
by Ann & Barry Ulanov / 이재훈

현대정신분석학과 종교
Contemporary Psychoanalysis
& Religion
by James Jones / 유영권

살아있는 신의 탄생
The Birth of the Living God
by Ana-Maria Rizzuto / 이재훈

인간의 욕망과 기독교 복음
Les Evangiles au risque
de la Psychanalyse
by Françoise Dolto / 김성민

신학과 목회상담
Theology & Pastoral Counseling
by Debohra Hunsinger
/ 이재훈 · 신현복

성서와 정신
The Bible and the Psyche
by E. Edinger / 이재훈

목회와 성
Ministry and Sexuality
by G. L. Rediger / 유희동

상한 마음의 치유
Healing Wounded Emotions
by M. H. Padovani 외 / 김성민 외

예수님의 마음으로 생활하기
Living from the Heart Jesus Gave You
by James. G. Friesen 외 / 정동섭

신경증의 치료와 기독교 신앙
Ministry and Sexuality
by G.L.Rediger / 김성민

전환기의 종교와 심리학
Religion and Psychology in Transition
by James Johns / 이재훈

영성과 심리치료
Spirituality and Psychotherapy
by Ann Belford Ulanov / 이재훈

치유의 상상력
The Healing Imagination
by Ann Belford Ulanov / 이재훈

외상, 심리치료 그리고 목회신학
/ 김정선

그리스도인의 원형
The Christian Archetype
by Edward F. Edinger / 이재훈

융의 심리학과 기독교 영성
De I'inconscient à Dieu: Ascèse
Chrètienne et psychologie de C.G.
Jung by Erna van de Winckel / 김성민

앞으로 출간될 책

정신증의 핵
The Psychotic Core by Michael Eigen / 이재훈

시기심과 감사
Envy and Gratitude by Melanie Klein / 이재훈 외

아기에게 말하기
Talking to Babies by Myriam Szejer / 이준호

정신분열증 치료와 모던정신분석
Modern Psychoanalysis of the Schizophrenic Patient by Hyman Spotnitz / 이준호